YINGKE® 盈科

建筑房地产实务指导丛书

建筑商之孙子兵法 Ⅲ

主编／林镥海　曹红光　郦煜超

法律出版社 | LAW PRESS

顾　问：胡忠义　陶慧泉　朱圣传
主　编：林鲁海　曹红光　郦煜超
副主编：顾龙祥　王龙兴　应旭升　胡玉芳　王志强
盖春香　李　胜　杨小明　张　涛　蒋　辉
廖　行　王思安　裴德伟　熊百祥　张伶娟
朱文雷　朱鹤州　吴卫忠

撰写人：邹高铃　卢蓉蓉　王骐江　邵　莉　李　浩
沈佩勇　蒋成嘉　张培锋　吴圣斌　张锋平
陈会军　许华娣　史全佩　成　奕　傅宝善
张朝晖　王　盼　黄建宏　桂留芬　周朝阳
徐　进　王乾應　岳　翼　朱　林　葛永华
陈思远　范云平　赵伟华　杨凤英　穆占鹏
殷华理　贾庆坤　路　扬　顾全丁　方　斌

特别说明

本著作为北京市盈科律师事务所丛书之一，由北京市盈科律师事务所组织编写

秉持“工匠精神”，打造“建房”领域的专精队伍

（代　序）

孟子曰:“源泉混混,不舍昼夜,盈科而后进,放乎四海”,“盈科”二字正是渊源于此,这也是盈科人十几年间不断积极进取和快速稳定发展的写照。

自2001年成立以来,盈科律师事务所遵循规模化、专业化、品牌化、国际化的方针,建立了遍布全球的法律服务网络。发展至今天,盈科所在中国大陆地区拥有51家分所,执业律师超过6500名,盈科全球法律服务联盟已覆盖美国、巴西、墨西哥、英国、意大利、匈牙利、波兰、比利时等53个国家的113个国际城市,多次被英国法律杂志(The Lawyer)、亚洲法律杂志(ALB)评选为亚太地区规模最大律师事务所。

律师的核心竞争力是专业,这要求我们每一位盈科人都要践行“工匠精神”,在自己的法律服务领域精耕细作。建设工程与房地产法律业务作为关系到国计民生的一项法律服务,一直是盈科专业化建设的重点法律服务领域之一,盈科在该领域的服务曾经荣获钱伯斯(Chambers)、Legal 500的多次推荐,并有多名律师上榜。2018年7月11日,盈科律师事务所建设工程与房地产业务运管中心正式成立,标志着盈科在已成立的40个专业委员会以及6个法律服务中心基础上,在“建房”法律服务专业化建设道路上的又一个里程碑。该中心旨在充分践行“工匠精神”,立足全国,在盈科各分所所在地举办各类培训、研讨,以进一步提升盈科建筑房地产法律服务领域律师的专业水平及实务能力,并通过交流、探讨来提炼出具有盈科特色的专业法律服务技术,打造一支一流的建筑与房地产法律服务团队。

应当说,盈科人一直在追寻并践行着法律人的“工匠精神”,那是我们对法律事业的一份执着,对公平正义的一份坚守,对律师工作的一份责任。当前,律

师业的发展已经步入了专业团队和服务生态的竞争时代，盈科仍然不遗余力地在寻求改进、在不断自我突破，力求在专业化、品牌化上做到进一步深化。正所谓“百尺竿头，更进一步”，盈科秉承诚信、开放、包容、共享的理念，坚持不断引入专业化的一流团队，与各方强强联手，共同打造资源平台，力图创造更多合作共赢的局面。

我与林镥海律师的相识就是在这样的背景下，我们两人在律师服务专业化、品牌化以及共享、共赢的思想上有着一致的共识，因此，双方的合作自然就水到渠成。2018 年 7 月，盈科律师事务所正式引进了林镥海律师的浙江沪鑫律师事务所团队、曹红光律师的浙江金元律师事务所团队等在建设工程与房地产领域具有专业水准的一流律师团队，并成立了盈科律师事务所建设工程与房地产法律服务运管中心。

本书系盈科律师事务所建设工程与房地产法律服务运管中心集合盈科律师事务所建筑工程法律专业律师之全力，以多年的丰富的司法实践经验，结合专业理论知识，对《最高人民法院关于审理建设工程施工合同纠纷案件适用法律若干问题的解释二》进行了系统详尽的解读，并提出了若干专业建议。

我相信，这本书不仅能够提高盈科所在建设工程与房地产法律服务领域的专业水平和服务质量，也一定能够为建筑业以及整个建设工程与房地产法律服务行业的发展尽一份绵薄之力。

盈科律师事务所全球董事会主席　梅向荣

2019 年 1 月 6 日

前　　言

改革开放以来，建筑业一直在国民经济中起着至关重要的作用，目前已经成为国民经济的支柱产业之一。同时，人们的生活和工作都离不开住房，建筑业的发展也关系着千家万户的生命和财产安全，乃是百年大计。因此，只有牢牢把握好建设工程领域中的法律关系，建立健全法律体系，树立正确的司法导向，才能为建筑业的健康发展、可持续发展提供优质高效的法律服务。

众所周知，建设工程中的法律关系与一般的法律关系不同，具有极强的特殊性和实务性：

特殊性在于，建设工程合同不仅涉及《合同法》，还涉及《招标投标法》《建筑法》，要想把握好建设工程领域的法律实务，必须要厘清一个关系，即契约自由与契约正义的关系。诚然，合同的基本原则是契约自由，但建设工程合同却还受到《招标投标法》中对"黑白合同"的认定及处理、《建筑法》中对资质和资格的管理等诸多强制性规定的限制，往往不能单纯地以契约自由论之，究其原因，这是因为建设工程合同通常还涉及公共安全、公共利益，而这些公共安全、公众利益就以契约正义的形式对契约自由进行干预和限制，故而，绝对不能抛开建设工程的特殊性去空谈契约自由。

实务性在于，建设工程合同作为有名合同，虽然首先要受到《合同法》的限制，但因建设工程领域实务性极强，涉及造价、质量、工期等专业问题，往往不能简单地套用《合同法》中的一般规定，而应当将合同法理论跟建设工程的实践结合起来。如何解决建设工程中的法律问题，是一门艺术，不仅要有理论作为支撑，而且更在于实践的积累。

鉴于建设工程合同的特殊性和实务性，最高人民法院于 2004 年 9 月 29 日出台了《关于审理建设工程施工合同纠纷案件适用法律问题的解释》，使当时的许多疑难问题迎刃而解，不但在当时起到了关键的指导作用，直至今日，许多规则仍然行之有效。然而，随着工程量清单报价的全面推行、招标投标法实施细则的实施、招标投标范围的改革、资质管理的淡化、PPP 和 EPC 模式的大量推行、建设工程施工合同示范文本 2013 版和 2017 版的修改以及十八届三中全会的召开(市场在发展中将起决定性作用),建设工程领域新的热点、难点问题不断涌现,原来的司法解释已经难以完全满足法律实务中新的需要。2004 年以来,各地法院亦在处理建设工程领域新问题的过程中,形成了许多具有实践意义的指导意见、会议纪要、问题答复,但在很多问题上却并未达成统一的意见,甚至出现了许多截然相反的做法和观点。

基于此,为了满足建设工程合同纠纷实务中的新需求,亦为了统一各地法院的实务做法,最高人民法院于 2012 年开始起草《关于审理建设工程施工合同纠纷案件适用法律若干问题的解释(二)》,数易其稿,并于 2019 年 1 月 3 日正式出台,自 2019 年 2 月 1 日起施行。可以说,这部司法解释乃是当下的重中之重,其出台后必将对建筑行业的发展产生重大的影响。针对司法解释二的出台,盈科所着手编著本书《建筑商之孙子兵法Ⅲ》。

本书最大的亮点就是将法律、理论和实践三者相结合,并融会贯通。同时,将国外法律、理论、判例和国内法律、理论、案例相结合,把《合同法》《招标投标法》《建筑法》等法律与"违约者不得益"等法学理论全部融合在一起,创立了盈科招标投标理论。同时,用盈科招标投标理论破解和解读《建设工程司法解释二》中关于招标投标理论的条文(第 1、9、10、11 条)。可以说,本书是以法律体系作为论证基础,以法律理论作为支撑指引,以实践案例作为检验标准的。

同时,本书的撰稿者一直以来密切关注着司法解释二的起草动态,并深入探究了每一稿的修订变化及其背后的法理、实务原因,对司法解释二意见稿的完善提出了许多真知灼见。以此为基础,本书充分利用了盈科所遍布全国各地的分所中专门从事建房领域法律服务的执业律师们扎实的理论功底和丰富的实务经验,并邀请到审判实务一线的法官对本书的内容进行指导和修改,最终汇聚成集体的智慧结晶,方才成就了本书的出版。

本所之所以要编著此书,一愿此书成为建筑企业日常风险防范之法律常备读本,为建筑行业的健康发展添砖加瓦;二愿此书成为建设工程领域专业律师之进阶参考读本,为建设工程领域法律服务专业水平的提高贡献绵薄之力;三愿此书中的新见解及新观点能为司法解释之进一步完善提供新的思路和方向;四愿此书成为律师及其他法律工作者从事建设工程诉讼实务中撰写代理词的重要参考(不论原被告),所有的困惑都能在书中找到答案。

更值得一提的是,本书由盈科所建房运管中心主任林镥海律师亲力亲为完成编著。林主任于2005年1月撰写的由法律出版社出版的第一本著作《〈建设工程施工合同司法解释〉操作指南》，此乃建筑商之孙子兵法之一；之后，林主任又于2012年2月负责主编由北京大学出版社出版的第二本著作《建筑工程法律实务——建筑企业的风险防范与效益创造》，此乃建筑商之孙子兵法之二；而本次林主任主编的《建筑商之孙子兵法Ⅲ》，乃是建筑商之孙子兵法之三。

最后，要衷心地感谢在本书写作、修改过程中为本书的正式定稿提供过大力支持和无私帮助的教授学者、各院法官、律师同仁，是大家的共同努力，才使本书得以顺利出版。同时，由于时间仓促，本书难免有疏漏和不当之处，敬请广大同行和读者不吝赐教、批评指正。

北京市盈科律师事务所

2019年1月6日

缩 略 语 表

一、本书中,法律、法规等规范性文件名称一律使用简称,如《中华人民共和国合同法》,简称为《合同法》。

二、其他规范性文件简称如下:

序号	文件全称	文件简称	文号
1	《最高人民法院关于审理建设工程施工合同纠纷案件适用法律问题的解释》	《建设工程司法解释一》	法释〔2004〕14 号
2	《最高人民法院关于审理建设工程施工合同纠纷案件适用法律问题的解释(二)》	《建设工程司法解释二》	法释〔2018〕20 号
3	《最高人民法院关于适用〈中华人民共和国合同法〉若干问题的解释(一)》	《合同法司法解释一》	法释〔1999〕19 号
4	《最高人民法院关于适用〈中华人民共和国合同法〉若干问题的解释(二)》	《合同法司法解释二》	法释〔2009〕5 号
5	《最高人民法院关于适用〈中华人民共和国民事诉讼法〉的解释》	《民事诉讼法解释》	法释〔2015〕5 号
6	《最高人民法院关于民事诉讼证据的若干规定》	《民诉证据规定》	法释〔2001〕33 号
7	《最高人民法院关于建设工程价款优先受偿权问题的批复》	《优先受偿权批复》	法释〔2002〕16 号
8	《最高人民法院关于审理城镇房屋租赁合同纠纷案件具体应用法律若干问题的解释》	《城镇房屋租赁合同司法解释》	法释〔2009〕11 号

目　　录

专题一
招 标 投 标

本专题共涉及《建设工程司法解释二》四个条文，即第 1 条、第 9 条、第 10 条，条文释义如下：

第一条　招标人和中标人另行签订的建设工程施工合同约定的工程范围、建设工期、工程质量、工程价款等实质性内容，与中标合同不一致，一方当事人请求按照中标合同确定权利义务的，人民法院应予支持。

招标人和中标人在中标合同之外就明显高于市场价格购买承建房产、无偿建设住房配套设施、让利、向建设单位捐赠财物等另行签订合同，变相降低工程价款，一方当事人以该合同背离中标合同实质性内容为由请求确认无效的，人民法院应予支持。

【释义】

本条是关于建设工程施工合同实质性内容的规定，即什么是建设工程施工合同的实质性内容。本条是对《建设工程司法解释一》第 21 条“当事人就同一建设工程另行订立的建设工程施工合同与经过备案的中标合同实质性内容不一致的，应当以备案的中标合同作为结算工程价款的根据”的补充，其法律依据是《招标投标法》第 46 条“招标人和中标人应当自中标通知书发出之日起三十日内，按照招标文件和中标人的投标文件订立书面合同。招标人和中标人不得再行订立背离合同实质性内容的其他协议。”

招标投标是在公开、公平、公正原则下，在高度透明、激烈竞争、政府监管部门对招标投标的全过程监管的情况下确立中标人的，且招标人和投标人应严格按照招标文件、投标文件和中标通知书签订中标合同，如果允许当事人随意变更中标合同的实质性内容，那么整个招标投标过程将沦为形式，既损害了良好的招标投标市场秩序，又损害了其他未中标的第三人的合法权益。因此，我国《招标投标法》第46条、《建设工程司法解释一》第21条以及《建设工程司法解释二》第1条均对此种情形进行了明令禁止，即建设工程领域中通常所称的“黑白合同”，又称“阴阳合同”，即招标人和中标人另行签订的施工合同，如果其实质性内容与中标合同不一致的，那么应当按照中标合同来确定当事人的权利和义务。

本条对于何为实质性内容进行了列举式的规定，包括工程范围、建设工期、工程质量、工程价款四大要素。本条在列举了上述四个要素之后，用了“等实质性内容”的字眼。那么，对于上述四大要素之外的合同内容，是否被绝对排除在“实质性内容”之外，在后续实践中将存在较大争议，如对于工程价款的支付方式、争议解决方式、违约责任等要素是否属于施工合同的实质性内容等，均需要进一步通过司法实践的检验，或许最高人民法院在后续的司法解释或指导案例中将予以答复和解决。其中对于工程价款的支付方式的争议最大，笔者下文将进行详细阐述。

在实践中，招标人和中标人为了规避《招标投标法》第46条和《建设工程司法解释一》第21条的规定，并不直接采用签订与中标合同实质性内容不一致的其他施工合同的形式，而是采取了签订其他让中标人对招标人进行让利、赠予财物、高价购买承建房产、无偿承建部分工程等合同的方式，最终达到降低中标人承包工程价款的目的。《建设工程司法解释一》第21条对此种情况并没有进行规定，故《建设工程司法解释二》对此种情况进行了补充规定，明确否定了此类合同的效力，且在司法实践中其他相似的备忘录、承诺书、会议纪要等同样也都是无效的。

此外，从《建设工程司法解释二》的条文演变可以看出，在《建设工程司法解释二》（征求意见稿）第一、二、三、四稿以及送审稿中，对于“备案合同”、“建设工程施工合同”或“中标合同”的表述皆有，但是在《建设工程司法解释二》正式稿中则摒弃了“备案合同”的表述，而是直接表述为“建设工程施工合同”或“中标合同”。这主要是源于住房城乡建设部于2018年9月28日发布的《关于修改〈房屋建筑和市政基础设施工程施工招标投标管理办法〉的决定》，其中第5条明确：“删去第四十七条第一款中的“订立书面合同后7日内，中标人应当将合同送工程所在地的县级以上地方人民政府建设行政主管部门备案”。换言之，自2018年9月28日起，我国正式废除了中标合同的备案制度。但笔者在此需要重点提醒注意的是，中标合同备案制的取消不代表我国“黑白合同”（又称“阴阳合同”）现象的消失，对于何为“黑白合同”、“黑白合同”产生的原因以及“黑白合同“的立法本意等，笔者在正文中将详细阐述。

1. 前提条件

本条适用的前提条件有二：其一是经过政府招标投标管理部门（包括但不限于招标投标管理办公室、重大项目管理办公室）监管下的公开招标和邀请招标，且招标投标合法有效；自行发包和当事人议标的情形均不适用本条规定。其二是招标人和投标人签订的中标合同合法有效。

2. 适用范围

本条适用范围包括两种情况：一种情况为必须招标的建设工程经过合法有效的招标投标的；另一种情况为不属于必须招标的建设工程经过合法有效的招标投标的。此两种情况下的建设工程，均应当适用本条规定。

第九条　发包人将依法不属于必须招标的建设工程进行招标后，与承包人另行订立的建设工程施工合同背离中标合同的实质性内容，当事人请求以中标合同作为结算建设工程价款依据的，人民法院应予支持，但发包人与承包人因客观情况发生了在招标投标时难以预见的变化而另行订立建设工程施工合同的除外。

【释义】

本条是关于非必须招标的建设工程项目经过招标投标时工程价款如何结算的规定。非必须招标的建设工程项目，经过政府招标投标管理部门监管下的招标投标程序并签订了中标合同的情况下，招标人也不得与中标人签订背离中标合同实质性内容不一致的其他施工合同，否则也应按照中标合同来结算工程价款，即根据《建设工程司法解释一》第21条和《建设工程司法解释二》第1条的规定执行。

但本条同时也规定了，若客观情况发生了招标投标时难以预见的变化的，则不受此限制。招标投标时的客观情况已经发生了重大变化时，若不允许当事人变更合同内容，则对当事人非常不公平，且招标人和中标人在此种情况下变更合同约定并没有侵害其他投标人的合法权益，也不会侵害国家的合法权益。举例而言，中标合同约定工程价款的结算原则为综合单价闭口，在招标投标和签订中标合同时的钢材价格为3500元/吨，在合同履行过程中钢材价格上涨至5000元/吨，此种情况就属于客观情况发生重大变化，笔者将在下文详细阐述。

1. 前提条件

本条适用的前提条件与《建设工程司法解释二》第1条相同，应当有两个前提条件：其一是经过政府招标投标管理部门监管下的公开招标和邀请招标，且招标投标合法有效；其二是招标人和投标人签订的中标合同合法有效。

2. 适用范围

本条适用范围为不属于必须招标的建设工程经过合法有效的招标投标的。

3. 法律依据

《招标投标法》

第二条　在中华人民共和国境内进行招标投标活动，适用本法。

第四十六条　招标人和中标人应当自中标通知书发出之日起三十日内，按照招标文件和中标人的投标文件订立书面合同。招标人和中标人不得再行订立背离合同实质性内容的其他协议。

第十条　当事人签订的建设工程施工合同与招标文件、投标文件、中标通知书载明的工程范围、建设工期、工程质量、工程价款不一致，一方当事人请求将招标文件、投标文件、中标通知书作为结算工程价款的依据的，人民法院应予支持。

【释义】

本条规定了当事人签订的施工合同的实质性内容与招标文件、投标文件、中标通知书不一致时，当事人可以请求以招标文件、投标文件和中标通知书作为结算工程价款的依据。本条的法律依据也是《招标投标法》第46条的规定。《招标投标法》第46条实际上包含两层含义：第一层含义是中标合同应当依据招标文件、投标文件、中标通知书的实质性内容签订；第二层含义是中标合同签订后，不得再背离中标合同实质性内容签订其他协议。本条规定的就是《招标投标法》第46条的第一层含义，《建设工程司法解释二》第1条规定的就是第二层含义。究其本质，主要还是为了保障良好的招标投标市场秩序，和其他未中标人的第三人的合法权益，防止虚假招标投标行为的发生。

1. 前提条件

本条适用的前提条件与《建设工程司法解释二》第1条相同，应当有两个前提条件：其一是经过政府招标投标管理部门监管下的公开招标和邀请招标，且招标投标合法有效;其二是招标人和投标人签订的中标合同合法有效。

2. 适用范围

本条适用范围也与《建设工程司法解释二》第1条相同,包括两种情况:一种情况为必须招标的建设工程经过合法有效的招标投标的;另一种情况为不属于必须招标的建设工程经过合法有效的招标投标的。

一、“黑白合同”的概念及产生原因

(一)“黑白合同”的概念

建设工程领域中的“黑白合同”,又称“阴阳合同”,它是指经过招标投标的建设工程施工合同中当事人就同一建设工程签订的两份或两份以上实质性内容不一致的合同,通常把经过招标投标的中标合同称为“白合同”,把实际履行的施工合同、补充协议等称为“黑合同”。

此处所称的招标投标是指受《招标投标法》约束的招标投标行为,而非指当事人私下组织的招标投标行为;根据《招标投标法》第10条的规定,“招标分为公开招标和邀请招标。公开招标,是指招标人以招标公告的方式邀请不特定的法人或者其他组织投标;邀请招标,是指招标人以投标邀请书的方式邀请特定的法人或者其他组织投标”。私下自行组织的招标投标(包括私下公开招标或私下邀请招标)订立建设工程施工合同的,无论采用何种所谓的招标投标形式,虽然其有类似于招标投标的程序,但由于不需要经过政府行政部门的监督管理,不能做到《招标投标法》第5条规定的公开、公平、公正的基本原则,故不能适用《招标投标法》,自然也就不适用《招标投标法》第46条、《建设工程司法解释一》第21条和《建设工程司法解释二》第1条,这和国外私人投资项目中采用的招标投标相类似,即也不存在“黑白合同”一说。

“白合同”和“黑合同”最大的特征就是在工期、质量、价款等实质性内容方面存在差异。从最高人民法院司法解释和各地法院的审判指导意见来看,实践中对于工期、质量、价款属于建设工程施工合同的实质性内容不存在任何争议,但是对于工程价款的支付方式是否属于实质性内容则存在较大争议,笔者在下文将详细阐述。

(二)“黑白合同”的产生原因

建设工程“黑白合同”的产生有着深刻的社会原因、法律原因等,追根溯源还是国家公权力的介入与私权利冲突以及行政监管严重缺位导致的结果。

1. 社会原因

目前建筑市场竞争激烈、僧多粥少，竞争秩序很混乱，拖欠工程款、农民工工资的现象十分突出。为了加大规范和整顿建筑市场的力度，许多地方人民政府不仅对《招标投标法》中规定的必须招标的工程项目进行严格管理，而且对于《招标投标法》中未规定必须招标的工程项目也以行政命令规定必须招标投标。如《四川省工程建设项目招标投标管理若干规定》第10条规定“关系社会公共利益、公众安全的公用事业项目的范围包括：……（五）工业建筑、办公建筑、公共建筑、商品住宅（包括经济适用住房）”，将工业建筑、办公建筑也列入必须招标的项目范围；《北京市工程建设项目招标范围和规模标准规定》第4条规定“关系社会公共利益、公众安全的公用事业项目的范围包括：……（五）住宅、酒店、公寓、写字楼等项目”，将酒店、公寓、写字楼项目也列入必须招标的项目范围。

虽然《招标投标法》第41条确立了最优标中标的原则，即综合分最高和合理低价中标原则，但由于综合分最高的中标办法在实际操作过程中存在一定的降价空间，发包人必然想方设法节省开支、降低成本，追求自身利益最大化，而建筑市场供过于求的关系又决定了许多建筑商不得不在中标价之下承揽建设工程项目。综观整个“黑白合同”现象，就不难发现“黑白合同”的情形多发生在民营投资的项目中，追根溯源还是由我国建筑市场环境导致的。民营投资项目中，发包人作为民营企业，其投资建设项目最根本的原因是创造更多更高的经济效益，此种情况下，发包人在签订建设工程施工合同时就会尽可能地将项目的建安成本压缩至最低。

如前所述，根据我国相关法律法规的规定，公开招标的效力与邀请招标的效力是一样的，民营投资的项目极少会采取公开招标的形式，一般都采取邀请招标的形式进行。邀请招标，是指招标人根据项目的特征和要求，有选择性地向建筑商发出投标邀请书，邀请他们参加投标活动，后经过评标从中选定中标单位的一种方式。在公开招标的模式下，只要满足招标人要求的所有单位都可以参与投标活动，但是在邀请招标的模式下，只有收到招标人的投标邀请书的建筑商才可以参加投标活动。因此，在邀请招标的模式下，招标人更容易掌控整个招标投标过程。

通常情况下，发包人为了达到控制成本的目的，往往会私下联系数个建筑商，就项目的承发包事宜进行洽商、比价，并最终确定一个双方均可以接受且价格偏低的施工合同。之后，发包人往往会要求建筑商找几家“陪标单位”在该项目后续的招标投标程序中“走过场”，最终由发包人和建筑商再根据“中标结果”签订施工合同并进行备案，这也是我们常说的“明标暗定”现象。但是，在该项目后续的招标投标过程中，由于政府部门会进行监督和管理，尤其是对工程造价部分进行监管，避免出现不合理的低价竞争，以确保后续工程的质量和安全。经过该招标投标程序确定的中标价格，往往高于发包人和建筑商事先签订的施工合同确定的价格，这就是政府对于工程价款的监管与民营投资项目发包人压低价格的冲突，“黑白合同”自然而然就产生了。实践中，很大一部分“黑白合同”均是这样产生的。

2. 法律原因

建设工程施工合同作为《合同法》规定的一类有名合同，必须严格遵守《合同法》的相关规定。但由于建设工程是一类特殊的商品，建设工程的质量涉及千家万户人的财产和生命安全，涉及社会公共安全、公众利益，并且为了防止国有资产流失，国家格外注重对建筑业的监督管理。《招标投标法》《建筑法》等一系列建筑领域的法律法规均对该类民事合同进行了强制干预，故建设工程施工合同中既包含民事法律关系，又包含行政法律关系；既有私人利益，又涉及公众的财产和生命安全的社会公共利益。简言之，《招标投标法》保障的“社会公共利益”“防止国有资产流失”与《合同法》保障的“当事人意思自治”产生冲突。

在《建设工程司法解释一》出台之前，一般都是中标合同价格高，而私下签订的“黑合同”价格低。但是在《建设工程司法解释一》出台之后，发包人组织律师、法务的力量重点破解《建设工程司法解释一》第 21 条“黑白合同”的规定，由此也导致实践中出现了一批中标合同价格低于实际履行的“黑合同”价格的情况。

3. 行政监管缺位原因

如前所述，《招标投标法》及相应配套法律文件对于必须招标项目的范围以及招标投标流程均规定得非常明确、细致，但“黑白合同”的现象仍然层出不穷。究其另一方面原因也不难发现，我国对于必须招标项目的行政监管均集中在招标投标和签订中标合同阶段，但对于双方当事人合同履行阶段和最终的结算阶段的监管则处于严重缺位的状态。而且，即使必须招标的项目出现了“黑白合同”的现象，且被政府相关监管部门发现，政府相关监管部门一般对此也并不会采取处罚措施。换言之，当事人违背了《招标投标法》的相关规定，但却无须为此付出任何代价，某种程度上也是助长了这一不良现象的肆意增长。从招标投标的实践来看，出现“黑白合同”还有一部分原因是政府相关行政主管部门在事中、事后对该现象严重缺少监管。

（三）“黑白合同”的表现形式

1.“黑合同”签订在中标之前

由于建设工程项目的不确定性因素很多，市场信息的不对称性使招标人难以对投标人的经验及技术、履约能力有准确的判断，给招标人带来了诸多风险。为了规避招标投标带来的施工者选择的不确定风险，不少招标人想方设法控制招标投标的结果，具体表现为：在招标之前与潜在的投标人进行实质性内容的谈判，要求对工程取费、工期、付款条件、垫资等作出承诺；有的事先已经选定建筑商，并签署了涵盖工程取费、工期、付款条件、垫资等内容的协议书；有的甚至在实行招标投标之前建筑商就已经实际进场施工了。在已经设定投标条件或圈定中标人后，发包人再按照政府部门的监管要求实行招标投标程序，并签订中标合同。

在这些行为之下，招标人在招标投标之前与建筑商签订的协议书或建筑商出具的承诺书，与中标后签订的中标合同在实质性内容方面基本都存在较大差异，于是就形成了一“黑”一“白”，实质上是规避了建设工程招标投标程序。但是能否仅根据在中标之前签订了协议书、承诺书等行为就一律认定该招标投标程序属于虚假招标投标以及是否必然导致中标合同无效，笔者将在后续详细论述。

2.“白合同”与“黑合同”同时签订

实践中还存在一种情况，发包人发出中标通知书之后，在与中标人签订正式的中标合同之前，发包人觉得中标的价格过高，要求中标人作出让利，此时中标人为了承建该项目，不得不作出让步，因此就会出现招标人和中标人在签订备案的“白合同”当天又另行签订一份“黑合同”。

3.“黑合同”签订在中标之后

大部分的“黑合同”是签订在中标之前的，但有的“黑合同”也会签订在中标之后。发包人和中标人根据招标投标文件、中标通知书签订了一份中标合同，事后双方又协商对中标合同的实质性内容进行更改，并签订了实际履行的施工合同或补充协议。

实践中，“黑合同”签订在中标之后主要也可以分为以下三种情况：(1)发包人和建筑商在签订中标合同之前已经有明确的口头或书面的约定，中标合同不作为双方实际履行的依据，后双方在中标合同签订之后另行签订了实际履行的“黑合同”，实践中大多数都是此类情形；(2)在合同履行过程中，发包人利用自身的优势地位要求建筑商与其另行签订价格明显低于中标合同的“黑合同”；(3)在合同履行过程中,建筑商利用自己的优势地位要求增加费用,即要求发包人与其签订价格明显高于中标合同的"黑合同"(此种情况比较少)。

二、"黑白合同"理论的发展历程

"黑白合同"这一建设工程领域特有的现象,是伴随着我国建筑行业引入招标投标程序而出现,最早源于民间约定俗成的习惯性叫法。"黑白合同"一词最早出现于正式文件是在2003年10月27日全国人大常委会副委员长李铁映向全国人大常委会第五次会议所作的《全国人大常委会执法检查组关于检查〈中华人民共和国建筑法〉实施情况的报告》中,该报告提出:"各地反映,建设单位与投标单位或招标代理机构串通,搞虚假招标,明标暗定,签订'黑白合同'的问题相当突出。所谓'黑白合同',就是建设单位在工程招标投标过程中,除了公开签订的合同外,又私下与中标单位签订合同,强迫中标单位垫资带资承包、压低工程款等。'黑合同'违反了《招标投标法》、《合同法》和《建筑法》的相关规定,极易造成建筑工程质量隐患,既损害施工方的利益,最终也损害建设方的利益。"

我国最早将"黑白合同"理论体现到部门规章中是1992年12月30日原建设部颁布的《工程建设施工招标投标管理办法》(已失效)第37条,该条规定:"中标通知书发出30天内,中标单位应与建设单位依据招标文件、投标书等签订工程承发包合同。"该条款仅规定了中标单位与建设单位应根据招标投标文件签订合同,但并未作进一步细化和详细的规定,在实践中缺乏可操作性。之后,随着全国范围内建筑业的蓬勃发展,施工合同的表现形式日益复杂,原有规定已明显滞后于建筑业的发展,"黑白合同"现象更是层出不穷,各地渐渐开始把"黑白合同"问题规定在地方性法规、政策性文件中。例如,1996年12月30日颁布实施的《上海市建设工程承发包管理办法》第27条规定:"实行招标发包的建设工程,其承发包合同的主要条款内容应当与招标文件、投标标书和中标通知书的主要内容相一致。"1997年12月1日实施的《上海市建筑市场管理条例》第34条第3款规定:"实行招标发包的建设工程,其承发包合同的主要条款内容应当与招标文件、投标标书和中标通知书的主要内容相一致。"

在各地对"黑白合同"问题探索的基础上,我国在法律层面上对"黑白合同"问题作出了明确规定,2000年1月1日开始施行的《招标投标法》第46条第1款明确规定:"招标人和中标人应当自中标通知书发出之日起三十日内,按照招标文件和中标人的投标文件订立书面合同。招标人和中标人不得再行订立背离合同实质性内容的其他协议。”2005 年 1 月 1 日开始实施的《建设工程司法解释一》第 21 条更是对“黑白合同”的结算问题作了明确规定:“当事人就同一建设工程另行订立的建设工程施工合同与经过备案的中标合同实质性内容不一致的,应当以备案的中标合同作为结算工程价款的根据。”

但是,《建设工程司法解释一》实施以后的实践效果并不理想,有相当一部分的法院对于如何适用该司法解释第 21 条存在争议。甚至到目前为止,有的法官还认为,因为“黑合同”是双方真实意思的表示,“白合同”不是双方真实意思的表示,所以“白合同”是无效的,应以“黑合同”为准来结算工程价款,这让《建设工程司法解释一》第 21 条的规定成为一纸空文。

最高人民法院为了解决上述问题,于 2011 年 6 月在杭州召开了全国民事审判工作会议,形成了《全国民事审判工作会议纪要(2011)》,对“黑白合同”问题再一次予以明确。同时,根据各地实践中出现的不同情况,结合《合同法》的相关规定,在《全国民事审判工作会议纪要(2011)》第 23 条第 2 款对“黑白合同”的结算原则进行了限制,即:建设工程开工后,因设计变更、建设工程规划指标调整、主要建筑材料价格异常变动等客观原因,发包人与承包人变更有关工程范围、建设工期、工程质量、工程造价等约定,不适用《招标投标法》第 46 条的规定。

总体而言,“黑白合同”理论的发展大致可以分为以下六个阶段:

(一)1999 年 10 月 1 日之前,即《合同法》施行之前,“黑合同”一律被认定为无效

在这一阶段,国家对合同效力的认定比较严格,无效合同情形泛滥。此时认定合同无效的法律依据为《经济合同法》第 7 条第 1 款的规定:“下列经济合同为无效:一、违反法律和行政法规的合同;二、采取欺诈、胁迫等手段所签订的合同;三、代理人超越代理权限签订的合同或以被代理人的名义同自己或者同自己所代理的其他人签订的合同;四、违反国家利益或社会公共利益的经济合同。”

由此可以看出,《经济合同法》判定合同无效的标准过低,并且无效合同的情形太过宽泛,合同从订立到完成整个过程中若有一个环节有违法现象,整个合同行为就会被认定为无效。因此,这一时期的“黑合同”一律被认定无效。

(二)1999 年 10 月 1 日至 2000 年 1 月 1 日期间,即《合同法》施行至《招标投标法》施行期间,这一时期属于空档期

1999 年我国颁布实施了《合同法》,《合同法》的实施是对合同效力认定价值取

向的转折点。《合同法》对导致合同无效的情形规定得较为严格，第 52 条规定："有下列情形之一的，合同无效：（一）一方以欺诈、胁迫的手段订立合同，损害国家利益；（二）恶意串通，损害国家、集体或者第三人利益；（三）以合法形式掩盖非法目的；（四）损害社会公共利益；（五）违反法律、行政法规的强制性规定。"

根据《合同法》的上述规定，除了前四项的情形导致合同无效外，只有在违反法律、行政法规效力性的强制性规定的情况下合同才会被认定为无效。但是，在《招标投标法》实施前，"黑合同"是否属于违背了法律法规效力性的强制性规定尚无定论，各地法院对于"黑合同"的效力认定以及"黑白合同"的结算问题处于一个相当混乱的状态。

（三）2000 年 10 月 1 日至 2005 年 1 月 1 日期间，即《招标投标法》实施至《建设工程司法解释一》实施期间

在这一阶段，《招标投标法》明确要求承发包合同的主要条款内容应当与招标文件、投标标书和中标通知书的主要内容相一致。但是对于实践中出现的"黑白合同"效力如何认定没有明确、可操作性的规定，各地法院有不同的倾向。所以该阶段是各地法院对于"黑白合同"理论的探索研究阶段，有以备案的"白合同"为准结算工程价款的案例，也有以实际履行的"黑合同"为准结算工程价款的案例。

（四）2005 年 1 月 1 日至 2011 年期间，即《建设工程司法解释一》发布至《全国民事审判工作会议纪要（2011）》出台期间

《建设工程司法解释一》第 21 条是最高人民法院对"黑白合同"的结算问题通过司法解释进行明确和统一的规定，但是，实践中争议还是很大，有的法官仍以"黑合同"为准来结算，如浙江的法院，在《建设工程司法解释一》至《全国民事审判工作会议纪要（2011）》期间，都还是以"黑合同"为准来结算工程价款，而不是以"白合同"为准。直至《全国民事审判工作会议纪要（2011）》出台，此种情况才慢慢有所改善。

（五）2011 年即《全国民事审判工作会议纪要（2011）》出台至《建设工程司法解释二》出台期间

《建设工程司法解释一》虽然确立了以备案的中标合同为准的结算原则，但是以下争议问题尚没有解决：(1)《招标投标法》第 46 条的规定是否属于效力性的强制性规定？(2)当事人未按照招标投标文件签订合同时如何处理？(3)虚假招标投标、中标无效、中标合同无效的情况下如何结算工程价款？(4)非强制招标项目经

过了招标投标程序的情况下,如何结算工程价款?

出现这种现象主要由以下两个原因造成:(1)司法解释的滞后性。最高人民法院自2002年3月起开始司法解释的起草工作,于2004年9月29日经最高人民法院审判委员会第1327次会议通过。在此期间,我国开始推行与国际接轨的清单报价,并于2003年7月1日起施行《建设工程工程量清单计价规范标准》(原建设部令第110号),各地在2004年以后陆续开始推行清单报价。从当时实践来看,大多数民营企业还不适应清单报价,仍然以定额作为计价原则和计价方法。在适用初期,工程量清单报价问题还不突出,但随着工程量清单报价制度的大力推行与实施,投标报价中的工程价款结算原则与中标合同中的工程价款结算原则不一致的情况屡见不鲜,但在司法解释的起草过程中尚未发现这个问题,故《建设工程司法解释一》中并没有对此加以规定。(2)建设工程诉讼的特殊性。一般而言,建设工程施工合同纠纷案件的诉讼周期比较长,工程周期一般都需要二年到五年的时间,工程完工后,即便发包人和建筑商产生争议,提起诉讼往往要在一年以后,所以建设工程施工合同纠纷案件的矛盾需要相当长一段时间才能反映到审判实践中。此外,实践中法官对"黑白合同"的效力问题有不同的理解,即使是在最高人民法院的司法解释出台以后,不少法官仍坚持自己的观点,加上实践中又出现了大量的疑难、复杂问题,使得"黑白合同"问题的处理更加棘手。

正是基于上述原因,在《建设工程司法解释一》出台以后,各地法院根据其对《招标投标法》及该司法解释等的不同理解,并结合当地的实际情况陆续发布了审理建设工程施工合同纠纷的指导意见,但各地法院的指导意见就同一法律问题的认定也不尽相同,这就导致同案不同判的现象在实践中层出不穷。此外,我国法官的基础法律教育、培训中并没有涵盖《建筑法》《招标投标法》《招标投标法实施条例》等内容,且法官们对于招标投标实务的了解也是少之又少,这是很多法官无法理解"黑白合同"本意的缘由,也是导致各法官对"黑白合同"理解出现严重偏差的主要原因之一。

(六)《建设工程司法解释二》出台以后

《建设工程司法解释二》出台之后,对于《建设工程司法解释一》遗留的"黑白合同"的争议问题解决了一部分,但仍有部分争议问题未能妥善解决。目前,建设工程施工合同领域出现了一批主流观点:在中标有效、中标合同有效的情况下,以中标合同作为结算工程价款的依据;在多份合同无效的情况下,以实际履行的"黑合同”作为结算工程价款的依据。《建设工程司法解释二》对此也持相同观点,但笔者持保留态度,后续将进行详细阐述。

三、“黑白合同”效力的认定

原先“黑白合同”只有一种情况,即不区分合同效力,合同有效或无效对工程结算没有影响,即以中标并已备案的合同来结算工程价款。现在有了新的变化:在中标有效且合同有效的前提下,根据《建设工程司法解释一》第21条和《建设工程司法解释二》第1条的规定结算工程价款,即以中标并已备案的合同来结算工程价款;在合同无效的前提下,按照《建设工程司法解释二》第11条来结算工程价款。

(一)强制招标项目中标有效、中标合同有效,工程价款的结算原则

《建设工程司法解释一》

第21条 当事人就同一建设工程另行订立的建设工程施工合同与经过备案的中标合同实质性内容不一致的,应当以备案的中标合同作为结算工程价款的根据。

《建设工程司法解释二》:

第1条 招标人和中标人另行签订的建设工程施工合同约定的工程范围、建设工期、工程质量、工程价款等实质性内容,与中标合同不一致,一方当事人请求按照中标合同确定权利义务的,人民法院应予支持。

招标人和中标人在中标合同之外就明显高于市场价格购买承建房产、无偿建设住房配套设施、让利、向建设单位捐赠财物等另行签订合同,变相降低工程价款,一方当事人以该合同背离中标合同实质性内容为由请求确认无效的,人民法院应予支持。

以上两条规定确立了以中标合同(即“白合同”)为结算工程价款依据的原则,但是司法实践中各地做法不一,这主要是因为《建设工程司法解释一》第21条和《建设工程司法解释二》第1条有严格的适用范围和前提条件。

《建设工程司法解释一》第21条和《建设工程司法解释二》第1条的法律依据是《招标投标法》第46条,即:“招标人和中标人应当自中标通知书发出之日起三十日内,按照招标文件和中标人的投标文件订立书面合同。招标人和中标人不得再行订立背离合同实质性内容的其他协议。”

1.《建设工程司法解释一》第21条和《建设工程司法解释二》第1条的适用范围:一是必须招标的建设工程经过合法有效的招标投标的;二是不属于必须招标的建设工程经过合法有效的招标投标的。

所谓强制招标工程，是指根据法律或行政法规规定必须通过招标投标形式签署施工合同的建设工程。实践中争议较大的是强制招标的项目范围如何确定，各地法院对此认识并不统一。

强制招标的项目范围是一个动态的发展过程：

《招标投标法》

第三条第一款 在中华人民共和国境内进行下列工程建设项目包括项目的勘察、设计、施工、监理以及与工程建设有关的重要设备、材料等的采购，必须进行招标：

（一）大型基础设施、公用事业等关系社会公共利益、公众安全的项目；

（二）全部或者部分使用国有资金投资或者国家融资的项目；

（三）使用国际组织或者外国政府贷款、援助资金的项目。

至于如何界定上述规定中各种项目的范围，《招标投标法》第 3 条第 2 款也进行了规定："前款所列项目的具体范围和规模标准，由国务院发展计划部门会同国务院有关部门制订，报国务院批准"，即《招标投标法》授权国务院发展计划部门会同国务院有关部门制定必须招标投标的具体范围和规模标准。

2000 年 5 月 1 日开始施行的《工程建设项目招标范围和规模标准规定》对关系社会公共利益、公众安全的基础设施项目的范围，关系社会公共利益、公众安全的公用事业项目的范围，使用国有资金投资项目的范围，国家融资项目的范围，使用国际组织或者外国政府资金的项目范围进行了细化规定，强制招标项目的范围非常广，其中最突出的就是"商品住宅"项目被列入了强制招标项目的范围内。

但是，《工程建设项目招标范围和规模标准规定》第 10 条规定："省、自治区、直辖市人民政府根据实际情况，可以规定本地区必须进行招标的具体范围和规模标准，但不得缩小本规定确定的必须进行招标的范围"，该规定将必须进行招标的具体范围和规模标准的制定标准，又一次授权给了各省、自治区、直辖市的人民政府，这也是导致我国各地必须招标的范围和规模存在较大差异、做法也不尽相同的主要原因。

《四川省工程建设项目招标投标管理若干规定》第 10 条规定："关系社会公共利益、公众安全的公用事业项目的范围包括：……（五）工业建筑、办公建筑、公共建筑、商品住宅（包括经济适用住房）"，将"工业建筑、办公建筑"增加列入了必须招标的项目范围；《北京市工程建设项目招标范围和规模标准规定》第 4 条规定："关系社会公共利益、公众安全的公用事业项目的范围包括：……（五）住宅、酒店、公寓、写字楼等项目”，将“酒店、公寓、写字楼项目”也列入了必须招标的项目范围；而《江苏省工程建设项目招标范围和规模标准规定》第4条规定：“关系社会公共利益、公众安全的公用事业项目的范围包括：……（三）新闻出版、广播电视项目；（四）经济适用房、职工集资房”，将“新闻出版、广播电视项目”列为必须招标的项目范围，但是将住宅进行了限缩性的归单顶，规定“经济适用房”和“职工集资房”属于必须招标的范围，将普通商品住宅从必须招标的项目范围中剔除。

单从《工程建设项目招标范围和规模标准规定》第10条而言，该条规定各省、自治区、直辖市的人民政府可以根据当地的实际情况制定本地区必须招标的范围和规模，但是不得缩小《工程建设项目招标范围和规模标准规定》的规定，北京市和四川省的规定均扩大了《工程建设项目招标范围和规模标准规定》规定的必须招标的项目范围，但是江苏省则是缩小了该规定的必须招标的项目范围，江苏省的该规定是明显违背《工程建设项目招标范围和规模标准规定》的，应属无效。

但是，根据《立法法》第12条的规定：“被授权机关应当严格按照授权决定行使被授予的权力。被授权机关不得将被授予的权力转授给其他机关。”《招标投标法》第3条将必须招标的项目范围和规模标准授权国务院发展计划部门会同国务院有关部门制订，国家发展计划委员会根据《招标投标法》的授权制定了必须招标的项目范围和规模标准之后，其无权再授权各省、自治区、直辖市政府来另行制定各地必须招标的项目范围和规模。因此，国家发展计划委员会的转授权行为无效，即《工程建设项目招标范围和规模标准规定》第10条的规定是不合法的，各地区政府也无权就必须招标的项目范围和规模进行规定，其制定的规定均无效。

2014年7月1日《住房城乡建设部关于推进建筑业发展和改革的若干意见》（建市〔2014〕92号）第1条第5项规定：改革招标投标监管方式。调整非国有资金投资项目发包方式，试行非国有资金投资项目建设单位自主决定是否进行招标发包，是否进入有形市场开展工程交易活动，并由建设单位对选择的设计、施工等单位承担相应的责任。建设单位应当依法将工程发包给具有相应资质的承包单位，依法办理施工许可、质量安全监督等手续，确保工程建设实施活动规范有序。各地要重点加强国有资金投资项目招标投标监管，严格控制招标人设置明显高于招标项目实际需要和脱离市场实际的不合理条件，严禁以各种形式排斥或限制潜在投标人投标。要加快推进电子招标投标，进一步完善专家评标制度，加大社会监督力度，健全中标候选人公示制度，促进招标投标活动公开透明。鼓励有条件的地区探索开展标后评估。勘察、设计、监理等工程服务的招标，不得以费用作为唯一的中标条件。

2017 年 2 月 24 日《国务院办公厅关于促进建筑业持续健康发展的意见》(国办发〔2017〕19 号)第 2 条第 2 项规定:完善招标投标制度。加快修订《工程建设项目招标范围和规模标准规定》,缩小并严格界定必须进行招标的工程建设项目范围,放宽有关规模标准,防止工程建设项目实行招标“一刀切”。在民间投资的房屋建筑工程中,探索由建设单位自主决定发包方式。将依法必须招标的工程建设项目纳入统一的公共资源交易平台,遵循公平、公正、公开和诚信的原则,规范招标投标行为。进一步简化招标投标程序,尽快实现招标投标交易全过程电子化,推行网上异地评标。对依法通过竞争性谈判或单一来源方式确定供应商的政府采购工程建设项目,符合相应条件的应当颁发施工许可证。

从上述两份文件的颁布就可以看出,关于民营投资的建设项目是否列入强制招标范围这一问题的风向已经慢慢开始转变,即政府开始鼓励和倡导由发包人自行决定民营投资项目的发包形式,而非“一刀切”列入强制招标范围。

2018 年 6 月 1 日,国家发展和改革委员会颁布施行的《必须招标的工程项目规定》(“发改委 16 号令”),废止了《工程建设项目招标范围和规模标准规定》,对于强制招标项目的范围进行了调整,主要如下:

第二条 全部或者部分使用国有资金投资或者国家融资的项目包括:

(一)使用预算资金 200 万元人民币以上,并且该资金占投资额 10% 以上的项目;

(二)使用国有企业事业单位资金,并且该资金占控股或者主导地位的项目。

第三条 使用国际组织或者外国政府贷款、援助资金的项目包括:

(一)使用世界银行、亚洲开发银行等国际组织贷款、援助资金的项目;

(二)使用外国政府及其机构贷款、援助资金的项目。

第四条 不属于本规定第二条、第三条规定情形的大型基础设施、公用事业等关系社会公共利益、公众安全的项目,必须招标的具体范围由国务院发展改革部门会同国务院有关部门按照确有必要、严格限定的原则制订,报国务院批准。

第五条 本规定第二条至第四条规定范围内的项目,其勘察、设计、施工、监理以及与工程建设有关的重要设备、材料等的采购达到下列标准之一的,必须招标:

(一)施工单项合同估算价在 400 万元人民币以上;

(二)重要设备、材料等货物的采购,单项合同估算价在 200 万元人民币以上;

(三)勘察、设计、监理等服务的采购,单项合同估算价在 100 万元人民币以上。

同一项目中可以合并进行的勘察、设计、施工、监理以及与工程建设有关的重要设备、材料等的采购,合同估算价合计达到前款规定标准的,必须招标。

2018 年 6 月 6 日国家发展和改革委员会施行的《必须招标的基础设施和公用事业项目范围规定》对必须招标的“大型基础设施、公用事业等关系社会公共利益、公共安全的项目”进行了规定:

第二条　不属于《必须招标的工程项目规定》第二条、第三条规定情形的大型基础设施、公用事业等关系社会公共利益、公共安全的项目,必须招标的具体范围包括:

(一)煤炭、石油、天然气、电力、新能源等能源基础设施项目;

(二)铁路、公路、管道、水运,以及公共航空和 A1 级通用机场等交通运输基础设施项目;

(三)电信枢纽、通信信息网络等通信基础设施项目;

(四)防洪、灌溉、排涝、引(供)水等水利基础设施项目;

(五)城市轨道交通等城建项目。

目前最大的变化就是民营投资的科技、教育、文化、体育、旅游、卫生、社会福利、商品住宅项目均不再属于强制招标的范围。

2.《建设工程司法解释一》第 21 条和《建设工程司法解释二》第 1 条适用的前提条件之一:招标投标有效,包括公开招标和邀请招标

(1)哪些项目必须进行公开招标?

《房屋建筑和市政基础设施工程施工招标投标管理办法》

第九条第二款　依法必须进行施工招标的工程,全部使用国有资金投资或者国有资金投资占控股或者主导地位的,应当公开招标,但经国家计委或者省、自治区、直辖市人民政府依法批准可以进行邀请招标的重点建设项目除外;其他工程可以实行邀请招标。

《招标投标法》

第十一条　国务院发展计划部门确定的国家重点项目和省、自治区、直辖市人民政府确定的地方重点项目不适宜公开招标的,经国务院发展计划部门或者省、自治区、直辖市人民政府批准,可以进行邀请招标。

《招标投标法实施条例》

第八条　国有资金占控股或者主导地位的依法必须进行招标的项目,应当公开招标;但有下列情形之一的,可以邀请招标:

(一)技术复杂、有特殊要求或者受自然环境限制,只有少量潜在投标人可供选择;

(二)采用公开招标方式的费用占项目合同金额的比例过大。

有前款第二项所列情形,属于本条例第七条规定的项目,由项目审批、核准部门在审批、核准项目时作出认定;其他项目由招标人申请有关行政监督部门作出认定。

《工程建设项目施工招标投标办法》

第十一条 依法必须进行公开招标的项目,有下列情形之一的,可以邀请招标:

(一)项目技术复杂或有特殊要求,或者受自然地域环境限制,只有少量潜在投标人可供选择;

(二)涉及国家安全、国家秘密或者抢险救灾,适宜招标但不宜公开招标;

(三)采用公开招标方式的费用占项目合同金额的比例过大。

有前款第二项所列情形,属于本办法第十条规定的项目,由项目审批、核准部门在审批 、核准项目时作出认定;其他项目由招标人申请有关行政监督部门作出认定。

全部使用国有资金投资或者国有资金投资占控股或者主导地位的并需要审批的工程建设项目的邀请招标,应当经项目审批部门批准,但项目审批部门只审批立项的,由有关行政监督部门批准。

根据《招标投标法》《招标投标法实施条例》《工程建设项目施工招标投标办法》的上述规定,国家重点项目,省、自治区、直辖市的地方重点项目,国有资金占控股或主导地位的依法必须招标的项目,一般情况下均应进行公开招标,上述规定的特殊情形除外。

如何认定国有资金占控股或主导地位?从《公司法》的角度来说,控股包括绝对控股和相对控股。绝对控股是指持有某一公司50%以上(不含本数)股权的股东;相对控股,则是指一个公司股东较多,股权也相对分散,其中某一股东持有的股权虽不足50%,但高于其他所有股东分别持有的股权,且其持有的表决权足以影响股东会决议,该股东对于该公司而言就是相对控股。同样地,国有资金占控股或主导地位,也包括绝对控股地位和相对控股地位。

(2)公开招标与邀请招标的法律效力问题,以及应当公开招标的项目实际进行了邀请招标的法律后果

《招标投标法》第10条规定:"招标分为公开招标和邀请招标。"公开招标和邀

请招标同属法定的招标形式，是法律允许的两种不同的招标形式，因此，当事人就相关项目组织招标投标，只要未违反法律法规的相关规定，不论采取的是公开招标还是邀请招标，其法律效力是一样的。

那么，应当公开招标的项目实际进行了邀请招标并签订的合同效力如何认定？

《招标投标法实施条例》

第六十四条　招标人有下列情形之一的，由有关行政监督部门责令改正，可以处10万元以下的罚款：

（一）依法应当公开招标而采用邀请招标；

……

招标人有前款第一项、第三项、第四项所列行为之一的，对单位直接负责的主管人员和其他直接责任人员依法给予处分。

第八十条　国家工作人员利用职务便利，以直接或者间接、明示或者暗示等任何方式非法干涉招标投标活动，有下列情形之一的，依法给予记过或者记大过处分；情节严重的，依法给予降级或者撤职处分；情节特别严重的，依法给予开除处分；构成犯罪的，依法追究刑事责任：

（一）要求对依法必须进行招标的项目不招标，或者要求对依法应当公开招标的项目不公开招标；

……

《工程建设项目施工招标投标办法》

第七十三条第二款、第三款　招标人有下列情形之一的，由有关行政监督部门责令改正，可以处10万元以下的罚款：

（一）依法应当公开招标而采用邀请招标；

……

招标人有前款第一项、第三项、第四项所列行为之一的，对单位直接负责的主管人员和其他直接责任人员依法给予处分。

从《招标投标法》的规定可以看出，公开招标与邀请招标最大的区别在于：公开招标是针对不特定的主体，且主要是为了防止国有资产的流失，而邀请招标是针对招标人发出投标邀请函的特定主体。国家、地方重点项目以及国有资金占控股或主导地位的依法必须招标的项目，法律规定其应当采取公开招标的形式，其立法本意是为了确保这些项目在选择中标人时范围更广，更能够选择出“最优标”，以及为了防止“暗箱操作”的违法事件的发生，确保国家、地方重点项目以及国有资金占控股或主导地位的依法必须招标项目的质量、安全等，防止国有资产流失。如果允许应当公开招标的项目采取邀请招标的形式，那么，由于邀请招标形式的局限性和可操控性，势必会导致这些项目的招标投标程序流于形式，使《招标投标法》及相关规定的立法本意落空，无法保障国家、地方重点项目以及国有资金占控股或主导地位的这些项目，不但无法保障项目的质量、安全，同时也会使国有资产面临流失的风险等。

因此，笔者认为，应当公开招标的项目如果实际采用了邀请招标，该招标投标行为是无效的，据此签订的中标合同也是无效的，且对于相关主管人员或其他直接责任人员等还应根据情节的轻重进行处罚，构成犯罪的需依法追究刑事责任。

3.《建设工程司法解释一》第21条和《建设工程司法解释二》第1条适用的前提条件之二：中标合同有效

只有在建设工程的招标投标程序合法有效、中标有效，且中标合同有效，“黑合同”与“白合同”实质性内容不一致时，才可根据《建设工程司法解释一》第21条和《建设工程司法解释二》第1条的规定，以中标合同作为结算工程价款的依据。

案例1－1

一、本案当事人

原告（承包人）：××建设集团股份有限公司

被告（发包人）：××广场投资有限公司

二、本案基本事实

1. 工程概况

（1）项目情况：位于四川省××市的××广场项目，系商场、办公综合体。

（2）发包范围：××广场一区及地下车库的土建、水电安装，建筑面积14万平方米。

（3）发包种类：本案项目系国有投资项目，属于必须招标投标的项目。

（4）开工日期：2010年11月24日；竣工日期：2012年10月25日。

2. 合同签订情况

（1）2010年5月6日，本工程进行了合法有效的招标投标程序，××广场投资有限公司向××建设集团股份有限公司发出中标通知书，确认由××建设集团股份有限公司中标；

（2）2010年5月6日至2010年6月9日期间，××建设集团股份有限公司与

××广场投资有限公司根据中标通知书签订了中标合同,合同约定结算方式为“四川2009定额”,土建工程下浮3%,安装工程下浮6%;

(3)2010年6月9日,××广场投资有限公司对本项目进行招标备案;

(4)2010年7月12日,××广场投资有限公司与××建设集团股份有限公司签订了实际履行合同,约定土建工程下浮8%,安装工程下浮11%。

三、起诉原因

工程竣工验收合格后,原被告双方因结算发生争议(即以中标合同为准来结算工程价款还是以双方实际履行合同为准来结算工程价款)而诉至法院。

四、鉴定结果

法院委托工程造价鉴定单位进行司法审价,鉴定结果为:

(1)按照中标合同约定的土建工程下浮3%,安装工程下浮6%结算,工程造价为9.85亿元;

(2)按照双方真实意思表示的实际履行合同约定土建工程下浮8%,安装工程下浮11%进行结算,工程造价为9.35亿元;

(3)两者相差5000万元。

五、本案争议焦点

本案是以中标合同为准来结算工程价款,还是以双方实际履行的真实意思表示的合同为准来结算工程价款?

[案例1-1]是一个非常典型的“黑白合同”案例,即招标投标程序合法有效、中标有效,双方据此签订的中标合同有效,后双方又另行签订了与中标合同的结算价款原则不一致的“黑合同”。根据《建设工程司法解释一》第21条和《建设工程司法解释二》第1条的规定,本案中应当根据中标合同来结算工程价款。

案例1-2

一、本案当事人

原告(承包人):上海××建筑股份有限公司

被告(发包人):上海××机械有限公司

二、项目情况及签约过程

1. 工程简况

(1)项目情况:该工程位于上海××区,××厂综合厂房的土建、安装。

(2)发包种类:本案项目是民营投资,是厂房项目,属于可以直接发包的项目,但发包人自行进行了招标投标。

2.(自行)招标投标过程

发包人为改造综合厂房,未通过政府招标投标办公室,即自己成立了一个招标投标部门,并委托一家招标代理机构组织招标,并向20家单位发出招标的邀请和招标文件。20家单位都参与了工程竞标,且按照招标文件的评标办法,最终由本案原告中标,且发包人向本案原告发出中标通知书。

3. 合同签订过程

(1)2010年5月,原被告根据招标投标情况签订了一份《建设工程施工合同》,并进行了备案。合同约定采用固定总价合同,造价为8000万元,并进行备案。

(2)合同履行过程中,双方又签订了《建设工程施工合同补充协议》,就价款结算等一些未尽事宜进行补充约定。结算方式变更为工程总价,造价为1亿元,不受市场浮动因素及其他任何因素影响。

三、起诉原因

原被告由于结算发生争议,即以中标合同为准还是以补充合同为准进行结算,遂诉至法院。

四、工程造价争议

按照备案的合同约定工程价款为8000万元;按照补充协议结算,工程价款为1亿元;两者造价相差2000万元。

在[案例1-2]中,虽然双方也进行了招标投标程序,且招标人也向中标人发出了中标通知书,并签订了施工合同且办理了备案手续,后双方当事人也另行签订了与中标合同不一致的实际履行的合同。[案例1-2]与[案例1-1]最大的区别点在于,[案例1-2]的双方关于本工程的招标投标程序是自行组织的,并没有在政府相关行政监管部门的监督管理下进行。此外,上海市范围内的所有工程项目,其施工合同必须进行备案,该备案也有别于招标投标管理部门监督管理下进行招标投标程序并签订中标合同,只是单纯就施工合同进行备案,此类合同应适用《合同法》

的理论来认定，而非适用《招标投标法》。因此，本案中，应当以实际履行的合同作为依据来结算工程款。

综上可见，《建设工程司法解释一》第21条和《建设工程司法解释二》第1条适用的前提条件之一是经过政府有关招标投标管理部门（包括但不限于招标投标管理办公室、重大项目管理办公室）的公开招标和邀请招标。也就是说，私下自行招标投标（包括私下公开招标或私下邀请招标）订立建设工程施工合同的，无论采用何种所谓的招标投标形式，虽然其有类似于招标投标的程序，但由于不需要经过政府行政部门的监督管理，不能做到《招标投标法》第5条规定的公开、公平、公正的基本原则，故不能适用《招标投标法》，自然也就不适用《招标投标法》第46条、《建设工程司法解释一》第21条和《建设工程司法解释二》第1条的规定。在司法实践中，很多人分不清楚这一法律关系，认为私人招标投标订立的建设工程施工合同也以中标且经备案的合同为准来结算工程价款，这种观点显然是错误的。

那么，在不适用《招标投标法》第46条、《建设工程司法解释一》第21条和《建设工程司法解释二》第1条的规定时，应当以哪份合同为准结算工程价款，应当适用哪部法律？笔者认为应该适用《合同法》的相关规定。《合同法》第77条第1款规定，“当事人协商一致，可以变更合同”；第78条规定：“当事人对合同变更的内容约定不明确的，推定为未变更。”因此，根据《合同法》的规定，同一内容先后签订的合同约定不一致的，以后签订的合同为准，当事人应履行后签订合同约定的内容。概言之，并不是所有的建设工程施工合同都以中标合同结算条款进行结算，只有经过招标投标管理部门监管下进行了公开招标和邀请招标的项目，且中标有效、中标合同有效的情况下，才能适用《建设工程司法解释一》第21条和《建设工程司法解释二》第1条。

4. 招标投标文件与中标合同不一致时的结算原则

当招标投标文件与中标合同不一致时，结算原则取决于招标文件、投标文件、中标通知书、中标合同法律效力先后顺序问题。

（1）中标合同与招标投标文件不一致时，以何者为准进行工程价款的结算？

①《建设工程司法解释二》关于中标合同与招标投标文件不一致的规定的发展

《建设工程司法解释二》（征求意见稿）第一稿中未涉及；

《建设工程司法解释二》（征求意见稿）第二稿：

第十一条　【备案合同与招标投标文件不一致时工程价款的结算】

第一种意见：

当事人经过备案的中标合同与招标文件、投标文件、中标通知书载明的工程价款、工期、工程项目性质不一致，且无证据表明签订备案合同时，招投标的客观情况发生变化，且变更内容未达到实质性变更程度，当事人一方请求将招标文件投标文件、中标通知书作为结算工程价款的根据，人民法院应予支持。合同另有约定的除外。

第二种意见：

删除

《建设工程司法解释二》（征求意见稿）第三稿：

第十五条 【备案合同与招标投标文件不一致时工程价款的结算】

第一种意见：

当事人经过备案的中标合同与招标文件、投标文件、中标通知书载明的工程价款、建设工期、工程质量不一致，亦无证据表明签订备案合同时，招投标的客观情况发生变化，且变更内容未达到实质性变更程度，当事人一方请求将招标文件投标文件、中标通知书作为结算工程价款的根据，人民法院应予支持。合同另有约定的除外。

第二种意见：

删除

《建设工程司法解释二》（征求意见稿）第四稿：

第十条 【备案的中标合同与招标投标文件不一致时工程价款的结算依据】

当事人经过备案的中标合同与招标文件、投标文件、中标通知书载明的工程范围、建设工期、工程质量、工程价款不一致，亦无证据表明签订备案合同时，招标投标的客观情况发生变化，且变更内容未达到实质性变更程度，当事人一方请求将招标文件、投标文件、中标通知书作为结算工程价款的根据的，人民法院应予支持。合同另有约定的除外。

《建设工程司法解释二》送审稿：

第十条 【备案合同与招标投标文件不一致时工程价款的结算依据】

当事人经过备案的合同与招标文件、投标文件、中标通知书载明的工程范围、建设工期、工程质量、工程价款不一致，当事人一方请求将招标文件、投标文件、中标通知书作为结算工程价款的根据的，人民法院应予支持。

《建设工程司法解释二》：

第十条 当事人签订的建设工程施工合同与招标文件、投标文件、中标通知书载明的工程范围、建设工期、工程质量、工程价款不一致，一方当事人请求将招标文件、投标文件、中标通知书作为结算工程价款的依据的，人民法院应予支持。

②各地法院关于中标合同与招标投标文件、中标通知书不一致的规定

《安徽省高级人民法院关于审理建设工程施工合同纠纷案件适用法律问题的指导意见》

8. 备案合同约定的价款与中标价不一致的，如该工程属必须招投标的工程，应按中标价确定工程价款；如该工程不属必须招投标的工程，当事人举证证明备案合同系双方真实意思表示或实际履行的合同，可以备案合同的约定确定工程价款。

从上述规定可以看出，最高人民法院和各地法院关于中标合同与招标投标文件、中标通知书不一致时的处理意见也是存在两种截然不同的正反观点。《建设工程司法解释二》对此进行了盖棺定论，认定招标文件、投标文件、中标通知书的效力高于中标合同，在中标合同的实质性内容与其不一致时，应当以招标文件、投标文件和中标通知书作为结算工程价款的依据，该观点与笔者一向所持的观点不谋而合。

案例1－3

一、本案当事人

发包人：上海×××置业有限公司

承包人：中国××工程公司上海公司

二、项目情况及签约过程

1. 工程简况：

(1)工程情况：该项目位于上海市××区

(2)承包范围：桩基工程

(3)发包种类：邀请招标

2. 招标投标程序及合同签订过程

2008年12月2日，发包人向承包人发出《投标邀请函》和招标文件，明确发包人将通过邀请招标的形式选定“××广场项目桩基工程”的承包单位。招标文件对于本工程的施工技术要求和商务要求均进行了详细规定，同时明确：“本文件是各投标人编制投标文件的依据，也是招标人和中标人签订施工合同的依据，并将作为施工合同的附件之一，具有法律的约束效力。”

根据招标文件的规定，本工程施工工期为396天，计划开工日期为2008年12月30日，工程采用综合单价和实际工程数量进行结算，综合单价闭口包干；同时，

招标文件中还包含了完整的《建设工程施工合同》，合同文本采用《上海市建设工程施工合同示范文本(2004 版)》，明确规定了双方的权利义务。

2008 年 12 月 24 日，承包人向发包人发出《投标书》，对发包人的招标文件进行了实质性响应，明确表示愿意按照发包人招标文件中详述的技术规范、图纸、施工合同等条件，以 390 天的施工工期和 1.72 亿元的总价承包本工程，并详附了本工程的工程量清单报价表等。

2008 年 12 月 26 日，发包人向承包人发出《中标通知书》，确定由承包人中标承建本工程，中标价为 1.72 亿元。其后，发包人和承包人根据本工程招标投标文件的具体内容，签订了《建设工程施工合同》，明确约定双方的权利义务，且该《建设工程施工合同》在上海市××区建筑业管理署进行了备案登记。

后发包人和承包人又另行就本工程签订了《××项目桩基础工程合同文件》，该合同的实质性内容与上述中标合同存在较大差异。

招标文件和中标合同对于本工程工期约定为一个整体，统一开工，即“计划开工日期为 2008 年 12 月 30 日，计划竣工日期为 2010 年 1 月 30 日，总工期预定为 396 天”。

但是，双方实际履行的《××项目桩基础工程合同文件》对于工期则约定为分区开工，分段计算，即：“本工程应于工程师发出开工指令的次日开始计算工期，整个工程于 a. 150 个日历天内完成办公楼区域桩基，b. 150 个日历天内完成酒店区域桩基，c. 240 个日历天完成裙房区域桩基。”

3. 合同履行过程

2009 年 4 月 2 日，承包人根据发包人的书面指令，正式进场施工。但是在工程施工过程中，由于发包人的原因，导致本工程分区施工，整个工程的工期拖延至 1600 余天，给承包人造成了巨额的经济损失。

三、起诉原因

由于本工程分区施工，分段开工，给承包人造成的停、窝工损失，以及材料、人工价格上涨总计高达 3000 余万元。双方遂产生争议，承包人向仲裁委提出仲裁。

发生纠纷时，由于中标合同无法查明，当事人处只有招标投标文件。

四、本案争议焦点

本工程应当以哪份文件为准来进行结算？

1. 根据招标投标文件，承包人可以索赔 3000 万元；

2. 根据实际履行的合同，承包人不能够提出任何索赔。

案例 1－4

一、本案当事人

原告(承包人):浙江××建筑集团股份有限公司

被告(发包人):××(上海)有限公司

二、项目情况及签约过程

1. 工程简况:

(1)项目情况:该工程位于上海××区,“××花园一期 A 标”工程。

(2)承包范围:9#、10#、12#、13#、18#－22#住宅楼、室外总体、地下车库及会所的土建安装工程,建筑面积约 61,230 平方米。

(3)发包种类:本案项目是邀请招标。

(4)开工日期:2002 年 3 月 20 日;竣工日期:2004 年 1 月 30 日。

2. 合同签订过程

(1)招标投标文件约定的结算原则为:材料价格按照投标时的前一个月上海信息价下浮 3% 结算,中标以后,单价不得调整,工程量按实结算。即招标投标文件结算原则为单价闭口,工程量按时结算。

(2)中标合同的工程价款的结算原则为按照“上海 93 定额”结算,材料价格按照施工期间上海信息价格下浮 3% 进行结算。即中标合同的结算原则为单价可以调整,工程量也可以调整的全开口合同。

三、起诉原因

工程竣工以后,原被告双方就结算原则发生争议,后原告诉至法院。

四、鉴定结果

法院委托审计单位司法鉴定(审价),鉴定结果为:(1)按照招标投标文件的结算原则,工程造价为 1.2366 亿元;(2)按照中标合同的结算原则为“上海 93 定额”,工程造价为 1.1366 亿元;(3)两者造价相差 1000 万元。

五、本案争议焦点

本案是以招标投标文件为准来结算工程价款,还是以中标合同以及之后签订的补充合同为准来结算工程价款?本案依据招标投标文件的约定,造价为 1.2366 亿元;本案依据中标合同的约定,造价为 1.1366 亿元;可见“黑白合同”差价高达 1000 万元。

[案例1-3]和[案例1-4]均是典型的招标投标文件与中标合同不一致的案例,当招标投标文件与中标合同不一致时,应当以何者为准来结算工程价款?具体分析如下:

《招标投标法》第46条第1款规定:“招标人和中标人应当自中标通知书发出之日起三十日内,按照招标文件和中标人的投标文件订立书面合同。招标人和中标人不得再行订立背离合同实质性内容的其他协议。”该条文实际上包含两层含义:第一层含义是中标合同应当依据招标文件、投标标书、中标通知书的实质性内容签订;第二层含义是中标合同签订后,不得再背离中标合同实质性内容签订其他协议。

招标投标是在公开、公平、公正原则下,在高度透明、激烈竞争、政府监管部门对招标投标的全过程进行监管的情况下确立中标人的。如果中标合同的签订可以违背招标投标文件,或者补充合同的签订可以违背招标投标文件和中标合同的实质性内容,那么它就违反了两项基本原则:

其一,损害了其他未中标的第三人的合法权益。招标的中标人是根据招标投标文件和《招标投标法》确定的最优标,如果中标合同可以变更招标投标文件,实际上就侵犯了未中标的第三人的合法权益。

其二,如果中标合同可以违反招标投标文件的实质性内容签订,补充合同可以违反招标投标文件和中标合同的实质性内容签订,那么它就是一个虚假招标投标。招标投标将只是一个形式。国务院的常务会议公告及全国人大执法检查报告中一再指出虚假招标投标的严重危害性,应予以严肃查处。

《招标投标法》对招标投标确立了两个特有的最基本的原则:第一个是程序上的最基本原则,即《招标投标法》第5条规定“招标投标活动应当遵循公开、公平、公正和诚信实用的原则”;第二个是实体上的最基本原则,即《招标投标法》第46条“三点成一线”原则,即补充合同不得违背中标合同,补充合同、中标合同不得违背招标文件、投标标书和中标通知书。

综上,可以得出如下结论,《招标投标法》第46条的规定是《招标投标法》特有的最基本原则,也是《招标投标法》的基石,如果这个原则都能违背的话,《招标投标法》整部法律都将失去存在的意义。可见《招标投标法》第46条是强制性的、禁止性的规定,招标人和中标人不得违背的,应当严格遵守的最基本原则,在中标合同与招标投标文件不一致时,应以招标投标文件为准进行工程价款的结算,《建设工程司法解释二》对此也持相同观点。

(2)招标文件、投标标书、中标通知书、中标合同法律效力的先后顺序。

招标文件是要约邀请,投标文件是要约,中标通知书是承诺,这个是没有争议的。有争议的主要在于:作为要约邀请的招标文件是否具有法律效力?

根据《合同法》的理论,要约邀请是没有效力的,所以招标文件也没有法律效力,但是,根据《招标投标法》的理论、"黑白合同"的理论,招标文件是否具有法律效力?

《招标投标法》

第二十七条第一款　投标人应当按照招标文件的要求编制投标文件。投标文件应当对招标文件提出的实质性要求和条件作出响应。

第四十一条　中标人的投标应当符合下列条件之一:

(一)能够最大限度地满足招标文件中规定的各项综合评价标准;

(二)能够满足招标文件的实质性要求,并且经评审的投标价格最低;但是投标价格低于成本的除外。

第四十二条第一款　评标委员会经评审,认为所有投标都不符合招标文件要求的,可以否决所有投标。

根据上述三个条款的规定,招标文件是一个特殊的要约邀请。当法律规定要约邀请有效力的时候,它才具有法律效力。

第一,招标文件发出后,投标文件要对招标文件有一个实质性的响应。换言之,投标文件不能违背招标文件的实质性内容,如果违背了就是废标,该投标文件无效。可见,招标文件的效力高于投标文件。

第二,投标书发出以后,评标委员会对各投标人的投标进行评标,在这个过程中,投标人能不能改变投标内容,或者与招标人进行协商,改变投标内容?《招标投标法》第43条规定:"在确定中标人前,招标人不得与投标人就投标价格、投标方案等实质性内容进行谈判。"即投标书发出以后,投标人不得改变投标书的实质性内容。

《招标投标法》第39条规定:"评标委员会可以要求投标人对投标文件中含义不明确的内容作必要的澄清或者说明,但是澄清或者说明不得超出投标文件的范围或者改变投标文件的实质性内容。"因此,投标人只能对投标书当中的文字含糊部分做必要的澄清或者说明。

由此可见,《招标投标法》设置了严格的招标投标程序,即发包人发出招标文件,各投标人制作投标文件,评标委员会对各投标人的投标文件进行评标,确定中标人后向中标人发出中标通知书,这个程序是不能违反的,这就是招标投标程序的游戏规则。也就是投标书发出以后,评标委员会只有作出中标或者不中标这两种结果,没有其他的选择权。

第三,关于中标通知书发出以后怎么签订合同,《招标投标法》第46条进行了明确规定,“招标人和中标人应当自中标通知书发出之日起三十日内,按照招标文件和中标人的投标文件订立书面合同。招标人和中标人不得再行订立背离合同实质性内容的其他协议”。如前所述,《招标投标法》第46条就是一个强制性规范,且不能违背。

因此,根据《招标投标法》的相关规定,招标文件、投标标书、中标通知书、中标合同这些文件效力如下:第一位是招标文件,第二位是投标标书,第三位是中标通知书,第四位是中标合同。由于招标文件、投标文件的效力高于中标合同,因此出现上述案例中招标投标文件与中标合同不一致的情况时,应当以招标投标文件为准来结算工程价款。

因此,中标通知书的内容不得违背招标投标文件,中标通知书发出后,除非客观情况发生重大变化,签订中标合同时不得违背招标投标文件,否则中标合同就是无效的。

《建设工程司法解释二》(征求意见稿)第一稿对该问题未予涉及,后续的第二、三、四稿,以及送审稿和目前出台的《建设工程司法解释二》中均进行了规定,其中第二、三稿中列明了正反两种意见,第四稿和送审稿中则仅列明了支持的意见。综观最高人民法院前三个版本中支持意见的表述,均规定:“合同另有约定的除外”,但在送审稿和目前出台的正式稿中均删除了该表述,该观点也与笔者观点完全一致,笔者一直强烈建议删除该表述,该表述实质上架空了该条款,具体理由如下:

第一,最高人民法院该条规定认为当中标合同与招标投标文件、中标通知书不一致时,应当以招标投标文件和中标通知书为准来结算工程价款,即招标投标文件、中标通知书的效力优先于中标合同,这符合《招标投标法》的规定和立法本意。但最高人民法院又规定“合同另有约定的除外”,该规定明显与前述观点矛盾,即按照最高人民法院的规定,当事人可以通过自行约定当中标合同与招标投标文件、中标通知书不一致时的适用原则,这与《招标投标法》的规定相背离。

第二,我国建设工程领域普遍使用的建设工程施工合同的示范文本明确规定了合同文件的解释顺序。

《建设工程施工合同(示范文本)》(GF-1999-0201)通用条款

2.1　合同文件应能相互解释,互为说明。除专用条款另有约定外,组成本合同的文件及优先解释顺序如下:

(1)本合同协议书;

(2)中标通知书;

(3)投标书及其附件;

(4)本合同专用条款;

(5)本合同通用条款;

(6)标准、规范及有关技术文件;

(7)图纸;

(8)工程量清单;

(9)工程报价单或预算书。

合同履行中,发包人承包人有关工程的洽商、变更等书面协议或文件视为本合同的组成部分。

《建设工程施工合同(示范文本)》(GF-2013-0201)通用条款

1.5 合同文件的优先顺序

组成合同的各项文件应互相解释,互为说明。除专用合同条款另有约定外,解释合同文件的优先顺序如下:

(1)合同协议书;

(2)中标通知书(如果有);

(3)投标函及其附录(如果有);

(4)专用合同条款及其附件;

(5)通用合同条款;

(6)技术标准和要求;

(7)图纸;

(8)已标价工程量清单或预算书;

(9)其他合同文件。

上述各项合同文件包括合同当事人就该项合同文件所作出的补充和修改,属于同一类内容的文件,应以最新签署的为准。

在合同订立及履行过程中形成的与合同有关的文件均构成合同文件组成部分,并根据其性质确定优先解释顺序。

根据上述《建设工程施工合同(示范文本)》中关于合同文件解释顺序的约定,合同协议书的效力均优先于中标通知书和投标函,这也有悖于《招标投标法》的相关规定和立法本意。笔者认为,关于招标投标文件、中标通知书、中标合同的效力先后顺序问题，应当根据法律法规来进行认定，当事人不得自行约定与法律法规相背离的效力先后顺序。

第三，如果允许当事人通过合同约定来变更招标投标文件、中标通知书、中标合同的先后顺序问题，那么，任何一个项目在经过了招标投标程序之后，当事人完全可以不按照招标投标文件和中标通知书来签订中标合同，并在中标合同中约定中标合同的效力最优，此种情况下，整个招标投标程序甚至《招标投标法》都将被架空。

综上所述，《建设工程司法解释二》（征求意见稿）中规定当事人可以对该问题自行约定，有悖《招标投标法》的规定，甚至架空了整个招标投标程序。目前，《建设工程司法解释二》删除了该"合同另有约定的除外"的表述，该规定是符合《招标投标法》立法本意的，且从《建设工程司法解释二》的条文演变过程也可看出，最高人民法院在出台相关司法解释过程中多次向社会征求意见，对于条文的表述进行反复推敲和修订，充分听取和吸收了社会各界的意见与建议，这也意味着我国司法更民主，最高人民法院的立法技巧和立法水平更上一个层级。

(3)中标通知书的法律效力

①《建设工程司法解释二》关于中标通知书性质的规定的发展

《建设工程司法解释二》(征求意见稿)第一稿：

第四条 【中标通知书的性质】

招标人向中标人发出中标通知书后，建设工程施工合同成立。招标人无正当理由不签订书面合同，中标人请求招标人承担违约赔偿责任的，应予支持。

另一种意见：招标人向中标人发出中标通知书后，建设工程预约施工合同成立。招标人无正当理由不签订书面合同，中标人请求招标人承担建设工程预约施工合同违约赔偿责任的，应予支持。

《建设工程司法解释二》(征求意见稿)第二稿：

第一条 【中标通知书的性质】

第一种意见：

招标人向中标人发出中标通知书后，一方未依照《招标投标法》第四十六条规定履行订立书面合同义务的，对方请求其承担建设工程预约合同违约责任或者要求解除预约合同并主张损害赔偿的，人民法院应予支持。

投标人提交投标保证金的，招标人未履行订立书面合同义务，投标人请求其退还投标保证金并按照投标保证金数额支付违约金的，人民法院应予支持。

第二种意见：

招标人向中标人发出中标通知书后，一方未依照《招标投标法》第四十六条规定履行订立书面合同义务导致建设工程施工合同无法履行，对方依照《合同法》第一百一十三条规定请求其赔偿损失的，人民法院应予支持。

《建设工程司法解释二》(征求意见稿)第三稿：

第一条　【中标通知书的性质】

招标人向中标人发出中标通知书后，一方未依照《招标投标法》第四十六条规定履行订立书面合同义务的，对方请求其承担建设工程预约合同违约责任或者要求解除预约合同并主张损害赔偿的，人民法院应予支持。

另一种意见：招投标文件与中标通知书已具备建设工程施工合同主要内容，且不得作实质性变更，即使未订立书面合同，本约亦成立。

《建设工程司法解释二》(征求意见稿)第四稿、送审稿以及《建设工程司法解释二》中中标通知书的性质未涉及。

②各地法院关于中标通知书性质的规定

《盐城市中级人民法院关于审理建设工程施工合同纠纷案件若干问题的指导意见》

26. 中标通知书发出后，招标人或中标人拒绝签订施工合同的，除中标无效外，受损失一方要求相对方承担违约责任的，应予支持。

从上述规定可以看出，司法实践中关于中标通知书性质的规定存在截然不同的两种观点：一种观点认为中标通知书发出后施工合同即成立；另一种观点则认为中标通知书发出后，预约合同成立，但本约未成立，且该争议问题在《建设工程司法解释二》中并未得到解决。

案例 1 - 5

有一个部队医院，建筑面积 6 万平方米，部队采用公开招标以最低价中标的方式进行招标，有十家企业参与投标，其中一家企业中标，投标时报的钢材价格为每吨 3500 元，且钢材价格不随市场价格的涨跌进行调整。签订合同前，钢材价格涨到每吨 5000 元，在合同签订前，施工企业想悔标放弃这个工程，连 80 万元的投标保证金也不要了。

[案例 1 - 5]需要解决的最重要的一个问题就是：中标通知书发出后，合同是否成立？如果合同已经成立，则中标单位需要承担违约责任；如果合同没有成立，则中

标单位需要承担缔约过失责任。这是两个截然不同的责任,所要承担的法律后果也截然不同。[案例1－5]中,如果中标单位承担违约责任,则要承担上千万的损失;如果是中标单位仅需承担缔约过失责任,则只需承担几十万的损失即可。

最高人民法院法官在《建设工程施工合同案件审理中应注意的问题》第1条"关于中标通知书的效力"明确指出:"建设工程施工合同自中标通知书发出之日起成立并生效。从合同内容来看,可以根据招标投标文件的内容确定本约合同的主要条款。在招标投标实践中,招标人可选择的合同对象比较广泛,投标人相对招标人来说,处于比较弱势的地位,中标人一旦遭遇招标人毁标的不利后果,可能面临巨大的损失。追究招标人本约的违约责任,有利于保护相对弱势的中标人。如果采用预约合同的观点,由于其违约责任明显低于本约合同的违约责任,这会大大降低违约方的违约成本,从结果上看,将有失公平。"

对于该法官的上述观点,笔者表示赞同,主要理由如下:

第一,根据《合同法》要约和承诺的理论,中标通知书到达建筑商时施工合同即成立了。

《合同法》

第十四条 要约是希望和他人订立合同的意思表示,该意思表示应当符合下列规定:

(一)内容具体明确;

(二)表明经受要约人承诺,要约人即受该意思表示约束。

第十五条第一款 要约邀请是希望他人向自己发出要约的意思表示。寄送的价目表、拍卖公告、招标公告、招股说明书、商业广告等为要约邀请。

第十六条第一款 要约到达受要约人时生效。

第二十一条 承诺是受要约人同意要约的意思表示。

第二十二条 承诺应当以通知的方式作出,但根据交易习惯或者要约表明可以通过行为作出承诺的除外。

第二十五条 承诺生效时合同成立。

第二十六条第一款 承诺通知到达要约人时生效。

因此,根据《合同法》上述关于要约及承诺的规定,承诺到达要约人时生效,承诺生效时合同成立。

招标文件是要约邀请,投标标书是要约,中标通知书是承诺,招标人向投标人发出中标通知书,就是无条件同意投标人的投标标书的内容,并同意受投标标书

（包括询标文件）的约束，符合《合同法》第21条对承诺的规定，招标人发出中标通知书是承诺，故中标通知书到达建筑商时施工合同即成立。

第二，招标文件、投标文件、中标通知书符合《合同法》中规定的书面形式合同的规定。

《合同法》

第十条　当事人订立合同，有书面形式、口头形式和其他形式。法律、行政法规规定采用书面形式的，应当采用书面形式。当事人约定采用书面形式的，应当采用书面形式。

第十一条　书面形式是指合同书、信件和数据电文（包括电报、电传、传真、电子数据交换和电子邮件）等可以有形地表现所载内容的形式。

第二百七十条　建设工程合同应当采用书面形式。

从上述《合同法》规定可见：其一，订立合同可以采用书面形式、口头形式和其他形式，书面形式是相对于口头形式、其他形式而言的。与此相对应，以书面形式订立的是书面合同，以口头形式订立的合同是口头合同，以其他形式订立的合同是其他合同；其二，书面形式包括合同书、信件、数据电文等所有可以有形地表现所载内容的形式；其三，建设工程合同应当采用书面形式。

《招标投标法》

第十九条　招标人应当根据招标项目的特点和需要编制招标文件。招标文件应当包括招标项目的技术要求、对投标人资格审查的标准、投标报价要求和评标标准等所有实质性要求和条件以及拟签订合同的主要条款。

国家对招标项目的技术、标准有规定的，招标人应当按照其规定在招标文件中提出相应要求。

招标项目需要划分标段、确定工期的，招标人应当合理划分标段、确定工期，并在招标文件中载明。

第二十七条　投标人应当按照招标文件的要求编制投标文件。投标文件应当对招标文件提出的实质性要求和条件作出响应。

招标项目属于建设施工的，投标文件的内容应当包括拟派出的项目负责人与主要技术人员的简历、业绩和拟用于完成招标项目的机械设备等。

第四十五条第一款　中标人确定后，招标人应当向中标人发出中标通知书，并同时将中标结果通知所有未中标的投标人。

《工程建设项目施工招标投标办法》

第二十四条 招标人根据施工招标项目的特点和需要编制招标文件。招标文件一般包括下列内容：

（一）招标公告或投标邀请书；

（二）投标人须知；

（三）合同主要条款；

（四）投标文件格式；

（五）采用工程量清单招标的，应当提供工程量清单；

（六）技术条款；

（七）设计图纸；

（八）评标标准和方法；

（九）投标辅助材料。招标人应当在招标文件中规定实质性要求和条件，并用醒目的方式标明。

第三十六条 投标人应当按照招标文件的要求编制投标文件。投标文件应当对招标文件提出的实质性要求和条件作出响应。

投标文件一般包括下列内容：

（一）投标函；

（二）投标报价；

（三）施工组织设计；

（四）商务和技术偏差表。

投标人根据招标文件载明的项目实际情况，拟在中标后将中标项目的部分非主体、非关键性工作进行分包的，应当在投标文件中载明。

笔者认为，根据上述规定，招标文件、投标标书、中标通知书是书面文件，是《合同法》规定的书面形式，符合建设工程合同应当采用书面形式的要求。

第三，《招标投标法》第46条的规定并不影响施工合同的成立时间。

笔者认为，经过招标投标程序的项目，在发包人发出中标通知书且中标通知书到达建筑商时施工合同即成立，且招标文件、投标文件、中标通知书已经满足了《合同法》关于建设工程合同应采用书面形式的要求。

《招标投标法》第46条第1款规定："招标人和中标人应当自中标通知书发出之日起三十日内，按照招标文件和中标人的投标文件订立书面合同……"该规定是为了顺应我国建设工程施工合同备案制的要求，以及为了合同当事人在后续履行合同过程中的便捷所需，该书面合同的内容是根据招标投标文件签订的，是将招标投标文件的内容通过书面合同书的形式固定下来，但并不会因此影响到施工合同的成立时间等。

5. 变更合同实质性内容的条件

变更合同实质性内容的条件，即在合同履行过程中是否可以变更中标合同的实质性内容，包括：(1)中标通知书发出后，变更中标合同的条件；(2)中标合同签订后，在合同履行过程中变更中标合同的条件。

《招标投标法》第 46 条第 1 款规定："招标人和中标人应当自中标通知书发出之日起三十日内，按照招标文件和中标人的投标文件订立书面合同……"根据《招标投标法》的规定，我国采取的是最优标中标原则，即综合分最高和合理低价中标原则。如果招标投标时的客观情况没有发生重大变化时，根据上述规定是不能够变更中标合同的实质性内容的。例如，张三、李四、王五三个人参加投标，采用的是最低价中标的方式，张三投标价为 8000 万元，李四投标价为 9000 万元，王五投标价为 1 亿元，根据最低价中标的规则，应当是张三中标，中标价为 8000 万元。在签订中标合同以及合同履行过程中，如果招标投标时的客观情况没有发生重大变化，将中标合同价格或实际履行的合同价格变更为 1.1 亿元，实质上侵害了其他未中标的李四、王五的合法权益，中标合同或在合同履行中另行签订的合同是无效的。因此，在签订中标合同以及在合同履行过程中，客观情况没有发生重大变化时，中标合同不能变更招标投标文件的实质性内容，补充协议不能变更中标合同的实质性内容。

那么，在什么情况下中标合同可以变更招标投标文件的实质性内容，补充协议是否可以变更中标合同？

如投标时的钢材价格为每吨 3500 元，签订中标合同时钢材价格上涨至每吨 5000 元；或者签订中标合同时钢材价格为每吨 3500 元，后在合同履行过程中，钢材价格上涨至每吨 5000 元。此种情况属于中标后到签订中标合同期间以及中标合同签订后在合同履行过程中客观情况发生了重大变更，此时如果不允许当事人对合同内容进行变更，则不符合《招标投标法》第 46 条的立法宗旨。当然，客观情况发生重大变化只是变更中标合同的前提条件，变更合同内容还需遵循《合同法》的变更理论，即根据《合同法》第 77 条和第 78 条的规定，应当由当事人协商一致，且内容明确，否则视为未变更。

案例1－6

一、本案当事人

发包人:上海市××局

承包人:上海××建设集团有限公司

二、项目情况及签约过程

1. 工程项目简况

(1)项目情况:位于上海市浦东新区,系属浦东××局备勤楼,建筑面积13,491.34m^2。

(2)发包种类:本项目是国有资产全资的××局备勤楼项目,其属于强制招标的项目,双方经过了招标投标程序。

2. 合同签订及履行情况

(1)2016年11月15日,发包人就本项目发布招标文件,明确载明本工程采用工程清单计价方式,单价包干,工程量按实调整。

(2)2016年12月20日,承包人发出投标文件,对招标文件进行积极响应并报价。

(3)2017年1月4日,发包人向承包人发出《中标通知书》,确认由承包人中标承建本工程。

(4)2017年1月13日,发包人与承包人根据招标投标文件和中标通知书签订了《施工合同》,结算方式为固定单价,工程量按实结算。

(5)《施工合同》签订后,由于工程所在地的原有房屋拆除、绿化搬迁迟延等原因,施工许可证办理延期长达10个月之久。取得施工许可证后,又由于本项目的临时水电驳接尚未到位,本项目的正式开工又延误了2个月。最终,发包人向承包人发出开工令的日期比合同约定的开工日期延后了1年之久。在此期间,本工程所需的主要材料(钢筋、水泥、商品砼、商品砂浆等)及人工单价与招标投标期间的价格相比大幅上涨,其中钢筋价格的涨幅更是高达50%。

三、本案争议焦点

针对本工程的这些情况,发包人和承包人是否可以对《施工合同》的结算条款进行调整?

[案例1－6]中,由于开工日期推迟了一年之久,材料价格大幅上涨,其中钢材价格的涨幅更是高达30%。此种情况下,本工程招标投标时的客观情况已经发生

了重大变化，若不允许当事人变更合同的约定内容，则对招标人和中标人均非常不公平，且招标人和中标人在此种情况下变更合同约定并没有侵害其他投标人的合法权益，也不会侵害国家的合法权益。故应当允许变更，但应符合《合同法》的规定，即内容明确、协商一致，否则视为没有变更。

TIPS：客观情况发生变化与情势变更的联系和区别

《合同法司法解释二》第26条规定："合同成立以后客观情况发生了当事人在订立合同时无法预见的、非不可抗力造成的不属于商业风险的重大变化，继续履行合同对于一方当事人明显不公平或者不能实现合同目的，当事人请求人民法院变更或者解除合同的，人民法院应当根据公平原则，并结合案件的实际情况确定是否变更或者解除。"

从上述规定可以看出，情势变更与客观情况发生变化存在区别，适用情势变更必须符合三要素，即不是商业风险、无法预见、不是不可抗力；一般而言，客观情况发生变化的法律要求则更加宽松。两者之间最大的区别其实就是一个"度"的问题：即商业风险和非商业风险，可预见性和不可预见性的问题。

案例1-7

名称：××商贸城

地点：江苏省××市

开发商：江苏×××置业有限公司

项目情况：土地166亩，容积率1.9-2.1，允许部分产权有条件地分割销售，最高不超过30%，项目包括办公、会展中心、酒店式公寓。

该项目自2012年开始建设，后因土地价格下降、资金紧缺于2014年开始停工，为了缓解矛盾和盘活整个项目，后通过重组引进上海的投资方，但投资方提出要求增加房屋销售比例，从原先的30%调整到70%。

此时就产生了几个争议问题：(1)本项目的情况是否构成"情势变更"？(2)销售比例能够从30%调整到70%？调整销售比例是否侵害第三方的合法权益？(3)调整销售比例是否侵害国家的合法权益？

对于上述争议问题，笔者认为：

第一，情势变更应与商业风险严格区分开来，商业风险是在经营过程中可预见的因经济形势导致的风险；而情势变更是指无法预见的，非一方当事人的过错，因社会经济形势的急剧变化、货币严重贬值和国家政策转变等导致情势发生巨大变化。

根据《合同法司法解释二》第26条的规定，如果出现"情势变更"情形的，一方当事人享有单方要求变更、解除合同的权利。在本项目中，如果出现"情势变更"，那么无须政府部门同意，项目业主可与区政府协商变更合同，协商不成的，项目业主可直接向法院提起诉讼，要求变更或解除合同。

在本项目中，出现了"总体经济形势不佳、出让地价过高、投资商资金紧张"等情况，但"出让地价过高，投资商资金紧张，迟延、拖欠土地出让金，不能按期交房，市场不能开业，欠付出让商铺经营权的回报，虚假出售骗取按揭，一房两卖，高息民间借贷" 等绝对不属于"情势变更"的情形，应属于"商业风险"范畴，而且房地产是高风险、高回报的投资，这就是该行业的商业风险。因此，开发商不能适用情势变更原则来单方要求对合同条款进行变更、调整。

第二，《招标拍卖挂牌出让国有土地使用权规定》第3条规定："招标、拍卖或者挂牌出让国有土地使用权应当遵循公开、公平、公正和诚实信用的原则。"第4条规定："商业、旅游、娱乐和商品住宅等各类经营性用地，必须以招标、拍卖或者挂牌方式出让。前款规定以外用途的土地的供地计划公布后，同一宗地有两个以上意向用地者的，也应当采用招标、拍卖或者挂牌方式出让。"《拍卖法》第37条规定："竞买人之间、竞买人与拍卖人之间不得恶意串通，损害他人利益。"根据上述规定，通过拍卖进行土地出让的，出让人与买受人必须遵循法律规定，严格遵守拍卖程序来进行国有土地使用权的转让程序，出让人与买受人之间、数个买受人之间均不得恶意串通。如果允许作为出让人的政府部门与买受人在拍卖程序完成后自行协商，并变更出让公告和出让合同中的约定，有悖我国法律相关规定，违背了《拍卖法》的基本原则，让拍卖程序流于形式，无法做到公开、公平、公正。本项目中，对于销售比例和销售对象的限制，是在出让公告以及后续签署的出让合同中明确规定的，应当受《拍卖法》的严格限制，不能简单地适用《合同法》意思自治的原则由双方随意协商解除或变更。

本案中，拍卖时的土地评估价格和目前的土地评估价格对比，已经发生了重大变化，那么可以根据拍卖时的基础法律关系发生重大变化的原理进行调整，这并不违背上述《拍卖法》的基本原则，也不会侵害当时一同参与竞拍的其他竞拍人的合法权益。

第三，本项目土地拍卖的主体有特殊性，是当地人民政府，故还需要审查对于本项目销售比例和销售对象的变更，有没有损害国家利益。

本项目土地出让时，对于土地出让金的确定，是否考虑了对本项目销售对象和销售比例的限制，即如果本项目土地出让金的确定，受本项目销售比例和销售对象的限制的影响，那么对于本项目的销售比例和销售对象进行变更，势必会产生土地出让金的变化，由此产生的差价，应当由项目业主补缴土地出让金。否则，就是对国家利益的损害。

笔者通过[案例1－6]和[案例1－7]详细讲解了对合同实质性内容进行变更的条件，这是《招标投标法》的重要组成部分，是对"黑白合同"理论和"招标投标文件与中标合同不一致时的结算原则"理论的重要补充，但目前我国诸多法院对此并没有足够重视，在司法实践中，对于哪些情形可以变更合同实质性内容，哪些情形下不可以变更合同实质性内容并没有一个明确的概念。

①《建设工程司法解释二》关于实质性内容的规定的发展

《建设工程司法解释二》(征求意见稿)第一稿：

第九条 【合同实质性内容的范围及背离判断标准】

《招标投标法》第四十六条规定的"合同实质性内容"，主要包括合同工期、工程价款、工程项目性质等。人民法院应当综合备案的中标合同价款、工程性质、施工工艺、实质性内容变更的程度，依据诚实信用原则认定当事人另行订立的建设工程施工合同是否背离中标合同实质性内容。

《建设工程司法解释二》(征求意见稿)第二稿：

第二条 【中标合同实质性内容的认定】

《招标投标法》第四十六条规定的"合同实质性内容"，主要包括合同工期、工程质量、工程价款、工程项目规模(工程项目性质)等。

人民法院应当综合备案的中标合同工期、工程质量标准、工程价款、工程项目规模等实质性内容变更的幅度，依据诚实信用原则认定当事人另行订立的建设工程施工合同是否背离中标合同实质性内容。

建设工程开工后，因设计变更、建设工程规划指标调整、主要建筑材料异常变动等客观原因，发包人与承包人变更合同工期、工程价款、工程项目规模等约定的，不应认定为变更中标合同的实质性内容。

《建设工程司法解释二》(征求意见稿)第三稿：

第二条 【中标合同实质性内容的认定】

《招标投标法》第四十六条第一款规定的"合同实质性内容"，主要要指有关工程范围、建设工期、工程质量、工程造价等约定内容。

中标人作出的以明显高于市场价格购买承建房产、无偿建设住房配套设施、让利、向建设方捐款等承诺，应认定变更中标合同工程造价实质性内容。

《建设工程司法解释二》(征求意见稿)第四稿：

第一条 【背离中标合同实质性内容的判断标准】

《招标投标法》第四十六条第一款规定的“合同实质性内容”，主要指有关工程范围、建设工期、工程质量、工程价款等约定内容。

当事人在中标合同之外就明显高于市场价格购买承建房产、无偿建设住房配套设施、让利、向建设单位捐赠财物等变相降低工程价款达成协议，属于变更中标合同工程价款实质性内容。

《建设工程司法解释二》送审稿：

第一条 【背离中标合同实质性内容的判断标准】

招标人和中标人另行签订的建设工程施工合同约定的工程范围、建设工期、工程质量、工程价款等实质性内容，与中标合同不一致，一方当事人请求按照中标合同确定权利义务的，人民法院应予支持。

当事人在中标合同之外另行就明显高于市场价格购买承建房产、无偿建设住房配套设施、让利、向建设单位捐赠财物等变相降低工程价款签订合同，一方当事人以该合同背离中标合同实质内容为由请求确认合同无效的，人民法院应予支持。

《建设工程司法解释二》：

第一条 招标人和中标人另行签订的建设工程施工合同约定的工程范围、建设工期、工程质量、工程价款等实质性内容，与中标合同不一致，一方当事人请求按照中标合同确定权利义务的，人民法院应予支持。

招标人和中标人在中标合同之外就明显高于市场价格购买承建房产、无偿建设住房配套设施、让利、向建设单位捐赠财物等另行签订合同，变相降低工程价款，一方当事人以该合同背离中标合同实质性内容为由请求确认无效的，人民法院应予支持。

②各地法院关于实质性内容的规定

《浙江省高级人民法院民事审判第一庭关于审理建设工程施工合同纠纷案件若干疑难问题的解答》

十五、如何认定“黑白合同”？

认定“黑白合同”时所涉的“实质性内容”，主要包括合同中的工程价款、工程质量、工程期限三部分。对施工过程中,因设计变更、建设工程规划指标调整等客观原因,承、发包双方以补充协议、会谈纪要、往来函件、签证等洽商纪录形式,变更工期、工程价款、工程项目性质的书面文件,不应认定为《中华人民共和国招标投标法》第46条规定的"招标人和中标人再行订立背离合同实质性内容的其他协议"。

《北京市高级人民法院关于审理建设工程施工合同纠纷案件若干疑难问题的解答》

16."黑白合同"中如何认定实质性内容变更?

招投标双方在同一工程范围下另行签订的变更工程价款、计价方式、施工工期、质量标准等中标结果的协议,应当认定为《解释》第二十一条规定的实质性内容变更。中标人作出的以明显高于市场价格购买承建房产、无偿建设住房配套设施、让利、向建设方捐款等承诺,亦应认定为变更中标合同的实质性内容。

……

《四川省高级人民法院关于审理建设工程施工合同纠纷案件若干疑难问题的解答》

9.如何认定"黑白合同"实质性内容不一致?

招投标双方在同一工程合同范围和条件下,另行订立的建设工程施工合同变更经过备案的中标合同约定的工程价款、计价方式、工程期限、工程质量标准等内容的,应当认定为《建工司法解释》第二十一条规定的与经过备案的中标合同实质性内容不一致。当事人主张按照该变更后的合同结算工程价款的,不予支持。

中标合同备案后,承包人作出的明显高于市场价格购买承建房产、无偿建设住房配套设施、向建设方捐款、让利等承诺应当认定为变更经过备案的中标合同的实质性内容。发包人主张按照该承诺内容结算工程价款的,不予支持。

建设工程施工合同履行过程中,因设计变更、建设工程规划调整等非双方当事人原因,且无需重新进行招投标并备案的,当事人通过签订补充协议、会谈纪要等形式对工程价款、计价方式、工程期限、工程质量标准等合同内容进行合理变更或补充的,不应认定为与经过备案的中标合同"实质性内容不一致",当事人主张以该变更或补充内容结算工程价款的,应予支持。

综上可见,目前司法实践中,工程范围、工程价款的结算原则、工期、质量属于合同的实质性内容是没有争议的。对工程价款的支付方式是否属于合同的实质性内容争议较大。一种观点认为,工程款的支付方式属于实质性内容,其直接关系到发包人和建筑商的财务成本,更有甚者直接影响到中标结果,以及双方是否签订该施工合同的问题;另一种观点则认为,工程款的支付方式不属于实质性内容,其影响甚微,施工合同最核心的内容还是工程价款的结算问题。

笔者认为,工程款的支付方式是否属于《招标投标法》第46条规定的施工合同的实质性内容,只需要考察变更该条款是否会影响招标投标程序中的中标结果。第一,如果招标文件中对于工程款的支付方式进行了明确的规定,则投标人不得随意变更该规定,后续签订中标合同时也应根据招标投标文件的规定,此种情况下,工程款的支付方式应视为是中标合同的实质性内容,对其进行变更会影响到中标结果以及第三方的合法权益;第二,如果招标文件中对于工程款的支付方式没有进行规定,投标人在投标文件中对此也没有提及,那么双方签订中标合同时可自由协商约定,后续也可根据情形变化随时协商变更,此种情况下工程款的支付方式则不应被视为是中标合同的实质性内容。

(二)多份合同无效的结算问题

1.《建设工程司法解释二》关于多份合同无效的结算问题的规定的发展

《建设工程司法解释二》(征求意见稿)第一稿:

第十二条 【多份无效合同的结算】

当事人就同一建设工程订立的数份施工合同均被认定无效,应当参照当事人实际履行的合同约定结算工程价款。不能确定实际履行合同的,可以参照后订立的合同约定结算工程价款。

《建设工程司法解释二》(征求意见稿)第二稿:

第十三条 【多份无效合同的结算】

第一种意见:

当事人就同一建设工程订立的数份施工合同均被认定无效,应当参照当事人真实合意并实际履行的合同约定结算工程价款。无法确定双方当事人真实合意并实际履行合同的,应当结合缔约过错、已完工程质量、利益平衡等因素分配两份或以上合同间的差价确定工程价款。

第二种意见:

承、发包双方当事人订立的两份或以上价款不一的施工合同均无效,应当结合缔约过错、已完工程质量、利益平衡等因素分配两份或以上合同间的差价确定工程价款。

《建设工程司法解释二》(征求意见稿)第三稿:

第十八条　【多份无效合同的结算】

当事人就同一建设工程订立的数份施工合同均被认定无效，当事人请求参照合同约定结算工程价款的，按照以下情形分别予以处理：

（一）参照当事人真实合意并实际履行的合同约定结算工程价款；

（二）无法确定双方当事人真实合意并实际履行合同的，应当结合缔约过错、已完工程质量、利益平衡等因素分配两份或以上合同间的差价确定工程价款；

（三）依照第二项确定的工程价款与工程实际价款差距较大，按照签约时的市场价格信息确定工程价款。

《建设工程司法解释二》（征求意见稿）第四稿、送审稿：

第十二条　【多份合同均无效时参照实际履行的合同结算】

当事人就同一建设工程订立的数份施工合同均被认定无效，但建设工程经竣工验收合格，当事人请求参照实际履行的合同作为结算工程价款依据的，人民法院应予支持。

实际履行的合同难以确定，当事人请求参照最后签订的合同作为结算工程价款依据的，人民法院应予支持。

《建设工程司法解释二》：

第十一条　当事人就同一建设工程订立的数份建设工程施工合同均无效，但建设工程质量合格，一方当事人请求参照实际履行的合同结算建设工程价款的，人民法院应予支持。

实际履行的合同难以确定，当事人请求参照最后签订的合同结算建设工程价款的，人民法院应予支持。

2. 各地法院关于多份合同无效的结算问题的规定

（1）《江苏省高级人民法院关于审理建设工程施工合同纠纷案件若干问题的解答》

7.《建设工程司法解释》第 21 条黑白合同的规则，审判实践中如何适用？

……

强制招投标的建设工程，当事人在招投标之前进行了实质性协商签订了建设工程施工合同，后经过招投标另行签订了一份实质性内容不一致的建设工程施工合同并进行备案的，前后合同均无效，参照双方当事人实际履行的合同结算工程价款。

……

(2)《浙江省高级人民法院民事审判第一庭关于审理建设工程施工合同纠纷案件若干疑难问题的解答》

十六、对“黑白合同”如何结算？

……

当事人违法进行招投标，当事人又另行订立建设工程施工合同的，不论中标合同是否经过备案登记，两份合同均为无效；应当按照最高人民法院《关于审理建设工程施工合同纠纷案件适用法律问题的解释》第二条的规定，将符合双方当事人的真实意思，并在施工中具体履行的那份合同，作为工程价款的结算依据。

(3)《北京市高级人民法院关于审理建设工程施工合同纠纷案件若干疑难问题的解答》

15.“黑白合同”中如何结算工程价款？

……

备案的中标合同与当事人实际履行的施工合同均因违反法律、行政法规的强制性规定被认定为无效的，可以参照当事人实际履行的合同结算工程价款。

(4)《河北省高级人民法院建设工程施工合同案件审理指南》

3. 法律、行政法规规定必须经过招投标的建设工程，当事人以招投标程序违法，或者存在串标、明招暗定等情形主张建设工程施工合同无效的，应承担相应的举证责任，人民法院经审查，认定确实存在以上情形的，该建设工程施工合同为无效合同。

7. 当事人就同一建设工程订立的数份施工合同均被认定为无效的，在结算工程价款时，应当参照当事人真实意思表示并实际履行的合同约定结算工程价款。当事人已经基于其中一份合同达成结算单的，如不存在欺诈、胁迫等撤销事由，应认定该结算单有效。

无法确定当事人真实意思并实际履行的合同的，可以结合缔约过错、已完工程质量、利益平衡等因素合理分配当事人之间数份合同的差价确定工程价款。

(5)《安徽省高级人民法院关于审理建设工程施工合同纠纷案件适用法律问题的指导意见(二)》

第二条 依法必须进行招标的建设工程，招标人与投标人在履行招投标程序前，以签订补充协议等形式对建设工程的施工范围、工期、计价方式、总价款等内容进行约定的，属串通投标，所签订的建设工程施工合同无效。

第八条 当事人就同一建设工程订立的数份施工合同均被认定无效，应当参照当事人实际履行的合同结算工程价款。

(6)《四川省高级人民法院关于审理建设工程施工合同纠纷案件若干疑难问题的解答》

20. 当事人就同一建设工程订立的数份施工合同均被认定无效的，如何结算工程价款？

当事人就同一建设工程订立的数份施工合同均被认定无效，但工程经竣工验收合格，当事人请求按照合同约定结算工程款，应当参照当事人实际履行的合同结算工程价款。不能确定实际履行合同的，可以参照签订建设工程施工合同时当地建设行政主管部门发布的计价方法或者计价标准结算工程价款。

目前导致施工合同无效的情形主要分为以下三种：①违反规划导致施工合同无效；②违反资质管理要求导致施工合同无效；③违反《招标投标法》的规定导致施工合同无效。在前两种导致施工合同无效的情形下，可以适用《合同法》的理论。但是对于因违反《招标投标法》的规定导致施工合同无效时，就应当适用《招标投标法》的理论。

目前，最高人民法院和各地法院的主流观点均认为，凡是在招标投标之前签订意向书、补充协议、承诺书、会议纪要、备忘录等(均具备了施工合同的实质性内容)，就认定这是串标、实质性议价，一律认为会必然导致招标投标行为无效，进而认定中标合同无效，那么该观点是否能够经受住实践的检验，笔者将用反证法来证明：

案例1-8

一、本案当事人

原告(承包人)：××建设集团股份有限公司

被告(发包人)：杭州××房地产开发有限公司

二、项目情况及签约过程

1. 工程项目简况：

(1)项目情况：位于浙江省××市，系商品住宅，建筑面积为157,545.5m^2。

(2)发包种类：本案发包人系国有控股企业。本工程系住宅项目，属于强制招标的项目，且必须公开招标。

2. 合同签订经过

(1)2014年2月7日，原告与被告签订《总承包合同》，约定由原告作为负责该项目土建、安装工程的承包人，约定：工程造价决算依据为“浙江03定额”。

(2)原告于2014年2月20日进场施工，开始搭建临时设施。由于被告系国有控股企业，相关行政主管部门于2014年3月15日要求被告立即停止施工，并就该项目进行公开招标投标。

(3)2014年4月16日，被告发布招标文件，原告参与了投标，并于2014年4月24日召开了开标会，由原告中标。

(4)2014年5月7日，原被告根据中标通知书签订了一份用于备案的《建设工程施工合同》，约定：“工程造价决算依据《2010年浙江省建设工程施工取费定额》。”(以下简称“浙江10定额”)

三、起诉原因

工程竣工验收合格后，双方因工程款结算产生争议(即按照双方实际履行的、真实意思表示的合同中约定的结算原则即“浙江03定额”还是按照中标合同中约定的结算原则即“浙江10定额”进行结算)而诉至法院。

四、鉴定结果

法院委托工程造价咨询单位对工程造价进行司法鉴定，鉴定结果为：(1)按照中标合同约定的“浙江10定额”结算，工程价款为3.3164亿元；(2)按照双方实际履行的合同规定的“浙江03定额”结算，工程款为2.9756亿元；(3)两者造价相差3408万元。

五、本案争议焦点

本案是以中标的中标合同为准来结算工程价款，还是以双方实际履行的真实意思表示的合同为准来结算工程价款？

本案中标合同结算原则为“浙江10定额”，造价为3.3164亿元；本案实际履行合同结算原则为“浙江03定额”，造价为2.9756亿元；可见“黑白合同”差价高达3408万元。

案例1－9

一、本案当事人

原告(承包人)：××建设(集团)有限公司

被告(发包人)：××房地产开发有限公司

二、项目情况及签约过程

1. 工程项目简况

(1)项目情况：位于浙江省××市，××花园一期工程，项目性质系住宅，建筑面积为55,032m^2。

(2)承包范围：施工图范围内的土建、水电、装饰、绿化、室外总体等的施工总承包。

(3)发包种类：该项目由于发包人系民营企业，根据当时的法律，该项目需要强制招标，但由于民营投资，只需邀请招标，本项目发包人也进行了邀请招标。

2. 合同签订及履行情况

(1)2010年5月19日，原告进场施工。

(2)2010年6月，原被告双方签订实际履行的真实意思表示的《××花园一期项目合同》；结算原则为《2003年浙江省建设工程施工取费定额》(以下简称"浙江03定额")。

(3)2010年7月8日，原告中标××花园一期工程；并于7月11日原被告双方根据中标通知书，签订《中标合同》；结算原则为固定单价合同。

(4)开工日期：2011年7月20日；竣工日期：2013年4月9日。

三、起诉原因

工程竣工验收合格后，根据中标合同，工程价款已按照合同约定支付；根据实际履行合同，发包人还欠承包人工程款2100万元，因此，承包人诉至法院要求按照实际履行合同进行工程价款的结算。

四、诉讼请求

(1)要求支付工程价款2100万元及其利息(从2013年4月10日起，暂计算至2016年10月17日，要求支付至实际履行之日止)。

(2)请求判令原告对"××花园一期工程"的拍卖或变卖折价款享有法定优先受偿权。

五、鉴定结果

法院委托工程造价咨询单位对工程造价进行司法鉴定，鉴定结果为：(1)按照中标合同约定工程价款为4900万元。(2)按照双方实际履行的合同约定，工程款为7000万元。(3)两者造价相差2100万元。

六、本案争议焦点

本案是以中标的中标合同为准来结算工程价款，还是以双方实际履行的真实意思表示的合同为准来结算工程价款?

本案中标合同结算原则为固定单价合同,造价为 4900 万元。本案实际履行合同结算原则为“浙江 03 定额”,造价为 7000 万元。可见“黑白合同”差价高达 2100 万元。

【法律分析】

最高人民法院的“凡是在招标投标之前签订意向书、补充协议、承诺书、会议纪要、备忘录等(均具备了施工合同的实质性内容),就一律认定这是串标、实质性议价,一律认为会必然导致招标投标行为无效,进而认定中标合同无效”这一主流观点是经不住考验和推敲的。

[案例 1－8]中,国有投资的项目在没有进行招标投标的情况下与建筑商直接签订了施工合同,但建筑商实际进场施工后被勒令停工。后该项目重新进行了公开招标投标程序,最终还是由原先的建筑商中标,发包人和建筑商根据招标投标文件签订了中标合同。笔者认为,不能仅凭发包人与建筑商在招标投标之前已经签订了施工合同就直接认定后续的招标投标行为无效,而是应当严格根据《招标投标法》的规定重点审查当事人在招标投标过程中是否存在导致招标投标无效的行为,主要包括:(1)招标人与投标人串标的行为;(2)投标人之间串标的行为;(3)招标人与投标人实质性议价的行为;(4)投标人以向招标人或者评标委员会成员行贿的方式谋取中标;(5)投标人低于成本价竞标;(6)投标人以他人名义投标或以其他方式弄虚作假骗取中标;(7)招标代理机构泄露应当保密的情况和材料影响中标结果的;(8)招标代理机构与招标人、投标人串通损害国家利益、社会公共利益或他人合法利益,影响中标结果的;(9)招标人向他人透露潜在投标人的信息或其他可能影响公平竞争的其他情况,或泄露标底影响中标结果的。

从举证责任角度来看,建筑商向法院提交招标文件、投标文件、中标通知书以及双方根据招标投标文件签订的中标合同后,建筑商关于工程招标投标程序的举证责任已经完成。若发包人主张该项目的招标投标程序因违反《招标投标法》《招标投标法实施条例》等规定而无效的,根据《民事诉讼法》第 64 条和《民事诉讼法解释》第 90～91 条的规定,发包人对此需承担举证责任,即发包人需证明在该项目招标投标过程中存在法律法规规定的导致招标投标程序无效的情形,而非由法院仅凭发包人和建筑商事先签订的施工合同来直接认定后续的招标投标行为无效。

《民事诉讼法解释》第 108 条第 1 款规定:“对负有举证证明责任的当事人提供

的证据，人民法院经审查并结合相关事实，确信待证事实的存在具有高度可能性的，应当认定该事实存在。”根据上述规定可以看出我国对于负有举证责任的当事人在举证责任负担程度上的一个变化，已经由《关于民事诉讼证据的若干规定》第72条确定的“证据优势原则”变更为“确信原则”，即负有举证责任的当事人提供的证据，对于待证事实的证明力需达到让人民法院“确信”的程度。

当然，根据《民事诉讼法解释》第92条第2款“对于涉及身份关系、国家利益、社会公共利益等应当由人民法院依职权调查的事实，不适用前款自认的规定”，在诉讼过程中，若法院依职权对相关事实进行调查时，通过相关调查取证的材料认定在工程的招标投标程序中存在违反法律法规的一些行为导致了招标投标程序无效的，则发包人对此无须承担举证责任。

概言之，对于招标投标程序效力性的认定，需有充足的证据来证明，应将举证责任和《招标投标法》的相关规定紧密结合起来，进而来认定是否存在导致中标无效情况的存在，而非进行主观性的臆断推定。

退一步而言，即使最高人民法院上述主流观点是正确的，即备案的“白合同”无效，实际履行的“黑合同”也无效，此种情况下，对于工程价款的结算问题，实践中存在两种截然不同的观点：

第一，最高人民法院的主流观点，认为一律按照实际履行的“黑合同”来进行结算工程价款。笔者对此持保留意见，主要理由如下：

(1)该观点与《建设工程司法解释一》起草背景相背离。

最高人民法院该主流观点所依据的基础是《建设工程司法解释一》第2条“建设工程施工合同无效，但建设工程经竣工验收合格，承包人请求参照合同约定支付工程价款的，应予支持”的规定，但从《建设工程司法解释一》起草时的背景来看，第2条的规定是针对因违反资格和资质管理导致的合同无效时结算原则的处理，因为在当时的情况下，司法实践中尚未发现因违反《招标投标法》而导致合同无效的情形。

在最高人民法院民事审判第一庭编著的《最高人民法院建设工程施工合同司法解释的理解与适用》一书明确载明：被称为“黑白合同”或者“阴阳合同”的两个不同版本的合同，在签订时间上可以存在三种状态，即与中标合同内容不一致的合同在中标合同之前签订；与中标合同内容不一致的合同在中标合同之后签订；与中标合同内容不一致的合同与中标合同在同一天签订且难以确定先后顺序的。

换言之，在当时的认知下，无论“黑合同”签订在“白合同”之前、之后或同时签订,均属于“黑白合同”,也不会因此改变法院对于招标投标程序效力的认定,且这三种情形下,均是按照“白合同”为准来结算工程价款。因此,《建设工程司法解释一》第2条并非是针对“黑白合同”的规定,而是在只存在一份施工合同,且该施工合同因违反资格和资质管理导致合同无效时的结算原则。

(2)该观点实质上架空了整个《招标投标法》的理论体系,将助长发包人利用优势地位故意破坏招标投标程序,工程质量和公众安全将无法得到保障。

如前所述,大部分“黑白合同”的出现是因为在民营投资的邀请招标项目中,由于行政监管机关对工程质量和工程造价的严格监管与发包人私人利益的冲突,而发包人在邀请招标的建筑市场上具有绝对的话语权。邀请招标的模式下,招标人更容易掌控整个招标投标过程。一般情况下,发包人为了达到控制成本的目的,往往会私下联系数个建筑商,就项目的承发包进行洽商、比价,并最终确定一个双方均可以接受且价格偏低的施工合同。其后,发包人往往要求建筑商找几家“陪标单位”在该项目后续的招标投标程序中走个过场,最终,由发包人和建筑商再根据“中标结果”签订施工合同并进行备案,这也是我们常说的“明标暗定”现象。这是“黑白合同”出现的主要原因,其他的投标人串标的情形以及实质性议价的情形则非常少。当然,在《建设工程司法解释一》出台以后,为了帮助发包人规避“黑白合同”的风险,发包人组织大量律师和法务的力量,集中研究突破点,因此,实践中也涌现了一部分中标合同价格低于实际履行合同的情况,但大部分中标合同的价格还是高于实际履行合同的价格。

如果按照最高人民法院的该主流观点,在多份合同均因违背《招标投标法》的规定而被认定为无效的情况下,如果不区分过错责任而一律以实际履行的黑合同来结算工程价款,就是鼓励发包人破坏招标投标市场秩序,进而从中获利的恶劣风气,那么《招标投标法》的规定就被架空,对于规制和约束“黑白合同”的情形起不到任何作用,在工程造价无法保障的情况下,工程质量和公众安全更是无法得到保障。

(3)该观点有悖“违约者不得益原则”“违法者不得益原则”“过错者不得益原则”。

“任何人都不得从自己的错误行为中获利”原则,具体又表现为“违约者不得益原则”“违法者不得益原则”“过错者不得益原则”。在我国,虽然没有明确法律法规对“违约者不得益原则”“违法者不得益原则”“过错者不得益原则”作出规定,但在裁判实践中多有体现。在(2014)民抗字第75号海南昌旺达置业顾问有限公司与海南宇昌房地产开发有限公司商品房预售合同纠纷案中,法院认为:造成本案合同无效的主要责任和原因在于宇昌公司，昌旺达公司作为守约方，因本案合同无效，其所丧失的不仅仅是合同约定的房产，还丧失了利用同等交易机会在国际旅游岛大背景下获取巨大利润的机会。如果因宇昌公司故意不作为的行为，获得合同无效、房价大幅上涨带来的全部利益，昌旺达公司作为守约者，反得不到预期的利益，才是真正的利益失衡。故一、二审判决参照有效合同的信赖利益和可期待利益计算原则，按照相关评估机构的鉴定报告，以该房屋的实际价差作为昌旺达公司的经济损失，判决宇昌公司按照其过错给予昌旺达公司损失赔偿。

又如，在(2015)廊民一终字第1495号—1499号、(2016)苏0206民初5279号案件的判决主文中，法院在认定时均提及了"任何人不得从自己的错误行为中获利""过错者不得益原则"，并将其作为判决的重要原则之一。

笔者认为，建设工程领域也应严格贯彻"违约者不得益原则""违法者不得益原则""过错者不得益原则"。"任何人都不得从自己的错误行为中获利"原则在建设工程纠纷的司法实践中已经有所运用，最高人民法院公报案例(2014)民一终字第69号判决主文中对于工程价款结算部分也依据此原则进行了详细认定："显然；如果采用此种计算方法，将会导致隆豪公司虽然违反约定解除合同，却能额外获取910万元利益的现象。这种做法无疑会助长因违约获得不利益的社会效应，因而该方法在本案中不应被适用……隆豪公司解除合同的行为破坏了双方的交易背景，此时如再还原合同约定的土建工程价款，既脱离实际情况，违背交易习惯，又会产生对守约乙方明显不公平的后果。"实际上，法院的这个观点就蕴含着"任何人都不得从自己的错误行为中获利"原则，也说明了在裁判实务中，"任何人都不得从自己的错误行为中获利"原则是法官在进行裁判时依据的重要准则之一。

此外，该原则在《合同法》、《建设工程工程量清单计价规范》(GB 50500－2013)和《建设工程施工合同(示范文本)》(GF－2013－0201)中均有直接体现。

《合同法》

第六十三条　执行政府定价或者政府指导价的，在合同约定的交付期限内政府价格调整时，按照交付时的价格计价。逾期交付标的物的，遇价格上涨时，按照原价格执行；价格下降时，按照新价格执行。逾期提取标的物或者逾期付款的，遇价格上涨时，按照新价格执行；价格下降时，按照原价格执行。

《建设工程工程量清单计价规范》(GB 50500－2013)

9.2　法律法规变化

9.2.2　因承包人原因导致工期延误的，按本规范第9.2.1条规定的调整时间，在合同工程原定竣工时间之后，合同价款调增的不予调整，合同价款调减的予以调整。

9.8 物价变化

9.8.3 发生合同工程工期延误的，应按照下列规定确定合同履行期的价格调整：

1. 因非承包人原因导致工期延误的，计划进度日期后续工程的价格，应采用计划进度日期与实际进度日期两者的较高者。

2. 因承包人原因导致工期延误的，计划进度日期后续工程的价格，应采用计划进度日期与实际进度日期两者的较低者。

《建设工程施工合同(示范文本)》(GF－2013－0201)

11.1 市场价格波动引起的调整

(4)因承包人原因工期延误后的价格调整

因承包人原因未按期竣工的，对合同约定的竣工日期后继续施工的工程，在使用价格调整公式时，应采用计划竣工日期与实际竣工日期的两个价格指数中较低的一个作为现行价格指数。

11.2 法律变化引起的调整

……

因承包人原因造成工期延误，在工期延误期间出现法律变化的，由此增加的费用和(或)延误的工期由承包人承担。

综上，笔者认为，违背《招标投标法》导致数份合同均无效的责任基本应由发包人承担，按照在多份合同均无效的情况下一律按照实际履行的“黑合同”来结算的观点，将导致发包人因为其违法行为而获利，显然与“违约者不得益原则”“违法者不得益原则”“过错者不得益原则”背道而驰。

(4)意思自治原则在特定情况下应受到限制。

《合同法》的基本原则是契约自由、当事人意思自治原则，当该原则与《招标投标法》的立法本意相矛盾时，《合同法》的原则应当给《招标投标法》的立法本意让位。因为《招标投标法》的立法本意是为了保障社会公共安全和公共利益，防止过低的价格导致工程质量和安全无法得到保障，因此当多份合同均被认定为无效时，不应当只考虑《合同法》的基本理论按照当事人实际履行的合同来结算工程价款，而是应当考虑维护招标投标的市场秩序，惩罚有过错一方的当事人，区分情况综合考虑。

因此，笔者认为在“黑白合同”均被认定无效的情况下，既需要保护招标投标的市场秩序,贯彻“违约者不得益原则”“违法者不得益原则”“过错者不得益原则”,又应结合《合同法》“意思自治”的基本原则来对“黑白合同”的差价部分进行处理和认定,即将“黑白合同”理论、“违约者不得益原则”“违法者不得益原则”“过错者不得益原则”“意思自治原则”相结合,根据导致招标投标程序无效中发包人和建筑商的过错责任,并根据各个案件的不同情况来分别确定工程价款的结算依据。

(1)投标人串标导致中标合同无效的、投标人弄虚作假骗取中标导致中标合同无效的、投标人贿赂评标委员会并中标导致中标合同无效的,应按照实际履行的合同和中标合同中工程价款较低的合同进行结算。

投标人串标导致中标合同无效的、投标人弄虚作假骗取中标导致中标合同无效的、投标人贿赂评标委员会并中标导致中标合同无效的,在这些情况下导致中标合同无效的过错完全在投标人,因此,在工程价款结算时,也应秉承“违约者不得益原则”“违法者不得益原则”“过错者不得益原则”,按照实际履行的合同和中标合同中工程价款较低的合同进行结算。

(2)招标人和投标人串标导致中标合同无效的,应按照中标合同和实际履行合同中工程价款较高的合同进行结算。

在政府监管层面的招标投标程序中,招标人和投标人均是按照规范要求对工程造价进行约定,故工程造价一般均高于实际履行合同的价格。但我国目前建筑业的实际情况是建筑商竞争异常激烈,僧多粥少,建筑商为了承接业务,往往做出重大让利,将本应由发包人承担的费用约定为由建筑商自行承担,并通过签订与中标合同不一致的“黑合同”来实现。由此可见,发包人对于整个招标投标程序和价格享有绝对的话语权和强势地位。因此,笔者认为,由于招标人和投标人串标导致中标合同无效的情况下,应由招标人承担责任,故应根据中标合同和实际履行合同中工程价款较高的合同来进行结算。

(3)招标人和投标人实质性议价导致中标合同无效的,应按照中标合同和实际履行合同中工程价款较高的合同进行结算。

在实质性议价导致中标合同无效的,应由招标人承担责任,故也应按照中标合同和实际履行合同中工程价款较高的合同进行结算。

综上,笔者认为,最高人民法院的上述主流观点实质上是架空了整个《招标投标法》的理论,有悖“违约者不得益原则”“违法者不得益原则”“过错者不得益原则”,是最高人民法院迎合各地法院对于“黑白合同”抵触情绪的结果,应当坚决抵制。只有在保护《招标投标法》的立法本意,并结合《合同法》“意思自治”基本原则基础上，区分当事人双方的过错责任，根据各个案件的不同情况来区分导致合同无效的责任承担方，并依此来确定工程价款结算依据才是最妥当的处理方式。

(三)违反《招标投标法》导致中标无效的情形

1. 投标人相互串通投标情形

《招标投标法》

第三十二条第一款 投标人不得相互串通投标报价，不得排挤其他投标人的公平竞争，损害招标人或者其他投标人的合法权益。

第五十三条 投标人相互串通投标或者与招标人串通投标的，投标人以向招标人或者评标委员会成员行贿的手段谋取中标的，中标无效……

《招标投标法实施条例》

第三十九条 禁止投标人相互串通投标。

有下列情形之一的，属于投标人相互串通投标：

(一)投标人之间协商投标报价等投标文件的实质性内容；

(二)投标人之间约定中标人；

(三)投标人之间约定部分投标人放弃投标或者中标；

(四)属于同一集团、协会、商会等组织成员的投标人按照该组织要求协同投标；

(五)投标人之间为谋取中标或者排斥特定投标人而采取的其他联合行动。

第四十条 有下列情形之一的，视为投标人相互串通投标：

(一)不同投标人的投标文件由同一单位或者个人编制；

(二)不同投标人委托同一单位或者个人办理投标事宜；

(三)不同投标人的投标文件载明的项目管理成员为同一人；

(四)不同投标人的投标文件异常一致或者投标报价呈规律性差异；

(五)不同投标人的投标文件相互混装；

(六)不同投标人的投标保证金从同一单位或者个人的账户转出。

举例而言，在一个公开招标的住宅项目中，建筑面积 20 万平方米，在公开招标的时候，浙江的一个施工企业对该项目采取了“围标”的方式，即所有的投标人都由他一家公司控制，他在做投标标书的时候，三家投标标书的技术标完全相同，商务标基本相同，连标点符号、错别字都是一样的。当投标人将该项目的围标围住的时候，招标人选择任何一家投标人的中标其结果都是一样的，招标人对此没有任何办法。该项目在最后评标的时候,通过比对多家投标人的投标文件时发现了投标文件的问题,认为投标人存在串通投标的嫌疑,后招标人向招标投标管理办公室报案,招标投标管理办公室将这种情况立案调查,并最终认定投标人存在串标行为。本案中,若招标人是在中标之后发现该问题,根据上述法律规定,那么投标人的中标行为也无效,依据签订的中标合同同样归于无效。

在因投标人串标导致中标无效的情况下,导致中标无效的责任在建筑商,故应当严格贯彻"违约者不得益原则""违法者不得益原则""过错者不得益原则",按照实际履行的合同和中标合同中工程价款较低的施工合同为准来结算工程价款。

2. 招标人和投标人相互串通投标情形

《招标投标法》

第三十二条第二款　投标人不得与招标人串通投标,损害国家利益、社会公共利益或者他人的合法权益。

第五十三条　投标人相互串通投标或者与招标人串通投标的,投标人以向招标人或者评标委员会成员行贿的手段谋取中标的,中标无效……

《招标投标法实施条例》

第四十一条　禁止招标人与投标人串通投标。

有下列情形之一的,属于招标人与投标人串通投标:

(一)招标人在开标前开启投标文件并将有关信息泄露给其他投标人;

(二)招标人直接或者间接向投标人泄露标底、评标委员会成员等信息;

(三)招标人明示或者暗示投标人压低或者抬高投标报价;

(四)招标人授意投标人撤换、修改投标文件;

(五)招标人明示或者暗示投标人为特定投标人中标提供方便;

(六)招标人与投标人为谋求特定投标人中标而采取的其他串通行为。

案例 1－10

一、本案当事人

原告(承包人):××建设集团有限公司

被告(发包人):××房地产开发有限公司

二、项目情况及其签约过程

1. 工程简况

(1)项目情况:位于上海××区的某住宅项目(包括 2 幢小高层、4 幢高层),

其建筑面积为10.7万平方米。

(2)项目发包范围:施工图范围内的土建、水电、装饰、绿化、室外总体等项目的施工总承包。

2.招标投标过程

本案项目系民营投资的住宅项目,属于邀请招标项目,但是在本项目招标之前,发包人和承包人已经私下进行了磋商,并就项目承发包的主要事项达成了一致,并签订《意向书》。其后,本案工程经过邀请招标,由招标投标管理办公室发出中标通知书确定本案的承包人为中标单位,但在招标投标过程中的另外两家投标人是由本案承包人自行寻找而作为陪标进行投标的。

3.合同签订过程

(1)2006年7月28日,双方根据中标通知书签订了一份用以备案的《建筑工程施工合同》,并约定工程价款结算原则为《上海市建筑和装饰工程预算定额工程量计算规则(2000)》(以下简称"上海2000定额")。

(2)同日,承包人和发包人就该项目根据《意向书》签订了系属双方真实意思表示且已实际履行的《建筑工程施工合同补充合同》,并约定工程价款结算原则为《上海市建筑工程综合预算定额(一九九三)》(以下简称"上海93定额")。

三、起诉原因

工程竣工验收合格后,双方因工程款结算产生争议而诉至法院。

四、鉴定结果

法院委托审计单位司法鉴定(审价),鉴定结果:(1)按照中标合同约定的"上海2000定额"结算,工程价款为1.32亿元;(2)按照双方实际履行的合同约定的"上海93定额"结算,工程价款为1.21亿元;(3)两者造价相差1100万元。

五、本案争议焦点

本案是以中标的中标合同为准来结算工程价款,还是以双方实际履行的真实意思表示的合同为准来结算工程价款?

[案例1-10]中标合同结算原则为"上海2000定额",造价为1.32亿元;本案实际履行合同结算原则为"上海93定额",造价为1.21亿元;可见"黑白合同"差价高达1100万元。

根据上述规定,招标人和投标人串标,中标无效,据此签订的中标合同也属无效,双方签订的违背中标合同的实质性内容的"黑合同"也属无效。由于建筑业市场仍属于发包人市场，发包人占绝对的优势地位，因此，在招标人和投标人串标导致中标无效的情况下，应由发包人承担责任，故应当严格贯彻“违约者不得益原则”“违法者不得益原则”“过错者不得益原则”，按照中标合同和实际履行合同中工程价款较高的施工合同为准来结算工程价款。

3. 实质性议价情形

《招标投标法》

第四十三条 在确定中标人前，招标人不得与投标人就投标价格、投标方案等实质性内容进行谈判。

第五十五条 依法必须进行招标的项目，招标人违反本法规定，与投标人就投标价格、投标方案等实质性内容进行谈判的，给予警告，对单位直接负责的主管人员和其他直接责任人员依法给予处分。

前款所列行为影响中标结果的，中标无效。

《工程建设项目施工招标投标办法》

第七十六条 依法必须进行招标的项目，招标人违法与投标人就投标价格、投标方案等实质性内容进行谈判的，有关行政监督部门给予警告，对单位直接负责的主管人员和其他直接责任人员依法给予处分。

前款所列行为影响中标结果的，中标无效。

案例1－11

在一个公开招标的项目中，招标时招标人提供的招标图纸非常齐备，招标文件中明确要求，项目采取招标图纸范围内总价包干的计价方式，并明确工程量和单价均闭口包干，但是对设计变更引起的工程量变更是否进行调整在招标文件中没有写清楚。在后续的投标过程中，大多数投标人均在投标文件中承诺，对设计变更引起的工程量增减作为让利，但其中投标价格最低的一家投标人没有作出此项承诺。评标委员会在评标时发现，虽然该单位的投标价格最低，但是因为他没有此项承诺，实际上是投标价格最高的。但是根据评标规定，采取的是最低价中标的方式，那么就应该是没有做出承诺却投标价格最低的投标人中标。

评委会发现这个问题以后立即向招标人进行了反馈，后招标人将投标报价最低的投标人单独叫过来，让他和其他投标人一样做出承诺，对于设计变更的工程量部分作为让利处理，最低价的投标人为了中标也同意并出具了相应承诺。

最终,本项目由该投标报价最低的投标人中标承建。

中标合同签订后,本项目因设计变更的增加了约1000万元的造价,即这份承诺书实际上导致工程造价相差1000万元。

TIPS:实质性议价与询标的区别是什么?

《招标投标法》第39条规定:"评标委员会可以要求投标人对投标文件中含义不明确的内容作必要的澄清或者说明,但是澄清或者说明不得超出投标文件的范围或者改变投标文件的实质性内容。"该条款是询标的法律依据,可以看出询标是对投标文件含糊不清的内容作出解释。

那么,什么是实质性内容?《合同法》第30条规定:"承诺的内容应当与要约的内容一致。受要约人对要约的内容作出实质性变更的,为新要约。有关合同标的、数量、质量、价款或者报酬、履行期限、履行地点和方式、违约责任和解决争议方法等的变更,是对要约内容的实质性变更。"可见,有关合同标的、数量、质量、价款或者报酬、履行期限、履行地点和方式、违约责任和解决争议方法等,都是合同的实质性内容。实质性议价,就是对合同的实质性内容进行谈判。

可见,两者最主要的区别就是:询标是对投标文件含糊不清的内容作出解释;而实质性议价就是实质性谈判。

招标人与投标人在确定中标人前,即中标通知书发出前,招标人与投标人就投标价格、投标方案等实质性内容进行谈判违反法律规定,是无效的。之所以禁止招标人与投标人就投标价格、投标方案(技术规格)、主要合同条款等实质性内容进行谈判,就是为了防止出现所谓的"拍卖"方式,即招标人利用一个投标人提交的投标对另一个投标人施加压力,迫其降低报价或其他方面更有利的投标。

[案例1-11]中,在中标之前,招标人私下与投标人联系,要求其出具了对设计变更部分进行让利的承诺函,改变了投标文件的实质性内容,且影响了中标结果,故该中标应属无效。此种情况下,导致中标无效的责任应由发包人承担,故应当按照中标合同和实际履行合同中工程价款较高的施工合同为准来结算工程价款。

4. 其他情形

《招标投标法》

第三十二条第三款 禁止投标人以向招标人或者评标委员会成员行贿的手段

谋取中标。

第三十三条 投标人不得以低于成本的报价竞标,也不得以他人名义投标或者以其他方式弄虚作假,骗取中标。

第五十条 招标代理机构违反本法规定,泄露应当保密的与招标投标活动有关的情况和资料的,或者与招标人、投标人串通损害国家利益、社会公共利益或者他人合法权益……

影响中标结果的,中标无效。

第五十二条 依法必须进行招标的项目的招标人向他人透露已获取招标文件的潜在投标人的名称、数量或者可能影响公平竞争的有关招标投标的其他情况的,或者泄露标底……

影响中标结果的,中标无效。

第五十三条 投标人相互串通投标或者与招标人串通投标的,投标人以向招标人或者评标委员会成员行贿的手段谋取中标的,中标无效……

第五十四条 投标人以他人名义投标或者以其他方式弄虚作假,骗取中标的,中标无效……

第五十七条 招标人在评标委员会依法推荐的中标候选人以外确定中标人的,依法必须进行招标的项目在所有投标被评标委员会否决后自行确定中标人的,中标无效……

《招标投标法实施条例》

第四十二条 使用通过受让或者租借等方式获取的资格、资质证书投标的,属于招标投标法第三十三条规定的以他人名义投标。

投标人有下列情形之一的,属于招标投标法第三十三条规定的以其他方式弄虚作假的行为:

(一)使用伪造、变造的许可证件;

(二)提供虚假的财务状况或者业绩;

(三)提供虚假的项目负责人或者主要技术人员简历、劳动关系证明;

(四)提供虚假的信用状况;

(五)其他弄虚作假的行为。

若由于上述原因导致招标投标程序无效、中标无效,进而导致施工合同无效的,则应区分导致招标投标程序无效和中标无效的责任承担问题,结合"违约者不得益原则""违法者不得益原则""过错者不得益原则"来确定工程价款的结算原则。

即主要责任由发包人承担的，则应当按照中标合同和实际履行合同中工程价款较高的合同来结算工程价款；若主要责任由建筑商承担的，则应当按照实际履行的合同和中标合同中工程价款较低的合同来结算工程价款。

（四）应进行招标而未招标导致合同无效时的结算原则

案例1－12

一、本案当事人

原告（承包人）：××建设集团有限公司

被告（发包人）：××置业有限公司

二、项目情况及签约过程

1. 工程简况

（1）项目情况：项目为江苏省××市某区某多层住宅、别墅精装修工程综合型住宅小区，建筑面积25万平方米，其中多层住宅20幢、别墅39幢及会所、幼儿园的精装修，共计59幢单体。

（2）发包种类：本案项目是国有投资的住宅项目，属于应招标投标的项目，即属于法律规定属于强制招标的项目但双方没有经过招标投标。

2. 合同签订经过

（1）2007年12月1日，发包人和承包人为了领取施工许可证的应付政府部门备案，签订了一份不实际履行的合同，该合同非双方真实意思表示，也没有经过招标投标，并对该份合同进行了备案，合同约定："工程造价的结算原则是闭口价约7.6亿元，在合同履行过程中不得因政策和市场因素进行调整。"

（2）同一天，双方又签订了一份真实意思表示且实际履行的合同，没有到政府部门备案，该份合同工程造价的结算原则为：根据《2001年江苏省建筑工程综合预算定额》（以下简称"江苏01定额"），是全开口价的计价模式，在合同履行过程中工程量和价格都可以按实调整。

三、起诉原因

工程竣工验收合格后，双方因工程款结算产生争议而诉至法院。

四、鉴定结果

法院委托审计单位司法鉴定（审价），鉴定结果为：（1）按照中标合同约定的工程价款结算是约7.6亿元；（2）按照"江苏01定额"结算，实际履行的合同工程价款结算是8.3亿元；（3）两者造价相差7000万元。

五、本案争议焦点

本案是以中标合同为准来结算工程价款，还是以双方实际履行的真实意思表示的合同为准来结算工程价款？

本案中标合同结算原则为总价闭口，造价为7.6亿元；本案实际履行合同结算原则为“江苏01定额”，造价为8.3亿元；“黑白合同”之间差价高达7000万元。

【法律分析】

（1）必须招标的工程项目规定的变化是否会影响原先已签订的施工合同效力的认定？

目前，民营投资的科技、教育、文化、体育、旅游、卫生、社会福利、商品住宅项目均不再属于强制招标的范围。那么，原先属于强制招标范围内的民营投资项目，但未进行招标投标程序而直接签订了《施工合同》，目前案件进入诉讼阶段，《施工合同》的效力如何认定？

对此问题存在以下两种观点：

第一种观点认为：《施工合同》无效，理由如下：

《合同法》第56条规定：“无效的合同或者被撤销的合同自始没有法律约束力。合同部分无效，不影响其他部分效力的，其他部分仍然有效。”因此，无效的合同自始无效，在《施工合同》签订时已经违背了效力性的强制性的规定，应当招标投标而未招标投标，故《施工合同》归于无效，且目前我国没有任何规定可以对应招标而未招标导致合同无效的情形进行效力补正，因此，《施工合同》的效力不会因为该项目根据新规定不再属于强制招标的范围就发生变化，故《施工合同》应认定为无效。

第二种观点认为：《施工合同》有效，理由如下：

《合同法司法解释一》

第三条　人民法院确认合同效力时，对合同法实施以前成立的合同，适用当时的法律合同无效而适用合同法合同有效的，则适用合同法。

《最高人民法院关于依法平等保护非公有制经济促进非公有制经济健康发展的意见》

4. 正确认定民商事合同效力，保障非公有制经济的合法交易。要处理好意思自治与行政审批的关系，对法律、行政法规规定应当办理批准、登记等手续生效的合同，应当允许当事人在判决前补办批准、登记手续，尽量促使合同合法有效。

从上述《合同法司法解释一》以及最高人民法院〔2014〕27号文件的规定可以

看出，在我国合同效力问题其实有一个大原则，即“尽量促使合同合法有效”原则，以及允许当事人对无效合同进行效力补正。

《施工合同》签订时该项目虽然仍属于强制招标范围，主要是为了保障社会公共安全和公共利益，后随着我国建筑业水平的普遍提升，我国对于强制招标项目的范围开始慢慢改革，且目前已经明确出台了相应规定，将该项目从强制招标的范围内剔除了。因此，从《招标投标法》保障社会公共安全和公共利益的角度而言，应根据最新的规定认定《施工合同》有效；从审判实践角度而言，合同有效更有利于还原当事人最真实的意思表示，符合“尽量促使合同合法有效”的原则，故也应认定合同有效；从效力补正的角度而言，项目是否属于强制招标范围，也是国家行政法规的规定，目前该行政要求发生变化，也可以理解为国家通过变更法律规定来对原先无效的一部分合同效力进行了补正。故认为《施工合同》应当认定为有效。

笔者赞同第一种观点，即应当认定《施工合同》无效，主要理由如下：

第一，根据《合同法》的基本原则，无效自始无效；

第二，对于无效合同的效力补正需有法律明确规定。《合同法司法解释一》是针对根据《合同法》应认定为有效合同的情况，未进行招标投标程序而直接签订的《施工合同》并不能适用该规定。《最高人民法院关于依法平等保护非公有制经济促进非公有制经济健康发展的意见》规定的“对法律、行政法规规定应当办理批准、登记等手续生效的合同，应当允许当事人在判决前补办批准、登记手续”情形也不适用，因为对于未进行招标投标程序的项目的《施工合同》已经在实际履行中或已经实际履行完毕，其并没有补办招标投标程序，且即便补办了招标投标程序，该补办的招标投标的程序基本都是无效的，因此也不会导致《施工合同》有效。

需要特别提醒注意的是，最高人民法院目前主流观点是“尽量促使合同合法有效”，所以关于这类施工合同的效力认定问题最终还需等最高人民法院出台司法解释予以明确。

(2)应进行招标而未招标导致合同无效时，工程价款如何结算？

对于该问题，实践中也存在以下两种观点：

第一种观点认为，如果工程经验收合格的，则应根据《建设工程司法解释一》第2条“建设工程施工合同无效，但建设工程经竣工验收合格，承包人请求参照合同约定支付工程价款的，应予支持”的规定，当事人可请求参照合同约定来结算工程价款。

第二种观点认为，应当按照签订合同时的当地定额（即按照《建设工程司法解释一》第16条第2款规定的“签订建设工程施工合同时当地建设行政主管部门发布的计价方法或者计价标准结算工程价款”，下同）据实结算。

笔者赞同第二种观点。《建设工程司法解释一》第 2 条是针对因违反资格和资质管理导致的合同无效时结算原则的处理，应招标而未招标导致合同无效的结算原则不应参照该条款执行。在民营投资的邀请招标项目中，招标投标主要是为了保障公共安全和公共利益，保障工程的质量和安全，故政府监管下的造价一般比实际履行合同的造价高。应当招标而未招标导致合同无效的过错责任均应由发包人承担，而通常情况下施工合同关于结算的约定较为苛刻，远低于当地定额，如果仍参照施工合同的约定进行结算则违背了“违约者不得益原则”“违法者不得益原则”“过错者不得益原则”，故应按照签订合同时的当地定额据实结算。

（五）非强制招标的项目，实际进行了行政主管部门监督下的招标投标程序，且存在“黑白合同”的情况下，工程价款的处理原则

1.《建设工程司法解释二》关于非强制招标项目进行招标的法律效果的规定的发展

《建设工程司法解释二》（征求意见稿）第一稿：

第五条　【不属于必须招标工程进行招标的法律效果】

发包人将依法不属于必须招标的工程进行招标后，与承包人另行订立的建设工程施工合同与备案的中标合同实质性内容不一致，当事人请求以备案的中标合同作为结算工程价款根据的，应予支持。

另一种意见：发包人将依法不属于必须招标的工程进行招标后，与承包人另行订立的建设工程施工合同与备案的中标合同实质性内容不一致的，以双方实际履行的合同作为结算工程价款的根据。不能确定实际履行合同的，以后订立的合同作为结算工程价款的根据。

《建设工程司法解释二》（征求意见稿）第二稿：

第十条　【不属于必须招标工程进行招标的法律效果】

发包人将依法不属于必须招标的工程进行招标后，与承包人另行订立的建设工程施工合同与备案的中标合同实质性内容不一致，当事人请求以备案的中标合同作为结算工程价款根据的，人民法院应予支持。

《建设工程司法解释二》（征求意见稿）第三稿：

第十四条　【不属于必须招标工程进行招标的法律效果】

发包人将依法不属于必须招标的工程进行招标后，与承包人另行订立的建设工程施工合同背离备案的中标合同实质性内容，当事人请求以备案的中标合同作

为结算工程价款根据的，人民法院应予支持。

《建设工程司法解释二》(征求意见稿)第四稿：

第九条 【非必须招标工程进行招标后的工程价款结算依据】

【方案一】

发包人将依法不属于必须招标的工程进行招标后，与承包人另行订立的建设工程施工合同背离备案的中标合同实质性内容，当事人请求以备案的中标合同作为结算工程价款依据的，人民法院应予支持。

【方案二】

发包人将依法不属于必须招标的工程进行招标后，与承包人另行订立的建设工程施工合同背离备案的中标合同实质性内容，当事人请求以实际履行的合同作为结算工程价款依据的，人民法院应予支持。

《建设工程司法解释二》送审稿：

第九条 【非必须招标工程进行招标后的工程价款结算依据】

【方案一】

发包人将依法不属于必须招标的工程项目进行招标后，与承包人另行订立的建设工程施工合同背离中标合同的实质性内容，当事人请求以中标合同作为结算工程价款依据的，人民法院应予支持。

【方案二】

发包人将依法不属于必须招标的工程项目进行招标后，与承包人另行订立的建设工程施工合同背离中标合同的实质性内容，当事人请求以实际履行的合同作为结算工程价款依据的，人民法院应予支持。

《建设工程司法解释二》：

第九条 发包人将依法不属于必须招标的建设工程进行招标后，与承包人另行订立的建设工程施工合同背离中标合同的实质性内容，当事人请求以中标合同作为结算建设工程价款依据的，人民法院应予支持，但发包人与承包人因客观情况发生了在招标投标时难以预见的变化而另行订立建设工程施工合同的除外。

2. 各地法院关于非强制招标项目进行招标的法律效果的规定

(1)《江苏省高级人民法院关于审理建设工程施工合同纠纷案件若干问题的解答》

7. ……

非强制招投标的建设工程，经过招投标或备案的，当事人在招投标或备案之外另行签订的建设工程施工合同与经过备案的合同实质性内容不一致的，以双方当事人实际履行的合同作为结算工程价款的依据。

……

(2)《北京市高级人民法院关于审理建设工程施工合同纠纷案件若干疑难问题的解答》

15.“黑白合同”中如何结算工程价款？

法律、行政法规规定必须进行招标的建设工程，或者未规定必须进行招标的建设工程，但依法经过招标投标程序并进行了备案，当事人实际履行的施工合同与备案的中标合同实质性内容不一致的，应当以备案的中标合同作为结算工程价款的依据。

……

(3)《河北省高级人民法院建设工程施工合同案件审理指南》

8. 法律、行政法规未规定必须进行招投标的建设工程，经过合法有效的招投标程序的，当事人实际履行的建设工程施工合同与备案中标合同实质性内容不一致的，应当以中标合同作为工程价款的结算根据。

(4)《安徽省高级人民法院关于审理建设工程施工合同纠纷案件适用法律问题的指导意见(二)》

第七条　不属于依法必须招标的建设工程，发包人与承包人又另行签订并实际履行了与备案中标合同不一致的合同，当事人请求按照实际履行的合同确定双方权利义务的，应予支持。

从上述规定可以看出，最高人民法院对该问题存在两种截然不同的意见，且各地法院对于该问题的指导意见也是各不相同，一种观点认为应当按照中标合同进行结算，另一种观点则认为应当根据实际履行的合同进行结算。目前《建设工程司法解释二》对此进行了明确规定，最高人民法院的观点与笔者观点一致，即认为非必须招标的建设工程项目，实际上进行了政府招标投标管理部门监管下的招标投标程序并签订了中标合同的情况下，招标人也不得与中标人签订背离中标合同实质性内容不一致的其他施工合同，否则也应按照中标合同来结算工程价款。只有这样才能最大限度的保障招标投标的市场秩序，以及保障其他未中标的第三人的合法权益，符合《招标投标法》的立法本意。

案例1－13

一、本案当事人

原告(承包人):××建设集团有限公司

被告(发包人):××房地产开发有限公司

二、项目情况及签约过程

1. 工程项目简况

(1)项目情况:位于浙江省××市,系属酒店(商用房),建筑面积为13.7万m^2,包括1－3#楼、裙房、地下车库。

(2)发包种类:本案项目是民营投资,是酒店项目,其不属于强制招标的项目,即属非强制性招标项目,但双方经过了招标投标程序。

2. 合同签订经过

(1)2005年9月28日,被告通过邀请招标方式,确定原告为该项目土建、安装工程的中标单位。原、被告双方根据中标通知书签订了一份用于备案的《建设工程施工合同》,约定:"按《2003年浙江省建设工程施工取费定额》规定结算工程价款。"(以下简称"浙江03定额")

(2)同日,双方又签订了系属双方真实意思表示且已实际履行的《总承包合同补充协议》规定:"工程造价决算依据为《1994年浙江省建筑工程预算定额》。"(以下简称"浙江94定额")

三、起诉原因

工程竣工验收合格后,双方因工程款结算产生争议而诉至法院。

四、鉴定结果

法院委托审计单位司法鉴定(审价),鉴定结果为:(1)按照中标合同约定的"浙江03定额"结算,工程价款为1.2702亿元;(2)按照双方实际履行的合同规定的"浙江94定额"结算,工程款为1.1797亿元;(3)两者造价相差905万元。

五、本案争议焦点

本案是以中标的中标合同为准来结算工程价款,还是以双方实际履行的真实意思表示的合同为准来结算工程价款?

本案中标合同结算原则为"浙江03定额",造价为1.2702亿元;本案实际履行合同结算原则为"浙江94定额",造价为1.1797亿元;可见"黑白合同"差价高达905万元。

【法律分析】

非强制招标的项目,实际进行了行政主管部门监督下的招标投标程序,且存在“黑白合同”的情况下,工程价款的处理原则应与强制项目的处理原则一致,主要理由如下:

《招标投标法》第 2 条规定,“在中华人民共和国境内进行招标投标活动,适用本法”,无论是强制招标还是非强制招标的,只要进行招标投标,都适用《招标投标法》,适用《招标投标法》第 46 条的规定。

同时,《招标投标法》中如果某一条款只适用于强制招标的项目,条文中都会予以明示,如第 4 条规定“任何单位和个人不得将依法必须进行招标的项目化整为零或者以其他任何方式规避招标”,第 6 条规定“依法必须进行招标的项目,其招标投标活动不受地区或者部门的限制”,第 12 条第 3 款规定“依法必须进行招标的项目,招标人自行办理招标事宜的,应当向有关行政监督部门备案”。但是《招标投标法》第 46 条并不在此列,即第 46 条并没有限制为“依法必须进行招标的项目”才适用。

《招标投标法》

第三条 在中华人民共和国境内进行下列工程建设项目包括项目的勘察、设计、施工、监理以及与工程建设有关的重要设备、材料等的采购,必须进行招标:

(一)大型基础设施、公用事业等关系社会公共利益、公众安全的项目;

(二)全部或者部分使用国有资金投资或者国家融资的项目;

(三)使用国际组织或者外国政府贷款、援助资金的项目。

前款所列项目的具体范围和规模标准,由国务院发展计划部门会同国务院有关部门制订,报国务院批准。

法律或者国务院对必须进行招标的其他项目的范围有规定的,依照其规定。

《招标投标法》第 2 条和第 3 条的区别是破解[案例 1 - 12]是否应当以中标并经备案的合同作为工程价款结算依据的重点。《招标投标法》第 3 条规定的强制招标的范围,是解决合同效力的关键,即违反了第 3 条的规定,是属于违反效力性的强制性规定,应当招标而没有招标的,合同无效;《建设工程司法解释一》对此也加以确定。而《招标投标法》第 2 条是《招标投标法》适用的范围,即只要经过招标投标,包括强制招标和非强制招标,都应当适用《招标投标法》的规定,也同样适用第 46 条的规定。可见,非强制招标项目不适用《招标投标法》没有法律依据。

《招标投标法》第 2 条适用的理论依据,也是民法中最基本的理论依据。而《招标投标法》第5条规定,“招标投标活动应当遵循公开、公平、公正和诚实信用的原则”,该条款确定的公开、公平、公正和诚实信用的原则是《招标投标法》的基本原则,也是民法中的基本原则。

那么,对于不属于法律强制招标范围内的项目,发包人既然选择了《招标投标法》,即选择了在公开、公平、公正的原则约束下选择中标人;招标人和投标人选择了《招标投标法》,即选择了在公开、公平、公正的原则约束下进行投标。政府行政主管部门根据发包人的要求按照《招标投标法》规定的公开、公正、公平的原则监督招标投标全过程并保证招标投标行为的合法性。在这样的《招标投标法》规则下确定的中标人,如果允许招标人和投标人双方在经过招标投标并签订中标合同后再签订背离招标投标文件的合同,既损害了参加投标的其他第三人的合法利益,又损害了招标投标活动应有的公开、公平、公正和诚实信用原则。

综上,不属于强制招标的项目,经过政府监督下的正规招标投标程序,签订的“黑白合同”也应该适用《建设工程司法解释一》第21条和《建设工程司法解释二》第1条的规定,应以中标并备案的“白合同”为准结算工程价款。

(六)非强制招标项目,实际上也未招投标,且存在“黑白合同”情况下工程价款的结算原则

1.《建设工程司法解释二》关于非强制招标项目未进行招标的法律效果的规定的发展

《建设工程司法解释二》(征求意见稿)第一、二稿:

第十一条 【仅登记备案合同的效力】

当事人在相关行政管理部门备案的施工合同未经招标投标,不适用招标投标法第四十六条规定。当事人仅以双方另行订立的合同与上述备案合同的实质性内容不一致为由,请求依据《建设工程施工合同纠纷案件适用法律问题的解释》第二十一条规定结算工程价款的,不予支持。

《建设工程司法解释二》(征求意见稿)第三、四稿、送审稿以及正式稿对此均未涉及。

2.各地法院关于非强制招标项目未进行招标的法律效果的规定

(1)《北京市高级人民法院关于审理建设工程施工合同纠纷案件若干疑难问题的解答》

15.“黑白合同”中如何结算工程价款?

……

法律、行政法规规定不是必须进行招标的建设工程，实际也未依法进行招投标，当事人将签订的建设工程施工合同在当地建设行政管理部门进行了备案，备案的合同与实际履行的合同实质性内容不一致的，应当以当事人实际履行的合同作为结算工程价款的依据。

……

（2）《河北省高级人民法院建设工程施工合同案件审理指南》

9. 法律、行政法规未规定必须进行招投标的建设工程，实际上也未经过招投标，当事人根据当地行政主管部门的要求，对双方签订的建设工程施工合同进行备案后另行签订实质性内容不同的合同，应当以当事人实际履行的合同作为工程价款的结算根据。

从上述规定可以看出，司法实践中对于这一问题不存在争议，一致认可应当根据当事人真实意思表示的实际履行合同执行。

案例 1－14

项目背景：一家亚洲最大的造纸企业，在海南省海口市要建造一家造纸厂，在建造造纸厂的同时，旁边一定要建造一家废水处理厂来处理造纸厂的废水。

名称：海南某废水处理厂

地点：海南海口市××区

开发商：海南××纸业有限公司

承包商：沈阳××自来水工程集团有限责任公司

该项目是民营投资项目，是厂房工程，不是《招标投标法》规定的强制招标的项目，但是它采用了以下几个国际先进的做法。

第一，没有经过招标投标办公室，但自己采用公开的招标投标办法来选择中标人，自己向数家国内外的单位发出了招标的邀请并发出了招标文件。

第二，"交钥匙工程"（工程总承包，即 EPC 工程，是对建设项目的设计、采购、施工和试运行实行全过程或若干阶段的承包方式）。总承包人根据发包人的设计要求，进行设计、采购、施工、总承包，项目完成以后把钥匙交给发包人，发包人根据合同的约定支付工程款的项目叫作"交钥匙工程"。目前，我国政府正大力推行施工总承包这一模式。

第三，采用最低价中标法。在符合招标文件的前提下，哪家单位的投标价最低，哪家单位中标。在本案中，有几十家单位来投标，其中沈阳××自来水有限公司的价格最低,所以由其中标。

中标后,双方签订了一个协议,约定由建筑商总承包,包括设计、设备采购、施工,总价包干,合同价款为6000万元,不因材料价格上涨而变动。为了领取施工许可证,此合同到招标投标办公室进行了备案。此后,双方在合同履行过程中,签订了一份补充协议,把工程总价变更为7000万元,也不因材料价格上涨而变动。

本案主要有三个争议焦点:(1)安装材料报价漏项高达1200万元;(2)以中标合同6000万元为准来结算工程价款还是以补充合同7000万元为准结算工程价款?这相差达到了1000万元;(3)停工损失争议900万元。

[案例1-14]中,从招标文件关于材料提供的表述可以看出,所有材料一栏,要求发包人提供的地方均是"×",只有在安装材料部分要求发包人提供的地方是"√",本案关于安装材料部分相差1200万元,这就是本案最大的一个争议问题。本案由中国国际经济贸易仲裁委员会上海分所受理,在开庭时,对方律师向仲裁委详细解释了何为"EPC""交钥匙工程",即设计、材料采购、施工安装等所有事情都由总承包人承担,发包人完全不承担。笔者则向仲裁委解释,一般情况下对方律师关于"EPC"和"交钥匙工程"的理解是完全正确的,即如果合同没有约定的,那么上述所有工程都应当由总承包人承担,但是如果合同有特殊约定的,应当按照合同约定。

建设工程领域的律师不但要懂法律更要懂工程造价,这是非常重要的。后笔者通过模拟法庭对整个案件所有的争议问题进行反复模拟、研究,最终想出了一个策略,向仲裁委提出了鉴定申请,要求对争议的安装材料价格进行鉴定。笔者详细向仲裁委解释,在工程报价中最常见的一种"不平衡报价"方法,所谓"不平衡报价"是指在总价不变的情况下,对分部分项的报价进行调整,在固定单价的结算模式下,对于今后可能会增加工程量以及利润高的项目,单价可提高一些,对今后工程量可能会减少的项目,单价可降低一些。在"不平衡报价"中,也存在一种可能性,就是投标人故意对一些项目不报价,那么本案中,安装材料的价格是投标人根据招标文件的规定没有报还是采取了"不平衡报价"方法故意不报呢?一般而言,如果一个单项工程造价超过500万元,投标人就不可能故意不报,而可能是投标人知道招标文件中明确载明安装材料是由发包人提供所以没有在报价中体现,如果一个单项工程造价只有二三百万元的,就存在投标人是在采取"不平衡报价"法故意不报价的可能性。笔者详细向仲裁委解释了"不平衡报价",并申请对安装材料价格进行鉴定。对此，对方律师坚决不同意仲裁委启动鉴定程序，但是仲裁委听取了笔者意见后还是启动了鉴定程序，最终鉴定下来安装材料价格高达1200万元，认为这不是投标人采取“不平衡报价”而故意不报价，而是投标人知道招标文件规定该部分安装材料应当由发包人提供而不报价，并最终支持了该部分费用。

以中标合同还是以实际履行的合同来结算，主要的法律依据就是《建设工程司法解释一》第21条和《建设工程司法解释二》第1条的规定，而该条的法律依据是《招标投标法》第46条，而《招标投标法》第46条适用的前提条件之一是《招标投标法》第10条规定的公开招标和邀请招标，私下招标的行为不适用《招标投标法》第46条，因此应当以实际履行的合同来作为结算的依据。笔者认为，本案没有进行公开招标和邀请招标，因此本案不适用《建设工程司法解释一》第21条和《建设工程司法解释二》第1条的规定，应当按照补充合同7000万元来进行结算。

结　语

综观《建设工程司法解释二》关于招标投标的相关规定可以看出，笔者的诸多建议已经被吸收和采纳，其中包括：

1. 强制招标项目的招标投标程序合法有效、中标有效、中标合同有效时，工程价款的结算原则：根据《建设工程司法解释一》第21条和《建设工程司法解释二》第1条的规定，按照中标合同作为结算工程价款的依据。

2. 强制招标项目的招标投标程序合法有效、中标有效时，签订中标合同时变更招标投标文件、中标通知书实质性内容的条件：客观情况发生重大变化。

3. 强制招标项目的招标投标程序合法有效、中标有效、中标合同有效时，变更中标合同实质性内容的条件：客观情况发生重大变化。

4. 强制招标项目的招标投标程序合法有效、中标有效、中标合同有效时，招标投标文件、中标通知书、中标合同的效力顺序：第一位为：招标文件；第二位为：投标文件；第三位为：中标通知书；第四位为：中标合同。

5. 非强制招标的项目，实际进行了行政主管部门监督下的招标投标程序，招标投标程序有效、中标合同有效，且存在“黑白合同”的情况下，工程价款的处理原则：与强制项目的处理原则一致，即按照中标合同结算工程价款。

6. 非强制招标项目，未实际招标，且存在“黑白合同”的情况下，工程价款的结算原则：以双方实际履行的合同为准。

此外,笔者认为,目前《建设工程司法解释二》中的部分规定仍值得商榷,笔者在此也提出建议,希望最高人民法院在后续出台《建设工程司法解释三》或其他审判指导意见时予以考虑:

1. 强制招标项目的招标投标程序合法有效、中标有效时,发包人发出中标通知书且到达承包人时,施工合同成立。

2. 当事人是否存在违反《招标投标法》《招标投标法实施条例》的相关规定,需由当事人举证证明,而不能仅凭法官的主观臆想进行推定,应当根据《民事诉讼法》及司法解释关于举证责任的规定划分举证责任,且对于待证事实的证明力需达到让人民法院"确信"的程度,而非直接认定凡是在招标投标之前签订合同的,就一律认为会必然导致招标投标行为无效,进而认定中标合同无效。

3. 在"黑白合同"均被认定无效的情况下,既需要保护招标投标的市场秩序,也需贯彻"违约者不得益原则""违法者不得益原则""过错者不得益原则",又应结合《合同法》"意思自治"的基本原则来对"黑白合同"的差价部分进行处理和认定,即将"黑白合同"理论、"违约者不得益原则"、"违法者不得益原则""过错者不得益原则""意思自治原则"相结合,根据导致招标投标程序无效中发包人和建筑商的过错责任,并根据各个案件的不同情况来分别确定工程价款的结算依据:

(1)投标人串标导致中标合同无效的、投标人弄虚作假骗取中标导致中标合同无效的、投标人贿赂评标委员会并中标导致中标合同无效的,应按照实际履行的合同和中标合同中工程价款较低的合同进行结算。

(2)招标人和投标人串标导致中标合同无效的,应按照中标合同和实际履行合同中工程价款较高的合同进行结算。

(3)招标人和投标人实质性议价导致中标合同无效的,应按照中标合同和实际履行合同中工程价款较高的合同进行结算。

4. 强制招标项目应招标而未招标导致合同无效时,应当按照签订合同时的当地定额据实结算,即按照《建设工程司法解释一》第16条第2款规定的"签订建设工程施工合同时当地建设行政主管部门发布的计价方法或者计价标准结算工程价款"。

专题二
实际施工人制度

本专题共涉及《建设工程司法解释二》三个条文，即第 4 条、第 24 条以及第 25 条，条文释义如下：

第四条　缺乏资质的单位或者个人借用有资质的建筑施工企业名义签订建设工程施工合同，发包人请求出借方与借用方对建设工程质量不合格等因出借资质造成的损失承担连带赔偿责任的，人民法院应予支持。

【释义】

本条是关于借用资质情况下，出借资质的单位和借用资质的主体如何向发包人承担责任的规定，即缺乏资质的建筑施工企业或个人通过挂靠的方式与发包人签订建设工程施工合同，发包人有权要求出借资质方和借用资质方因挂靠行为造成建设工程质量不合格等损失承担连带赔偿责任。

1. 前提条件

本条适用的前提是存在挂靠经营行为，即缺乏资质的单位或者个人借用有资质的建筑施工企业名义签订建设工程施工合同，包括没有资质的单位或个人借用有资质单位、低资质的单位借用高资质的单位。

2. 适用范围

发包人请求出借方与借用方对建设工程质量不合格等因出借资质造成的损失承担连带赔偿责任。该条款明确发包人请求损失原因限于出借资质行为造成的损失。

3. 法律依据

《建筑法》

第六十六条　建筑施工企业转让、出借资质证书或者以其他方式允许他人以本企业的名义承揽工程的，责令改正，没收违法所得，并处罚款，可以责令停业整顿，降低资质等级；情节严重的，吊销资质证书。对因该项承揽工程不符合规定的质量标准造成的损失，建筑施工企业与使用本企业名义的单位或者个人承担连带赔偿责任。

4. 损失范围

依据《建筑法》第66条的规定，出借资质的建筑施工企业以及借用资质的单位或者个人，只对质量不合格的损失承担连带责任，对其他损失承担连带责任并无明确法律依据。

而本条规定了"对建设工程质量不合格等因出借资质造成的损失"，如何理解"等"字，将是实践中存在争议的问题。笔者认为，司法解释的本意应当是损失范围不限于建设工程质量不合格的损失，还包括工期延误等损失。只是考虑到法律依据的问题，为便于司法解释通过全国人大法工委的审查，故没有具体列举。

同时，损失需要与借用资质行为具有因果关系，否则，不能由出借方和借用方承担连带责任。

第二十四条　实际施工人以发包人为被告主张权利的，人民法院应当追加转包人或者违法分包人为本案第三人，在查明发包人欠付转包人或者违法分包人建设工程价款的数额后，判决发包人在欠付建设工程价款范围内对实际施工人承担责任。

【释义】

本条是关于实际施工人向没有直接合同关系的发包人提起诉讼的规定，是对《建设工程司法解释一》第26条的补充和调整。

本条规定允许实际施工人突破合同相对性对发包人直接提起诉讼，人民法院应当依据职权或者实际施工人申请追加转包人或者违法分包人为第三人，并查明发包人欠付建设工程价款的具体金额后，依法判决发包人在欠付转包人或违法分包人建设工程价款范围内对实际施工人承担责任。

1. 前提条件

本款适用的前提是实际施工人向发包人主张权利。

由于实际施工人仅与转包人、违法分包人成立合同关系，而实际施工人与发包人并不成立合同关系，因此，实际施工人起诉发包人的权利已经超出其与转包人、违法分包人签订的合同的效力范围，该条延续了《建设工程司法解释一》第 26 条第 2 款的精神，属于适度突破合同相对性原则的一种情况。

2. 程序要求

《建设工程司法解释一》第 26 条第 2 款规定“人民法院可以追加转包人或违法分包人为本案当事人”。而本条规定，建设工程施工合同中的实际施工人对发包人提起诉讼，主张权利的，人民法院应当追加转包人或者违法分包人为本案当事人。即一旦实际施工人向发包人提起诉讼，如实际施工人申请追加转包人或违法分包人作为本案第三人的，人民法院应当同意；实际施工人没有申请追加的，法院应当依职权进行追加。

3. 实质要求

在《建设工程司法解释一》实施过程中，司法实践中出现了法院仅笼统的判决发包人在欠付款范围内对实际施工人承担责任，但为查明具体欠付款数额，导致判决执行过程中发生争议甚至无法执行。

因此，本条规定明确要求，法院应当查明发包人欠付转包人或者违法分包人建设工程价款的数额。

第二十五条　实际施工人根据合同法第七十三条规定，以转包人或者违法分包人怠于向发包人行使到期债权，对其造成损害为由，提起代位权诉讼的，人民法院应予支持。

【释义】

本条是关于实际施工人代位权诉讼的规定，是指当转包人或者违法分包人怠于向发包人行使到期债权，实际施工人有权依据《合同法》第 73 条的规定代位转包人或者违法分包人向发包人提起诉讼主张权利。

1. 前提条件

本条适用的前提条件是因为转包人或者违法分包人怠于向发包人行使到期债权，以至于对实际施工人造成损害。

2. 主体的限制

实际施工人根据《合同法》第 73 条规定对发包人提起代位权诉讼，即实际施工人不能将转包人或者违法分包人和发包人列为共同被告，代位权诉讼被告主体只能限制为发包人。

3. 适用范围

第一，本条不适用层层转包的情况。

第二，建设工程领域的代位权是单向的，即实际施工人可以依据代位权代位起诉发包人，而发包人不能依据代位权代位起诉实际施工人。

4. 法律依据

《合同法》

第七十三条　因债务人怠于行使其到期债权，对债权人造成损害的，债权人可以向人民法院请求以自己的名义代位行使债务人的债权，但该债权专属于债务人自身的除外。

代位权的行使范围以债权人的债权为限。债权人行使代位权的必要费用，由债务人负担。

一、实际施工人权利保护制度设立背景、目的及主要争议

《建设工程司法解释一》

第二十六条　实际施工人以转包人、违法分包人为被告起诉的，人民法院应当依法受理。

实际施工人以发包人为被告主张权利的，人民法院可以追加转包人或者违法分包人为本案当事人。发包人只在欠付工程价款范围内对实际施工人承担责任。

本条司法解释创立了极具特色也最富争议的“实际施工人权利保护”制度。

1. 实际施工人权利保护制度的制定背景与目的

第一，严格的资质管理制度下，出现大量转包、违法分包与挂靠现象，建筑商与真正的“施工人”不一致。

我国建筑市场以买方市场为中心，建筑市场供大于求，建筑商之间竞争激烈。而同时建筑业实行严格的建筑业企业资质管理，一些低资质、小规模甚至无资质的建筑商及个人为求生存，出现了大量借用、挂靠资质、非法转包、违法分包等情形，继而在建筑领域出现了“实际施工人”这一特殊的主体。

第二，农民工讨薪事件频发，保护农民工利益成为政策和司法导向。

针对当时建筑领域农民工讨薪事件频发的状况，国务院办公厅 2003 年发布《关于切实解决建设领域拖欠工程款问题的通知》（国办发〔2003〕94 号），2004 年，国务院办公厅转发建设部等部门《关于进一步解决建设领域拖欠工程款问题意见的通知》（国办发〔2004〕78 号），该文件提出：自 2004 年起，用 3 年时间基本解决建设领域拖欠工程款以及拖欠农民工工资问题；最高人民法院也颁布了《关于集中清理拖欠工程款和农民工工资案件的紧急通知》（法〔2004〕259 号），文件中要求各地

法院高度重视解决建设领域拖欠工程款和农民工工资问题,切实做好涉及工程款和农民工工资案件的执行工作。因此,保护农民工利益成为政策和司法导向。

最高人民法院法官曾撰文提道:“《建设工程司法解释一》第 26 条是为保护农民工的合法权益作出的规定”“按照合同相对性来讲,实际施工人应当向与其有合同关系的承包人主张权利,而不应当向发包人主张权利。但是从实际情况看,有的承包人将工程转包收取一定管理费用后,没有进行工程结算或者对工程结算不主张权利,由于实际施工人与发包人没有合同关系,这样导致实际施工人没有办法取得工程款,而实际施工人不能得到工程款则直接影响农民工工资的发放。因此,如果不准许实际施工人向发包人主张权利,不利于对农民工利益的保护”。①

2. 该制度引发的批评和争议

第一,突破合同相对性——于法无据。

合同相对性原则是普遍、通用原则,严格遵守合同相对性原则是合同法体系的重要基石。最高人民法院通过《建设工程司法解释一》创设“实际施工人权利保护制度”,赋予“实际施工人”直接起诉发包人的权利,突破了合同相对性原则,超越了司法解释权限。

第二,将保护“实际施工人”等同于保护农民工——张冠李戴。

“实际施工人权利保护制度”的目的在于保护农民工等劳动者的劳动报酬权。然而,“实际施工人”并不等同于以从事工程作业的农民工为主体的劳动者。“实际施工人保护制度”将包工头、无合法施工资质的企业等与个人劳动者共同作为弱者加以额外扶助,导致受益人主体范围不恰当地被扩大,将个人劳动者劳动报酬之外的工程价款(其中通常包含了个体劳动者之外的其他“实际施工人”的商业利润)纳入保护范围。因此,现行“实际施工人保护制度”并不能实现“精准扶贫”。

第三,无效合同下的“实际施工人”取得了比有效合同下的合法施工人更大的法律保护——厚此薄彼。

对于违法或无效的建设工程施工合同中的“实际施工人”,《建设工程司法解释一》建立了专门权益保护机制,而对于合法有效施工分包合同中的分包“施工人”对发包人却不享有诉权,于情不通,于理不合。此外,现行“实际施工人”裁判规则在给予“实际施工人”工程款债权特殊保护的同时,忽略了对处于发包人与“实际施工

① 冯小光:《回顾与展望——写在〈最高人民法院关于审理建设工程施工合同纠纷案件适用法律若干问题的解释〉颁布三周年之际》,载《民事审判指导与参考》(2008 年第 1 集),法律出版社 2008 年版。

人”之间、对拖欠“实际施工人”工程款应负主要责任的转包人、违法分包人民事责任的规定，该规则的实施客观上也对施工违法行为给予了正向激励，导致制度实施的效果与其他明令禁止此类违法行为的工程法律所秉承的价值取向背道而驰。

第四，发包人无法预见实际施工人的存在——无妄之灾。

实际施工人一旦依据《建设工程司法解释一》第26条规定提起诉讼，对于发包人而言非常被动且不利。一方面，实际施工人往往在建筑商所在地法院提起诉讼，导致发包人对于原合同约定的管辖利益丧失；另一方面，发包人对“实际施工人”与其合同相对人的无效合同约定情况往往一无所知，对于它们之间工程实际费用的结算和支付情况更是无法查证，导致发包人难以提出有效的抗辩。更有甚者，有些实际施工人在施工过程中突然停工起诉，在合同无效情况下实际施工人停工后的责任很轻，发包人的工程也会受到重大影响。

3. 实际施工人仍将长期存在，必须厘清实然规则，然后考虑应然规则

实际施工人仍将长期存在：一方面，我国建筑业企业的资质管理在短期内并不会被取消，目前，不但存在无资质、低资质挂靠有资质、高资质的现象，而且还有大量民企挂靠国企的情况；另一方面，由于建筑市场竞争激烈，部分建筑企业的经营模式仍然是靠低价竞争然后转包，以收取“管理费”为主。因而，实际施工人这一社会现象在客观上仍将存在，不可能杜绝。

《建设工程司法解释一》第26条出台以后，各地高级人民法院也纷纷出台了指导意见规制实际施工人问题，但由于对实际施工人权利保护制度的理解不同，各地司法指导意见并不统一。目前，《建设工程司法解释二》已正式出台，但在《建设工程司法解释二》制定过程中数易其稿，其中涉及实际施工人部分的条款争议也比较大。因此，我们有必要厘清实然规则，然后考虑应然规则。

二、《建设工程司法解释一》第26条第2款到《建设工程司法解释二》的变化

（一）《建设工程司法解释一》施行后的三年内，对第26条第2款的宽松适用

《建设工程司法解释一》第26条第2款规定实际施工人享有直接向发包人起诉、索要工程款等权利，即在实际施工人以发包人为被告起诉时，几乎没有限制。

1. 最高人民法院民一庭对第26条第2款的理解与适用

最高人民法院认为：“转承包人与发包人之间已经全面实际履行承包人与发包人签订的建设工程施工合同并形成事实上的权利义务关系时，转承包人事实上已

经取代第一手的承包人与发包人形成合同关系,在这种情况下,应当准许转承包人以发包人为被告提起追索工程价款的诉讼,人民法院可以追加转包人为共同被告。”①因此最高人民法院的观点在于,如果实际施工人实际、全面履行了其施工义务,且该施工义务是发包人和建筑商施工合同中的一部分内容,则实际施工人即可以以发包人为被告提起诉讼。笔者认为,《建设工程司法解释一》对于实际施工人起诉发包人的条件还是比较宽松的。

在《建设工程司法解释一》施行之后,各地高级人民法院纷纷围绕第26条第2款的规定,出台了相关的解释、意见和会议纪要,针对如何保护实际施工人的权利做出了适应地方实践的规定。

2. 各地高级人民法院的相关规定

(1)《安徽省高级人民法院关于加强涉及农民工权益案件审理工作的意见》(2006年)

6. 建设单位拖欠工程款导致实际施工人拖欠农民工工资,实际施工人以拖欠工程款为由向人民法院起诉建设单位的民事诉讼,人民法院应当受理。

(2)《江苏省高级人民法院关于审理建设工程施工合同纠纷案件若干问题的意见》(2008年)

第二十三条 实际施工人以发包人为被告要求支付工程款的,人民法院一般应当追加转包人或者违法分包人为被告参加诉讼。

建设工程因转包、违法分包导致建设工程施工合同无效的,实际施工人要求转包人、违法分包人和发包人对工程欠款承担连带责任的,人民法院应予支持,但发包人只在欠付的工程款范围内承担连带责任。

……

(3)《山东省高级人民法院关于印发〈全省民事审判工作座谈会纪要〉的通知》(2008年)

二、关于建设工程施工合同纠纷案件的处理问题。

对承包人将建设工程转包或者非法分包给实际施工人的,实际施工人可以直接起诉发包人,请求发包人在拖欠工程款的范围内承担清偿工程款的责任,并追加承包人、转包人或者非法分包人为共同被告或者第三人。

---

① 最高人民法院民事审判第一庭编著:《最高人民法院建设工程施工合同司法解释的理解与适用》,人民法院出版社2004年版,第229页。

(二)《建设工程司法解释一》施行三年后,对第26条第2款的适用出现限制

《建设工程司法解释一》实施三年后,各地在适用《建设工程司法解释一》第26条第2款保护实际施工人的司法实践中,出现了一些问题。

第一,由于实际施工人起诉发包人没有限制,从而导致实际施工人肆意起诉发包人的情况日益严重,造成司法实践中的混乱。

第二,由于《建设工程司法解释一》第24条将建设工程施工合同的管辖扩大至合同履行地,实际施工人突破合同相对性的权利,既可以起诉转包人、违法分包人,也可以直接起诉发包人,实际施工人可以选择更加有利的诉讼管辖,客观上造成实际施工人滥用管辖权起诉的权利。另外,由于南北方、东西部之间对于实际施工人的认识和保护的司法差异,各地高级人民法院对该条不同的理解和适用,又带来了一定的地方保护主义。

以上这些较为突出的问题导致实际施工人的保护在司法实践中乱象丛生,司法实践中出现了限制的声音。

1. 最高人民法院法官认为第26条第2款需要限制适用

最高人民法院法官对《建设工程司法解释一》第26条第2款在司法实践中的运用及出现的新问题进行了着重分析,认为适用第26条第2款需要有限制。只有在与实际施工人有合同关系的相对人,因下落不明、破产、资信状况恶化等原因导致其缺乏支付能力,实际施工人又投诉无门的情况下,才能准许实际施工人突破合同相对性原则,提起以发包人、施工总承包人为被告的诉讼。①

2. 各地高级人民法院第26条第2款适用的转变

(1)《江苏省高级人民法院建设工程施工合同案件审理指南》(2010年)

该指南指出"审理建设工程施工合同纠纷应当坚持的基本原则"之一是坚持保护利益相关人原则。

4. 坚持保护利益相关人原则。建筑业吸收了大量的农民工就业,但由于建设工程的非法转包和违法分包,造成许多农民工追讨工资无门。为了有利地保护农民工合法权益,认定实际施工人以发包人为被告主张权利的,法院可以追加转包人或者违法分包人为案件当事人,发包人只在欠付工程价款的范围内对实际施工人承

---

① 冯小光:《回顾与展望——写在〈最高人民法院关于审理建设工程施工合同纠纷案件适用法律问题的解释〉颁布实施三周年之际》,载《民事审判指导与参考》(2008年第1集),法律出版社2008年版。

担责任。

(2)《北京市高级人民法院关于审理建设工程施工合同纠纷案件若干疑难问题的解答》(2012 年)

19. 违法分包合同、转包合同的实际施工人主张欠付工程款的,诉讼主体如何确定? 发包人的责任如何承担?

实际施工人以违法分包人、转包人为被告要求支付工程款的,法院不得依职权追加发包人为共同被告;实际施工人以发包人为被告要求支付工程款的,应当追加违法分包人或转包人作为共同被告参加诉讼,发包人在其欠付违法分包人或转包人工程款范围内承担连带责任。发包人以其未欠付工程款为由提出抗辩的,应当对此承担举证责任。

(3)《浙江省高级人民法院民一庭关于审理建设工程施工合同纠纷案件若干疑难问题的解答》(2012)

二十三、实际施工人可以向谁主张权利?

实际施工人的合同相对人破产、下落不明或资信状况严重恶化,或实际施工人至承包人(总承包人)之间的合同均为无效的,可以依照最高人民法院《关于审理建设工程施工合同纠纷案件适用法律问题的解释》第二十六条第二款的规定,提起包括发包人在内为被告的诉讼。

(三)《建设工程司法解释二》制定过程中,一度出现取消第 26 条第 2 款规定的声音

随着农民工工资支付保障制度的健全、资质的逐步开放、市场准入门槛不断放宽,实际施工人保护的立法本意得到了较好的保障,因此,为了保护实际施工人权益而突破合同相对性是否有必要,再度成为理论界与实践过程中讨论的热点问题。

在《建设工程司法解释二》各个版本公开征求意见稿中,一度出现回归合同相对性、取消第 26 条第 2 款规定的声音。因此,在实际起草过程中,适用代位权制度替代或改造实际施工人权利保护制度成为一种重要的思路。

(四)《建设工程司法解释二》双管齐下对实际施工人权利进行双重保护

《建设工程司法解释二》第 24 条在《建设工程司法解释一》第 26 条第 2 款的基础上,赋予实际施工人直接向发包人主张权利的权利,人民法院应当依据职权或根据当事人申请追加转包人或者违法分包人为本案第三人,着力突出"应当"这一特殊的义务性规范,而取代了《建设工程司法解释一》第 26 条第 2 款人民法院可以追

加转包人或者违法分包人为本案当事人。

同时《建设工程司法解释二》第25条规定实际施工人有权向发包人提起代位权诉讼，打通保护农民工等实际施工人权益的通道，对处于弱势地位的广大实际施工人的权益提供强有力的司法保障，实现实质意义上的公平公正。

笔者认为，最高人民法院为实际施工人权益保障提供两条救济途径，实际施工人既可以选择《建设工程司法解释二》第24条较为简单的规定直接起诉发包人，但不能主张建设工程价款优先受偿权，也可以选择《建设工程司法解释二》第25条较为严苛的规定适用代位权制度，并代位主张建设工程优先受偿权。

三、争议问题分析及裁判规则梳理

（一）实际施工人的身份认定

1. 实际施工人的概念

对实际进行工程施工的单位或个人的表述在不同的法律中有不同的定义，《合同法》“建设工程合同”一章中，使用了“承包人”和“施工人”的表述，而在《建筑法》中则使用了“承包单位”的表述。“实际施工人”是《建设工程司法解释一》创制的概念，旨在表述无效合同中实际承揽工程施工的、无法定资质或低于法定资质的建筑商、非法人组织、自然人等。

《最高人民法院建设工程施工合同司法解释的理解与适用》一书中认为，从范围上看，实际施工人应当包括：非法转包中接受转包的承包人、违法分包中接收建设工程分包的分包人；借用建筑企业的资质证书承接建设工程的承包人，即通常所说的挂靠。①

应当注意的是，从条文本身表述看，针对实际施工人只规定了转包和违法分包两种情形，并没有明确挂靠情况下借用资质的建筑商是否为实际施工人，所以也就导致司法实践中对此存有争议。

2. 司法实践中对实际施工人的界定

（1）各地高级人民法院对实际施工人界定的肯定性识别因素

对实际施工人界定的肯定性识别因素主要是：组织人员、资金、物资，履行施工合同的人属于实际施工人。

---

① 最高人民法院民事审判第一庭编著：《最高人民法院建设工程施工合同司法解释的理解与适用》，人民法院出版社2004年版，第46页。

自然人持有与总包单位签订的承包或转包协议,是否就是当然的实际施工人?如果该自然人将工程又转包给其他人,那么谁是实际施工人?如果发包人否认实际施工人身份,并举证另有其他人组织施工,如何认定实际施工人?

《北京市高级人民法院关于审理建设工程施工合同纠纷案件若干疑难问题的解答(2012年)》第18条对实际施工人下过一个比较明确的定义:是指无效建设工程施工合同的承包人,即违法的专业工程分包和劳务作业分包合同的承包人、转承包人、借用资质的施工人(挂靠施工人);建设工程经数次转包的,实际施工人应当是最终实际投入资金、材料和劳力进行工程施工的法人、非法人企业、个人合伙、包工头等民事主体。

实践中,有法官认为,对实际施工人的认定应当主要考察三个方面:一是应审查是否存在实际施工行为,包括是否有在施工过程中购买材料、支付工人工资、支付水电费等行为;二是应审查是否参与合同的签订与履行;三是应审查是否存在投资或收款行为。对于垫资工程应审查其是否实际投入了资金。①

可见,从肯定性上而言,由于施工的本质是组织人员、资金、物资进行施工,因此,在发生争议的情况下,应当从管理人员、施工班组由谁组织,资金由谁垫付和收取,材料、设备合同由谁洽谈采购来进行认定。

案例2-1

福建省利恒建设工程有限公司与仙游县世和房地产开发有限公司建设工程施工合同纠纷申请再审案[(2013)民申字第231号]

对实际施工人身份的认定,应结合"合同的实际履行情况""施工的实际支配权"以及"其他相关资料"等因素综合认定。

该案中,法院认定世和房地产开发有限公司为实际施工人,主要在于世和公司持有施工合同原件、图纸、各班组签订的分包协议、供货协议以及材料付款凭证等证据。

(2)各地高级人民法院对实际施工人界定的否定性识别因素

对实际施工人界定的否定性识别因素主要是:一般承揽人和供货商不属于实际施工人。

① 潘军锋:《建设工程施工合同审判新类型问题研究——〈建设工程司法解释〉施行十周年回顾与展望》,载《法律适用》2015年第4期。

案例 2-2

2010 年,柏某装修张某的火锅城,向杨某购买石材并由杨某负责加工和安装。达成协议后,杨某按照约定交付工作成果。后柏某一直欠付。杨某将柏某和张某一并起诉。争议在于,张某是否要对欠款承担责任?第一种意见:承担;适用《建设工程司法解释一》第 26 条第 2 款规定。第二种意见:不承担;装修行为虽属于建设工程施工,但杨某与柏某均属于一般承揽,不属于施工。

由上述否定性因素识别问题,延伸出如下思考,即施工合同如何与一般承揽合同及采购合同进行区分,此种区分不仅关系到实际施工人的识别,而且关系到施工合同专属管辖问题。笔者针对三种合同关系的区别,分析如下:

第一,施工合同与承揽合同的区别。

《合同法》第 251 条和第 269 条对承揽合同和施工合同分别作出了规定:承揽合同是承揽人按照定作人的要求完成工作,交付工作成果,定作人给付报酬的合同;建设工程合同是承包人进行工程建设,发包人支付价款的合同。建设工程合同包括工程勘察、设计、施工合同。《合同法》"建设工程合同"一章中第 287 条还规定了"本章没有规定的,适用承揽合同的有关规定"。正是由于有这一规定,使得施工合同与承揽合同在具有互异性的同时,还具有很多的相通性。因此,在实践中,要区分这两者,可以考虑从以下几方面进行区分:

①主体是否需要资质。法律对建设工程施工合同的建筑商有明确的资质要求,而承揽合同则没有资质要求。

②完成工作成果是否可以归属到建设工程的分部分项工程。建设工程施工合同履行行为直接是工程建设施工行为,因此,其工作成果必然是建设工程的整体或至少是分部分项工程;而承揽合同的工作内容通常仅仅是工程施工的辅助行为或其中一道工序。

③合同结算方式不同。施工合同的结算是能按照建设工程相应定额计价方式或清单计价的,而承揽合同的计价则相对简单,不一定能套用定额。

第二,施工合同与采购合同的区别。

施工合同与采购合同在法律适用上有重大区别,采购合同适用买卖合同规则。一般来讲,两者本身界限比较明确,但在实践中,很多合同是供货同时带安装,如"空调供货合同"、"钢结构购销合同"或"钢结构制作安装合同",区分就有难度。

通常而言,如果所供应的设备货物的安装需要专门资质的,则此种供货带安装的合同就应当认定为施工合同，如钢结构、电梯；如果此种供货的安装不需要专门资质，则应认定为买卖合同，如地砖、墙纸。

区分按照采购合同还是建设工程施工合同作为案由提起诉讼，对案件的管辖、质量的认定、工程结算的依据等均会产生极大的影响。因此，区分这两种合同非常有必要。

案例 2－3

江苏××建筑建设集团有限公司与常旭东、大庆油田房地产开发有限责任公司建设工程施工合同纠纷案［（2016）黑民辖终 18 号］

上诉人：江苏××建筑建设集团有限公司（被挂靠人）

被上诉人：常某（实际施工人、挂靠人）

被上诉人：大庆油田房地产开发有限责任公司（发包人）

××建筑公司在上诉期间对管辖权提出异议，认为××建筑公司从未与常某签订建设工程施工合同，双方不存在建设工程施工合同纠纷，本案不应以不动产纠纷确定管辖地，应根据《民事诉讼法》关于案件管辖原告就被告的原则，由××建筑公司住所地泉山区法院受理。

黑龙江高级人民法院查明常某起诉时提交的其与黑龙江省建重钢结构有限公司签订的《钢结构加工合同》约定，常某委托黑龙江省建重钢结构有限公司加工 50 吨钢构件。常某起诉时还提交了该工程开工报审表、开工报告、竣工验收报告、交接单、结算表、结算书等证据材料，上述两份结算材料中施工单位处加盖了××建筑公司印章，其他材料中施工单位加盖了××建筑公司创业城项目部及项目经理常某印章。工程竣工验收报告、建设工程交接单载明工程地点为大庆市创业城。黑龙江高级人民法院认为本案中，常某主张按照大庆油田房开公司要求在工程开工报告、竣工验收等书面材料上补盖××建筑公司印鉴，其为实际施工人，××建筑公司为被挂靠人，大庆油田房开公司为发包方，其举示了《钢结构加工合同》、该工程开工报审表、开工报告、竣工验收报告、交接单、结算表、结算书等证据予以证明上述主张，大庆中级人民法院依据当事人主张的民事法律关系的性质来确定本案案由系建设工程施工合同纠纷并无不当。根据《民事诉讼法解释》第 28 条第 2 款规定，建设工程施工合同纠纷按照不动产纠纷确定管辖，最终驳回了××建筑公司的管辖权异议。

3. 规则梳理

(1)实际施工人所签订的承包合同必然是无效合同;换言之,合法有效的施工合同、分包合同的建筑商不属于实际施工人。

(2)实际施工人是工程施工实际组织者,即实际投入资金、安排工人并采购相应的材料;由此,在层层转包情况下,中间环节的转包人或建筑商均不能被认定为实际施工人。

(3)实际施工人从事的是施工行为,而不能是材料采购行为或一般的承揽行为。

(二)实际施工人起诉发包人的适用条件

1. 关于突破合同相对性理论的分析

实际施工人起诉发包人,突破合同相对性的合理性或者法理依据何在?《合同法》并未直接规定和使用"合同相对性"这一表述,但是在一些条款中体现了该原则,如《合同法》第 8 条规定,依法成立的合同,对当事人具有法律约束力;第 64 条规定,当事人约定由债务人向第三人履行债务的,债务人未向第三人履行债务或者履行债务不符合约定,应当向债权人承担违约责任;第 121 条规定,当事人一方因第三人的原因造成违约的,应当向对方承担违约责任。当事人一方和第三人之间的纠纷,依照法律规定或者合同约定解决。

通常认为,合同相对性是指特定的债只能在债权人和债务人之间产生法律拘束力,并不及于第三人。相对性表现为以下三方面①:(1)主体相对性,合同关系只发生在订立合同的主体之间。(2)内容相对性,合同权利义务只有订立合同的当事人才可以享有和承担;但这条并不绝对,在涉及第三人合同下,可以为第三人设定利益(保险合同中第三人为受益人),但不得为第三人设定义务。(3)责任相对性,合同责任只能发生在合同当事人之间,合同当事人之外的第三人不承担合同责任。

2. 突破合同相对性的解释路径介绍

实际施工人系与转包人或违法分包人签订合同,与发包人并未签订任何合同,《建设工程司法解释一》第 26 条第 2 款允许实际施工人直接向合同以外的第三人发包人主张工程款,显然突破合同相对性,其依据何在?我们总结了理论中通常认

① 参见王利明:《合同法要义与案例分析》,中国人民大学出版社 2001 年版,第 20 ~23 页。

为的三条解释路径:

(1)解释路径一:事实合同

基于合同相对性原理,发包人与建筑商之间的合同和建筑商(通过转包或违法分包)与实际施工人之间的合同是相互独立的,各方应当按照不同的合同分别承担不同的义务和责任。但当实际施工人已经全面履行了本应由建筑商完成的施工义务时,实际施工人在事实上代替建筑商,将建筑商与发包人之间的合同履行完毕,因此实际施工人与发包人之间就形成了事实上的合同关系,此时,可以依据事实合同赋予实际施工人直接向发包人主张工程款的权利。

案例2-4

黄某与汕头经济特区保税区管理委员会、汕头振侨(集团)公司建设工程施工合同纠纷案[(2013)民提字第96号]

本案中,最高人民法院认为保税区所欠付的振侨集团工程款不仅仅是当事人之间的互负债务,亦直接关涉第三人即实际施工人的切身利益。保税区在案涉实际施工人诉请支付工程价款的情形下,仍向振侨集团发出债务抵销之通知,主张将案涉工程价款抵销振侨集团拖欠保税区的财政周转金债务,与《建设工程司法解释一》第2条及第26条的规定精神相悖,损害了第三人的利益。

振侨集团多次声明主张讼争工程价款应属黄某等实际施工人所有,故并不存在怠于行使债权之情形。如前所述,根据《建设工程司法解释一》第26条规定,实际施工人对发包人欠付范围内的工程价款请求权,其性质并非代位权,而是基于实际施工人与发包人之间已经全面实际履行了发包人与承包人之间的合同并形成了事实上的权利义务关系而产生的法定债权。

事实合同理论最早由德国学者提出,其含义是指根据事实过程而成立的合同关系。事实合同论的核心是跳出了双方当事人的"合意",没有双方当事人意思表示一致,没有要约承诺过程,即当事人的意思如何不必过问。尽管这种合同不是有效的法律行为,但仍应发生合同的法律效果。①

我国合同法理论和司法实践则认为,通过一定事实而成立合同关系的情形,看来似乎与当事人的意思表示无关,但究其实际,在这些事实(行为)背后,莫不存在

① 迪特尔·梅迪库斯:《德国债法总论》,杜景林、卢谌译,法律出版社2004年版,第53页。

当事人的意思表示。《合同法》第270条规定，建设工程施工合同应当采取书面形式。第36条规定，法律行政法规规定或者当事人约定采用书面形式订立合同，当事人未采用书面形式但一方已经履行主要义务，对方接受的，该合同成立。《合同法司法解释一》第2条规定，当事人未以书面形式或者口头形式订立合同，但从双方从事的民事行为能够推定双方有订立合同意愿的，人民法院可以认定是以合同法第十条第一款中的“其他形式”订立的合同。当法律另有规定的除外。可见，原本的事实合同理论其逻辑是“无合意—事实行为—合同成立”，而我国合同法的逻辑为“事实行为—推定合意—合同成立”①。

(2)解释路径二：代位权

债权人的代位权是指当债务人怠于行使其对第三人享有的权利，以致影响债权人债权的实现时，债权人为了保全自己的债权，可以自己的名义代位行使债务人对第三人的权利之权利。《合同法》第73条明确规定了债权人之代位权：“因债务人怠于行使其到期债权，对债权人造成损害的，债权人可以向人民法院请求以自己的名义代位行使债务人的债权，但该债权专属于债务人自身的除外。代位权的行使范围以债权人的债权为限。债权人行使代位权的必要费用由债务人承担。

《合同法司法解释一》

第十一条 债权人依照合同法第七十三条的规定提起代位权诉讼，应当符合下列条件：

(一)债权人对债务人的债权合法；

(二)债务人怠于行使其到期债权，对债权人造成损害；

(三)债务人的债权已到期；

(四)债务人的债权不是专属于债务人自身的债权。

在建设工程施工合同纠纷司法实践中，部分法院裁判也有引导性释明实际施工人可以采取代位权制度的倾向，下面我们看一例最高人民法院的再审裁定：

---

① 沈德咏、奚晓明主编：《最高人民法院关于合同法司法解释(二)理解与适用》，人民法院出版社2009年版，第23页。

案例 2 -5

王某、贵州建工集团第四建筑有限责任公司建设工程施工合同纠纷案
[(2018)最高法民申 1808 号]

本案中王某作为层层转包法律关系下的实际施工人,依据《建设工程司法解释一》第 26 条向与其没有合同关系的前手转包人建工四建起诉要求其承担工程价款支付的责任。最高人民法院对此审查认为:本案建工四建为谢某违法转包前一手的违法分包人,系建设工程施工合同的承包人而非发包人,故王某要求依据司法解释的前述规定判令建工四建承担连带责任缺乏依据,原审判决并无不当。根据《合同法》第 73 条的规定,因债务人怠于行使其到期债权,对债权人造成损害的,债权人可以向人民法院请求以自己的名义代位行使债务人的债权,但该债权专属于债务人自身的除外。故王某向谢某主张债权不能实现的,如谢某怠于行使其自身的债权,王某还可以行使债权人之代位权,本案建工四公司未承担连带清偿责任不影响实际施工人王某的权利救济。

一般合同纠纷中行使代位权的法律关系相对比较清晰,而以代位权来保护实际施工人权利则在实践中有较大争议,批评往往集中在合法性问题。批判的学者认为,代位权诉讼前提是债权人对债务人的债权合法,而实际施工人与非法转包人或违法分包人之间的合同是无效合同,并不合法,因此,不能适用代位权诉讼。

对此,笔者认为,债权不合法指的是债权内容本身不合法,不被法律保护,如赌博之债、毒品之债等。但建设工程施工合同无效而产生的工程款仍然是属于受法律保护的债,合同无效不等于债权不合法。因此,合法性问题实际并非代位权无法解决的问题,真正困扰代位权制度作为实际施工人保护渠道的原因在于以下几方面:

其一,债务人债权到期的认定问题。建设工程复杂之处就在于发包人与建筑商之间签订的《施工合同》的付款节点和结算期限约定可能和建筑商与实际施工人签订的《施工合同》不一致,因此,实践中可能会存在实际施工人的债权已经到期,而建筑商的债权尚未到期的情况,实际施工人无法依据代位权理论起诉发包人,其权益也将无法得到保障。

其二,"怠于行使"会限缩起诉主体。正是由于"怠于行使"的条件存在,使得实际施工人原本可以将发包人和建筑商列为共同被告,要求一同承担工程价款支付的责任,但在代位权制度下,实际施工人却只能起诉发包人,而不能一并起诉建筑商。这就导致实际施工人为了能够得到所有的工程款项,在建筑商怠于行使权利时，需要向发包人提起诉讼，而发包人欠付工程款范围外的实际施工人的工程价款还要另案向建筑商主张，增加了诉累。

其三，多层合同关系下，代位权无法适用的问题。实践中，层层转包的情况屡见不鲜，从合同关系角度讲，一个工程的施工过程涉及两层以上的合同关系，而代位权只能突破一层合同相对性，导致实际施工人不可能突破多层法律关系而追究发包人的付款责任，这也是代位权理论在实际施工人保护中最大的障碍。

(3)解释路径三：不当得利

在实践中，还有人认为发包人与承包人之间的合同以及承包人与实际施工人之间的合同均无效的情况下，实际施工人向发包人请求支付其欠付工程款的请求权基础在于不当得利返还请求权。

《民法总则》第122条规定："因他人没有法律根据，取得不当利益，受损失的人有权请求其返还不当利益。"不当得利的法律事实发生以后，就在不当得利人与利益所有人(受害人)之间产生了一种权利义务关系，即利益所有人有权请求不当得利人返还不应得的利益，不当得利者有义务返还。这也就在双方之间产生一种债的关系。①

适用不当得利理论的理由有以下两点：

①实际施工人通过其施工行为，基于自己的意思，增加了发包人的财产。

②发包人因实际施工人的给付而受利益。

实践中也曾经有法院依据不当得利原则，对合同无效后的工程价款、责任等问题进行判决。

案例2-6

江苏省苏中建设集团股份有限公司、新疆水清木华置业投资有限公司建设工程施工合同纠纷案[(2016)最高法民终733号]

本案的争议焦点在于双方当事人于2006年1月4日、2006年10月12日以及2007年11月14日签订的三份协议书的效力应如何认定？最高人民法院认为：上述三份协议书是对已完工程进度款或者已竣工验收工程的价款数额、给付时间和违约责任的约定。在性质上，它可以脱离于建设工程施工合同而独立存

① 刘美林：《市场经济法律概论》(第二版)，科学技术文献出版社2009年版。

在,应认定为有效协议。最高人民法院给出的理由的核心理论基础在于不当得利:根据《合同法》第58条的规定,因建设工程施工合同无效,承包人已经完成的部分工程或全部工程就成为发包方的不当得利,因已完工程难以返还,因此应返还相应的价款,在性质上就成为发包方的不当得利返还之债。因为双方对已完工程价款的数额和履行期限及违约责任达成了新的合意,因此就可以解释为是与建设工程施工合同相互独立的协议,在性质上就具有解释为双方当事人对不当得利之债的内容、履行期限及违约责任的约定的可能。

因此,案涉工程部分完工时或工程竣工验收后双方订立的工程款的支付协议,在合同无效的情况下,应被解释为双方关于合同无效后不当得利返还范围、期限及违约责任的约定,不属于《招标投标法》的调整范围,在性质上独立于无效的建设工程施工合同,不受建设工程施工合同无效的影响,应认定为有效。

上述三种不同的解释路径中,目前主要的解释路径是:事实合同说以及代位权;不同的解释路径,在具体法律规则的建立上就会不同。

3.《建设工程司法解释二》对实际施工人起诉发包人的限制

如前所述,《建设工程司法解释一》实施后,出现了大量实际施工人利用第26条起诉发包人的案件,甚至是实际施工人和承包人串通,利用该条规定起诉发包人、损害发包人利益的案件。因此,最高人民法院开始对实际施工人起诉发包人进行限制。

《建设工程司法解释二》条文演变

《建设工程司法解释二》(征求意见稿)第一稿——【实际施工人和农民工工资权利救济途径】

第十九条 实际施工人以与其没有合同关系的发包人为被告主张工程款权利的,人民法院不予受理。

实际施工人依据合同法第七十三条规定,以转包人、违法分包人怠于向发包人行使工程款债权,损害其利益为由提起代位权诉讼的,人民法院应予受理。

实际施工人拖欠务工人员工资产生的纠纷,按照劳动争议案件处理。

可以看出,在《建设工程司法解释二》(征求意见稿)第一稿中,就已经有设想将代位权引入,并作为实际施工人起诉的条件,从而替代《建设工程司法解释一》第26条第2款关于突破合同相对性的规定。

同时,第3款实际上明确了务工人员不是实际施工人,而是属于劳动争议。

《建设工程司法解释二》(征求意见稿)第二稿——【实际施工人权利救济途径】

第十九条 实际施工人以与其没有合同关系的发包人为被告主张工程款权利的,人民法院不予受理。

实际施工人依据合同法第七十三条规定,以转包人、违法分包人怠于向总承包人、发包人行使工程款债权,损害其利益为由提起代位权诉讼的,人民法院应予受理。

第二稿的变化在于,第2款行使代位权的对象从“发包人”扩大到了“总承包人”。

《建设工程司法解释二》(征求意见稿)第三稿——【实际施工人权利救济的途径】

第二十四条 第一种意见:实际施工人以与其没有合同关系的发包人为被告主张工程款权利的,人民法院不予受理。

实际施工人根据合同法第七十三条规定,以转包人、违法分包人怠于向总承包人、发包人行使工程款债权,损害其利益为由提起代位权诉讼的,人民法院应予受理。

第二种意见:实际施工人依据《最高人民法院关于审理建设工程施工合同纠纷案件适用法律问题的解释》第二十六条第二款规定提起诉讼的,应当符合下列条件:

实际施工人有证据证明与其具有合同关系的缔约人丧失履约能力或者具有下落不明等情形,导致其劳务分包工程款债权无法实现。

第三稿开始出现了两种意见。第一种意见是用代位权对实际施工人权利保护制度加以改造:①实际施工人不得直接起诉无合同关系的发包人;②实际施工人可以根据《合同法》第73条规定,提起代位权诉讼。即转包人和违法分包人怠于向其前手即发包人、是承包人行使到期的工程价款债权的,实际施工人以对其造成损害为由,可以向发包人、是承包人提起代位权诉讼。第二种意见是对《建设工程司法解释一》第26条的实际施工人权利保护制度进一步规定了限制条件,即需要满足以下两个条件:①实际施工人有证据证明与其具有合同关系的缔约人丧失履约能力或者具有下落不明等情形;②实际施工人的债权为劳务分包工程价款债权。

《建设工程司法解释二》(征求意见稿)第四稿——【实际施工人权利保护】

第二十五条 【方案一】实际施工人以与其没有合同关系的发包人为被告主张

工程价款的,人民法院不予受理。

实际施工人根据合同法第七十三条规定,以转包人、违法分包人、出借资质的单位怠于向发包人、承包人行使到期的工程价款债权,对其造成损害为由,提起代位权诉讼的,人民法院应予受理。

【方案二】实际施工人依据《最高人民法院关于审理建设工程施工合同纠纷案件适用法律问题的解释》第二十六条第二款规定提起诉讼的,应当符合下列条件:

实际施工人有证据证明与其具有合同关系的缔约人丧失履约能力或者具有下落不明等情形,导致其劳务分包工程价款债权无法实现。

第四稿与第三稿相比,在第一种代位权意见中,扩大了怠于行使债权的债务人的范围,从"转包人、违法分包人"扩大到了"出借资质的单位",实际上进一步明确了"实际施工人"包括出借资质情况下的挂靠人。

《建设工程司法解释二》(送审稿)——【实际施工人权利保护】

第二十五条　【方案一】实际施工人向与其没有合同关系的发包人主张工程价款的,人民法院不予支持。

实际施工人根据合同法第七十三条规定,以转包人、违法分包人、出借资质的单位怠于向发包人、承包人行使到期的工程价款债权,对其造成损害为由,提起代位权诉讼的,人民法院应予受理。

【方案二】实际施工人根据《最高人民法院关于审理建设工程施工合同纠纷案件适用法律问题的解释》第二十六条第二款规定提起诉讼的,应当符合下列条件:

实际施工人有证据证明与其具有合同关系的缔约人丧失履约能力或者具有下落不明等情形,导致其劳务分包工程价款债权无法实现。

送审稿与第四稿差别之处在于方案一中,最高法院的态度略有变化,对于实际施工人直接起诉发包人主张工程价款,第四稿规定人民法院不应受理实际施工人的诉请,即认为实际施工人诉讼主体不适格,在程序上不受理。送审稿则规定人民法院程序上应当受理案件,但如果实际施工人向发包人主张工程款的,实体上不予支持该诉请。

《建设工程司法解释二》——【实际施工人权利保护】

第二十四条　实际施工人以发包人为被告主张权利的,人民法院应当追加转包人或者违法分包人为本案第三人,在查明发包人欠付转包人或者违法分包人建设工程价款的数额后,判决发包人在欠付建设工程价款范围内对实际施工人承担责任。

第二十五条 实际施工人根据合同法第七十三条规定，以转包人或者违法分包人怠于向发包人行使到期债权，对其造成损害为由，提起代位权诉讼的，人民法院应予支持。

正式稿通过为农民工等实际施工人提供两条不同的救济路径以供选择，第一条路径是允许实际施工人直接起诉发包人，但要查明发包人欠付建设工程价款的数额。第二条路径是实际施工人有权根据合同法第七十三条规定提起代位权诉讼，进一步加强农民工等实际施工人权益的保护。

4.《建设工程司法解释二》（征求意见稿）及各地高级人民法院意见的四种思路

从《建设工程司法解释二》实际施工人保护条文的演变中可以看出，该司法解释起草者思路有变化、也有争议，实际上涉及四种思路。

（1）路径一：按照代位权予以改造

司法实践中有法官认为应当采取此种路径①，他认为：《合同法》第 8 条规定“依法成立的合同，对当事人具有法律约束力。当事人应当按照约定履行自己的义务，不得擅自变更或者解除合同”，该条规定了合同的相对性原则，而《建设工程司法解释一》第 26 条规定实际施工人可以突破合同的相对性，司法实践中大量的案例直接判决发包人对实际施工人承担责任，合同的对外拘束力被过度扩大。

因此，如果要适用代位权，则该条规定应当予以修改，需要运用《合同法》第 73 条合同代位的规定保障实际施工人的权利，即实际施工人提起诉讼，应当以转包人、违法分包人怠于向发包人、总承包人行使工程款债权损害其利益为要件。因为《建设工程司法解释一》第 26 条意在保护农民工权益，而目前地方政府为解决农民工工资问题，大多要求建筑商提供工资保证金，已经通过行政手段对农民工欠薪问题进行了治理，作为司法裁判应当回归代位权的基本法理。

《建设工程司法解释二》（征求意见稿）第一稿到第四稿一致保留了这个思路，但是在条文表述上略有变化。

（2）路径二：要求合同无效弱化相对性，且承包人丧失履行能力

也有法官提出了该路径，认为适用该路径应当满足以下条件：第一，所有合同均无效，自实际施工人到发包人之间所有合同均无效，因为合同均无效情况下，合同相对性弱化。第二，实际施工人的合同相对方存在下落不明、资信情况严重恶化等情形。

---

① 潘军锋：《建设工程施工合同审判新类型问题研究——〈建设工程司法解释〉施行十周年回顾与展望》，载《法律适用》2015 年第 4 期。

浙江省高级人民法院民事审判第一庭《关于审理建设工程施工合同纠纷案件若干疑难问题的解答(2012)》第23条也对实际施工人向发包人主张权利进行限制:实际施工人的合同相对人破产、下落不明或资信状况严重恶化,或实际施工人至承包人(总承包人)之间的合同均为无效的,可以依照最高人民法院《关于审理建设工程施工合同纠纷案件适用法律问题的解释》第26条第2款的规定,提起包括发包人在内为被告的诉讼。

但是,浙江省高级人民法院意见和该法官的观点相比较有两点不同:①该法官的观点是实际施工人至发包人的所有合同均无效,也就是说,总承包合同也要无效;但浙江省高级人民法院意见是实际施工人至总承包人之间合同无效,总承包人和发包人之间的施工合同无效或有效均可,不影响实际施工人向发包人主张工程款。②该法官的观点是两个条件需要同时满足;浙江省高级人民法院意见用的是"或",即满足一个条件就可以。

(3)路径三:限缩适用"实际施工人"请求的对象—劳务分包款

《关于当前民事审判工作中的若干具体问题》①中讲到:"对于建设工程司法解释第二十六条规定,目前实践中执行得比较混乱,我特别强调一下,要根据该条第一款规定严守合同相对性原则,不得随意扩大该条第二款规定的适用范围,只有在欠付劳务分包工程款导致无法支付劳务分包关系中农民工工资时,才可以要求发包人在欠付工程价款范围内对实际施工人承担责任,不得随意扩大发包人责任范围。"

案例2-7

大连恒达机械厂与普兰店市宏祥房地产开发有限公司、大连成大建筑劳务有限公司等建设工程施工合同纠纷案[(2015)民申字第919号]②

宏祥公司为发包人,博源公司为总承包人,博源公司转包给成大公司,成大公司再将案涉钢梁制作安装分包给大连恒达机械厂。最高人民法院判决中写道:本案中,大连恒达机械厂系经与成大公司之间签订的钢梁制作安装协议书而取得案涉钢梁制作安装工程,并按合同约定提供钢梁的制作、运输、安装等作业,且包工包料,可见其提供的专业技术安装工程并非是普通劳务作业,被拖欠的工程款并非劳务分包费用,并不具备司法解释第26条第2款规定的适用条件。

① https://www.sohu.com/a/72034980_210817,最后访问日期:2018年9月23日。

② 参见《民事审判指导与参考》(总第62辑),人民法院出版社2015年版。

(4)路径四:路径的叠加适用

第一,《建设工程司法解释二》(征求意见稿)中的路径组合适用

《建设工程司法解释二》(征求意见稿)(第三稿、第四稿)的第二种意见:“实际施工人依据《最高人民法院关于审理建设工程施工合同纠纷案件适用法律问题的解释》第二十六条第二款规定提起诉讼的,应当符合下列条件:实际施工人有证据证明与其具有合同关系的缔约人丧失履约能力或者具有下落不明等情形,导致其劳务分包工程款债权无法实现。”该条是路径二和三的结合,是对实际施工人起诉发包人条件的双重限制。

第二,《建设工程司法解释二》中的路径组合适用

《建设工程司法解释二》第24条、第25条都是对实际施工人保护的规定,第24条适度突破合同相对性原则,即实际施工人可以直接起诉发包人,但应当举证证明发包人欠付的具体工程款数额。第24条实际上是通过分配实际施工人起诉后举证不能的不利后果,来限制实际施工人滥用诉讼权利起诉发包人。第25条属于有条件的适用代位权制度,即实际施工人以转包人、违法分包人怠于向发包人、承包人行使到期债权,主张对其造成损害的,有权根据《合同法》第73条规定,提起代位权诉讼。

《建设工程司法解释二》在保护实际施工人权利方面同时提供了两种救济途径。理论上不能同时适用,且在实际操作中两种救济模式也难以同时适用。但就条文本身内容而言,并没有规定两种救济途径只可择其一,即当实际施工人选择其中一种救济途径而未能被救济时,还能选择另一条路径进行救济。因此,《建设工程司法解释二》对实际施工人的保护是双重的、叠加的,相比之前各版征求意见稿而言,实际上进一步加强了对农民工等实际施工人权益的保护。

5.规则梳理

(1)实然规则

《建设工程司法解释二》将代位权制度引入实际施工人的保护中,并保留了《建设工程司法解释一》第26条的规定。

而保留《建设工程司法解释一》第26条的规定且未按照之前讨论的路径加以限制,具有一定的突然性。其原因显然是基于实际施工人生存基本权利保护的特殊考量,和基于保护农民工弱势群体利益的政治需要。

(2)适用突破合同相对性理论完善的建议

笔者认为,适度突破合同相对性原则的关键并不在于对实际施工人诉讼权利

加以限制,而应当尽量弱化合同相对性,。在弱化合同相对性的同时,将能够提起诉讼的原因限定为建筑商丧失履约能力,将工程款债权范围放宽:即实际施工人有证据证明与其具有合同关系的缔约人丧失履约能力或者具有下落不明等情形,导致其工程款债权无法实现。

其一,虽然《建设工程司法解释一》第26条的规定是基于实际施工人生存(尤其是农民工)基本权利保护,但将实际施工人的工程款债权限定在"劳务分包债权",显然不妥当:一方面,存在实际施工人情况下,不一定存在"劳务分包"。即使将劳务分包债权理解为人工工资,但实践中要从实际施工人的债权中区分出"人工工资"债权比较困难,而且也不能确保实际施工人取得债权后实际用于发放人工工资,缺乏可操作性。另一方面,劳务分包的资质目前正在逐步取消,无资质的单位和个人接受劳务分包均将合法化,而实际施工人的定义本身是用来表述无效合同下的最终施工人,此时,劳务分包单位或个人与实际施工人的定义已经不符。

其二,增加限制条件,即自实际施工人到建筑商之间所有合同均无效,因为合同均无效情况下,合同相对性弱化。而如果实际施工人与建筑商之间只要有一手合同有效,则链条即被阻断,实际施工人就不得依据《建设工程司法解释一》第26条起诉发包人。

笔者认为针对《建设工程司法解释二》第24条应继续进行完善的主要理由在于:

首先,从基本国情考虑,建筑业企业资质管理在现阶段仍然实行,市场在资源配置中发挥决定性作用的体现并不明显,诸如《工程质量治理两年行动方案》等规定的实施效果并不明显,上述种种使得实际施工人仍将在现阶段存续。

其次,即使《建设工程司法解释一》第26条的初衷是保护农民工利益,但从宏观的角度看,是保护为中国的城市建设、城市化发展做出贡献的这样一个群体。而实际施工人就是城市建设最大的贡献者。没有他们,在严格的建筑业企业资质管理下,城市化建设中的住宅建设可能会减少2/3,铁路等基础设施建设可能会减少1/2。如果没有他们,群众的住房需求可能得不到很好地满足,城市的发展乃至整个社会经济的发展都会受到影响。"实际施工人"的出现解决了国内大量的闲置劳动力、缓解了社会就业压力,在一定程度上促进了社会的经济发展,在我国社会发展近期还是有一定的积极因素。

最后,这是一种合理的司法设计,且这样的突破合同相对性并没有损害第三人的利益。

依据此种设计，实际施工人首先只能选择起诉与之有合同关系的建筑商，只有在总包破产、资信状况恶化、逃逸、下落不明等情况导致实际施工人的工程价款债权无法实现时，实际施工人才能起诉发包人。其次，只有在实际施工人至建筑商之间合同均为无效的情况下，实际施工人才能起诉发包人。如此一来，能够有效防止实际施工人滥用诉讼权利对发包人提起诉讼。

突破合同相对性理论并非为实际施工人首创。任何法律原则或规则都是由经济基础所决定的，并且任何基本原则或者规则都具有一般性、概括性，不可能涵盖纷繁复杂的社会现实，有一般就必然有特殊。在现代市场条件下，由于交易关系的复杂化以及持久合作关系的普及，减少了合同当事人的确定性。为了实现一项合同，常常需要多方共同努力，真正履行合同的参加人可以包括协议之初的缔约人以外的当事人。这样，第三人介入了原来的合同关系，法律无法忽视他的存在。在此情况下，再一味地坚持合同相对性原则，就常常不符合社会现实情况，这就需要创设一些例外规则，以实现真正的公平和正义。比如，我国法律制度中“债的保全制度”“买卖不破租赁”等规定。

在给定的限制条件下突破合同相对性，也并没有损害发包人或者建筑商的权利。发包人在其欠付工程款范围内承担付款责任，该部分款项即使实际施工人不主张，也应当支付给建筑商，因此不存在损失。而建筑商可能只是被挂靠人、违法分包人、转包人，也并没有实际进行施工，理应不享有工程价款的支付请求权，因此也不存在任何损失。

综上分析，笔者认为，在我国仍实行建筑业企业资质管理、建筑领域内生产关系还远远落后于生产力且实际施工人仍将存续的情况下，弱化合同相对性，并限定在建筑商丧失履约能力的情况下实际施工人可以直接起诉发包人，才能使之成为保护实际施工人的合理的制度设计。

（三）转包、挂靠关系下的诉讼选择

案例2-8

发包人：××实业有限公司

承包人：××建筑有限公司

实际施工人：杨某

1. 合同签订过程

2010年7月30日，××建筑有限公司与××实业有限公司签订《施工合同》；

2010年9月8日,××建筑有限公司、××实业有限公司与杨某三方签订《补充协议书》约定该工程由杨某进行施工;

2010年10月12日,杨某与××建筑有限公司签订《管理责任书》。

2. 争议经过

实际施工人杨某在工程竣工后,工期、结算事宜发生争议,要求××建筑有限公司起诉发包人,××建筑有限公司提出,配合起诉的前提条件是:实际施工人放弃追究××建筑有限公司支付工程款等一切款项的责任。

3. 实际施工人以××建筑有限公司和××实业有限公司为共同被告提起诉讼,要求××建筑有限公司支付工程款并赔偿损失、要求××实业有限公司在欠付款范围内承担支付责任,主张工程款优先受偿权。

4. 诉讼后,法院根据实际施工人请求,进行了工程造价鉴定,但在工程造价鉴定过程中,法院以本案系挂靠为由,不属于《建设工程司法解释一》第26条规定的实际施工人适用范围,认为杨某原告主体不适格,裁定驳回起诉。

5. 实际施工人杨某向江苏高级人民法院上诉,江苏高级人民法院认为,杨某系实际施工人,有权依据《建设工程司法解释一》第26条起诉,裁定苏州中级人民法院继续审理,该案目前还在审理过程中。

1. 转包与挂靠的概念

(1)转包

《建设工程施工转包违法分包等违法行为认定查处管理办法(试行)》(已废止)

第六条　转包是指施工单位承包工程后,不履行合同约定的责任和义务,将其承包的全部工程或者将其承包的全部工程肢解后以分包的名义分别转让给其他单位和个人施工的行为。

该办法第7条列举了转包的七种情形。

(2)挂靠

根据《建设工程司法解释二》第4条的规定,挂靠是指"缺乏资质的单位或者个人借用有资质的建筑施工企业名义签订建设工程施工合同"的行为。

《建设工程司法解释一》第1条第2项及第4条规定,挂靠是指"没有资质的实际施工人借用有资质的建筑施工企业名义与他人签订建设工程施工合同"。

《建设工程施工转包违法分包等违法行为认定查处管理办法(试行)》(已废止)

第十条　本办法所称挂靠,是指单位或个人以其他有资质的施工单位的名义,承揽工程的行为。

前款所称承揽工程,包括参与投标、订立合同、办理有关施工手续、从事施工等活动。

该办法第11条列举了挂靠的八种情形。

转包与挂靠的对比情况见表2-1:

表2-1　转包与挂靠对比表

	转包	挂靠
1	全部转给其他单位或个人施工	没有资质的单位或各人借用其他施工单位的资质承揽工程
2	肢解后以分包名义转给其他单位或个人施工	有资质相互借用,包括低借用高,高借用低,同等级相互借用
3	未在现场设立管理机构或未派驻主要管理人员	主要管理人员一人以上与施工单位没有劳动合同,或没有劳动关系
4	只收取费用,不管理,主要材料设备采购由其他单位或个人实施	主要材料设备由其他单位采购、租赁,施工单位不能提供采购、租赁证明又不能合理解释
5	名为劳务分包,实际全部施工并计取全部工程价款	劳务分包的发包单位不是该工程的施工总承包、专业承包或专业分包
6	以合作、联营、个人承包等形式,直接或变相将全部工程转给其他单位或个人实施	工程款收付关系与合同载明单位不一致,又不能合理解释
7	其他转包行为	其他挂靠行为
8		专业分包单位的发包单位不是施工总承包或专业承包,建设单位发包除外

(3)分析意见

其一,挂靠应该是没有资质借用资质,或者资质低借用资质高,而该办法规定相同等级或者高资质借用低资质的属于挂靠。笔者对此不认同。高资质借用低资质,或者同等级资质借用,往往并非是为了借用资质,而是其他原因,如当地政府为了税收落地需要,会要求使用当地企业名义签合同开具发票。

其二,转包和挂靠在外观表象上具有很大相似性,如上表中列举的第3、第4种情形，都表现为承包单位没有派遣施工管理人员（没有劳动合同关系）、主要材料、设备等又是由其他单位采购、租赁。转包、挂靠仅从外观表象难以区分。因此，住建部正式通过的《建筑工程施工发包与承包违法行为认定查处管理办法》对此进行了调整和修改。对挂靠第1、第2种情形保留，其余情形均删除。代之以："本办法第八条第一款第（三）至（九）项规定的情形，有证据证明属于挂靠的。"即转包列举的情形有证据证明属于挂靠的，则定性为挂靠。

因此，要区分转包和挂靠，关键是明确挂靠的定义。如果仅仅将借用资质认定为挂靠，这是一种广义上的挂靠。如果采用广义概念，出借资质的建筑商承揽项目后允许实际施工人借用其资质施工的，究竟是转包还是挂靠就会定义不清。从狭义上而言，挂靠不但有借用资质行为，而且还要有借用资质的实际施工人承揽工程的行为。换言之，从狭义的挂靠概念上而言，出借资质的建筑商承揽项目后，允许实际施工人借用其资质施工的，则明显是转包行为，而不是挂靠行为。

2. 转包和挂靠情况下合同关系及效力差异

（1）转包的合同效力分析

转包情况下存在两个施工合同关系：发包人与建筑商之间的施工合同以及建筑商（转包人）与实际施工人之间的施工合同。前一个合同有效，而后一个合同无效。

（2）挂靠的合同效力分析

挂靠情况下存在一个施工合同以及一个借用资质的合同：发包人与建筑商之间的施工合同以及挂靠人与被挂靠人之间的借用资质合同。借用资质的合同无效，施工合同的效力需要进行区分看待。施工合同虽然名义上是建筑商签订，但签订主体即建筑商究竟是挂靠方还是被挂靠方，以及发包人是否明知（甚至积极追求）挂靠事实存在都是判断该施工合同效力重要的标准。

①在发包人明知的借用资质中不存在突破合同相对性问题，这种情况下发包人与挂靠人（实际施工人）构成直接的合同关系。

对于这种情形，可以参照间接代理规则。被挂靠单位系受托人，实际施工人系委托人，发包人系第三人，实际施工人委托被挂靠单位以其被挂靠单位名义与发包人签订合同。依据《合同法》第402条"受托人以自己的名义，在委托人的授权范围内与第三人订立的合同，第三人在订立合同时知道受托人与委托人之间的代理关系的，该合同直接约束委托人和第三人，但有确切证据证明该合同只约束受托人和第三人的除外"的规定，实际施工人借用资质签订的合同直接约束实际施工人与发包人。当然，此时施工合同应为无效，理由是实际施工人并无相应施工资质，根据《建设工程司法解释一》的规定，建设工程施工合同应归于无效。

实际上，最高人民法院一些案例也与上述观点相契合：

案例2－9

四川堂宏实业集团有限公司、四川堂宏实业集团有限公司房地产开发分公司因与被申请人牟某、四川鑫玛建设有限公司建设工程施工合同纠纷案［（2015）民申字第581号］

最高人民法院认为："表面上鑫玛建设公司将涉诉工程转包给牟某，实质上是牟某借用鑫玛建设公司资质承揽堂宏集团公司的工程，鑫玛建设公司向牟某收取一定管理费，因此鑫玛建设公司与牟某之间不是转包关系，而是牟某借用鑫玛建设公司资质承建工程，即鑫玛建设公司与牟某为挂靠关系。而在签订合同及施工过程中，堂宏集团公司、堂宏房地产分公司知晓牟某借用鑫玛建设公司资质承建工程，且认可由牟某完成案涉工程施工任务，因此堂宏集团公司与牟某之间直接形成权利义务关系，而堂宏集团公司与鑫玛建设公司之间不存在建设工程施工合同关系。"

案例2－10

满洲里市扎赉诺尔宏基城市基础设施投资开发有限责任公司与聂某、中国内蒙古森林工业集团森天建设有限公司建设工程施工合同纠纷案［（2013）民一终字第100号］

最高人民法院认为："聂某与森天公司所签订的《协议书》明确约定，聂某挂靠、借用森天公司的资质，聂某对工程全额投资、自主组织施工、独立核算、自负盈亏。协议签订后，涉案工程全部是由聂某组织施工及投资建设的。对此，森天公司并无异议，而且发包方宏基公司已付的工程款项，是直接拨付至聂某承包的项目部和聂某个人公司账户的。这说明宏基公司明知或者应当知道涉案工程是由聂某投资并组织施工建设的。鉴此，一审判决认定聂某为实际施工人正确，应予维持。"

无效造成的损失承担连带赔偿责任的,人民法院应予支持。

《建设工程司法解释二》(送审稿)【出借用资质的单位应对出借资质造成的损失承担连带赔偿责任】

发包人请求出借资质的单位与借用资质的单位或者个人对建设工程质量不合格等因出借资质造成的损失承担连带赔偿责任的,人民法院应予支持。

《建设工程司法解释二》:

缺乏资质的单位或者个人借用有资质的建筑施工企业名义签订建设工程施工合同,发包人请求出借方与借用方对建设工程质量不合格等因出借资质造成的损失承担连带赔偿责任的,人民法院应予支持。

从四稿《建设工程司法解释二》(征求意见稿)的演变中可以看出:第一稿中对此未作规定,在第二稿中区分了发包人知道或者不知道实际施工人借用资质的状况。第三稿对于这个问题规定得最为详细,其第 1 款和第 2 款从发包人主张权利角度而言,即发包人向出借资质的建筑商和实际施工人主张赔偿责任;第 3 款是实际施工人向出借资质的建筑商(或发包人)主张付款责任。也就是说,第三稿中是一种双向的责任规定。第四稿的条款规定相对来说比较简单,只保留发包人向出借资质的建筑商和实际施工人主张无效合同损失承担连带责任的条款,不再区分发包人明知或者不明知的情况,也未对出借资质情况下建筑商的工程款支付责任进行规定。

送审稿与正式稿的区别主要在于,正式稿中对借用资质进行了一个定性。将高资质借低资质、同等资质借用的情形排除在借用资质之外。

而送审稿、正式稿与四稿征求意见稿在出借资质人承担连带责任的原因有所不同,征求意见稿规定出借资质人对因合同无效造成发包人损失的承担连带责任,而送审稿和正式稿中规定出借资质人对因借用资质造成的质量不合格等损失对发包人承担连带责任。

另外,关于因借用资质造成的质量不合格等损失的损失范围如何界定问题,笔者认为,一方面,在实践中质量不合格、工期等损失其实都可以与借用资质相关联;另一方面,该条中质量不合格等原因的"等"字究竟是等内等还是等外等也有待实践去论证。一旦被认定为是等外等,就会存在扩大解释,此时法院有可能会将借用资质人的借用行为与发包人的一切损失进行关联,从而要求出借资质人对实际施工人的任何违约向发包人承担连带责任。

当然,从另一方面来说,不论是征求意见稿还是正式稿,不管是国家立法还是司法解释，对于借用资质行为的态度都是应严厉打击，并且应当从源头即出借方进行管控，这也是出于维护建筑市场秩序的考量。只是实践中如何通过法律手段进行规范，并且严格执行法条原意，不随意扩大，还要继续探索解决之道。

(2)具体责任界定

第一，实际施工人向出借资质的建筑商主张工程价款的处理。

在《建设工程司法解释二》中对此没有进行规定，在此笔者仅以第三稿征求意见稿为基础进行分析，并提出对《建设工程司法解释二》完善的建议。征求意见稿第三稿区分了发包人订立合同时是否明知。在发包人明知情况下，一方面承认建筑商不承担付款责任，另一方面又认为建筑商对发包人不能清偿部分承担补充责任；对于发包人不明知情况下，征求意见稿没有明确态度。

笔者认为，原条文对付款责任的表述在逻辑上是存在矛盾的，要么就是不承担责任，要么就是补充责任，不承担责任与补充责任是不能并存的，只能二选一。在借用资质情况下，无论发包人订立合同时是否明知，在实际施工人与建筑商之间均存在着一个独立合同；但是，实际施工人与出借资质的建筑商之间的合同内容，并非关于工程施工合同内容，而是借用资质的约定。因此，实际施工人向出借资质的建筑商主张工程价款的，不应予以支持，笔者赞成建筑商不承担付款责任。

但是，实践中，有两种情形应作为例外情形：①双方之间有明确约定的，从其约定；②建筑商已收取了发包人的工程款，但是未转付给实际施工人。

第二，发包人向实际施工人和出借资质的建筑商主张责任的问题。

《建设工程司法解释二》规定由于借用资质导致工程质量不合格等原因，出借资质人和借用资质的实际施工人承担连带责任。

笔者认为，关于连带责任问题，《建设工程司法解释二》的规定，在吸收了《建筑法》第66条以及《建设工程司法解释一》第25条的规定基础上有所突破，即在规定了关于工程质量上实际施工人和出借资质建筑商的连带责任，以“等”字对质量不合格损失之外的其他损失留下了司法裁量的空间。虽然严格限制连带责任的适用范围具有积极的司法意义，但从司法导向看，对实际施工人和出借资质建筑商课以重责是有利于遏制挂靠行为的。

但是，一旦发包人在订立合同时明知实际施工人借用资质，说明发包人故意或放任此种情形，发包人存在过错，出借资质的建筑商以此为由主张减轻责任的，应予支持。

此外，笔者认为，实际施工人借用资质的情况下应当区分发包人明知还是不明

知的情况。因此,应当将借用资质情况下的各方责任认定为:

实际施工人借用资质订立施工合同且发包人订立合同时明知的,发包人与实际施工人成立施工合同关系,该施工合同无效;发包人请求实际施工人和出借资质的建筑企业对其因借用资质造成质量不合格等损失承担连带赔偿责任的,应予支持;实际施工人向发包人主张工程价款的,应予支持。

实际施工人借用资质订立施工合同但无证据表明发包人在订立合同时明知的,该合同仅约束发包人与出借资质的建筑商。实际施工人向发包人主张工程款的,依照实际施工人保护制度的相关条款进行处理。

实际施工人向出借资质的建筑商主张工程价款的,不予支持,但双方之间另有约定或建筑商已收取、未转付工程款的除外。

(四)发包人承担付款责任问题

1. 发包人承担付款责任的性质

(1)连带责任

案例2-12

吴某与昆明元鼎建设发展有限公司等建设工程施工合同纠纷案[(2014)民申字第1407号]

本案中,关于发包人是否需要对实际施工人的工程价款承担责任以及承担何种责任,再审法院最高人民法院分析如下:吴某作为本案实际施工人所施工项目仅为草海隧道管理中心、南北变电所装饰工程,其依据《建设工程司法解释一》第26条能向发包人元鼎公司主张上述工程的工程款。在元鼎公司作为发包人没有提出充分证据证明其已支付吴某施工工程的工程款情形下,原判决认定元鼎公司对欠付工程款承担连带责任并无不妥。

大量判决和司法观点认为发包人对实际施工人承担的是连带责任。理由在于:虽然发包人与实际施工人之间存在事实上的施工关系,但其并非实际施工人的合同相对方,实际施工人主张工程欠款不应突破合同相对性,因此还应由合同相对方建筑商承担给付实际施工人工程款的责任,发包人在欠付建筑商工程款范围内对实际施工人承担连带责任。其中,以江苏省高级人民法院的观点最为明确,认为发包人在欠付建筑商工程款范围内对实际施工人承担连带责任。但是,《民法总则》明确规定:连带责任由法律规定或者当事人约定。《合同法》第272条规定总承包人或者勘查、设计、施工承包人与实际完成工作的第三人向发包人承担连带责任,但并没有反向的规定。

(2)补充责任

案例2-13

杨某与安阳东部置业有限公司建设工程施工合同纠纷案[(2016)豫民再508号]

本案涉及实际施工人杨某一审反诉请求东部置业公司向其支付工程款、停工损失等相关费用的问题。再审法院,河南省高级人民法院认为:虽然发包人东部置业公司与实际施工人杨某之间存在事实上的施工关系,但其并非实际施工人的合同相对方。根据合同相对性原理,杨某应当向城建集团公司主张权利,东部置业公司只应在欠付承包人工程款的范围内对实际施工人承担补充责任。在本案中,杨某不请求城建集团公司承担民事责任,而直接向东部置业公司提出的诉讼请求不能得到支持。

实践中有少量判决认为发包人承担的是补充责任,即有少部分法院认为第26条第2款中发包人在欠付的工程款范围内承担的是补充清偿的责任,他们认为发包人并非合同相对方,连带责任没有法律依据。该条规定是为了保护实际施工人利益,因此是补充责任。

补充责任并没有统一的定义,我国《民法总则》《合同法》中没有规定补充责任,但在《民法通则》第133条第2款,《侵权责任法》第34条、第37条以及第40条规定了补充赔偿责任。最高人民法院的司法解释大量规定了补充责任,但没有对补充责任的法律定义进行说明。

民事责任分为单独责任和共同责任,共同责任又分为不同责任形态,按照《民法总则》第八章民事责任的规定,共同责任分为按份责任和连带责任。第177条规定,“二人以上依法承担按份责任,能够确定责任大小的,各自承担相应的责任;难以确定责任大小的,平均承担责任”;第178条规定,“二人以上依法承担连带责任的,权利人有权请求部分或者全部连带责任人承担责任。连带责任,由法律规定或者当事人约定”。

但最高人民法院有不同的观点，认为补充责任是一种独立的责任①，理由在于：补充责任无份额划分，但有责任承担顺序，所以，不同于按份责任；补充责任产生于数个不同的行为，甚至性质不同，而连带责任则多处于连带债务或者共同侵权等一个行为或数个有牵连的行为；而且，连带责任无先后顺序，所以，补充责任不同于连带责任。补充责任有顺序，补充责任人并不承担终局责任，因而可以向主债务人追偿，而不真正连带责任并不一定存在追偿权。

因此，最高人民法院认为，补充责任作为独立责任形态具有意义。

（3）直接给付责任

案例2－14

成某与滨州市佰盛置业有限公司、江苏一箭建设工程有限公司建设工程施工合同纠纷案［（2016）鲁民终1330号］

本案中，一审法院对付款主体及欠付数额问题作出分析，涉案建设工程施工合同系成某以一箭公司名义与佰盛公司所签，一箭公司并未实际履行合同，成某与佰盛公司形成事实上的施工合同关系，成某作为实际施工人，佰盛公司应对其施工工程承担直接付款责任。成某实际施工了临设和零星工程，价款共计140万元，对此，佰盛公司承担付款责任。山东省高级人民法院作为二审法院维持原判。

部分法院判决发包人承担直接付款责任的基础在于认为发包人和实际施工人形成事实上合同关系，因此负有直接给付的责任。如果建筑商仅是将部分工程转包或分包给实际施工人，其还有独立完成的或第三方完成的部分工程时，欠付工程款必须厘清发包人与建筑商之间的整个合同债权债务，审查范围过宽且不容易查清。

例如，山东省高级人民法院在2011年《民事审判会议纪要》第6条中明确规定，发包人在欠付工程款范围内对实际施工人承担工程款直接支付责任，发包人与转包人、违法分包人承担工程款连带支付责任没有法律依据。

---

① 奚晓明主编：《最高人民法院关于公司法解释（三）、清算纪要理解与适用》（注释版），人民法院出版社2014年版，第242～244页。

2. 发包人欠付工程款范围的查明

案例 2－15

发包人：××置业公司

总承包人：××建设集团有限公司

项目经理（转包人）：姚某

实际施工人：周某

一、本案基本事实

2007 年 2 月 16 日，承发包双方签订《建设工程施工合同》。

2007 年 4 月 10 日，××建设集团有限公司与姚某签订《项目承包合同》，约定姚某对工程项目实施管理和工程成本实行承包，并约定××建设集团有限公司收取工程结算总造价的 1.5% 作为管理费。

2007 年 4 月 12 日，姚某以××建设集团有限公司的项目部身份与实际施工人周某签订《建设工程项目管理协议书》，约定周某承包范围为：21 幢多层，3 幢小高层，3 个商业用房、警卫室、变电房（不包括地下车库）等土建、安装及室外工程，并约定结算按照《施工合同》结算方式计算。

2008 年 1 月 4 日，承发包双方签订《施工合同补充协议三》，约定由于房型调整所造成的停工责任和损失由发包人承担。协议签订后，发包人向××建设集团有限公司支付补偿款 394 万元。姚某与周某协商补偿比例后，周某从姚某处领取补偿款 200 万元。

2008 年 8 月 22 日，周某和姚某在××建设集团有限公司办公楼内签订协议书，约定按照周（48%）：姚（52%）的比例各自领取工程款。

2009 年 3 月，周某向××建设集团有限公司移交施工现场并退场。

2009 年 6 月，实际施工人周某认为××建设集团有限公司与发包人由于迟迟未结算，致其应得工程款无法及时到位，因此周某将姚某、××建设集团有限公司、发包人一同诉至法院。

二、争议焦点

（1）实际施工人工程结算价款的确定

第一，姚某签字，总包盖章的结算资料以及相关的签证，是否可以作为周某与姚某和总包方的结算依据？

除非有明确的双方结算的意思表示，否则，仅能作为资料报送行为，不作为双方结算依据。

第二，对于“欠款”的理解，是仅指工程款还是经过结算后的实际欠款（可能存在违约金或者损失的情况）？当实际施工人与发包人理解不一致时，如何判决？

应当包括可能存在的违约金或者损失，但是，在案件中由于无法直接反诉，发包人通常另案诉讼。

（2）法院如何查明欠付工程款数额？

对于发包人欠付工程款范围责任，应当由发包人承担。举证责任的分配，虽然是“谁主张，谁举证”，但由于实际施工人无从掌握发包人与建筑商之间的结算及付款真实情形，没有举证能力，如果将举证责任分配给实际施工人，没有实践操作性，因此，我们认为举证责任应当由掌握证据也更容易提交证据的发包人承担。在各地法院的指导意见中，我们看到江苏省高级人民法院和杭州市中级人民法院发布的意见是明确的，举证责任由发包人承担。

（3）如果发包人尚未与建筑商等进行结算，如何确定欠付款项？

根据《建设工程司法解释一》第26条的规定，发包人只在欠付工程款范围内对实际施工人承担责任。周某并未提供证据证明发包人与建筑商之间的工程款已结算完毕，故根据承发包之间施工合同约定，发包人需要向建筑商支付总价80%的进度款。现建筑商认可发包人已付款1.43亿元，符合总包合同中对进度款支付的约定。因此周某要求发包人承担连带责任的请求不予支持。

通常处理方式：第一，建筑商与发包人尚不具备结算条件或未届结算期的，而且没有欠付进度款的，驳回实际施工人对发包人的诉讼请求；第二，建筑商已经开始与发包人结算、申请仲裁或者法院诉讼，中止审理；第三，建筑商怠于向发包人主张工程价款的，根据司法解释的规定，实际施工人有权向发包人主张工程款。

（4）实际施工人仅仅是施工部分工程，发包人付款时针对工程整体，如何确定欠付款范围？

本案中建筑商把工程转包，转承包人将工程又肢解成三块，实际施工人有三个，现在其中一个实际施工人起诉，其余实际施工人未起诉。那么，起诉的实际施工人无权就其他部分申请司法审价，只能就其施工部分申请审价，而法院基于不告不理的原则同样不能就整个工程进行司法审价。这个时候，工程造价仅仅是部分鉴定，发包人已付款是针对整个工程付款，如何认定欠付款？

发包人提出，这种情况下无法证明欠付款，且发包人本身没有任何过错，所以不用承担付款责任。虽然整个工程的工程款不清，但有合同价，发包人目前付款与合同价相比有欠款，由于发包人要承担举证不能后果，则应当按照合同价认定其欠付款范围。如果合同价低，则考虑进度款，或者按照施工面积比例推算。

(5) ××建设集团有限公司是否对周某主张的工程款承担连带责任?

虽然周某和××建设集团有限公司之间没有订立合同，但是××建设集团有限公司明知法律规定不得转包个人施工，仍与姚某签订无效的施工合同，故××建设集团有限公司应承担无效合同的法律后果。从周某领款情况看，周某的工程款均从××建设集团有限公司处领取，周某与姚某发生纠纷，××建设集团有限公司不仅参与协调，还同意分别按比例支付工程款。由此可见，××建设集团有限公司认可姚某将系争项目分包给周某的事实，且直接向周某支付工程款并与周某核账。因此，××建设集团有限公司应当对姚某欠付周某的工程款承担连带责任。

[案例2－15]引申出另外一个问题，即对于发包人的理解。发包人是否可以扩大至转包合同的发包人？该问题的实质是：层层转包或分包情况下，没有合同关系的建筑商及前手转包人或违法分包人是否需要对实际施工人的工程价款请求承担连带责任？

司法实践中针对该问题存在截然相反的两种观点：

《四川省高级人民法院关于审理建设工程施工合同纠纷案件若干疑难问题的解答》

13. 实际施工人主张欠付工程款的诉讼主体如何确定？发包人、转包人、违法分包人的责任如何承担?《建工司法解释》第二十六条中的“发包人”应当理解为建设工程的业主，不应扩大理解为转包人、违法分包人等中间环节的相对发包人。

……

实际施工人可以以发包人、转包人、违法分包人为共同被告主张权利，当事人之间依据相应的合同关系承担法律责任。

建设工程施工合同无效，实际施工人要求未与其建立合同关系的转包人、违法分包人对工程欠款承担支付责任的，不予支持。

《江苏省高级人民法院关于审理建设工程施工合同纠纷案件若干问题的意见》

第二十三条第二款 建设工程因转包、违法分包导致建设工程施工合同无效的，实际施工人要求转包人、违法分包人和发包人对工程欠款承担连带责任的，人民法院应予支持,但发包人只在欠付的工程款范围内承担连带责任。

当然主流的观点还是认为建筑商、前手转包人或违法分包人对没有合同关系的实际施工人并不承担连带责任。包括最高人民法院、浙江省高级人民法院等都有类似的裁判案例。

案例2-16

张某与中天建设集团有限公司、汪某建设工程施工合同纠纷案[(2016)最高法民申3339号]

最高人民法院认为,中天公司是涉案工程的总包人,各方当事人在庭审中,对此事实均无异议。中天公司并非涉案项目的发包人,原审法院认定本案不应适用《建设工程司法解释一》第26条第2款的规定,并无不当。综上所述,中天公司既不是涉案工程发包人,与张某之间也无合同关系,张某申请再审要求中天公司承担支付款项的连带责任的请求,缺乏法律依据,不予支持。因此驳回了实际施工人的诉请。

本案中,最高人民法院的观点非常清晰,即工程总包人并非涉案工程发包人,亦与实际施工人无合同关系,实际施工人无权依据《建设工程司法解释一》第26条规定向总包人主张工程款的连带责任。

案例2-17

娄某与孙某、浙江中成建工集团有限公司建设工程施工合同纠纷案[(2015)浙民申字第487号]

浙江省高级人民法院认为,2005年4月,浙江玻璃钢股份有限公司将其下属企业浙江绍兴陶堰玻璃有限公司的厂房项目整体发包给中成建工公司,中成建工公司又将该项目中大部分工程违法分包给孙某,之后孙某又将该工程内外墙涂料项目分包给娄某。可见,按照娄某一方的主张,中成建工公司系案涉工程的总承包人,而非发包人。娄某要求中成建工公司在欠付工程价款范围内承担连带责任,并不符合《建设工程司法解释一》第26条规定的情形。一、二审法院未予支持,并无不当。

浙江省高级人民法院的裁判观点也非常明确,即建筑商并非发包人,故实际施工人不能要求建筑商在欠付工程价款范围内承担连带责任。

另外，江苏省高级人民法院会议纪要中规定前手的转包人、违法分包人和发包人对实际施工人的工程价款承担连带责任。这也是目前转包人对实际承包人承担连带责任的唯一司法审判意见。

笔者支持建筑商、前手转包人和违法分包人对实际施工人的工程价款不承担连带责任。首先，连带责任是需要法律有明确规定的。非法转包、违法分包人之间对实际施工人承担“连带责任”，既找不到法律的明确规定，也无法从《建设工程司法解释一》第26条和《建设工程司法解释二》第24条的规定中当然地得出这一结论。其次，《建设工程司法解释一》第26条和《建设工程司法解释二》第24条规定的突破合同相对性是有限度的。不加区分地一律让多个非法转包、违法分包人均对处于“后手”的实际施工人承担连带责任，不仅对该“前手”是极不公正的，实质上也违反了该条规定的原本含义。

案例2-18

发包人：××办事处

总承包人：××建筑公司

转包人：钱某

实际施工人：徐某

一、合同签订履行情况

(1)2015年12月，××办事处与××建筑公司双方签订《建设工程施工合同》，约定由××建筑公司进行工程施工。

(2)2016年1月16日，××建筑公司与钱某签订《工程项目内部经济责任承包合同》，约定以包工包料方式承包给钱某，由钱某向××建筑公司交纳工程总造价的3.5%的管理费。

(3)嗣后，钱某与徐某口头协议将案涉工程以包工包料的方式转包给徐某，且双方对工程价款结算及支付等问题未作出明确约定。

(4)徐某对涉案工程进行了实际建设施工，且工程最终竣工验收合格并交付使用。

(5)2017年4月19日，审价单位对涉案工程结算造价进行了审价，本工程送审结算造价为406万元，审定工程结算造价308万元。××办事处、××建筑公司、审价单位均在结算审定单上盖章确认。

(6)嗣后,发包人××办事处已支付××建筑公司工程款272.8万元,尚有335.5万元未支付。

(7)××建筑公司支付钱某254万元。

(8)徐某收到工程款190.58万元,其中钱某支付156.72万元,××建筑公司直接支付33.85万元。

二、起诉原因

实际施工人徐某由于工程款纠纷向法院提起诉讼,并向××建筑公司和钱某主张欠付工程款81.92万元。

三、争议焦点

(1)发包人××办事处是否对实际施工人徐某主张的工程款承担连带责任?

(2)××建筑公司是否对实际施工人徐某主张的工程款承担连带责任?

四、法院观点

一审法院认为:首先,钱某非××建筑公司职工,不具备承包建筑工程的法定资质,双方签订的《工程项目内部经济责任承包合同》名为内部承包而实为转包合同,该合同违反法律强制性规定无效,后钱某又将工程转包给不具备承包建筑工程法定资质的徐某,亦违反法律强制性规定无效。徐某为实际施工人。

××建筑公司和钱某均未对案涉工程进行实际施工而层层违法转包,对违法转包存在共同过错;××建筑公司作为涉案工程的承建单位对实际施工人为徐某应明知,而未将工程款落实发放到实际施工人徐某。

因此,一审法院认为××建筑公司应与钱某对拖欠实际施工人徐某的工程款承担连带责任。××办事处作为发包人应依法在欠付工程款的范围内承担连带责任。

二审法院认为:首先,关于××建筑公司是否应承担责任的问题。根据《建设工程司法解释一》第26条第2款的规定,“发包人”专指建设单位,不包括层层转、分包过程中的转包人或违法分包人。实际施工人与转包人或违法分包人之间仍应遵循合同相对性原则,在各自合同范围内向各自合同相对方主张权利。即实际施工人若直接与转包人或违法分包人建立合同关系的,除了可以要求建设单位在欠付工程款的范围内承担责任外,只能向与其有合同关系的转包人或违法分包人主张工程款支付,而不能向转包人或违法分包人的前手主张工程款支付或主要承担连带付款责任。本案转包合同的相对方是钱某和徐某,因此应由钱某承担付款责任。

××办事处作为发包人,依法只在欠付工程价款范围内对实际施工人承担责任,其承担的并非直接付款责任,徐某要求其对欠付工程款承担直接付款责任,与上述规定不符,原审判决其在欠付工程款范围内对××建筑公司承担的连带清偿责任再承担连带清偿责任,于法无据。

(五)管辖

1. 建设工程施工合同纠纷案件管辖权的更迭

2005 年之前,由于司法实践中通常认为建设工程施工合同是承揽完成特定不动产项目,因此,建设工程施工合同纠纷被归入不动产纠纷的一种。当发生纠纷时,应当适用《民事诉讼法》第 34 条关于专属管辖的规定,由不动产所在地人民法院管辖。

《建设工程司法解释一》颁布后,主流观点认为建设工程施工合同纠纷作为一般的合同纠纷,应当适用《民事诉讼法》关于合同纠纷案件的规定。在司法解释第 24 条对建设工程施工合同纠纷进行专条规定,即建设工程施工合同纠纷以施工合同行为地为合同履行地,将建设工程施工合同纠纷的管辖扩大到合同履行地。

由于各地尤其是南北方、东西部之间的地区差异、各地高级人民法院不同的指导意见和一定的地方保护主义,各地法院在适用法律、依据对建设工程施工合同纠纷裁判的时候,会出现不一样的判决,甚至存在矛盾。因此,也进一步加剧了实际施工人在建筑商所在地法院提起诉讼,以便争夺对自己有利的管辖权,导致发包人对于原合同约定的管辖利益丧失。

基于上述背景,为了保护各方当事人的权利,规范诉讼管辖秩序,《民事诉讼法解释》(2015)出台后,管辖又变更为工程所在地。

第二十八条 民事诉讼法第三十三条第一项规定的不动产纠纷是指因不动产的权利确认、分割、相邻关系等引起的物权纠纷。

农村土地承包经营合同纠纷、房屋租赁合同纠纷、建设工程施工合同纠纷、政策性房屋买卖合同纠纷,按照不动产纠纷确定管辖。

由此,建设工程施工合同纠纷一律由建设工程所在地人民法院管辖。

2. 涉及实际施工人的管辖问题

《民事诉讼法解释》解决了诉讼管辖的问题,但是,如果双方当事人在合同中约定了仲裁条款,实际施工人起诉,如何确定管辖的问题并没有得到解决。

(1)实际施工人与建筑商之间的施工合同约定有仲裁条款,实际施工人起诉发包人是否受该仲裁条款制约。

①实际施工人将发包人和建筑商作为共同被告起诉,应受到仲裁条款制约。

案例2-19

甘肃杰出建筑工程有限公司与中交第二公路工程局有限公司、兰渝铁路有限责任公司建设工程施工合同纠纷案件再审案[(2014)民申字第1591号]

实际施工人杰出建筑公司主张工程价款的基础法律关系是其与中交公路公司之间的转包合同关系,而双方之间的合同约定了仲裁条款,排除了法院管辖权。杰出建筑公司将兰渝铁路公司、中交第二公路公司作为共同被告起诉至甘肃陇南中级人民法院,违背仲裁约定。

②实际施工人仅起诉发包人,不受仲裁条款制约。

司法实践中有法官[①]认为:实际施工人直接向发包人主张权利的,不受该仲裁条款约束。

(2)发包人与建筑商签订的合同订有仲裁条款,实际施工人起诉发包人是否受该仲裁条款制约?

对此,实务中存在两种观点:一种观点认为,实际施工人向发包人主张权利源于对承包人权利的承继,应受承包人与发包人之间仲裁条款的约束;另一种观点认为,《建设工程司法解释一》第26条规定发包人只在欠付工程款价款范围内对实际施工人承担责任,目的在于防止无端加重发包人的责任,这不是对实际施工人权利范围的界定,更不是对实际施工人程序性诉讼权利的限制,故不应受承包人和发包人之间仲裁条款的约束。

笔者认为,如果采用代位权规则,则应当按照代位权规则:《合同法司法解释一》第14条规定"债权人依照合同法第73条规定提起代位权诉讼的,由被告住所地人民法院管辖",因此,债务人与次债务人之间存在仲裁条款,债权人与债务人之间存在仲裁条款,均不影响实际施工人向发包人所在地法院提起代位权诉讼。

如果采用事实合同规则,则发包人与建筑商之间的仲裁条款,不约束实际施工人。但建筑商与实际施工人之间存在仲裁条款的,如果实际施工人将建筑商列为被告的,应当受到仲裁条款约束;如果实际施工人仅起诉发包人的,不受影响。

---

① 王林清、杨心忠等:《建设工程合同纠纷裁判思路》,法律出版社2014年版,第30页。

(3)专属管辖延伸问题

《关于民诉法解释中有关管辖若干问题的理解与适用》一文中写道:应当按照不动产纠纷由不动产所在地法院专属管辖的建设工程施工合同纠纷,不限于《民事案件案由规定》的建设工程合同纠纷项下的第三个第四级案由“建设工程施工合同纠纷”,应当包括该项下的建设工程施工相关的案件:(3)建设工程施工合同纠纷;(4)建设工程价款优先受偿权纠纷;(5)建设工程分包合同纠纷;(6)建设工程监理合同纠纷;(7)装饰装修合同纠纷;(8)铁路修建合同纠纷;(9)农村建房施工合同纠纷。对此,最高人民法院拟通过《民事案件案由规定》予以进一步明确。

虽然建设工程施工合同规定由不动产所在地法院专属管辖,但其中也引申出一些管辖问题。

①装饰装修合同纠纷是否适用不动产专属管辖?

在讨论装饰装修合同纠纷适用的管辖问题之前,得先明确装饰装修合同是否属于建设工程合同?

《建筑法》第 2 条规定,“本法所称建筑活动,是指各类房屋建筑及其附属设施的建造和与其配套的线路、管道、设备的安装活动”,也即《建筑法》将建筑限于土建和安装,未包括装饰装修。最高人民法院曾就同样的问题函商建设部,建设部的答复是工程项目所有权不明确的或家庭装饰、装修合同,不属于建设工程合同。

但是,随着社会发展,装饰装修越来越普遍且价值越来越高,将装饰装修纳入建设工程已经成为共识。《建设工程质量管理条例》(2000 年 1 月 30 日施行)第 2 条规定“本条例所称建设工程,是指土木工程、建筑工程、线路管道和设备安装工程及装修工程”。而且,《民事案件案由规定》(2011 年 4 月 1 日施行)中也将装饰装修合同纠纷列为建设工程合同纠纷中的一类,所以装饰装修合同应当属于建设工程合同。

问题又回归到装饰装修合同纠纷的管辖可否适用于建设工程施工合同纠纷的专属管辖。在这一点上,有的法院如江苏省常州市中级人民法院将装饰装修合同纠纷按合同纠纷确定管辖;有的法院如江苏省徐州市中级人民法院将装饰装修合同纠纷按照建设工程施工合同纠纷确定管辖,适用《民事诉讼法解释》的规定,即装饰装修合同属于与建设工程施工阶段有关的合同纠纷,也应当适用专属管辖。

②监理合同是否适用不动产专属管辖?

建设工程勘察合同纠纷、建设工程设计合同纠纷及建设工程监理合同纠纷,影响这类纠纷合同标的的因素往往为勘察方、设计方和监理方在履行职务过程中的职务行为是否尽责,与工程所在地没有什么关联。笔者认为,既然最高人民法院的法官认为建设工程勘察合同纠纷和建设工程设计合同纠纷不适用专属管辖,那么建设工程监理合同纠纷也不应当适用专属管辖。

③建设工程内部承包合同纠纷是否适用不动产专属管辖?

确定建设工程施工合同适用专属管辖的主要原因之一在于防止利用《建设工程司法解释一》第26条规定规避合同管辖行为。内部承包合同统一按照施工合同纠纷管辖更具有可操作性。所以在实践中,建设工程内部承包合同纠纷适用不动产专属管辖。

④建设工程施工合同工程未开始建造发生的纠纷,是否适用不动产专属管辖?

最高人民法院法官认为,建设工程施工合同具有承揽合同的性质,但合同目的是要建设不动产,所以也将其列为不动产纠纷。但这项规定争议很。如果建筑已经建好,将其列为不动产纠纷没有问题。如果建设工程合同还没有履行,建筑还没有建起来,还能作为不动产纠纷吗?最后权衡利弊还是将其作为不动产纠纷处理"。

(六)建筑商起诉发包人时,发包人向实际施工人支付的工程款,可否作为支付给建筑商的工程款?

案例2-20

发包人:××开发公司

承包人:××建筑公司

实际施工人:杨某

一、合同签订履行情况

(1)2006年10月12日,承发包双方签订《建设工程施工合同》,合同约定价款结算方式为固定总价合同,报价中无类似项目,单价按宁波市03版计算规则按定额下浮13.5%,材料价格按宁波市造价信息2006年11、12期慈溪信息价,并约定"发包人支付的工程款必须汇入承包人的账户"。

(2)2006年10月26日,××建筑公司向发包人支付20万元履约保证金。

(3)2007年12月30日,案外人杨某(××建筑公司的技术人员,编制了竣工验收汇报)以××建筑公司的名义与发包人签订《附属工程施工合同》,约定由××建筑公司承建发包人厂房工程附属部分。

(4)2007年12月30日,承发包双方一致结算,确认厂房工程的工程款为

1260万元,2008年3、4月份,承发包双方一致结算,确认附属工程的工程款结算价格为118.5万元。

(5)2006年10月12日至2008年2月29日,发包人通过杨某捎带转账支票、承兑汇票等方式,汇入××建筑公司账户或支付××建筑公司工程款共计900万元。

(6)2008年4月至2009年1月,发包人支付杨某42万元(含履约保证金)。

二、起诉原因

××建筑公司与发包人由于工程价款支付问题产生纠纷,××建筑公司因此诉至法院,本案经由一审、二审、再审程序。

三、争议焦点

(1)杨某是否为实际施工人?(2)发包人主张另行支付给实际施工人即杨某的工程款能够对抗××建筑公司支付工程款的请求?

四、法院观点

(1)一审法院认为

第一,杨某不是本案的实际施工人。首先,施工合同及附属合同上的合同签订人是××建筑公司和发包人,并非实际施工人杨某。其次,发包人认为杨某实际进行施工没有证据。最后,两项工程均已完工并验收合格,也已结算完毕,不论合同的订立、工程验收、结算均由××建筑公司出面,因此,××建筑公司已履行合同义务,故工程实际施工人不影响××建筑公司向发包人主张工程款的权利。

第二,不能对抗××建筑公司支付工程款的请求。首先,实际施工人为杨某不能成为发包人不向××建筑公司支付工程款而向杨某支付工程款的理由。其次,合同中明确约定"发包方拨付给承包方的工程款必须汇入承包方的账户,否则承包方不予认可",发包人明知合同条款,仍违反合同约定,存在主观过错。最后,承发包人工程款的支付方式和发包人支付杨某款项的方式是完全不同的方式,不能推定出发包人支付给杨某款项的行为系支付××建筑公司工程款的行为。

(2)二审法院认为

第一,杨某并非项目经理,施工合同履行过程中,杨某一直以项目技术负责人的面目出现,××建筑公司明确项目经理为王某。第二,杨某也没有××建筑公司的授权委托书,也不能证明杨某系表见代理。第三,发包人将承兑汇票交给杨某,但××建筑公司否认收到,发包人也没有进一步证明汇给××建筑公司的证据。

发包人仍需要向××建筑公司承担付款责任。首先,合同明确约定了付款方式,双方应按约履行。发包人擅自向杨某支付的款项对××建筑公司不具有约束力,发包人应当承担违约责任。其次,发包人也不能提供双方当事人对付款方式的特别约定进行了变更或者解除的证据。

(3)再审法院认为

案涉工程是否系杨某挂靠××建筑公司进行施工,以及发包人支付给杨某的工程款数额,与杨某密切相关。为了查清案件事实,公平处理纠纷,有必要追加杨某为第三人,参加诉讼。但一审法院在发包人申请追加杨某为第三人的情况下,未予追加,明显不当。因此,裁定撤销一审、二审判决,发回一审法院重审。

笔者认为:首先,应当坚持合同相对性,原则上工程款必须支付给施工合同相对方,除非能够证明杨某构成表见代理。同时,还能预防发包人与实际施工人串通损害建筑商利益。其次,如果直接构成合同关系,则应当认定为有效支付。

《北京市高级人民法院关于审理建设工程施工合同纠纷案件若干疑难问题的解答(2012)》

21. 发包人主张将其已向合法分包人、实际施工人支付的工程款予以抵扣的,如何处理?

承包人依据建设工程施工合同要求发包人支付工程款,发包人主张将其已向合法分包人、实际施工人支付的工程款予以抵扣的,不予支持,但当事人另有约定、生效判决、仲裁裁决予以确认或发包人有证据证明其有正当理由向合法分包人、实际施工人支付的除外。

《广东省高级人民法院全省民事审判工作会议纪要(2012)》

23. 工程款的结算和支付,原则上应当在合同相对人之间进行,并符合合同约定。如果没有合同依据或者承包人的授权,发包人直接向没有合同关系的转包人、违法分包人、实际施工人结算和付款,一般不构成有效的结算和支付。

(七)实际施工人应支付的"管理费用""挂靠费"的处置问题

建设工程施工存在实际施工人情况下,实际施工人通常在与建筑商签订的合同中会约定一定的管理费或者挂靠费。

《建设工程司法解释一》

第四条　承包人非法转包、违法分包建设工程或者没有资质的实际施工人借用有资质的建筑施工企业名义与他人签订建设工程施工合同的行为无效。人民法院可以根据民法通则第一百三十四条规定，收缴当事人已经取得的非法所得。

司法实践中有收缴案例，如湖北省云梦县人民法院在(2014)鄂云梦初字第00629号案件中，对被告中国化学工程第四建设有限公司作出《民事制裁决定书》，决定收缴被制裁人中国化学工程第四建设有限公司非法所得352,722.5元。中国化学工程第四建设有限公司不服，申请复议。后湖北省孝感中级人民法院作出复议决定：驳回申请，维持原决定。

案例2-21

发包人：××集镇公司

总承包人：××城建公司

挂靠人：××市政公司

实际施工人：蒋某

一、合同签订履行情况

(1)2010年12月18日，蒋某(乙方)与××城建公司(甲方)签订《内部承包协议》，约定蒋某为本工程的内部承包人，由蒋某代表××城建公司以内部承包人的形式承包上述工程内全面履行施工总承包合同，落实工程施工的各项责任。合同约定：1. 乙方承包工程采取自负盈亏的方式，除按照合同约定去除工程营业税及甲方公司所得税和担保人权益外，由乙方专款专用；2. 双方协商确认甲方派出一个全面的管理班子进驻项目进行管理，管理班子成员的薪水(含四金)、有关福利、车贴及管理班子在项目部管理中发生的管理成本进入项目成本。总额核定为每月每平方米壹元；3. 甲方对乙方的违约或失职行为处予处罚……(5)若达不到上海市文明工地的，按工程结算总价的1%予以处罚；(6)若达不到松江区茸城杯优质结构奖的，按工程结算总造价的1%予以处罚。

(2)××城建公司于2010年12月18日任命彭某、李某为本工程的经理、副经理，并任命其他技术负责人等。

(3)2010年12月21日，承发包双方签订《施工总承包合同》，约定本工程由××城建公司承建。(内部承包协议所涉工程系上述总承包合同所涉工程中的一部分)

(4)2011年7月20日，××城建公司(甲方)与市政公司(乙方)签订《协议书》确认了市政公司通过挂靠的方式承包本工程。(市政公司通过挂靠的方式承包了本工程之后,又肢解后分包给其余实际施工人并收取4.85%的管理费)

(5)2012年10月25日,××城建公司与××集镇公司签署工程审价审定单,载明本工程原预(结)算总造价为20,491,321元,核减金额3,286,226.48元,审定预(结)算总造价为17,205,094.52元。

(6)××城建公司以工程未获得"文明工地"及"茸城杯优质结构工程奖"为由,共扣除了蒋某2%的工程款计287,139.18元,并以按约定应支付管理项目班子成员工资为由,扣除了蒋某总工程款中的145,462.67元。

二、起诉原因

实际施工人蒋某对未获奖的扣款以及管理项目班子成员工资部分费用的扣款不予认可,遂向法院提起诉讼。

三、争议焦点

××城建公司与蒋某签订的内部承包协议以及××城建公司与××市政公司签订的协议无效后:(1)××城建公司能否依据自身管理,扣除实际施工人2%的工程款?(2)××城建公司能否在实际施工人蒋某的工程款中扣除相应管理人员的工资?(3)××市政公司向实际施工人收取的管理费如何处置?

四、法院观点

施工合同无效,工程质量合格的,可以参照约定结算工程价款。而违约责任系建立在合同有效的情形下,故在合同无效的情形下,违约条款不应继续适用。

(1)××城建公司关于扣除2%的工程款的做法,法院不予认可。一则,内部承包协议书中有关达不到上海市文明工地及松江区茸城杯优质结构奖的,分别给予工程结算总造价的1%的处罚的约定,属于违约条款。基于上述裁判理由,在合同无效的情形下,××城建公司无权据此追究蒋某的违约责任。二则,根据查明的事实,若要取得上海市文明工地及松江区茸城杯优质结构奖的,应由施工总承包人履行相应的预申报,并按工地形象进度进行推荐、申报等。然而,在合同履行过程中,原、被告及第三人均未就涉案工程申报、推荐。××城建公司应当将以未获奖为由扣除的工程款返还给蒋某。

(2)××城建公司关于扣除管理人员人工工资的做法,法院予以认可。根据××城建公司提供的任命书、施工组织设计/(方案)报审表、施工组织设计(质量计划)审批表、竣工移交证书及承建公司、市政公司的陈述,××城建公司确实派出过相关管理人员对工程进行相应管理,故××城建公司有权要求蒋某参照合同约定支付管理人员工资。

(3)挂靠承包、肢解转包无资质人施工以及收取相关费用的一系列的违法行为具有整体性。因此,从客观、公平的角度而言,上述违法行为宜由有关职能部门一并处理为妥。

法院不愿意收缴的原因在于:(1)《建设工程司法解释一》第4条规定“可以”收缴,而非“必须”收缴;(2)民事法律关系中不宜直接处理,违法所得的认定和收缴应当由相应的行政机关予以处理;(3)实际收缴面临一系列可操作性的问题,这些费用通常部分已经支付,部分没有支付,到底是对一方收缴还是双方都要收缴,而且,法院收缴款项本身可操作性也比较差。

目前尤其需要注意的是,《建设工程司法解释一》第4条的收缴依据是《民法通则》第134条“人民法院审理民事案件,除适用上述规定外,还可以予以训诫、责令具结悔过、收缴进行非法活动的财物和非法所得”的规定,但现行《民法总则》第179条已经删除了前述表述。因此,在民事案件审理中,法院收缴的法律依据已经欠缺,更加不会收缴。

那么,在法院不收缴的情况下,目前通常的处理方式有以下几种:

(1)参照合同约定执行。

工程的管理费属于合同约定的工程结算的一部分,根据《建设工程司法解释一》第2条的规定,建设工程施工合同无效,但是建设工程竣工验收合格,承包人请求参照合同约定支付工程价款的,应予支持。由此,法院认为涉案合同虽然无效,但是涉案工程竣工验收合格,双方在参照合同约定结算工程价款时,亦应当参照合同约定对属于工程价款的管理费进行结算。

(2)根据转包人、违法分包人以及被借用资质企业是否实际进行管理,由法院酌定。

管理费、挂靠费不宜一概认定为非法所得,要区分转包人、违法分包人以及被借用资质企业是否实际进行管理:

①如果未进行实际管理,则管理费全额由实际施工人享有,如最高人民法院(2014)民抗字第10号案件。

②如果进行了实际管理,酌情确定一定比例,将原约定的比例适当调低,如5%调整到2%。

(3)作为合同无效损失,按照过错分担。

《合同法》

第五十八条　合同无效或者被撤销后，因该合同取得的财产，应当予以返还；不能返还或者没有必要返还的，应当折价补偿。有过错的一方应当赔偿对方因此所受到的损失，双方都有过错的，应当各自承担相应的责任。

非法转包人和实际施工人对涉案承包协议的无效均有过错，根据过错责任原则，依据法院自由裁量权确定管理费数额。

(4)因合同无效，收取管理费的行为缺乏合同依据，但当事人自愿承担的管理费法院不予干涉。

笔者认为，如果转包人、违法分包人以及被借用资质企业实际进行了管理，则不应认定为违法所得。在此情况下，尽管合同无效，仍应参照合同约定进行结算支付。但是在明显发生利益失衡情况下，法院可以酌情调整。如果转包人、违法分包人以及被借用资质企业未实际进行管理，则管理费应当作为自然之债处理，即此时具有债权的保持力，而没有请求力和给付力，已经支付的无须归还，未支付的无须支付。类似于赌博之债以及借款合同之中超过24%而不足36%部分的利息。

结　语

关于实际施工人部分《建设工程司法解释二》较之《建设工程司法解释一》及《建设工程司法解释二》各版征求稿变化还是比较大的，但笔者对于建筑市场现状的把握以及加强对实际施工人的保护与《建设工程司法解释二》的整体思路是不谋而合的。

在《建设工程司法解释二》征求意见稿中，曾一度出现取消《建设工程司法解释一》第26条第2款的声音，鉴于此，笔者就实际施工人合法权利保护之立法进行了调研，于2017年形成调研报告，并向最高人民法院发出了我们的呼声。报告中提出了："建议最高院仍然按照《最高人民法院关于审理建设工程施工合同纠纷案件适用法律问题的解释》第二十六条等规定予以适用，在即将出台的《最高人民法院关于审理建设工程施工合同纠纷案件适用法律问题的解释(二)》中继续保护实际施工人的合法权利，并平衡建筑领域内各方的权利保护，以维护整个社会的和谐稳定。"从《建设工程司法解释二》正式稿中可以看出，最高人民法院不仅采纳了笔者关于继续保护实际施工人合法权利的观点，保留了《建设工程司法解释一》第26条的思路，甚至对此有所加强。

当然对于实际施工人保护的部分内容，笔者持保留态度，并对部分条款提出了完善的建议，希望最高人民法院在后续出台《建设工程司法解释三》时予以考虑：

1. 关于实际施工人的界定

(1)实际施工人所签订的承包合同必须是无效合同；换言之，合法有效的施工合同、分包合同的承包人不属于实际施工人；

(2)实际施工人是工程施工实际组织者，即实际投入资金、安排工人并采购相应的材料；由此，在层层转包情况下，中间环节的转包人或承包人均不能被认定为实际施工人；

(3)其从事的行为是施工行为，而不能是材料采购或一般的承揽行为。

2.《建设工程司法解释二》第24条的完善

实际施工人以发包人为被告主张权利时，应当符合下列条件：实际施工人有证据证明与其具有合同关系的缔约人丧失履约能力或者具有下落不明等情形，且实际施工人至总承包人之间的合同均无效。

3. 借用资质情况下的责任承担的完善

借用资质情况下，应当区分发包人是否明知而规定不同的法律后果。

(1)从合同关系上而言

发包人订立合同时明知的，发包人与实际施工人直接成立施工合同关系；

发包人订立合同时不明知的，发包人与出借资质的施工企业成立施工合同关系。

(2)发包人向出借资质的单位和实际施工人主张责任角度而言

发包人请求实际施工人和出借资质的建筑施工企业对其因借用资质而造成质量不合格等损失承担连带赔偿责任的，应予支持。

但发包人订立合同时明知实际施工人借用资质，出借资质的建筑施工企业以此为由主张减轻责任的，应予支持。

(3)实际施工人向出借资质的施工单位主张工程价款角度而言

无论发包人订立合同是否明知借用资质情况，实际施工人与出借资质的施工单位之间的合意内容是借用资质，而不是工程施工的承发包，因此，实际施工人向出借资质的施工单位主张工程价款的，不予支持，也即出借资质的施工单位不承担付款责任，但双方之间另有约定或施工单位已收取、未转付工程款的除外。

(4)实际施工人向发包人主张工程款角度而言

在发包人订立时明知情况下,发包人与实际施工人直接成立施工合同关系,所以,实际施工人当然可以直接向发包人主张工程价款。

专题三
工程造价结算与鉴定

本专题共涉及《建设工程司法解释二》五个条文，即第 12 条、第 13 条、第 14 条、第 15 条以及第 16 条，条文释义如下：

第十二条　当事人在诉讼前已经对建设工程价款结算达成协议，诉讼中一方当事人申请对工程造价进行鉴定的，人民法院不予准许。

【释义】

本条是对当事人已对建设工程价款结算达成协议的前提下，其中一方当事人能否再在诉讼中申请鉴定的规定。根据民事活动中的禁反言原则及诚实信用原则，当事人对其认可的事实不得随意否认。当事人对于工程结算已达成协议的，若又于诉讼中申请造价鉴定，即否定了先前对于结算标准的认可，违背了诚实信用原则，不应支持。

1. 前提条件

本条适用的前提条件是当事人在诉讼前对工程价款结算达成协议。但笔者认为，若当事人在诉讼前未就工程价款结算达成协议而在诉讼中达成协议的，仍可适用此条规定。

2. 法律依据

《民法总则》

第七条　民事主体从事民事活动，应当遵循诚信原则，秉持诚实，恪守承诺。

建设工程施工合同纠纷中，按照民法总则的规定，当事人应当遵循诚实信用原则及禁反言原则，对于当事人在诉讼前已通过协议形式确认的建设工程价款结算标准，其在诉讼中不得反悔，即对其鉴定申请，人民法院不予准许。

第十三条　当事人在诉讼前共同委托有关机构、人员对建设工程造价出具咨询意见，诉讼中一方当事人不认可该咨询意见申请鉴定的，人民法院应予准许，但双方当事人明确表示受该咨询意见约束的除外。

【释义】

本条是关于当事人已共同委托第三方出具造价咨询意见的前提下，其中一方当事人能否再在诉讼中申请鉴定的规定。因当事人对于第三方审价机构或专业人员的共同委托并不当然代表其对于该审价机构或个人所出具的造价咨询意见的认可，故其在诉讼中有权以不认可该咨询意见为由申请造价鉴定。

1. 前提条件

本条适用的前提条件是当事人已共同委托第三方就工程造价出具咨询意见，且其中一方当事人不认可该咨询意见的，但双方当事人明确表示认可该咨询意见的除外。

2. 适用范围

本条适用的范围限于当事人对工程造价问题共同委托第三方出具咨询意见，不适用于当事人对除工程造价外其他工程专门性问题如质量问题的共同委托。

3. 启动鉴定的程序

在诉讼中，当事人申请鉴定，且符合前款所列前提条件的，法院应当启动鉴定。

4.《建设工程司法解释二》第12条、第13条争议问题

(1)就《建设工程司法解释二》第12条，若当事人达成的结算协议不以委托审价为基础的，则无争议；若当事人达成的结算协议的内容即为当事人共同委托或一方当事人委托审价单位进行审价的，或在第三方审价机构(包括个人)出具的审价报告中签字认可的，但审价机构(包括个人，个人必然无造价咨询资质，下同)无资质，则在此种情况下当事人又于诉讼中申请鉴定的，人民法院是否准许，存在争议。笔者认为，对于当事人委托的审价单位不具备相应造价咨询资质的，且咨询意见中确有重大错误的(如有重大漏项、套用定额错误等)，则应认为此时当事人双方达成合意的基础存在重大瑕疵，此种情况下若一方当事人反悔原先对于该咨询意见的认可(签字或盖章)而在诉讼中申请鉴定的，人民法院应予准许。

(2)就《建设工程司法解释二》第13条，对于当事人共同委托的具有相应造

价咨询资质的审价机构所出具的造价咨询意见，当然地应当适用本条司法解释，但对于不具备相应造价咨询资质的审价机构所出具的咨询意见，当事人共同认可（签字或盖章），是否仍能适用本条司法解释，存在争议。笔者认为，当事人共同委托的第三方审价机构（包括个人）应具有相应的造价咨询资质，否则，根据《工程造价咨询企业管理办法》第38条的规定，其出具的咨询意见无效，且双方合意的基础为双方均相信该审价机构具有相应造价资质，否则，合意的基础不存在，合意无效。故此种情况下即使双方当事人明确表示受该咨询意见约束，该咨询意见仍不能作为工程价款结算的依据。

第十四条第一款　当事人对工程造价、质量、修复费用等专门性问题有争议，人民法院认为需要鉴定的，应当向负有举证责任的当事人释明。当事人经释明未申请鉴定，虽申请鉴定但未支付鉴定费用或者拒不提供相关材料的，应当承担举证不能的法律后果。

【释义】

本款是关于法院对于司法鉴定的释明义务及因负有举证责任的当事人自身原因未能启动鉴定的相关法律后果的规定。对于负有举证责任的当事人，当该当事人未提出鉴定申请时，人民法院有释明义务，即人民法院应对负有举证责任的当事人释明其不申请司法鉴定的法律后果，当事人经法院释明仍不申请鉴定或拒付鉴定费用或拒不提供鉴定材料的，承担举证不能的法律后果。

1. 前提条件

本款适用的前提条件是当事人对于工程造价、质量、修复费用等问题存在争议。

2. 实质条件

负有举证责任的当事人未申请鉴定的，人民法院有义务对该当事人进行释明。经法院释明后仍不申请鉴定或拒不支付鉴定费用或拒不提供鉴定材料的，应承担举证不能的法律后果。

3. 法律依据

《最高人民法院关于民事诉讼证据的若干规定》

第三条　人民法院应当向当事人说明举证的要求及法律后果，促使当事人在合理期限内积极、全面、正确、诚实地完成举证。

《最高人民法院关于适用〈中华人民共和国民事诉讼法〉的解释》

第九十条第二款　在作出判决前，当事人未能提供证据或者证据不足以证明其事实主张的，由负有举证证明责任的当事人承担不利的后果。

第十四条第二款 一审诉讼中负有举证责任的当事人未申请鉴定，虽申请鉴定但未支付鉴定费用或者拒不提供相关材料，二审诉讼中申请鉴定，人民法院认为确有必要的，应当依照民事诉讼法第一百七十条第一款第三项的规定处理。

【释义】

本款是关于在一审中未启动鉴定，二审中当事人申请鉴定的情形下，法院处理方式的规定。对于需要通过司法鉴定查明案件事实的建设工程合同纠纷，无论因何种原因导致一审中未能进行鉴定的，当事人在二审中申请鉴定，且人民法院认为确有必须查明的事实的，应当发回重审或在查清事实后改判。双方当事人同意在二审启动鉴定的，可直接于二审程序中启动鉴定，否则，应发回重审。

1. 前提条件

本款适用的前提条件是一审中未启动鉴定，二审中当事人申请鉴定。

2. 实质条件

二审认为案件争议焦点相关的事实需要通过鉴定查明，一审中未启动鉴定的，二审中当事人申请鉴定的，法院的处理方式为：(1)双方当事人均同意在二审中启动鉴定的，可在二审程序中直接启动鉴定；(2)一方当事人不同意的，应发回重审。

3. 法律依据

《民事诉讼法》

第一百七十条第一款 第二审人民法院对上诉案件，经过审理，按照下列情形，分别处理：

(三)原判决认定基本事实不清的，裁定撤销原判决，发回原审人民法院重审，或者查清事实后改判。

根据民事诉讼法的规定，对于需要通过司法鉴定确定案件事实的，即使因当事人原因未能启动鉴定，人民法院仍负有依职权委托鉴定的义务。故，对于需要通过司法鉴定查明案件事实的建设工程合同纠纷，即使在一审中因负有举证责任一方当事人的原因而未能启动司法鉴定的，若其在二审中申请鉴定的，因人民法院负有查明案件事实之义务，故仍应发回重审或在查明事实后改判。

4. 举证责任分配规则的演变

关于举证责任的分配及法院是否负有委托鉴定的义务，经历了自1991年4月9日公布的《民事诉讼法》第64条、第72条所规定的"当事人承担举证责任，但最终法院有依职权委托鉴定的义务"到《最高人民法院关于民事诉讼证据的若干规定》第25条第2款"当事人承担举证责任，法院不承担举证责任"再到现行《民事诉讼法》第76条所规定"法院可依职权委托鉴定"的发展过程，对此笔者将在下文中详细阐述。

第十五条　人民法院准许当事人的鉴定申请后，应当根据当事人申请及查明案件事实的需要，确定委托鉴定的事项、范围、鉴定期限等，并组织双方当事人对争议的鉴定材料进行质证。

【释义】

本条是关于启动司法鉴定后，人民法院在鉴定委托中需明确的内容及组织双方当事人对争议的鉴定材料质证的规定。人民法院在其出具给司法鉴定机构的鉴定委托书中，应当明确鉴定事项、鉴定范围、鉴定期限等，其中，鉴定事项包括工程造价、工期、工程质量是否合格等，鉴定范围即为涉案工程中当事人有争议部分，鉴定期限为鉴定机构应当完成鉴定工作的合理期限。且有鉴于建设工程司法鉴定专业性较强、鉴定材料较多的特殊性，为加快诉讼进度，节约司法资源，人民法院可组织当事人仅就有争议部分的鉴定材料进行质证。此条款未明确人民法院应在鉴定意见出具前或出具后组织双方当事人对鉴定材料进行质证。

本条规定既有利于防止司法鉴定单位以鉴代审，也有利于提高鉴定效率。

1. 前提条件

本条适用的前提条件是启动司法鉴定且双方当事人对工程造价、工期、质量问题有争议的。

2. 实质条件

(1)人民法院应根据当事人申请及查明事实的需要在委托鉴定时明确鉴定事项、鉴定范围、鉴定期限，因此，作为当事人提出鉴定申请时，也应当尽量明确鉴定事项和鉴定范围。

(2)人民法院应仅对有争议的鉴定材料组织质证，对当事人无争议的鉴定材料无须组织质证，这也是与对证据质证范围的区别所在。

第十六条 人民法院应当组织当事人对鉴定意见进行质证。鉴定人将当事人有争议且未经质证的材料作为鉴定依据的，人民法院应当组织当事人就该部分材料进行质证。经质证认为不能作为鉴定依据的，根据该材料作出的鉴定意见不得作为认定案件事实的依据。

【释义】

本条是关于鉴定意见出具后，对于有争议且未经质证的鉴定材料及相应鉴定意见如何处理的规定。对于当事人有争议的鉴定材料，未经质证不得作为鉴定依据，鉴定人以未经质证的有争议的鉴定材料作为鉴定依据的，人民法院应当组织质证，否则相应鉴定意见不得用于认定案件事实。

1. 前提条件

本条适用的前提条件是有争议的事项，对争议事项相关的鉴定材料未经质证。鉴定人将有争议且未经质证的材料作为鉴定依据并出具鉴定意见。

2. 实质条件

有争议的且未经质证的鉴定材料，经质证后被法院认为不得作为鉴定依据的，则根据该材料作出的鉴定意见不得作为认定案件事实的依据。

一、工程造价鉴定

（一）工程造价司法鉴定的概念

工程造价司法鉴定是工程造价和司法鉴定两个不同专业用语的组合，工程造价是建筑专业术语，广义上是指进行某项工程建设所花费的全部费用，狭义上多指单项工程造价。司法鉴定是法律术语，有立法上的定义，根据全国人民代表大会常务委员会《关于司法鉴定管理问题的决定》第 1 条的规定："司法鉴定是指在诉讼活动中鉴定人运用科学技术或者专门知识对诉讼涉及的专门性问题进行鉴别和判断并提供鉴定意见的活动。"该定义涵盖了所有专业技术可能需要的鉴定，工程造价司法鉴定是随着社会建筑工程经济纠纷的发生，应审判需要产生的一项造价专业技术鉴定，是司法鉴定的一种。因此，结合司法鉴定的立法定义，工程造价司法鉴定指的是在诉讼活动中，当事人对工程造价发生争议时，法院或者仲裁机构按照法定程序启动，由法院或者仲裁机构指定的或者当事人协商一致确定的鉴定机构委派的工程造价司法鉴定人，运用工程造价专业知识对诉讼涉及的工程造价问题进行鉴别和判断并提供鉴定意见的活动。工程造价司法鉴定包括以下几层含义：

(1)工程造价司法鉴定是在诉讼中进行的。由于建设工程施工合同纠纷系民事案件,故其多出现在民事诉讼活动中。在实践中,只有在诉讼活动尤其是审判活动中,对涉案工程价款进行的鉴别、判断、计算的活动,才属于法律意义上的工程造价司法鉴定。

(2)根据全国人民代表大会常务委员会《关于司法鉴定管理问题的决定》及《建设工程司法鉴定程序规范》第3.2条的条文说明,"司法鉴定的实施主体为司法鉴定人"。同时,《建设工程司法鉴定程序规范》第4.1.1条又规定:"建设工程司法鉴定应由司法鉴定机构统一受理委托。"即在司法鉴定程序中,应由人民法院委托鉴定机构,再由鉴定机构指定特定的司法鉴定人实施鉴定。

(3)工程造价司法鉴定的目的是解决诉讼中争议的工程价款问题。由于工程建设本身的复杂性、专业性,工程造价是一门技术性很强的问题,不是审判人员凭直觉、直观或者逻辑推理就可以作出肯定或否定判断的问题。它必须由具备专业资质、有执业资格的鉴定人依法运用专业知识、资料、方法对所涉问题进行鉴别、判断才能得出正确的鉴定意见。

(4)工程造价司法鉴定的方法是根据建设工程施工合同的约定、通用或专用条款的规定,采用工程造价专业的计价方法进行工程量、价、费用的计算形成总的工程价款,给审判提供客观公正的证据。

(二)工程造价司法鉴定意见的定性

1. 鉴定意见的含义

所谓鉴定意见,是指在诉讼过程中,对于案件中的专门性问题,按照诉讼法的规定,经诉讼当事人申请、裁判机关决定或裁判机关主动决定,指聘用具有专门知识的鉴定人,运用科学技术方法,对专门性问题作出的科学判断结论,是法定证据之一。

2. 鉴定意见属于书证

鉴定意见尽管在法律上属于法定的独立证据种类,但其总体上具有书证的属性。从证据表现形式上看,鉴定意见通常表现为鉴定人制作并提交的书面意见,这与书证所具有的书面载体性质一致;鉴定意见不是以其外观、形状、颜色等物理属性发挥证明作用,而是以其所记载的内容和思想来证明案件事实,这也符合书证的特征。且与证人证言不同,证人作为案件的参与者,其证言往往有其主观性,而鉴定人在出具鉴定意见时,对其案件事实并不知情,而是仅依据其专业知识,以中立的第三方立场出具鉴定意见。

二、造价鉴定的内容

(一)启动造价鉴定的前提条件

启动建设工程造价鉴定,需要具备以下三个前提条件:

(1)不属于《建设工程司法解释一》第22条规定的情形,即固定价格合同;

(2)未在诉讼中确认工程价款的结算以送审价为准;

(3)在起诉前,双方未共同委托鉴定。

除了上述三种前提条件之外,应当注意到以下的例外情况:虽未满足前述任一种前提条件,但在诉讼过程中,双方当事人均同意采用司法鉴定方式确定工程造价。

(二)按固定价结算

1. 对《建设工程司法解释一》第22条的理解

《建设工程司法解释一》

第二十二条 当事人约定按照固定价结算工程价款,一方当事人请求对建设工程造价进行鉴定的,不予支持。

(1)前提条件

适用本条的前提条件是当事人双方必须对工程价款按照固定价结算有约定,若当事人对工程价款按照固定价结算无约定的,则不适用本条。

(2)形式

根据《建筑工程施工发包与承包计价管理办法》(建设部第107号令)第12条第1款的规定,该条司法解释中的"固定价"即指合同总价或者单价在合同约定的风险范围内不可调整,故可分为两种形式,即总价固定和单价固定。

2. 固定价的概念

固定价在建设工程施工合同中可以分为两种方式:

(1)固定总价,又可分为绝对闭口价(即一口价)及相对闭口价。所谓固定总价合同,是指在合同中确定一个完成项目的总价,建筑商据此完成项目全部内容的合同。固定总价合同的关键在于其用于确定工程量的参照物,即项目招投标时提供的图纸或清单,其中绝大多数合同均为相对闭口价合同,工程量以招投标时的图纸或签订合同时的图纸为参照物,在合同履行过程中,当图纸变更时,工程量应按合同约定调整。因建设工程施工合同普遍存在工期长、合同标的额高的特殊性，且在长期的施工过程中几乎无可避免地会出现设计变更，导致最终竣工图纸与施工图纸不一致。故极少有项目采用工程单价及工程量均不可调整的绝对闭口价合同。

(2)固定单价，即单价闭口或半闭口合同。所谓固定单价合同，是指建筑商在投标时，按投标文件就分部分项工程所列出的工程量表确定各分部分项工程费用的合同类型，这类合同单价一般不可调(但往往会在合同中约定，价格上涨超过一定比例时可以调整)，但在报价时工程量是暂估的，即工程量可以根据实际施工量予以调整的。

(三)以送审价为准

1.“以送审价为准”的概念

《建设工程司法解释一》

第二十条 当事人约定，发包人收到竣工结算文件后，在约定期限内不予答复，视为认可竣工结算文件的，按照约定处理。承包人请求按照竣工结算文件结算工程价款的，应予支持。

“以送审价为准”是关于建设工程的工程价款逾期不结算的后果的规定，是关于建设领域中承发包双方结算工程款程序的特殊规定，即在双方有约定的情况下，发包人逾期不答复的，工程造价的结算以建筑商送交发包人的结算书的造价为准。

2. 以送审价为准的法理基础

对于“以送审价为准”，学界存在四种理论观点，分述如下：

一是惩罚说。惩罚说认为，发包人逾期未对送审价答复，其主观存在过错，因此以建筑商的送审价为准是对发包人的一种民事惩罚。我国民事法律中存在一些民事惩罚的条款。如《消费者权益保护法》第 49 条、《最高人民法院关于审理商品房买卖合同纠纷案件适用法律若干问题的解释》第 14 条。

二是违约说。该学说认为，承发包双方在合同中有关于发包人需及时答复建筑商送审价的约定，发包人逾期不予答复是一种违约行为，应承担相应的违约责任。

三是默示说。持该种观点的学者认为，在建筑行业的施工合同中存在许多默认条款，一方当事人对于对方当事人送交的报告，逾期不予回复的，视为认可。这一行业惯例是由建筑施工行业争分夺秒、惜时如金的行业特点决定的。因此，发包人对于建筑商的送审价逾期不予答复的，应视为认可。

四是时效说。其认为发包人对承包人的送审价逾期未予答复的，即丧失了对工程造价的胜诉权或者丧失了决定工程造价的实体权利。

笔者认为，以上观点虽各有一定的道理，但都有失偏颇。在施工合同有送审价条款约定的情形下，发包人对建筑商提交的送审结算文件逾期不予答复，则以建筑商送审价为准的规定，这是建设工程领域中结算工程价款的特殊规定，是一种独立的程序规定，而且是关于权利期限的规定。

这种对期限的规定不关乎权利内容存续或消灭的问题，因此，关于法律行为内容的约定对其都不发生效力，故，对这种情形不适用《民法通则》第58条和《合同法》第52条关于合同无效或可撤销的规定，也不适用《合同法》第114条关于可以调整违约金约定过高或者过低的规定。

所以，在施工合同有送审价条款约定的情形下，发包人在约定期限内不予答复建筑商送审结算文件的，就丧失了重新审价或在诉讼过程中申请审价的程序权利，而只能以建筑商提供的竣工结算文件为准认定系争工程的造价。

对此，《最高人民法院建筑工程施工合同司法解释的理解与适用》一书中是这样解释的：本条解释中予以明确的是建设工程施工合同中的合同责任，而不是新增加的责任。本条解释是涉及逾期不结算的法律后果，因出现了合同中规定的情形，导致结算报告作为工程款结算的依据。在建设部制定的建设工程施工合同格式文本中，有专门条款规定了逾期不结算的法律后果，只要出现了合同中规定的发包人逾期不答复或者不支付工程价款的情形，结算依据就随之产生。实践中，双方当事人发生争议的工程款结算争执点基本上都集中在结算依据的确定上。需要注意的是，当事人在合同中选择了这种方式作为确定工程款的结算依据，是当事人意思自治的体现，不是外在的因素和力量加给双方当事人的。本条规定只是通过司法解释的形式将当事人的意思表示予以明确下来。①

3.历史沿革

建设部1996年颁布的《建筑装饰工程施工合同》（示范文本）（GF－96－0206）第6.3条规定："工程竣工验收后，乙方提出工程结算并将有关资料送交甲方。甲方自接到上述资料____天内审查完毕，到期未提出异议，视为同意……"

建设部的上述示范文本，对从事装饰工程的建筑商来讲是十分有利的，遗憾的是，它只适用于装饰工程，而建筑商在签订建设工程施工合同时，如果在专用条款

① 最高人民法院民事审判第一庭编著：《最高人民法院建设工程施工合同司法解释的理解与适用》，人民法院出版社2015年版，第148页。

中关于工程款结算方面也能采用上述表述,那么在工程结算时就牢牢地掌握了主动权。

建设部在总结《装饰工程示范文本》和各地建筑行政主管部门在工程结算方面的成功经验的基础之上,结合国际惯例,及时适应工程量清单报价的新情况,制定并发布了建设部第107号令,即《建筑工程施工发包与承包计价管理办法》。该办法第16条第1款第2项非常明确地规定:“发包方应当在收到竣工结算文件后的约定期限内予以答复。逾期未答复的,竣工结算文件视为已被认可。”且该办法第16条第2款又规定:“发承包双方在合同中对上述事项的期限没有明确约定的,可认定其约定期限均为28日。”也就是说,除双方另有约定外,发包人如果在收到竣工结算文件后的28日内没有答复,建筑商所提交的结算报告就应当作为发包人支付工程款的依据。

2004年10月20日,财政部、建设部联合下发《建设工程价款结算暂行办法》(财建〔2004〕369号),第16条第1款规定:“发包人收到竣工结算报告及完整的结算资料后,在本办法规定或合同约定期限内,对结算报告及资料没有提出意见,则视同认可。”

可见,建设行政主管部门对于承发包双方在工程造价结算中,发包人逾期不答复的,以送审价为准的态度是明确的。

案例3-1

原告:上海××建筑安装工程有限公司(以下简称上海××公司)

被告:江苏××城市建设有限公司(以下简称江苏××公司)

2013年10月,上海××公司与江苏××公司签订《××工程承包合同》,合同对于工程承包范围、工期、工程进度款的支付方式、工程款逾期支付、竣工结算等问题作出了约定。工程于2014年6月22日开工,2016年5月30日竣工验收合格。施工期间,江苏××公司未按合同约定时间及金额支付工程进度款。2016年8月13日,上海××公司提交了竣工结算申请书及完整的工程竣工结算资料,送审结算价为260,517,048.2元。2016年11月,上海××公司起诉主张工程款,此时江苏××公司仍未委托审价。

原告观点:

按照《承包合同》第14.1条的约定:“发包人在收到承包人提交的竣工结算

申请后60天内未完成审核且未提出异议的，视为发包人认可承包人提交的竣工结算申请”，江苏××公司未在合同约定时间内完成竣工结算审核，应视为江苏××公司已确认同意按上海××公司提交的竣工结算价为依据进行竣工付款。

被告观点：

被告于2016年12月委托第三方审计机构对系争工程造价进行审价，后双方于2017年3月进行对账，应视为变更了关于送审价的约定。

法院观点：

原被告双方于2013年10月签订的《承包合同》是双方当事人的真实意思表示，合法有效，对双方当事人均具有法律约束力，双方当事人均应按《承包合同》约定的事项全面履行各自的义务。原告已经及时将工程决算书及相关资料送交被告，而被告却未按《承包合同》的约定及时完成审价，则工程造价应当以原告提交的决算价为准；被告未按《承包合同》的约定及时向原告支付工程款，已构成违约，对此应当承担违约责任。

4. 实务操作①

在工程实际的合同管理中，建筑商想要通过适用“以送审价为准”维护自身合法权益，需同时满足以下六个条件：(1)建筑商应当与发包人有完整的书面约定；(2)建设工程施工合同对审价期限(时间)必须有明确规定；(3)送审资料(竣工结算文件)必须齐全；(4)送审资料必须有发包人的签收；(5)签收单上要能够反映出总造价，或在签收簿上写明总造价；(6)审价期限届满后，建筑商应立即向发包人发出工程造价以送审价为准的函件。

(四)诉讼前委托鉴定

1. 争议一：对于诉前共同委托的造价咨询机构出具的咨询意见，当事人是否可申请重新鉴定？

(1)《建设工程司法解释二》规定的发展

《建设工程司法解释二》(征求意见稿)第一稿：

当事人在提起诉讼前，共同委托的鉴定单位已经对建设工程造价出具鉴定意

① 关于“以送审价为准”的具体实务操作要点在林镥海主编的《〈建设工程施工合同司法解释〉操作指南：建筑商之孙子兵法》一书的第20~26页中有详细论述，此处不再赘述。

见,诉讼中一方当事人申请重新鉴定的,不予支持。但当事人有证据证明鉴定意见具有《最高人民法院关于民事诉讼证据的若干规定》第二十七条第一款规定情形,且不能通过该条第二款规定方法解决的除外。

《建设工程司法解释二》(征求意见稿)第二稿:

当事人在提起诉讼前,共同委托的鉴定单位已经对建设工程造价出具鉴定意见,诉讼中一方当事人申请重新鉴定的,不予支持。但当事人有证据证明鉴定意见具有《最高人民法院关于民事诉讼证据的若干规定》第二十七条第一款规定情形,且不能通过该条第二款规定方法解决的除外。

《建设工程司法解释二》(征求意见稿)第三稿:

当事人在提起诉讼前,共同委托的鉴定人已经对建设工程造价出具鉴定意见,诉讼中一方当事人申请重新鉴定的,不予准许。但当事人有证据证明鉴定意见具有《最高人民法院关于民事诉讼证据的若干规定》第二十七条第一款规定情形,且不能通过该条第二款规定方法解决的除外。

《建设工程司法解释二》(征求意见稿)第四稿:

当事人在诉讼前共同委托有关机构、人员对建设工程造价出具意见,诉讼中一方当事人不认可该意见申请鉴定的,人民法院应予准许,但双方当事人明确表明受该咨询意见约束的除外。

《建设工程司法解释二》送审稿:

当事人在诉讼前共同委托有关机构、人员对建设工程造价出具咨询意见,诉讼中一方当事人不认可该咨询意见申请鉴定的,人民法院应予准许,但双方当事人明确表示受该咨询意见约束的除外。

《建设工程司法解释二》:

当事人在诉讼前共同委托有关机构、人员对建设工程造价出具咨询意见,诉讼中一方当事人不认可该咨询意见申请鉴定的,人民法院应予准许,但双方当事人明确表示受该咨询意见约束的除外。

从上述条文演变可以看出,征求意见稿前三稿观点是,承认诉前双方共同委托的鉴定意见对当事人的效力,原则上不允许再提起鉴定,除非存在可以排除鉴定效力的法定情形。但自征求意见稿第四稿开始,观点发生重大变化,即认为诉前双方共同委托的咨询意见对当事人并不当然发生法律效力,除非当事人明确受该意见约束。同时,自第四稿开始,将“鉴定人”修改为“有关机构、人员”,将“鉴定意见”修改为“咨询意见”。

(2)各地高级人民法院指导意见

《江苏省高级人民法院关于审理建设工程施工合同纠纷案件若干问题的意见》

第十七条　当事人诉前已经共同选定具有相应资质的鉴定机构对建设工程作出了鉴定结论,诉讼中一方当事人要求重新鉴定的,人民法院不予支持,但有证据证明鉴定结论具有《最高人民法院关于民事诉讼证据的若干规定》第二十七条第一款规定的情形除外。

《广东省高级人民法院关于审理建设工程施工合同纠纷案件若干问题的指导意见》

六、当事人于诉前或者诉讼中共同选定具有相应资质的鉴定机构对建设工程进行造价鉴定并出具了鉴定意见,一方当事人要求重新进行鉴定的,不予支持,但有证据证明该鉴定意见具有最高人民法院《关于民事诉讼证据的若干规定》第二十七条第一款规定的情形除外。

《建设工程司法解释二》第13条已经明确:诉前双方共同委托的咨询意见对当事人并不当然发生法律效力,除非当事人明确受该意见约束。

如前所述,《建设工程司法解释二》(征求意见稿)前三稿的观点与正式通过稿的观点不同,前三稿是认为对于当事人双方在诉前共同委托所出具的咨询意见,在不具备《民诉证据规定》第27条第1款所规定的情形时,不应进行重新鉴定,双方当事人诉前共同委托的咨询意见可以直接作为工程价款结算的依据。

因此,两种观点的分歧焦点实际上在于对双方当事人共同委托的行为的性质认定:

前三稿观点的实质是:认为"共同委托行为"实际上已形成了认可咨询机构或个人出具咨询意见的意思表示,即此种委托是概括性授权,包括选择机构和个人,并且同意受其出具的咨询意见约束。故在咨询意见出具后,如果再行委托鉴定就否定了之前双方共同委托咨询的一致意见表示;并且,在进入诉讼程序后,一方当事人申请重新鉴定,也有违诚实信用原则。所以,在双方当事人诉前共同委托已出具咨询意见的情形下,法院不应再重新鉴定,该咨询意见可以直接作为工程价款结算的依据。

正式稿的观点实质是:"共同委托行为"仅仅是认可委托咨询机构或个人,但并未认可咨询机构或个人将要出具的咨询意见本身;对于咨询意见,必须有单独的受约束的意思表示,如在审价咨询意见或造价审定单上签字盖章。

笔者认为,建设工程专门性争议问题中,造价问题与质量问题不同,具有一定的特殊性。造价咨询意见,咨询机构或个人出具初稿后需要征求双方意见,并根据双方意见出具调整稿直至正式稿并最终得到双方认可。因此,在咨询意见未得到双方明确认可情况下,不宜直接认定对双方有约束力,故应当允许有异议一方在诉讼中提起鉴定。但是,对于质量等其他专门性问题,专业机构是对该质量问题是否存在而作出的独立判断,是有无问题,而不是多少问题,故笔者认为,质量问题如双方同时人诉前共同委托专业有资质机构进行鉴定的,对双方当事人有法律约束力,当事人无权在诉讼中提起鉴定。

2. 争议二:诉前委托鉴定的审价单位无相应资质的,但双方当事人对审价结果认可的,其审价结果是否可作为工程价款结算的依据?

案例3-2

黑龙江××建筑工程有限公司与哈尔滨市××医院建设工程施工合同纠纷案[(2015)民一终字第94号]

案情简介:

原告:黑龙江××建筑工程有限公司(以下简称××公司)

被告:哈尔滨市××医院(以下简称××医院)

2010年10月11日,××医院对案涉工程进行招标。2010年10月14日,××医院通知××公司中标。2010年10月28日,××医院与××公司签订《建设工程施工合同》。2011年10月1日工程竣工。2012年8月10日投入使用。

2010年8月25日,××医院作为甲方与共赢公司作为乙方,签订《建设工程竣工结(决)算审计合同》。2013年3月25日,共赢公司依据××医院的委托对案涉工程造价进行审核,出具《审核报告》,确认审核后工程结算金额为329,825,640.37元。××医院、××公司及共赢公司在该《审核报告》上加签公章。

法院观点:

关于共赢公司超越资质范围出具审核报告的效力问题。工程造价的委托审价应当区分为公权力机关依职权进行的委托和民事主体自主进行的委托。前者必须委托具有相应资质的造价机构;对后者而言,遵循"法无禁止即可为"的原则,当事人有权委托其认为具备造价专业知识的任何主体。进言之,如果当事人认为自身即具备相当专业能力,经双方协商一致,完全可以自行确定价格。

由于工程结算审计的目的是确定工程结算价格,而价格的高低仅仅是不同当事人之间的利益调整,并不涉及建设工程质量安全等公共利益,因此,共赢公司虽然超越有关行政规章限定的乙级资质承揽工程造价的业务范围,但由于该公司出具的《审核报告》源于××医院自行委托且又经过该院和××公司共同签章确认,应当视为双方当事人对工程款的结算价格已经协商一致,亦应当将该报告核定金额作为工程款结算的依据。××医院在双方产生争议后,又以共赢公司超越资质为由要求否定《审核报告》的效力,违背诚实信用原则,不予支持。

案例3-3

原告:××建设集团股份有限公司(以下简称××建设公司)

被告:浙江××置业有限公司(以下简称××置业公司)

2006年1月,××建设公司中标承建××置业公司发包的一项工程,双方签订建设工程施工合同,对承包范围、工程暂定价等事宜作出约定,且约定原告提交结算资料后被告应在30天内提出审核意见。

2006年5月28日,××建设公司正式进场施工;2008年12月15日,本工程通过竣工验收。其后,本工程进入结算阶段,××建设公司向××置业公司提交的结算报告总造价为38,813万元。被告将本工程分割为多部分,分别委托5家审价单位进行审价,其中1家审价单位无资质,其余4家审价单位均为乙级资质,但其负责审价的工程送审价均超过5000万元。根据5家审价单位最终出具的审价成果文件,本工程的最终结算造价为30,461万元,且该5家单位的审价成果文件均经原被告双方盖章确认。

结算完成后,××建设公司认为本工程结算造价过低,与××置业公司协商不成,诉至法院。

本案最大的争议焦点在于无审价资质或超越资质等级的审价单位出具的审价成果文件,经双方当事人盖章确认后是否有效?

被告观点:

被告认为,5家审价单位出具的审价成果文件具有法律效力,双方当事人应当遵守执行。主要理由如下:

第一,即使5家审价单位存在无资质或超越资质审价,其审价成果文件已经过双方当事人盖章确认,该确认行为未违反法律的强制性规定,根据民法意思自治原则,该审价成果文件对双方具有约束力;

第二,《工程造价咨询企业管理办法》是部门规章,其内容不构成据以确认合同无效的法律强制性规定;

第三,工程结算造价已经审定,并经双方当事人盖章确认,对双方具有法律效力,故应以双方盖章确认的审价成果文件为唯一结算依据。

原告观点:

原告认为,本案中《工程造价审定单》等并不是双方关于本工程最终结算的合同,仅是审价成果文件,而该审价成果文件由于违反了《工程造价咨询企业管理办法》的规定,故该审价成果文件应属无效。主要理由如下:

(1)本案中《工程造价审定单》等并不是双方关于本工程最终结算的合同,仅是审价成果文件。

首先,《工程造价审定单》由原告、被告、被告委托的审价单位三方盖章,且是审价单位出具的审价报告中的一部分,故不构成单独的结算协议,仍属于审价成果文件。

其次,审价成果文件本身需要发包人和承包人盖章。《建设工程价款结算办法》第18条规定,工程造价咨询机构接受发包人或承包人委托,编审工程竣工结算,应按合同约定和实际履约事项认真办理,出具的竣工结算报告经发、承包双方签字生效。

最后,双方在审价成果文件之外仍协商达成商品砼补差事宜,可见,审价成果文件并非对工程最终结算合同。

(2)该审价成果文件由于违反了《工程造价咨询企业管理办法》的规定,故该审价成果文件应属无效。

《工程造价咨询企业管理办法》(建设部令第149号)(以下简称《管理办法》)第19条规定,乙级工程造价咨询企业可以从事工程造价5000万元人民币以下的各类建设项目的工程造价咨询业务。第38条规定,未取得工程造价咨询企业资质从事工程造价咨询活动或者超越资质等级承接工程造价咨询业务的,出具的工程造价成果文件无效。

本案中,原被告之间仅有一个施工合同、一个工程,且造价达3亿多元,按照上述规定应当而且只能由一家具有甲级资质的审价单位审价,现被告违法肢解,且审价单位不具有甲级资质,故该审价成果文件无效。

而且即使退一步而言,由于各家审价单位独立审价部分送审价均超过5000万元,故该5家审价单位就其独立审价部分也不具有相应的资质。

法院裁判结果：

法院认为，系争工程为被告整体发包给原告，被告将系争工程分别交由5家审价单位出具审价成果文件显属规避审价资质，而依照《行政许可法》第39条的法律精神和《建设部工程造价咨询企业管理办法》第19条及第38条规定，认定5家审价单位出具的审价成果文件应确认为无效，不能作为本案定案证据，被告及审价单位应对该法律后果各自承担相应法律责任，而原告未尽谨慎义务审查审价单位资质即加以盖章，也应承担一定法律责任。

笔者认为，如果诉前委托的造价咨询机构无造价鉴定资质的，即使当事人双方对其出具的咨询意见予以认可的，其咨询意见仍不能作为工程价款结算的依据。《工程造价咨询企业管理办法》第38条已明确规定，不具备相应造价资质而承接工程造价咨询的，出具的工程造价成果文件无效。诉前委托审价也应适用该条款。

3. 争议三：无司法鉴定资质但有造价鉴定资质的鉴定机构出具的鉴定报告的效力？

案例3－4

原告：××建设集团股份有限公司（以下简称××建设公司）

被告：上海××企业发展有限公司（以下简称上海××公司）

案情简介：

××建设公司与上海××公司先后分别于2014年2月16日签订《施工总承包合同签约书》，后双方又签订《施工总承包合同补充协议》，约定由××建设公司承建上海××公司发包的名门世家四期Ⅱ标段工程。××建设公司进场施工，工程于2016年11月20日竣工验收合格，并于2016年12月31日交付上海××公司。后上海××公司拖欠工程款，××建设公司诉至法院。一审法院委托造价鉴定机构建行造价中心对系争工程进行造价鉴定，法院依据建行造价中心出具的鉴定报告认定系争工程造价为108,920,456元。××建设公司不服，提起上诉。

原告观点：

根据全国人民代表大会常务委员会《关于司法鉴定管理问题的决定》的规定，建行造价中心不具备司法鉴定机构资格；原司法鉴定人之一的石××不具备司法鉴定人员资格,应对本案系争工程造价重新进行鉴定。

被告观点:

工程造价类鉴定不适用《关于司法鉴定管理问题的决定》,上诉人对建行造价中心和鉴定人石××的资格提出的异议没有法律依据。

法院观点:

最高人民法院法函〔2006〕68号《关于如何认定工程造价从业人员是否同时在两个单位执业问题的答复》中规定,“根据全国人大常委会《关于司法鉴定管理问题的决定》第2条规定,工程造价咨询单位不属于实行司法鉴定登记管理制度的范围”“工程造价咨询单位和造价工程师的审批、注册管理由建设行政部门负责”。据此,建行造价中心接受上海市高级人民法院委托对系争工程造价进行司法鉴定并未违反法律规定,上诉人对建行造价中心资格的异议不能成立。对石××鉴定人资格的问题,法院认为,石××具有中华人民共和国注册造价工程师资质,建行造价中心出具的审价报告除有石××盖章外,另一注册于建行造价中心的造价工程师徐×作为项目负责人亦在审价报告上盖章,同时建行造价中心在审价报告上加盖了公章。根据建设部颁发的《注册造价工程师管理办法》第34条的规定,未经注册而以注册造价工程师的名义从事工程造价活动的,所签署的工程造价成果文件无效。石××注册于上海市建设工程招标咨询公司,同时作为项目成员之一参加建行造价中心对本案系争工程的司法审价,程序上略有瑕疵,但尚不存在相关法律规定的导致工程造价成果文件无效的法定事由。

笔者认为,对于具有相应造价鉴定资质,但无司法鉴定资质的鉴定机构所出具的鉴定意见,可以作为工程价款结算的依据。最高人民法院在《关于如何认定工程造价从业人员是否同时在两个单位执业问题的答复》已明确,工程造价咨询单位不属于实行司法鉴定登记管理制度的范围。故对于有相应造价鉴定资质的造价机构,是否具有司法鉴定资质,并不影响其所出具的鉴定意见的效力。

三、诉前单方委托咨询意见的定性

笔者认为,诉前自行委托审价的意见属于法定证据种类。所谓“民事诉讼证据的法定种类”,是指由国家民事诉讼法律规范对用于或可能用于证明案件真实情况的诉讼证据作出的具体分类列目。《民事诉讼法》第63条明确规定了法定的证据种类,在诉讼中不同种类的诉讼证据具有不同的证明效力,而“鉴定意见”是我国法定证据种类之一。《民事诉讼法》及相关的法律法规中,并未规定当事人不能自行委托审价;相反,在诉讼前自行委托相关机构和人员对专门性问题进行评价和判断,从而为争议问题的解决提供科学依据是社会成员的权利。因此作为法定证据之一的"鉴定意见"当然地包括当事人诉前自行委托审价的咨询意见。

《民诉证据规定》第28条指出,一方当事人自行委托有关部门作出的鉴定意见,另一方当事人有证据足以反驳并申请重新鉴定的,人民法院应予准许。从该条的规定中,我们可以清楚地看出立法者对于一方当事人自行委托第三方出具的咨询意见是持肯定态度的,即首先认定一方当事人自行委托咨询意见的证据效力,但是如果在质证过程中,另一方当事人有足够的证据使法官对该咨询意见的采信产生怀疑的话,则可以申请重新鉴定。正如最高人民法院组织编写的《最高人民法院〈关于民事诉讼证据的若干规定〉的理解与适用》一书中指出的:"当事人有提供证据的权利;鉴定意见作为一种证据形式,也不例外。当事人要实现此诉讼权利,理应有权自行聘请专家鉴定人。"①

从部门规章、地方法规的角度来看,2001年建设部《建筑工程施工发包与承包计价管理办法》(已废止)第16条第4项规定:"发包方在协商期内未与承包方协商或者经协商未能与承包方达成协议的,应当委托工程造价咨询单位进行竣工结算审核。"可见,对于建设工程合同中的发包方,其在协商期内未与承包方协商或者经协商未能与承包方达成协议的情况下,自行委托工程造价咨询单位进行竣工结算审核既是主管部门为其设定的重要义务,也是赋予的一项权利。

综上,诉前自行委托审价的咨询意见具有证据资格,具有一定的证明效力。

四、举证责任的分配

(一)举证责任的概念

举证责任是指当事人对自己提出的主张,有提出证据并加以证明的责任。其在概念上可分为两个层次,即"结果意义上的举证责任"和"行为意义上的举证责任"。结果意义上的举证责任,是指如果当事人因没有举证或者虽然提出了证据却未能使法官的心证达到证明标准,特别是当诉讼到了最终阶段案件事实却处于"真伪不明"状态时,将会承受对其不利的事实认定甚至败诉的后果,这意味着一方当

① 李国光主编:《最高人民法院〈关于民事诉讼证据的若干规定〉的理解与适用》,人民法院出版社2002年版,第242页。

事人可能遭遇的不利及风险；行为意义上的举证责任指的则是当事人为了免于不利的事实认定及败诉的后果，需要努力收集和提出证据，即举证对于当事人成为必要的情形或构成的负担。

（二）工程造价鉴定举证责任分配规则的发展过程

1. 建筑商承担举证责任，但最终法院有依职权委托鉴定的义务

在《民诉证据规定》实行之前，根据1991年4月9日公布的《民事诉讼法》第64条“当事人对自己提出的主张，有责任提供证据”和第72条“人民法院对专门性问题认为需要鉴定的，应当交由法定鉴定部门鉴定；没有法定鉴定部门的，由人民法院指定的鉴定部门鉴定”的规定，对于建设工程造价鉴定，主张工程款的施工单位应当承担举证责任，但法院有查明案件事实的义务。

2. 建筑商承担举证责任，法院不承担举证责任

《民诉证据规定》

第二十五条第二款 对需要鉴定的事项负有举证责任的当事人，在人民法院指定的期限内无正当理由不提出鉴定申请或者不预交鉴定费用或者拒不提供相关材料，致使对案件争议的事实无法通过鉴定结论予以认定的，应当对该事实承担举证不能的法律后果。

法院对负有举证责任的当事人进行释明后，当事人仍不申请鉴定的，应驳回其相应诉讼请求。

案例3-5

原告：永嘉县××建筑工程有限公司（以下简称永嘉××公司）

被告：××住房改革委员会办公室（以下简称××房改办）

被告：浙江××房产开发有限公司（以下简称浙江××公司）

案情简介：

2003年4月23日，××房改办与浙江××公司签订了一份《安阳新区经济适用房建设项目代建协议书》，将系争工程委托浙江××公司代建。2004年5月，经过公开招标，永嘉××公司中标系争工程，并于2004年6月14日收到中标通知书。同年7月13日，浙江××公司与永嘉××公司签订《建设工程施工合同》，约定合同价款为54,292,866元。同年11月29日，该工程开工建设。2008

年1月18日，永嘉××公司向××房改办和浙江××公司送达工程决算书，决算造价为61,251,976元。由于该工程系政府投资项目，××房改办于2008年4月间将工程造价提交瑞安市审计局审计，后无审计结论，永嘉××公司向法院起诉主张工程价款。

一审审理过程中，一审法院明确告知永嘉××公司，不能认可其单方结算结论，涉案工程造价按合同约定由固定价（中标价）和可调价两部分构成，并指定其在15天内提供合同约定可调价调整因素的相关资料。但此后，永嘉××公司未向一审法院提交相关施工资料。一审法院以无法确定造价金额为由，判决驳回永嘉××公司全部诉请。永嘉××公司不服，提起上诉。

法院观点：

本案双方签订的《建设工程施工合同》中，并无关于发包人在收到竣工结算文件后28天内不予答复，视为认可竣工结算文件的明确意思表示。涉案工程造价只能通过司法鉴定途径进行确定。永嘉××公司在原审法院向其释明其主张不成立，需要通过司法鉴定确定工程造价的前提下，仍固执己见，拒不申请司法鉴定，也未在原审法院指定的期限内提供施工联系单等相关签证文件，致使对案件争议的工程造价事实无法通过鉴定意见予以认定。根据《民诉证据规定》第2条的规定，永嘉××公司应当对该项争议事实承担举证不能的法律后果。因此，原审法院判决驳回其诉讼请求并无不当。虽然其在二审中表示同意鉴定，但本案现已进入二审程序，若进行鉴定，不利于充分保护当事人的实体权利和诉讼权利，故对该项鉴定申请，本院不予准许。永嘉××公司可以再行起诉，通过司法鉴定确定工程造价。

3. 法院可依职权委托鉴定

2013年1月1日起施行的《民事诉讼法》结合了前述1991年《民事诉讼法》和《民诉证据规定》的内容，明确了司法鉴定程序是依当事人申请启动还是法院依职权启动的问题。

《民事诉讼法》

第七十六条　当事人可以就查明事实的专门性问题向人民法院申请鉴定。当事人申请鉴定的，由双方当事人协商确定具备资格的鉴定人；协商不成的，由人民法院指定。

当事人未申请鉴定，人民法院对专门性问题认为需要鉴定的，应当委托具备资格的鉴定人进行鉴定。

该条明确,启动司法鉴定是负有举证责任的一方当事人的义务;此外,本条同时规定了兜底条款,负有举证责任的当事人未向法院申请鉴定,人民法院认为该事实需要确定的,有义务启动鉴定。

案例3-6

案情简介:

原告:席某迪

被告:连云港市××建筑安装工程有限公司(以下简称××安装公司)

被告:席某流

被告:连云港××置业有限公司(以下简称××置业公司)

××安装公司承包了××置业公司发包的××项目,席某迪为实际施工人,但工程造价未确定,一审法院向席某迪释明需对工程造价进行鉴定,但席某迪不同意申请鉴定。后席某迪提起上诉。

本案争议焦点:

涉案工程造价如何确定?

法院观点:

二审法院认为虽然一审判决没有对席某迪施工的范围和工程量作出认定,致使本案的基本事实不清。但一审法院已向席某迪释明需要就整个工程造价进行鉴定,因席某迪不同意申请鉴定,致使整个工程的造价无法确定。法院虽认定××安装公司承包范围内的整个工程均由席某迪所施工,但其主张应依据均经备案的2005年6月1日的《建设工程施工合同》和2006年1月22日的《建设工程施工合同》进行结算,则分别与2005年6月6日的《建设工程施工合同(补充)协议》和2006年1月26日的《建设工程施工合同》不合,不能支持。因此,整个工程的造价仍应通过鉴定予以确定。鉴于整个工程均由席某迪所施工,其应获得相应的工程款,故一审中就整个工程造价没能进行鉴定,虽责在席某迪,但为践行实体正义,仍应就整个工程的造价进行鉴定,并根据鉴定结果为相应的判决,而不可因其过错就简单地判决驳回其诉讼请求。否则,难免出现实际施工者不能获得工程价款、未施工者却不劳而获这一显失公平、为世人所不能接受之结果。而要进行整个工程造价的鉴定,本案又不得不发回一审法院重新审理。最终江苏省高级人民法院裁定撤销原判,发回重审。

五、造价鉴定范围

（一）合同履行完毕时的鉴定

1. 固定总价合同如何鉴定

对于固定总价合同，其单价、工程量均已确定，故主要是针对增加工程量及签证的鉴定。该类合同条款中往往约定，施工图纸与工程量清单不符时，以施工图纸为准。在《建设工程工程量清单计价规范》(GB 50500－2013)实行前，前述条款有效，工程量以施工图纸为准。而在《建设工程工程量清单计价规范》实施后，该规范第4.1.2条规定："招标工程量清单必须作为招标文件的组成部分，其准确性和完整性由招标人负责。"第4.1.3条规定："招标工程量清单是工程量清单计价的基础，应作为编制招标控制价、投标报价、计算或调整工量、索赔等的依据之一。"经招投标程序的工程项目，发包人对工程量清单负责。固定总价合同按其参照物可分为：工程量以图纸为准、工程量以清单为准两大类。具体表现为：若招投标时，同时提供施工图纸及工程量清单的，工程量以清单为准；招投标时不提供清单，仅提供图纸，且合同约定漏报工程量作为让利的，工程量以施工图纸为准。

案例3－7

原告：浙江××建设有限公司（以下简称浙江××公司）

被告：上海××企业（集团）有限公司（以下简称上海××公司）

经正式招投标程序，原被告双方于2011年2月11日签订《建设工程施工合同》，合同约定：工程价款为1.15亿元，合同价格形式为固定总价合同，合同采用综合单价计价，按承包方报价（具体计价方式为上海2000定额）中承包方让利6%比例用作项目合同工程量子目综合单价下浮参照依据；合同总价除按本合同的规定外，不能做任何调整；任何合同总价的计算错误，不论是算术上的错误还是其他错误，都视为已获双方接受；允许调整合同价格的工程量偏差范围：总承包工程合同金额包括的工作的质量和数量应被视为与工程量清单中所开列及描述的相符。除非另行指明及特别规定外，该清单应被视为乃根据本合同工程量清单中之单价说明工程标准计量方法及合同图纸及相关技术规范编制的。承包人需充分理解"合同清单"、"合同图纸"及"合同规范"的内容，合同总价被视为对上述全部内容的包干。

2011年3月21日，本工程正式开工；2013年11月18日，本工程竣工验收合格。2013年11月30日，浙江××公司向上海××公司提交工程结算书，工程造价为1.4亿元。就该结算书，上海××公司拒绝签收，并拒绝对本案项目进行结算，上海××公司认为本案项目工程造价应为1.15亿元，合同价款总价包干，不因任何因素进行调整。浙江××公司诉至法院。

法院观点：

对于固定总价合同，在招投标过程中，发包人提供图纸作为施工合同工程量的参照物，在施工过程中，因发包人原因产生设计变更的，图纸发生变化，合同价款应进行相应调整，承包人有权对此主张相应工程款。

2. 固定单价合同的鉴定

对于固定单价合同，因其合同单价不可调整，而工程量按实计算，故对该种合同工程造价的鉴定，主要是针对工程量的鉴定。

《重庆市高级人民法院关于建设工程造价鉴定若干问题的解答》

11. 建设工程造价鉴定中，鉴定方法如何确定？

……

建设工程的计价，通常情况下，可以通过以下方式确定：

……

(2)固定单价合同中，工程量清单载明的工程以及工程量清单的漏项工程、变更工程均应根据合同约定的固定单价或根据合同约定确定的单价确定工程造价；工程量清单外的新增工程，合同有约定的从其约定，未作约定的，参照工程所在地的建设工程定额及相关配套文件计价。

……

案例3-8

满洲里××房地产开发有限责任公司与南通××建设集团股份有限公司建设工程施工合同纠纷案

案情简介：

原告：南通××建设集团股份有限公司(以下简称南通××公司)

被告：满洲里××房地产开发有限责任公司(以下简称满洲里××公司)

2009 年 9 月 10 日，满洲里××公司与南通××公司签订《建设工程施工合同》，由南通××公司负责承建满洲里××公司开发的涉案工程。2011 年 6 月 5 日，双方签订《建筑工程施工合同补充协议》，约定：开工日期为 2011 年 6 月 5 日，竣工日期为 2011 年 12 月 15 日，合同总造价约 1200 万元。工程总造价执行固定单价平方米包干，地下室为每平方米 1200 元，一层门市、车库为每平方米 1600 元，二层至六层为每平方米 1240 元。工程决算时参照工程价款第 1 条约定执行，按照实际竣工测绘面积结算。南通××公司承建上述工程后于 2011 年 5 月 18 日开工，施工过程中因双方就施工进度发生争议，满洲里××公司于 2011 年 11 月 1 日与南通××公司解除了施工合同。后南通××公司诉至法院，并申请造价鉴定。鉴定机构受一审法院委托出具鉴定报告，对未完成工程量进行鉴定，后出具《工程造价补充鉴定书》，鉴定意见为已完工程造价 10,072,346 元，未完工程造价 2,411,024 元。一审法院据此作出判决，满洲里××公司不服，提起上诉，二审法院对鉴定报告中的漏项进行改判后，满洲里××公司仍不服，申请再审。

本案争议焦点：

固定单价合同是否可以进行工程价款鉴定？若鉴定，其结算工程价款的依据为何？

法院观点：

从合同约定来看，双方当事人均同意按照单位面积固定单价的方式结算工程价款，对于工程内容的变化也通过补充协议的方式予以明确，且变化内容仍采取固定单价结算。这是双方当事人对于利益分配和风险负担的自愿行为，不违反法律规定，在没有明显不公平的情况下，应该予以认可。在约定单位面积固定单价的情况下，工程完工后可以通过当事人双方举证、质证、认证等过程确定工程量并计算出工程价款。最终，法院驳回满洲里××公司的再审申请。

笔者认为，关于固定单价合同的造价鉴定，对于在合同约定范围内的工程，应根据合同约定的固定单价确定工程造价；对于在合同约定范围以外新增的工程，合同有约定的从其约定，未作约定的，应当按照签订合同时当地建设行政主管部门发布的计价标准确定工程单价。

3. 可调价格合同的鉴定

可调价格合同又称为开口价合同。工程造价即工程量乘以工程单价，开口价合同即为工程量、单价均可调整，工程量以竣工图为准，按实结算；人工、材料、机械价格不受合同履行过程中价格的上涨或下跌影响,按实结算。

《重庆市高级人民法院关于建设工程造价鉴定若干问题的解答》

11. 建设工程造价鉴定中,鉴定方法如何确定?

……

建设工程的计价,通常情况下,可以通过以下方式确定:

……

(4)可调价格合同中,合同对计价原则以及价格的调整方式有约定的,从其约定;合同虽约定采用可调价格方式,但未对计价原则以及价格调整方式作出约定的,参照工程所在地的建设工程定额及相关配套文件计价。

……

(二)合同解除时的鉴定

1. 合同解除的概念

合同解除,是指合同当事人一方在合同规定的期限内未履行、未完全履行或者不能履行合同时,另一方当事人或者发生不能履行情况的当事人可以根据法律规定的或者合同约定的条件,通知对方解除双方合同关系的法律行为。

2. 违法者不受益原则

合同双方约定解除时,工程造价的确定往往可依照解除协议上的约定;故合同解除时的鉴定,主要针对合同当事人违约导致合同解除的情形,此情形下应着重把握“违法者不受益”原则。

3. 固定价合同解除时的鉴定

(1)各地法院意见

《山东省高级人民法院关于审理建筑工程承包合同纠纷案件若干问题的意见》

36. 对合同约定的一次包死的建筑工程,如合同有效,应严格按合同约定处理。但对合同履行中因设计变更而增加的工程价款,双方有补充约定的,按约定处理,没有补充约定的,应按照当地现行的定额标准,据实结算。对未完工的工程,应从合同总价款中相应扣减按现行工程定额标准计算出的未完工程的造价。

《湖北省高级人民法院民事审判工作座谈会议纪要》(2013 年)

32. 建设工程合同中当事人约定按包干价结算,承包人按照合同约定范围完工后,应当严格按照合同约定结算工程款。

因设计变更导致工程量变化或质量标准变化,当事人要求对工程量增加或减少部分据实结算的，应予支持。

如果工程未完工，承包人请求结算工程款的，区分情况处理：

（1）已完工程质量不合格的，由承包人进行修复，修复后质量合格的，可以请求支付工程款，修复后质量仍不合格的，承包人请求支付工程款的，不予支持；

（2）已完工程质量合格的，合同约定以单价包干方式计价的，按照包干单价和已完工程量计算工程款，合同约定以总价包干方式计价的，若工程未完工系承包人原因导致，按合同约定的取费标准鉴定未完工部分，以总包干价减未完工部分造价计算工程款；若工程未完工系发包人原因导致，按照建设行政主管部门颁发的定额及取费标准据实结算。

《北京市高级人民法院关于审理建设工程施工合同纠纷案件若干疑难问题的解答》

13. 固定总价合同履行中，承包人未完成工程施工的，工程价款如何确定？

建设工程施工合同约定工程价款实行固定总价结算，承包人未完成工程施工，其要求发包人支付工程款，经审查承包人已施工的工程质量合格的，可以采用“按比例折算”的方式，即由鉴定机构在相应同一取费标准下分别计算出已完工程部分的价款和整个合同约定工程的总价款，两者对比计算出相应系数，再用合同约定的固定价乘以该系数确定发包人应付的工程款。

当事人就已完工程的工程量存在争议的，应当根据双方在撤场交接时签订的会议纪要、交接记录以及监理材料、后续施工资料等文件予以确定；不能确定的，应根据工程撤场时未能办理交接及工程未能完工的原因等因素合理分配举证责任。

《徐州市中级人民法院进一步规范关于审理建设工程施工合同纠纷案件的若干问题》

【半拉子工程的造价鉴定怎样进行？】当事人就半拉子工程诉至人民法院主张工程款的，人民法院应当根据当事人申请邀请专家咨询员，并协调双方当事人勘验工地现场，固定交接界面，保存相关证据，确定工程量，必要时可以进行公证。

当事人双方就已完工的工程量存在争议的，应当根据双方在撤场交接时签订的会议纪要、交接记录、监理材料、后续施工资料等文件确定工程量；施工现场存在的，可以通过现场勘验的方式确定工程量；采用上述方式不能确定的，应当根据工程撤场时未能办理交接及工程未完工的原因等因素共同分配举证责任确定已完工工程量。

对于固定总价合同，承包人未完成工程施工，其要求发包人支付工程款，经审查承包人已施工的工程质量合格的,可以采用按比例折算的方式,由鉴定机构在相应同一取费标准下分别计算出已完工部分的价款和整个合同约定工程的总价款,两者对比计算出相应系数,再用合同约定的固定价乘以该系数确定发包人应付的工程款。

《沈阳市中级人民法院建设施工合同纠纷审判实务相关疑难问题解答》

十一、固定价款合同未履行完毕而解除的,工程价款如何结算?

解答:建设工程施工合同约定工程价款实行固定价结算,承包人未完成工程施工,其要求发包人支付工程款,经审查承包人已施工的工程质量合格的,可以确定所完工程的工程量占全部工程量的比例,按所完工程量的比例乘以合同约定的固定价款得出工程价款。

理由:约定固定价款结算的,若工程未完工,对工程价款的确定也只有通过鉴定进行,但存在两种不同的鉴定方式,一是根据实际完成的工程量,以建设行政管理部门颁发的定额取费核定工程价款;二是确定所完工程的工程量占全部工程量的比例,按所完工程量的比例乘以合同约定的固定价款得出工程价款。此种情况下,采取第二种方式符合合同当事人以固定价为结算方式的真实意思,也更为公平地保护了承包人的合法权益。因为建设行政管理部门确定的各种价格和管理费、基本利润率,有时没有考虑企业的技术专长、劳动生产力水平、材料采购渠道和管理能力,这种计价模式既不能及时反映市场价格的变化,更不能反映企业的施工、技术、管理水平。为适应市场经济发展的需要,住房和城乡建设部批准了(GB 50500－2013)《建设工程工程量清单计价规范》为国家标准,自2013年4月1日起实施。工程量清单计价模式是一种与市场经济相适应的、允许施工单位自主报价的、通过市场竞争确定价格的,与国际惯例接轨的计价模式。

《广东省高级人民法院关于审理建设工程施工合同纠纷案件若干问题的指导意见》

五、建设工程施工合同约定工程款实行固定价,如建设工程尚未完工,当事人对已完工工程造价产生争议的,可将争议部分的工程造价委托鉴定,但应以建设工程施工合同约定的固定价为基础,根据已完工工程占合同约定施工范围的比例计算工程款。当事人一方主张以定额标准作为造价鉴定依据的,不予支持。

《重庆市高级人民法院关于建设工程造价鉴定若干问题的解答》

11. 建设工程造价鉴定中,鉴定方法如何确定?

……

建设工程的计价，通常情况下，可以通过以下方式确定：

(1)固定总价合同中，需要对风险范围以外的工程造价进行鉴定的，应当根据合同约定的风险范围以外的合同价格的调整方法确定工程造价。

……

(6)建设工程为未完工程的，应当根据已完工程量和合同约定的计价原则来确定已完工程造价。如果合同为固定总价合同，且无法确定已完工程占整个工程的比例的，一般可以根据工程所在地的建设工程定额及相关配套文件确定已完工程占整个工程的比例，再以固定总价乘以该比例来确定已完工程造价。

(2)相关案例

案例3－9

青海××建筑安装工程有限责任公司与青海××置业有限公司建设工程施工合同纠纷案[(2014)民一终字第69号](载《中华人民共和国最高人民法院公报》2015年第12期)

案情简介：

原告：青海××建筑安装工程有限责任公司(以下简称××建筑公司)

被告：青海××置业有限公司(以下简称××置业公司)

2011年9月1日，××置业公司与××建筑公司签订《建设工程施工合同》约定：由××建筑公司为××置业公司的建设工程施工。工程单价1860元/m^2，单价一次性包死，合同总价款68,345,700元。

2012年6月，因××置业公司付款迟延，双方解除合同，××建筑公司撤场。后××建筑公司诉至法院，并申请造价鉴定。青海省高级人民法院委托鉴定机构进行造价鉴定，鉴定机构通过计算合同价及定额价格折算出合同下浮率，依据下浮率和已完工程定额价格计算出涉案工程已完部分造价。青海省高级人民法院依据造价鉴定报告确定工程款，××建筑公司不服，上诉至最高人民法院。

本案主要争议焦点：

本案最大的争议焦点在于约定总价包干的未完工程，合同解除后应如何结算工程款？

法院观点：

依据工程定额预算价下浮一定比例形成的合同约定价，存在明显不合理之处：一是没有证据证明鉴定的全部工程预算价是当事人缔约时预算价，亦非当事人缔约时约定的合同总价。二是用鉴定出的两个价款进行比对得出的下浮比例，与当事人的意思表示没有任何关联。三是采用这一种方法，××置业公司应支付的全部工程价款比合同约定的总价低910余万元。如采用此方法，将会导致××置业公司虽违反约定解除合同，却能额外获取910余万元利益的现象。故本案应当根据××建筑公司实际完成的工程量，以建设行政管理部门颁发的定额取费标准核定工程价款。遂判决撤销一审，判令××置业公司向××建筑公司支付工程款941.05万元。

案例3-10

××建设有限公司与徐州××房地产开发有限公司建设工程施工合同纠纷案[（2014）苏民再终字第0009号]

案情简介：

原告：××建设有限公司（以下简称××建设公司）

被告：徐州××房地产开发有限公司（以下简称××房地产公司）

2003年11月14日，××房地产公司与××建设公司签订了《望景花园B座住宅楼施工合同书》，对合同价款作出约定：合同造价包工包料所有材料不执行任何信息价和任何定额取费，不受市场材料价格波动的影响，采取一次性包死，以1060元/m^2计算，暂定造价4876万元。

后因××房地产公司迟延支付工程款，××建设公司停工，双方解除合同，后××建设公司诉至法院，并提起造价鉴定申请。鉴定机构受一审法院委托，出具造价鉴定报告，依据定额计算出已完、未完工程的造价，再计算出××建设公司已完工程量占总工程量的比例，最终依据合同约定的固定价，计算出××建设公司应得的工程价款。后双方均不服，提起上诉。

法院观点：

《施工合同》约定的工程价款的结算方式为固定价，即按照每平方米1060元、实际施工面积46,000平方米进行计算，而本案讼争标的系未完工程，在双方仅约定固定总价的前提下无法直接确定已完工程部分的工程款，故一审法院采用按照定额据实结算工程价款的鉴定意见，依据鉴定意见中已完、未完工程的造价，计算出××建设公司已完工程量占总工程量的比例，再依据合同约定的固定价,计算出××建设公司应得的工程价款,该计算方式符合双方当事人的约定,合理恰当。

笔者认为,双方约定固定价合同解除时,对于工程造价有约定的,从其约定;在没有相应约定或约定不明而难以确定工程造价的情况下,应区分承发包双方的过错责任,按照下列三种计价方法确定工程造价:

(1)因发包人违约导致合同解除时,应按照建筑商已完工程量,参照《建设工程司法解释一》第16条第2款的规定,根据签订合同时当地建设主管部门发布的计价方法或计价标准计算已完工程造价;

(2)因建筑商违约导致合同解除时,应计算出建筑商未完工程量,根据定额取费标准计算未完工程造价,再按照原合同的计价方式或计价标准计算出工程造价,减去未完工程造价所得差额,确定已完工程造价;

(3)当双方均无过错或双方均有过错时,应以合同约定的固定价为基础,根据已完工工程占合同约定施工范围的比例计算工程款。

六、鉴定材料

(一)鉴定材料的含义及内容

工程造价司法鉴定的鉴定材料,是指存在于各载体上与工程造价司法鉴定事项有关的记录。鉴定材料应由案件当事人提供,且当事人应保证其所提供材料的真实性、完整性和充分性,并对其提供的鉴定材料的合法性负责。具体可按与鉴定材料关联的事实区分为:

(1)与法律关系相关的鉴定材料:具体包括招标文件、投标文件、中标通知书、中标合同、施工总承包合同、补充协议、会议纪要、承发包双方的往来函件等。

(2)与工程造价相关的鉴定材料:具体包括开工报告、竣工报告、工程分部分项验收报告、每月月形象进度报表、发包人每月的审核报表、签证索赔、施工组织设计、施工图、竣工图等。

(二)鉴定材料的质证范围

1.《建设工程司法解释二》的发展

《建设工程司法解释二》(征求意见稿)第一稿:

鉴定单位未将当事人有争议的鉴定材料提交人民法院确认即作为鉴定依据,

人民法院应就该部分鉴定材料组织双方当事人进行质证。经质证不能作为鉴定依据的，鉴定单位应对相应鉴定意见进行更正。鉴定单位拒不更正的，人民法院可以通过补充鉴定、专家证人审核等方法解决，因此产生的费用从鉴定单位收取的鉴定费用中支付。

《建设工程司法解释二》（征求意见稿）第二稿：

鉴定单位未将当事人有争议的鉴定材料提交人民法院确认即作为鉴定依据，人民法院应就该部分鉴定材料组织双方当事人进行质证。经质证不能作为鉴定依据的，鉴定单位应对相应鉴定意见进行更正。鉴定单位拒不更正的，人民法院可以通过补充鉴定、专家证人审核、重新鉴定等方法解决。

《建设工程司法解释二》（征求意见稿）第三稿：

鉴定单位未将当事人有争议的鉴定材料提交人民法院确认即作为鉴定依据，人民法院应就该部分鉴定材料组织双方当事人进行质证。经质证不能作为鉴定依据的，鉴定单位应对相应鉴定意见进行更正。鉴定单位拒不更正的，人民法院可以通过补充鉴定、专家证人审核、重新鉴定等方法解决。

《建设工程司法解释二》（征求意见稿）第四稿：

人民法院应当组织当事人对鉴定意见进行质证。鉴定人将当事人有争议且未经当事人质证的材料作为鉴定依据，人民法院应组织当事人就该部分材料进行质证。经质证认为不能作为鉴定依据的，依据该材料作出的鉴定意见不得作为认定案件事实的依据。

《建设工程司法解释二》送审稿：

人民法院应当组织当事人对鉴定意见进行质证。鉴定人将当事人有争议且未经当事人质证的材料作为鉴定根据的，人民法院应组织当事人就该部分材料进行质证。经质证认为不能作为鉴定根据的，根据该材料作出的鉴定意见不得作为认定案件事实的根据。

《建设工程司法解释二》：

人民法院应当组织当事人对鉴定意见进行质证。鉴定人将当事人有争议且未经质证的材料作为鉴定依据的，人民法院应当组织当事人就该部分材料进行质证。经质证认为不能作为鉴定依据的，根据该材料作出的鉴定意见不得作为认定案件事实的依据。

相较于《建设工程司法解释二》（征求意见稿）前三稿，从征求意见稿第四稿开始，对于鉴定人将未经当事人质证且有争议的鉴定材料作为鉴定依据所出具的鉴定意见，不得再通过补充鉴定等方法进行更正，而修改为应直接认定该部分鉴定意见不得作为认定案件事实的依据。

2. 各地法院指导意见

《江苏省高级人民法院民一庭建设工程施工合同纠纷案件司法鉴定操作规程》

第十三条 人民法院应当在鉴定资料移交鉴定机构前组织当事人进行逐项质证，经质证认可或经人民法院予以认定的资料可以移交鉴定机构使用。

受鉴项目资料较多的，人民法院可以先行委托鉴定机构对双方当事人提交的资料进行核对，确定无争议的资料和有争议的资料后，由人民法院组织双方当事人对核对结果进行书面确认。对于有争议的资料，人民法院应当组织当事人进行逐项质证。

《徐州市中级人民法院进一步规范关于审理建设工程施工合同纠纷案件的若干问题》

[怎样确定检材?]对于委托鉴定机构鉴定而提交的相关材料必须经双方当事人举证、质证，且经人民法院认证，否则，不能作为鉴定依据。

当事人对施工合同效力、结算依据、签证文件的真实性及效力等问题存在争议的，应由法院进行审查并作出认定。

《金华市中级人民法院关于建设工程审价委托管理的若干规定》

第五条 业务庭在收到鉴定材料后，应及时转交对方当事人，并在10日内组织当事人对鉴定材料进行质证，并制作质证笔录。

《广东省高级人民法院关于审理建设工程施工合同纠纷案件若干问题的指导意见》

七、人民法院委托司法鉴定机构进行工程造价鉴定的，应当对当事人提交的鉴定材料进行质证，并将鉴定材料和质证意见移送鉴定机构。人民法院不得将鉴定材料的质证和审核认定工作交由鉴定机构完成。

……

《四川省高级人民法院关于审理建设工程施工合同纠纷案件若干疑难问题的解答》

35. 对当事人提交的鉴定资料应当如何处理?

对当事人提交的鉴定资料，人民法院应在移交鉴定机构进行司法鉴定之前，先行组织质证，对鉴定资料的真实性、合法性、关联性进行审核认定，并将经过认证的鉴定资料移送鉴定机构。对当事人争议大、人民法院尚需结合其他证据和事实作出认证的鉴定资料,人民法院应向鉴定机构作出说明,并要求鉴定机构就该证据采信与不采信的情形分别作出鉴定意见,供人民法院审核认定。

人民法院不得将鉴定资料的质证和审核认定工作交由鉴定机构完成。

《重庆市高级人民法院关于建设工程造价鉴定若干问题的解答》

13. 建设工程造价鉴定中,鉴定人认为需要对合同或者合同条款的效力、合同条文的理解、证据的采信等问题作出认定的,应当如何处理?

建设工程造价鉴定中,鉴定人应当对与建设工程造价相关的专门性问题出具鉴定意见。鉴定人在鉴定中认为需要对合同或者合同条款的效力、合同条文的理解、证据的采信等法律性问题作出认定的,应当向人民法院提交书面意见,并说明理由,由人民法院作出认定。人民法院对相关问题作出认定后,应当书面答复鉴定人。

人民法院认为暂时难以对合同或者合同条款的效力、合同条文的理解、证据的采信等法律性问题作出认定,需要在庭审后结合其他证据作出综合认定的,可以要求鉴定人出具多种鉴定意见或者将有争议的事项予以单列。

17. 当事人将鉴定资料直接提交给鉴定人的,如何处理?

当事人应当将鉴定资料提交给人民法院,由人民法院组织质证后提交给鉴定人,而不得直接提交给鉴定人。

当事人直接将鉴定资料提交给鉴定人的,鉴定人应当告知当事人将鉴定资料提交给人民法院或者将鉴定资料转交给人民法院。未经人民法院组织质证,鉴定人直接根据当事人提交的鉴定资料作出鉴定意见的,人民法院应当对该鉴定意见不予采信,并重新进行鉴定或者对相关鉴定资料质证后由鉴定人重新出具鉴定意见。

18. 建设工程造价鉴定过程中,鉴定资料如何进行认定?

人民法院收到当事人提交的鉴定资料后,应当组织当事人进行质证。当事人提交的鉴定资料繁多、杂乱,人民法院认为确有必要的,可以委托鉴定人对鉴定资料予以整理后再进行质证。

质证时,当事人应当围绕鉴定资料的真实性、合法性以及与鉴定事项的关联性陈述意见。鉴定人可以参加质证程序。经人民法院允许后,鉴定人可以就鉴定的相关问题向当事人发问。

质证后,人民法院应当结合当事人发表的质证意见对当事人提交的资料能否作为鉴定资料作出认定,并将当事人无异议或者人民法院认为应当作为鉴定依据的鉴定资料移交给鉴定人。人民法院对当事人提交的资料能否被采信暂时难以认定，需要在庭审后结合其他证据一并作出认定的，可以将存在争议的鉴定资料提交给鉴定人，由鉴定人就存在争议的鉴定资料所涉及的工程造价予以单列。

《北京市高级人民法院关于审理建设工程施工合同纠纷案件若干疑难问题的解答》

34．工程造价鉴定中法院依职权判定的事项包括哪些？

当事人对施工合同效力、结算依据、签证文件的真实性及效力等问题存在争议的，应由法院进行审查并做出认定。法院在委托鉴定时可要求鉴定机构根据当事人所主张的不同结算依据分别作出鉴定意见，或者对存疑部分的工程量及价款鉴定后单独列项，供审判时审核认定使用，也可就争议问题先做出明确结论后再启动鉴定程序。

笔者认为，根据《民事诉讼法》第68条的规定，证据应当在法庭上出示，并由当事人互相质证，对于一般案件，证据材料均应经过质证，但由于建设工程施工合同纠纷的特殊性，不宜完全参照该原则；且考虑到在诉讼程序中，代理人为保护委托人利益，对于对委托人不利的有争议的事项，往往需要予以否认，在此过程中可能会违背诚信原则。

司法实践中，由于大部分法官对于工程资料尤其是造价相关的材料不熟悉，难以确定其关联性，法官往往需要借助鉴定单位等专业人士意见才能作出判断。现阶段上海法院的实际做法为：由鉴定单位召集双方当事人核对鉴定材料真实性，在鉴定过程中若产生争议的，法院再行介入，对争议部分相关的鉴定材料开展质证。

对于建设工程司法鉴定中的鉴定材料，应区分其所涉及的内容：若鉴定材料涉及法律关系的，应进行质证；若鉴定材料仅涉及项目造价的确定，应先由鉴定单位进行鉴定，对于争议部分的鉴定材料，再由人民法院组织质证。

因建设工程施工合同纠纷不同于其他案件，有着审理周期长、专业性强、证据材料多、情况复杂的特殊性，让双方当事人在鉴定单位组织下对鉴定材料真实性进行核实的做法也契合鼓励调解的原则。且对所有鉴定材料一并质证，无疑会浪费大量司法资源。

七、鉴定范围和鉴定依据

（一）造价鉴定按范围可分为全面鉴定和部分鉴定

全面鉴定即对这个工程内容涉及的造价进行鉴定。部分鉴定则是对有争议部分工程内容的造价进行鉴定。

对鉴定范围如何确定，要看当事人对工程造价的确定情况以及合同约定情况。如对整个工程造价均未确定且合同没有约定送审价为准、固定价结算等，则应对工程造价进行全面鉴定；如只对部分工程造价有争议且该部分争议内容不涉及固定价约定的，则可仅对该部分工程造价进行鉴定。

《建设工程司法解释一》第 22 条规定，当事人约定按照固定价结算工程价款，一方当事人请求对建设工程造价进行鉴定的，不予支持。该规定表明，固定价因为本身已确定而无须鉴定。第 23 条规定，当事人对部分案件事实有争议的，仅对有争议的事实进行鉴定。该规定表明，对有争议的工程造价需要鉴定，对于无争议的工程造价无须鉴定。

（二）造价鉴定依据除了由双方当事人在合同中予以明确约定外，还应参照当地主管部门发布的计价方法或标准

《建设工程司法解释一》第 16 条规定，当事人对建设工程的计价标准或者计价方法有约定的，按照约定结算工程价款。因设计变更导致建设工程的工程量或者质量标准发生变化，当事人对该部分工程价款不能协商一致的，可以参照签订建设工程施工合同时当地建设行政主管部门发布的计价方法或者计价标准结算工程价款。该规定表明，双方当事人对计价方法或计价标准有约定的，按照约定审价；双方无约定或约定不明的，应参照签订建设工程施工合同时当地建设行政主管部门发布的计价方法或者计价标准审价。

（三）鉴定机构的鉴定依据

造价鉴定机构是依据法院的委托，对工程造价进行鉴定。造价鉴定机构应严格按照法院委托的鉴定范围，根据合同约定或当地主管部门规定的计价方式或标准对工程造价进行鉴定。

实践中，存在鉴定机构对委托事项不出具或不明确出具鉴定意见或超越自身权限、对鉴定事项作出法律认定的情形。对此，笔者认为，应对鉴定机构加以规范管理，鉴定机构应严格按照法院委托内容进行司法鉴定，勿使司法鉴定的公正性受到损害。

案例3－11

南通××建设集团有限公司与海南××海滨假日酒店有限公司建设工程施工合同纠纷案[（2016）琼民终95号]

原告：南通××建设集团有限公司（以下简称××建设公司）

被告：海南××海滨假日酒店有限公司（以下简称××酒店公司）

案情简介：

2009年1月2日，××建设公司与××酒店公司签订了《××1号一期别墅硬景及道路管网工程施工合同》，约定××酒店公司将其开发的项目××A区一期别墅和二期六套别墅区域内的院墙外的硬景道路和管网的土建、铺装、安装等工程（以下简称涉案工程）发包给××建设公司承建。后双方又签订了多份补充合同，具体约定了增加工程施工范围和工期、工程价款等及其他相应的履约条款。2009年1月至2011年9月，××建设公司为申领工程进度款向××酒店公司申报的涉案工程总造价为3707.270,653万元，××酒店公司审核同意的工程造价为3140.71,787万元，××酒店公司实际已付工程款为2520.8960万元。2011年年底，合同项下的全部工程竣工并通过验收，××建设公司向××酒店公司提交工程结算报告。××酒店公司依合同约定，委托丰帆咨询公司对××建设公司所承建的全部工程造价进行结算审核，审核意见为工程造价19,884,959.50元。后双方对工程造价支付发生争议，××建设公司诉至法院并申请造价鉴定。一审法院委托鉴定机构博泉造价公司进行造价鉴定，鉴定意见中涉案工程总造价为20,108,802.33元，一审法院依据鉴定意见确定工程造价。××建设公司不服，提起上诉。

法院观点：

在原审法院并没有对作为涉案工程造价鉴定依据的证据材料进行相应的认证的情况下，博泉造价公司在参照丰帆咨询公司核定的工程量的基础上，对有关鉴定的证据材料进行取舍后作出鉴定意见；在当事人就鉴定意见初稿所依据的有关证据材料提出异议时，鉴定机构在并无原审法院审判人员参加的情况下组织对有关异议的证据材料进行质证，又在原审法院未对有关异议证据材料认证的情况下，调整鉴定意见。因此，博泉造价公司事实上代行人民法院审判权作出鉴定意见，严重违反法定程序。二审法院最终裁定撤销原判，发回重审。

八、二审程序中的司法鉴定的启动

（一）二审中直接启动司法鉴定或发回重审的争议

1.《建设工程司法解释二》的发展

《建设工程司法解释二》（征求意见稿）第一稿：

一审诉讼中负有举证责任的当事人未对工程价款申请鉴定，导致案件事实不清，二审诉讼中申请鉴定的，可予准许。但在一审法院告知后，负有举证责任的当事人无正当理由拒不申请鉴定或者在一审法院决定委托鉴定后拒不预交鉴定费用的除外。

《建设工程司法解释二》（征求意见稿）第二稿：

一审诉讼中负有举证责任的当事人未对工程价款申请鉴定，一审法院亦未依职权委托鉴定，导致案件事实不清，二审诉讼中当事人申请鉴定的，人民法院可予准许。

《建设工程司法解释二》（征求意见稿）第三稿：

人民法院经审理认为就建设工程造价等专门性问题需要进行鉴定的，应当向负有举证责任的当事人释明。当事人经释明后未申请鉴定的，应承担不利的后果。一审诉讼中负有举证责任的当事人未对工程价款申请鉴定，二审诉讼中申请鉴定的，人民法院可以准许。人民法院准许后，可以将案件发回一审法院委托鉴定，并免除另一方当事人因此加重的负担。

《建设工程司法解释二》（征求意见稿）第四稿：

人民法院经审理认为就建设工程造价、质量、修复费用等专门性问题需要进行鉴定的，应当向负有举证证明责任的当事人释明。当事人经释明未申请鉴定或者虽申请鉴定但未缴纳鉴定费用的，应当对待证事实承担举证不能的法律后果。一审诉讼中负有举证证明责任的当事人未申请鉴定，二审诉讼中申请鉴定并预缴鉴定费用，人民法院认为确有必要的，应予准许。

《建设工程司法解释二》送审稿：

当事人对建设工程造价、质量、修复费用等专门性问题有争议，人民法院认为需要进行鉴定的，应当向负有举证证明责任的当事人释明。当事人经释明未申请鉴定或者虽申请鉴定但未缴纳鉴定费用的，应当对待证事实承担举证不能的法律后果。

一审诉讼中负有举证证明责任的当事人未申请鉴定，二审诉讼中申请鉴定并预缴鉴定费用，人民法院认为确有必要的，应予准许。

《建设工程司法解释二》：

当事人对工程造价、质量、修复费用等专门性问题有争议，人民法院认为需要鉴定的，应当向负有举证责任的当事人释明。当事人经释明未申请鉴定，虽申请鉴定但未支付鉴定费用或者拒不提供相关材料的，应当承担举证不能的法律后果。

一审诉讼中负有举证责任的当事人未申请鉴定，虽申请鉴定但未支付鉴定费用或者拒不提供相关材料，二审诉讼中申请鉴定，人民法院认为确有必要的，应当依照民事诉讼法第一百七十条第一款第三项的规定处理。

与征求意见稿及送审稿相比，正式稿增加了本条款的适用情形即当事人拒不提供鉴定材料，此外，正式稿还将人民法院在此情形下二审诉讼中的处理方式明确为按照《民事诉讼法》第 170 条第 1 款第 3 项处理。

2. 观点一：发回重审

《江苏省高级人民法院民一庭建设工程施工合同纠纷案件司法鉴定操作规程》

第二条　当事人在一审中经人民法院释明后未提出鉴定申请，在二审中对同一事项申请鉴定，鉴定对案件处理有实质性影响的，一般应当要求当事人按鉴定费标准交纳保证金，并将案件发回原审法院委托鉴定。案件发回后当事人在重审中又不申请鉴定的，人民法院可以根据案件审理的需要依职权委托鉴定，鉴定费从保证金中扣除。

《徐州市中级人民法院进一步规范关于审理建设工程施工合同纠纷案件的若干问题》

【申请鉴定在时间上有什么限制？】

当事人申请鉴定，应在举证期限届满前提出，最迟应在一审法庭辩论终结前提出。当事人的申请超出人民法院规定的举证期限的，人民法院原则不予准许。但对案件处理结果有实质影响的，人民法院可以准许，并可以依照民事诉讼法第一百一十五条第一款的规定予以训诫、罚款。

当事人在二审中申请鉴定的，人民法院认为有必要的，一般应当发回原审法院委托鉴定。

《四川省高级人民法院关于审理建设工程施工合同纠纷案件若干疑难问题的解答》

34. 当事人在一审中未申请鉴定，二审中申请鉴定应否准许？

原判决认定基本事实不清或者认定的基本事实缺乏依据，二审法院经审理认为案件基本事实需要通过司法鉴定进行查明的，可以发回一审法院重审，由一审法院委托鉴定查明案件事实。

3. 观点二：由二审法院直接启动司法鉴定

《重庆市高级人民法院关于建设工程造价鉴定若干问题的解答》

9. 一审中未进行建设工程造价鉴定，当事人在二审中又申请进行鉴定的，应当如何处理？

经一审法院释明后当事人拒不申请鉴定，或者当事人拒不选择鉴定机构、拒不交纳鉴定费用、拒不提交完整的鉴定资料等，导致一审法院未能进行建设工程造价鉴定，当事人在二审中又申请鉴定，二审法院认为应当进行建设工程造价鉴定的，原则上应当在二审中进行鉴定，但应当参照《最高人民法院关于适用〈中华人民共和国民事诉讼法〉的解释》第一百零一条、第一百零二条规定的逾期举证的相关规则予以处理。

《建设工程司法解释二》规定人民法院在此情形下二审诉讼中的处理方式明确为按照《民事诉讼法》第170条第1款第3项处理，仍具有一定模糊性，对此笔者的理解是，鉴定一般是针对当事人争议的重要事实，关系到对当事人实体权利的保护，且还涉及许多与鉴定相关的基础性证据材料，对重要事实及其证据的认定应当经由两级审理程序，以确保当事人的实体权利与相应救济在程序上得到保障。故一审程序中未启动司法鉴定的，二审过程中认为确有必要启动司法鉴定以查明案件事实的，应当发回重审，但双方当事人一致同意在二审中直接启动鉴定的除外。

（二）二审程序中补充鉴定

《浙江省高级人民法院民事审判第一庭关于审理建设工程施工合同纠纷案件若干疑难问题的解答》

十七、启动工程量和工程价款鉴定程序，应该注意哪些问题？

一审诉讼期间对工程价款进行了鉴定，当事人在二审诉讼期间申请重新鉴定或补充鉴定的，不予准许，但确有证据证明鉴定意见具有最高人民法院《关于民事诉讼证据的若干规定》第二十七条第一款规定情形的除外。

案例 3－12

安徽××肉类食品有限公司与江苏××建设工程有限公司建设工程施工合同纠纷案［（2017）最高法民申 1463 号］

原告：江苏××建设工程有限公司（以下简称江苏××公司）

被告：安徽××肉类食品有限公司（以下简称安徽××公司）

江苏××公司承建安徽××公司发包的屠宰车间项目，后双方因工程造价争议，江苏××公司诉至法院。造价鉴定机构中信公司受一审法院委托，于 2012 年 11 月出具鉴定报告，鉴定意见为“屠宰车间部分未完工程、变更及土方工程”的变更工程部分造价为 260.5387 万元。后双方提起上诉，案件发回重审，重审期间，中信公司接受一审法院委托，对屠宰车间主厂房基础变更部分工程款、土方工程款、零星变更工程价款、未完工部分工程价款等内容进行司法鉴定，中信公司于 2014 年 9 月 25 日出具鉴定意见，前述工程款计 125,203.3 元。江苏××公司不服，提起上诉，二审法院委托中信公司进行补充鉴定，对屠宰车间主厂房基础加深变更部分出具造价鉴定报告，造价为 258 万余元。最终法院依据中信公司 2012 年的鉴定报告与众信公司 2016 年的补充鉴定报告确定系争工程变更部分造价。

对于二审程序中能否进行补充鉴定问题，笔者认为，二审审理中可以参照一审程序对原鉴定意见作出补充鉴定。

法律法规及大部分地区高级人民法院意见中均未对二审程序中能否进行补充鉴定作出明确规定。但是，《民事诉讼法》第 174 条规定，“第二审人民法院审理上诉案件，除依照本章规定外，适用第一审普通程序”。据此，在法律法规没有明确规定二审中不能对原鉴定意见作补充鉴定的情形下，为进一步补充查明事实，二审程序中可参照原审程序进行补充鉴定。

补充鉴定并非是对新的争议事项进行鉴定，而是对原审鉴定范围中已经包括的委托鉴定事项进行补充鉴定。原审中，鉴定机构本应对此事项出具明确鉴定意见，但是，鉴定机构未出具相应鉴定意见或未出具明确鉴定意见，导致一审法院未查明事实。二审法院在此基础上启动补充鉴定并不违反审判程序，同时，又可节约大量司法审判资源。

结 语

综观《建设工程司法解释二》关于司法鉴定的相关规定可以看出，笔者的诸多建议已经被吸收和采纳，其中包括：

1. 在起诉前，双方当事人已就工程价款结算达成书面合意的，不应在诉讼中再启动鉴定。

2. 对于鉴定资料，人民法院应仅对当事人有争议部分进行质证。

3. 一审程序中未启动鉴定的，二审中人民法院认为确有必要启动鉴定的，如双方当事人同意在二审启动鉴定的，可直接于二审程序中启动鉴定，否则，应发回重审。

此外，笔者认为，目前《建设工程司法解释二》中的部分规定仍值得商榷，笔者在此也提出建议，希望最高人民法院在后续出台《建设工程司法解释三》时予以考虑：

1. 明确对于当事人诉讼前共同委托第三方就工程质量问题出具的咨询意见的处理，应当认为双方当事人共同委托第三方就工程质量出具咨询意见的行为实际上已形成了认可该咨询意见的意思表示，故在咨询意见出具后，如果再行申请鉴定即有违诚实信用原则，故对于当事人双方在诉前共同委托第三方出具的工程质量咨询意见，在不具备《民诉证据规定》第27条第1款所规定的情形时，不应再启动鉴定，该咨询意见可以直接作为判断系争工程质量的依据。

2. 如果当事人诉前共同委托鉴定的机构(包括个人)无造价咨询资质的，根据《工程造价咨询企业管理办法》第38条的规定，其出具的咨询意见无效，故即使当事人双方对其出具的咨询意见予以认可的，其咨询意见仍不能作为工程价款结算的依据。

3. 一审诉讼中因负有举证责任一方当事人提供的鉴定材料不足而未能启动司法鉴定的，一审判决中可预留救济途径，即待该当事人能够提供完整鉴定资料后，可另行起诉。

4. 对于鉴定材料的质证，可借鉴现阶段上海法院的实际做法，即由鉴定单位召集双方当事人核对鉴定材料真实性，在鉴定过程中若产生争议的，人民法院再行介入，对争议部分相关的鉴定材料组织当事人进行质证。

专题四

工期与索赔

本专题涉及的《建设工程司法解释二》条文有第 5 条、第 6 条。

第五条　当事人对建设工程开工日期有争议的，人民法院应当分别按照以下情形予以认定：

（一）开工日期为发包人或者监理人发出的开工通知载明的开工日期；开工通知发出后，尚不具备开工条件的，以开工条件具备的时间为开工日期；因承包人原因导致开工时间推迟的，以开工通知载明的时间为开工日期。

（二）承包人经发包人同意已经实际进场施工的，以实际进场施工时间为开工日期。

（三）发包人或者监理人未发出开工通知，亦无相关证据证明实际开工日期的，应当综合考虑开工报告、合同、施工许可证、竣工验收报告或者竣工验收备案表等载明的时间，并结合是否具备开工条件的事实，认定开工日期。

【释义】

本条是关于如何确定建设工程的开工日期的规定。开工日期是计算工期的起始点，开工日期的确定关系到承包人是否按照约定工期完工的判断，进而关系到承包人工期违约责任承担的问题。盈科工期控制理论有一句名言即“头尾斩断中间小”，具体论述详见本专题内容。下面将对本条内容展开详细论述：

【第一项释义】

若开工通知发出后，具备开工条件的，以开工通知上载明的时间为开工日期；若开工通知发出后不具备开工条件的，以具备开工条件时间为准；开工通知发出后且具备开工条件，但建筑商延迟开工的，以开工通知上载明的时间为准。

(一)前提条件

监理人或发包人在合同履行过程中发出过开工通知。

(二)实质条件

一般以该开工通知上载明的开工日期为准,但在以下几种情形下开工日期的认定有所区别:

1. 非由于建筑商的原因导致开工通知载明的日期不具备开工条件的,以具备开工条件的时间为开工日期。

2. 已具备开工条件的前提下,因建筑商原因导致开工通知载明的日期未能实际开工的,以开工通知载明的时间为开工日期。

【第二项释义】

本项是关于在无开工通知的前提下建筑商已经实际进场施工如何确定开工日期的规定,即无开工通知的前提下,承包人实际进场施工的时间即为开工日期。

(一)前提条件

无开工通知的情况下,建筑商已经发包人同意实际进场施工。

(二)实质条件

开工日期为建筑商实际进场施工时间。

【第三项释义】

本项是关于既无开工通知且亦无证据证明实际开工日期的情况下如何认定开工日期的规定,此时应当综合考虑开工报告、合同、施工许可证、竣工验收报告或者竣工验收备案表等载明的时间,并结合是否具备开工条件,来认定开工日期。

(一)前提条件

既不存在监理人或发包人发出的开工通知,双方又未能提供证据证明实际开工日期的。

(二)实质条件

开工日期的认定,应综合考虑开工报告、合同、施工许可证、竣工验收报告或者竣工验收备案表等载明的时间,并结合是否具备开工条件。

第六条　当事人约定顺延工期应当经发包人或者监理人签证等方式确认,承包人虽未取得工期顺延的确认,但能够证明在合同约定的期限内向发包人或者监理人申请过工期顺延且顺延事由符合合同约定,承包人以此为由主张工期

顺延的,人民法院应予支持。

当事人约定承包人未在约定期限内提出工期顺延申请视为工期不顺延的,按照约定处理,但发包人在约定期限后同意工期顺延或者承包人提出合理抗辩的除外。

【释义】

此条是关于承发包人对于工期顺延申请程序有特别约定时如何处理的规定。

第1款是关于合同已约定顺延工期必须经发包人或者监理人签证等方式确认的情形。在签订施工合同时,发包人借助其优势地位,往往会增加此类条款,即所有工期顺延申请均要经过发包人确认,但发包人在合同履行过程中又以各种理由否决建筑商的合理申请,该约定无效。若承包人能够举证证明:(1)在约定期限内向发包人或者监理人申请过工期顺延;(2)工期顺延事由符合合同约定或法律规定的,则即使未取得发包人或监理人的书面确认,建筑商顺延工期的主张亦可以得到法院支持。

第2款是关于合同已约定建筑商未在约定期限内申请工期顺延则视为工期不顺延的情形。《建设工程施工合同(示范文本)》[(GF-2013-0201)及(GF-2017-0201)]通用条款第19.1条约定"承包人应在知道或应当知道索赔时间发生后28天内,向监理人递交索赔意向通知书,并说明发生索赔事件的事由;承包人未在签署28天内发出索赔意向通知书的,丧失要求追加付款和(或)延长工期的权利。"此即"索赔逾期时效制度",最高人民法院在本款中正式认可了该制度。如果建筑商怠于行使权利,导致未申请或未在约定期限内申请工期顺延,虽然其在诉讼阶段主张顺延工期的,法院原则上不予支持。

但实践中由于建筑商未能在约定期限内提出工期顺延的情况及原因较为复杂,如仅以合同约定即判定建筑商丧失工期顺延的权利,有违公平原则,故最高人民法院增加了但书条款,允许建筑商在以下情况仍享有工期顺延的权利:(1)发包人在约定期限后明确同意工期顺延的,此时系发包人自行处分权利,愿意承担工期顺延的法律后果,则工期应当顺延;(2)建筑商就未在约定期限内申请工期顺延这一情况提出了合理的抗辩理由,法院也应支持建筑商顺延工期的主张,而所谓"合理的抗辩理由"必须让法院信服,即非由于建筑商自身原因所导致的,且其主张的工期顺延事由必须符合合同约定或法律规定。

法律依据

《合同法》

第八条　依法成立的合同，对当事人具有法律约束力，当事人应当按照约定履行自己的义务，不得擅自变更或者解除合同。

依法成立的合同，受法律保护。

一、工期

合理工期是工期的其中一种分类，要阐明合理工期，首先应当了解工期的几种类别。

（一）工期的定义和类别

工程上讲的工期是建筑商完成建设工程施工合同中约定的全部内容所需的时间，一般指从建设工程正式破土开工到按施工承包合同约定达到竣工验收标准所花费的全部时间。施工工期同工程造价、工程质量一起被视为建设工程项目管理的三大目标，作为考核建设工程项目经济效益和社会效益的重要指标。

按形成方式的不同，工期常见的可分为合同工期、定额工期、合理工期三种。

1. 合同工期

合同工期是发包人和建筑商双方合意约定的日期，故也可以称为“约定工期”。它是由发包人和建筑商在招标投标或协商一致的基础上、在建设工程施工合同中约定的完成合同内容所需的时间，通常按总日历天数（包括法定节假日）进行计算，即开工日期至竣工日期的时间。根据《合同法》的规定，合同工期对合同双方都具有强制性约束作用，建筑商应在合同工期内完成建设工程施工任务，否则需要承担逾期竣工的违约责任。

2. 定额工期

定额工期是根据建设工程行政主管部门发布的规范性文件规定确定的工期，故一定意义上也可称为“法定工期”。它是指政府规范性文件中规定的建设工程按正常施工条件、合理的劳动组织、以建筑商的技术装备和管理的平均水平为基础，从工程基础破土开工（或原桩位打基础桩）起至完成工程施工任务，并达到国家验收标准之日止的全过程所需的时间。

2016 年住建部修编了《建设安装工程工期定额》（TY 01 －89 －2016），其中将建设工程划分为民用建筑工程、工业及其他建筑工程、构筑物工程和专业工程四种类型，每种类型中再进一步予以细化规定。根据工程用途、结构类型、层数及层高、地下室或地上建筑、建筑面积、土质、气候条件等因素的不同，比对查找相应定额，即可确定所施工程的施工工期，该工期即为该工程的定额工期。

以上海为例，土质属于一类土、二类土范围，且属一类气候，如施工的建设工程项目为办公楼框架结构，其中地上 20 层，地下室 1 层，±00 以下的施工面积为 1200 平方米，±00 以上施工面积为 24,000 平方米，那么根据《建筑安装工程工期定额》计算，地下室施工的定额工期为 110 天，地上 20 层的框架结构的定额工期为 610 天，整体工程的定额工期为 720 天。

3. 合理工期

合理工期，是指建设工程在正常的建设条件下，依据合理的施工工艺和管理，在建设过程中对人力、财务、资源合理有效地利用并保障建设工程质量安全与施工安全的基础上完成施工任务的必要劳动时间。

合理工期与合同工期、定额工期的最显著区别在于：合同工期有约定的相对明确的具体时间，定额工期有规范的可计算的具体时间，而合理工期没有一个相对明确的、有规范可依据的具体时间，它往往需要综合工程施工的各种条件、各种情形才能确定一个相对合理的时间。

下面对合理工期进行具体阐述。

（二）合理工期概念的形成发展

1. 国务院及中央部委对合理工期的规定

早在 20 世纪 80 年代，国家发改委已在《基本建设项目包干经济责任制试行办法》中使用“合理工期”概念。2000 年 1 月 30 日国务院将合理工期写入《建设工程质量管理条例》，其中第 10 条规定：“发包单位不得迫使承包方以低于成本价格竞标，不得任意压缩合理工期。”2009 年 12 月 14 日，发改委、住建部等七部委又在《关于加强重大工程安全质量保障措施的通知》（发改投资〔2009〕3183 号）中强调：“合理的工程建设周期是保证工程安全质量的重要前提。”该部门规章再次强调了合理工期的重要意义。

此后，国务院及住建部多次发文强调科学确定工程合理工期、不得压缩合理工期。如国务院发布的《关于进一步加强企业安全生产工作的通知》（国发〔2010〕23 号），住建部发布的《关于进一步加强建筑安全生产工作的通知》（建办质〔2009〕44

号)、《关于集中开展严厉打击建筑施工非法违法行为专项行动的通知》(建办质电〔2010〕37 号)、《关于进一步强化住宅工程质量管理管理和责任的通知》(建市〔2010〕68 号)以及《关于推进建筑业发展和改革的若干意见》(建市〔2014〕92 号)等。

虽然国务院和中央部委出了上述很多法规规章涉及合理工期问题,但是,这些法规规章对如何界定"合理工期","合理工期"的具体衡量标准是什么等问题均未进行明确规定,故合理工期如何确定一直存在争议,缺乏实践可操作性。

2013 年 7 月 1 日,住建部发布的《建设工程工程量清单计价规范》(GB 50500－2013)中规定:"招标人应依据相关工程的工期定额合理计算工期,压缩的工期天数不得超过定额工期的 20%,超过者,应在招标文件中明示增加赶工费用。"这条规定终于对合理工期有了相对明确的界定,即"合理工期的工期不应低于定额工期的 80%",这就使得合理工期有了较为明确的量化标准、计算依据,也就具备了实务可操作性。这是对合理工期概念发展的重要一步。

2. 各地对合理工期的规定

北京市住建委《关于贯彻执行 2009 年〈北京市建设工程工期定额〉和 2009 年〈北京市房屋修缮工程工期定额〉有关问题的通知》

招标人要求施工工期小于定额工期时,必须在招标文件中明示增加费用,压缩的工期天数不得超过定额工期的 30%。超过 30%,视为发包人任意压缩合理工期,依照《建设工程质量管理条例》处理。

河北省住建厅《关于加强建设工程工期管理有关工作的通知》

拟定的招标工期可以小于定额工期,但不得小于定额工期的 70%,否则视为任意压缩合理工期。

江苏省住建厅《关于贯彻执行〈建筑安装工程工期定额〉的通知》

压缩工期超过定额工期 30% 以上的建筑安装工程,必须经过专家认证。

浙江省住建厅《关于做好贯彻执行〈建筑安装工程工期定额〉的通知》

招标人确定的工期低于定额工期 70% 的,招标人应当组织专家论证,并依照审定的技术措施方案编制相应的提前竣工增加费。

上海建交委《上海市建设工程施工工期定额(2017)》

招标工期要求与《施工工期定额》的压缩幅度不得超过 15%(含),加强合同工期的源头管理,保障合理工期。

从上述各省市发布的规范性文件可见:

首先，各省市对于合理工期非常重视。北京市甚至早在2009年就对合理工期的确定规定了相对明确的标准，其他省市也在中央部委发布对合理工期的量化标准后相应出台了具体规范。

其次，各省市对于合理工期的量化标准有所不同。如北京、河北、浙江、江苏均以定额工期的70%作为合理工期的衡量标准，而上海市将合理工期规定为不得低于工期的85%作为衡量标准。而且，即便北京、河北、浙江、江苏均以定额工期的70%作为合理工期的衡量标准，但是北京、河北规定低于定额工期70%的视为任意压缩合理工期，而江苏、浙江则是要求低于70%定额工期应组织专家进行认证，显然并不认为低于定额工期70%就一定不属于合理工期。

可见，合理工期是非常复杂而难以界定的。它受到各地建设工程的地址结构、施工条件、各地不同资质建筑商的不同施工水平甚至当地施工过程中各种突发意外等多方面影响，所以各地难以界定一个统一的衡量标准。

（三）合理工期的确定

为了保证建设工程的质量及控制成本，工期不可任意压缩，应当保证合理施工期间。笔者认为，合理工期的确定应当参照《建设工程工程量清单计价规范》（GB 50500－2013）的规定，应不低于定额工期的80%。若合同工期低于定额工期80%的，则应当明确增加赶工费用。

当然，各省市的建筑行业施工情况不同，各地建设行政主管部门从当地施工实际情况出发对合理工期的确定相应有不同调整，故，法院在司法实践中可同时结合《建设工程工程量清单计价规范》（GB 50500－2013）的规定和建设工程所在地对合理工期的规定来综合确定合理工期。

案例4－1

上海市高级人民法院（2010）沪高民一（民）终字第26号

发包人：上海浦庆投资有限公司（以下简称浦庆投资）

承包人：江苏南通六建建设集团有限公司（以下简称南通六建）

案情简介：

2004年2月14日，南通六建作为承包人与浦庆投资作为发包人签订了《建设工程施工合同》，约定上海浦东国际机电数码园一期（办公楼及研发中心）Ⅰ标工程的开工日期为2004年2月15日，竣工日期为2004年10月12日，合同工期为240天。

南通六建认为合同工期不合理。一审法院委托鉴定单位就合理定额工期进行鉴定。经计算，涉案工程的合理定额工期为306日历天（按施工图纸计算，定额工期360日历天，压缩15%后得出的上述306天合理定额工期）。

南通六建认为：合理定额工期306天与合同工期240天之间被不合理压缩的66天应予顺延。理由是：(1)《建设工程质量管理条例》第10条规定，建设工程发包单位不得任意压缩合理工期。(2)浦庆公司依据A1、A2楼白图进行招标时便已确定工期为240天。在浦庆公司提供的实际施工蓝图与A1、A2楼完全不同的情况下，南通六建有权要求结合实际施工情况对合同工期进行调整。

浦庆投资认为，讼争工程工期以合同约定的工期为准，应为240天。

法院观点：

一审法院认为：《合同法》第8条规定，依法成立的合同，对当事人具有法律约束力。当事人应当按照约定履行自己的义务，不得擅自变更或者解除合同。依法成立的合同，受法律保护。南通六建援引《建设工程质量管理条例》的相关规定，主张顺延工期66天，但该规定并未影响合同的效力，双方当事人仍应按合同履行。

二审法院认为：双方约定的240天工期是南通六建对浦庆公司的承诺，对南通六建有约束力。南通六建要求按定额工期计算缺乏依据，法院不予采信。

案例4-2

苏州市中级人民法院(2014)苏中民终字第1161号

发包人：苏州新世界电器有限公司（以下简称新世界电器）

承包人：江苏耀华建设有限公司（以下简称耀华建设）

案情简介：

2008年，新世界电器与耀华建设签订《建设工程施工合同》，约定涉案工程的开工日期为2008年9月1日（以开工报告为准），竣工日期为2008年12月30日，总日历天数为120天。

经耀华建设申请鉴定，鉴定单位鉴定得出涉案工程定额工期为252天，并指出定额工期不等同于合理工期。

新世界电器认为，合理工期应参考鉴定机构意见及苏州市工程造价管理处《关于合理约定建设工程施工工期的指导意见》（苏建价便〔2009〕8号）的精神，即建筑工程框架结构最短施工工期最少不得低于《全国建筑安装工程工期定额》（建标〔2000〕38号）的65%，即252天×65%＝164天。

耀华建设认为，合理工期为定额工期为252天。

法院观点：

一审法院认为，合理工期区别于定额工期及合同约定工期，合理工期的判断应着重考虑建设工程质量和安全施工，在定额工期的基础上进行权衡。鉴于本案工程造价的鉴定结论（8,524,902.55元）与合同约定工程造价（8,500,000元）相差无几，以及合同约定工期总日历天数仅为120天的因素，参考鉴定机构意见及苏建价便〔2009〕8号的精神，法院酌情确定涉案工程合理工期为164天。

二审法院认为，定额工期不同于合理工期，定额工期是为了保证建筑工程质量和施工安全，依据国家建筑安装工程质量检验评定标准、施工及验收规范等有关规定，参照当地一般施工条件和施工企业平均装备及管理水平确定的，对合同当事人仅具有参考意义，并非必然产生拘束力，而合理工期则进一步考量了工程的实际状况和施工企业的具体资质能力，对确定承发包双方的权利义务关系更具有科学性和合理性。本案一审中原审法院综合考虑双方对工期的具体约定以及涉案工程的实际造价与合同价款金额接近的实际，参考苏州市工程造价管理处《关于合理约定建设工程施工工期的指导意见》等文件精神，酌情确定涉案工程的合理工期为164天并无不当，二审依法予以确认。

案例总结：

由上述案例可见，针对合同工期低于合理工期的约定是否有效，各地法院裁判观点并不一致。[案例4－1]中，审理法院认为合同约定对双方当事人有效，应遵循意思自治。[案例4－2]中，审理法院认为当事人不应当遵守低于合理工期的合同工期，应以合理工期为准。

《第八次全国法院民事商事审判工作会议纪要》

第三十条　依法维护通过招投标所签订的中标合同的法律效力。当事人违反工程建设强制性标准，任意压缩合理工期、降低工程质量标准的约定，应认定无效。对于约定无效后的工程价款结算，应依据建设工程施工合同司法解释的相关规定处理。

《广东省高级人民法院全省民事审判工作会议纪要》

17. 要依法维护通过招投标方式所签订的中标合同的法律效力。对以低于工程建设成本的工程项目标底订立的施工合同,应当依据《招标投标法》第四十一条第(二)项的规定认定无效;当事人违反工程建设强制性标准,任意压缩合理工期、降低工程质量标准的约定,也应认定无效。对于约定无效后的工程价款结算,应依据最高人民法院《关于审理建设工程施工合同纠纷案件适用法律问题的解释》的相关规定处理。

笔者赞同最高人民法院的观点,任意压缩合理工期、合同工期低于合理工期的约定无效。理由如下:

工期属于施工承包合同约定内容,首先应适用《合同法》调整。

《合同法》

第五十二条 有下列情形之一的,合同无效:

(一)一方以欺诈、胁迫的手段订立合同,损害国家利益;

(二)恶意串通,损害国家、集体或者第三人利益;

(三)以合法形式掩盖非法目的;

(四)损害社会公共利益;

(五)违反法律、行政法规的强制性规定。

施工承包合同对工期的约定是否无效应按该条规定进行认定。

《合同法》第52条对于合同是否无效的规定,从发生论的角度看,可以分为三个层次:违反社会公共利益—违反强制性规范—具体的效力规则。其中,违反强制性规范是违反社会公共利益的具体化,而各种效力规则是违法无效规则的具体化。因此,在适用上,根据具体规则优于一般规则的法理,应先考察各种具体的效力规则,然后再考察是否违反强制性规范,最后才考察是否违反社会公共利益。[①]

据此,对于施工承包合同对工期的约定是否无效,笔者认为应按以下层次进行考虑:

1.《合同法》第52条规定的前3项情形属于违法无效的具体规则,故应首先适用。而合同工期低于压缩合理工期的约定并不属于该3项规定的情形,故,不适用违法无效的规则。

2. 合同工期低于压缩合理工期的约定是否适用《合同法》第52条第5项情形,

---

① 刘贵祥:《合同效力研究》,人民法院出版社2012年版,第26页。

即是否违反强制性规范。

《合同法司法解释二》第 14 条规定:“合同法第五十二条第(五)项规定的‘强制性规定’,是指效力性强制性规定。”即只有在违背效力性强制性规定的情况下才无效。

对于如何识别效力性强制性规定,应当采取正反两个标准。在肯定性识别上,首先,判断标准是该强制性规定是否明确规定了违反的后果是合同无效,如果规定了违反的后果是导致合同无效,该规定属于效力性强制性规定。其次,法律、行政法规虽然并未规定违反将导致合同无效的,但违反该规定如使合同继续有效将损害国家利益和社会公共利益的,也应当认定该规定是效力性强制性规定。① 针对前者,我国法律法规并未明确规定压缩合理工期的约定无效。针对后者,压缩合理工期将导致建设工程质量无法得到保障,进而危害使用人的生命安全及财产安全,如果该规定继续有效将损害国家利益和社会公共利益。基于此,浙江省高级人民法院民一庭负责人在《关于审理建设工程施工合同纠纷案件若干疑难问题的解答》新闻发布会上强调,凡其本质是涉及建筑工程质量的,应当理解为效力性强制性规定,当事人一旦违反,就会产生合同无效的后果。

综上,《建设工程质量管理条例》第 10 条规定属于效力性强制性规定,合同工期低于压缩合理工期的约定违反效力性强制性规定,应当无效。

3. 假设认为《建设工程质量管理条例》第 10 条规定为管理性强制性规定,而非效力性强制性规定,合同工期低于合理工期的约定不能依据《合同法》第 52 条第 5 项被认定为无效。那么,再来看该约定是否适用第 52 条第 4 项,即合同工期对于压缩合理工期的约定是否违反社会公共利益。

合同工期固然系建设工程施工承包合同双方当事人的真实意思表示,双方当事人应当遵守合同约定。但是合理工期是保证工程安全质量的重要前提,建设工程本身的施工质量关系到人民的生命财产安全,任意压缩合理工期将损害社会公共利益和社会公共安全。故,合同工期低于压缩合理工期的约定应当适用《合同法》第 52 条第 4 项情形,是属于损害社会公共利益的情形,应当认定为无效。

综上,笔者认为,合同工期低于压缩合理工期的约定是无效的。

---

① 沈德咏、奚晓明主编:《最高人民法院关于合同法司法解释(二)的理解与适用》,人民法院出版社 2009 年版,第 112 页。

二、开工日期与竣工日期

确定工期是否迟延首先要确定工程的实际工期,而实际工期的确认则需确定开工日期及竣工日期。

(一)实际开工日期

开工日期分为计划开工日期和实际开工日期。计划开工日期是指承发包人双方在建设工程施工合同中所约定的工程开始施工的时间。实际开工日期是指工程实际开始施工的时间。由于当事人未约定或约定不明,实践中发包人和建筑商常对实际开工日期的确定发生争议。

1.《建设工程司法解释二》的发展

《建设工程司法解释二》(征求意见稿)第二稿:

第六条 当事人双方对建设工程实际开工日期有争议的,人民法院应当分别按照以下情形予以认定:

(1)开工日期为监理人发出的开工通知中载明的开工日期;开工通知发出后,尚不具备开工条件的,以开工条件具备的时间作为开工日期,但因承包人原因导致实际开工时间推迟的,以开工通知载明的时间为开工日期。

(2)监理人未发开工通知,亦无相关证据证明实际开工日期的,应当综合考虑开工报告、合同约定、开工许可证上载明的时间,并结合是否具备开工条件的事实,认定开工日期。

(3)承包人在开工通知发出前已经实际进场施工的,以实际开工时间为开工日期。

《建设工程司法解释二》(征求意见稿)第三稿:

第十条 当事人双方对建设工程实际开工日期有争议的,人民法院应当分别按照以下情形予以认定:

(1)开工日期为监理人发出的开工通知中载明的开工日期;开工通知发出后,尚不具备开工条件的,以开工条件具备的时间作为开工日期,但因承包人原因导致实际开工时间推迟的,以开工通知载明的时间为开工日期。

(2)监理人未发开工通知,亦无相关证据证明实际开工日期的,应当综合考虑开工报告、合同约定、开工许可证上载明的时间,并结合是否具备开工条件的事实,认定开工日期。

(3)承包人在开工通知发出前已经实际进场施工的,以实际开工时间为开工日期。

(4)依照上述第1项、第3项确定的开工日期,在开工许可证载明的时间之前的,以开工许可证载明的时间确定开工日期。

《建设工程司法解释二》(征求意见稿)第四稿:

第五条 当事人对建设工程实际开工日期有争议的,人民法院应当分别按照以下情形予以认定:

(一)开工日期为发包人或者监理人发出的开工通知中载明的开工日期,开工通知发出后,尚不具备开工条件的,以开工条件具备的时间作为开工日期,但因承包人原因导致实际开工日期推迟的,以开工通知载明的时间为开工日期;

(二)承包人经发包人同意在开工通知发出前已经实际进场开工的,以实际进场施工时间为开工日期;

(三)发包人或者监理人未发出开工通知,亦无相关证据证明实际开工日期的,应当综合考虑开工报告、合同、施工许可证、竣工验收报告或者竣工验收备案表等载明的时间,并结合是否具备开工条件的事实,认定开工日期。

《建设工程司法解释二》送审稿:

第五条 【实际开工日期的认定】

当事人对建设工程实际开工日期有争议的,人民法院应当分别按照以下情形予以认定:

(一)开工日期为发包人或者监理人发出的开工通知中载明的开工日期;开工通知发出后,尚不具备开工条件的,以开工条件具备的时间作为开工日期,但因承包人原因导致实际开工时间推迟的,以开工通知载明的时间为开工日期;

(二)承包人经发包人同意在开工通知发出前已经实际进场施工的,以实际进场施工时间为开工日期;

(三)发包人或者监理人未发出开工通知,亦无相关证据证明实际开工日期的,应当综合考虑开工报告、合同、施工许可证、竣工验收报告或者竣工验收备案表等载明的时间,并结合是否具备开工条件的事实,认定开工日期。

《建设工程司法解释二》:

第五条 当事人对建设工程开工日期有争议的,人民法院应当分别按照以下情形予以认定:

(一)开工日期为发包人或者监理人发出的开工通知载明的开工日期;开工通知发出后,尚不具备开工条件的,以开工条件具备的时间为开工日期;因承包人原因导致开工时间推迟的，以开工通知载明的时间为开工日期。

（二）承包人经发包人同意已经实际进场施工的，以实际进场施工时间为开工日期。

（三）发包人或者监理人未发出开工通知，亦无相关证据证明实际开工日期的，应当综合考虑开工报告、合同、施工许可证、竣工验收报告或者竣工验收备案表等载明的时间，并结合是否具备开工条件的事实，认定开工日期。

从《建设工程司法解释二》（征求意见稿）、送审稿到正式稿的发展可见，最高人民法院对开工日期的认定规则基本不变，主要调整在于第三稿增加的根据开工许可证来认定开工日期的规定，从第四稿就被删除，送审稿及正式稿中均未采纳。

2. 各地法院对于开工日期的相关规定

江苏、广东、安徽等高级人民法院的规定与最高人民法院征求意见稿的意见一致，应当首先以开工通知（或称开工令）上载明的开工时间为依据认定实际开工日期；如因发包人原因延迟开工的，以具备实际开工条件的时间进行确定，如因承包人原因延迟开工的，则以开工通知上确定的时间为依据确定；如无开工通知或开工通知发出前已经常施工的，则以实际施工时间为准。如无证据证明实际开工日期，则以合同约定的开工日期为准。

此外，浙江省高级人民法院、安徽省高级人民法院还认为开工报告也可以作为开工时间确定的依据。开工报告系建筑商在具备施工条件后向发包人提交的申请开工的报告。

至于施工许可证是否影响实际开工日期的认定，广东省高级人民法院认为除非合同另有约定，否则发包人是否取得施工许可证并不影响开工日期的认定，以实际开工之日为准。

《浙江省高级人民法院民事审判第一庭关于审理建设工程施工合同纠纷案件若干疑难问题的解答》（2012 年）

五、如何认定开工时间？

建设工程施工合同的开工时间以开工通知或开工报告为依据。开工通知或开工报告发出后，仍不具备开工条件的，应以开工条件成就时间确定。没有开工通知或开工报告的，应以实际开工时间确定。

《江苏省高级人民法院建设工程施工合同案件审理指南》（2010 年）

六、建设工程施工合同条款

1. 开工日期的认定　建设工程合同中，开工日期一般都是确定的，但实务中也时常发生承包人实际开工日期的争议，通常集中为承包人实际延迟开工的原因方面。归纳起来，承包人实际推迟开工的原因主要为以下三个方面：(1)发包人未能依法依约提供符合承包人开工的条件……(2)承包人无力按时开工，包括施工人员、机械设备、承诺垫资的资金、材料不能按时到位等；(3)外部原因，比如自然灾害、恶劣气候、流行性疾病、周边群众阻挠等。上述发包人原因、外部原因(周边群众阻挠系因与发包人的纠纷引发)致使承包人确实无法按时开工，不可归责于承包人，承包人可以顺延开工日期而不构成违约。因承包人原因(周边群众阻挠系因与承包人的纠纷引起)致使承包人不能按时开工的，承包人不可以顺延开工日期，因此不能在约定的工程日期内竣工或者不能履行合同的，承包人应承担迟延履行和不能履行的违约责任。

《北京市高级人民法院关于审理建设工程施工合同纠纷案件若干疑难问题的解答》(2012年)

25. 工程开竣工日期如何确定？

建设工程施工合同实际开工日期的确定，一般以开工通知载明的开工时间为依据；因发包人原因导致开工通知发出时开工条件尚不具备的，以开工条件具备的时间确定开工日期；因承包方原因导致实际开工时间推迟的，以开工通知载明的时间为开工日期；承包人在开工通知发出前已经实际进场施工的，以实际施工时间为开工日期；既无开工通知也无相关证据能证明实际开工日期的，以施工合同约定的开工时间为开工日期。

《安徽省高级人民法院关于审理建设工程施工合同纠纷案件适用法律问题的指导意见(二)》(2013年)

第三条　建设工程的开工日期应依据开工令、开工报告记载的时间予以认定。当事人认为实际开工时间与开工令、开工报告记载的时间不符的，应当承担举证责任。

因发包人原因导致延误开工的，以实际开工时间作为开工日期；因承包人原因导致延误开工的，以开工令、开工报告记载的时间作为开工日期。

既无开工令、开工报告，又无法查明实际开工时间的，依据合同约定的开工日期予以认定。

《广东省高级人民法院关于审理建设工程合同纠纷案件疑难问题的解答》

19. 建设工程开工日期应如何认定？

虽然发包人未取得施工许可证，但承包人已实际开工的，应以实际开工之日为开工日期,合同另有约定的除外。因未取得施工许可证而被行政主管部门责令停止施工的,停工日期可作为工期顺延的事由。

3.示范文本对于实际开工日期的认定

各示范文本均约定以发包人或监理人发出的开工通知上载明的开工日期来确定实际开工日期。

《建设工程施工合同范本》(GF-1999-0201)(以下简称《GF99 文本》)

1.15　开工日期指发包人承包人在协议中约定,承包人开始施工的绝对的或相对的日期。

《建设工程施工合同范本》(GF-2013-0201)(以下简称《GF13 文本》)及《建设工程施工合同范本》(GF-2017-0201)(以下简称《GF17 文本》)

1.1.4.1　开工日期:包括计划开工日期和实际开工日期。计划开工日期是指合同协议书约定的开工日期;实际开工日期是指监理人按照第 7.3.2 项〔开工通知〕约定发出的符合法律规定的开工通知中载明的开工日期。

7.3.2　发包人应按照法律规定获得工程施工所需的许可。经发包人同意后,监理人发出的开工通知应符合法律规定。监理人应在计划开工日期 7 天前向承包人发出开工通知,工期自开工通知中载明的开工日期起算。

《标准施工招标文件》(以下简称《九部委 56 号文》)

11.1.1　监理人应在开工日期 7 天前向承包人开出开工通知。监理人在发出开工通知前应获得发包人同意。工期自监理人发出的开工通知中载明的开工日期起计算。承包人应在开工日期后尽快施工。

FIDIC《施工合同条件》(1999 版红皮书)(以下简称《FIDIC 文本》)

8.1　工程师应至少提前 7 天通知承包商开工日期。除非专用条件中另有说明,开工日期应在承包商接到中标函后的 42 天内。

4.对实际开工日期认定的相关疑难问题

实际开工日期认定存在较多疑难问题,下面结合案例举例来加以阐述。

(1)《施工许可证》对确定实际开工日期的影响?

案例 4-3

最高人民法院(2014)民一终字第 69 号

发包人:青海隆豪置业有限公司(以下简称隆豪置业)

承包人:青海方升建筑安装工程有限责任公司(以下简称方升建筑)

案情简介:

2011 年 9 月 1 日,隆豪置业与方升建筑签订《建设工程施工合同》,约定开工日期为 2011 年 5 月 8 日,竣工日期为 2012 年 6 月 30 日。涉案工程在签订施工合同前已经开始施工。方升建筑呈送并经监理单位确认的《开工报告》中载明的计划开工日期为 2011 年 5 月 15 日,竣工日期为 2012 年 10 月 1 日。《建设工程施工许可证》中载明的开工日期为 2011 年 6 月 20 日,竣工日期为 2012 年 12 月 31 日。

法院观点:

最高人民法院认为,虽然《建设工程施工许可证》载明的开工日期为 2011 年 6 月 20 日,但是,施工许可证载明的日期并不具备绝对排他的、无可争辩的效力,《建设工程施工许可证》是建设主管部门颁发给建设单位的准许其施工的凭证,只是表明了建设工程符合相应的开工条件,《建设工程施工许可证》并不是确定开工日期的唯一凭证。实践中,建设工程开工日期早于或者晚于施工许可证记载日期的情形大量存在。当施工单位实际开工日期与施工许可证上记载的日期不一致时,同样应当以实际开工日期而不是施工许可证上记载的日期作为确定开工日期的依据。

(2)建筑商在取得施工许可证前已进场施工,是否应以之后取得的开工许可证上记载的日期为实际开工日期?

从《建设工程司法解释二》的发展可见,最高人民法院对于开工许可证上记载的日期是否可直接认定为实际开工日期存在观点上的转变。

根据《建筑法》第 7 ~ 8 条的规定,建设工程开工前,建设单位应当按照国家有关规定向工程所在地县级以上人民政府建设行政主管部门申请领取施工许可证。而实践中,发包人为赶工期、尽早实现其投资收益,在风险可控的情况下经常发生要求承包人在未取得施工许可证的情形下违规开工建设。

笔者认为,应当结合建筑施工行业的实际情况进行分析。正如[案例 4 - 3]中最高人民法院观点所述,施工许可制度是对工程开工的行政管理,是否取得开工许可证与是否实际开工没有必然的联系。开工与否是事实判断,开工合法与否是价值判断。对发包人、建筑商来讲,未取得施工许可证就开始施工,属于违法施工,双方均具有主观过错,而工程本身可能面临停止施工、限期改正、罚款等行政处罚,即使被责令停工也仅会产生工期顺延的情形,但不能改变开工的事实。

在工程未被责令停工的情况下,建筑商的施工并未受到任何相关影响,实际开工日期的确定不受施工许可证记载的日期约束。而在工程被责令停工的情况下,如承包人已施工但被建设行政主管部门要求停工,此时并不影响实际开工日期的认定,但由此产生的工期延误应由发包人承担,工期相应顺延。此种认定均衡保护建筑商和发包人的利益,若在施工许可证取得前,承包人已施工较长时间,极端情况下可能已施工到主体结构封顶,此时若再以施工许可证上载明的时间为开工日期,无疑对发包人极不公平。

5. 笔者的观点

笔者认为,实际开工日期的确定应该符合建设工程行业的实践操作,如果发包人和建筑商对实际开工日期存在争议,可以按照以下原则来进行认定:

(1)若监理人或发包人发出开工通知,一般应当以该开工通知上载明的开工日期为准。

《合同法》

第六十一条 合同生效后,当事人就质量、价款或者报酬、履行地点等内容没有约定或者约定不明确的,可以协议补充;不能达成补充协议的,按照合同有关条款或者交易习惯确定。

当发包人与建筑商未就实际开工日期如何确定进行约定,此时遵循了建设工程行业开工的习惯,而实践中,通常在工程施工承包合同中约定"具体以发包人(或监理人)发出的开工通知为准"。

但是下列情形应另行处理:

①当建筑商证明开工通知载明的开工日期不具备施工条件的,那么应当以施工条件具备的时间为开工日期。

是否具备施工条件应以工程施工承包合同约定的条件为准。如采用《GF13 文本》及《GF17 文本》的,根据通用条款的约定,发包人应当在要求建筑商进场施工前提供相应的施工现场、施工条件及基础资料。施工条件包括:a. 将施工用水、电力、通信线路等施工所必需的条件接至施工现场内;b. 保证向承包人提供正常施工所需要的进入施工现场的交通条件;c. 协调处理施工现场地下管线和邻近建筑物、构筑物、古树名木的保护工作,承担相关费用;d. 按照专用合同条款约定应提供的其他设施和条件。发包人和建筑商还可在专用条款中约定其他施工条件。

而发包人与建筑商在约定施工条件时,应当结合建设工程的具体情况,同时考虑工程所在地建设行政主管部门的强制要求。因为根据《建筑法》规定,符合施工条件是各地建设工程行政主管部门颁发施工许可证的必要条件。法律、法规并未对施工条件作强制性规定,各地要求不同,如北京市住建局在其官网上发布的《施工场地施工条件说明》中要求的施工条件为:"1. 用地红线内应拆除的地上建筑物、构筑物已全部拆除;施工场地已完成围挡工作。2. 施工现场供水和排水、电力及施工道路满足施工要求;施工现场的空中区域没有高压线等空中架设障碍物;施工现场已平整。3. 建设单位已向施工单位提供了各类地下管线资料,并制定了安全保护措施。4. 不存在未经批准擅自开工等违法行为。"

②当建筑商实际进场施工时间早于开工通知上载明的时间的,那么如何确定开工日期?

对这种情形,最高人民法院在《建设工程司法解释二》规定"实际开工时间为开工日期",即建筑商实际进场施工时间作为实际开工日期。对最高人民法院的这种观点,笔者存在不同意见。笔者认为,当建筑商实际进场施工时间早于开工通知上载明的时间时,应以开工通知上载明的开工时间作为开工日期。

工程施工合同履行过程中签发的书面文件仍然适用《合同法》的基本原理,尊重双方意思自治。发包人在建筑商已开工的情况下发出开工通知,建筑商又接受的,双方实质上对开工日期进行了确定,应视为双方对开工日期达成一致、没有争议。故,应以双方确认的开工通知上载明的开工时间作为开工日期。

(2)若监理人或发包人未发出开工通知,建筑商发出开工报告且经发包人同意的,应当以开工报告上载明的时间为准。

根据《建设工程司法解释二》第 5 条第 3 款的规定,在既无开工通知亦无其他证据证明实际开工日期的情况下,开工报告才作为认定开工日期的依据之一。

但笔者认为,开工通知与开工报告处于同等重要的地位,在笔者为建筑商提供过的众多建设工程项目全过程法律服务案例中,由发包人或监理人主动发出开工通知的情况非常少,大部分情况下都是由建筑商在具备施工条件时向发包人发出开工报告,经发包人审批后再实际进场施工。基于此种情形,浙江省高级人民法院民事审判第一庭在《关于审理建设工程施工合同纠纷案件若干疑难问题的解答》(2012 年)规定:"建设工程施工合同的开工时间以开工通知或开工报告为依据"。故在没有发包人或监理人开工通知但存在开工报告时,开工报告上载明的开工日期应当认定为实际开工日期。即便建筑商在开工报告载明的开工日期前已经施工的,还是应当以载明的开工日期为准,因为对开工报告的确认可以视为发包人和承包人已就开工日期达成一致确定意见,故应遵守该约定。

(3)若既无开工通知,也无开工报告,但有证据证明实际进场施工时间的,应以实际开工日期为准。承包人的证据可以是工程监理记录、当事人的会议纪要等。

(4)若既无开工通知、开工报告,也无证据证明实际进场施工时间的,则应当综合考虑合同约定、开工许可证、竣工验收报告或者竣工验收备案表等文件上载明的时间,并结合是否具备开工条件的事实来确定开工日期。

6. 实务操作建议

(1)为了避免日后就实际开工日期的认定产生争议,发包人及建筑商应在建设工程施工合同中明确实际开工日期的认定原则。

(2)建筑商在进场施工前,必须要求发包人或监理人发出开工通知,同时查明发包人施工许可证办理情况、施工现场施工条件具备与否。如果发现发包人未办妥施工许可证,或施工现场不具备施工条件的,那么建筑商有权依据法律规定及合同约定拒绝进场施工。

如果发包人或监理人迟迟不发出开工通知书的,建筑商可以发出开工报告,待发包人审批后再进场施工。

(3)建筑商收到发包人或监理人发出的开工通知后,应做好开工前的施工组织计划,包括开工前的准备工作,人工、机械设备、材料及其他开工条件的计划,并报经发包人确认。如果根据经确认的施工组织计划进度,发包人仍不具备开工条件,建筑商可根据开工前的组织设计及现场的签证文件向发包人提出开工前的索赔。

实践中,笔者曾遇见承包人进场后两年未开工的情况,承包人为此向发包人提起诉讼,要求发包人赔偿其两年间因此遭受的损失。而发包人抗辩的理由是其并未要求承包人进场施工。因此,承包人还应要求发包人出具进场通知书,且提交施工组织计划报发包人确认。

(二)竣工日期

竣工日期分为计划竣工日期和实际竣工日期。计划竣工日期是指承发包双方在建设工程施工合同协议书中约定的某个特定的日期。实际竣工日期是指工程全部竣工验收完成或视为竣工验收完成的日期。

竣工日期的确定关系到工期、竣工结算、违约事项起算时间以及风险转移等问题。由于建设工程周期较长,施工过程存在各种不确定情况,故建设工程一般不可能在计划竣工日期准时竣工,因此通常会在施工合同中对实际竣工日期如何认定作出约定。但是,经常会发生因对实际竣工日期约定不明的情形,发包人和建筑商仍会对实际竣工日期的认定产生争议。

1. 最高人民法院和各地法院对于实际竣工日期的相关规定

《建设工程司法解释一》

第十四条 当事人对建设工程实际竣工日期有争议的,按照以下情形分别处理:

(一)建设工程经竣工验收合格的,以竣工验收合格之日为竣工日期;

(二)承包人已经提交竣工验收报告,发包人拖延验收的,以承包人提交验收报告之日为竣工日期;

(三)建设工程未经竣工验收,发包人擅自使用的,以转移占有建设工程之日为竣工日期。

各地法院将《建设工程司法解释一》第14条进行了细化,如江苏省高级人民法院对第14条第3项规定分别进行了详细论述,北京市高级人民法院对第14条第1项下的竣工日期如何确定进行了规定,安徽省高级人民法院对第14条第2项下发包人拖延验收情况下承包人提交验收报告的内容进行了明确。

《江苏省高级人民法院建设工程施工合同案件审理指南》(2010年)

建设工程经过竣工验收且合格的,方能视为建设工程最终完成即竣工。如双方签字确认竣工日期的,应以双方确认的日期为竣工日期。最高人民法院《关于审理建设工程施工合同纠纷案件适用法律问题的解释》第十四条对竣工日期的确定作了具体规定,当事人对建设工程实际竣工日期有争议的,视三种不同情形分别予以认定:(1)建设工程竣工验收合格的,以竣工验收合格之日为竣工日期。(2)承包人已经提交竣工验收报告,发包人拖延验收的,以承包人提交验收报告之日为竣工日期,其基本理论基础为"建设单位为了自己的利益恶意阻止条件成就的,应当视为条件成就",否则也不利于保护承包人的利益。认定"发包人恶意拖延验收"可以参照相关规定,例如,《建筑装饰施工合同(甲种本)》第32条……2001年11月5日建设部《建筑工程施工发包与承包计价管理办法》……实务中还需注意的是,适用此项规定的前提是发包人无正理由拖延验收,如果因建设工程存在质量问题、承包人提交的验收报告不符合要求,尚不符合竣工验收条件,发包人拒绝通过竣工验收的,则应另当别论。(3)建设工程未经竣工验收,发包人擅自使用的,以转移占有建设工程之日为竣工日期……使用未经竣工验收合格的建设工程属应受处罚的违法行为,发包人对此亦应当明知,但是发包人仍然使用未经竣工验收的建设工程,应认定其已经以其行为认可了建设工程质量合格或者自愿承担质量瑕疵和风险，也表明发包人已经实现了合同目的，发包人再以未经竣工验收合格为由，拒付承包人工程款，不太合适……

《北京市高级人民法院关于审理建设工程施工合同纠纷案件若干疑难问题的解答》(2012 年)

25. 工程开竣工日期如何确定？

……

发包人、承包人、设计和监理单位四方在工程竣工验收单上签字确认的时间，可以视为《解释》第十四条第(一)项规定的竣工日期，但当事人有相反证据足以推翻的除外。

《安徽省高级人民法院关于审理建设工程施工合同纠纷案件适用法律问题的指导意见(二)》

第五条 承包人已经按照合同约定或者《建筑法》第六十一条规定，向发包人提交竣工验收报告、其承包部分完整的工程技术经济资料和经签署的工程保修书，发包人拖延验收的，以上述资料提交齐全之日为竣工日期，但工程质量不合格的除外。

2. 示范文本对于实际竣工日期的规定

国内通用的示范文本，包括三版《GF 文本》(包括 99 版、13 版、17 版)、《九部委 56 号文》，均以建筑商提交竣工验收申请报告作为竣工日期，与《建设工程司法解释一》第 14 条第 1 项规定的“以竣工 验收合格之日”存在不同。

《GF99 文本》

32.4 工程竣工验收通过，承包人送交竣工验收报告的日期为实际竣工日期。工程按发包人要求修改后通过竣工验收的，实际竣工日期为承包人修改后提请发包人验收的日期。

《GF13 文本》以及《GF17 文本》

13.2.3 工程经竣工验收合格的，以承包人提交竣工验收申请报告之日为实际竣工日期，并在工程接收证书中载明；因发包人原因，未在监理人收到承包人提交的竣工验收申请报告 42 天内完成竣工验收，或完成竣工验收不予签发工程接收证书的，以提交竣工验收申请报告的日期为实际竣工日期；工程未经竣工验收，发包人擅自使用的，以转移占有工程之日为实际竣工日期。

《FIDIC 文本》

8.2　承包商应在工程或区段(如有时)的竣工时间内完成整个工程以及每一区段(视情况而定),包括:(a)通过竣工验收,以及(b)完成合同中规定的所有工作,这些工作被认为是为了按照第10.1款【对工程和区段的接收】的规定,进行移交之目的而完成工程和区段所必需的工作。

《九部委56号文》

1.1.4.4　实际竣工日期以工程接收证书的日期为准。

18.3.5　除专用合同条款另有约定外,经验收合格的实际竣工日期,以提交竣工验收申请报告的日期为准,并在工程接收证书中写明。

18.3.6　发包人在收到承包人竣工验收申请报告后第56天未进行验收的,视为验收合格,实际竣工日期以提交竣工验收申请的日期为准,但发包人由于不可抗力不能进行验收的除外。

3. 实际竣工日期认定中的相关疑难问题

(1)发包人拖延验收时如何认定实际竣工日期

《合同法》

第二百七十九条　建设工程竣工后,发包人应当根据施工图纸及说明书、国家颁发的施工验收规范和质量检验标准及时进行验收。

《建设工程质量管理条例》

第十六条　建设单位收到建设工程竣工报告后,应当组织设计、施工、工程监理等有关单位进行竣工验收。

可见,对工程进行竣工验收,是建设单位的权利,同时也是义务。建设工程完工后,建设单位收到竣工验收报告后,应及时组织勘察、设计、施工、监理单位进行竣工验收,检查整个工程项目是否已按设计要求和合同约定全部建设完成。

工程竣工后的验收,是对承包人施工是否符合合同约定进行的检验,也是承包人请求支付工程款的前提条件。如果发包人为了自己的利益恶意拖延竣工验收,那么从保护承包人的合法利益的目的出发,应当以承包人提交验收报告之日为实际竣工日期。

①什么情况可以被认定为发包人拖延竣工验收?

如果施工合同中对此已有约定的,根据合同约定进行认定。如按照《GF13文本》及《GF17文本》签订施工合同的,其通用条款第13.2.3条已有规定:"因发包人原因,未在监理人收到承包人提交的竣工验收申请报告42天内完成竣工验收,或完成竣工验收不予签发工程接收证书的,以提交竣工验收申请报告的日期为实际竣工日期……”

如果施工合同中对此未约定或约定不明确时应如何认定?笔者认为,可以参照上述示范文本的规定。因为上述规定体现了建筑行业竣工验收的操作惯例。此外,对于部门规章中的相关规定也可以参照。

《建筑工程施工发包与承包计价管理办法》

发包方应当在收到竣工结算文件后的约定期限内予以答复。逾期未答复的,竣工结算文件视为已被认可。发承包双方在合同中对上述事项的期限没有约定的,可认为其约定期限均为28日。

另外,也有地方法院对此拖延验收的时间进行了明确。

盐城市中级人民法院《关于审理建设工程施工合同纠纷案件若干问题的指导意见》

第13条 《解释》第十四条第(二)项所规定的“发包人拖延验收”一般指发包人接到承包人竣工验收报告后三十天内,无正当理由不组织验收,则以承包人提交竣工验收报告之日为竣工日期。发包人以工程未经验收为由,拒付工程款的,不予支持,但当事人约定验收期间的除外。

②发包人拖延验收的情况下,验收后质量又不合格的,应当如何认定竣工日期?

工程竣工验收直接关系到工程款支付的起算点和工期如何认定处理等,但该起算点的认定仍需以质量合格为前提,如果发生发包人拖延验收,但验收后质量不合格,需要返工或整改的,笔者赞同绍兴市中级人民法院民事审判庭在《关于审理建设工程施工合同纠纷案件若干问题的意见(试行)》(2014年)中的观点,竣工日期应当为整改或返工符合质量要求后并扣除发包人拖延验收的时间。

(2)发包人擅自使用未经验收的工程,如何认定实际竣工日期

除了拖延竣工验收,实践中,也经常出现发包人为提前获得投资效益,没有经过验收就擅自使用已经完工或部分完工的工程的情形。根据《建设工程司法解释一》第14条第3项的规定,发包人实际使用后,意味着承包人已完成其合同义务,从而开始享有请求支付工程价款的权利,同时也意味着,使用工程后的一切风险由发包人承担。[①] 所以发包人未经验收、擅自使用建设工程视同该工程竣工验收合格。

---

① 最高人民法院民事审判第一庭编著:《最高人民法院建设工程施工合同司法解释的理解与适用》,人民法院出版社2004年版,第139页。

①"擅自使用"的界定

对于"擅自使用"如何界定存在两种观点:一种观点认为,只要发包人使用未经竣工验收的建设工程的,都属于擅自使用;另一种观点认为,除工程未经竣工验收外,还需未经建筑商同意,此时发包人使用建设工程的,才属于擅自使用。

对于上述两种观点,笔者赞同第一种观点。

《建筑法》第61条第2款规定:"建筑工程竣工经验收合格后,方可交付使用;未经验收或者验收不合格的,不得交付使用。"

建设工程质量并非仅仅关系到发包人和建筑商的利益,更多的是关系到人身、财产安全甚至公共安全,未经竣工验收合格,发包人提前使用建设工程的,工程质量无法保障,可能危害到社会公共利益,因此,《建筑法》的规定属于效力性强制性规定,发包人和建筑商均无权提前使用,发包人提前使用的,是违法行为。即使发包人与建筑商协定同意在工程未经竣工验收之前使用的,该协定由于违反上述效力性强制性规定,也是无效约定。所以,建筑商同意与否并不改变发包人未经竣工验收提前使用建设工程行为的性质,故,同样应认定发包人的行为属于"擅自使用"。

②擅自使用时间的界定

对建设工程的"转移占有"是发包人使用工程的起算点。如果发包人对未经竣工验收的工程进行实际控制,那么发包人实际控制工程之日应视为"转移占有"之日,也是"擅自使用"之日。但以下情况不属于擅自使用:

a. 发包人对特殊建设工程进行试运行

例如,在以设备为主的建设工程中,发包人需要通过试运行来检验是否符合技术要求以及项目能否满足合同目的。发包人这种行为是为了发现工程中潜在的质量问题,以使工程质量达到合同要求以及国家标准。此类特殊工程通常会在施工合同中对试运行进行相关约定。这种情形下,发包人或者第三方为了试运行而进场或接收工程不应视为"擅自使用"。

b. 发包人为整改建设工程而进场或接收

《建设工程质量管理条例》第32条规定:"施工单位对施工中出现质量问题的建设工程或者竣工验收不合格的建设工程,应当负责返修。"如果发包人认为已完工工程存在质量问题,但是承包方整改后仍然无法达到质量要求甚至拒绝整改的,为防止损失扩大,发包人可以委托第三方进行整改。这种情形下,发包人或者第三方进场或接收工程不应视为"擅自使用"。

③擅自使用后的质保责任

《建设工程司法解释一》第14条规定，发包人擅自使用建设工程的，可视为工程交付提前完成且工程竣工验收合格，发包人和建筑商承担工程经合法验收之后的法律后果。

对发包人而言，根据《建设工程司法解释一》第13条第1款“建设工程未经竣工验收，发包人擅自使用后，又以使用部分质量不符合约定为由主张权利的，不予支持”的规定，发包人所承担的工程擅自使用之后的法律后果，就是不得以建设工程未经竣工验收合格为由拒付工程款，且不得向承包人再行主张工程质量不合格的违约责任。

对承包人而言，根据《建设工程质量管理条例》第40条“建设工程的保修期，自竣工验收合格之日起计算”的规定，承包人应当承担的法律后果，就是承担质量保修期间内的质保责任。如果发包人未经验收擅自使用工程，那么承包人应自发包人“转移占有”“擅自使用”之日起履行保修义务。

4. 笔者观点

实践操作中，大部分建设工程均会使用GF示范文本，而通用条款已对竣工日期如何认定进行了规定，包括拖延验收、擅自使用等实践疑难问题。但若发包人和建筑商未使用示范文本，且双方就竣工日期如何认定约定不明，最后产生争议的，裁判机构应当根据《建设工程司法解释一》第14条规定进行认定。

笔者结合该条规定及实践经历，总结如下：

(1)如果建设工程经过竣工验收合格的，且发包人在合同约定的日期内组织竣工验收的，以竣工验收合格之日作为竣工日期，而不是以建筑商提交竣工验收报告之日作为竣工日期。

《建设工程质量管理条例》第16条规定：“建设单位收到建设工程竣工报告后，应当组织设计、施工、工程监理等有关单位进行竣工验收。”司法实践中，竣工验收合格之日常以发包人、勘察单位、设计单位、监理单位、建筑商签订的竣工验收单上五方签字盖章的日期为准，勘察单位不参加验收的则以其余四方签订的竣工验收单为准。当该五方签字盖章的日期不一致时，由于发包人才是建设工程合同义务和权利的承受人，是建设工程竣工验收的责任人，故，应当以发包人签字盖章之日作为竣工验收合格之日。

但是，实践中上述竣工验收单常存在漏填日期或错填日期的情形。由于验收时的疏忽，验收单上的验收日期填写与实际验收日期不符，此时发包人或建筑商若有其他证据证明实际竣工日期并非竣工验收单上载明的日期,则裁判机构应当支持当事人的主张。

至于漏填日期,参与验收的各单位仅在验收单上盖章,但未填写验收日期的,仅在建设行政主管部门竣工备案时留存的竣工验收单上有备案时间。此时,当事人可提交自己所持的竣工验收单、备案资料中的竣工验收单以及其他证据证明实际竣工日期。如果发包人或建筑商无法举证的,应当承担不利后果,那么应以对方当事人举证的日期为实际竣工日期。

(2)如果建筑商早已提交了竣工验收报告,而发包人拖延验收,且拖延时间超出合同约定的发包人应组织竣工验收的规定时间,导致工程竣工验收合格的时间拖后的,那么应以建筑商提交竣工验收报告之日作为工程竣工的日期,而不是以后来验收合格之日作为竣工日期。这种情形下,应当由承包人承担举证责任证明发包人存在拖延验收的情节。

(3)若工程经验收不合格的,则需要建筑商按合同约定标准或有关工程质量技术规范进行整改,并达到合同约定标准或符合有关工程质量技术规程质量技术规范,并经重新验收合格之日作为实际竣工日期。

《建设工程质量管理条例》第 16 条规定,交付竣工验收的建设工程,必须符合规定的建筑质量标准,并具备国家规定的其他竣工条件。如果建设工程经验收不合格的,发包人有权根据《合同法》第 262 条规定要求建筑商在合理期限内无偿修理或者返工、改建。承包人交付质量合格的建设工程才是适当履行合同义务,故建筑商对建设工程进行修复后,经再次验收合格之日为工程竣工日期。

如果建筑商拒绝修复或经修复后仍不合格的,发包人根据合同约定或法律规定另行委托第三方整改,那么应当以经第三人修复且发包人竣工验收合格之日作为实际竣工日期。

(4)如果建设工程未经竣工验收,发包人擅自使用的,那么应以转移占有建设工程之日作为实际竣工日期。

5. 实务操作

根据笔者多年处理房地产建设工程法律纠纷的经历,总结如下实务经验:

(1)建筑商应在工程完工后及时提交竣工验收申请报告及全套竣工资料,同时保证施工质量,争取一次性验收合格。

(2)针对发包人拖延验收的情形,建筑商应及时发函催告发包人验收并做好向发包人提交竣工验收申请及全套竣工资料的记录。如果采取现场递交的,应由合同约定的发包人代表签收;如发包人代表拒绝签收的,可采用EMS挂号方式邮寄或公证邮寄方式寄给发包人法定代表人或合同约定的发包人代表。

(3)针对发包人擅自使用工程的情形,建筑商应当采取证据保全措施固定发包人占有使用未经验收的建设工程的证据。如利用拍照、摄像等固定影像资料、形成会议记录、往来函件等书面资料,必要时也可委托公证机构进行公证。如果发包人强制要求建筑商移交工程的,建筑商应当保留工程移交使用的相关证据,包括建设工程移交确认书、承包人向发包人交钥匙的收条(必须是有权签收的人签收)等相关书面材料、影像资料。

三、工期索赔

工期索赔是指发包人或建筑商因工期延误而遭受损失的索赔,包括发包人向建筑商提起工期延误的索赔,以及建筑商向发包人提起工期延误的索赔两种情形。

(一)工期索赔的条件

无论是发包人还是建筑商,要提起工期索赔必须具备一定的条件和依据,并非所有工期延误都能够进行工期索赔。

1. 发包人提起工期索赔的条件

(1)索赔事件已经发生,且该事件已经实际造成发包人施工合同以外的费用增加及工期延长。索赔事件是指建设工程的总工期或节点工期发生延误。

总工期是指合同约定的承包人完成施工任务的期限。节点工期是指工程施工到某个阶段的期限,实践中常以正负零、主体结构封顶作为节点工期;也有部分建设工程中会以分部分项工程的完成作为节点工期,如临建施工、基坑验槽、土建完成施工、室内装修完成施工等时间节点。节点工期和总工期牵涉发包人的资金利用及回流计划及后续建设工程的利用,如出租、出售等,一旦节点工期或总工期拖延,将导致发包人遭受经济损失。

(2)索赔事件由建筑商原因造成。当建筑商自身原因引起的工程开工延误或因施工组织管理问题从而造成了总工期、节点工期的延误时,发包人可以依据相关合同条款及法律规定向建筑商提出工期索赔的要求。

(3)发包人应当依合同约定程序及期限向建筑商提出索赔并提交具体索赔依据。发包人不仅应当按照合同约定的程序及期限向建筑商提出索赔报告,还应说明索赔事由并提供相应的索赔依据,否则发包人的索赔可能因不符合合同约定而得不到认可。

2. 建筑商进行工期索赔的条件

(1)索赔事件已经发生,且该事件已经实际造成建筑商施工合同以外的费用增加及工期延长。通常发包人和建筑商会在工程施工合同中约定可进行索赔的事项,大致可分类两类:一类是引起工期延误及费用增加的事件,常见事项有:发包人未能按照合同约定提供施工条件、发包人未及时交付正式设计图纸、技术资料、发包人拖延付款、发包人指令停工及其他不可抗力事件等,此时建筑商由于工期延误,必然增加人力、机械设备等的投入,相应施工费用增加;另一类是发包人要求提前完工的事件,发包人要求建筑商加速施工,由此导致建筑调整施工工序、增加施工班组、扩大作业面等,从而使得建筑商在抢工过程中必然增加额外的资金投入。

(2)索赔事件并非由建筑商原因引起。即因发包人原因,发包人指定分包人、监理人等其他第三人原因,不可抗力、不利物质条件等非人为原因导致的工期延误,建筑商可以向发包人提起工期索赔。

(3)索赔事件发生在工程施工关键线路上。工程施工中的关键线路是指在施工进度网络计划中某条线路上所有工作的总持续时间大于其他线路的总持续时间的,该条线路即为关键线路。一旦关键线路上某项施工工序延误,就会导致总工期延误以及相应费用,建筑商就可以依据相关合同条款提出工期索赔。

但是,即使某项施工工序处在非关键线路上,如果该施工工序持续增加的时间超过工程总体可接受的浮动时间时,该施工工序所在的非关键线路就会转变为关键线路,即非关键线路转化为关键线路。此时,基于该施工工序延误情况,建筑商也可以提出工期索赔的要求。

(4)建筑商应当按照合同约定的程序及期限进行索赔。同时,应向发包人提交索赔事件发生在关键线路上的证明资料以及由此所造成的损失证据。

(二)列举工期索赔事件

1. 发包人可向承包人提起索赔的事件

按照《GF13 文本》(《GF17 文本》与《GF13 文本》条款一致,下同)通用条款约定,发包人可就以下事件向承包人提起索赔。

表 4－1　发包人可提起索赔的事件

序号	索赔事件	对应合同条款
1	承包人拒不签收发包人所寄的函件	1.7.3　发包人和承包人应当及时签收另一方送达至送达地点和指定接收人的来往信函。拒不签收的，由此增加的费用和（或）延误的工期由拒绝接收一方承担。
2	承包人发现文物不及时报告或隐瞒不报	1.9　化石、文物 ……承包人发现文物后不及时报告或隐瞒不报，致使文物丢失或损坏的，应赔偿损失，并承担相应的法律责任。
3	承包人在施工前没有合理判断施工应当具备的进出现场的手段、方式、路径等	1.10.1　出入现场的权利 ……承包人应在订立合同前查勘施工现场，并根据工程规模及技术参数合理预见工程施工所需的进出施工现场的方式、手段、路径等。因承包人未合理预见所增加的费用和（或）延误的工期由承包人承担。
4	因承包人原因造成场内交通损坏的	1.10.3　场内交通 发包人应提供场内交通设施的技术参数和具体条件，并应按照专用合同条款的约定向承包人免费提供满足工程施工所需的场内道路和交通设施。因承包人原因造成上述道路或交通设施损坏的，承包人负责修复并承担由此增加的费用。
5	因承包人原因造成道路和桥梁损坏	1.10.5　道路和桥梁的损坏责任 因承包人运输造成施工场地内外公共道路和桥梁损坏的，由承包人承担修复损坏的全部费用和可能引起的赔偿。
6	承包人项目经理无权履行指责	3.2.1　项目经理应为合同当事人所确认的人选，并在专用合同条款中明确项目经理的姓名、职称、注册执业证书编号、联系方式及授权范围等事项，项目经理经承包人授权后代表承包人负责履行合同。项目经理应是承包人正式聘用的员工，承包人应向发包人提交项目经理与承包人之间的劳动合同，以及承包人为项目经理缴纳社会保险的有效证明。承包人不提交上述文件的，项目经理无权履行职责，发包人有权要求更换项目经理，由此增加的费用和（或）延误的工期由承包人承担。
7	承包人未充分勘察现场	3.4　承包人现场查勘 ……承包人应对施工现场和施工条件进行查勘，并充分了解工程所在地的气象条件、交通条件、风俗习惯以及其他与完成合同工作有关的其他资料。因承包人未能充分查勘、了解前述情况或未能充分估计前述情况所可能产生后果的，承包人承担由此增加的费用和（或）延误的工期。

续表

序号	索赔事件	对应合同条款
8	承包人未能尽职照管工程、保护成品与半成品	3.6　工程照管与成品、半成品保护 …… (2)在承包人负责照管期间,因承包人原因造成工程、材料、工程设备损坏的,由承包人负责修复或更换,并承担由此增加的费用和(或)延误的工期。 (3)对合同内分期完成的成品和半成品,在工程接收证书颁发前,由承包人承担保护责任。因承包人原因造成成品或半成品损坏的,由承包人负责修复或更换,并承担由此增加的费用和(或)延误的工期。
9	因承包人原因导致工期延长	3.7　履约担保 ……因承包人原因导致工期延长的,继续提供履约担保所增加的费用由承包人承担……
10	经检验后不合格的	5.2.3　监理人的质量检查和检验 ……监理人的检查和检验影响施工正常进行的,且经检查检验不合格的,影响正常施工的费用由承包人承担,工期不予顺延
11	隐蔽工程验收不合格	5.3.2　检查程序 监理人应按时到场并对隐蔽工程及其施工工艺、材料和工程设备进行检查。经监理人检查确认质量符合隐蔽要求,并在验收记录上签字后,承包人才能进行覆盖。经监理人检查质量不合格的,承包人应在监理人指示的时间内完成修复,并由监理人重新检查,由此增加的费用和(或)延误的工期由承包人承担。
12	承包人擅自覆盖隐蔽工程	5.3.4　承包人私自覆盖 承包人未通知监理人到场检查,私自将工程隐蔽部位覆盖的,监理人有权指示承包人钻孔探测或揭开检查,无论工程隐蔽部位质量是否合格,由此增加的费用和(或)延误的工期均由承包人承担。
13	承包人挪用安全文明施工费	6.1.6　安全文明施工费 ……承包人对安全文明施工费应专款专用,承包人应在财务账目中单独列项备查,不得挪作他用,否则发包人有权责令其限期改正;逾期未改正的,可以责令其暂停施工,由此增加的费用和(或)延误的工期由承包人承担。
14	承包人施工质量不合格	5.1.3　因承包人原因造成工程质量未达到合同约定标准的,发包人有权要求承包人返工直至工程质量达到合同约定的标准为止,并由承包人承担由此增加的费用和(或)延误的工期。
		5.4.1　因承包人原因造成工程不合格的,发包人有权随时要求承包人采取补救措施,直至达到合同要求的质量标准,由此增加的费用和(或)延误的工期由承包人承担。

续表

序号	索赔事件	对应合同条款
15	隐蔽工程重新检查质量不合格的	5.3.3　重新检查 承包人覆盖工程隐蔽部位后，发包人或监理人对质量有疑问的，可要求承包人对已覆盖的部位进行钻孔探测或揭开重新检查，承包人应遵照执行，并在检查后重新覆盖恢复原状……经检查证明工程质量不符合合同要求的，由此增加的费用和（或）延误的工期由承包人承担。
16	承包人不配合紧急情况处理	6.1.7　紧急情况处理 在工程实施期间或缺陷责任期内发生危及工程安全的事件，监理人通知承包人进行抢救，承包人声明无能力或不愿立即执行的，发包人有权雇佣其他人员进行抢救。此类抢救按合同约定属于承包人义务的，由此增加的费用和（或）延误的工期由承包人承担。
17	因承包人原因造成人员伤亡及财产损失	6.1.9.2　承包人的安全责任 由于承包人原因在施工场地内及其毗邻地带造成的发包人、监理人以及第三者人员伤亡和财产损失，由承包人负责赔偿。
18	因承包人原因产生环境污染	6.3　环境保护 承包人应在施工组织设计中列明环境保护的具体措施。在合同履行期间，承包人应采取合理措施保护施工现场环境。对施工作业过程中可能引起的大气、水、噪音以及固体废物污染采取具体可行的防范措施。 承包人应当承担因其原因引起的环境污染侵权损害赔偿责任，因上述环境污染引起纠纷而导致暂停施工的，由此增加的费用和（或）延误的工期由承包人承担。
19	因承包人原因引起暂停施工	7.8.2　承包人原因引起的暂停施工 因承包人原因引起的暂停施工，承包人应承担由此增加的费用和（或）延误的工期，且承包人在收到监理人复工指示后 84 天内仍未复工的，视为第 16.2.1 项〔承包人违约的情形〕第（7）目约定的承包人无法继续履行合同的情形
20	承包人无故拖延和拒绝复工	7.8.5　暂停施工后的复工 承包人无故拖延和拒绝复工的，承包人承担由此增加的费用和（或）延误的工期；因发包人原因无法按时复工的，按照第 7.5.1 项〔因发包人原因导致工期延误〕约定办理。

续表

序号	索赔事件	对应合同条款
21	承包人采购的材料和设备不符合设计或有关标准要求	8.3.2　承包人采购的材料和工程设备，应保证产品质量合格，承包人应在材料和工程设备到货前24小时通知监理人检验。承包人进行永久设备、材料的制造和生产的，应符合相关质量标准，并向监理人提交材料的样本以及有关资料，并应在使用该材料或工程设备之前获得监理人同意。 承包人采购的材料和工程设备不符合设计或有关标准要求时，承包人应在监理人要求的合理期限内将不符合设计或有关标准要求的材料、工程设备运出施工现场，并重新采购符合要求的材料、工程设备，由此增加的费用和（或）延误的工期，由承包人承担。
		8.5.1　监理人有权拒绝承包人提供的不合格材料或工程设备，并要求承包人立即进行更换。监理人应在更换后再次进行检查和检验，由此增加的费用和（或）延误的工期由承包人承担。
22	承包人使用不符合设计或有关标准要求的材料和工程设备	8.4.2　承包人采购材料与工程设备的保管与使用 发包人或监理人发现承包人使用不符合设计或有关标准要求的材料和工程设备时，有权要求承包人进行修复、拆除或重新采购，由此增加的费用和（或）延误的工期，由承包人承担。
23	承包人使用的施工设备不能满足合同进度计划和质量要求	8.8.3　要求承包人增加或更换施工设备 承包人使用的施工设备不能满足合同进度计划和（或）质量要求时，监理人有权要求承包人增加或更换施工设备，承包人应及时增加或更换，由此增加的费用和（或）延误的工期由承包人承担。
24	承包人的试验和检验结果有误	9.3.3　监理人对承包人的试验和检验结果有异议的，或为查清承包人试验和检验成果的可靠性要求承包人重新试验和检验的，可由监理人与承包人共同进行。重新试验和检验的结果证明该项材料、工程设备或工程的质量不符合合同要求的，由此增加的费用和（或）延误的工期由承包人承担。
25	因承包人原因导致暂估价合同订立和履行迟延的	10.7.3　……因承包人原因导致暂估价合同订立和履行迟延的，由此增加的费用和（或）延误的工期由承包人承担。
26	因承包人原因造成工期延误期间出现法律变化	11.2　法律变化引起的调整 因承包人原因造成工期延误，在工期延误期间出现法律变化的，由此增加的费用和（或）延误的工期由承包人承担。
27	验收不合格后采取补救措施	13.2.2　竣工验收程序 …… （4）竣工验收不合格的，监理人应按照验收意见发出指示，要求承包人对不合格工程返工、修复或采取其他补救措施，由此增加的费用和（或）延误的工期由承包人承担。

续表

序号	索赔事件	对应合同条款
28	工程不合格导致其他工程不能正常使用	13.2.4 拒绝接收全部或部分工程 对于竣工验收不合格的工程,承包人完成整改后,应当重新进行竣工验收,经重新组织验收仍不合格的且无法采取措施补救的,则发包人可以拒绝接收不合格工程,因不合格工程导致其他工程不能正常使用的,承包人应采取措施确保相关工程的正常使用,由此增加的费用和(或)延误的工期由承包人承担。
29	因承包人采购的工程设备制造原因导致试车达不到要求	13.3.2 因工程设备制造原因导致试车达不到验收要求的,由采购该工程设备的合同当事人负责重新购置或修理,承包人负责拆除和重新安装,由此增加的修理、重新购置、拆除及重新安装的费用及延误的工期由采购该工程设备的合同当事人承担。
30	承包人的其他违约行为造成工期延误	16.2.2 承包人违约的责任 承包人应承担因其违约行为而增加的费用和(或)延误的工期。此外,合同当事人可在专用合同条款中另行约定承包人违约责任的承担方式和计算方法。

2. 承包人可向发包人提起索赔的事件

按照《GF13 文本》通用条款约定,承包人可就以下事件向发包人提起索赔。

(1)发包人原因可提起索赔的事件

表 4-2 因发包人原因承包人可提起索赔的事件

序号	索赔事件	对应合同条款
1	发包人延迟提供图纸	1.6.1 ……因发包人未按合同约定提供图纸导致承包人费用增加和(或)工期延误的,按照第 7.5.1 项(因发包人原因导致工期延误)约定办理。
2	场外交通设施无法满足施工需求	1.10.2 ……场外交通设施无法满足工程施工需要的,由发包人负责完善并承担相关费用。
3	发包人拒绝接收承包人寄送的函件	1.7.3 发包人和承包人应当及时签收另一方送达至送达地点和指定接收人的来往信函。拒不签收的,由此增加的费用和(或)延误的工期由拒绝接收一方承担。
4	甲供材料等侵权	1.11.3 ……因发包人提供的材料、施工设备、工程设备或施工工艺导致侵权的,由发包人承担责任。

续表

序号	索赔事件	对应合同条款
5	发包人未及时取得合法证照或办理相关审批手续	2.1　许可或批准 发包人应遵守法律,并办理法律规定由其办理的许可、批准或备案,包括但不限于建设用地规划许可证、建设工程规划许可证、建设工程施工许可证、施工所需临时用水、临时用电、中断道路交通、临时占用土地等许可和批准。发包人应协助承包人办理法律规定的有关施工证件和批件。 因发包人原因未能及时办理完毕前述许可、批准或备案,由发包人承担由此增加的费用和(或)延误的工期,并支付承包人合理的利润。
6	发包人逾期提供施工现场、施工条件、基础资料	2.4.4　逾期提供的责任 因发包人原因未能按合同约定及时向承包人提供施工现场、施工条件、基础资料的,由发包人承担由此增加的费用和(或)延误的工期。
7	发包人提供的基础资料存在错误、遗漏	3.4　承包人现场查勘 承包人应对基于发包人按照第2.4.3项(提供基础资料)提交的基础资料所做出的解释和推断负责,但因基础资料、遗漏导致承包人解释或推断失实的,由发包人承担责任。
8	因发包人原因造成工程质量不合格	5.1.2　因发包人原因造成工程质量未达到合同约定标准的,由发包人承担由此增加的费用和(或)延误的工期,并支付承包人合理的利润。 5.4.2　因发包人原因造成工程不合格的,由此增加的费用和(或)延误的工期由发包人承担,并支付承包人合理的利润。
9	隐蔽工程重新检查质量合格的	5.3.3　重新检查 承包人覆盖工程隐蔽部位后,发包人或监理人对质量有疑问的,可要求承包人对已覆盖的部位进行钻孔探测或揭开重新检查,承包人应遵照执行,并在检查后重新覆盖恢复原状。经检查证明工程质量符合合同要求的,由发包人承担由此增加的费用和(或)延误的工期,并支付承包人合理的利润。
10	因发包人原因逾期发出开工通知	7.3.2　开工通知 除专用合同条款另有约定外,因发包人原因造成监理人未能在计划开工日期之日起90天内发出开工通知的,承包人有权提出价格调整要求,或者解除合同。发包人应当承担由此增加的费用和(或)延误的工期,并向承包人支付合理利润。

续表

<table>
<tr><th>序号</th><th>索赔事件</th><th>对应合同条款</th></tr>
<tr><td>11</td><td>发包人未能按合同约定提供图纸或所提供图纸不符合合同约定的</td><td rowspan="5">7.5.1 因发包人原因导致工期延误
在合同履行过程中,因下列情况导致工期延误和(或)费用增加的,由发包人承担由此延误的工期和(或)增加的费用,且发包人应支付承包人合理的利润:
(1)发包人未能按合同约定提供图纸或所提供图纸不符合合同约定的;
(2)发包人未能按合同约定提供施工现场、施工条件、基础资料、许可、批准等开工条件的;
(3)发包人提供的测量基准点、基准线和水准点及其书面资料存在错误或疏漏的;
(4)发包人未能在计划开工日期之日起7天内同意下达开工通知的;
(5)发包人未能按合同约定日期支付工程预付款、进度款或竣工结算款的;
(6)监理人未按合同约定发出指示、批准等文件的;
(7)专用合同条款中约定的其他情形。
因发包人原因未按计划开工日期开工的,发包人应按实际开工日期顺延竣工日期,确保实际工期不低于合同约定的工期总日历天数。因发包人原因导致工期延误需要修订施工进度计划的,按照第7.2.2项〔施工进度计划的修订〕执行。</td></tr>
<tr><td>12</td><td>发包人未能按合同约定提供施工现场、施工条件、基础资料、许可、批准等开工条件的</td></tr>
<tr><td>13</td><td>发包人提供的测量基准点、基准线和水准点及其书面资料存在错误或疏漏的</td></tr>
<tr><td>14</td><td>发包人未能在计划开工日期之日起7天内同意下达开工通知的</td></tr>
<tr><td>15</td><td>发包人未能按合同约定日期支付工程预付款、进度款或竣工结算款的</td></tr>
<tr><td>16</td><td>因发包人原因引起的暂停施工</td><td>7.8.1 发包人原因引起的暂停施工
因发包人原因引起暂停施工的,监理人经发包人同意后,应及时下达暂停施工指示。情况紧急且监理人未及时下达暂停施工指示的,按照第7.8.4项〔紧急情况下的暂停施工〕执行。
因发包人原因引起的暂停施工,发包人应承担由此增加的费用和(或)延误的工期,并支付承包人合理的利润。</td></tr>
<tr><td>17</td><td>因发包人原因无法按时复工的</td><td>7.8.5 暂停施工后的复工
……因发包人原因无法按时复工的,按照第7.5.1项(因发包人原因导致工期延误)约定办理。</td></tr>
<tr><td>18</td><td>发包人提供的材料或工程设备不符合合同要求的</td><td>8.5.3 发包人提供的材料或工程设备不符合合同要求的,承包人有权拒绝,并可要求发包人更换,由此增加的费用和(或)延误的工期由发包人承担,并支付承包人合理的利润。</td></tr>
</table>

续表

序号	索赔事件	对应合同条款
19	监理人重新检验且证明承包人试验和检查无误	9.3.3　监理人对承包人的试验和检验结果有异议的,或为查清承包人试验和检验成果的可靠性要求承包人重新试验和检验的,可由监理人与承包人共同进行……重新试验和检验结果证明该项材料、工程设备和工程符合合同要求的,由此增加的费用和(或)延误的工期由发包人承担。
20	因发包人原因导致暂估价合同订立和履行延迟的	10.7.3　因发包人原因导致暂估价合同订立和履行迟延的,由此增加的费用和(或)延误的工期由发包人承担,并支付承包人合理的利润。
21	因发包人采购的工程设备导致试车达不到验收要求的	13.3.2　因工程设备制造原因导致试车达不到验收要求的,由采购该工程设备的合同当事人负责重新购置或修理,承包人负责拆除和重新安装,由此增加的修理、重新购置、拆除及重新安装的费用及延误的工期由采购该工程设备的合同当事人承担。
22	发包人要求提前交付单位工程	13.4.2　发包人要求在工程竣工前交付单位工程,由此导致承包人费用增加和(或)工期延误的,由发包人承担由此增加的费用和(或)延误的工期,并支付承包人合理的利润。
23	因发包人其他违约行为导致工期延误	16.1.2　发包人违约的责任 发包人应承担因其违约给承包人增加的费用和(或)延误的工期,并支付承包人合理的利润。此外,合同当事人可在专用合同条款中另行约定发包人违约责任的承担方式和计算方法。

(2)第三方原因导致的索赔

除发包人和承包人外,还有众多第三方参与建设工程建设过程。如果是发包人委托或指定的第三方原因造成工期延误的,建筑商可向发包人索赔。

①监理人

根据《GF13 文本》整理如下:

表4-3　因监理人原因承包人可提起的索赔事件

序号	索赔事件	对应合同条款
1	监理人未按约发送指示	4.3　监理人的指示 …… 监理人发出的指示应送达承包人项目经理或经项目经理授权接收的人员。因监理人未能按合同约定发出指示、指示错误或发出了错误指示而导致承包人费用增加和(或)工期延误的,由发包人承担相应责任。

续表

序号	索赔事件	对应合同条款
2	监理人检查和检验影响施工正常进行	5.2.3　监理人的质量检查和检验 监理人的检查和检验不应影响施工正常进行。监理人的检查和检验影响施工正常进行的，且经检查检验不合格的，影响正常施工的费用由承包人承担，工期不予顺延；经检查检验合格的，由此增加的费用和（或）延误的工期由发包人承担。
3	监理人未按合同约定发出指示、批准等文件的	7.5.1　因发包人原因导致工期延误 在合同履行过程中，因下列情况导致工期延误和（或）费用增加的，由发包人承担由此延误的工期和（或）增加的费用，且发包人应支付承包人合理的利润： …… （6）监理人未按合同约定发出指示、批准等文件的；
4	监理人重新检验且证明承包人试验和检查无误	9.3.3　监理人对承包人的试验和检验结果有异议的，或为查清承包人试验和检验成果的可靠性要求承包人重新试验和检验的，可由监理人与承包人共同进行……重新试验和检验结果证明该项材料、工程设备和工程符合合同要求的，由此增加的费用和（或）延误的工期由发包人承担。

②指定分包人

《建设工程司法解释一》第12条第3款规定："发包人具有下列情形之一，造成建设工程质量缺陷，应当承担过错责任：……（三）直接指定分包人分包专业工程。"根据该规定，当发包人指定分包人原因造成工期延误的，建筑商可以向发包人索赔。

（3）不可抗力、不利物质条件等非人为原因导致的索赔

GF13文本中对于非人为原因的索赔事件列举如下：

表4-4　因非人为原因引起的承包人可索赔事件

序号	索赔事件	对应合同条款
1	施工过程中保护化石、文物	1.9　化石、文物 发包人、监理人和承包人应按有关政府行政管理部门要求采取妥善的保护措施，由此增加的费用和（或）延误的工期由发包人承担。

续表

序号	索赔事件	对应合同条款
2	承包人遭遇不可预见的不利物质条件	7.6　不利物质条件 承包人遇到不利物质条件时,应采取克服不利物质条件的合理措施继续施工,并及时通知发包人和监理人。通知应载明不利物质条件的内容以及承包人认为不可预见的理由。监理人经发包人同意后应当及时发出指示,指示构成变更的,按第10条〔变更〕约定执行。承包人因采取合理措施而增加的费用和(或)延误的工期由发包人承担。
3	承包人遭遇异常恶劣的气候条件	7.7　异常恶劣的气候条件 承包人应采取克服异常恶劣的气候条件的合理措施继续施工,并及时通知发包人和监理人。监理人经发包人同意后应当及时发出指示,指示构成变更的,按第10条〔变更〕约定办理。承包人因采取合理措施而增加的费用和(或)延误的工期由发包人承担。
4	不可抗力导致工期延误	17.3.2　不可抗力导致的人员伤亡、财产损失、费用增加和(或)工期延误等后果,由合同当事人按以下原则承担:…… (4)因不可抗力影响承包人履行合同约定的义务,已经引起或将引起工期延误的,应当顺延工期,由此导致承包人停工的费用损失由发包人和承包人合理分担,停工期间必须支付的工人工资由发包人承担。

双方可在合同中就上述原因造成的工期延误及费用增加如何分担进行约定。

如果没有约定的,属于建筑商未能预见或无法预见范畴的不利物质条件、恶劣气候等非人为原因造成的工期延误,建筑商也可向发包人进行索赔。因为建设工程施工合同属于特别的承揽合同,根据《合同法》第287条的规定:“本章没有规定的,适用承揽合同的有关规定。”在承揽法律关系中,定作人应当提供资金并提出具体的定作要求,而对承揽人基本上仅作手艺、工艺等技术要求,一般不承担市场风险和不可预知的工程风险。① 故在建设工程施工合同中,对于市场风险和不可预知的工程风险应当由发包人承担,而不应当由承包人承担。

针对不可抗力给双方造成的损失,《民法总则》第180条规定:“因不可抗力不能履行民事义务的,不承担民事责任。法律另有规定的,依照其规定。”故发包人和建筑商应当各自承担损失。但如上所述,建设工程施工合同系特别的承揽合同,且发包人系建设工程的所有权人,不应由建筑商承担不可抗力带来的风险,发包人通

---

① 袁华之:《建设工程索赔与反索赔》,法律出版社2016年版,第382页。

常负有更重的损失承担义务。如不可抗力导致的永久工程、已运至施工现场的材料和工程设备的损坏、因工程损坏造成的第三人人员伤亡和财产损失、停工期间必须支付的工人工资、后期赶工费用、停工期间照管、清理、修复费用等一般由发包人承担。建筑商因建设工程施工合同履约过程中遭遇不可抗力事件导致其蒙受工期或费用损失的,有权以此为由向发包人提出索赔请求。

(三)工期索赔的计算

1. 发包人向承包人提起工期索赔

因建筑商原因造成工期延误的,建筑商应采取合理的赶工措施并自行承担由此增加的费用。

发包人可能遭受的损失包括:由于工期延误所增加的建造成本、逾期交房违约金(建设工程用于出售)、租赁合同违约金(建设工程用于出租)、租金损失(建设工程用于出租)等。

《合同法》

第一百十三条 当事人一方不履行合同义务或者履行合同义务不符合约定,给对方造成损失的,损失赔偿额应当相当于因违约所造成的损失,包括合同履行后可以获得的利益,但不得超过违反合同一方订立合同时预见到或者应当预见到的因违反合同可能造成的损失。

发包人可向建筑商主张上述损失。

不过,一般发包人和建筑商会在施工合同中约定逾期竣工违约金的计算方法。至于违约金是否过高,依据《合同法司法解释二》(法释〔2009〕5 号)第 29 条,当事人主张约定的违约金请求予以适当减少的,人民法院应当以实际损失为基础,兼顾合同履行情况,当事人约定的违约金超过造成损失的百分之三十的,一般可以认定为合同法第 114 条第 2 款规定的"过分高于造成的损失"。建筑商可向裁判机构申请予以调整。当然,对于承包人而言,可以与发包人协商约定逾期违约金的上限。

2. 承包人向发包人提起工期索赔

对于延误的工期,承包人可以通过比对在关键线路的索赔事件发生前后的施工进度网络计划上的两种工期计算结果,计算出工期延误的具体情况。

对于承包人因工期延误增加的费用,主要包括以下部分:

(1)人工费的损失:包括管理人员工资、工人工资、其他后勤(如食堂人员、清洁工、门卫、夜间值班人员等)工资,人数以实际人数为准。

人工费损失的情况可以通过职工的花名册、劳动合同、工资发放记录凭证及其他能够证明支付人工工资的证明以及农民工保险交纳凭证等材料来证明。

(2)机械费的损失:包括塔吊、施工电梯及其他机械等。

机械费损失的情况可以通过租赁合同、付款凭证、机械台班的计算依据等材料来证明。

(3)材料费用的损失:包括模板、钢管、脚手架、扣件等。

材料费用的损失情况可以通过材料的买卖合同/租赁合同、付款凭证等材料来证明。

(4)临时设施超时使用费:包括临时房或者租用其他的临时用房。

临时设施超时使用费情况可以通过包括租赁临时活动房等临时设施的租赁合同、付款凭证等材料来证明。

(5)水电超时使用费。

水电费超时使用费情况可以通过水电费的缴费凭证、超时期间的水电用量凭证等材料来证明。

(6)财务成本损失:包括利息损失等。

财务成本损失情况可以按双方合同关于工程款逾期支付利息的约定计取,合同没有约定的可以参照中国人民银行同期同类贷款利率进行索赔。

以下为笔者承办的建筑商向发包人成功索赔的案例:

案例4-4

发包人:浙江某某房地产集团有限公司(以下简称发包人)

承包人:某某建筑商集团有限公司(以下简称建筑商)

案情简介:

2013年9月28日,发包人与建筑商签订《建设工程施工补充协议》,由建筑商承建发包人发包的某国际中心项目。第7.3.2条约定:“甲方不能按约定时间、额度支付工程款(含进度款、结算款、奖金等)或不能按约定提交有关银行保函的,甲方应同意工期予以顺延;逾期支付或提交时间超过十五天,乙方可以自行暂停施工,并可要求甲方承担由此给乙方造成的直接经济损失。双方另行达成延期付款协议的除外。”合同并未就索赔的期限及程序作出约定。

其中钢结构、消防及暖通、幕墙工程由发包人直接发包给其他施工单位,由于该些直接分包单位工期严重滞后，且发包人欠付大量工程进度款，致使涉案工程工期延误，并导致建筑商遭受大量停、窝工损失。由于发包人一直未支付工程款，建筑商于2015年1月12日全面停工。故，建筑商向法院诉请发包人赔偿其停窝工损失3001.39万元。

建筑商提供的证据包括：

1. 发包人直接发包工程延误工期造成总工期延误的证据，包括：(1)钢结构工程施工合同、进度计划表、开工报告；(2)消防及暖通工程施工合同、进度计划表、进场确认单、开工报告；(3)幕墙工程施工合同、进度计划表、开工报告；(4)就直接发包工程工期延误的相关往来函件。

2. 建筑商要求发包人支付工程进度款、工期顺延并赔偿损失的函件以及邮寄凭证。

3. 建筑商向发包人提交的索赔费用清单、索赔报告、邮寄凭证，建筑商在发包人逾期支付每月进度款时均会向其发送《关于尽快支付工程进度款及相关损失费用的函》，要求其尽快支付工程进度款，同时提交索赔报告，赔偿其窝工损失，包括人员(管理人员费、后勤人员费、人工工资)的损失、机械(塔吊、人货梯、搅拌机)的损失、材料(周转材料，包括钢管和扣件)的损失、临时设施超出使用的损失、水电费以及延迟收回资金的财务成本。

审理过程中，应建筑商申请，法院委托鉴定单位就因工期延误给建筑商造成的停窝工损失进行鉴定。鉴定单位对建筑商主张的上述损失一一进行了鉴定，认为存在争议部分，其给出两种意见，由法院结合原被告质证进行认定。其中对于水电费，鉴定单位认为不属于索赔的损失；对于财务成本，鉴定单位认为其为延迟支付工程款、履约保证金等支付的利息，建筑商在诉请中主张的逾期付款违约金中已经包含，不应重复主张。

法院根据鉴定报告，结合实际案情，最终支持了建筑商遭受的人员、材料、机械的损失、临时设施超出使用的损失，对水电费及财务成本未支持，认定停窝工损失为550万元。

(四)工期索赔期限

1. 最高人民法院和各地人民法院对于工期索赔期限的规定

(1)《建设工程司法解释二》的发展

《建设工程司法解释二》(征求意见稿)第一稿：

第七条　当事人对工程日期是否应当顺延有争议的，按照施工过程中形成的签证等书面文件确认。当事人约定，承包人不在约定时间内提出工期顺延申请视为工期不顺延的，按照约定处理。

《建设工程司法解释二》（征求意见稿）第二稿及第三稿：

第七条/第十一条　当事人约定顺延工期应当经发包人签证确认，承包人虽未取得工期顺延的签证确认，但能够证明在合同约定的办理期限内向发包人申请过工期顺延的，对其顺延合理工期的主张，人民法院应予支持。当事人约定，承包人未在约定时间内提出工期顺延申请视为工期不顺延的，按照约定处理。

《建设工程司法解释二》（征求意见稿）第四稿：

第六条　当事人约定顺延工期应当经发包人或者监理人签证确认，承包人虽未取得工期顺延的签证确认，但能够证明在合同约定的办理期限内向发包人或者监理人申请过工期顺延且顺延事由符合合同约定，承包人以此为由主张工期顺延的，人民法院应予支持。

当事人约定，承包人未在约定时间内提出工期顺延申请视为工期不顺延的，按照约定处理，但当事人在约定期限后仍同意工期顺延或者免除工期违约责任的除外。

《建设工程司法解释二》送审稿：

第六条　【工期顺延的认定】

当事人约定顺延工期应当经发包人或者监理人签证确认，承包人虽未取得工期顺延的签证确认，但能够证明在合同约定的期限内向发包人或者监理人申请过工期顺延且顺延事由符合合同约定，承包人以此为由主张工期顺延的，人民法院应予支持。

当事人约定，承包人未在约定时间内提出工期顺延申请视为工期拖延的，按照约定处理，但发包人在约定期限后仍同意工期顺延或者承包人提出合理抗辩的除外。

《建设工程司法解释二》：

第六条　当事人约定顺延工期应当经发包人或者监理人签证等方式确认，承包人虽未取得工期顺延的确认，但能够证明在合同约定的期限内向发包人或者监理人申请过工期顺延且顺延事由符合合同约定，承包人以此为由主张工期顺延的，人民法院应予支持。

当事人约定承包人未在约定期限内提出工期顺延申请视为工期不顺延的，按照约定处理,但发包人在约定期限后同意工期顺延或者承包人提出合理抗辩的除外。

根据《建设工程司法解释二》的发展可见,最高人民法院从第一稿开始便认可工期索赔时效制度,后续几稿至正式稿并未变更该原则,裁判机构应当尊重双方当事人的意思自治,按照双方约定处理。但第四稿、送审稿以及正式稿列举了例外情形,根据正式稿的规定,如果存在发包人在约定期限后同意工期顺延的或者建筑商其他合理抗辩的情形,裁判机构应当支持承包人工期顺延的主张。

(2)各地人民法院关于工期索赔期限的规定

各地法院与最高人民法院的观点基本一致,均认为应当尊重承发包人的意思自治,不过各地法院的规定中并未提及例外情形。

《浙江省高级人民法院民事审判第一庭关于审理建设工程施工合同纠纷案件若干疑难问题的解答》(2010年)

六、如何认定工期顺延?

发包人仅以承包人未在规定时间内提出工期顺延申请而主张工期不能顺延的,该主张不能成立。但合同明确约定不在规定时间内提出工期顺延申请视为工期不顺延的,应遵从合同的约定。

《北京市高级人民法院关于审理建设工程施工合同纠纷案件若干疑难问题的解答》

26. 工期顺延如何认定?

因发包人拖欠工程预付款、进度款、迟延提供施工图纸、场地及原材料、变更设计等行为导致工程延误,合同明确约定顺延工期应当经发包人签证确认,经审查承包人虽未取得工期顺延的签证确认,但其举证证明在合同约定的办理期限内向发包人主张过工期顺延,或者发包人的上述行为确实严重影响施工进度的,对承包人顺延相应工期的主张,可予支持。

《广东省高级人民法院关于审理建设工程合同纠纷案件疑难问题的解答》

20. 承包人未依约提出工期顺延申请的能否视为放弃工期顺延权利

发包人仅以承包人未在合同约定的期限内提出工期顺延申请而主张工期不能顺延的,不予支持,但合同明确约定承包人未依约提出顺延工期申请视为放弃权利的,按照约定处理。

2. 示范文本对于工期索赔期限的规定

相对于《GF99 文本》,《GF13 文本》及《GF17 文本》的索赔期限均为28天,程序也大致相同,但增加了“承包人未在前述28天内发出索赔意向通知书的,丧失要求追加付款和(或)延长工期的权利”。

《GF13文本》及《GF17文本》

19.1　承包人的索赔

根据合同约定,承包人认为有权得到追加付款和(或)延长工期的,应按以下程序向发包人提出索赔:

(1)承包人应在知道或应当知道索赔事件发生后28天内,向监理人递交索赔意向通知书,并说明发生索赔事件的事由;承包人未在前述28天内发出索赔意向通知书的,丧失要求追加付款和(或)延长工期的权利;

……

《GF99文本》

36.2　发包人未能按合同约定履行自己的各项义务或发生错误以及应由发包人承担责任的其他情况,造成工期延误和(或)承包人不能及时得到合同价款及承包人的其他经济损失,承包人可按下列程序以书面形式向发包人索赔:

(1)索赔事件发生后28天内,向工程师发出索赔意向通知……

3.案例

案例4-5

最高人民法院(2014)民一终字第310号

发包人:昆山市超华投资发展有限公司(以下简称超华投资)

承包人:中国建筑股份有限公司(以下简称中国建筑)

案情简介:

2006年9月15日,超华投资与中国建筑签订《建设工程施工合同》,约定由中国建筑承建超华投资发包的“超华·欧尚”购物中心土建、安装工程。通用条款约定,因发包人未按合同约定履行义务或发生错误以及应由发包人承担责任的其他情况造成工期延误,承包人不能及时得到合同价款及其他经济损失,承包人应在索赔事件发生后28天内向工程师发出索赔意向通知并提交补偿经济损失的索赔报告及有关资料。工程师应在28天内给予答复或要求承包人进一步补充索赔理由和证据。28天未予答复或未对承包人作进一步要求,视为该项索赔已经认可。当该项索赔事件持续进行时,承包人应当阶段性向工程师发出索赔意向,在索赔事件终了后28天内,向工程师送交索赔的有关资料和最终索赔报告。

法院观点：

最高人民法院认为，根据建设工程合同“通用条款”第13条及第36条，双方虽对工期顺延及索赔程序进行了约定，但并未明确承包人未提出工期顺延或未按约定程序索赔或不及时索赔的法律后果。据此，超华公司认为中建公司在工程交工后予以索赔不应支持的合同根据不足，本院不予采信。

案例4-6

河南省高级人民法院(2014)豫法民二终字第9号

发包人：山东高速集团河南许亳公路有限公司(以下简称山东高速)

承包人：道隧集团工程有限公司(以下简称道隧集团)

案情简介：

2005年8月11日，山东高速与道隧集团签订了《工程建设施工合同》，约定由道隧集团承建第NO.2A合同段的高速公陆、互通式立交桥1座、收费站1座、大中桥1座、涵洞(通道)6道以及其它构造物工程。

合同通用条款关于索赔程序的规定如下：

53.1 如果承包人根据本合同条款中任何条款提出任何附加支付的索赔时，他应在该索赔事件首次发生的21天之内将其索赔意向书提交监理工程师，并抄送业主。

53.2 在第53.1款所指事件发生时，承包人应保存当时的记录，作为申请索赔的凭证。监理工程师在接到第53.1款所述的索赔意向书时，无须认可是否系业主责任，先应审查这些当时记录，并可指示承包人进一步作好当时记录。承包人应允许监理工程师审查其保存的全部记录，当监理工程师要求时，应向监理工程师提交记录的复制件。

53.3 在根据第53.1款规定发出索赔意向书后的21天内，或监理工程师同意的另一期限内，承包人应送交监理工程师一份拟索赔款额的详细账目，并说明索赔所依据的理由。如索赔的事件具有连续性，上述账目应认为是一笔暂时账目。承包人应在监理工程师要求的间隔时间内，送交继发的暂时账目和索赔理由。并在此索赔事件终止后21天之内送出最后账目。承包人还应将本款规定送交监理工程师的全部账目的复制件送交业主。

53.4 如果承包人提出的索赔要求未能遵守本条中的各项规定，则承包人无权得到索赔或只限于索赔由监理工程师按当时记录予以核实的那部分款额。

法院观点：

河南省高级人民法院认为，根据合同通用条款53.1、53.2、53.3关于索赔程序的约定，索赔需达到四个条件，这四个条件为：

(1)在施工过程中，承包人发现索赔事件后，首先应在合同规定的时间内将自己的索赔意向用书面形式及时通知业主和监理工程师。

(2)提出索赔意向后，承包人应收集证据，从索赔事件产生、持续直至结束的全过程，都必须保留完整的同期记录，这是索赔能否成功的重要条件。

(3)在发出索赔意向书后的21天内，或监理工程师同意的另一期限内，承包人应向监理工程师或业主提交正式的书面索赔文件，明确拟索赔额的详细账目，并说明索赔所依据的理由。

(4)如果承包人不能按时间规定提交索赔报告，承包人无权得到索赔或只限于索赔由监理工程师认为应主动给予的补偿额。

因此，判决本案有关索赔能否成立均应依据合同通用条款关于索赔程序的约定。道隧集团无法证明其在合同约定期间内提出索赔意向，法院以此为由驳回了原告的诉求。

案例总结：

[案例4-5]中，双方当事人在施工合同中约定了索赔的期限及程序，但并未约定逾期索赔即失去索赔的权利，审理法院认定建筑商超过索赔期限仍有权进行索赔；[案例4-6]中，合同不仅约定了索赔的期限，还约定如未在期限内索赔则无法得到索赔的法律后果，审理法院认为建筑商已丧失索赔权利。

笔者认为，索赔期间是索赔程序中的时限约定，是结合建设工程实践而设计的一种类似于除斥期间的规定。它有助于发包人和建筑商双方就工程建设过程中发生的索赔事项履行必要的告知义务、主动行使权利、维护利益，也便于索赔事件发生后能在较短时间内处理、认定，避免索赔事件发生过长才提起索赔而影响相关证明材料的收集和事实的认定。承发包双方对建设工程工期索赔中的时限等程序约定，是双方真实意思的表示，合法有效，应严格遵守。

如果合同仅约定了建筑商或发包人行使索赔权利的期限，但是并未约定逾期未行使索赔权利视为放弃权利的，那么尽管索赔权人未在约定期限内行权的，但应仍有权在合同履行过程中或者结算阶段向对方主张费用增加或工期顺延。但是，如果约定了逾期提出索赔视为放弃索赔，则建筑商应在规定的索赔期限内提出索赔，否则面临无法获得索赔的法律后果。

（五）索赔程序

1.《GF13 文本》和《GF17 文本》对索赔程序的相关规范

根据《GF13 文本》及《GF17 文本》第 19.1 条的约定，承包人应当根据下列程序进行索赔：

第一，提出索赔意向。建筑商应在知道或应当知道索赔事件发生后 28 天内，向监理人递交索赔意向通知书，并说明发生索赔事件的事由。该通知是建筑商就具体的索赔事件向业主提出索赔要求，是保护自己索赔权利的措施。如果超过上述 28 天这个期限，建筑商丧失要求追加付款及延长工期的权利。

向发包人提交索赔报告之前，建筑商应当进行索赔准备工作，分析索赔产生的原因、损失并搜集相关证据，具体如下：

①发现索赔事件，分析该索赔事件发生的原因，该索赔事项是由发包人造成的，还是不属于建筑商自身的第三人原因造成的，抑或不利物质条件、不可抗力等非人为原因造成的。

②分析索赔事件给建筑商所造成的损失，只有当索赔事件发生而又给建筑商造成了损失，建筑商才可以提起索赔。

③分析索赔事件与建筑商所遭受的损失之间的因果关系。同时，根据合同及相关法律、法规规定，确定是否可以索赔以及索赔的范围。

④收集建筑商因索赔事件发生而造成损失的证据，证据可以根据索赔事件的具体情况加以收集。如需证明租赁费可提供租赁合同及支付凭证；证明人工工资可提供劳动合同及工资发放证明等，现场人、材、机的数量可要求监理人加以证明等。

有索赔事件发生、索赔事件对建筑商造成损失及索赔事件与建筑商的损失有因果关系，同时收集了相应的证据，就可以起草索赔报告，并在合同约定的时间内向发包人提交。

第二，提交正式索赔报告。建筑商应在发出索赔意向通知书后 28 天内，向监理人正式提交索赔报告；索赔报告应详细说明索赔理由以及要求追加的付款金额和延长的工期，并附必要的记录和证明材料。索赔事件具有持续影响的，建筑商应按合理时间间隔继续提交索赔通知，说明持续影响的实际情况和记录，列出累计的追加付款金额和工期延长天数；在索赔事件影响结束后 28 天内，建筑商应向监理人提交最终的索赔报告,说明最终要求索赔的追加付款金额和延长工期,并附必要的记录和证明材料。

第三,监理人审核。监理人应在收到索赔报告后 14 天内完成审查并报送发包人。监理人对索赔报告存在异议的,例如,觉得索赔依据不足或者索赔证据不足,有权要求建筑商提交全部原始记录副本,作出解释,或者进一步提供证据。

第四,发包人处理。发包人应在监理人收到索赔报告或有关索赔的进一步证明材料后的 28 天内,将处理意见交由监理人向建筑商出具。发包人逾期答复的,视为认可建筑商的索赔要求。

第五,建筑商接受索赔处理结果的,索赔款项在当期进度款中进行支付,建筑商不接受索赔处理结果的,按照第 20 条争议解决约定处理。

也就是说,一旦发生由于发包人的原因导致工期延误和损失的产生,要在 28 天内向监理人提出索赔意向,意向通知书发出后 28 天内,要向监理人发出正式的索赔报告;索赔事件持续发生的,应在合理时间内(一般也是每隔 28 天)阶段性地提交索赔通知,索赔事件结束后的 28 天内,要向监理人提交最终的索赔报告。发包人应在监理人收到索赔报告或索赔的进一步证明材料后 28 天内答复,逾期视为认可建筑商的索赔要求。

2.《GF99 文本》对索赔程序的相关规范

与《GF13 文本》以及《GF17 文本》相比,《GF99 文本》关于索赔程序规定的区别有以下两点:

第一,建筑商系直接向发包人工程师发出索赔通知及索赔报告,而不是向监理人。因为《GF13 文本》及《GF17 文本》借鉴 FIDIC 文本,而国际工程的特点是以“监理人中心”,发包人委托监理人管理建设工程,建筑商与发包人的所有沟通均需要首先通过监理人。

第二,没有“承包人未在前述 28 天内发出索赔意向通知书的,丧失要求追加付款和(或)延长工期的权利”的规定。故,如果采用《GF99 文本》的,建筑商即便超过 28 天提出索赔意向通知书的,仍有权获得索赔。

四、工期延误中的举证责任

(一)举证责任分配

1. 发包人的举证责任

发包人通常只要证明建筑商的实际施工工期大于合同约定的总工期或节点工

期就完成了举证责任。故,发包人的举证责任较为简单,一般只需提供工程开工日期、竣工日期或分部分项工程实际开工日期、完工日期的证明,就可以计算出建筑商工期延误的天数,完成基本举证责任。

2. 建筑商的举证责任

出现工期延误时,建筑商需要证明实际工期并没有延误或工期延误的原因不在于自身,据此应提供不同的证据加以证明。

(1)建筑商认为实际工期没有延误的

①实际开竣工日期与合同开竣工日期不符

譬如,实际开工日期晚于合同约定的开工日期,通常也会导致实际竣工日期晚于合同竣工日期。此时,如果简单以合同竣工日期去看显然工期是延误的,但是,从合同工期总日历天数去看实际工期不一定会大于合同工期。这种情形下,发包人提起工期索赔的,承包人就应提供实际开工日期、实际竣工日期的证明材料来证明合同工期并没有延误。

相关可提供的证据有:监理人或发包人的开工通知、工程开工报告、建设工程施工许可证、竣工验收报告、竣工备案表、移交工程的证据、发包人擅自使用的证据等书面文件。

②承发包双方已对工期进行变更

如果在施工过程中,发包人与建筑商就工期变更达成一致意见,那么就应当以双方协商一致的变更意见作为工期认定的依据。

相关可提供的证据:有关工期变更的会议纪要、签证、补充协议等书面文件。

(2)建筑商认为工期延误的原因不在于自身

①发包人原因造成的工期延误

主要原因包括:

发包人未提供施工条件,相关可提供的证据:实际通电、通水时间的证明,进场时间的证明,临时设施搭设的情况证明等。

发包人延迟支付工程款(包括预付款和进度款),相关可提供的证据:合同、工程施工进度、月形象进度报表、进度付款申请表、发包人的相关审核意见、发票(如合同中约定建筑商必须先行提供发票,否则发包人有权拒绝付款的,建筑商应当证明其已提供相应款项的发票)等。

发包人未按约提供图纸、材料、设备等或提供的图纸、材料、设备等存在质量缺陷,可提供的相关证据有:合同、相关催告函件、存在质量缺陷的书面证据及照片、影像资料等。

发包人设计变更以及发包人调整承包人工作内容及工作量，可提供的相关资料有：会议纪要、签证、建筑商的索赔资料等。

②第三方原因造成的工期延误

发包人指定的分包人、直接分包人、监理、设计等违约或延误，可提供的相关证据有：发包人指定分包人、直接发包人的证据材料（如发包人通过招标确定指定分包人、直接发包人、发包人直接向指定分包人、直接分包人付款）、指定分包人、直接发包人的工期延误以及其他违约行为导致建筑商工期延误的证据材料、监理、设计等甲方委托单位工作延误的证据材料、发包人与建筑商的往来函件。

③不可抗力、不利物质条件等非人为原因造成的工期延误

如文物及地下障碍、不利物质条件引起的，可提供的相关证据有：水文、坐标、地质资料、行政部门出具的文件等。

如不可抗力造成的，可提供的相关资料有：根据不可抗力的类别提供证明其发生的相应证据，如证明地震的新闻报道、政府文件、证明台风的气象资料、新闻报道等。

当然除了证明上述事件的确实发生以外，还应当证明上述事件发生在关键线路上，可提供的证据有：网络计划图、施工进度计划等。

（二）工期鉴定

承发包双方对工期是否延误以及工期延误天数、增加费用无法协商确定且法院无法通过现有证据材料进行认定的，可以通过委托鉴定机构对此进行鉴定。

根据所处阶段的不同，工期鉴定的方式有两种：一种是未经诉讼/仲裁，承发包双方协议同意共同委托某个鉴定机构以其作出的工期鉴定意见作为双方工期争议的依据。该种委托鉴定行为遵循了合同法意思自治的原则，是合法有效的。但是，由于工程鉴定意见直接关系承发包双方利益得失，对于鉴定机构是否能公平公正地出具鉴定报告存在疑虑，故，实践中由当事人共同委托进行工期鉴定的情形比较少见。

工期鉴定的另一种方式，承发包人已经就工期延误及索赔提起诉请，在审理过程中，由裁判机构委托鉴定机构对工期作出鉴定报告，该鉴定报告系工期延误情况的证明，此种情形是实务中常见的。

最高人民法院及各地法院关于房地产建筑类纠纷的相关意见中较多涉及的是

工程造价鉴定及工程质量鉴定，对工期鉴定的指导意见非常少。其中，江苏省盐城市中级人民法院在《关于审理建设工程施工合同纠纷案件若干问题的指导意见》(2010年7月15日)中对工期鉴定有明确规定："承包人主张工期顺延的，人民法院应当围绕其主张顺延的理由逐一审查。审查时一般需要考量工程量的增加、发包人临时变更设计、发包人未按约提供原材料、设备、场地、资金、技术资料等因素，必要时可委托司法鉴定机构予以工期鉴定。"

虽然法院对于工期鉴定的意见并不翔实，但是工期鉴定情况在实践中并不少见，它是与工程价款、工程质量同样常见的工程纠纷问题。

1. 工期鉴定的可能性

《民事诉讼法》第76条规定："当事人可以就查明事实的专门性问题向人民法院申请鉴定。"建设工程施工合同纠纷案件的事实认定往往涉及专门性、技术性问题，有的需要借助司法鉴定意见确定此类问题，工期延误也是常见的需要鉴定的情形。

工期延误存在多种原因，在事后判断工期是否延误、因何延误，是一个非常复杂的专门性问题，必须依靠先进的工程项目管理技术和综合判断能力。工期是建立在施工进度计划基础上的，是承包人依据工程技术规范及其施工经验编制的并经发包人批准的施工进度计划，按照特定的工艺流程和组织关系严格有序地完成全部分部分项所需要的时间，属于专业工程技术问题。同时判断某个影响事件是否造成工期延误，需要专业工程技术知识，如如何判断关键线路与非关键线路等。① 工期问题应当属于《民事诉讼法》第76条规定的专门性问题，当事人可以向法院申请工期鉴定。

此外，住建部、质检总局于2017年8月31日联合发布的《建设工程造价鉴定规范》(GB/T 51262－2017)第5.7条"工期索赔争议的鉴定"中规定，鉴定人有权对建设工程的开工时间、实际竣工时间、因设计变更顺延的工期、工期延误索赔等进行判断。同时规定，对工期延误责任的归属，鉴定人可从专业鉴别、判断的角度提出建议，最终由委托人即裁判机构根据当事人的举证判断确定。

2. 启动鉴定的情形

按启动鉴定的主体不同，启动鉴定可分为当事人主动申请和由法院依职权启动鉴定两种情形。

---

① 吕辉木：《工期延误司法鉴定法律问题浅析》，载《中国招标》2014年第43期。

《民事诉讼法》

第七十六条　当事人申请鉴定的，由双方当事人协商确定具备资格的鉴定人；协商不成的，由人民法院指定。当事人未申请鉴定，人民法院对专门性问题认为需要鉴定的，应当委托具备资格的鉴定人进行鉴定。

上述两种启动鉴定的情形，由当事人申请启动鉴定程序的，比较容易解决举证责任分配问题和鉴定付费问题。如果由法院依职权启动鉴定，在鉴定材料的提供、鉴定费用支付问题等方面会比较复杂。

由当事人申请启动鉴定的，应当由负有举证义务的一方当事人申请。但是实务中也会出现负有举证责任的当事人从自身利益出发不愿意提起鉴定申请的情形，如果法院又不依职权启动鉴定，那么此时相对方是否可以向法院申请鉴定以查明事实？笔者认为，出现这种情形时，为了查明事实，本不负有举证责任的当事人也可以主动申请鉴定。

3. 鉴定程序

(1)由裁判机构决定是否进行工期鉴定

当事人虽然可就工期延误提出鉴定申请，但到底是否需要进行工期鉴定，需要由裁判机构结合案件事实情况予以判断并决定是否启动工期鉴定。

启动工期鉴定的前提条件如下：

①当事人提起主张工期延误的请求。通常情况下，当事人申请工期鉴定基于在诉讼或仲裁过程中提出了相关索赔。

②申请鉴定的当事人有初步证据证明工期延误的事实。[①] 启动工期鉴定程序的前提是存在与工期有关的争议事实，即工期延误的事实。

③裁判机构无法根据双方当事人提供的证据直接认定工期是否延误及延误工期或费用增加。

同工程造价必须要具备专业知识及技术的人员进行鉴定不同，在认定工期延误时，更多依据的是双方当事人的往来函件、协议、施工组织进度计划、签证等书面材料。如果裁判机构通过当事人的举证认为可以认定是否存在工期延误情况的，则不需要启动鉴定；如果裁判机构根据当事人举证材料认为尚不足以认定工期延误情况，还需就专门性问题向鉴定机构求证的，那么裁判机构就应当启动鉴定。

---

① 谭敬慧、张斯丝：《工期鉴定启动和鉴定人选择法律问题研究》，载《建筑时报》2016 年 8 月 4 日，第 007 版。

(2)鉴定准备阶段

①确定鉴定范围。裁判机构作为鉴定委托人,应当根据当事人的鉴定申请结合案情确定具体鉴定事项。

《建设工程司法解释一》

第二十三条 当事人对部分案件事实有争议的,仅对有争议的事实进行鉴定,但争议事实范围不能确定,或者双方当事人请求对全部事实鉴定的除外。

从节省司法资源以及诉讼成本的目的出发,委托鉴定的事项应仅限于有争议的事实。并且,如果部分有争议的事实可以通过当事人提供的证据来查明的,也不宜启动鉴定程序。

②确定鉴定机构。裁判机构应当委托有专业资质的鉴定机构来进行工期鉴定。

《中华全国律师协会办理工程法律业务操作指引》

5.6.3.2 目前法律、行政法规未对工期鉴定机构的资质作出相关规定,但由于工期鉴定一般牵涉工期延期后应承担的违约金、损失赔偿的数额,故以委托具有工程造价咨询资质的机构进行鉴定为宜。

《建设工程造价鉴定规范》(GB/T 51262 - 2017)也将工期索赔争议作为其鉴定的一种类。可见,目前对于工期的鉴定也应委托造价鉴定机构进行。

③准备鉴定材料。应当由作为委托人的裁判机构向司法鉴定机构转交当事人提交的鉴定材料,鉴定材料通常应当经过当事人双方质证。实务中,各地法院对此也有不同规定。基于工程鉴定资料众多且复杂,由法院直接质证并不具备专业知识,故也有法院认同由当事人直接将未经质证的鉴定材料向鉴定机构提交。

④鉴定实施阶段。在鉴定过程中,如果出现新的其他需要确认的问题,需由裁判机构认证后再继续进行鉴定,鉴定机构不得直接对新问题出具鉴定意见。

⑤鉴定意见。由裁判机构组织双方当事人和鉴定机构代表对鉴定意见进行质证,最后综合各方意见及案情对鉴定意见作出认定。

以下为笔者承办的建设工程施工合同纠纷案件中鉴定机构在鉴定报告中所阐述的工期延误鉴定的具体鉴定步骤:

一、依据有效的工作联系单/签证,对比原计划的工期或时间节点,确认工期延误事件是否存在;

二、如果存在工期延误事件,则确定工期延误事件的原因及责任归属;

三、判断工期延误事件相关的工作是否处于关键线路上;

四、确定是否应给予建筑商工期延误。

1. 如果工期延误事件相关的工作处于关键线路上,则计算顺延的时间;

2. 如果发包人承认事实但不给予工期顺延,则应视为可推定的加速施工指令;

3. 如果工期延误事件相关的工作不处于关键线路上,则不考虑顺延工期。

五、确定相应的费用补偿

1. 如果给予建筑商工期顺延,则应根据事件情况计算应给予建筑商的费用补偿;

2. 如果为可推定的加速施工指令,则应计算建筑商加速施工应获得的费用补偿;

3. 如果工期延误事件相关的工作不处于关键线路上,不考虑顺延工期;但如果该工作由于受到影响进行了必要的调整使得投入发生变化,则应考虑相关补偿费用的计算。

五、为承包人提供涉及工期索赔的非诉讼服务的相关成功案例

建设单位:某某有限公司

施工单位:浙江某某建筑公司

一、工程概况

工程名称:某某综合办公楼

工程地点:上海市

建筑概况:框架结构、地下二层、地上二十八层,建筑面积4.5万平方米

工程造价:暂定为1.5亿元

合同工期约定:工期为622天,开工日期为2014年3月1日,竣工日期为2015年11月13日。工期违约金为5万元/天。

实际工程工期:实际开工时间为2014年3月5日,实际竣工时间为2016年5月27日,实际工期为814天,工期延误192天,工期违约金每天5万元,违约金共计960万元。

二、全过程法律服务的主要内容

本项目为邀请招标项目,笔者为建筑商承建这个项目提供了全过程的非诉法律服务,主要包括以下几个内容:

(一)合同谈判前的尽职调查

调查发包人资信情况,包括发包人的工商登记资料(包括注册资本、年检情况、

股东构成等),地块情况(发包人是否为实际权利人,是否设定抵押等),是否已经取得建设用地土地使用权证、建设用地许可证、建设项目规划许可证、该项目是否属于必须进行招投标的范围等。

(二)参与招标投标及合同谈判的全过程

从法律角度指导建筑商制作商务标和技术标,以及如何将商务标和技术标有机结合进行签证和索赔。

商务标和技术标的有机结合如何更好地进行签证和索赔?这是对建筑商相当实用而且又奥妙无穷的课题。例如,合同履行过程中,商品混凝土价格上涨,而建筑商签的大多数合同都是单价闭口的,如果合同没有特别约定,那么价格上涨的损失就都由建筑商承担。但是如果工期延误有签证,而且是由于甲方原因导致工期延误6个月,那么,这6个月商品混凝土的价格上涨损失就由甲方承担。钢材价格上涨的签证也是一样的道理。如果钢材、商品混凝土的价格下跌,那么建筑商就相应地获得了额外利润。

施工合同的谈判和签订也是同样的道理,好的投标文件包括商务标和技术标,好的合同谈判和签订,就为后续的合同履行打下了坚实的基础,正所谓"工欲善其事,必先利其器"。

工期约定

"头尾斩断中间小"是工期控制图中最基本、最重要的技巧之一。那么合同签订的时候笔者是怎样去实现"头尾斩断中间小"这个目标?首先应利用政府备案的合同格式的要求,采用对承包方较为有利的《GF13 文本》。

(1)开工日期的约定

建议建筑商如此约定:开工日期暂定××××年××月××日,开工日以甲方完成三通一平工作、领取施工许可证、提供工程所需的经审图后的施工图纸,并向承包方发出书面开工令为准。

(2)竣工日期的约定

对于竣工日期如何约定,笔者坚持采用《GF13 文本》第13.2.3款约定,即"工程经竣工验收合格的,以承包人提交竣工验收申请报告之日为实际竣工日期,并在工程接收证书中载明;因发包人原因,未在监理人收到承包人提交的竣工验收申请报告42天内完成竣工验收,或完成竣工验收不予签发工程接收证书的,以提交竣工验收申请报告的日期为实际竣工日期;工程未经竣工验收,发包人擅自使用的,以转移占有工程之日为实际竣工日期”。

发包人往往要求以取得工程竣工备案证明的日期作为工程实际竣工日期,这对于承包人而言极其不利,应力争约定以承包人送交竣工验收报告的日期为竣工日期。

另外,特别需要注意的是,由于实践中对“擅自使用”如何认定存在争议,故笔者建议同时在专用条款中约定:“如果工程未经竣工验收,发包人占有或使用的,视为工程已经竣工验收合格。以发包人占有或使用之日作为工程竣工之日。”

(3)可顺延工期事项的约定

首先,建议建筑商确保《GF13文本》通用条款第7.5.1条规定的七项工期可顺延事项不被取消,即:

7.5.1 因发包人原因导致工期延误

在合同履行过程中,因下列情况导致工期延误和(或)费用增加的,由发包人承担由此延误的工期和(或)增加的费用,且发包人应支付承包人合理的利润:

①发包人未能按合同约定提供图纸或所提供图纸不符合合同约定的;

②发包人未能按合同约定提供施工现场、施工条件、基础资料、许可、批准等开工条件的;

③发包人提供的测量基准点、基准线和水准点及其书面资料存在错误或疏漏的;

④发包人未能在计划开工日期之日起7天内同意下达开工通知的;

⑤发包人未能按合同约定日期支付工程预付款、进度款或竣工结算款的;

⑥监理人未按合同约定发出指示、批准等文件的;

⑦专用合同条款中约定的其他情形。

其次,在专用条款中约定了其他工期可顺延事项:

①甲方直接发包单位、指定分包单位、配套单位延误等。

这一点是很重要的,因为工程实际履行过程中,发包人直接发包单位、指定分包单位、配套单位延误工期的现象很普遍。譬如某某花园工程,《住宅小区第一期发展项目A标段总承包后加工程合同》,该合同实质上是一份配合施工协议,配合费只收取了75万元。但是,工程中涉及十家甲方指定的精装修分包单位工期延误,要处罚300多万元。而建筑商在后加工程中实质上仅是配合指定分包单位进行施工，但是由于在合同关系上后加工程属于建筑商总承包范围，在这种情形下，没有约定指定分包单位、配套单位延误可以作为工期顺延事项，建筑商就处于十分被动的地位。

②法律法规、地方性规章规定可以顺延工期的事项。

在专用条款第39.1条，对不可抗力的范围予以明确。譬如具体约定为6级以上地震；海啸；10级以上大风；自1990年以来10年未遇的洪水等自然灾害；政府指令等原因导致道路不通无法施工；公共卫生突发事件，如SARS，以及超过35度的高温等事项。

(4)工期顺延及索赔程序

工期索赔行使具有期限要求。在本项目中，由于有笔者的全过程跟踪服务，对每一个环节和每一个可顺延事项进行控制和固定证据，因此，就充分发挥了这两个程序条款的作用，及时发出工期顺延报告和索赔报告，并利用各种手段固定证据，相互印证。从而不但规避了工期风险，而且为建筑商获得了大量的索赔。

(三)合同履行情况

1.发包人在不具备开工条件下要求建筑商进场

2014年2月14日，发包人口头通知建筑商进场，此时现场还没有完全动迁完，且发包人的500万元备料款分文未付。

笔者做了以下几个步骤：

第一步，笔者从不同的角度进行拍照、录像，做律师见证。

第二步，笔者要求发包人对其口头进场通知予以书面确认。

第三步，笔者向发包人提交了施工前的方案，包括临时设施搭设的规模、管理人员的安排、机器设备的进场、周转材料的安排等，并明确说明施工前的准备时间为15天时间，要求发包人确认，发包人予以确认。

第四步，向发包人提交施工组织设计要求发包人确认。

第五步，建筑商在2月14日进场之后，应在15天时间内完成进场准备工作。

故，笔者于2014年3月1日，向发包人提交了一个不具备开工条件的报告，要求延期开工，并提交了一份索赔报告。理由是开工前批准的方案很明确，建筑商的准备工作15天，按照合同约定和施工前方案的要求建筑商应在3月1日开工，要求发包人承担自3月1日开始到具备开工条件时的人员工资、机械租赁费、周转材料的摊销费等。

2. 发包人强令建筑商开工

3月5日,发包人强令建筑商开工。笔者与建筑商经讨论认为,系争工程还是可以开工的,一方面,动迁不会完全影响工程进度;另一方面,虽然备料款未付,但在一定范围内建筑商还是可以承受的。此时经笔者建议,建筑商很巧妙地分开提交了两份报告:

第一份是动迁尚未完成,建筑商在3月8日提交了一份报告,要求工期顺延的天数从3月5日到动迁完成之日止。

第二份报告是建筑商在3月16日提交的,内容是:发包人备料款未付,影响建筑商工程计划,要求施工按照降效50%计算,工期从3月5日顺延到全部备料款付清之日止,按50%计算。

实际上,5月5日,发包人才完成动迁工作,至6月10日才付足500万元备料款。

建筑商的动迁索赔报告和备料款索赔报告应如何提交?

(1)动迁的索赔报告

①3月22日,提交了一份动迁的索赔意向;

②4月18日,提交了一份阶段性的索赔意向并附详细的索赔依据,每天要求赔偿1.1万元;

③5月10日,提交了一份关于动迁的最终索赔报告,要求发包人赔偿停窝工所造成的损失,赔偿数额总计68.2万元。

(2)备料款未付的索赔报告

①3月25日,开始提交第一份索赔意向;

②4月20日,又提交了一份阶段性的索赔意向,并附有详细的索赔依据和具体数额;

③5月15日,又提交了一份阶段性的索赔意向,并附详细的索赔依据和具体数额;

④6月12日,提交了一份最终索赔报告,并附详细的索赔依据和要求索赔的具体数额,要求索赔53.9万元。

发包人收到索赔报告在28天内都没有答复,按照GF文本的规定,都视为认可,所以拆迁影响工期相应顺延62天,可获得索赔金额为68.2万元;欠备料款工期相应顺延49天,可获得索赔金额为53.9万元。

(3)施工过程中地下障碍物的处理

2014 年 3 月 15 日,打预应力管桩,出现地下不明障碍物,由于发包人提交给建筑商的“地质报告”中没有说明,到 2014 年 4 月 14 日,地下障碍物处理完毕,处理障碍物时间为 30 天,虽在非关键线路上,但是建筑商应如何处理?

建筑商是这样做的:

第一步,2014 年 3 月 25 日,建筑商向发包人提交了要求工期顺延的报告,主要内容:工期从 3 月 15 日延长至地下障碍物处理完毕之日止。

第二步,2014 年 3 月 28 日,建筑商向发包人提交了一份索赔意向。

第三步,2014 年 4 月 18 日,建筑商向发包人提交了要求工期顺延 30 天的报告。

第四步,2014 年 4 月 24 日,提交了一份最终索赔报告,要求索赔 17.8 万元。

发包人在合同规定时间的 28 天内没有答复,所以以上要求均被视为认可。工期相应顺延 30 天,并可获得 17.8 万元损失索赔。实际上,在这个事件里,发包人如果懂得法律和合同的话,就可以在 28 天内答复,因此事件处于非关键线路上,不影响工期,工期不予顺延,停工、窝工造成的损失可以适当予以考虑。

(4)发包人口头强令施工导致大面积塌方

2014 年 7 月 13 日,在挖土的时候,建筑商向发包人提交了一份组织设计,其中挖土当中的土方放坡的比例为 1:1.5,但发包人不同意,口头强令建筑商挖土坡度为 1:1,最后造成大面积塌方,并对周围的房屋造成影响。2014 年 8 月 1 日事故处理完毕,处理时间为 20 天。遇到这个问题,建筑商应如何做?根据笔者建议,建筑商做如下操作:

第一步,发包人口头指令发出后,建筑商在 7 天内要求发包人书面确认,但发包人在 48 小时内没有答复,则视为确认,把这一证据固定下来。所以建筑商以后遇到这种情况,必须要求发包人予以书面确认,否则一旦发生纠纷,发包人很容易不承认。

第二步,建筑商在 2014 年 7 月 14 日提交了一份工期顺延的报告,这个是在关键线路上,我们要求工期顺延的天数从 2014 年 7 月 13 日顺延至塌方事故处理完毕、可以正常施工之日止。

第三步,建筑商在 2014 年 8 月 3 日提交了一份要求工期顺延 20 天的报告。

第四步,在 2014 年 8 月 6 日提交了一份最终索赔报告,要求发包人赔偿 20 天的停工、窝工所造成的损失,即人员工资、机器台班、周转材料等损失 21 万元。

发包人均未在合同约定的 28 天内予以答复,所以均被视为同意建筑商的上述请求。

(5)发包人迟延提供变更图纸

2014年9月6日,当建筑商施工完基础底板后,由于办公楼销售和租赁形势不好,发包人决定将此办公楼变更为酒店式公寓,通知建筑商停工待图,发包人至2014年10月16日才提供变更后的全部图纸,建筑商为此停工40天时间。根据笔者建议,建筑商是这样操作的:

第一步,在14天内,即2014年9月10日提交了一份工期顺延的报告,要求工期顺延天数从2014年9月6日到发包人提供全部变更图纸之日止。

第二步,2014年9月16日,向发包人提交了一份索赔意向,要求发包人赔偿因停工、窝工所造成的损失。

第三步,2014年10月10日,建筑商向发包人提交了一份阶段性的索赔意向。

第四步,2014年10月19日,建筑商向发包人提交了一份要求工期顺延40天的签证。

第五步,2014年10月28日,建筑商向发包人提交了一份最终的索赔报告,要求发包人赔偿停工、窝工所造成的损失,即人员工资、机器台班、周转材料等损失41万元。

发包人均未在合同约定的28天内予以答复,所以均被视为同意建筑商的上述请求。

(6)因设计不当引起的质量问题

在开工前的图纸会审时,建筑商曾向发包人提出:梁的钢筋配比不符合要求,要求发包人进一步进行论证,发包人对建筑商的要求不予采纳。到2015年2月28日,即施工至结构第八层时,发现七层梁出现较多的细裂缝,双方发生争议。发包人认为是建筑商施工质量的问题。建筑商则认为是设计的原因,因此双方要求进行质量鉴定,鉴定时间为2个月。到2015年4月26日,鉴定报告出来:是由于设计单位设计的原因所造成。根据笔者建议,建筑商是这么处理的:

第一步,在开工前的图纸会审时认真地做好会议纪要,把建筑商的建议客观地写到会议纪要上去。

第二步,出现事故以后,笔者做了一个律师见证,通过照片、录像,将现场的情况用证据的形式固定下来。

第三步,建筑商在2015年3月3日提交了一份工期顺延的报告,要求工期从2015年2月28日顺延至事故处理完毕之日止。

第四步,2015 年 3 月 12 日提交了一份索赔意向,要求发包人赔偿停工、窝工所造成的损失。

第五步,2015 年 4 月 10 日,建筑商提交了一份阶段性的索赔意向,每天赔偿5.5 万元。

第六步,2015 年 4 月 26 日,发包人对质量事故的最终处理方案出来以后,建筑商于 2015 年 5 月 5 日提交了一份要求工期顺延的报告,要求工期的天数为从 2 月 28 日到 4 月 26 日共 60 天的时间。

第七步,2015 年 5 月 19 日,建筑商向发包人提交了一份最终索赔报告,要求发包人赔偿停工、窝工 60 天所造成的损失 330 万元。

第八步,2015 年 4 月 26 日,发包人对质量事故的最终处理方案出来以后,即对 7 层以下的结构要进行加固,对 7 层以上的结构钢筋配比要增加。建筑商于当天即 4 月 26 日提交了一份工期顺延的报告,要求对 7 层以下的加固方案处理的时间顺延 30 天时间,同时向发包人提交了一份索赔报告,要求发包人赔偿 30 天停工、窝工所造成的损失,每天是 5.5 万元,共计 165 万元。

2015 年 5 月 10 日,发包人回复:7 层以下加固方案不在关键线路上,并不影响总工期,所以不同意工期顺延,也不同意赔偿 30 天的停工、窝工所造成的损失。

(7)及时固定现场、做好证据保全

2015 年 9 月 25 日,本工程结构封顶,在浇第一罐混凝土时,笔者做了一个律师见证,通过照片、录像,将现场的情况用证据的形式固定下来。

(8)消防单位施工延误致使总工期延误

根据工期安排,消防单位本应于 2016 年 1 月 2 日完工,但由于消防单位施工力量不足,施工进度缓慢,至 2016 年 1 月 2 日还未完工,直至 2 月 1 日才完工,工期延误 30 天时间。碰到这种事情,建筑商应该怎样去做呢?

第一步,2016 年 1 月 4 日,建筑商先提交了一份工期顺延报告,要顺延天数从 2016 年 1 月 2 日开始到消防工程完工之日止。

第二步,2016 年 1 月 10 日,建筑商向发包人提出了索赔意向。

第三步,2016 年 2 月 1 日,消防单位完工,消防工程延长施工时间 30 天。所以在 2016 年 2 月 4 日,建筑商向发包人提交了要求总工期顺延 30 天的报告,同日向发包人提交了最终索赔报告与相应的资料,要求其赔偿损失 16 万元。

2016 年 1 月 10 日,发包人书面答复建筑商,认为消防工程非在关键线路上,不影响建筑商的总工期,所以总工期不予顺延。

2016年1月28日，发包人书面答复建筑商，认为消防工程非在关键线路上，并不影响建筑商的总工期，也不造成建筑商的损失，所以不同意赔偿。

当建筑商的最终索赔报告提交后，2016年2月10日，发包人也给了最终答复：对建筑商的最终索赔报告不同意赔偿。

(9)分包单位延误致使总工期延误

门窗安装工程是由发包人指定分包，门窗工程安装单位本应在2015年10月25日进场施工（施工组织设计安排门窗安装时间从2015年10月25日至2014年12月29日止65天），但门窗安装单位延误进场，于2015年12月8日才进场，到2015年2月13日工程才完工，延误了45天。根据笔者建议，建筑商做如下操作：

第一步，2015年10月28日，建筑商向发包人提交了一份工期顺延的报告。要求工期从2015年10月25日顺延至安装单位实际进场之日止。

第二步，2015年11月8日，建筑商提交了一份索赔意向，要求发包人赔偿停工、窝工所造成的损失。

第三步，2015年12月6日，提交了阶段性索赔意向。

第四步，在门窗单位实际进场后的2015年12月15日提交了要求一份要求总工期顺延45天的报告与一份最终索赔报告，要求发包人赔偿停工、窝工所造成的损失24万元。

发包人对建筑商工期顺延的报告是这样答复的：

2015年11月10日，发包人答复，门窗工程原先有15天的机动时间，由于门窗单位最终延误工期的天数尚未确定，要等门窗单位的最终完工时间确定下来再减去15天的机动时间为延误的天数。

2015年12月20日，在建筑商向发包人提交了最终索赔报告的5天内（建筑商向发包人提交最终工期顺延的签证时间为2015年12月15日）答复，门窗单位工期虽然延误45天，但机动时间有15天时间，所以影响总工期只有30天时间，同意建筑商总工期延长30天。对于停工、窝工的损失，发包人也只同意赔偿50%。

(10)发包人直接发包项目延误致使工期延误

室外总体工程是由发包人直接发包的，按照施工计划，室外总体工程施工时间为60天，从2016年2月1日到2016年4月1日。因春节多雨，影响施工，实际完工时间为2016年5月1日，延长30天时间。建筑商依次操作：

第一步，2016年4月10日，向发包人提交了要求工期顺延报告，要求工期顺延天数从2015年4月2日顺延至绿化工程和室外道路完工之日止。

第二步,2016 年 4 月 20 日,向发包人提出一份索赔意向。

第三步,2016 年 5 月 5 日,向发包人提交了工期顺延的签证,要求工期顺延 30 天时间。

第四步,2016 年 5 月 18 日,向发包人提交了一份最终的索赔报告,要求发包人赔偿工期延误造成的损失 14 万元。

发包人对建筑商工期顺延与索赔报告的报告是这样答复的:

2016 年 4 月 12 日,发包人答复:同意工期顺延要求。

2016 年 5 月 26 日,发包人答复:同意索赔要求。

(四)工期顺延分析

第一,延误工期天数。

本工程计划工期为 622 天。实际工期 814 天,工期延长了 192 天。经过笔者努力工期共签证顺延为:62 + 30 + 20 + 40 + 60 + 30 + 30 = 272 天,超过实际延误工期 80 天。

第二,索赔金额。

建筑商取得的索赔金额共计:68.2 + 53.9 + 17.8 + 21 + 41 + 330 + 12 + 14 = 557.9 万元。

结 语

综观《建设工程司法解释二》关于工期与索赔的相关规定可以看出,笔者的些许建议已经被吸收和采纳,其中包括:

1. 施工许可证不应单独作为认定开工日期的依据。施工许可证制度仅是对工程开工的行政管理,是否取得开工许可证与是否实际开工没有必然的联系。

2. 如合同约定,未在约定期限内提出工期顺延及费用增加的申请而丧失相关权利的,应当尊重当事人的约定。

而对于《建设工程司法解释二》第 5 条开工日期的认定,笔者对部分观点仍持保留意见:

1. 若发包人或监理人发出开工统治的,无论建筑商是否在开工通知载明的时间前进场施工的,以开工通知上载明的开工时间为准。

2. 结合建筑市场的实践操作,在发包人怠于发出开工通知的情况下,建筑商通常提交开工报告,经发包人批准后按照开工报告上载明的日期进场施工。故在不存在开工通知而存在开工报告的情况下，建议依据开工报告上记载的开工日期为准来认定实际开工日期。

《建设工程司法解释二》的规定仅涉及了开工日期的确定以及工期顺延程序的处理，仍有部分工期与索赔的争议问题未作规定，笔者在此提出，希望最高人民法院在后续出台《建设工程司法解释三》时予以考虑：

1. 由于违反强制性规范且违反社会公共利益，合同工期低于合理工期的约定无效，至于合理工期的确定，应当参照《建设工程工程量清单计价规范》(GB 50500－2013)以及工程所在地建设行政主管部门的规定加以确定。

2. 承发包人对实际竣工日期的确定存在争议的，应当根据《建设工程司法解释一》第14条进行确定，但对几个争议问题应当如下认定：

(1)根据合同约定来认定拖延竣工验收，若无相应规定，裁判机构可参照GF示范文本及建设部《建筑工程施工发包与承包计价管理办法》的规定进行认定。

(2)发包人使用未经竣工验收合格的建设工程，无论是否经过承包人同意，均属于擅自使用。

3. 由于发包人原因、监理人及发包人指定分包人等第三方原因、不利物质条件、不可抗力、文物化石等非人为因素原因导致工期延误及费用增加，建筑商可向发包人进行索赔，上述索赔事件应当发生在关键线路上。

4. 如承发包人约定，未在规定时间内提出工期顺延及费用增加的申请而丧失相关权利的，应当尊重双方当事人的约定。

5. 发包人要求建筑商承担工期延误的违约责任时，通常只要证明实际施工工期大于合同约定的总工期或节点工期即可，建筑商则需要其抗辩理由提供不同证据证明实际工期不存在延误或工期延误的责任不在于自身。

6. 工期鉴定由造价鉴定单位进行鉴定，启动工期鉴定的前提条件

(1)当事人提起主张工期延误的请求；

(2)申请鉴定的当事人有初步证据证明工期延误的事实；

(3)裁判机构无法根据双方当事人提供的证据直接认定工期是否延误或延误工期及增加费用。

专题五

建设工程质量和质量司法鉴定

本专题共涉及《建设工程司法解释二》两个条文，即第7条和第8条，条文释义如下：

第七条　发包人在承包人提起的建设工程施工合同纠纷案件中，以建设工程质量不符合合同约定或者法律规定为由，就承包人支付违约金或者赔偿修理、返工、改建的合理费用等损失提出反诉的，人民法院可以合并审理。

【释义】

本条是关于诉讼程序的规定。

(1)在建筑商起诉发包人工程款的案件中，发包人认为建筑商承建的工程质量不符合合同约定或者法律规定的，合同约定有违约金的，适用违约金条款；如果造成了损失，损失小于违约金的以违约金为准，如果大于违约金的，以损失为准。如合同中约定工程一次性验收不合格的罚款100万元，若系争工程一次验收不合格的，发包人则可通过反诉的方式要求建筑商承担100万元违约金。

(2)如果竣工验收以后，只有造成重大质量问题并影响安全使用的(具体分析详见本专题)，发包人可根据本条规定，以反诉形式要求建筑商承担违约金或者损失。

1.前提条件

(1)本条中违约金的适用应以合同有效为前提条件，若合同无效的，发包人仅可主张损失，违约金条款不再适用。

(2)本条仅适用于承建的工程质量不符合合同约定或者法律规定，即建设工程质量不合格或者竣工验收合格后出现严重影响安全使用的情况，发包人要求建筑商承担保修义务不适用本条规定。

2. “建设工程质量不符合合同约定或者法律规定”的理解

建设工程质量“合格”为建设工程质量的唯一标准，系国家现行强制性标准，“强制标准必须执行”，不容当事人的意思表示排除适用，当事人在合同中对工程质量标准只能按照“合格”标准进行约定，因此，“建设工程质量不符合合同约定或者法律规定”应理解为“建设工程质量不符合合格标准”。

在实践中，当事人在建设工程施工合同中往往会约定“国家优质工程奖”“鲁班奖”“钱江杯”等，上述约定应属于鼓励质量创优的奖励约定，而非工程质量标准，两者存在本质区别，具体详见“建设工程质量和质量司法鉴定”专题，若施工合同中约定违约金条款的，可以参照本条适用，如合同约定达不到“鲁班奖”的罚款100万元的，参照本条规定，发包人应通过反诉方式向建筑商主张100万元违约金。

3. “违约金或者赔偿修理、返工、改建的合理费用等损失”的理解

首先，根据《建筑法》第58条、第59条、第60条以及《建设工程质量管理条例》第26条之规定，建筑商为工程质量缺陷的第一责任人，若工程质量不合格的，原则上应由建筑商承担责任。

其次，发包人根据本条规定主张违约金及损失的前提条件是“建设工程质量不符合合同约定或者法律规定”，即建筑商应对工程质量不合格承担过错责任，而非是对合同无效等其他事宜的过错责任，最高人民法院通过本条规定进一步对《建设工程司法解释一》第11条、第12条及第13条的规定进行了明确。

最后，在建设工程质量不合格的情况下，具体责任方式根据双方施工合同是否有效而不同：施工合同有效的，发包人可以主张违约金等违约责任，根据《合同法司法解释二》第28条、第29条之规定，在实际审理中，若违约金低于实际损失或者过高的，当事人可以申请法院予以调整；施工合同无效的，合同中约定的违约金条款也相应无效，发包人可以按照《建设工程司法解释二》第3条规定主张损失。

4. “反诉”、“抗辩”及“合并审理”的理解

首先，《合同法》第174条规定：“法律对其他有偿合同有规定的，依照其规定；没有规定的，参照买卖合同的有关规定。”

《最高人民法院关于审理买卖合同纠纷案件适用法律问题的解释》第44条规定：“出卖人履行交付义务后诉请买受人支付价款，买受人以出卖人违约在先

为由提出异议的，人民法院应当按照下列情况分别处理：

（一）买受人拒绝支付违约金、拒绝赔偿损失或者主张出卖人应当采取减少价款等补救措施的，属于提出抗辩；

（二）买受人主张出卖人应支付违约金、赔偿损失或者要求解除合同的，应当提起反诉。”

据此，建设工程施工合同作为有偿合同，可参照买卖合同的有关规定，即对于本条中未提及的发包人拒付工程款或者减少工程款的主张，应作为抗辩处理。

其次，在本条中，最高人民法院使用了“可以”合并审理，而非“应当”合并审理，是否就意味着对于发包人的反诉请求，法院就可以分开审理呢？

《民事诉讼法》第140条规定：“原告增加诉讼请求，被告提出反诉，第三人提出与本案有关的诉讼请求，可以合并审理。”

《最高人民法院关于适用〈中华人民共和国民事诉讼法〉的解释》第232条规定：“在案件受理后，法庭辩论结束前，原告增加诉讼请求，被告提出反诉，第三人提出与本案有关的诉讼请求，可以合并审理的，人民法院应当合并审理。”

据此，建议最高人民法院进一步明确，发包人以质量为由主张的违约金或损失的反诉，属于“可以合并审理”的范畴，法院“应当”合并审理。

5. 法律依据

《建筑法》

第五十八条　建筑施工企业对工程的施工质量负责。

建筑施工企业必须按照工程设计图纸和施工技术标准施工，不得偷工减料。工程设计的修改由原设计单位负责，建筑施工企业不得擅自修改工程设计。

第五十九条　建筑施工企业必须按照工程设计要求、施工技术标准和合同的约定，对建筑材料、建筑构配件和设备进行检验，不合格的不得使用。

第六十条　建筑物在合理使用寿命内，必须确保地基基础工程和主体结构的质量。

建筑工程竣工时，屋顶、墙面不得留有渗漏、开裂等质量缺陷；对已经发现的质量缺陷，建筑施工企业应当修复。

《建设工程质量管理条例》

第二十六条　施工单位对建设工程的施工质量负责。

施工单位应当建立质量责任制，确定工程项目的项目经理、技术负责人和施工管理负责人。

建设工程实行总承包的，总承包单位应当对全部建设工程质量负责；建设工程勘察、设计、施工、设备采购的一项或者多项实行总承包的，总承包单位应当对其承包的建设工程或者采购的设备的质量负责。

第八条　有下列情形之一，承包人请求发包人返还工程质量保证金的，人民法院应予支持：

（一）当事人约定的工程质量保证金返还期限届满。

（二）当事人未约定工程质量保证金返还期限的，自建设工程通过竣工验收之日起满二年。

（三）因发包人原因建设工程未按约定期限进行竣工验收的，自承包人提交工程竣工验收报告九十日后起当事人约定的工程质量保证金返还期限届满；当事人未约定工程质量保证金返还期限的，自承包人提交工程竣工验收报告九十日后起满二年。

发包人返还工程质量保证金后，不影响承包人根据合同约定或者法律规定履行工程保修义务。

【释义】

本条是关于工程质量保证金（工程质量保修金）返还的规定。

（1）工程质量保证金返还，有约定的按照约定，如施工合同中约定工程质量保证金自竣工验收后3年内返还，若系争工程于2017年1月1日竣工验收，按照合同约定，发包人应在2020年1月1日返还工程质量保证金。

（2）工程质量保证金没有约定的，自建设工程通过竣工验收之日起满2年，即建设工程竣工之日满2年。

（3）发包人拖延验收的，自建筑商提交工程竣工验收报告90日后起算工程质量保修金返还时间。

《建设工程司法解释一》第14条第1款第2项规定："当事人对建设工程实际竣工日期有争议的，按照以下情形分别处理……（二）承包人已经提交竣工验收报告，发包人拖延验收的，以承包人提交验收报告之日为竣工日期……"

现本条在发包人拖延验收的情况下，工程质量保证金返还起算点增加了90

天宽限期,与《建设工程司法解释一》第14条关于工程竣工日期的规定相冲突,建议与《建设工程司法解释一》相对应,即取消90天宽限期的规定。

(4)未经竣工验收,发包人擅自使用的,工程质量保修金返还应自转移占有建设工程之日起满两年返还。

《建设工程司法解释一》第14条第1款第3项规定:"当事人对建设工程实际竣工日期有争议的,按照以下情形分别处理……(三)建设工程未经竣工验收,发包人擅自使用的,以转移占有建设工程之日为竣工日期。"

(5)施工合同无效的,工程质量保证金应自竣工验收之日起满二年返还,具体分析详见本书"建设工程合同无效的处理原则"专题。

(6)本条明确区分了工程质量保证金与工程保修义务,将工程质量保证金返还与工程保修义务相剥离,工程质量保证金的返还不影响工程保修义务的履行。

本专题分为建设工程质量概述及标准、工程竣工前的质量问题、工程竣工验收合格或者未经验收发包人擅自使用后的质量问题、建设工程质量司法鉴定以及律师为建筑商提供工程质量的诉讼及非诉讼法律服务。

一、建设工程质量概述及标准

(一)建设工程质量的概念

百年大计,质量为本。建设工程的关键在于工程质量。工程质量关系到工程项目投资效益、社会效益和环境效益。工程质量缺陷危及国家和人民的生命与财产安全,影响国民经济发展。

工程质量是指在国家现行的有关法律、法规、技术标准、设计文件和合同中,对工程的安全、适用、经济、美观等特性的综合要求。[①] 其包括以下几方面:

(1)安全性,即指工程建成后在使用过程中具有的保证结构安全、保证人身免受危害的性能。比如,建筑产品的结构安全度、抗震、耐火及防火能力等。

(2)适用性,即指工程满足适用目的的各种性能。比如,理化性能(尺寸、规格、

① 最高人民法院民事审判第一庭编著:《最高人民法院建设工程施工合同司法解释的理解与适用》,人民法院出版社2015年版,第118页。

保温、隔热、隔音等物理性能，耐酸、耐碱、耐腐蚀、防火、防风化、防尘等化学性能），使用功能（房屋的舒适度等）。

（3）经济性，即指工程从规划、勘察、设计、施工到整个产品使用寿命周期的成本和消耗的费用。

（4）美观性，即指建筑物的造型、布置、室内装饰效果、色彩等美观大方，与周边环境相协调等。

（二）建设工程质量管理概述

1. 国外建设工程质量管理的比较分析

根据国外工程管理的经验，对建设工程的管理一般是用三个层次的结构，最基础层为各个建设市场的责任主体，包括发包人、设计、施工、监理等单位；中层为各中介机构；最上层为政府行政管理。①

在工程质量管理上各个国家和地区都有其自身的特点，最具有代表性的为法国、美国以及德国。

（1）法国模式

法国实行强制性工程保险制度，凡涉及工程建设活动的所有单位，包括业主、建筑师、总承包商、设计或者施工等专业承包商、建筑产品制造商、质量检查公司等，均须向保险公司投保。

由于工程项目竣工后，承包单位应对该项建筑工程的坚固性和安全性，在十年内负责缺陷保证。为了分担风险，在实行强制保险制度下，承包单位必须向保险公司投保，工程交付使用后，第一年的质量问题由施工单位承担负责；若在其余九年内发生质量问题的，承包单位仍负责维修，而维修费用由保险公司承担。

通过实行强制保险制度，保险公司将在施工阶段积极协助监督承包单位进行全面质量控制，以保证工程质量不出问题。②

（2）美国模式

在美国模式中，业主委托咨询公司和银行机构在每个施工阶段结束时，都要进行质量验收。只有符合质量标准的，才能继续进行下一阶段的工作，承包商才能拿到工程结算款，才算完成这一部分的完工验收。对于重要的项目，业主还要建立自

① 林镥海：《建设工程施工合同司法解释操作指南——建筑商之孙子兵法》，法律出版社2005年版，第247页。

② 孟宪海：《法国建设管理体制的特点及其研究》，载《建筑经济》1999年第7期。

己的质量控制小组,对施工质量加以把关。

美国政府部门在质量管理中采取了积极的参与态度,尤其对于政府投资的公共工程,政府主管部门的质量监控更加严格。①

(3)德国模式

德国的工程质量监管除了由建筑商对工程质量严格进行质量控制之外,主要采取由州政府质量审查主管部门授权,由国家认可的审查工程师对所有新建的工程和涉及结构安全的改扩建工程的质量实行强制性监督审查,其质量监督检查内容主要包括:对设计图纸的审查,到混凝土制品厂、构件厂等单位对建筑材料、构配件的质量检查以及对施工现场进行监督等。②

工程质量责任重如泰山,这是国际社会和建筑市场历史经验的总结和共识。各国政府均已认识到,建立健全工程质量监督管理体系,全面、全过程、全方位加强工程质量的监督管理,是从根本上保证工程质量的重要措施。各国结合本国的国情,形成了各具特色的工程质量管理制度,对完善我国工程质量管理制度具有重要的借鉴意义。

2. 我国建设工程质量管理的历史沿革

中华人民共和国成立以来,我国建设工程质量管理体系经过不断的改革和发展,实行过多种方式,大体上来说可细分为以下四大阶段:

第一阶段(20 世纪 50 年代初)建筑商内部质量自控检查。

1953 年《中央人民政府重工业部关于在基本建设中深入贯彻责任制与提高工程质量的指示》中提出:基本建设部门应当根据本身建立责任制的情况,进行自我检查,确定负责人。

第二阶段(1958 年至 1966 年)实行第二方检验制度,即建筑商自控和发包人检验相结合的质量管理制度。

在此期间,工程质量监督工作由建筑商独立进行质量检查负责自控再由发包人进行质量监督检查,主要是隐蔽工程验收为主。在一定程度上,建筑商和发包人形成了相互制约、联手控制工程质量的局面。

第三阶段(1984 年至 2000 年)实行核验制,政府逐步成为建设工程质量监督的主体。

1984 年国务院颁布《关于改革建筑业和基本建设管理体制若干问题的暂行规

① 孟宪海:《美国建设管理体制的特点及其研究》,载《建筑经济》1999 年第 8 期。

② 孟宪海:《德国建设管理体制的特点及其研究》,载《建筑经济》1999 年第 6 期。

定》第 16 条提出:“对一般民用项目,在地方政府领导下,按城市建立有权威的工程质量监督机构,根据有关法规和技术标准,对本地区的工程质量进行监督检查。”以此为标志,建设工程质量管理改由专职质量监督机构代表政府进行监督检查评定,开始将工程质量纳入国家监控轨道。①

1986 年 3 月,国家计委、建设银行下发的《关于工程质量监督机构监督范围和取费标准的通知》规定:“二、民用建设项目和市政建设项目由地方质量监督机构负责监督检查。”

通过近 20 年的不懈努力,在全国绝大部分地级市和县以上成立了建设工程质量监督站,由建设工程质量监督站负责工程质量验收。

第四阶段(2000 年至今)建筑商自检、发包人委托监理以及政府监督的三重管理制度。

2000 年 1 月国务院颁布《建设工程质量管理条例》并规定:“建设单位收到建设工程竣工报告后,应当组织设计、施工、工程监理等有关单位进行竣工验收……建设工程经验收合格的,方可交付使用。”

《建设工程质量管理条例》第 49 条规定:“建设单位应当自建设工程竣工验收合格之日起 15 日内,将建设工程竣工验收报告和规划、公安消防、环保等部门出具的认可文件或者准许使用文件报建设行政主管部门或者其他有关部门备案。”

以《建设工程质量管理条例》为标志,我国对建设工程质量管理进入第四阶段,即建筑商自检、发包人委托监理以及政府监督的三重管理制度,政府部门从质量验收的主体开始向工程质量的监督者转型。

建设工程竣工后,根据《合同法》第 279 条之规定,应由发包人根据施工图纸及说明书、国家颁发的施工验收规范和质量检验标准及时进行验收。该验收既是发包人的义务,亦是发包人的权利。②

综上,国家的建设工程质量管理体制关系到建设工程是否如期顺利建成,是否实现其预定的目标,是否达到预期的经济社会效益。从中华人民共和国成立以来工程建设发展历史来看,建设工程质量管理制度不断创新,各建设工程责任主体的质量责任日益明确,而政府部门则逐步由质量验收的主体向工程质量的监督者转型。

---

① 黄亚莉:《关于建筑工程质量监督的探讨》,载 2013 年 9 月建筑科技与管理学术交流会论文集。

② 威海市鲸园建筑有限公司与威海市福利企业服务公司、威海市盛发贸易有限公司拖欠建筑工程款纠纷案[(2010)民提字第 210 号]。

（三）建设工程质量的强制性标准

1. 建设工程质量标准的历史演变

第一阶段（1966 年至 2001 年），建设工程质量采用“优良”“合格”双重质量标准。

1966 年 5 月由原建筑工程部颁布了《建筑安装工程质量评定试行办法》以及《建筑安装工程质量检验评定标准》（试行）（GBJ 22 – 66），将建设工程分为 16 个分项，每个分项分为“质量要求”、“检验方法”和“质量评价”三部分，并确立工程质量采用“优良”“合格”双重标准。

20 世纪 70 年代初，根据我国工业建设需要，国家基本建设委员会组织对 GBJ 22 – 66进行重大修订，并于 1974 年 6 月颁布了《建筑安装工程质量检验评定标准》（TJ 301 – 74），对分项工程增加至 32 个，每个分项工程分为主要项目、一般项目和允许偏差项目来检验评定其质量等级，但在质量标准上面仍沿用 GBJ 22 – 66 的标准，即“优良”“合格”双重标准。

1988 年，建设部对工程质量验收标准进行修订并颁布了《建筑安装工程质量检测评定统一标准》（GBJ 300 – 1988），其中第 3.0.1 条规定“本标准的分项、分部、单位工程质量均分为‘合格’与‘优良’两个等级”，并对分项工程、分部工程以及单位工程“合格”“优良”的质量等级评定作出了明确的规定。

第二阶段（2001 年至今），建设工程质量采用单一的“合格”标准。

质量标准通常被认为是市场经济的通用语言，是中国加入世界贸易组织的客观要求，而国际上对工程质量的验收，通常没有分等级，只有通过或者不通过的质量验收标准，GBJ 300 – 1988 的质量标准无法与国际接轨，更何况 GBJ 300 – 1988 标准已经实施多年，已与中国特色社会主义市场经济的发展脱节。

有鉴于此，2001 年 7 月，建设部颁布了《建设工程施工质量验收统一标准》（GB 50300 – 2001），其中第 2.0.3 条规定：“建筑工程在施工单位自行质量检查评定的基础上，参与建设活动的有关单位共同对检验批、分项、分部、单位工程的质量进行抽样复验，根据相关标准以书面形式对工程质量达到合格与否做出确认。”

此后，住房和城乡建设部与国家质量监督检验检疫总局联合发布了《建设工程施工质量验收统一标准》（GB 50300 – 2013），在 GB 50300 – 2001 标准的基础上，进一步完善了对分部（子分部）、分项及检验批的验收规则，提高了验收的效果，更有利于保证工程的质量。

以《建设工程施工质量验收统一标准》(GB 50300－2001)为标志,建设工程质量标准发生了根本性的变化,即由原先的"合格""优良"标准变更为现行的"合格"标准,"优良"已不属于对建设工程质量评定的标准。

2. 建设工程质量"合格"为工程质量标准,系国家现行强制性标准

《建筑法》第52条规定,建筑工程勘察、设计、施工的质量必须符合国家有关建筑工程安全标准的要求,具体管理办法由国务院规定。有关建筑工程安全的国家标准不能适应确保建筑安全的要求时,应当及时修订。

《标准化法》第2条规定,国家标准分为强制性标准、推荐性标准……强制性标准必须执行。

《建设工程施工质量验收统一标准》(GB 50300－2013)由住房和城乡建设部和国家质量监督检验检疫总局联合发布,为国家强制性的标准。

据此,《建设工程施工质量验收统一标准》(GB 50300－2013)作为强制性标准,必须执行,也即质量标准必须按照《建设工程施工质量验收统一标准》(GB 50300－2013)的规定只能在合同中约定为"合格"标准,当事人不得约定其他的质量标准,也不存在其他的质量标准。

3. "国家优质工程奖""鲁班奖""钱江杯"等是鼓励质量创优的奖励,而非工程质量标准

在建设工程质量方面,各类建筑业协会等机构为鼓励建造优秀的建设工程,设置了各类鼓励质量创优的奖励。重大奖项的评选结果是建筑文化走势的风向标,一方面形成建筑业内人士努力方向的指引,另一方面形成建筑业外人士决策建筑项目的重要参考。①

我国建筑业的质量奖项可分为国家级、省级以及地市级奖项,种类繁多,就省级建筑类奖项就多达三十多种,限于本书篇幅,本书仅对影响较大的建筑质量奖项做简要的介绍。

国家级奖项主要是"国家优质工程奖"以及"鲁班奖",其中国家优质工程奖是经中共中央、国务院确认设立的工程建设领域跨行业、跨专业的国家级质量奖,由中国施工企业管理协会评选并颁发授予国家优质工程奖;而"鲁班奖",全称"中国建设工程鲁班奖",是我国建设工程质量的最高奖,由中国建筑业协会每两年评选一次,并颁发鲁班金像和获奖证书。

---

① 张利、叶扬、王寒妮:《13个重要建筑奖项比较与浅析》,载《世界建筑》2015年3月18日。

省级奖项是各省行业协会设置的在各省范围内的最高建设工程质量奖项，如上海的“白玉兰奖”、浙江的“钱江杯”、江苏的“扬子杯”、安徽的“黄山杯”、北京的“长城杯”金质奖、广东的“金匠奖”、湖南的“芙蓉奖”等。

与《建设工程施工质量验收统一标准》（GB 50300－2013）规定的质量标准“合格”相比，两者存在以下几方面的不同：

（1）验收、评比的主体不同：建设工程质量合格验收的主体根据《建设工程质量管理条例》的规定为发包人；而各类奖项的评比主体主要是建筑业联合会等。

（2）制定质量标准的部门和采取的验收标准不同：“合格”标准由住房和城乡建设部和国家质量监督检验检疫总局联合制定，为国家强制性标准，只有合格和不合格两种，并没有其他标准；各类奖项的评比标准是由各种建筑业联合会制定的，所评比的标准也不同。

（3）质量要求不同：一般来讲，获奖的工程的质量标准应高于合格标准。

（4）目的不同：设置各类奖项的作用主要是为了激励建筑商提高建设工程质量，提高获奖的建筑商的声誉，创造名牌效益，从而获得有利的竞争优势地位，从而形成一种良性循环，故其不是一种国家强制性的质量标准。而建设工程“合格”标准是建筑商根据法律规定必须达到的要求，如果没有达到就要承担相应的责任。

（5）处罚不同：对于合同中约定建筑商达到约定的奖项作为履行合同的义务的，应按照合同的约定处理，如果没有评上合同约定的奖项，不可能由建筑商经过返工、改建后再次参加评选，而是根据合同的约定来处理（比如，专用条款中约定，没有评上奖项需要承担一定违约责任）。但是对于建设工程质量达不到合格的，建筑商必须要通过返工、改建等补救措施，直到建设工程质量符合合格标准，否则发包人有权拒绝接受工程并拒付工程款。①

故，有鉴于此，“国家优质工程奖”“鲁班奖”“钱江杯”等是鼓励质量创优的奖励，而非工程质量标准，两者存在本质性的区别。

那么当事人在合同中约定工程质量标准为“国家优质工程奖”“鲁班奖”“钱江杯”等鼓励质量创优的奖励时，应当如何认定该约定的效力？

对此，笔者认为，建设工程质量“合格”标准为国家强制性标准，“强制标准必须执行”，不容当事人的意思表示排除适用，且质量标准条款有且只有“合格”该一项标准，不存在其他质量标准。若当事人在质量标准中约定“优良”“鲁班奖”“钱江

① 林镥海：《建设工程施工合同司法解释操作指南——建筑商之孙子兵法》，法律出版社 2005 年版，第 240～241 页。

杯”等鼓励质量创优的奖励的，该约定应属于无效。

最后，若建设工程施工合同无效的情况下，工程质量标准只有“合格”标准，具体内容详见本书“建设工程合同无效的处理原则”专题。

二、工程竣工前的质量问题

（一）建设工程质量验收规定及办法

建设工程质量验收是控制工程质量的重要环节，《建筑法》第61条规定：“交付竣工验收的建筑工程，必须符合规定的建筑工程质量标准，有完整的工程技术经济资料和经签署的工程保修书，并具备国家规定的其他竣工条件。建筑工程竣工经验收合格后，方可交付使用；未经验收或者验收不合格的，不得交付使用。”

建设工程质量验收包括施工过程中的工程质量验收和建设工程项目项目竣工质量验收。

1. 施工过程的工程质量验收

施工过程的工程质量验收，是在施工过程中，在建筑商自行质量检查评定的基础上，参与建设活动的有关单位在质监站的监督下对检验批、分项、分部、单位工程的质量进行抽样复验，并根据相关标准以书面形式对工程质量达到合格与否作出确认，分别为检验批的质量验收、分项工程的质量验收、分部工程的质量验收以及单位工程的质量验收。

（1）检验批质量验收的规范

检验批是指按相同的生产条件或按规定的方式汇总起来供抽样检验用的，由一定数量样本组成的检验体，是工程验收的最小单位。检验批可根据施工、质量控制和专业验收的需要，按工程量、楼层、施工段、变形缝进行划分，比如1号办公楼27层墙柱屋面梁板的混凝土就为一个检验批。

根据《建筑工程施工质量验收统一标准》（CB 50300 - 2013）的规定，检验批质量的验收合格应符合下列规定：①主控项目的质量经抽查检验均应合格；②一般项目的质量经抽查检验合格；③具备完整的施工操作依据、质量检查记录。

据此，检验批质量合格的条件有三个方面：资料检查合格、主控项目均合格以及一般项目检验合格。

质量控制资料反映了检验批从原材料到最终验收的各施工工序的操作依据、检查情况记录以及保证质量所必需的管理制度等。对其完整性的检查，实际是对过程控制的确认，这是检验批合格的前提。

检验批的质量合格主要取决于对主控项目和一般项目的检验结果。主控项目是指建筑工程中对安全、节能、环境保护和主要使用功能起决定性作用的检验项目。一般项目则是除主控项目外的检验项目。

主控项目是对检验批的基本质量起决定性影响的检验项目，因此，必须全部符合有关专业工程验收规范的规定。这意味着主控项目不允许有不符合要求的检验结果，这种项目的检查具有“否决权”。鉴于主控项目对基本质量起着决定性的影响，必须从严要求。

检验批的验收由专业监理工程师组织施工单位项目专业质量检查员、专业工长等进行。

(2)分项工程质量验收规范

根据《建筑工程施工质量验收统一标准》(CB 50300－2013)的规定，分项工程质量验收合格应符合下列规定：①所含检验批的质量均应验收合格；②所含检验批的质量验收记录应完整。

据此，分项工程的质量验收与检验批的质量验收具有相同或者相近的性质，只是在数量上大小不同而已，将相关的检验批验收汇总起来就构成了分项工程的验收。分项工程的验收由专业监理工程师组织施工单位项目专业技术负责人等进行。

(3)分部工程质量验收规范

根据《建筑工程施工质量验收统一标准》(CB 50300－2013)的规定，分部工程质量验收合格应符合下列规定：①所含分项工程的质量均应验收合格；②质量控制资料应完整；③有关安全、节能、环境保护和主要使用功能的抽样检验结果应符合相应规定；④观感质量应符合要求。

分部工程的验收在其所含各分项工程验收的基础上进行，但不同于分项工程验收仅是检验批汇总验收的情况，分部工程的验收有自身的特殊性：首先，分部工程的各分项工程必须已验收合格且相应的质量控制资料文件必须完整，这是验收的基本条件。

其次，由于各分项工程的性质不尽相同，故分部工程的验收不能简单地将分项工程验收汇总，还需要对以下两个方面进行验收：

①涉及安全和使用功能的地基基础、主体结构及有关安全及重要使用功能的安装分部工程应进行有关见证取样送样实验或者抽样检测。

②观感质量验收。观感质量是指通过观察和必要的测试所反映的工程外在质

量和功能状态。这类检查不同于其他项目,可以定量定性进行验收,观感质量的验收更多地取决于验收人的主观印象判断。故,观感质量验收的评价并非是“合格”或者“不合格”,而是“好”、“一般”以及“差”。对于评价为“差”的检查点应采取返修处理等补救措施。

分部工程验收由总监理工程师组织施工单位项目负责人和项目技术负责人等进行,其中勘察、设计单位项目负责人和施工单位技术、质量部门负责人应参加地基与基础分部工程的验收,设计单位项目负责人和施工技术、质量部门负责人应参加主体结构、节能分部工程的验收。

(4)单位工程质量验收规定

《建设工程施工质量验收统一标准》(GB 50300－2013)第6.0.5条规定,单位工程完工后,施工单位应组织有关人员进行自检。总监理工程师应组织各专业监理工程师对工程质量进行竣工预验收。存在施工质量问题时,应由施工单位整改。整改完毕后,由施工单位向建设单位提交工程竣工报告,申请工程竣工验收。

据此,从建筑工程质量验收规范的角度来看,单位工程的质量验收也可被称为“质量竣工验收”,其内容与规定将在“建设工程项目竣工质量验收”中详述。

但需要注意的是,实践中,一个建设工程项目一般由多个单位工程组成,那么对于整个建设工程项目来说,所有单位工程质量验收完成后才是建设工程项目的“质量竣工验收”。

2.建设工程项目竣工质量验收

建设工程项目竣工质量验收是施工质量控制的最后一个环节,是对施工过程质量控制成果的全面检验,是从终端把关方面进行的质量控制。

未经验收或者验收不合格的工程,不得交付使用。

(1)建设工程竣工验收的条件

《建设工程质量管理条例》

第十六条　建设工程竣工验收应当具备下列条件:

(一)完成建设工程设计和合同约定的各项内容;

(二)有完整的技术档案和施工管理资料;

(三)有工程使用的主要建筑材料、建筑构配件和设备的进场试验报告;

(四)有勘察、设计、施工、工程监理等单位分别签署的质量合格文件;

(五)有施工单位签署的工程保修书。

由于上述法律条文对建设工程竣工验收条件规定得较为原则,各地建筑业主管部门立足于各地实际,对竣工验收的条件进行了进一步的明确。

《绍兴市房屋建筑工程竣工验收和备案管理实施细则》

第五条 住宅工程竣工验收前应进行初步验收。初步验收时,建设单位组织设计、勘察、施工、监理及相关单位对工程实体质量进行检查或检测,初步验收后应对发现问题进行整改。

工程符合下列条件方可进行竣工验收:

(一)完成工程设计和合同约定的各项内容;

(二)施工单位在工程完工后对工程质量进行了检查,确认工程质量符合有关法律、法规和工程建设强制性标准,符合设计文件及合同要求,并提交工程竣工报告;

(三)对于委托监理的工程项目,监理单位须对工程进行质量评估,有完整的监理资料,并提交工程质量监理评估报告;

(四)勘察、设计单位分别对勘察、设计文件及施工过程中由勘察、设计单位签署的设计变更通知书进行了检查,并提交工程勘察、设计质量检查报告;

(五)有完整的工程技术档案和施工管理资料;

(六)建设单位已按合同约定支付工程款;

(七)有施工单位签署的《工程质量保修书》,商品住宅还须有开发商出具的《住宅质量保证书》和《住宅使用说明书》;

(八)城乡规划行政主管部门对工程是否符合规划设计要求进行检查,并出具认可文件;

(九)法律规定应当由公安消防部门出具的对大型的人员密集场所和其他特殊建设工程验收合格的证明文件;

(十)住宅工程已进行分户验收并验收合格,建设单位按户出具《住宅工程质量分户验收表》,工程质量监督机构按相关规定抽查合格;

(十一)建设行政主管部门及其委托的工程质量监督机构等有关部门责令整改的问题全部整改完毕;

(十二)法律、法规规定的其他条件。

(2)建设工程竣工验收的规范

根据《建筑工程施工质量验收统一标准》(CB 50300－2013)的规定,建设工程竣工验收合格需要符合下列条件:①所含分部工程的质量均应验收合格;②质量控制资料应完整;③所含分部工程中有关安全、节能、环境保护和主要使用功能的检验资料应完整;④主要使用功能的抽查结果应符合相关专业验收规范的规定;⑤观感质量应符合要求。

建设工程质量竣工验收包括以下五部分项目:分部工程验收、质量控制资料核查、安全和使用功能核查及抽查结果、观感质量验收以及综合验收结论。其中综合验收结论是建立在其他事项验收内容基础之上,而分部工程质量验收是验收内容之首,其涵盖了质量控制资料、安全和功能检验结果以及感官质量检查结果的内容,是竣工验收的重中之重。

(3)建设工程竣工验收程序及组织

建设工程竣工验收的程序由建筑商及发包人在建设工程施工合同中予以约定,一般来说,建设工程竣工验收按照以下程序进行:

①工程完工后,建筑商向监理单位报送竣工验收申请报告,申请工程竣工验收。若没有实行监理的工程,工程竣工验收报告直接向发包人报送。

②监理单位在收到工程竣工报告后,经审查符合竣工验收要求的,在合同约定的期限内向发包人报送,若监理单位审查后认为不具备竣工验收条件的,应通知建筑商在竣工验收前建筑商还需完成的工作内容,建筑商在完成监理单位通知的全部内容后,再次提交竣工验收申请报告。

③发包人在收到监理单位审核的竣工验收申请报告后,应在合同约定的期限内审批完成,对符合竣工验收条件的工程,组织勘察、设计、施工、监理等单位组成验收组,制定验收方案。对重大工程和技术复杂工程,根据需要邀请有关专家参加验收组。

④发包人应在工程竣工验收前将验收时间、地点及验收组名单书面通知负责监督该工程的质监站。

前置程序

0.建设工程采用的主要材料、半成品、成品、构配件、器具和设备应进行进场检验。

↓

正式程序

1.检验批、分项工程——建筑商自检

检验批、分项工程完工后,建筑商先自行进行质量检查,确认符合设计文件及合同要求后,填写“检验批或分项工程质量验收记录”相应部分,并由项目经理和建筑商负责人签字。

↓

2.检验批、分项工程——监理单位组织验收

监理单位应全面审查建筑商的验收资料,整理监理资料,对工程进行质量评估,并经总监及监理单位负责人审核、签字。

3.分部工程——监理单位组织验收

监理单位组织验收，建筑商参加。其中，地基与基础分部工程的验收，需要发包人、监理单位、勘察单位、设计单位及建筑商五方共同参加；主体结构分部工程的验收，需要设计单位及建筑商参加。

4.单位工程——建筑商自检并申请发包人组织竣工验收，监理单位进行工程竣工预验收

建筑商根据验收规范、图纸等进行自检，对检验结果进行评定并进行必要的整改。监理单位进行预验收。符合规定后，建筑商向发包人提交工程竣工报告和完整的质量控制资料，申请发包人组织对项目整体的竣工验收。

5.建设工程竣工验收——发包人组织，勘察单位、设计单位、监理单位、建筑商参加

发包人主持验收会议，组织勘察单位、设计单位、监理单位及建筑商等对工程质量进行检查，并提出整改意见。

质监站到工地现场对工程竣工验收的组织形式、验收程序、执行验收标准等情况进行现场监督，发现有违法规定程序、执行标准或者评定结果不准确的，应要求有关单位改正或者停止验收。对未达到国家验收标准合格要求的质量问题，签发整改文书。

6.建筑商按验收意见进行整改

建筑商按照验收各方提出的整改意见进行整改。整改完毕后，发包人、监理单位、设计单位、勘察单位以及建筑商签署《工程竣工验收报告》。

7.验收合格

7.不合格工程的处理。

按《建筑工程施工质量验收统一标准》和其他规范的要求整改完后，重新验收。

8.验收备案

工程竣工验收合格后，发包人到备案部门进行备案。

交付使用

图 5－1　建设工程验收流程图

⑤在工程竣工验收时，建设、勘察、设计、施工、监理单位在质检站的监督下分别汇报工程合同履行情况和在工程建设各个环节执行法律、法规和工程强制性标准情况；审阅建设、勘察、设计、施工、监理单位的工程档案资料；实地查验工程质量；对工程勘察、设计、施工、设备安转质量和管理环节等方面做出全面评估，形成经验收组人员签署的工程竣工验收意见。

⑥在竣工验收中，建设工程五方责任主体需要在质监站的监督下验收，质监站的监督职责主要体现在两方面：第一，程序性审查，主要是审查建设工程五方责任主体竣工验收程序是否合法、五方责任主体的验收资料是否齐全以及参与验收的人员是否具备相应的资质等；第二，实体性审查：即质监站直接进入被检查单位的建设工程内进行抽查。

总之，建设工程的验收程序具有特殊性、严格性。所有工程材料、设备、构配件的进场要进行验收，所有施工过程中一道道程序，从桩基、挖土、基础、±0.00、结构验收到最后的竣工验收以及中间每道程序完成之前的隐蔽工程验收，都要经过严格的验收，而且只有前一道程序验收合格后方可进入下一道程序。建设工程施工质量的验收从检验批、分项工程、分部工程到单位工程以及中间的隐蔽工程，也都需要经过严格的验收程序，符合相应的验收规范、法律法规规定后才能竣工验收。

（二）工程质量缺陷的原因及责任

1. 工程质量缺陷的概念

《建筑法》

第六十条 建筑物在合理使用寿命内，必须确保地基基础工程和主体结构的质量。

建筑工程竣工时，屋顶、墙面不得留有渗漏、开裂等质量缺陷；对已经发现的质量缺陷，建筑施工企业应当修复。

第七十五条 建筑施工企业违反本法规定，不履行保修义务或者拖延履行保修义务的，责令改正，可以处以罚款，并对在保修期内因屋顶、墙面渗漏、开裂等质量缺陷造成的损失，承担赔偿责任。

《建筑法》对工程质量缺陷的部分情况进行列举，如屋顶、墙面渗漏、开裂等，但并未明确规定工程质量缺陷的概念。

对《建筑法》规定的质量缺陷类型汇总后，笔者发现《建筑法》规定的质量缺陷具有以下几个特点：(1)在建筑物合理使用寿命内；(2)质量不符合强制性标准。

据此,笔者认为,建设工程质量缺陷是指,建设工程在合理使用寿命(最低保修期限)内,出现不符合建设工程强制性质量标准(即合格)的情况。

2. 工程质量缺陷产生的原因

从《建筑法》对有关建筑工程质量的规定来看,其对从事建筑活动的各个主体应当履行的保证工程质量的义务作出了明确、具体、全面的规定,如建设单位不得违法要求降低工程质量;总承包单位与分包单位对分包工程的质量承担连带责任;勘察、设计单位必须对其勘察、设计的质量负责;建筑施工企业对工程的施工质量负责,必须按照工程设计图纸和施工技术标准施工,不得偷工减料;建筑施工企业必须使用合格建材;建筑工程的竣工实行验收制度;建筑工程的质量实行保修制度等。①

建设工程出现质量缺陷,其原因是多方面的,其中极有可能是勘察、设计、监理、建设单位等方面的原因,也可能是建筑施工单位自身施工造成的,以及其他原因,如分包单位、指定分包单位、违法分包、转包、不可抗力等造成的。

《合同法》第121条规定,当事人一方因第三人的原因造成违约的,应当向对方承担违约责任。

根据合同相对性理论,建设工程施工合同法律关系中,由于设计、勘察原因造成的质量缺陷应当由发包人向建筑商承担责任。

《建筑法》

第二十九条第二款 建筑工程总承包单位按照总承包合同的约定对建设单位负责;分包单位按照分包合同的约定对总承包单位负责。总承包单位和分包单位就分包工程对建设单位承担连带责任。

第六十七条第二款 承包单位有前款规定的违法行为的,对因转包工程或者违法分包的工程不符合规定的质量标准造成的损失,与接受转包或者分包的单位承担连带赔偿责任。

《建设工程质量管理条例》

第二十七条 总承包单位依法将建设工程分包给其他单位的,分包单位应当按照分包合同的约定对其分包工程的质量向总承包单位负责,总承包单位与分包单位对分包工程的质量承担连带责任。

《建设工程司法解释一》第25条规定,因建设工程质量发生争议的,发包人可以以总承包人、分包人和实际施工人为共同被告提起诉讼。

---

① 最高人民法院民事审判第一庭编著:《最高人民法院建设工程施工合同司法解释的理解与适用》,人民法院出版社2015年版,第118页。

据此，因建筑商、实际施工人（包括违法分包单位以及违法转包单位）、分包单位（包括甲方指定分包单位）的原因造成工程质量缺陷的，参与施工的各方主体应就工程质量缺陷共同对发包人承担责任。

（1）因建筑商原因造成工程质量缺陷

《建筑法》

第五十八条　建筑施工企业对工程的施工质量负责。

建筑施工企业必须按照工程设计图纸和施工技术标准施工，不得偷工减料。工程设计的修改由原设计单位负责，建筑施工企业不得擅自修改工程设计。

第五十九条　建筑施工企业必须按照工程设计要求、施工技术标准和合同的约定，对建筑材料、建筑构配件和设备进行检验，不合格的不得使用。

第六十条　建筑物在合理使用寿命内，必须确保地基基础工程和主体结构的质量。

建筑工程竣工时，屋顶、墙面不得留有渗漏、开裂等质量缺陷；对已经发现的质量缺陷，建筑施工企业应当修复。

《建设工程质量管理条例》

第二十六条第一款　施工单位对建设工程的施工质量负责。

建筑商作为建设工程施工合同的一方主体，应当交付质量合格的建设工程。建筑商交付的建设工程质量不符合强制性标准规定，建筑商就要承担相应的责任，即建筑商为工程质量缺陷的第一责任人。这是法律规定建筑商首先应当承担的质量责任，也是建筑商最基本、最重要的责任。

换言之，若建设工程出现质量缺陷，原则上由建筑商承担质量责任，除非建筑商提出合理抗辩，即工程质量缺陷是由勘察、设计、监理、发包人或第三人、不可抗力原因所造成，该举证责任应由建筑商承担。

（2）因发包人原因造成工程质量缺陷

发包人把资金投入工程建设市场，是工程建设市场的原动力，是他们推动了建设市场的发展，也是提高建设工程质量最根本的动力。在现实生活中，由于发包人在建筑市场中处于强势地位，且对发包人的规制较少，发包人的违规行为成为工程质量问题的一个重要因素。

对此，《建设工程司法解释一》第12条第1款中对发包人的工程质量责任作出了规定，“发包人具有下列情形之一，造成建设工程质量缺陷，应当承担过错责任：（一）提供的设计有缺陷；（二）提供或者指定购买的建筑材料、建筑构配件、设备不符合强制性标准;(三)直接指定分包人分包专业工程。”

①发包人提供的设计有缺陷

A. 工程设计的概念及分类

工程设计,是指依据工程建设目标,运用工程技术和经济方法,对建设工程的工艺、土木、建筑、功用、环境等系统进行综合策划、论证,编制建设所需要的设计文件及相关的活动。

工程设计可分为三个阶段:

一是方案设计,是指在建筑项目实施之前,根据项目要求和所给定的条件确立的项目设计主题、项目构成、内容和形式的过程,该设计应当满足编制初步设计文件和控制概算的需求;

二是初步设计,是指在建设项目立项阶段,为项目决策提供可行性资料的设计,该设计应满足编制施工图设计文件的需要,应满足初步设计审批的需要;

三是施工图设计,是指把设计意图更具体、更确切地表达出来,绘成能据以进行施工的蓝图,该设计应当满足设备材料采购、非标准设备制作和施工的需要,并注明建设工程合理使用年限。

施工图设计一经完成,建设工程最终所要达到的质量,尤其是地基基础和主体结构的安全性就有了约束,因此施工图设计文件的质量直接影响建设工程的质量。

实践中,设计缺陷是由于多种原因造成的,但主要原因有以下三点:

a. 设计单位本身设计错误导致。设计单位本身技术水平不够,致使因设计考虑不周,计算简图错误,计算荷载取值过小,结构构造不合理,变形缝设置不当,或悬挑结构未进行抗倾覆验算等,导致工程建设过程中质量问题接二连三出现。

b. 发包人为节约投资成本,设计风险增大。为了节约投资成本,发包人擅自委托没有资质的设计单位进行设计,或者发包人以明示或者暗示的方式要求设计单位违反工程建设强制标准,导致工程质量降低。

c. 发包人擅自变更设计。发包人不得擅自修改建设工程设计文件,确需修改建设工程设计文件的,应当由原设计单位修改。

B. 发包人提供设计缺陷的质量责任

发包人应对提供的设计造成的工程质量缺陷承担相应的责任,究其原因主要是由于:

第一,合同相对性原则的要求。合同关系是存在于特定当事人之间的权利义务关系,原则上仅在合同当事人之间发生效力,并不及于第三人。此一原则,在英国普通法上称为"合同的相对性"原则;在大陆法系称为"债的相对性"或者"合同关系的相对性"。①

《合同法》

第一百二十一条 当事人一方因第三人的原因造成违约的,应当向对方承担违约责任。当事人一方和第三人之间的纠纷,依照法律规定或者按照约定解决。

据此,《合同法》采用合同相对性原则,在合同中的权利义务原则上仅在合同当事人之间发生法律效力。

在建设工程施工合同法律关系中,建筑商与发包人为合同相对人,合同中的权利与义务也应仅及于发包人与建筑商双方,若合同中约定由发包人提供设计的,发包人应当按照合同约定的时间和份数向建筑商提供符合合同约定的设计,设计存在缺陷的,应由发包人承担相应的责任,这是合同相对性原则的具体体现。

第二,根据《建设工程质量管理条例》第 18 条的规定,勘察、设计单位必须按照工程建设强制性标准进行勘察、设计,并对其勘察、设计的质量负责。第 9 条规定,建设单位必须向有关的勘察、设计、施工、工程监理等单位提供与建设工程有关的原始资料。

有鉴于此,设计资料符合强制性标准规定,且不存在缺陷,是设计、勘察以及发包人的法定强制性义务,该义务的履行关系到建设工程的使用及安全,若违反该法定义务,应依法承担相应的责任。

但在建设工程施工合同法律关系中,由于合同相对性的限制,故应当由发包人向建筑商承担相应的责任。

案例 5-1②

上诉人(原审被告、反诉原告):易达公司(发包人);

被上诉人(原审原告、反诉被告):建邦公司(建筑商)。

(一)案件基本情况

2012 年 6 月 19 日,建邦公司与易达公司签订了一份《施工合同》,易达公司将其某后勤楼工程发包给建邦工程公司承建。

系争工程于 2013 年 3 月 19 日办理了竣工验收。

---

① 韩世远:《合同法总论》,法律出版社 2018 年版,第 13 页。

② (2015)赣民一终字第 64 号。

由于双方对工程造价、工程质量等存在争议,建邦公司向法院诉讼,要求依法判决易达公司立即支付工程款。易达公司亦提起反诉,要求建邦公司承担工程质量责任。

在诉讼过程中,法院委托鉴定机构对工程质量进行鉴定,检测仓库工程基础和主体结构未出现结构裂缝和变形等异常情况,墙体存在的裂缝主要是因为屋面建筑设计中材料做法未设计保温层,且未采取隔热措施,屋面混凝土结构未设伸缩缝。

(二)法院判决

从双方的工程联系单来看,确实存在墙体开裂、屋面起拱等问题,建邦公司也进行了相关的修复。

产生墙体开裂现象的原因,经质量鉴定部门对仓库的开裂问题进行检测和鉴定,其原因是设计问题。

特别是在已经对工程进行了全面验收合格,且易达公司早已使用该工程的情况下,易达公司再提出质量问题依法应不予支持。

②提供或者指定购买的建筑材料、建筑构配件、设备不符合强制性标准

A. 建设工程物资供应模式及原因

因建设工程工作成果一般长期存在、不断发挥效用,其质量问题涉及公共安全。建筑材料、建筑构配件和设备不合格是造成建设工程质量问题的直接原因之一。对此,国家一般设立强制性标准控制这些风险,这是保证建设工程结构安全可靠的基础性要求。

建筑工程所需的建筑材料、构配件和设备,根据具体情况,可以由发包人负责提供,也可以由建筑商负责采购。应由谁负责建筑材料、构配件和设备的供应、采购,应当由承发包双方在施工合同中作出明确约定。通常来说,可分为以下三种模式:

a. 甲供材,是指发包人自行采购材料、构配件和设备,并交由建筑商进行施工的行为。

b. 甲控材,也称为甲指乙供材,是指发包人让建筑商到其指定的材料、构配件和设备供应商采购处的行为。

c. 乙供材,是指建筑商自行采购材料、构配件和设备的行为。

对于甲供材以及甲控材在实践中大量存在,究其原因在于:

a. 通过甲供材或者甲控材的形式,发包人可以有效地避免乙供材中乙方自行采

购的材料以次充好或者掺假的情况，在一定程度上保障建设工程的质量。

b. 受发包人内在经济利益的驱动，发包人通过供应商的选择，来降低建设工程物资供应的成本。

但是这种甲供材或者甲控材的模式，势必会影响各生产者、供应者之间的正当竞争，导致发包人内部人员与生产者、供应者相互串通，收取供应商的回扣，产生发包人内部腐败现象，从而造成甲供材或者甲控材质量减低。

B. 发包人提供材料、设备及构配件不符合强制性标准应承担的质量责任

《建设工程质量管理条例》

第十四条第一款　按照合同约定，由建设单位采购建筑材料、建筑构配件和设备的，建设单位应当保证建筑材料、建筑构配件和设备符合设计文件和合同要求。

据此，由发包人提供的建筑材料、建筑构配件和设备的，应当保证建筑材料、建筑构配件和设备符合设计文件和合同要求。发包人提供的建筑材料、设备及构配件不符合强制性标准的，应当承担相应的质量责任。

案例 5－2[①]

上诉人（原审原告）：汕特公司（发包人）；

被上诉人（原审被告）：达诚公司（建筑商）。

一、案件基本情况

1997 年 10 月 10 日，汕特公司与达诚公司签订《建设工程施工合同》，约定某商品房的土建工程项目由达诚公司承包施工，楼房施工投入的材料设备均由汕特公司提供。

合同签订后，达诚公司依约进行施工，该工程项目于 1999 年 1 月 22 日竣工验收合格并交付汕特公司。

该工程在使用过程中，部分业主发现楼房部分柱角中间涨裂、钢筋锈蚀等质量缺陷。

因汕特公司、达诚公司双方未能协商修复费用的支付，故，汕特公司向法院提起诉讼。

在诉讼中，法院委托鉴定单位对质量缺陷问题进行鉴定，鉴定单位认为："水泥质量不合格是本工程砼柱强度不合格的起因，人为盐污染是导致本工程钢砼

① (2009)粤高法民一终字第 53 号。

构件爆裂、楼房受损的直接原因和主要原因;混凝土抗压强度未达到设计要求是楼房受损的原因之一。”

二、法院判决观点

本案的质量问题经鉴定单位鉴定,确认水泥质量不合格使得混凝土抗压强度未达到设计要求,是楼房砼柱强度不合格的起因,是楼房受损的原因之一。

因《建设工程施工合同》约定楼房施工投入的材料设备均由汕特公司提供,故汕特公司以及实施盐污染的达诚公司均应对本案的质量问题承担赔偿责任。

③直接指定分包人分包专业工程

A. 指定分包的概念

《建筑法》第 29 条规定,建筑工程总承包单位可以将承包工程中的部分工程发包给具有相应资质条件的分包单位;但是,除总承包合同中约定的分包外,必须经建设单位认可。施工总承包的,建筑工程主体结构的施工必须由总承包单位自行完成。

《房屋建筑和市政基础设施工程施工分包管理办法》第 4 条规定,房屋建筑和市政基础设施工程施工分包分为专业工程分包和劳务作业分包。

据此,我国现行的建设工程的承发包模式主要分为三种:第一,总承包模式;第二,专业分包模式;第三,劳务分包模式,这三种模式均为法律所认可,是合法有效的。

甲方分包包括两种情况:一种情况是甲方直接分包,即未经过总包单位同意直接确定分包单位;另一种情况是甲方指定分包,即建筑商根据发包人的指令,将承包工程范围内的部分专业工程分包给发包人指定的分包人,指定分包合同可由建筑商与指定分包人签订,或与发包人签订三方合同,但政府备案的分包手续则由建筑商与分包人两方办理。

B. 甲方指定分包单位的合同效力争议

《合同法》《建筑法》对建筑工程分包的规定,是约束总承包人而作出的[①]。《建设工程司法解释一》第 12 条的规定也仅是针对甲方指定分包人分包专业工程出现质量缺陷应如何承担责任的问题。

---

① 最高人民法院民事审判第一庭编著:《最高人民法院建设工程施工合同司法解释的理解与适用》,人民法院出版社 2015 年版,第 103 页。

那么,甲方指定分包单位所签订的合同效力应如何认定?

《房屋建筑和市政基础设施工程施工分包管理办法》

第七条 建设单位不得直接指定分包工程承包人。任何单位和个人不得对依法实施的分包活动进行干预。

《工程建设项目施工招标投标办法》

第六十六 招标人不得直接指定分包人。

《建筑工程施工转包违法分包等违法行为认定查处管理办法(试行)》

第五条 存在下列情形之一的,属于违法发包……(七)建设单位违反施工合同约定,通过各种形式要求承包单位选择其指定分包单位的……

第十四条 县级以上人民政府住房城乡建设主管部门对有违法发包、转包、违法分包及挂靠等违法行为的单位和个人,除应按照本办法第十三条规定予以相应行政处罚外,还可以采取以下行政管理措施:

(一)建设单位违法发包,拒不整改或者整改仍达不到要求的,致使施工合同无效的,不予办理质量监督、施工许可等手续。对全部或部分使用国有资金的项目,同时将建设单位违法发包的行为告知其上级主管部门及纪检监察部门,并建议对建设单位直接负责的主管人员和其他直接责任人员给予相应的行政处分……

第十五条 县级以上人民政府住房城乡建设主管部门应将查处的违法发包、转包、违法分包、挂靠等违法行为和处罚结果记入单位或个人信用档案,同时向社会公示,并逐级上报至住房城乡建设部,在全国建筑市场监管与诚信信息发布平台公示。

从上述规定可以看出,政府行政管理部门对甲方指定分包的形式持否定态度,并明确规定了相应的行政处罚措施。因此,在实践中,为了应对政府对分包的监管,甲方指定分包的情形下,往往会出现"黑白合同",即一个是由建筑商与分包单位直接签订的分包合同,用于备案;另一个则是由发包人、建筑商以及分包方共同签订的实际履行的合同,或者由发包人直接与分包方签订的实际履行的合同,是当事人的真实意思表示。

《建设工程司法解释一》

第十二条 发包人具有下列情形之一,造成建设工程质量缺陷,应当承担过错责任……(三)直接指定分包人分包专业工程。

虽然甲方指定分包并不为政府所认可,且规定了相应的行政处罚措施,但是上述规定仅为部门规章,不属于法律或者行政法规,根据《合同法》第52条的规定,只有违反法律、行政法规的效力性强制性规定的合同才属于无效合同,故,笔者认为,甲方指定分包单位所签订的合同应为合法有效的合同,合同中的约定对双方均有约束力。

案例5－3[①]

上诉人(原审被告):青建公司(总包单位);

被上诉人(原审原告):隆泰公司(分包单位);

被上诉人(原审被告):技佳公司(发包人)。

(一)案件基本情况

2009年4月21日,技佳公司与青建集团签订《建设工程施工合同》约定,××游艇生产车间工程由青建集团总承包施工。

2009年9月10日,技佳公司(甲方)、青建公司(乙方)与隆泰公司(丙方)签订《三方合同》,主要约定:丙方负责钢结构部分的制作安装……在乙方收到甲方付款并扣除相应管理费和税金后由乙方同时按比例支付给丙方……若甲方资金不到位,乙方不承担违约责任,丙方不得以任何理由起诉乙方……乙方不能依据合同支付丙方工程款时,由甲方支付,并承担乙方对丙方应承担的责任。

涉案钢结构厂房工程于2009年9月11日开工,并于2010年9月26日投入使用。

后,因技佳公司逾期支付工程款,隆泰公司向法院起诉,要求青建公司和技佳公司支付拖欠的工程款及利息。

(二)法院观点

《三方合同》明确约定,在乙方收到甲方付款并扣除相应管理费和税金后由乙方同时按比例支付给丙方……若甲方资金不到位,乙方不承担违约责任,丙方不得以任何理由起诉乙方。

这与总承包人分包工程收取分包人管理费,工程款由双方直接结付明显不同,该约定符合甲方指定分包特点,故隆泰公司为技佳公司指定分包单位。

隆泰公司具有钢结构工程专业承包壹级资质,故2009年9月10日所签订的《三方合同》不违反法律行政法规的强制性规定,应依法认定有效。

---

① (2016)鲁02民终6584号民事判决书。

因甲方指定分包所签订的合同为有效合同，作为建筑商，在与发包人、甲方指定分包单位签订三方协议时，一定要明确约定“白合同”不实际履行，仅用于备案用，而“黑合同”为双方实际履行合同，并在合同中明确约定各方当事人权利义务，主要涉及以下几方面的内容：

第一，合同中明确约定分包工程的工期、质量、安全、文明施工由发包人承担责任。

第二，合同中明确约定工程款的支付由发包人直接支付给指定分包单位，发包人没有按照约定向分包单位及时足额支付进度款的，分包单位不得向建筑商主张进度款，即进度款支付与建筑商无关。

第三，合同中明确约定分包人向建筑商缴纳配合费，而非管理费，建筑商对分包人仅承担配合义务，不承担管理责任以及付款义务。

在甲方指定分包合同项下，若合同未明确约定付款义务主体的，建筑商将面临承担付款义务的风险。

案例5－4①

（一）案件基本情况

2010年7月1日，建设单位与总包单位就某工程签订《施工总包合同》，该合同约定消防工程为建设单位指定分包。

2011年5月，建设单位、总包单位与指定分包单位签订《消防分包合同》，约定分包工程完成到一半时，建设单位支付已完工程量20%……余款在工程验收合格二年内付清，建设单位具有向分包单位支付工程款的义务，签证、材料单价品牌及规格、验收、结算等均由建设单位与分包单位确认，但该合同也约定总包单位和建设单位均应承担逾期付款违约责任。

2012年5月30日，消防工程通过工程竣工验收消防备案。

根据合同约定，2014年5月应向分包单位付清所有工程款，但后由于建设单位无力偿还，且合同中不仅未明确总包单位是否具有付款义务，反而约定建设单位与总包单位均应承担逾期付款违约责任，分包单位遂将建设单位及总包单位共同起诉至人民法院，要求其承担共同付款责任。

本案一审以总包单位败诉告终，后总包单位委托笔者申请再审。经过再审，

① （2016）沪01民再97号民事判决书。

总包单位最终胜诉，并执行回转成功（原审判决生效后，分包单位已经申请执行）。

（二）点评

就指定分包单位是否有权向总包单位主张工程款，笔者认为：指定分包中的付款主体、付款义务的承担应根据各方真实意思表示予以确定。付款主体未约定或约定不明确时，应由建设单位承担付款义务，总包单位无付款义务。

《房屋建筑和市政基础设施工程施工分包管理办法》第7条规定："发包单位不得直接指定分包工程承包单位。任何单位和个人不得对依法实施的分包活动进行干预。"

根据上述规定可知，指定分包存在特殊性，其是建设单位直接选定分包工程承包单位后，由总包单位与分包单位直接签订分包合同的特殊分包，指定分包合同本应由分包单位与建设单位签订，但由于上述部门规章予以禁止，故总包单位才与分包单位签订。在指定分包中，总包单位参与签订合同仅为配合行政管理所需，建设单位支付工程款是各方真实意思表示，不得简单以合同名称判定合同性质及内容。故在分包合同付款主体未约定或约定不明确时，建设单位均应承担付款义务，总包单位无付款义务。

（3）因建设单位与施工单位混合过错造成工程质量缺陷

①混合过错概述

混合过错，又称与有过失，即受害人对损失的发生或者扩大也有过错的情形。《民法通则》第131条规定，受害人对于损害的发生也有过错的，可以减轻侵害人的民事责任。

在建筑领域的混合过错主要体现在两个方面：第一，发包人违法分包、设计缺陷以及建筑商管理义务缺失的混合；第二，建筑商没有履行必要的检验义务。

②发包人违法分包、设计缺陷以及建筑商失职共同造成"楼脆脆"

由于建设工程质量缺陷是一个综合的问题，往往表现为多因一果，是发包人和建筑商混合过错所造成的，各方对此均有不同程度的过错，建筑商是专业施工主体，对工程质量负有高于社会中谨慎理性人的注意义务。

案例5－5

(一)事件概况

发包人:上海梅都房地产开发有限公司;

建筑商:上海众欣建设有限公司;

监理单位:上海光启建设监理有限公司;

工程名称:“莲花河畔景苑”小区工程;

工程地点:上海闵行区莲花南路、罗阳路口西侧;

事件时间:2009年6月27日清晨5时30分左右,“莲花河畔景苑”7号楼整体倒塌;

事件损失:造成一名施工人员死亡;土建及安装造价损失计人民币6,692,979元,向该楼购房者赔付金额12,768,678元。

(二)事件经过

2009年6月27日清晨5时30分左右,上海闵行区莲花南路、罗阳路口西侧“莲花河畔景苑”小区内一栋在建的13层住宅楼全部倒塌,造成一名施工人员死亡。

事故发生后,有关政府部门及专家组立即组成的联合调查组,迅速彻底查清事故原因,严肃追究了事故责任。

在2008年11月,发包人将地下车库开挖工程违规分包给不具备资质的个人,并指定分包人施工,违规开挖堆土,将土方堆放在7号楼北侧。

2009年6月,发包人明知工程二标段内的0号地下车库尚处于基坑围护期内,也未进行天然地基承载力计算,为赶工程进度而指令分包人对紧邻7号楼南侧的0号地下车库进行开挖,并将开挖出的土方继续向7号楼北侧等处堆放。

在此过程中,建筑商明知发包人违规分包工程项目、土方开挖堆放违规而不加制止,且配合发包人指使他人制作土方开挖专项施工方案。

2009年6月27日5时许,由于“莲花河畔景苑”7号楼北侧在短期内堆土过高(最高处达10米左右),同时紧邻大楼南侧的地下车库基坑正在开挖(深度4.6米),大楼两侧的压力差使土体发生水平位移,过大的水平力超过桩基的抗侧能力导致房屋整体倾倒,最终该房屋整体倒塌。①

① (2010)沪一中刑终字第233号。

事后，有报道指出，该楼的设计班子东拼西凑，在七号楼和地下车库的建筑施工图上签字的六个人中，项目负责人是浙江某设计院的，设计的两人没有设计资质，校对的是浙江省直设计院的，专业负责人为杭州某发展公司的，审核是机械部某院的。

7号楼倾覆的根本原因在于设计沿袭多层房屋的做法冒险采取条基+管桩，在设计之初就埋下了安全隐患。[①]

（三）事故善后

法院分别以重大责任事故罪，判处发包人、建筑商及监理单位各负责人秦永林有期徒刑5年、张耀杰有期徒刑5年、夏建刚有期徒刑4年、陆卫英有期徒刑3年、张耀雄有期徒刑4年、乔磊有期徒刑3年。

对主要责任人原上海梅都房地产开发有限公司法人代表阙敬德及该公司董事张志琴，法院认定阙敬德犯贪污罪，张志琴犯贪污罪、挪用资金罪和重大责任事故罪，两人均被判无期徒刑。

（四）评价

在"楼脆脆"事件中，发包人违法分包并指示分包人违规作业，总包不加以制止且协助发包人的行为，各方均有过错，故应当承担相应的责任。该案件后续也有相关报道指出设计单位的设计缺陷，在设计之初就已经埋下了安全隐患。

③建筑商没有履行检验义务

对发包人提供建筑材料、建筑构配件和设备的，建筑商对建筑材料、建筑构配件、设备进行检验是保证其施工质量的重要手段。建筑商要依据建筑工程设计要求、施工技术标准和合同的约定对建筑材料、建筑构配件和设备进行检验。

《建设工程质管理条例》第29条规定，施工单位必须按照工程设计要求、施工技术标准和合同约定，对建筑材料、建筑构配件、设备和商品混凝土进行检验，检验应当有书面记录和专人签字；未经检验或者检验不合格的，不得使用。

若建筑商疏于对甲方供材的检验，由此导致工程质量问题的，建筑商应承担相应的过错责任。

① 李国彦：《"楼脆脆"爆出设计问题》，载《建筑》2010年第6期。

案例5－6①

再审申请人(一审被告、二审被上诉人):银宏公司(材料供应商);

被申请人(一审被告、二审上诉人):启东公司(建筑商);

被申请人(一审原告、二审被上诉人):文峰公司(发包人)。

(一)案件基本情况

2010年8月22日,文峰公司与启东公司签订《工程施工合同》,约定启东公司应对甲供材料严格把关,若因材料出现质量问题的,启东公司承担相应责任。

合同签订后,启东公司依约进场施工。

2010年6月24日,文峰公司与银宏公司签订《商品砼购销合同》约定:由银宏公司提供文峰公司工程所采用的商品砼。

2011年8月,发现案涉工程一楼五根柱子存在质量问题。

经质监站及鉴定单位调查,案涉工程一楼五根柱子出现的质量问题主要是由于混凝土质量问题引起的。

后因加固费用产生争议,文峰公司向法院提起诉讼。

(二)法院判决

根据事件发生后的专家意见和当时会议记录,可以认定五根柱子出现的质量问题是由于商品砼存在质量问题引起的。

关于启东公司是否承担责任的问题,启东建筑公司抗辩,其已经按照国家施工规范的标准对银宏公司所送的商品砼进行了检测,没有发现质量问题,故其不需要承担赔偿责任。

但双方合同中约定,启东公司必须对进场材料严格把关,如因材料出现质量问题的,启东公司承担相应责任。

该条款赋予启东公司在检测、使用材料时高度注意的义务,或者说是使用材料时如出现质量问题应当承担严格责任,排除了启东公司按照国家标准抽样检验合格即免责的可能。

故,在材料出现质量问题时,启东公司仍应对文峰公司承担30%的违约责任。

---

① (2015)苏审二民申字第00013号。

3. 工程质量缺陷的责任承担

(1)工程质量终身责任制

①工程质量终身责任制的概念

随着建筑工程的不断发展,工程质量缺陷问题也日益突出,其中一个重要的原因在于质量责任落实不到位,特别是个人责任不落实。

对此,在2014年8月25日,住房城乡建设部颁布《建筑工程五方责任主体项目负责人质量终身责任追究暂行方法》,明确规定建筑工程五方责任主体项目负责人质量终身责任制。

所谓工程质量终身责任制,是指参与新建、扩建、改建的建筑工程项目负责人按照国家法律法规和有关规定,在工程设计使用年限内对工程质量承担相应责任。

②工程质量终身责任制的内容

《建筑工程五方责任主体项目负责人质量终身责任追究暂行方法》中规定的工程质量终身责任制,主要内容体现在以下三个方面:

A. 明确了质量终身责任人和相关责任

建设项目中,所涉及的单位及人员众多,但具体到一个工程项目,责任最大的首推工程建设五方责任主体的项目负责人,具体来讲,就是建设单位项目负责人、勘察项目负责人、设计项目负责人、施工项目经理和监理总监理工程师。

工程项目在设计使用年限内出现质量事故或严重质量问题,首先要追究这五个项目负责人的责任,而且是终身责任,而建筑工程五方责任主体的其他工作人员则不适用终身责任制。

B. 建立了三项责任制度

为确保质量终身责任的落实,建立了书面承诺制度、永久性标牌制度和信息档案制度。

书面承诺制度,就是要求五个项目负责人,在办理工程质量监督手续前签署工程质量终身责任承诺书,连同法定代表人授权书,报工程质量监督机构备案。

永久性标牌制度,就是建筑工程竣工验收合格后,建设单位应当在建筑物明显部位设置永久性标牌,载明建设、勘察、设计、施工、监理单位名称和项目负责人姓名。

信息档案制度,就是要求建设单位应当建立建筑工程各方主体项目负责人质量终身责任信息档案,工程竣工验收合格后移交城建档案管理部门。

C. 加大对责任人追责的力度

《建筑工程五方责任主体项目负责人质量终身责任追究暂行方法》规定，发生质量事故的，或严重质量问题的，可能对五方责任主体负责人追究以下责任：

第十一条　发生本办法第六条所列情形之一的，对建设单位项目负责人按以下方式进行责任追究：

（一）项目负责人为国家公职人员的，将其违法违规行为告知其上级主管部门及纪检监察部门，并建议对项目负责人给予相应的行政、纪律处分；

（二）构成犯罪的，移送司法机关依法追究刑事责任；

（三）处单位罚款数额 5% 以上 10% 以下的罚款；

（四）向社会公布曝光。

第十二条　发生本办法第六条所列情形之一的，对勘察单位项目负责人、设计单位项目负责人按以下方式进行责任追究：

（一）项目负责人为注册建筑师、勘察设计注册工程师的，责令停止执业 1 年；造成重大质量事故的，吊销执业资格证书，5 年以内不予注册；情节特别恶劣的，终身不予注册；

（二）构成犯罪的，移送司法机关依法追究刑事责任；

（三）处单位罚款数额 5% 以上 10% 以下的罚款；

（四）向社会公布曝光。

第十三条　发生本办法第六条所列情形之一的，对施工单位项目经理按以下方式进行责任追究：

（一）项目经理为相关注册执业人员的，责令停止执业 1 年；造成重大质量事故的，吊销执业资格证书，5 年以内不予注册；情节特别恶劣的，终身不予注册；

（二）构成犯罪的，移送司法机关依法追究刑事责任；

（三）处单位罚款数额 5% 以上 10% 以下的罚款；

（四）向社会公布曝光。

第十四条　发生本办法第六条所列情形之一的，对监理单位总监理工程师按以下方式进行责任追究：

（一）责令停止注册监理工程师执业 1 年；造成重大质量事故的，吊销执业资格证书，5 年以内不予注册；情节特别恶劣的，终身不予注册；

（二）构成犯罪的，移送司法机关依法追究刑事责任；

（三）处单位罚款数额 5% 以上 10% 以下的罚款；

（四）向社会公布曝光。

不管五个责任人是否已经离开原单位、是否已经退休，都要依法追究其终身责任。在追究五个项目负责人责任的同时，并不免除相关责任单位和其他责任人员应当承担的责任。

（2）建筑商对工程质量缺陷的责任，即修复责任和赔偿损失的责任

《合同法》

第二百八十一条 因施工人的原因致使建设工程质量不符合约定的，发包人有权要求施工人在合理期限内无偿修理或者返工、改建。经过修理或者返工、改建后，造成逾期交付的，施工人应当承担违约责任。

《建设工程质量管理条例》

第三十二条 施工单位对施工中出现质量问题的建设工程或者竣工验收不合格的建设工程，应当负责返修。

《建筑法》

第七十四条 建筑工程竣工时，屋顶、墙面不得留有渗漏、开裂等质量缺陷；对已经发现的质量缺陷，建筑施工企业应当修复。

第八十条 在建筑物的合理使用寿命内，因建筑工程质量不合格受到损害的，有权向责任者要求赔偿。

根据上述规定，因建筑商原因造成工程质量缺陷的，建筑商应承担质量缺陷责任，其主要责任形式为修复责任以及损失赔偿责任。

①建设工程质量缺陷的修复责任

因建筑商原因造成工程质量不合格或者质量缺陷的，根据《合同法》第281条、《建筑法》第60条及《建设工程质量管理条例》第32条“施工单位对施工中出现质量问题的建设工程或者竣工验收不合格的建设工程，应当负责返修”的规定，建筑商对已发现的工程质量缺陷应当无偿修理、返工和改建等，以达到约定的质量要求和标准。

建筑物的地基基础工程和主体结构质量问题，直接关系到建筑物的安危，当发现地基基础工程和主体结构出现质量缺陷时，如果能够通过加固等确保建筑物安全的，建筑商应当负责修复；不能修复造成建筑物无法使用的，有关责任主体应承担相应的责任。

既然对工程质量缺陷修复是建筑商必须履行的义务，那么当其不履行该义务时，应当如何处理？

《建设工程司法解释一》

第十一条　因承包人的过错造成建设工程质量不符合约定，承包人拒绝修理、返工或者改建，发包人请求减少支付工程价款的，应予支持。

根据上述规定，当建筑商无正当理由拒绝修复、返工或者改建的，发包人可以请求减少工程价款或者让建筑商支付合理的修复费用。对减少工程价款及合理修复费用应如何确定？一般来说，减少的工程价款数额及合理修复费用就是工程质量修复所实际发生的费用，其包括对原不合格工程进行拆除、重新返工、修复的建筑材料、机械设备及人工费用等。对减少的工程价款数额及修复费用在双方无法达成一致时，可采用对质量修复费用进行鉴定的方法予以确定。[①]

②建设工程质量缺陷损失的赔偿责任

A. 因修复导致逾期竣工的损失赔偿责任

《合同法》第 281 条规定："……经过修理或者返工、改建后，造成逾期交付的，施工人应当承担违约责任。"

据此，如果因修理或者返工、改建造成工程迟延交付的，建筑商应当承担逾期交付的违约责任。

B. 因工程质量缺陷造成人身和财产损失赔偿责任

《合同法》第 281 条规定："因承包人的原因致使建设工程在合理使用期限内造成人身和财产损害的，承包人应当承担损害赔偿责任。"

根据本条的规定，建筑商承担损害赔偿责任应当具备以下条件：

第一，因建筑商的原因致使建设工程对人身、财产造成损害。

第二，有人身和财产损害结果。这里的受损害方不仅指建设工程合同的对方当事人即发包人，也包括建设工程的最终用户以及因该建设工程而受到损害的其他人。

第三，根据《建设工程质量管理条例》，人身、财产损害须发生在建设工程合理使用期限内（即最低保修期限内）。

（三）发包人以工程质量为由的抗辩权

在建筑商主张工程款时，发包人往往会以工程质量问题为由提出实体法上的抗辩，即行使合同履行中的抗辩权；另外，有关工程款的诉讼中，发包人也会主张诉

---

① 最高人民法院民事审判第一庭编著：《最高人民法院建设工程施工合同司法解释的理解与适用》，人民法院出版社 2015 年版，第 96 ~ 97 页。

讼法上的抗辩权,主张拒付工程款等。

1. 合同履行中的抗辩权:工程款支付与先履行抗辩权

《合同法》第67条规定,当事人互负债务,有先后履行顺序,先履行一方未履行的,后履行一方有权拒绝其履行要求。先履行一方履行债务不符合约定的,后履行一方有权拒绝其相应的履行要求。

据此,在互付债务且具有履行先后顺序的情况下,先履行的一方未履行的,后履行的一方可拒绝履行,但该拒绝履行属延期的抗辩权,只是暂时阻止对方当事人请求权的行使,非永久的抗辩权。对方当事人完全履行了合同义务,该抗辩权消灭,当事人应当履行自己的义务。

那么,在建设工程领域中,发包人能否基于工程质量问题向建筑商主张先履行抗辩权,即延期或者拒付工程款?

(1)相关法律法规的规定

《合同法》

第二百七十九条 建设工程竣工后,发包人应当根据施工图纸及说明书、国家颁发的施工验收规范和质量检验标准及时进行验收。验收合格的,发包人应当按照约定支付价款,并接收该建设工程。建设工程竣工经验收合格后,方可交付使用;未经验收或者验收不合格的,不得交付使用。

《建设工程司法解释一》

第三条 建设工程施工合同无效,且建设工程经竣工验收不合格的,按照以下情形分别处理:

(一)修复后的建设工程经竣工验收合格,发包人请求承包人承担修复费用的,应予支持;

(二)修复后的建设工程经竣工验收不合格,承包人请求支付工程价款的,不予支持。

因建设工程不合格造成的损失,发包人有过错的,也应承担相应的民事责任。

第十条 建设工程施工合同解除后,已经完成的建设工程质量合格的,发包人应当按照约定支付相应的工程价款;已经完成的建设工程质量不合格的,参照本解释第三条规定处理。

因一方违约导致合同解除的,违约方应当赔偿因此而给对方造成的损失。

第十一条 因承包人的过错造成建设工程质量不符合约定,承包人拒绝修理、返工或者改建,发包人请求减少支付工程价款的,应予支持。

从上述规定可以看出，工程质量不合格的，发包人可以要求承包人修复，在修复后仍不合格的可以拒付工程款，但是最高人民法院的司法解释只是明确合同无效竣工验收不合格以及合同解除情况下的抗辩权，《合同法》中规定的也仅是竣工验收合格的付款义务，而对于建设工程施工合同履行过程中的抗辩权行使的特殊性未予以明确。

（2）各地法院相关指导意见

《浙江省高级人民法院关于审理建设工程施工合同纠纷案件若干疑难问题的解答》（2012年）

七、发包人已经签字确认验收合格，能否再以质量问题提出抗辩，主张延期或不予支付工程价款？

发包人已组织验收并在相关文件上签字确认验收合格，后又以工程质量存在瑕疵为由，拒绝支付或要求延期支付工程价款的，该主张不能成立。但确因承包人施工导致地基基础工程、工程主体结构质量不合格的，发包人仍可以拒绝支付或要求延期支付工程价款。

《徐州市中级人民法院进一步规范关于审理建设工程施工合同纠纷案件的若干问题》

【发包人以工程质量抗辩应当如何认定？】建设工程经发包人验收合格或虽未验收合格，但发包人擅自投入使用的，后又以工程质量存在瑕疵为由，拒绝支付或要求少支付工程价款的，该主张不能成立。但在建设工程的合理使用寿命内，确因承包人施工导致地基基础工程、主体结构质量不合格的，发包人仍可以拒绝支付或少付工程款。

在双方在施工合同中约定的保修期或法律规定的保修期内，发包人以承包人应承担保修责任为由拒付或少付工程款的，应予审查。

《杭州市中级人民法院民一庭关于审理建设工程及房屋相关纠纷案件若干实务问题的解答》（2010年）

1. 在承包人诉请给付工程价款诉讼中，发包方以工程质量存在问题为由拒绝支付价款或扣减工程价款的，应如何处理？

答：可按照以下情形进行处理：

（1）如果是工程通过竣工验收合格后出现的质量问题，一般应属于保修范围，建设单位不能以此作为拒绝支付价款的抗辩而应当就此提出反诉或另行起诉，要求承包人承担保修责任或者赔偿损失。

(2)如果是在竣工验收之前或者竣工验收过程中,有证据证明存在质量问题的,建设单位以此作为抗辩拒绝支付价款或减少价款的,基于合同法先履行抗辩的原则,应当予以支持。但是如果发包方要求承包方承担修理、返工或者改建费用或要求承包方赔偿因工程质量不符合约定而造成的其他财产或者人身损害的,则应告知其进行反诉或另行起诉。

应当注意的是,发包人在施工过程中提出质量异议,若经鉴定异议不成立的,承包人的相应损失均应由发包方承担。

(3)若发包人要求承包人赔偿因工程质量不符合约定而造成的其他财产或者人身损害的,也应当告知其进行反诉或另行起诉。

《绍兴市中级人民法院民事审判庭关于审理建设工程施工合同纠纷案件若干问题的意见》

7. 建设工程已经竣工验收合格,承包人起诉要求支付工程款,发包人要求扣除保修金、代付材料款、水电费等,或以工程存在质量问题为由行使同时履行抗辩权,如何处理?

答:合同约定保修金,在保修期未届满前,承包人要求支付包括维修金的全部工程款的请求不能成立。

双方当事人对代付材料款、水电费等均予以认定的,或虽意见不一,但根据现有证据依法可予以认可的,可以一并处理。如发包人是否为涉案承包人代付材料款及具体数额在本案中无法查清的,可告知发包人另案处理。

建设工程已经竣工验收合格,发包人以工程质量存在问题进行抗辩,不予支持;不影响工程竣工验收的整改问题,可告知发包人提起反诉或另案起诉。

比较上述各地法院的指导意见,在竣工验收合格后或者发包人擅自使用后,发包人以质量为由主张拒付工程款的一般不予支持,除非涉及地基基础和主体结构质量问题。

案例 5－7[①]

上诉人(原审原告):海诚公司(建筑商);

上诉人(原审被告):三利公司(发包人)。

① 最高人民法院(2017)最高法民终 476 号判决书。

一、案件基本情况

2012年3月25日，三利公司与海诚公司签订《设计及施工总承包合同》，将涉案工程发包给海诚公司施工。

双方在《设计及施工总承包合同》中约定，5.2工程进度款按月产值付至80%，每月5日前提报上月的产值，甲方最迟每月25日前审定拨付完毕进度款……

在施工过程中，海城公司向三利公司提交9月《工程进度付款审批表》，经三利公司审定，本次应付款为7,310,000元。

但，三利公司以海诚公司虚报工程款、工程质量存在严重问题为由未予支付九月份进度款。

另，三利公司曾另案起诉海城公司支付质量维修费，经判决确认，海诚公司偿付三利公司已完工部分工程质量问题修复费人民币32,694,348.76元。

后双方应工程款纠纷，海城公司向法院起诉，其中诉请之一为要求法院判决三利公司对工程进度款迟延支付承担违约责任。

二、法院观点

最高人民法院认为，根据《设计及施工总承包合同》约定，海诚公司每月需在完成相应工程量后方能向三利公司申报拨付工程进度款，双方合同义务的履行有明确的先后顺序，即先由海诚公司完成质量合格的工程，然后由三利公司支付工程进度款。

而根据生效的(2016)鲁02民终261号判决认定，涉案工程存在质量问题，海诚公司需支付修复费用。

根据《合同法》第67条的规定，在海诚公司施工的工程存在质量问题且未予修复的情况下，三利公司拒绝支付工程进度款，具有合同和法律依据，不应承担违约责任。

如上所述，先履行抗辩权的行使要符合《合同法》第67条之规定，即双方互付对待给付义务且有先后履行顺序。换言之，在合同履行过程中，发包人的质量抗辩要与工程款形成对待给付关系。

据此，笔者认为，在合同履行过程中发包人的拒付或者延迟支付工程款主张能否得到支持，主要取决于其支付的工程款性质，即能否与发包人的质量抗辩形成对待给付关系。

一般来说，在建设工程合同中，工程款有四种类型，即预付款、进度款、结算款以及保修金。

预付款由发包人与建筑商双方在专用合同条款中约定支付预付款的时间和数额以及开工后逐次扣回的时间和比例,预付款支付应在开工前的时限,故预付款的支付与工程质量无关,发包人无权以质量问题为由对预付款的支付主张抗辩。

①工程进度款的支付方式

目前工程进度款支付方式主要有以下两种:

A. 月形象进度支付工程款:建筑商按月申报工作量及价款,发包人进行审核与支付。比如,双方在合同中约定:"工程进度款按月产值付至75%",这种支付方式就是典型的按月支付进度款。

B. 按节点(阶段)支付工程款:按照工程形象进度,划分不同阶段支付工程进度款。比如,双方在合同中约定,"基础完成经验收合格10天内付总价的15%,四层结构完成付至总价的30%,结构封顶付至总价的60%,脚手架拆除付至总价的70%,竣工验收合格30天内付至总价的90%,竣工结算后付至总价的95%,5%质保金期满30天付清"。

虽然两种进度款支付的方式不同,但是无论是哪一种方式,都是需要建筑商完成相应的工程量,并经质量验收合格后,发包人才向建筑商支付工程进度款,故进度款的支付与工程质量验收通过构成对待给付关系。

②工程结算款的支付方式

《建设工程施工合同》(示范文本)(GF-2017-0201)通用条款第14.1条规定,除专用合同条款另有约定外,承包人应在工程竣工验收合格后28天内向发包人和监理人提交竣工结算申请单,并提交完整的结算资料。

《建设工程价款结算暂行办法》第16条规定,发包人收到竣工结算报告及完整的结算资料后,在本办法规定或合同约定期限内,对结算报告及资料没有提出意见,则视同认可……根据确认的竣工结算报告,承包人向发包人申请支付工程竣工结算款。

工程结算款需在建设工程竣工验收合格后才可支付,即工程结算款的支付与工程竣工验收构成对待给付关系,若工程质量验收合格后或未经验收擅自使用的,发包人应按约完成工程结算,并支付工程结算款。

③工程保修金返还方式

《建设工程质量保证金管理办法》

第二条 建设工程质量保证金(以下简称保证金)是指发包人与承包人在建设

工程承包合同中约定，从应付的工程款中预留，用以保证承包人在缺陷责任期内对建设工程出现的缺陷进行维修的资金。

第九条　缺陷责任期内，由承包人原因造成的缺陷，承包人应负责维修，并承担鉴定及维修费用。如承包人不维修也不承担费用，发包人可按合同约定从保证金或银行保函中扣除，费用超出保证金额的，发包人可按合同约定向承包人进行索赔。承包人维修并承担相应费用后，不免除对工程的损失赔偿责任。

据此，工程保修金的返还主要是依据合同约定的保修金返还期限，若保修期内出现质量问题的，发包人可以从保修金中抵扣维修费用，但无权迟延支付保修金。

综上，对于进度款、结算款以及保修金，笔者认为：

其一，在竣工验收前或者过程中，工程质量不合格的，发包人有权拒付工程进度款；

其二，竣工验收合格后，发包人无权以质量缺陷为由拒付工程结算款，除非确因建筑商施工导致地基基础工程、工程主体结构质量不合格的；

其三，在保修期间且保修范围内，出现质量问题的，发包人有权扣减保修金，但不得延期支付保修金。

2. 诉讼法上的抗辩权：发包人诉讼主张的处理原则

在建筑商提起的建设工程合同纠纷案件中，发包人通常会以质量缺陷为由进行抗辩或者反诉。在实践中，发包人以工程质量为由的主张主要分为以下几种情况：(1)要求拒付工程款；(2)减付工程款；(3)要求建筑商支付违约金或者赔偿修理、返工或改建的合理费用等损失。

那么，发包人作为被告方，何种情形下可以行使抗辩权，又在何种情况下行使反诉，在司法实践中争议不断。

在对该问题讨论之前，我们需要明确抗辩以及反诉或另行起诉的区别。

首先，诉讼法上的抗辩是针对请求权提出的一种防御方法，包括“阻却权利事实”“消灭权利事实”两种类型。

而，民事诉讼中的反诉，是指在已经开始的民事诉讼程序中，被告针对原告提出的与本诉有牵连的诉讼请求。被告反诉的目的，旨在通过反诉、抵销或者吞并本诉的诉讼请求，或者使本诉的诉讼请求失去意义。①

也就是说，反诉是被告向原告提出的一种攻击，原则上属于独立的诉，需要满

---

①　最高人民法院修改后民事诉讼法贯彻实施工作领导小组编著：《最高人民法院民事诉讼法司法解释理解与适用》(上)，人民法院出版社 2015 年版，第 609 页。

足《民事诉讼法》第119条所规定的“一般诉讼条件”的四要件,即(1)原告是与本案有直接利害关系的公民、法人和其他组织;(2)有明确的被告;(3)有具体的诉讼请求和事实、理由;(4)属于人民法院受理民事诉讼的范围和受诉人民法院管辖。

其次,之所以要对发包人主张到底是反诉还是抗辩进行区分,在于反诉与抗辩在诉讼法上具有不同功能与效果,主要体现在:(1)诉讼费缴纳:反诉需缴纳诉讼费用,而抗辩无此要求;(2)主张条件:若其反诉,则需提供符合起诉条件的各种材料,而抗辩只需提供证明其事实主张成立的证据;(3)法律效果:若其在前诉中反诉,因反诉属于判决主文判断的事项而具有既判力,不可就该事项再向法院起诉,否则构成重复起诉;若其抗辩,因抗辩属于判决理由所判断的事项而不产生既判力,而可就抗辩事实再次向法院起诉。①

最后,抗辩与反诉的本质区别在哪里呢?抗辩是对对方当事人主张请求权的一种拒绝,反诉是与本诉相关联的权利,二者都是与作为本诉的请求权关系密切的,但两者存在本质区别:

(1)二者的性质不同。反诉的本质属性是诉,是一种独立的诉讼请求,其基础可能是请求权、支配权或者形成权。而抗辩是对抗请求权的主张,是一种诉讼行为,无论如何主张,都不会产生新的诉讼请求。

(2)二者的内容不同。反诉是诉的一种,因此就必须有其诉讼标的,诉讼标的是一个诉讼区别于他诉的标准。作为一个独立的诉,反诉一定有实质方面的内容。而抗辩则不同,抗辩可以有实质方面的内容,也可以有程序法上的内容。

(3)二者的目的不同。反诉是一个独立的新诉讼请求,是被告主动进攻的武器,旨在抵销、吞并本诉原告的权利,使原告的权利部分或全部失控,甚至超出原告所主张的权利范围。抗辩的目的是直接否定对方当事人的诉讼理由或请求,是一种被动防御的工具,其成立的直接后果是原告的主张得不到全部支持或者败诉。

(4)二者的法律关系不同。反诉是一种独立的反请求,反诉的提出会引发一个新的法律关系,导致法律关系的增加,而抗辩的提出不会产生这样的效果。②

正是基于抗辩及反诉对于当事人的权利的不同影响,在建筑商提起的建设工程合同纠纷案件中,发包人以质量缺陷为由的各项主张,何种情形行使抗辩权,又在何种情况下行使反诉或者另行起诉呢?

---

① 刘学在、倪培根:《关于民事诉讼中抗辩与反诉的辨别标准》,载《理论探讨》2016年第6期。

② 最高人民法院民事审判第二庭编著:《最高人民法院关于买卖合同司法解释理解与适用》,人民法院出版社2012年版,第639页。

(1)最高人民法院司法解释的发展

《建设工程司法解释二》(征求意见稿)第一稿:

第八条 承包人请求发包人给付工程价款纠纷案件中,发包人以工程质量不合格或者不符合合同约定为由主张减少工程价款的,应作为抗辩处理;发包人主张承包人承担建设工程质量违约赔偿责任的,应作为反诉处理。

《建设工程司法解释二》(征求意见稿)第二稿:

第八条 [发包人主张工程质量问题的处理]承包人请求支付工程价款,发包人以工程质量为由抗辩的,人民法院应按照以下情形分别处理:

(一)建设工程经竣工验收合格,或虽未经竣工验收,但发包人已经实际使用的,工程存在的质量问题属于工程质量保修范围,发包人以此为由主张工程价款支付条件不成就或者减付工程价款的,人民法院不予支持,但确因承包人原因导致工程的地基基础工程或主体结构质量不合格的除外;发包人反诉要求承包人承担保修责任或者赔偿修复费用等实际损失的,按照建设工程保修的相关规定处理。

(二)工程尚未竣工验收且未交付使用,发包人以工程质量不符合合同约定为由要求拒付或者减付工程款的,按照抗辩处理。发包人要求承包人支付违约金或者赔偿修理、返工或改建的合理费用等损失的,应告知其提起反诉或者另行提起诉讼解决。

(三)发包人请求承包人赔偿其因工程质量不符合合同约定而造成的其他财产损失或者人身伤害的,应告知其提起反诉或者另行提起诉讼。

《建设工程司法解释二》(征求意见稿)第三稿:

第十二条 承包人提起的建设工程施工合同纠纷案件中,发包人以工程质量不符合合同约定或者规定为由,要求承包人支付违约金或者赔偿修理、返工或者改建的合理费用等损失的,告知其提起反诉或者另行提起诉讼解决。

《建设工程司法解释二》(征求意见稿)第四稿:

第七条 承包人提起的建设工程施工合同纠纷案件中,发包人以工程质量不符合合同约定或者法律规定为由,要求承包人支付违约金或者赔偿修理、返工、改建的合理费用等损失的,人民法院应当告知其提起反诉或者另行提起诉讼解决。

《建设工程司法解释二》送审稿:

第七条 【发包人主张工程质量问题的处理】

承包人提起的建设工程施工合同纠纷案件中,发包人以工程质量不符合合同约定或者法律规定为由，要求承包人支付违约金或者赔偿修理、返工、改建的合理费用等损失的，人民法院应当告知其提起反诉或者另行提起诉讼解决。

《建设工程司法解释二》：

第七条 发包人在承包人提起的建设工程施工合同纠纷案件中，以建设工程质量不符合合同约定或者法律规定为由，就承包人支付违约金或者赔偿修理、返工、改建的合理费用等损失提出反诉的，人民法院可以合并审理。

比较最高人民法院司法解释二的发展，其中征求意见稿一、三、四、送审稿以及正式稿都是对发包人诉权的规定，而征求意见稿二中则是对发包人实体权利以及诉权的统一规定。

从第一稿到正式稿，在发包人“要求承包人支付违约金或者赔偿修理、返工、改建的合理费用等损失的”主张作为反诉处理的原则自始未变。

对比征求意见稿及送审稿，正式稿的最大特点在于，条文明确规定了法院对于发包人反诉的审理原则，即“可以合并审理”。

另外，在“要求承包人支付违约金或者赔偿修理、返工、改建的合理费用等损失的”主张作为反诉或者另行起诉的观点从征求意见稿一到四都未变更过。

(2)各地法院的指导意见

《北京市高级人民法院关于审理建设工程施工合同纠纷案件若干疑难问题的解答》

28. 承包人要求支付工程款，发包人主张工程质量不符合合同约定给其造成损害的，应按以下情形分别处理：

(1)建设工程已经竣工验收合格，或虽未经竣工验收，但发包人已实际使用，工程存在的质量问题一般应属于工程质量保修的范围，发包人以此为由要求拒付或减付工程款的，对其质量抗辩不予支持，但确因承包人原因导致工程的地基基础工程或主体结构质量不合格的除外；发包人反诉或另行起诉要求承包人承担保修责任或者赔偿修复费用等实际损失的，按建设工程保修的相关规定处理。

(2)工程尚未进行竣工验收且未交付使用，发包人以工程质量不符合合同约定为由要求拒付或减付工程款的，可以按抗辩处理；发包人要求承包人支付违约金或者赔偿修理、返工或改建的合理费用等损失的，应告知其提起反诉或另行起诉。

(3)发包人要求承包人赔偿因工程质量不符合合同约定而造成的其他财产或者人身损害的，应告知其提起反诉或另行起诉。

《浙江省高级人民法院关于审理建设工程施工合同纠纷案件若干疑难问题的解答》(2012 年)

九、发包人以工程质量为由提出的对抗性主张,究竟是抗辩还是反诉? 承包人诉请给付工程价款,发包人以工程质量不符合合同约定或国家强制性的质量规范标准为由,要求减少工程价款的,按抗辩处理;发包人请求承包人赔偿损失的,按反诉处理。

《江苏省高级人民法院建设工程施工合同案件审理指南》(2010 年)

第八条第一项　发包人工程质量问题的主张,有的属于反诉,有的属于抗辩。发包单位(发包人)以工程质量问题为由要求施工单位(承包人)支付违约金或赔偿金的,应当提起反诉。发包人以质量不符约定为由仅请求拒付或减付工程款的,或者合同中明确约定可以直接将工程质量违约金或赔偿金从应付工程款中扣减的,属于抗辩,无需反诉。

《广东省高级人民法院关于审理建设工程施工合同纠纷案件若干问题的指导意见》

1. 工程欠款纠纷案件中,发包人以建设工程质量不符合合同约定为由主张付款条件未成就的,可以作为抗辩处理。发包人以建设工程质量不符合合同约定为由,请求承包人承担违约责任的,应当提起反诉。

《安徽省高级人民法院关于审理建设工程施工合同纠纷案件适用法律问题的指导意见(二)》

第六条　尚未竣工验收或使用的建设工程,承包人主张工程价款,发包人以工程质量不符合合同约定或者国家质量标准为由,主张减少工程价款或者扣除修复费用的,属于抗辩。工程已经竣工验收合格,发包人又以工程质量不合格为由,主张承包人承担违约责任的,应当提起反诉。

《四川省高级人民法院关于审理建设工程施工合同纠纷案件若干疑难问题的解答》

31. 承包人诉请支付工程价款,发包人主张工程质量不符合合同约定或者国家强制性质量规范标准,要求减少工程价款的,按抗辩主张处理;发包人要求承包人赔偿损失的,应以反诉的方式提出或另行起诉。建设工程已经竣工验收合格,或虽未竣工验收,但发包人已实际使用,如工程质量问题属于承包人施工原因导致的地基基础工程或工程主体结构质量问题,发包人要求拒付或延期支付工程价款的,应予支持;如发包人提出的工程质量问题属于保修范围,发包人要求拒付或减付工程款的,不予支持。工程尚未进行竣工验收且未交付使用,发包人以工程质量不符合合同约定或者国家强制性质量规范标准为由要求拒付或减付工程款,经查证属实的,应予支持;发包人要求承包人支付违约金或者赔偿修理、返工或改建的合理费用等损失的,应以反诉的方式提出或另行起诉。

根据上述各地法院的规定,虽然部分法院对此问题的规定有细微的差距,比如四川省高级人民法院以及北京市高级人民法院明确将工程是否竣工验收作为前提条件等,但是总的来说,各地法院对于拒付或者减付工程价款的主张一般作为抗辩处理,而对于违约金或者赔偿损失的主张作为反诉或者另行起诉处理。

(3)笔者观点

笔者认为,在建筑商提起的建设工程合同纠纷案件中,发包人以工程质量缺陷为由主张拒付或者减付工程价款的,应作为抗辩处理,而要求建筑商支付违约金或者赔偿修理、返工或改建的合理费用等损失的,应作为反诉或者另行起诉处理。

①建设工程合同作为有偿合同,可以适用法律对买卖合同的相关规定

《合同法》

第一百七十四条 法律对其他有偿合同有规定的,依照其规定;没有规定的,参照买卖合同的有关规定。

有偿合同,是指双方当事人,在从合同缔约到债务的履行整个过程中,均作出相互具有对价性质的付出(并不仅限于财产的给付,也包含劳务、事务等)的合同。[①]

第二百六十九条 建设工程合同是承包人进行工程建设,发包人支付价款的合同。建设工程合同包括工程勘察、设计、施工合同。

因此,建设工程施工合同为有偿合同,在法律未对在建设工程施工合同法律关系中发包人以质量缺陷为由的主张作出明确规定的情形下,可以参照买卖合同的有关规定。

《最高人民法院关于审理买卖合同纠纷案件适用法律问题的解释》

第四十四条 出卖人履行交付义务后诉请买受人支付价款,买受人以出卖人违约在先进行抗辩的,人民法院应当按照下列情况分别处理:

(一)买受人拒绝支付违约金、拒绝赔偿损失或者主张出卖人应当采取减少价款等补救措施的,属于行使抗辩权;

---

① 韩世远:《合同法总论》,法律出版社2018年版,第79页。

（二）买受人主张出卖人应支付违约金、赔偿损失或者要求解除合同的，应当提起反诉；

（三）买受人以出卖人违约在先进行抗辩但未明确主张的，经释明后仍未明确主张的，人民法院应当按照本条第（一）项的规定处理。

有鉴于此，笔者认为，虽然法律没有直接规定发包人以工程质量缺陷为由的主张处理，但是通过参考买卖合同的相关司法解释，可以得知，在发包人主张减少工程款时应以抗辩处理，而主张违约金或者损失时应作为反诉或者另行起诉处理。

②对笔者主张的法理分析

A. 拒付工程款：反诉抑或抗辩？

在建筑商提起工程款诉请的案件中，发包人以质量缺陷主张拒付工程款的，是因为建筑商未履行其交付合格的建设工程的义务，而导致发包人提出拒绝履行支付约定工程价款义务的抗辩的请求，其目的在于否定建筑商的支付价款请求权，其主张仅是对于对方请求权的一种防御，故应当认定为抗辩。

B. 主张违约金或者损失：反诉抑或抗辩？

发包人以质量缺陷为由，主张建筑商违约在先（即未提供合格的建设工程），应承担相应的违约责任或者赔偿损失。该主张已经不仅仅是对建筑商价款请求权的防御，而是在建筑商请求权范围之外主张的积极权利，实际上已经构成新的诉讼请求。由于发包人主张损失或者违约金的请求与建筑商工程款的请求权，其基础基于同一合同，具有牵连性，故可以作为反诉提出。

C. 减少工程款：反诉抑或抗辩？

a. 减价权为形成权，应为抗辩

前述两种情况都比较容易理解，但对于减少工程款的主张，其到底是反诉抑或抗辩，比较难以区分，需要结合减价权的性质综合考量。

《合同法》

第一百一十一条　质量不符合约定的，应当按照当事人的约定承担违约责任。对违约责任没有约定或者约定不明确，依照本法第六十一条的规定仍不能确定的，受损害方根据标的的性质以及损失的大小，可以合理选择要求对方承担修理、更换、重作、退货、减少价款或者报酬等违约责任。

据此，在建设工程质量不符合约定的情况下，发包人有权要求减价。对该减价权的性质，在理论上存在两种观点：其一，请求权说，按照中国合同法的规定，当事人要求减价，需要对方同意，对方可以拒绝这一请求，因此其不符合形成权单方意思表示的本质。[①] 其二，形成权说，减价权是一种单纯形成权，是依单方意思表示减少价款或者报酬的权利。[②]

对此，《最高人民法院关于买卖合同司法解释理解与适用》中明确，减价权是一种形成权。

作为一种形成权，减价权依单方意思表示为之，无须对方同意，单方意思表示一经到达对方即为生效。

若在建筑商提起诉讼之前，发包人主张减价的，在减价意思表示到达建筑商时，即发生减价的法律效力，建筑商的工程款请求权在发包人减价范围内消灭，发包人的减价权因实现而不存在。但在诉讼中，发包人已经没有减价权，发包人减少工程款的主张只能作为事实进行抗辩。

同理，若发包人在诉讼中主张减价的，该主张在到达对方时自动生效，建筑商的价款请求权在减价范围内消灭，减价权也相应消灭，发包人的主张也只能作为事实进行抗辩。

b. 减价数额为提示性主张，并不当然生效

那么，减价权作为一项单纯的形成权，是否就意味着减价权人可以任意决定减价数额呢？答案是否定的。道理很简单：减价是从公平原则出发而求“按质论价”，“价”之论非出于减价权人的恣意，而须按照一定的标准，亦即“质”。在减价权人的“形成意思”中，纵有减价数额的提示，该数额不过是基于减价权人对“质”的评价，此项评价未必准确，因而其“形成意思”中的减价数额提示亦未必准确，这时可类推适用《合同法》第 96 条第 1 款后段，对方有异议的，可以请求人民法院或者仲裁机构确认减价的效力。如果没有异议，自当按照减价权人的形成意思赋予效果。[③]

(4)典型案例分析

如上所述，发包人减少工程款的主张作为抗辩处理，在理论上符合抗辩与反诉的区别，那么在司法实践中是如何处理的呢？

---

① 渠涛主编：《中日民商法研究》(第四卷)，法律出版社 2006 年版，第 292 页。

② 韩世远：《合同法总论》，法律出版社 2018 年版，第 852 页。

③ 韩世远：《减价责任的逻辑结构》，载《清华法学》2008 年第 1 期。

案例 5 -8[①]

上诉人(一审被告):曙光公司(发包人);

被上诉人(一审原告):宏盛公司(建筑商)。

(一)案件基本情况

2005 年,宏盛公司与曙光公司就系争工程分别签订了《建设工程施工合同》。

合同签订后,宏盛公司按约进场施工,系争工程的 2 号楼、3 号楼分别于 2005 年 12 月 15 日以及 12 月 10 日竣工验收。

后双方应工程款纠纷,宏盛公司向法院起诉,要求判令曙光公司支付拖欠工程款。

在一审庭审中曙光公司提出工程存在质量问题,提出扣减维修费用的抗辩,一审法院以其应提出反诉,且没有对工程质量鉴定为由,不予处理。

(二)法院观点

二审法院认为,曙光公司以案涉工程存在质量问题,主张扣除维修费用的抗辩,其目的是减少工程价款,该抗辩无须提起反诉。

案涉工程于 2005 年 12 月陆续竣工并交付使用。一审期间,曙光公司举示了 2006 年 5 月 10 日质监站下发的《工程质量维修通知书》,载明案涉工程在质保期内存在大量的工程质量问题,且通知书的时间系在工程质保期内。

另外,曙光公司还举示了其与案外人签订的维修协议及维修款 289,400.00 元的收据及维修现场照片。

该部分证据能够证明宏盛公司施工的案涉工程在质保期内存在工程质量问题,且曙光公司已委托他人进行维修的事实,本院对此予以认定。

由于双方对两份施工合同无效均有过错,故宏盛公司承担 50% 的修复费用。

(三)点评

该判例是典型的在建筑商提起工程款诉讼中,发包人以工程质量为由提出减少价款主张的情形,该案例中明确了减价请求为抗辩,可以不提起反诉,而减价的数额并非当然发生效力,可由法院综合裁定确认。

---

① (2016)黑民终 445 号判决书。

三、工程竣工验收合格或者未经验收发包人擅自使用后的质量问题

《建筑法》

第六十二条 建筑工程实行质量保修制度。

建筑工程的保修范围应当包括地基基础工程、主体结构工程、屋面防水工程和其他土建工程,以及电气管线、上下水管线的安装工程,供热、供冷系统工程等项目;保修的期限应当按照保证建筑物合理寿命年限内正常使用,维护使用者合法权益的原则确定。具体的保修范围和最低保修期限由国务院规定。

《建设工程质量管理条例》

第三十九条 建设工程实行质量保修制度。

建设工程承包单位在向建设单位提交工程竣工验收报告时,应当向建设单位出具质量保修书。质量保修书中应当明确建设工程的保修范围、保修期限和保修责任等。

第四十条 在正常使用条件下,建设工程的最低保修期限为:

(一)基础设施工程、房屋建筑的地基基础工程和主体结构工程,为设计文件规定的该工程的合理使用年限;

(二)屋面防水工程、有防水要求的卫生间、房间和外墙面的防渗漏,为5年;

(三)供热与供冷系统,为2个采暖期、供冷期;

(四)电气管线、给排水管道、设备安装和装修工程,为2年。

其他项目的保修期限由发包方与承包方约定。

建设工程的保修期,自竣工验收合格之日起计算。

第四十一条 建设工程在保修范围和保修期限内发生质量问题的,施工单位应当履行保修义务,并对造成的损失承担赔偿责任。

《建设工程司法解释一》

第十三条 建设工程未经竣工验收,发包人擅自使用后,又以使用部分质量不符合约定为由主张权利的,不予支持;但是承包人应当在建设工程的合理使用寿命内对地基基础工程和主体结构质量承担民事责任。

根据上述规定,建设工程竣工验收后或者未经验收发包人擅自使用的,建设工程的质量视为合格,但是根据《建设工程质量管理条例》第41条的规定,在保修范围和保修期限内出现工程质量缺陷的,建筑商应承担保修责任。

（一）工程质量保修制度的发展

1. 国外工程质量保修制度

（1）保修制度的构成

法、英、美、日等国，工程质量保修制度已形成制度体系，除了保修制度本身外，还有一系列的辅助制度，如保修保险制度等。保险制度强制工程承包人购买保修保险，这样既可以分担工程承包人的风险，又可以较好地实现对业主权益的保护。

另外，保修制度实施的主体除了工程承包人外，还有保证机构，两者相互配合，共同承担保修期的保修责任。①

（2）保修期的规定

从国外的有关规定来看，在法国称“质量保修期”为“正式完工的期限”（1978年民法典），期限为自交付工程之日起一年。比利时和瑞典则称为“保证期”，通常为一年，结束时即为最终交付。荷兰的保修期为3～12个月，澳大利亚、新加坡、英国通常为6个月，瑞典为两年，加拿大的魁北克、葡萄牙则更长为5年，但公用建筑的保修期为2年。②

2. 我国保修制度的沿革

中华人民共和国成立初期，我国长期实行计划经济下的工程建设体制和住房分配模式，个人或者单位使用的工程，都是国家投资、调拨或者单位出资、分配而来，建设工程不作为商品，也不进入流通领域，建设工程质量保修问题没有统一规定，也没有得到应有的重视。

改革开放以来，建筑市场逐步形成，建设工程作为商品进入市场，工程质量的保修问题越来越得到人们的重视。

1984年《建筑工程保修办法（试行）》（已经废止）

第四条　建筑工程的保修期自办理交工手续之日起计算，其保修期为：

（一）民用与公共建筑、一般工业建筑、构筑物的土建工程为一年；

（二）建筑物的照明电气、上下水管线安装工程为六个月；

（三）建筑物的供热、供冷系统为一个采暖、供冷期；

---

① 朱立冬：《工程质量保修制度及实现研究》，载《武汉理工大学学报》（信息与管理工程版）2003年第5期。

② 最高人民法院民事审判第一庭编著：《最高人民法院建设工程施工合同司法解释的理解与适用》，人民法院出版社2015年版，第194～195页。

（四）室外的上下水和小区道路为一年；

（五）工业建筑的设备、电气、仪表、工艺管线和有特殊要求的工程，其保修内容和期限，由使用单位和施工单位在合同中规定。

1993年《建设工程质量管理办法》（已经失效）

第四十一条 建设工程保修期限是指从竣工验收交付使用日期起到以下规定的期限：

（一）民用与公共建筑、一般工业建筑、构筑物的土建工程为一年，其中屋面防水工程为三年；

（二）建筑物的电气管线、上下水管线安装工程为六个月；

（三）建筑物的供热及供冷为一个采暖期及供冷期；

（四）室外的上下水和小区道路等市政公用工程为一年；

（五）其他特殊要求的工程，其保修期限由建设单位和施工单位在合同中规定。

自此，我国建设工程质量保修制度有了全国统一性的规定，各地也相继制定或者修改建设工程保修的实施细则。在该阶段，法律规定的最低保修期限最长为1年，建设工程质量保修还未实行质量终身保修制。

1995年12月，德阳特大塌楼事故造成27名民工伤亡，建筑工程质量成为新闻界的热门话题和全社会的焦点。据调查，在1995年我国年产5000亿块砖中，合格率只占50％，而另一半也几乎完全用在了工地上，钢材、水泥、防水材料等方面的质量问题也十分突出，如假冒伪劣防水材料产品泛滥。①

面对日益倾斜的建筑业，全国人大常委会于1997年11月1日颁布《建筑法》，对各建筑主体的质量责任第一次做出了系统性的规定，并规定，建设工程实行质量保修制度。保修范围包括地基基础工程、主体结构工程和其他土建工程，以及电气管线、给排水管线的安装工程，供热与供冷系统工程等项目。

此后，在2000年，我国相继颁布了《建设工程质量管理条例》以及《房屋建筑工程质量保修办法》，对工程质量保修制度进行了进一步的完善。

我国现行的建设工程质量保修体系以《建筑法》、《建设工程质量管理条例》、《房屋建筑工程质量保修办法》以及《建设工程质量保证金管理办法》等规定为基础建立起来，这些法律法规分别对保修范围、保修期限和保修主体以及保修费用做了相应的规定，并确立了对地基基础工程和主体结构工程的质量终身保修制度。

---

① 司马园：《中国建筑业：偏离法律，怎不倾斜？——写在〈建筑法〉即将颁布实施之际》，载《建筑论坛》1997年3月。

(二)工程质量保修制度概述

根据《建筑法》、《建设工程质量管理条例》以及《房屋建筑工程质量保修办法》的规定,工程质量保修,是指在承包范围且在保修期限内(即《建筑法》第44条最低保修年限内,没有规定的则在合同约定的保修年限内),建筑商进行保修的义务。

一般来说,工程质量保修制度主要涉及以下几个方面:(1)保修期限;(2)保修范围;(3)保修义务;(4)保修责任。其中保修范围是指建设工程施工合同中约定的建筑商的承包范围,若有其他的特殊情况的,可由当事人在合同中对保修范围另行约定。

1. 工程质量保修期

(1)工程质量保修期的规定

根据《建设工程施工合同(示范文本)》(GF-2017-0201)的规定,保修期,是指建筑商按照合同约定或者《建设工程质量管理条例》第40条对工程承担保修责任的期限,从工程竣工验收合格之日起计算。

保修期限应当按照《建设工程质量管理条例》第40条规定的最低保修期限,即:①基础设施工程、房屋建筑的地基基础工程和主体结构工程,为设计文件规定的该工程的合理使用年限;②屋面防水工程、有防水要求的卫生间、房间和外墙面的防渗漏,为5年;③供热与供冷系统,为2个采暖期、供冷期;④电气管线、给排水管道、设备安装和装修工程,为2年。

根据《建设工程质量管理条例》第40条的规定,地基基础和主体结构实行质量终身保修制度,即设计文件规定的合理使用年限,也就是建设工程的设计单位按设计的建设工程的地基基础和主体结构的形式、施工方式和工艺等技术条件所确定的保证该建设工程正常使用的最低年限。

对于设计文件规定的合理使用年限,《民用建筑设计通则》(GB 50352-2005)规定,以主体结构确定的建筑耐久年限分下列四级:一级耐久年限100年以上适用于重要的建筑和高层建筑。二级耐久年限50~100年适用于一般性建筑。三级耐久年限25~50年适用于次要的建筑。四级耐久年限15年以下适用于临时性建筑。

而对于《建设工程质量管理条例》第40条没有规定的其他项目,当事人可以在合同中约定建设工程的保修期限。

(2)约定保修期低于最低保修期限的,该约定无效

《建设工程质量管理条例》第40条规定了最低保修期限,同时又规定"其他项目的保修期限由发包方与承包方约定",那么,若当事人在合同中对最低保修期限

项目进行约定且该约定的保修期限低于最低保修期限的,该约定效力如何?

①相关法律法规规定

《建设工程质量管理条例》

第四十条 在正常使用条件下,建设工程的最低保修期限为:

(一)基础设施工程、房屋建筑的地基基础工程和主体结构工程,为设计文件规定的该工程的合理使用年限;

(二)屋面防水工程、有防水要求的卫生间、房间和外墙面的防渗漏,为5年;

(三)供热与供冷系统,为2个采暖期、供冷期;

(四)电气管线、给排水管道、设备安装和装修工程,为2年。

其他项目的保修期限由发包方与承包方约定。

建设工程的保修期,自竣工验收合格之日起计算。

②各地法院指导性意见

《浙江省高级人民法院民事审判第一庭关于审理建设工程施工合同纠纷案件若干疑难问题的解答》(2012年)

四、如何认定当事人约定的保修期低于法律规定的最低保修期限的条款的效力?

建设工程施工合同中约定的正常使用条件下工程的保修期限低于国家和省规定的最低期限的,该约定应认定无效。

《北京市高级人民法院关于审理建设工程施工合同纠纷案件若干疑难问题的解答》

第三十一条 施工合同约定工程保修期限低于法定最低期限的条款是否有效?承包人要求返还质量保修金的,如何处理?

建设工程施工合同中约定正常使用条件下工程的保修期限低于法律、行政法规规定的最低期限的,该约定无效……

《江苏省高级人民法院关于审理建设工程施工合同纠纷案件若干问题的意见》(2008年)

第六条 建设工程施工合同中约定的正常使用条件下工程的保修期限低于法律、行政法规规定的最低期限,当事人要求确认该约定无效的,人民法院应予支持。

《四川省高级人民法院关于审理建设工程施工合同纠纷案件若干疑难问题的解答》

10.如何认定当事人约定的保修期限的效力?

建设工程施工合同中约定的正常使用条件下工程的保修期限低于国家和省相

关行政主管部门规定的最低期限的，该约定应认定无效。

比较上述法院的指导意见，在约定保修期低于《建设工程质量管理条例》第40条规定的最低保修期，该约定应为无效，各地法院意见基本一致。

但是，对于低于省相关行政主管部门规定的最低保修期限的约定处理上，有两种不同的观点：其一，以浙江、四川高级人民法院为代表，认为该约定也应认定为无效；其二，以江苏、北京高级人民法院为代表，认为只有违反法律、行政法规规定的最低期限的，才能为无效，由此推之，低于省相关行政主管部门规定的保修期的约定不当然为无效。

③典型案例分析

案例5－9①

上诉人（原审被告）：建工公司（建筑商）；

被上诉人（原审原告）：美盈森公司（发包人）。

（一）案件基本情况

2010年6月，美盈森公司与建工公司签订了建设工程施工合同，其中对保修期作出如下约定："装饰装修工程为1年。"

涉案工程于2011年1月12日通过竣工验收。

后双方因工程质量问题产生争议，发包人于2012年8月向法院提起诉讼。

建工公司认为，《保修工程汇总表》中约定的4. 外墙面砖保修；7. 与裂缝等有关的内墙涂料保修；9. 综合厂房一层地坪保修，因属于装饰工程，已经超过合同约定的一年保修期，故无须承担保修责任。

（二）法院观点

《建设工程质量管理条例》第40条规定，装修工程的最低保修期限为2年。本案双方签订的《工程质量缺陷保修书》约定装饰装修工程保修期为1年，该约定因违反《建设工程质量管理条例》的强制性规定而无效，故该三项工程保修期应为2年，并未超过保修期限，故建工公司应承担保修责任。

④笔者观点

《合同法》第52条规定，违反法律、行政法规的强制性规定的，合同无效。《合

① （2016）苏民终468号判决书。

同法司法解释二》第 14 条规定，强制性规定是指效力性强制性规定。

据此，若合同约定违反法律、行政法规的效力性强制性规定，则该约定为无效。简单来说，所谓效力性强制性规定，是指法律及行政法规明确规定违反了这些禁止性规定将导致合同无效或者合同不成立的规范；或者是法律及行政法规虽然没有明确规定违反这些禁止性规范后将导致合同无效或者不成立，但是违反了这些禁止性规范后如果使合同继续有效将损害公共安全和社会公共利益的规范。

笔者认为，根据《建筑法》以及《建设工程质量管理条例》的规定，建设工程实行工程质量保修制度，且《建设工程质量管理条例》第 40 条规定了最低保修期限，虽然没有明确规定违反最低保修期限的约定为无效，但是最低保修期限是为了保障房屋竣工后的安全性和使用功能，是建筑商应承担的法定义务，关系到公共安全和社会公共利益。

故，《建设工程质量管理条例》第 40 条规定的最低保修期限为效力性强制性规定，当事人约定的质量保修期低于《建设工程质量管理条例》规定的最低保修期的，应当认定为无效。

2. 工程质量保修义务

(1)质量保修的一般程序规定

建设工程在保修范围和保修期限内发生质量问题的，根据《建设工程质量管理条例》第 41 条的规定，建筑商应当承担保修义务，但，建筑商有证据证明该质量问题并非由其施工原因导致的，可以不履行保修义务。

在保修范围和保修期限内的一般质量缺陷的保修，根据《房屋建筑工程质量保修办法》第 9 条的规定，发包人或者房屋建筑所有人应当向建筑商发出保修通知。

建筑商接到保修通知后，应当到现场核查情况，在保修书约定的时间内予以保修。

而在保修范围和保修期限内发生抢修的，根据《房屋建筑工程质量保修办法》第 9 条第 2 款的规定，发生涉及结构安全或者严重影响使用功能的紧急抢修事故，建筑商接到保修通知后，应当立即到达现场抢修。

发生抢修情况的，发包人或者房屋所有人除了向建筑商送达维修通知外，还需要按照《房屋建筑工程质量保修办法》第 10 条的规定履行报告义务，即发生涉及结构安全的质量缺陷，发包人或者房屋建筑所有人应当立即向当地建设行政主管部门报告，由原设计单位或者具有相应资质等级的设计单位提出保修方案，建筑商实施保修，原工程质量监督机构负责监督。

出现重大质量问题的时候，建筑商认为不是自己的原因，一般应共同委托鉴定，或者一方委托鉴定，征得另一方同意；若一方委托鉴定，而对方不同意的，应通过诉讼解决。

(2)发包人未履行保修通知义务，自行委托第三方修复的法律责任

如上所述，在保修期和保修范围内，建筑商履行保修义务的前提是，发包人履行保修通知的义务。但若发包人未履行保修通知义务，而自行委托第三方修复的，该修复费用应如何承担?

①相关法律法规规定

《房屋建筑工程质量保修办法》

第九条　房屋建筑工程在保修期限内出现质量缺陷，建设单位或者房屋建筑所有人应当向施工单位发出保修通知。

施工单位接到保修通知后，应当到现场核查情况，在保修书约定的时间内予以保修。发生涉及结构安全或者严重影响使用功能的紧急抢修事故，施工单位接到保修通知后，应当立即到达现场抢修。

根据上述规定，在保修事件发生时，发包人有向建筑商发出保修通知的义务，该义务为发包人的法定义务。

②各地法院指导性意见

《北京市高级人民法院关于审理建设工程施工合同纠纷案件若干疑难问题的解答》

30. 发包人以工程质量不符合合同约定为由，要求承包人承担修复费用的，如何处理?

因承包人原因致使工程质量不符合合同约定，承包人拒绝修复、在合理期限内不能修复或者发包人有正当理由拒绝承包人修复，发包人另行委托他人修复后要求承包人承担合理修复费用的，应予支持。

发包人未通知承包人或无正当理由拒绝由承包人修复，并另行委托他人修复的，承包人承担的修复费用以由其自行修复所需的合理费用为限。

《四川省高级人民法院关于审理建设工程施工合同纠纷案件若干疑难问题的解答》

31. 如何处理发包人提出的工程质量问题……因承包人原因致使工程质量不符合合同约定，发包人要求承包人承担保修责任或者赔偿修复费用等实际损失的，按

保修的相关规定处理。承包人拒绝修复、在合理期限内不能修复或者发包人有正当理由拒绝承包人修复,发包人另行委托他人修复后要求承包人承担合理修复费用的,应予支持。发包人未通知承包人或无正当理由拒绝由承包人修复而另请他人修复的,所发生的修复费用由发包人自行承担。

《宣城市中级人民法院关于审理建设工程施工合同纠纷案件若干问题的指导意见》

第十三条 工程竣工验收后在质保期内存在质量问题,发包人未按合同约定通知承包人维修,而自行维修并支付维修费用。发包人主张承包人承担该维修费用的,应当在合理范围内予以支持。

《绍兴市中级人民法院民事审判庭关于审理建设工程施工合同纠纷案件若干问题的意见》

6. 建设工程在保修期内发生质量问题,发包人自行组织维修后提起诉讼,要求承包人承担维修费用,如何处理?

答:建设工程在保修期内发生质量问题,发包人应当就建设工程发生质量问题、要求维修的事项在保修期限内通知承包人。双方当事人就是否已经通知到承包人的事实存在争议的,人民法院应当结合案件具体证据认定。

发包人未通知承包人而直接自行组织维修的,或发包人的通知行为存在过错致使承包人未能收到通知的,对发包人组织维修的费用不予支持,但情况紧急、已严重影响第三人日常工作、生活或人身安全又无法及时通知承包人进行维修以及发包人的维修行为出于善意又有利于承包人的等情形除外。

发包人已通知承包人进行维修的,承包人在合理期限内未进行维修或明确表示不进行维修的,对发包人另行组织维修的费用,一般可予以支持。承包人对是否存在质量问题、费用合理性的问题提出异议的,可依法申请司法鉴定。

比较各地法院的规定,总的来说,主要有两种观点:其一,未通知建筑商,发包人自行委托第三方维修的,相应的修复费用由发包人自行承担。其二,未通知建筑商,发包人自行委托第三方维修的,合理范围内的修复费用由建筑商承担。

但无论何种观点,发包人的通知义务既是法定义务,也是合同义务,其违反该义务,自行委托第三方修复的,都需要承担相应责任。

③典型案例分析

案例 5－10[①]

申请人:上海××房地产开发有限公司(以下简称发包人);

被申请人:××建设集团股份有限公司(以下简称建筑商)。

(一)案件基本情况

发包人与建筑商签订《施工总承包合同》,将其开发的××小区工程发包给建筑商承建,并约定"乙方应按照 ISO 9000 标准为工程的实施、竣工和修补缺陷建立适当和可行的质量保证体系"。

2011 年 10 月 24 日,发包人与建筑商签订补充协议约定,"若乙方不能派人维修(甲方发出维修指令后 2 个星期内乙方未派人维修的视为乙方不能派人维修),甲方有权另行安排维修,所发生的费用由乙方承担。"

系争工程在 2011 年 11 月 17 日前取得全部竣工备案证书。

在发包人取得竣工备案证书后,该等房屋多次出现质量问题,特别在防水防渗漏方面问题较多。

在 2014 年 1 月至 2015 年 6 月期间,发包人在未通知建筑商的前提下,自行委托第三方对房屋的质量缺陷进行维修,共支出维修费用 1,761,188.1 元。

后,双方因工程保修问题产生争议,发包人向上海国际经济贸易仲裁委员会申请仲裁,要求建筑商承担第三方维修所产生的维修费用 1,761,188.1 元。

(二)仲裁庭观点

根据双方签署的补充协议,明确约定了申请人必须事先通知被申请人进行维修,如若被申请人未在规定的期限内进行维修,申请人方可委托第三方维修。而且,相关法规及规范性文件中也均要求发包人应通知建筑商履行保修义务。

如果申请人不提前通知被申请人,相关质量问题是否存在、相关责任归属、以及相关质量问题的维修方案均可能产生争议,在此情况下,若申请人自行委托第三方进行维修,不仅可能使被申请人丧失申辩、纠正、整改的机会,甚至维修方案、维修费用的合理性也容易发生争议。

同时,被申请人为涉案工程质量保修责任的主体,双方合同中约定,被申请人应按照 ISO 9000 标准建立质量保证体系,进行必要的回访或者主动听取申请

① (2017)沪贸仲裁字第 584 号。

人对质量保修期的反馈。

故,双方对申请人主张的第三方维修费用各承担50%。

(三)笔者点评

在本案中,由于发包人未履行通知义务,自行委托第三方进行维修,导致双方对维修责任及费用产生争议,仲裁委以建筑商应按照ISO 900标准建立质量保证体系为由,基于公平的原则,发包人与建筑商就修复费用各自承担50%责任。

对此,笔者认为,发包人未履行通知义务的情况下,其应就修复的质量问题的责任、修复费用及修复方案等承担举证责任,根据"谁主张,谁举证"的原则,在发包人无法就上述事实提供相应证据的,应承担举证不能的法律后果。

④笔者观点

笔者认为,《建设工程施工合同》为承揽合同,承揽合同的本质特点要求该合同是建立在对承揽人的工作能力信任的基础上,承揽人应当以自己的设备、技术和劳力完成承揽的主要工作。故,原则上,建筑商应自行完成保修义务,这是承揽合同的本质要求。

在发包人未履行保修通知的情况下,自行委托第三方修复,该行为违反了承揽合同的信任基础,且有关质量缺陷是否存在,相关责任归属、第三方维修费用以及相关质量问题的维修方案等事实均可能无法明确,故该修复费用原则上应由发包人自行承担。

那么,在保修期内,发包人在何种情况下才能委托第三方进行修复呢?对此笔者认为,主要存在以下几种情况:

其一,发包人通知后,建筑商未及时履行保修义务的。

其二,在情况紧急情况下,即发生涉及结构安全或者严重影响使用功能的紧急抢修事故的,可委托第三方进行修复,但发包人需要提供相应的证据证明。

其三,经建筑商二次维修仍然无法修复的。参考《消费者权益保护法》第45条规定……在保修期内两次修理仍不能正常使用的,经营者应当负责更换或者退货。故,在建筑商对建设工程质量缺陷两次维修后仍不能修复的,发包人可委托第三方进行修复。

3. 工程质量保修责任中的违约责任与侵权责任

《建设工程质量管理条例》

第四十一条 建设工程在保修范围和保修期限内发生质量问题的,施工单位应当履行保修义务，并对造成的损失承担赔偿责任。

施工单位未按国家有关规范、标准和设计要求施工，造成的质量缺陷，由施工单位负责返修并承担经济责任；属于设计方面的原因造成的质量缺陷，由施工单位负责返修，其费用通过建设单位向设计单位索赔；因建筑材料、构配件和设备质量不合格引起的质量缺陷，属于施工单位采购的，施工单位承担经济责任；属于建设单位采购的，但施工单位提出异议而建设单位坚持使用的，由建设单位承担经济责任；因建设单位或者建筑物所有人使用不当造成的质量缺陷，由建设单位或者建筑物所有人自行负责；因地震、洪水、台风等不可抗力或者自然灾害造成的质量事故，施工单位、设计单位、监理单位不承担经济责任。①

建设工程保修责任作为特殊质量责任，其存在多种民事责任，涉及违约责任、侵权责任以及两者竞合的情况。

(1)质量保修责任中的违约责任

《合同法》

第二百八十二条　因承包人的原因致使建设工程在合理使用期限内造成人身和财产损害的，承包人应当承担损害赔偿责任。

建筑商对整个工程质量负责，当然也应当对建设工程在合理使用期间的质量安全承担责任。

因建筑商原因造成建设工程质量事故，致使发包人人身、财产受到损害的，发包人可以要求建筑商承担违约责任。

(2)质量保修责任中的侵权责任

《侵权责任法》

第八十六条　建筑物、构筑物或者其他设施倒塌造成他人损害的，由建设单位与施工单位承担连带责任。建设单位、施工单位赔偿后，有其他责任人的，有权向其他责任人追偿。

因其他责任人的原因，建筑物、构筑物或者其他设施倒塌造成他人损害的，由其他责任人承担侵权责任。

建筑物、构筑物或者其他设施倒塌，包括建筑物、构筑物的部分毁损，导致第三人人身或者财产损害的，由于第三人与建筑商之间并无合同关系，第三人只能根据侵权责任向建筑商进行索赔。需要注意的是，对于第三人的损失，发包人与建筑商

① 最高人民法院民事审判第一庭编著：《最高人民法院建设工程施工合同司法解释的理解与适用》，人民法院出版社 2015 年版，第 190 页。

承担连带责任,且为无过错责任。

(3)质量保修责任中违约责任与侵权责任的竞合

《建设工程司法解释一》

第二十七条 因保修人未及时履行保修义务,导致建筑物毁损或者造成人身、财产损害的,保修人应当承担赔偿责任。

保修人与建筑物所有人或者发包人对建筑物毁损均有过错的,各自承担相应的责任。

质量保修责任中违约责任与侵权责任的竞合主要是相对于发包人而言的,当建筑商未履行或者迟延履行保修义务时,导致建筑物毁损或者人身、财产损害的,对发包人而言,建筑商既违反了合同约定的保证工程质量的义务,其应承担违约责任,同时建筑商也应当承担因此造成的侵权责任。①

《民法总则》

第一百八十六条 因当事人一方的违约行为,损害对方人身权益、财产权益的,受损害方有权选择请求其承担违约责任或者侵权责任。

《合同法》

第一百二十二条 因当事人一方的违约行为,侵害对方人身、财产权益的,受损害方有权选择依照本法要求其承担违约责任或者依照其他法律要求其承担侵权责任。

《合同法司法解释一》

第三十条 债权人依照合同法第一百二十二条的规定向人民法院起诉时作出选择后,在一审开庭以前又变更诉讼请求的,人民法院应当准许。对方当事人提出管辖权异议,经审查异议成立的,人民法院应当驳回起诉。

据此,建筑商迟延履行保修义务导致发包人人身或者财产损失的,建筑商应承担侵权责任或者违约责任,发包人应在起诉时做出选择,择一向法院提出诉请,但发包人可在一审开庭前变更诉讼请求。

(三)工程质量保修金相关问题研究

1. 工程质量保修金的历史演变

从工程质量保修金的发展来看,可分为以下四个阶段,主要为:

---

① 最高人民法院民事审判第一庭编著:《最高人民法院建设工程施工合同司法解释的理解与适用》,人民法院出版社2015年版,第193页。

第一阶段，工程质量保修金基本概念形成，但采用工程保留金的用语。

1995 年 9 月 29 日，财政部、交通部发布《交通部施工企业成本费用核算办法》的通知(已失效)，其中第 150 条规定："工程结算时要按一定比例扣留分包单位工程保留金，合同规定的保修期内工程出现质量问题，分包单位要负责维修，保修期满，如无质量等问题，则退还分包单位工程保留金。"

1997 年 4 月 22 日，电力部发布《关于颁发〈水电建设工程质量管理暂行办法〉的通知》，第 33 条规定："施工单位的质量保留金依合同按月进度付款的一定比例逐月扣留。"

在此阶段，发包人扣留工程款，并用于保修期内的维修资金，被称为工程保留金，与工程质量保修金的含义基本一致。

第二阶段，正式出现工程质量保证金及工程质量保修金的概念，但未明确区分。

《建筑法》与《建设工程质量管理条例》确立了工程质量保修的基本法律制度，但只有一些原则性规定，并未涉及建设工程质量保修金的概念和具体适用。

建设部和国家工商总局联合制定的《建设工程施工合同(示范文本)》(GF－1999－0201)之附件三《工程质量保修书》采用"工程质量保修金"的用语。

2002 年 9 月财政部《关于印发〈基本建设财务管理规定〉的通知》第 34 条规定："工程建设期间，建设单位与施工单位进行工程价款结算，建设单位必须按工程价款结算总额的 5% 预留工程质量保证金，待工程竣工验收一年后再清算。"

到底是建设工程质量保修金还是建设工程质量保证金，相关法律并没有明确区分，实践中发包人与建筑商常常因此法律概念的模糊而产生争议。

第三阶段，工程质量保证金与工程质量保修金概念的统一。

《建设工程价款结算暂行办法》

第十四条　发包人根据确认的竣工结算报告向承包人支付工程竣工结算价款，保留 5% 左右的质量保证(保修)金，待工程交付使用一年质保期到期后清算(合同另有约定的，从其约定)，质保期内如有返修，发生费用应在质量保证(保修)金内扣除。

《建设工程质量保证金管理暂行办法》

第二条　本办法所称建设工程质量保证金(保修金)(以下简称保证金)是指发包人与承包人在建设工程承包合同中约定，从应付的工程款中预留，用以保证承包人在缺陷责任期内对建设工程出现的缺陷进行维修的资金。

《建设工程司法解释二》(征求意见稿)第三稿

第十三条 当事人对发包人在应付工程款中预留的工程质量保证(保修)金返还有约定,承包人请求按照约定返还工程质量保证(保修)金的,应予支持……

从2004年开始,立法者考虑到实践中工程质量保修金与工程质量保证金使用的混乱,开始在规范性文件中对两个概念进行统一性规定,即明确两个概念为同一概念。

第四阶段,工程质量保证金概念开始取代工程质量保修金。

《建设工程质量保证金管理办法》(建质〔2016〕295号)(已废止)以及《建设工程质量保证金管理办法》(建质〔2017〕138号),在第2条中均规定:"建设工程质量保证金(以下简称保证金)是指发包人与承包人在建设工程承包合同中约定,从应付的工程款中预留,用以保证承包人在缺陷责任期内对建设工程出现的缺陷进行维修的资金。"

《建设工程司法解释二》(征求意见稿)第四稿

第八条[质量保证金返还期限的确定] 当事人对发包人在应付工程价款中预留的工程质量保证金的返还有约定,承包人请求按照约定返还工程质量保证金的,人民法院应予支持。

《建设工程司法解释二》送审稿

第八条 【质量保证金返还期限的确定】

有下列情形之一,承包人请求返还工程质量保证金的,人民法院应予支持:

(一)当事人对发包人返还在应付工程价款中预留的工程质量保证金有约定,承包人请求按照约定返还工程质量保证金;

(二)当事人对返还工程质量保证金的期限没有约定,自工程通过竣工验收之日起满两年;

(三)因发包人原因导致工程未能竣工验收,自承包人提交工程竣工验收报告90日后满两年。

发包人返还质量保证金后,不影响承包人根据合同约定或者法律规定履行工程保修义务。

《建设工程司法解释二》:

第八条 有下列情形之一,承包人请求发包人返还工程质量保证金的,人民法院应予支持:

(一)当事人约定的工程质量保证金返还期限届满。

（二）当事人未约定工程质量保证金返还期限的，自建设工程通过竣工验收之日起满二年。

（三）因发包人原因建设工程未按约定期限进行竣工验收的，自承包人提交工程竣工验收报告九十日后起当事人约定的工程质量保证金返还期限届满；当事人未约定工程质量保证金返还期限的，自承包人提交工程竣工验收报告九十日后起满二年。

发包人返还工程质量保证金后，不影响承包人根据合同约定或者法律规定履行工程保修义务。

根据第三阶段以及第四阶段法律条文的比较分析，可以明确得出，对工程质量保证金以及工程质量保修金的争议，立法者的态度已经从两者并存转变为采取单一工程质量保证金的概念。

对此，笔者认为，基于法律术语的严谨性以及统一性的考虑，工程质量保证金以及工程质量保修金作为相同的概念，确有必要择一取之，从工程质量保修体系的完整性以及实践需要，应保留工程质量保修金的概念，舍弃工程质量保证金的概念，理由如下：

（1）《建筑法》规定，建筑工程实行质量保修制度。建筑工程的保修范围应当包括地基基础工程、主体结构工程、屋面防水工程和其他土建工程，以及电气管线、上下水管线的安装工程，供热、供冷系统工程等项目；保修的期限应当按照保证建筑物合理寿命年限内正常使用，维护使用者合法权益的原则确定。具体的保修范围和最低保修期限由国务院规定。

《建设工程质量管理条例》规定，建设工程实行质量保修制度。建设工程承包单位在向建设单位提交工程竣工验收报告时，应当向建设单位出具质量保修书。质量保修书中应当明确建设工程的保修范围、保修期限和保修责任等。

保修金制度作为与工程保修制度相配套的制度体系，其在用语方面应与以《建筑法》《建设工程质量管理条例》为基础构建的工程质量保修制度保持一致，因此，从维护法律体系的完整性上来说，工程质量保修金的用语比工程质量保证金的用语更加贴合工程质量保修制度。

（2）工程质量保证金在实践中易与施工合同中常见的履约保证金的概念混淆。

履约担保是发包人为防止建筑商在合同执行过程中违反合同规定或违约，并弥补给发包人造成的经济损失而要求的担保。其形式有履约担保金（又称履约保证金）、履约银行保函和履约担保书三种，其中履约保证金，又分为工程质量保证金、工程工期保证金、工程安全保证金等。

在实践中,发包人与建筑商在建设工程施工合同中就履约保证金往往会作出如下约定:"本工程履约保证金金额为500万元,其中:①质量保证金200万元,竣工验收合格完毕返还;②工期保证金150万元,竣工验收合格完毕返还;③安全保证金150万元,竣工验收合格完毕返还。"

故,工程质量保证金的用语易与履约保证金中的质量保证金发生混淆,易使建筑商产生竣工验收合格后就应当退还工程质量保证金的错误认识,给合同的履行造成不必要的麻烦。

2. 工程质量保修金的含义及性质

工程质量保修金,是指发包人与建筑商在建设工程承包合同中约定,从应付的工程款中预留,用以保证建筑商对建设工程在合同约定的最低保修期限且不得低于《建设工程质量管理条例》第40条最低保修期限内,出现质量缺陷进行维修的资金。

对于工程质量保修金的性质,在实践中存在争议,有观点认为,工程质量保证金属于合同担保的一种,是建筑商保证保修期内履行保修义务的担保,属于保修义务的从权利。

对此,笔者认为,《担保法》所规定的担保形式,仅包括保证、抵押、质押、留置和定金五种,若工程质量保修金属于合同担保,则需要符合《担保法》规定的上述五种形式。保证为第三方出具信用担保,定金需要适用定金罚则的规定,抵押需要办理抵押登记才生效,留置则是债务人不履约后才发生的担保,故工程质量保修金并不符合保证、抵押、留置和定金担保的法定形式。

在实践中存有争议的是,工程质量保修金可否作为质押担保。《担保法司法解释》第85条规定:"债务人或者第三人将其金钱以特户、封金、保证金等形式特定化后,移交债权人占有作为债权的担保,债务人不履行债务时,债权人可以以该金钱优先受偿。"

也就是说,金钱可以作为质押担保的客体,但是该金钱需要特定化,即需要与债权人或者债务人的其他现金资产能区分出来,且需要是债务人将该金钱移交给债权人占有,但实际上,工程质量保修金一般都是在工程竣工结算中从工程总价款中扣留一定比例,既没有特定化也没有交付的流程,故工程质量保修金也不属于质押担保。

如前所述,工程质量保修金是发包人在施工合同履行过程中按约扣留一定比例的工程总价款，是从整体工程款中截取了部分，该性质应属于工程款，应适用有关工程款有关规定。

综上，笔者认为，工程质量保修金不符合《担保法》确立的五种法定担保形式，故工程质量保修金的性质并非属于合同担保，其实质上应为工程款。

3. 工程质量保修金的预留及返还

（1）工程质量保修金的预留

《建设工程质量保证金管理办法》

第七条　发包人应按照合同约定方式预留保证金，保证金总预留比例不得高于工程价款结算总额的3%。合同约定由承包人以银行保函替代预留保证金的，保函金额不得高于工程价款结算总额的3%。

《建设工程施工合同》（示范文本）（GF－2013－0201）通用条款

15.3.2　……发包人累计扣留的质量保证金不得超过结算合同价格的5%……

《建设工程施工合同》（示范文本）（GF－2017－0201）通用条款

15.3.2　发包人累计扣留的质量保证金不得超过工程价款结算总额的3%。如承包人在发包人签发竣工付款证书后28天内提交质量保证金保函，发包人应同时退还扣留的作为质量保证金的工程价款；保函金额不得超过工程价款结算总额的3%。

虽然，上述规定对工程质量保修金的预留都有相应的规定，但是上述规定的效力仅是部门规章或者推荐性的示范文本，当事人仍然可以通过专用条款来约定工程质量保修金预留比例，来排除上述规定的适用。

现今的建筑市场是发包人市场，在建设工程施工合同签订过程中，建筑商处于相对弱势地位，为承揽工程维持企业的生存，只能在合同谈判中一再让步，导致建筑商利润率普遍偏低。

在保修金的预留比例没有强制性规定的情况下，施工合同中约定的保修金预留比例往往会在5%以上，甚至部分可能会预留到8%，使得建筑商的利润被进一步压缩。

故，对工程质量保修金预留比例问题，笔者认为，确有必要在司法解释或者法律中对此明确规定，即工程质量保修金预留比例不得超过3%。

（2）工程质量保修金返还期限有约定的，按照约定返还

在合同约定的工程质量保修金返还期限内，建筑商按约履行合同义务，无质量缺陷的，到期后，建筑商可向发包人申请返还工程质量保修金。发包人在接到建筑

商返还工程质量保修金的申请后,应在合同约定的期限内会同建筑商按照合同约定的内容进行审核。如无异议的,发包人应当按照约定将工程质量保修金返还给建筑商。

建筑商对发包人在应付工程款中预留的工程质量保修金返还有约定,建筑商请求按照约定返还工程质量保修金的,应予支持。发包人返还工程质量保修金后,不影响建筑商依照合同约定或者法律规定履行工程保修义务。[①]

(3)工程质量保修金返还期限未约定或者约定不明的处理

笔者认为,在保修金返还期限约定不明或者未约定,且当事人无法达成补充协议的,根据国家法规的相关规定和建筑行业的惯例,工程质量保修金返还期限为2年,对于合同无效的工程质量保修金的返还问题详见"建设工程合同无效的处理原则"。

(四)发包人擅自使用未经竣工验收工程的质量责任

1. 发包人对擅自使用部分的质量问题承担相应责任

《建筑法》第61条规定,建筑工程竣工经验收合格后,方可交付使用;未经验收或者验收不合格的,不得交付使用。《建设工程质量管理条例》第16条规定,建设单位收到建设工程竣工报告后,应当组织设计、施工、工程监理等有关单位进行竣工验收……建设工程经验收合格的,方可交付使用。《合同法》第279条规定,建设工程竣工经验收合格后,方可交付使用;未经验收或者验收不合格的,不得交付使用。

如前所述,建设工程项目竣工质量验收是施工质量控制的最后一个环节,是对施工过程质量控制成果的全面检验,是从终端把关方面进行的质量控制。未经竣工验收或者竣工验收不合格的,不得交付使用。

若建设工程未经竣工验收或者竣工验收不通过的情况下,发包人违反法律规定,擅自或者强行使用,或者虽然工程质量不合格其自愿承担质量责任的,即可视为发包人对建筑工程质量是认可的。因为发包人使用未经验收的工程,其应当预见工程质量可能会存在质量问题,而且使用验收不合格的建筑工程就更直接说明

---

① 人民法院出版社编:《最高人民法院司法观点集成》(民事卷),人民法院出版社2017年版,第2465页。

发包人对不合格工程予以认可。①

对此,《建设工程司法解释一》第 13 条规定,建设工程未经竣工验收,发包人擅自使用后,又以使用部分质量不符合约定为由主张权利的,不予支持。

那么,建设工程未经竣工验收或者竣工验收不通过,发包人擅自使用的,发包人的哪些"以使用部分质量不符合约定为由"的主张将无法得到支持?

对此,笔者认为,发包人擅自使用的法律后果主要涉及以下几个方面:

(1)实际竣工日期确定

《建设工程司法解释一》第 14 条第 3 项规定,建设工程未经竣工验收,发包人擅自使用的,以转移占有建设工程之日为竣工日期。

也就是说,发包人擅自使用的,建设工程转移占有的时间为工程实际竣工日期。

(2)工程款支付条件成就

如前所述,建设工程转移占有的时间为工程实际竣工日期,工程实际竣工后,建筑商有权依约请求工程款,该请求权主要涉及以下两个方面的内容:①建筑商有权按照合同约定的比例,请求发包人支付竣工验收合格时应予以支付的工程进度款;②建筑商可以依合同的约定向发包人申请竣工结算。

(3)合同对付款时间没有约定或者约定不明的,应付工程款利息开始计算

《建设工程司法解释一》第 18 条规定,利息从应付工程价款之日计付。当事人对付款时间没有约定或者约定不明的,下列时间视为应付款时间:①建设工程已实际交付的,为交付之日……

(4)建设工程风险责任转移

《合同法》第 174 条规定,法律对其他有偿合同有规定的,依照其规定;没有规定的,参照买卖合同的有关规定。

如前所述,建设工程合同为有偿合同,就风险责任转移,法律没有规定的,可以参照买卖合同的规定。

《合同法》第 142 条规定,标的物毁损、灭失的风险,在标的物交付之前由出卖人承担,交付之后由买受人承担,但法律另有规定或者当事人另有约定的除外。

据此,发包人擅自使用建设工程的,建设工程毁损、灭失的风险,在发包人接收建设工程时,由发包人承担。

---

① 最高人民法院民事审判第一庭编著:《最高人民法院建设工程施工合同司法解释的理解与适用》,人民法院出版社 2015 年版,第 108 页。

(5)建筑商因后续修复的逾期交付责任免除

《合同法》第281条规定,因施工人的原因致使建设工程质量不符合约定的,发包人有权要求施工人在合理期限内无偿修理或者返工、改建。经过修理或者返工、改建后,造成逾期交付的,施工人应当承担违约责任。

发包人擅自使用建设工程的,视为工程已经实际竣工,实际竣工日期明确,工期责任已经固定,后续因工程质量问题需要修复的,则应适用工程保修制度,不存在逾期交付问题。

(6)建筑商的质量返修责任免除

《建设工程质量管理条例》第32条规定,施工单位对施工中出现质量问题的建设工程或者竣工验收不合格的建设工程,应当负责返修。据此,建筑商的返修责任是针对施工过程中以及竣工验收不合格的建设工程,若发包人擅自使用的,因建设工程已视为竣工验收合格,故建筑商的质量返修义务免除,但不免除建筑商的保修义务。

(7)不免除建筑商的保修责任

根据《建筑法》第62条、《建设工程质量管理条例》第41条的规定,工程质量保修责任为法律规定的建筑商的法定义务,该义务的履行将会影响建设工程的安全以及正常使用,故,即便发包人擅自使用建设工程的,建筑商的保修义务也应当依法履行。

对此,最高人民法院在(2016)最高法民再23号判决书中明确:"聚洋公司在案涉工程竣工后未经验收即开业使用,自其实际使用之日起即应认定工程已经验收合格,非凡公司不再负有施工中或经验收不合格的质量返修责任,仅对案涉工程质量在保修期内及保修范围内负有保修义务,承担保修责任。"

2. 建筑商在合理使用寿命内对地基基础和主体结构质量问题承担责任

《建筑法》第60条第1款规定:建筑物在合理使用寿命内,必须确保地基基础工程和主体结构的质量。无论建筑工程是否经过竣工验收,也无论发包人是否擅自使用,如果建设工程在合理使用寿命内地基基础和主体结构质量出现问题,建筑商仍要承担相应的责任。该规定是法律强制性规定,其要求建筑商必须确保地基基础工程和主体结构工程质量在建筑工程的合理使用寿命内不出现问题,这是建筑商依据法律规定必须履行的工程质量保证义务,如果出现问题,建筑商就必须承担责任。

四、建设工程质量司法鉴定

(一)建设工程质量司法鉴定概述

建设工程案件的事实认定往往会涉及技术性、专业性的内容,需要借助司法鉴定对案件所涉的专业性问题,比如质量、造价、工期等予以确定。鉴定机构出具的鉴定意见在建设工程纠纷中已经成为新的"证据之王",从某种意义上来说,打官司就是"打司法鉴定"。

所谓建设工程质量司法鉴定,是指司法鉴定机构接受委托,指派专业的鉴定人员,运用建设工程相关理论和技术标准对有质量争议的工程进行调查、勘察、检测、分析、复核验算、判断,并出具鉴定意见的活动,是建设工程司法鉴定的组成部分之一。

建设工程质量司法鉴定包含以下几个类型:

(1)建设工程施工阶段质量鉴定

《建设工程司法鉴定程序规范》(SF/Z JD0500001 - 2014)中规定,对建设工程施工质量进行司法鉴定,不应作出合格或者不合格的鉴定意见,而应作出工程质量是否符合施工图设计文件、相关标准、技术文件的鉴定意见的鉴定意见。

之所以对建设工程施工阶段质量鉴定不出具是否合格的意见,是因为《建设工程质量管理条例》第16条规定"建设单位收到建设工程竣工报告后,应当组织设计、施工、工程监理等有关单位进行竣工验收",即建设工程质量合格与否的结论,只能由发包人组织各建设工程质量主体依法进行竣工验收后才能得出,在建设工程施工阶段质量鉴定中,司法鉴定机构无权作出建设工程是否合格的鉴定。

在对建设工程施工阶段质量鉴定中,鉴定机构对可以继续承载的工程出现的质量缺陷,经过验算和技术分析,找出质量问题的原因,提出加固修复方案;对不能继续正常承载的工程结构,应根据工程建设规范标准,及时出具鉴定意见,要求发包人立即采取措施。①

(2)既有建设工程质量鉴定

既有建设工程是指已经存在的为人类生活、生产提供物质技术基础的各类建(构)筑物和工程设施。

《建设工程司法鉴定程序规范》(SF/Z JD0500001 - 2014)规定,对已经建成二

---

① 司法部司法鉴定管理局:《建设工程司法鉴定程序规范》,第47页。

年且已投入使用的民用建筑进行可靠性鉴定，应符合《民用建筑可靠性鉴定标准》(GB 50292)的规定。对已存在、为工业生产服务，可以进行和实现各种生产工艺工程的工业建筑进行可靠性鉴定，应符合《工业建筑可靠性鉴定标准》(GB 50144)的规定。

也就是说，对已经建成两年且已经投入使用的建设工程的质量鉴定，只是针对既有建设工程的可靠性进行鉴定，而根据《民用建筑可靠性鉴定标准》(GB 50292－2015)以及《工业建筑可靠性鉴定标准》(GB 50144－2008)的规定，可靠性鉴定包括既有建设工程的安全性和使用性两方面的内容。

(3)建设工程灾损鉴定

建设工程灾损是指自然灾害、认为损坏、事故破坏引起对建设工程的不利后果，如超过规范允许范围的沉降、移位、倾斜、裂缝等。

《建设工程司法鉴定程序规范》(SF/Z JD0500001－2014)规定，根据结构分析计算和构建复核验算结果，按现行相关标准进行结构构建的鉴定评级，确定结构的安全性。可根据受损构件的损伤程度提出处理意见。

据此，在建设工程灾损鉴定中，主要是对结构的安全性作出鉴定，而对受损构建损害程度的处理意见则属于“可”出具的范围内。

(4)建设工程其他专项质量鉴定

建设工程其他专项质量鉴定包括：建(构)筑物渗漏鉴定、建筑日照间距鉴定、建筑节能施工质量鉴定、建筑材料鉴定，工程设计工程量和质量鉴定、周边环境对建设工程的损伤或影响鉴定、装修工程质量鉴定、绿化工程质量鉴定，市政工程质量鉴定、工业设备安装工程质量鉴定、水利工程质量鉴定、交通工程质量鉴定、铁路工程质量鉴定、信息产业工程质量鉴定、民航工程质量鉴定、石化工程质量鉴定等。

(二)建设工程质量司法鉴定的启动①

一般由发包人或者建筑商申请进行工程鉴定，由司法机关审核批准或司法机关认为有必要进行工程司法鉴定活动，才启动建设工程司法鉴定。

但，目前我国现行的法律并未明确规定法院启动工程质量司法鉴定的客观标准，由此在建筑商提起的要求支付工程款的建设工程纠纷案件中，发包人往往会利用这个法律漏洞提起工程质量的反诉并要求启动司法鉴定，以此达到拖延整个诉

---

① 本节观点来源于笔者向最高人民法院提交的《对〈最高人民法院关于审理建设工程施工合同纠纷案件适用法律问题的解释〉(二)中关于质量鉴定条文规范的建议》。

讼进程、拖延支付工程款的目的，而现实中，发包人往往能以此“得偿所愿”，从而侵害建筑商的合法权益。

对此，笔者认为：(1)建设工程质量司法鉴定不应随意启动。(2)建设工程竣工验收合格后，或者没有竣工验收，但发包人擅自使用的，原则上不应启动工程质量司法鉴定；除非是涉及危房，影响主体结构、地基基础的安全问题，并且发包人也提供了充分的证据进行证明，在法院审查后，才可就主体结构和地基基础的安全性是否符合规范启动质量鉴定(不包括地基基础和主体结构是否符合设计和规范要求或合格)。(3)建设工程未经竣工验收，发包人亦未擅自提前使用的，在发包人对工程质量提出异议并提供了初步证据的，可启动质量司法鉴定。

1. 质量鉴定不应随意启动

(1)建设工程的验收主体具有特殊性。

建设工程由发包人组织相关责任方进行验收。而且，工程中所有需要用到的工程材料、所需的机器和模板等都要发包人或者经发包人认可的监理单位检测验收合格后方可投入使用。

更何况，建设工程的竣工验收，虽然《建设工程质量管理条例》第16条确立验收主体为发包人，但实际上发包人的竣工验收要受到质监站的监督。如果没有质监站监督，发包人不会出具竣工验收合格的证明。也就是说，工程竣工验收合格说明了质监站和发包人均已认可了工程的质量。

(2)建设工程的验收程序具有特殊性、严格性

对此，我们在前述“建设工程质量验收规定及办法”中已经对验收程序作出了详细的说明，总的来说，从验收的程序上可以看出，工程质量通过验收到最终出具验收合格报告，这个程序是很复杂的，需要发包方、承包方、监理方、设计方、勘查方五方参与，在发包人的组织下，历经一道道工序的验收程序，并且每一种建筑材料、每一个工程内容的验收、每一道工序的验收，只有符合相应的法律法规、规范标准之后，才能进入下一种建筑材料、下一个工程、下一道工序验收，直至最后的竣工验收。经过这样繁杂、严格的验收程序之后的工程质量，一般来说是不会有重大的质量问题的。

(3)合同法契约自由原则、诚信原则的要求

建设工程合同受合同法的调整，合同法的基本原则为契约自由原则，其包括合同双方真实的意思表示，在建设工程领域主要体现在发包人和建筑商签订合同、履行合同和工程验收的时候。尤其是在工程竣工验收合格以后，如果再次启动工程

质量鉴定就是违背了先前自己已经认可的工程质量合格的行为,违背了意思自治,违背了契约自由的原则。

诚信原则要求合同双方在民事活动中行使民事权利和履行民事义务时应当讲究信用,严守诺言,诚实不欺。既然发包人之前已经认可工程质量是合格的,那么之后就不应该随意提起质量鉴定,否则就是不讲究信用,违背诚信原则。建设工程已经验收合格,后发包人反悔要求对工程质量重新鉴定的,违反诚信原则。

(4)地方高级人民法院亦规定不能轻易启动质量鉴定

《江苏省高级人民法院关于审理建设工程施工合同纠纷案件若干问题的意见》(2008年)

16. 建设工程竣工并经验收合格后,承包人要求发包人支付工程价款,发包人对工程质量提出异议并要求对工程进行鉴定的,人民法院不予支持。

《浙江省高级人民法院关于审理建设工程施工合同纠纷案件若干疑难问题的解答》(2012年)

八、如何把握工程质量鉴定程序的启动?要严格把握工程质量鉴定程序的启动。建设工程未经竣工验收,发包人亦未擅自提前使用,发包人对工程质量提出异议并提供了初步证据的,可以启动鉴定程序。

综上,由于建设工程具有特殊性、验收程序具有严格性、特殊性和复杂性,并且,基于合同法契约自由原则和诚实信用原则的考量,以及结合浙江、江苏等法院等从司法实践中总结出来的审理意见,笔者认为,建设工程中的质量鉴定不能随意启动。

2. 建设工程验收合格或者发包人擅自使用的,质量鉴定只有在工程涉及危房、存在主体结构和地基基础重大问题、并且发包人已经有充分的证据证明质量问题时,才可以启动

(1)随意启动质量鉴定会鼓励发包人的违法行为

在工程竣工验收合格之后,建筑商要承担的是一个独立的后契约义务(也称为后合同义务),它起源于20世纪初的德国民法判例和学说,并且是借助于诚实信用这一基本原则而产生的。我国学者史尚宽先生认为,后合同义务即是债之关系终了后之附随义务,它可分为一时的债之关系终了后的义务与继续的契约终了后的义务两种情形。① 王泽鉴先生认为:契约关系消灭后,当事人尚负有某种作为与不

---

① 史尚宽:《债法总论》,中国政法大学出版社2000年版,第345页。

作为义务以维护给付效果，或协助相对人处理契约终了后的善后事务，学说上称为后契约义务。[①] 具体到建设工程施工合同中，这个后契约义务主要就是建筑商在遵循诚实信用原则的基础上，根据建筑施工领域的惯例，对工程承担保修责任。

《建筑法》第 62 条及《建设工程质量管理条例》第 40 条规定，建设工程实行质量保修制度。

工程竣工验收合格后或者未经竣工验收发包人擅自使用的，如果存在质量问题，建筑商承担的是独立的后契约义务，即按照法律法规规定的期限承担相应的保修责任。

《合同法》第 66 条、第 67 条以及第 68 条规定，在双方互付对价给付债务时，可行使合同法上的实体抗辩权，即先履行抗辩权、不安抗辩权及同时履行抗辩权。在建设工程合同纠纷中，发包人支付工程款的债务为合同主给付义务，而建筑商的保修义务为独立的后契约义务，两者不具有对价给付性质。

故，在竣工验收合格后或者发包人擅自使用后，发包人无权以工程质量为由拒付工程款。

对此，《浙江省高级人民法院关于审理建设工程施工合同纠纷案件若干疑难问题的解答》（2012 年）第 7 条规定，发包人已经签字确认验收合格，能否再以质量问题提出抗辩，主张延期或不予支付工程价款？

发包人已组织验收并在相关文件上签字确认验收合格，后又以工程质量存在瑕疵为由，拒绝支付或要求延期支付工程价款的，该主张不能成立。但确因承包人施工导致地基基础工程、工程主体结构质量不合格的，发包人仍可以拒绝支付或要求延期支付工程价款。

但是，若在建筑商提起的工程款诉请案件中，任由发包人随意提起质量鉴定，不考虑工程是否真的存在质量问题，就会导致这样一种情况：在发包人擅自使用工程或者竣工验收后的情况下，发包人还可以以建设工程质量问题提起质量鉴定而拖延支付工程款，导致发包人因违法行为反而取得了合法行为都难以取得的法律地位，就会变成鼓励发包人的违法行为。

（2）质量鉴定只有在涉及主体结构和地基基础安全性问题，且发包人提供充分证据时，才可以启动

《建筑法》第 60 条规定，建筑物在合理使用寿命内，必须确保地基基础工程和

---

① 王泽鉴：《债法原理》（第一册），中国政法大学出版社 2001 年版，第 46 页。

主体结构的质量。《建设工程司法解释一》第 13 条规定，建设工程未经竣工验收，发包人擅自使用后，又以使用部分质量不符合约定为由主张权利的，不予支持；但是承包人应当在建设工程的合理使用寿命内对地基基础工程和主体结构质量承担民事责任。

据此，建筑物的地基基础和主体结构的质量，在合同使用寿命内，建筑商需要承担质量责任。

那么为什么要对地基基础和主体结构的质量问题限定在安全性不符合相关规定，而非不符合设计要求呢？

对此，笔者认为，安全性是衡量建设工程综合质量的重要指标，也是体现工程实用性的重要方面，并且关系整个建筑工程是否会造成重大安全事故的重要方面，是相对客观的一个衡量指标，是社会公共意志的体现，而且也具备可操作性。但是，设计一般都要求保守设计，要求的是规范中的最高标准，不是最低标准。而且，设计其实是相对主观的一个指标，更多的是体现发包人的意志，不能体现公共意志。

比如，《建筑法》第 37 条规定：建筑工程设计应当符合按照国家规定制定的建筑安全规程和技术规范，保证工程的安全性能。

《建筑工程施工质量验收统一标准》(GB 50300－2013)第 5.0.6 条规定：当建筑工程施工质量不符合规定时：应按下列规定进行处理：……3. 经有资质的检测机构鉴定达不到设计要求、但经原设计单位核算认可能够满足安全和使用功能的检验批，可予以验收；4. 经返修或加固处理的分项、分部工程，满足安全及使用功能要求时，可按技术处理方案和协商文件的要求予以验收。

《建筑工程施工质量验收统一标准》(GB 50300－2013)第 5.0.8 条规定：经返修或加固处理仍不能满足安全或重要使用功能的分部工程及单位工程，严禁验收。

上述基本法律和工程质量验收的标准也已经反映出：对于工程质量最重要的衡量方面是安全性或使用功能，即使有些建筑不符合设计要求，但仍可以通过验收。也就是说，建筑工程的安全性才是工程质量鉴定应该予以鉴定的内容，原先的设计标准不应该列为鉴定内容。安全性影响的是整个建筑物的使用和是否会发生塌陷等质量安全问题，而设计更多的是发包人希望如何设计建造这个建筑物，更加主观。在诉讼中，救济的是安全性，而不是设计。

综上，笔者认为，基于合同法契约自由和诚实信用的原则，工程如果经发包人验收合格或使用的，就说明发包人已经认可了工程质量是合格的，是符合设计规范和安全性要求的，故，工程质量的鉴定不能轻易启动。如果要突破契约自由、意思自治，也就是要发包人“自食其言”，应该要在危及了社会公共利益、会造成重大安全事故的时候，即应该在发包人对地基基础和主体结构的安全性提供重大缺陷的足够证据后，才可以启动鉴定。

（三）建设工程质量司法鉴定机构必须具有相应资质

《民事诉讼法》

第七十六条　当事人可以就查明事实的专门性问题向人民法院申请鉴定。当事人申请鉴定的，由双方当事人协商确定具备资格的鉴定人；协商不成的，由人民法院指定。

当事人未申请鉴定，人民法院对专门性问题认为需要鉴定的，应当委托具备资格的鉴定人进行鉴定。

由此可见，不管是法院指定还是当事人委托的检测机构，都应当具有相应的资质条件，若是由没有相应资质的鉴定机构出具的鉴定意见，该意见不具有法律约束力。

1. 建设工程质量检测机构资质

《建设工程质量检测管理办法》

第六条　省、自治区、直辖市建设主管部门受理资质申请后，应当对申报材料进行审查，自受理之日起20个工作日内审批完毕并作出书面决定。对符合资质标准的，自作出决定之日起10个工作日内颁发《检测机构资质证书》，并报国务院建设主管部门备案。

也就是说，对建设工程质量做鉴定的机构需要持有《检测机构资质证书》，而《检测机构资质证书》的检测范围包括专项检测和见证取样检测，其中专项检测包括地基基础工程检测、主体结构工程现场检测、建筑幕墙工程检测以及钢结构工程检测；见证取样检测则包括水泥物理力学性能检验、钢筋（含焊接与机械连接）力学性能检验、砂、石常规检验、混凝土、砂浆强度检验、简易土工试验、混凝土掺加剂检验、预应力钢绞线、锚夹具检验以及沥青、沥青混合料检验。

对于鉴定机构的资质问题，还需要注意的是，《建设工程质量检测管理办法》第5条中规定申请检测资质的机构需要提交“与所申请检测资质范围相对应的计量认证证书原件及复印件”，换言之，作为建设工程质量检测单位取得相应的计量认证证书是申请《检测机构资质证书》的前提条件。

对于工程质量检测机构资质问题,笔者曾经办过这样的案例:

建筑商和发包人对工程基础部分和主体结构部分的质量发生争议,在诉讼过程中,法院委托了上海市××质量检测站进行检测,检测报告认为:质量不符合合格标准。

笔者代理建筑商在法庭辩论中提出异议,认为该工程质量检测机构不具有相应的资质,该检测机构只持有《计量认证合格证书》,而没有《检测机构资质证书》,根据《建设工程质量检测管理办法》第4条规定,检测机构未取得相应的资质证书,不得承担本办法规定的质量检测业务。

因此,该检测站无权对本案诉争的在建工程进行检测,其提交的检测报告也没有法律效力。

最终,法庭经合议,最终采纳了笔者的观点,没有采纳该检测报告。

2. 危险房屋安全性鉴定机构资质

《城市危险房屋管理规定》

第六条 市、县人民政府房地产行政主管部门应设立房屋安全鉴定机构,负责房屋的安全鉴定,并统一启用"房屋安全鉴定专用章"。

据此,对危房的质量鉴定单位不同于建设工程质量检测单位,危房鉴定是针对建成2年以上且投入使用的房屋,危房检测单位是由市、县人民政府房地产行政主管部门专门设立的,并启用"房屋安全鉴定专用章"。

根据《危险房屋鉴定标准》(JGJ 125 – 2016)的规定,房屋危险性鉴定,应根据房屋的危险程度按照以下等级划分:(1)A级:无危险构件,房屋结构能满足安全使用要求;(2)B级:个别结构构件评定为危险构件,但不影响主体结构安全,基本能满足安全使用要求;(3)C级:部分承重结构不能满足安全使用要求,房屋局部处于危险状态,构成局部危房;(4)D级:承重结构已不能满足安全使用要求,房屋整体处于危险状态,构成整幢危房。

五、律师为建筑商提供工程质量的诉讼及非诉讼法律服务

律师为建筑商提供工程质量的诉讼及非诉讼法律服务主要分为两个阶段:

(1)对于建设工程竣工验收前出现的质量缺陷,即施工过程中的质量缺陷,律师在该阶段的工作重点在于合同义务的审查及履行。

(2)对于建设工程竣工验收后或者未经验收,发包人擅自使用后出现的质量缺陷,律师在该阶段的服务重点在于立足建设工程质量安全性开展法律服务。

(一)律师如何为建筑商提供非诉讼法律服务

1. 施工过程中非诉讼法律服务

(1)严格把握合同关

一份好的合同,可以有效预防和避免纠纷的产生,而一份有缺陷的合同则会留下隐患,产生纠纷和诉讼,给一方或者双方带来不必要的麻烦。一份好的合同应该是内容清楚、语言明确;条款完备;权利义务均衡;内容合法;采用法律规定的形式。在签订合同时要对合同字斟句酌进行推敲,尽量避免使用含义模糊或者容易产生歧义的词语,如果必须使用也应当在合同中协商明确界定范围。

建设工程施工合同签订的方式主要有以下两种:一种是直接发包的方式,即由双方当事人通过谈判协商合同的条款签订合同的方式;另一种则是招投标(包括公开招投标和邀请招投标)的方式确定中标人签订建设工程施工合同。

无论采取何种形式签订建设工程施工合同,作为建筑商在签订合同过程中都应当注意合同的有关条款应该含义明确且没有歧义,内容细致,尽量做到凡是有约定的,都应当在合同中明确写明。

在建设工程质量标准的约定上,现行《建设工程施工质量验收统一标准》(GB 50300－2013)是我国建筑工程施工质量验收的强制性标准规定,该标准规定对工程质量评定按检验批、分项、分部以及单位工程分为"合格"与"不合格"。

律师应当提醒建筑商,"强制性标准必须执行",对建设工程质量标准的约定只能定为"合格",若发包人与建筑商对工程质量标准另有约定的,比如"约定为优良",该约定应认定为无效。

发包人与建筑商可以在施工合同中约定工程质量"创杯""创奖"等鼓励质量创优的奖励性条款。

一般来说,因建筑商的原因工程质量无法达到鼓励质量创优的奖励性条款的约定的,建筑商应按照合同的相关约定向发包人承担违约责任,故,该种质量创优的奖励性条款对建筑商来说,是极为不利的约定。

但是,在合同签订时,建筑商可极力争取对"创杯""创奖"等质量创优约定为"力争",并可在合同中明确约定评上后给予的具体奖励以及没有评上不予处罚。

(2)建筑商应对建设工程的施工质量负责

律师应当提醒建筑商应对建设工程的施工质量负责。建设工程质量合格是发包人支付工程价款的前提条件,建设工程质量不合格的,建筑商无权主张工程款。

建筑商应当依法取得相应等级的资质证书,并在其资质等级许可的范围内承揽工程。

律师应当提醒建筑商必须按照工程设计图纸和施工技术标准施工,不得擅自修改工程设计,不得偷工减料。建筑商在施工过程中发现设计文件和图纸差错的,应当及时提出意见和建议。

律师应当提醒建筑商必须建立、健全施工质量的检验制度,严格工序管理、做好隐蔽工程和中间工程的质量验收。在建设工程具备隐蔽条件或者达到约定的中间验收部位后,建筑商应在自检后书面通知发包人验收;验收合格的,建筑商方可继续施工,验收不合格的,建筑商应在限定时间内修改后重新申请验收。

如果律师在提供非诉讼法律服务时,发现建筑商轻视施工质量管理,在施工过程中没有按照相关规定进行自检、报检,应及时提醒建筑商,说明施工质量的重要性,施工质量及验收程序不符合规定或约定,除了要承担质量问题带来的后果,还会直接给工程款的收取带来障碍。

在发包人接到通知后未及时对隐蔽工程进行验收时,律师要告知建筑商,这不仅可以顺延工期,而且有权要求发包人赔偿停工、窝工等损失。

(3)建设工程材料、设备及构配件的管理

①建筑商自行采购建设工程材料、设备以及构配件的管理

建筑商自行采购建设工程材料、设备以及构配件的,律师应提醒建筑商采购的材料、设备等的品名、型号、质量、数量等应符合合同约定,比如,在采购的材料、设备以及构配件进场前向发包人提供相应的产品合格证、入网许可证、备案证等品质合格证明、生产厂家的质保承诺及安装使用维修的技术资料等文书。

律师应提醒建筑商,应按照合同的约定,在使用材料、设备、构配件前应向发包人提供相应的试验、检测、复检报告。否则,不得使用相关的材料、设备、构配件,若建筑商擅自使用的,发包人有权要求建筑商予以更换,因此所发生的费用由建筑商自行承担,相应的工期不予顺延。

②发包人采购建设工程材料、设备以及构配件的管理

发包人提供建筑材料、设备以及构配件的,律师应提醒建筑商做好以下几方面的工作:

在双方签订合同时,就发包人提供材料、设备及构配件的品种、规格、型号、数量、单价、质量等级、送达地址、提供时间等事宜均需要明确予以约定。

在发包人提供建筑材料、设备以及构配件前,建筑商应注意查验发包人提供的

产品合格证明及出厂证明等产品品质证明资料。

在材料、设备及构配件按约到达到货地点时，由建筑商对货物进行清点、检验和接收。特别是要做好货物的验收工作，检查货物的品名、数量、规格、质量等是否符合合同的约定，如果发现发包人提供的材料、设备等不符合合同约定，要立即通知工程监理及发包人，做好货物的清退或调换工作，如果双方发生争议，要委托相关单位进行鉴定，或者以其他方法来固定证据。

验收或检验不合格的材料、设备及构配件不得使用，否则，由此导致的工程质量缺陷，建筑商应承担过错责任。

因发包人原因导致交货日期延误或交货地点变更等情况的，在双方未就该事宜达成一致意见的，可以按照合同约定向发包人主张索赔，要求发包人承担由此产生的费用，并顺延工期。

发包人提供的材料、设备及构配件，应由建筑商清点后妥善保管，若合同中没有约定的，该保管费用由发包人自行承担，建筑商应尽到妥善保管的义务，因建筑商的原因导致货物丢失或者毁损的，相应的赔偿责任应由建筑商承担。

(4)一旦出现建设工程质量不符合合同约定的情况，应立即找出原因并及时修复

在施工过程中，往往会出现建设工程质量不符合约定的情况。对于这种情况建筑商应立即派人调查核实情况，查找工程质量不符合约定的原因，并且及时修复使之完全符合合同的约定。

律师应当提醒建筑商，若因建筑商的原因导致工程质量缺陷且迟延修复的，建筑商应承担相应的建设工程质量责任，如逾期交工的责任等，而且发包人也有权依据《合同法》先履行抗辩权的规定，延迟支付相应的工程款，直至建筑商修复质量缺陷，符合合同约定为止。

若在施工中，双方对质量缺陷发生争议的，建筑商与发包人可就质量缺陷问题协商解决，若协商不成的，律师可以提醒建筑商，按照合同约定提交相关单位进行检测；如果合同没有约定的，建筑商应尽可能与发包人达成一致共同委托有资质的质量鉴定单位，或者一方委托有资质的质量鉴定单位，取得另一方明确表示的同意(做好书面确认)，由有资质的质量鉴定单位对双方争议的质量缺陷问题进行质量鉴定。若经鉴定该质量合格的，则鉴定期限可作为顺延工期期限，但若鉴定质量不合格的，则该鉴定期限一般不能作为顺延工期期限。

(5)建筑商应在建设工程完工后及时向发包人提交竣工验收报告

建设工程竣工后,建筑商应该按照国家竣工验收有关规定和双方合同的约定,向发包人提供完整的竣工资料和竣工验收报告,并提供竣工图,申请竣工验收。

律师应提醒建筑商在申请竣工验收前确认以下事项:

①已经完成工程设计和合同约定的各项内容,包括合同要求的试验、试运行以及检验均已完成,并符合合同要求。

②已按合同约定编制了甩项工作和缺陷修补工作清单以及相应的施工计划。

③工程完工后已经对工程质量进行检查,确认工程质量符合有关法律、法规和工程建设强制性规定,符合设计文件及合同要求,并提交竣工验收报告。

④有完整的技术档案资料和施工管理资料。

⑤有工程使用的主要建筑材料、建筑构配件和设备的进场试验报告以及工程质量检测和功能性试验资料。

⑥签署了工程质量保修书。

⑦有关部门责令整改的问题已经全部整改完毕。

根据《建设工程质量管理条例》的规定,工程竣工验收由发包人在质监站的监督下组织实行,建筑商作为工程质量责任主体之一应依法参与工程竣工验收。律师应提醒建筑商,若发包人无正当理由拖延竣工验收的,一般可以建筑商提交的竣工报告之日为竣工日期。在建设工程竣工后,若工程质量有问题,建筑商所承担的不是返工、整改义务,而仅需按合同约定承担保修义务。

2. 竣工验收后或者未经验收,发包人擅自使用后的非诉讼法律服务

(1)认真就工程保修事项签订协议

《建设工程质量管理条例》第 40 条规定,“在正常使用条件下,建设工程的最低保修期限”“其他项目的保修期限由发包方与承包方约定”,律师应当提醒建筑商,其与发包人签订有关工程保修的协议时,应当确保协议中的约定不低于《建设工程质量管理条例》中的“最低保修期限”。

除“最低保修期限”外,律师需要提醒建筑商还需注意以下两个问题:

其一,预留保修金的金额。

《建设工程质量保证金管理办法》第 7 条规定:“发包人应按照合同约定方式预留保证金,保证金总预留比例不得高于工程价款结算总额的 3% 。合同约定由承包人以银行保函替代预留保证金的,保函金额不得高于工程价款结算总额的 3% 。”律师需要提醒建筑商,在签订协议时,对预留保修金的比例以工程价款结算总额 1% ~

3%为宜，并尽量争取在合同中采取银行保函等担保形式代替货币形式的质量保修金。

其二，保修金的返还约定。

律师需要提醒建筑商，保修金返还期限与保修期是不同概念，协议中需要对保修金返还期限作出明确约定，一般来说，保修金返还期限以工程竣工后1～2年为宜。尽量避免出现保修期满后几年内返还保修金的约定。

(2)保修义务履行中的注意事项

发生保修事件后，发包人应向建筑商发出保修通知，律师应提醒建筑商在收到发包人保修通知后，应在合同约定的时间内派人保修，并且在保修现场建筑商要对保修部位进行检验、核实，明确需保修的范围及内容，分清是谁的原因造成的。

如果发现需保修的部位与发包人的通知内容有出入，或者发现需保修的问题不是建筑商造成的，应立即通知发包人或物业公司，并按照法律规定或合同约定来处理该保修事件。

另外，要提醒建筑商，若建筑商迟延履行保修义务的，由此导致的损失，应由建筑商承担。

在涉及基础和主体工程安全的抢修事件发生时，建筑商在接到事故通知时应立即到现场进行抢修。

在施工过程中，律师应提醒建筑商一定要收集发包人质量过错的证据，以期在质量事故发生时，可以分清各自责任。

(3)发包人擅自使用的证据固定

建设工程未经验收，发包人擅自使用的，律师应提醒建筑商在移交建设工程时，要与发包人办理工程项目的移交手续。

若无法办理移交手续的，建筑商也要以其他方式来固定发包人擅自使用的证据，如拍照证明发包人使用的事实、发包人开业的证据等，以利于在后期可能的诉讼中能够证明发包人擅自使用的事实。

对此，笔者曾遇到过这样一个案例，一个厂房未经验收，发包人已经使用，使用了一段时间后，后因故停止使用，由于在诉讼中发包人否认曾使用过厂房，而建筑商又无法举证证明发包人已经使用过的事实，所以建筑商在该诉讼中处于很被动的地位。

(二)律师如何为建筑商提供诉讼法律服务

案例5-11[①]

原告:宁波××有限公司(以下简称发包人);

被告:浙江××建设集团有限公司(以下简称建筑商)。

一、工程概况

工程名称:××资源配置中心工程;

工程内容:三幢商务办公楼,地下一层,约为25,000平方米,地上15~28层,面积为120,000平方米;

承包范围:施工图范围内土建、桩基、安装以及室外附属工程;

合同工期:合同工期总日历天数为750天,计划开工时间为2009年5月31日,计划竣工日期为2011年6月30日;

质量标准:合格,争创"钱江杯";

合同价款:暂定为25,000万元。

二、合同签订及履行状况

2008年9月22日,建筑商与发包人签订××资源配置中心工程施工协议一份。

2009年6月30日,建筑商与发包人签订补充协议书一份,双方约定:工程概况三幢商务办公楼,地下一层,地上28层,建筑面积约159,881平方米(其中地下室36,455平方米)。工程承包范围:施工图范围土建、水电及室外附属工程,包工包料。

涉案工程于2009年12月24日开工,2012年7月4日停工。

此后,双方于2012年11月25日签订补充协议一份,就工程复工事宜达成一致。建筑商于2012年11月28日复工。

2013年12月17日,建筑商向发包人发送催款函一份,要求发包人支付进度款。

此后,由于发包人仍未支付建筑商进度款,导致涉案工程于2014年2月再次停工。

2014年4月26日,建筑商向发包人发送合同解除通知函一份,要求解除合同。

---

① (2016)浙0602民初4219号。

三、诉讼情况

（一）诉讼背景

建筑商以发包人拖延支付工程款为由于2014年3月18日向宁波市中级人民法院起诉索要工程款，发包人以工程存在质量问题为由提出反诉，但由于反诉期限已过，法院未受理发包人的反诉请求。

（二）诉讼主张

2015年8月，发包人以工程存在质量问题为由向宁波市北仑区人民法院提出起诉，其诉请为：

(1)判令建筑商修复《××资源配置中心部分构建工程质量检测鉴定报告》《钢筋原材料物理性能检测报告》确定的不符合设计标准及国家检测标准的工程项目，并自行承担修复费用；

(2)判令建筑商支付因工程质量不合格的违约金7,573,945元；

(3)判令建筑商承担本案诉讼费用。

（三）诉讼证据

发包人为证明其主张，提供了如下证据：

(1)建设工程施工合同、补充协议书，拟证明发包人将系争项目发包给建筑商施工的事实。

(2)工程造价咨询报告书，拟证明发包人在起诉前曾催告建筑商质量问题的事实。

(3)《××资源配置中心部分构件工程质量检测鉴定报告》，拟证明工程存在质量问题。

(4)《钢筋原材料物理性能检测报告》，拟证明楼板钢筋不合格。

（四）诉讼结果

笔者接受建筑商的委托，参与诉讼，在诉讼中双方对质量缺陷的事实认定产生重大纠纷，笔者结合"烂尾楼"验收的程序以及质量检测标准，向法院提交证据并对发包人的证据提出合理的质疑。

最终该案经法院调解，达成调解协议，对××资源配置中心10mm钢筋及部分构件的质量问题，由建筑商委托有资质的单位按照设计单位出具的加固设计方案进行修复。

在建设工程质量纠纷中,建筑商往往处于被告地位,这就决定了作为建筑商代理律师在诉讼过程中应注重对原告发包人主张的抗辩,即对发包人质量缺陷主张的防御,具体可分为事实认定上的抗辩以及法律适用上的抗辩。

1. 对发包人质量缺陷主张在事实认定上的抗辩

对发包人质量缺陷主张在事实认定上的抗辩主要为以下两方面的内容:第一,对发包人证据的反驳;第二,对主张质量问题存在与否的举证。

(1)对发包人证据的反驳

众所周知,对原告提供证据,被告要从证据的真实性、合法性以及关联性的角度进行质证。在建设工程质量纠纷中,一般来说,发包人提供的主要证据为发包人自行委托的检测单位作出的检测报告,如本案中《××资源配置中心部分构件工程质量检测鉴定报告》以及《钢筋原材料物理性能检测报告》,除了审核该检测是否经建筑商同意或者双方共同委托之外,一般还需要就以下几个方面对检测报告提出质疑:

①检测报告的合法性质疑

A. 检测单位是否具有相应的资质等级

对检测单位的资质问题,本书已在前文"建设工程质量司法鉴定"中详细讨论,总的来说,检测单位需要相应的资质,没有相应资质的检测单位出具的检测报告不具有法律效力。

检测单位的检测资质由《检测机构资质证书》中载明的检测范围确定,在部分地区可以通过公开渠道进行查询,如浙江省的"浙江法院对外委托机构信息平台"。

B. 取样方案、数量和判定方法是否符合国家标准规定

在本案中,笔者针对发包人提供的《××资源配置中心部分构件工程质量检测鉴定报告》,就其取样数量在庭审中发表如下代理意见:

a. 该鉴定共检测9个板构件、3个梁构件、3个墙构件,且钻芯取样数量为每个构件只取一个芯样,不符合《钻芯法检测混凝土强度技术规程》(CECS03:2007)(该规范已修正)要求。该规程第3.2.1条规定:钻芯验证应与其他混凝土强度检测方法配合使用,所选用的混凝土强度检测方法应具有足够多的测试数据,并能反映结构混凝土强度的概率分布情况。第3.5.1条规定:单个构件混凝土强度的推定,有效标准芯样试件数据不得少于3个,小直径芯样试件宜适当增加数量。因每个受检构件所钻取芯样数量不足3个,不能作为对受检构件混凝土强度的评定依据。

b. 该检测鉴定只抽检了本工程的15个构件(9个板构件、3个梁构件、3个墙构件)。经统计,本工程正负零以上有板类构件共1890个、梁类构件共4347个、墙类

构件共 1188 个，所抽检的构件数分别是全部板类构件的 4. 76‰、梁类构件的 0. 69‰、墙类构件的 2. 53‰。因此抽检样本数量过小，且均是委托方蓝海公司指定，受检构件未按批次进行检测评定，不符合《建筑结构检测技术标准》(GB/T 50344 - 2004)第 3. 3. 11 条第 5 款和第 3. 3. 13 条规定，该报告不能作为对本工程三个单位工程的质量评判依据。

现行国家标准《建筑结构检测技术标准》(GB/T 50344 - 2004)第 3. 3. 11 条和第 3. 3. 13 条规定如下：

3. 3. 11　建筑结构检测的抽样方案，可根据检测项目的特点按下列原则选择：

1)外部缺陷的检测，宜选用全数检测方案……5) 按检测批检测的项目，应进行随机抽样，且最小样本容量宜符合本标准第 3. 3. 13 条的规定。

3. 3. 13　建筑结构检测中，检测批的最小样本容量不宜小于表 3. 3. 13 的限定值。

表 3. 3. 13　建筑结构抽样检测的最小样本容量

检测批的容量	检测类别和样本最小容量			检测批的容量	检测类别和样本最小容量		
	A	B	C		A	B	C
2 - 8	2	2	3	501 - 1200	32	80	125
9 - 15	2	3	5	1201 - 3200	50	125	200
16 - 25	3	5	8	3201 - 10000	80	200	315
26 - 50	5	8	13	10001 - 35000	125	315	500
51 - 90	5	13	20	35001 - 150000	200	500	800
91 - 150	8	20	32	150001 - 500000	315	800	1250
151 - 280	13	32	50	>500000	500	1250	2000
281 - 500	20	50	80	—	—	—	—

注：检测类别 A 适用于一般施工质量的检测，检测类别 B 适用于结构质量或性能的检测，检测类别 C 适用于结构质量或性能的严格检测或复检。

②检测报告的真实性质疑

对检测报告的真实性，代理律师可以要求建筑商按照检测报告载明取样位置进行现场勘查，是否存在取样痕迹，在本案中，笔者在对取样现场勘查后发现，发包人提供的《钢筋原材料物理性能检测报告》中的 3 组钢筋试样即 SOHO(A)办公楼 8 楼、SOHO(B)办公楼 3 楼以及 26 楼无现场取样痕迹。

(2)对质量问题存在与否的举证

在“工程竣工前的质量问题”中，笔者已经详细讨论了工程质量验收的规范及标准，在质量纠纷案件中，作为被告的代理人，笔者对工程质量缺陷存在与否问题的举证需要结合工程质量验收的特别规定。

以上述案例为例，在该案中，因系争工程还未进行单位工程的竣工验收，故笔者作为建筑商的代理人主要是从检验批验收、分项验收以及分部验收的角度出发，向法院提交证据，具体提供的证据如下：

证据1:《钢筋模块工程质量报验表》《混凝土工程质量报验表》《模板拆除工程质量报验表》等。

证明内容:系争已通过检验批验收。

证据2:《混凝土试块强度设计、评定记录》《钢筋原材料质保书及检测报告》等。

证明内容:①系争工程所使用的混凝土、钢筋无质量问题，已通过分项验收。②系争工程基础验收合格，已通过基础工程分部验收。

证据4:《桩基工程检测方案》《岩基载荷试验报告》《基桩低应变检测报告》《基桩声波透射法检测报告》等

证明内容:系争工程已经通过桩基工程分部验收。

证据5:《隐蔽工程验收记录》

证明内容:系争工程任何部位的钢筋均符合设计及施工规范要求；系争工程已经通过隐蔽工程验收。

2. 对发包人质量缺陷主张在法律适用上的抗辩

如上所述，建设工程质量缺陷的原因可分为发包人的过错、建筑商的过错以及混合过错，且建筑商为工程质量缺陷的第一责任人，但若建筑商可以提出合理抗辩的，则可减免相应的责任。在法律适用上的抗辩，主要是涉及以下两个方面:(1)法律明确规定的抗辩事由；(2)合同约定的抗辩事由，在上述案例中，因调解结案，对质量缺陷的责任问题并没有过多的涉及，在此，结合笔者办理的其他质量纠纷，就法律适用上的抗辩理由进行归纳整理。

(1)法律明确规定的抗辩事由

法律明确规定的抗辩事由主要涉及《建设工程司法解释一》、《合同法》、《建筑法》以及《建设工程质量管理条例》等相关规定，主要内容已在“工程竣工前的质量问题”“工程竣工验收合格或者未经验收发包人擅自使用后的质量问题”中详细说明，在此仅对相应的请求权基础进行简要列明。

①发包人擅自使用未经验收合格的建设工程。

《建设工程司法解释一》

第十三条 建设工程未经竣工验收，发包人擅自使用后，又以使用部分质量不符合约定为由主张权利的，不予支持；但是承包人应当在建设工程的合理使用寿命内对地基基础工程和主体结构质量承担民事责任。

②发包人提供的设计缺陷，且建筑商尽一般注意义务未能发现的。

《建设工程司法解释一》

第十二条　发包人具有下列情形之一，造成建设工程质量缺陷，应当承担过错责任：

（一）提供的设计有缺陷……

③发包人提供或者指定购买的建筑材料、建筑构配件、设备不符合强制性标准，且建筑商尽合理的检验义务未能发现质量缺陷的。

《建设工程司法解释一》

第十二条　发包人具有下列情形之一，造成建设工程质量缺陷，应当承担过错责任……

（二）提供或者指定购买的建筑材料、建筑构配件、设备不符合强制性标准……

④因发包人指定分包人原因造成的工程质量缺陷。

《建设工程司法解释一》

第十二条　发包人具有下列情形之一，造成建设工程质量缺陷，应当承担过错责任……

（三）直接指定分包人分包专业工程……

⑤发包人肢解发包建设工程。

《建筑法》

第二十四条第一款　提倡对建筑工程实行总承包，禁止将建筑工程肢解发包。

发包人将应当由一个建筑商完成的建筑工程肢解成若干部分发包给几个建筑商，可能会导致各分部工程功能衔接差错，建筑商可收集相应的证据并提出抗辩。

⑥发包人不当使用已通过验收的建设工程。

《建设工程质量管理条例》

第四十一条　建设工程在保修范围和保修期限内发生质量问题的，施工单位应当履行保修义务，并对造成的损失承担赔偿责任。

据此，建筑商承担保修责任的前提之一是发包人在保修期内正常使用建设工程，若发包人不当使用建设工程，比如超过设计荷载使用工程，对此的质量问题，建筑商可以发包人不当使用为由提出抗辩。

⑦不可抗力的影响。

《合同法》

第一百一十七条 因不可抗力不能履行合同的，根据不可抗力的影响，部分或者全部免除责任，但法律另有规定的除外。当事人迟延履行后发生不可抗力的，不能免除责任。

就合同责任而言，此处“部分或者全部免除责任”确切地说仅指损害赔偿或者与之相对的责任（如违约金）。[①]

⑧紧急避险。

《侵权责任法》

第三十一条 因紧急避险造成损害的，由引起险情发生的人承担责任。如果危险是由自然原因引起的，紧急避险人不承担责任或者给予适当补偿。紧急避险采取措施不当或者超过必要的限度，造成不应有的损害的，紧急避险人应当承担适当的责任。

（2）合同约定的抗辩事由

合同约定的抗辩事由主要根据发包人与建筑商双方之间合同的特殊约定，因工程质量涉及国家强制性规定，故合同中关于降低该工程质量的条款必须不得违反国家强制性规定，否则该约定可能会被认定为无效，故作为建筑商的代理人在提出抗辩时，需要结合合同中有关工程质量的约定，首先衡量该合同约定是否有效。

结　语

综观《建设工程司法解释二》的相关规定可以看出，笔者的诸多建议已经被吸收和采纳，其中包括：

1. 工程质量保修金返还期限有约定的，按照约定返还；在保修金返还期限约定不明或者未约定，工程质量保修金返还期限为 2 年。

2. 在建筑商提起的建设工程合同纠纷案件中，发包人以工程质量缺陷为由要求建筑商支付违约金或者赔偿修理、返工或改建的合理费用等损失的，应作为反诉或者另行起诉处理。

此外，笔者认为，目前《建设工程司法解释二》中有关质量的问题有待进一步

① 韩世远：《合同法总论》，法律出版社 2018 年版，第 487 页。

补充完善，笔者在此也提出建议，希望最高人民法院在后续出台《建设工程司法解释三》时予以考虑：

1. 建设工程质量“合格”为工程质量标准，系国家现行强制性标准，不同于鼓励质量创优的奖励。强制性标准必须执行，当事人不得约定其他的质量标准，也不存在其他的质量标准。若当事人在质量标准中约定“优良”“鲁班奖”“钱江杯”等鼓励质量创优的奖励的，该约定应属于无效。

2. 工程竣工前的质量问题：

(1)建设工程的验收程序具有特殊性、严格性。从检验批、分项、分部到单位工程，最后到项目整体的竣工验收，都有相应的强制性规范，只有前一道程序验收合格后方可进入下一道程序。

(2)若建设工程出现质量缺陷，原则上由建筑商承担质量责任，除非建筑商提出合理抗辩，即工程质量缺陷是由勘察、设计、监理、发包人或不可抗力原因所造成，该举证责任应由建筑商承担。

(3)对工程质量缺陷，建筑工程五方责任主体项目负责人实行质量终身责任制。

(4)建筑商对工程质量缺陷的责任，即修复责任和赔偿损失的责任。

(5)在竣工验收前或者过程中，工程质量不合格的，发包人有权拒付工程进度款。

3. 工程竣工验收合格或者未验收发包人擅自使用后的质量问题：

(1)发包人与建筑商约定的保修期低于《建设工程质量管理条例》第 40 条规定最低保修期限的，该约定无效。

(2)发包人未履行保修通知义务，自行委托第三方修复的，该修复费用原则上应由发包人自行承担。

(3)在保修期内，出现以下情况的，发包人可委托第三方进行修复：

①发包人通知后，建筑商未及时履行保修义务的。

②在情况紧急情况下，即发生涉及结构安全或者严重影响使用功能的紧急抢修事故的，可委托第三方进行修复，但发包人需要提供相应的证据证明。

③经建筑商二次维修仍然无法修复的。

(4)从工程质量保修体系的完整性以及实践需要，发包人与建筑商在建设工程承包合同中约定，从应付的工程款中预留，用以保证建筑商对建设工程在合同约定的最低保修期限且不得低于《建设工程质量管理条例》第 40 条最低保修期限内，出现质量缺陷进行维修的资金，应称为“工程质量保修金”，而非“工程质量保证金”。

(5)工程质量保修金不符合《担保法》确立的五种法定担保形式，故工程质量保修金在性质上并非属于合同担保，其实质上应为工程款。

(6)竣工验收合格后，发包人无权以质量缺陷为由拒付工程结算款，除非确因建筑商施工导致地基基础工程、工程主体结构质量不合格的。

(7)在保修期间且保修范围内，出现质量问题的，发包人有权扣减保修金，但不得延期支付保修金。

(8)发包人擅自使用的法律后果主要涉及以下几个方面：

①实际竣工日期确定；

②工程款支付条件成就；

③合同付款时间未约定或者约定不明的，应付工程款利息开始计算；

④建设工程风险责任转移；

⑤建筑商因后续修复的逾期交付责任免除；

⑥建筑商的质量返修责任免除；

⑦不免除建筑商的保修责任。

4. 在建筑商提起的建设工程合同纠纷案件中，发包人以工程质量缺陷为由主张拒付或者减付工程价款的，应作为抗辩处理。

5. 建设工程质量司法鉴定的启动的基本原则：

(1)建设工程质量司法鉴定不应随意启动。

(2)建设工程竣工验收合格后，或者没有竣工验收，但发包人擅自使用的，原则上不应启动工程质量司法鉴定；除非是涉及危房，影响主体结构、地基基础的安全问题，并且发包人也提供了充分的证据进行证明，在法院审查后，才可就主体结构和地基基础的安全性是否符合规范启动质量鉴定(不包括地基基础和主体结构是否符合设计和规范要求或合格)。

(3)建设工程未经竣工验收，发包人亦未擅自提前使用的，在发包人对工程质量提出异议并提供了初步证据的，可启动质量司法鉴定。

6. 建设工程质量的司法鉴定机构必须具有法定资质，若没有相应资质的鉴定机构出具的鉴定意见，该鉴定意见不具有法律约束力。

专题六

建设工程合同无效的处理原则

本专题共涉及《建设工程司法解释二》两个条文，即第 2 条和第 3 条，条文释义如下：

第二条　当事人以发包人未取得建设工程规划许可证等规划审批手续为由，请求确认建设工程施工合同无效的，人民法院应予支持，但发包人在起诉前取得建设工程规划许可证等规划审批手续的除外。

发包人能够办理审批手续而未办理，并以未办理审批手续为由请求确认建设工程施工合同无效的，人民法院不予支持。

【释义】

本条是关于"四证"（即建设用地规划许可证、建设工程规划许可证、国有土地使用权证、施工许可证）对建设工程施工合同效力问题的具体规定。

在《建设工程司法解释二》出台之前，各地法院对于"四证"是否会对合同效力产生影响观点不一，《建设工程司法解释二》明确规定，只有"未取得建设工程规划许可证等规划审批手续"的情况才会影响合同效力，国有土地使用权证、施工许可证不会影响合同效力。同时，《建设工程司法解释二》允许对合同效力进行补正，即在起诉前取得规划审批手续的，合同有效。但将故意拖延不办理建设工程规划许可证等规划审批手续的情况排除在外。

1. 前提条件

适用本条的前提条件是，起诉前发包人未取得建设工程规划许可证等规划审批手续。

2. 实质条件

从司法解释的历次变动不难发现，第一稿时只规定了未办理建设工程规划许可证的合同无效，但是对于能否补正的问题没有明确规定。第二稿较第一稿增加了规划许可手续允许在一审法庭辩论终结前补正的规定。第三稿在第一、二稿的基础上增加了未取得建设用地规划许可证导致合同无效的规定。第四稿又将建设用地规划许可证、建设工程规划许可证修改为建设用地规划许可证等建设规划许可手续。送审稿及正式稿中修改为建设工程规划许可证等规划审批手续。

(1)合同效力的补正

对于合同效力，人民法院有主动审查的义务，按照《合同法》基本理论，合同无效应为自始无效、当然无效，即合同签订时未取得建设工程规划许可证等规划审批手续的即为无效。但是考虑到建设工程领域的特殊性，允许对合同效力进行补正，补正时间限定在"起诉前"，这主要是考虑到建设工程施工合同纠纷案件往复杂性，可能涉及质量、工期、价款等争议，审限较长，将效力补正时间节点确定为"一审法庭辩论终结前"，会导致涉案合同效力在法庭审理期限内存在不确定性，直接影响当事人合同权利义务和诉讼权利义务的行使，从公平、便于案件审理和法律价值判断角度，将效力补正时间确定为"起诉前"更加合理。

(2)建设用地规划许可证与建设工程规划许可证的关系

从法律规定和办证程序看，取得建设用地规划许可证是取得建设工程规划许可证的前提条件，取得了建设工程规划许可证必然取得了建设用地规划许可证，故仅需规定建设工程规划许可证即可。条文中之所以会使用"等规划审批手续"的表述，是因为实践中对"建设工程规划许可证"的称呼不同，故考虑的法律的周延性，条文最终表述为"建设工程规划许可证等规划审批手续"。

3. 法律依据

《合同法》

第四十四条　依法成立的合同，自成立时生效。

法律、行政法规规定应当办理批准、登记等手续生效的，依照其规定。

第四十五条　当事人对合同的效力可以约定附条件。附生效条件的合同，自条件成就时生效。附解除条件的合同，自条件成就时失效。

当事人为自己的利益不正当地阻止条件成就的，视为条件已成就；不正当地促成条件成就的，视为条件不成就。

《城乡规划法》

第四十条　在城市、镇规划区内进行建筑物、构筑物、道路、管线和其他工程建设的，建设单位或者个人应当向城市、县人民政府城乡规划主管部门或者省、自治区、直辖市人民政府确定的镇人民政府办理建设工程规划许可证。

第六十六条　建设单位或者个人有下列行为之一的，由所在地城市、县人民政府城乡规划主管部门责令限期拆除，可以并处临时建设工程造价一倍以下的罚款：

（一）未经批准进行临时建设的；

（二）未按照批准内容进行临时建设的；

（三）临时建筑物、构筑物超过批准期限不拆除的。

《城镇房屋租赁合同司法解释》

第二条　出租人就未取得建设工程规划许可证或未按照建设工程规划许可证的规定建设的房屋，与承租人订立的租赁合同无效。但在一审法庭辩论终结前取得建设工程规划许可证或者经主管部门批准建设的，人民法院应当认定有效。

第三条　建设工程施工合同无效，一方当事人请求对方赔偿损失的，应当就对方过错、损失大小、过错与损失之间的因果关系承担举证责任。

损失大小无法确定，一方当事人请求参照合同约定的质量标准、建设工期、工程价款支付时间等内容确定损失大小的，人民法院可以结合双方过错程度、过错与损失之间的因果关系等因素作出裁判。

【释义】

该条文是关于施工合同无效所导致的损害赔偿问题的规定。

本条文有两个层面的意思：第一，处理合同无效所导致的损害赔偿问题还是以赔偿实际损失为原则。第二，在实际损失难以确定的情况下，可以参照合同约定的质量标准、建设工期、工程价款支付时间等内容确定损失大小。主张损害赔偿的一方应对“对方具有过错、损失的大小、对方的过错同损害结果之间存在因果关系”承担举证责任。

1. 前提条件

该条文适用的前提条件：合同无效＋有实际损失。

2. 损失确定

根据《民法总则》第157条和《合同法》第58条之规定，合同无效以后因合同取得的财产，应当予以返还；不能返还或者没有必要返还的，应当折价补偿，并且要根据过错情况确定损害赔偿责任。也就是说，合同无效以后应以赔偿实际损失为原则。在实际损失难以确定的情况下，可以参照合同关于质量标准、建设工期、工程价款支付时间等内容的约定确定。但需要注意的是，参照无效合同适用并不等同于无效合同有效化，只是考虑到建设工程领域的特殊性，寻找一种符合建设工程施工合同特点的损失赔偿的计算方式。

3. 参照合同约定的理解

本条规定，损失无法确定时，可以参照合同关于质量标准、工期、工程价款支付时间等内容的确定，并非完全依照合同约定。例如，合同约定工期低于合理工期的情况下，就不应再按照合同约定，而应以合理工期为准。工期确定好以后，再根据双方过错、损失与过错之间因果关系等因素确定损失大小。

4. 法律依据

《民法总则》

第一百五十七条　民事法律行为无效、被撤销或者确定不发生效力后，行为人因该行为取得的财产，应当予以返还；不能返还或者没有必要返还的，应当折价补偿。有过错的一方应当赔偿对方由此所受到的损失；各方都有过错的，应当各自承担相应的责任。法律另有规定的，依照其规定。

《合同法》

第五十八条　合同无效或者被撤销后，因该合同取得的财产，应当予以返还；不能返还或者没有必要返还的，应当折价补偿。有过错的一方应当赔偿对方因此所受到的损失，双方都有过错的，应当各自承担相应的责任。

《合同法》

第二百八十四条　因发包人的原因致使工程中途停建、缓建的，发包人应当采取措施弥补或者减少损失，赔偿承包人因此造成的停工、窝工、倒运、机械设备搬迁、材料和构件积压等损失和实际费用。

《建设工程司法解释一》

第二条　建设工程施工合同无效，但建设工程经竣工验收合格，承包人请求参照合同约定支付工程价款的，应予支持。

一、其他国家和地区关于合同无效的处理规定

（一）德国法关于合同无效的处理

从整个德国法的体系来看，其针对合同的效力问题的处理上都倾向于尽量使

合同有效,故《德国民法典》中对于合同无效的情形及处理,均没有过多成体系的规定。而从本质上来看,合同无效时,已经交付的财产,已构成了德国法上的不当得利之情形,应依据《德国民法典》中对于不当得利的处理,产生不当得利返还请求权,即返还财产或偿还其价值。而基于合同无效(无效法律行为)产生的损害,则依据《德国民法典》中关于损害赔偿的规定,产生损害赔偿义务。

1. 合同无效时,产生不当得利返还请求权

(1)《德国民法典》[①]中关于不当得利返还请求权的规定

《德国民法典》第 812 条[②]规定:"(1)无法律上的原因,因他人的给付或以其他方式使他人蒙受损失而自己取得利益的人,有义务向他人返还所取得的利益。即使法律上的原因后来消失,或依法律行为的内容而为的给付所欲达到的结果并未出现,该项义务也存在。(2)以合同进行的对债务关系的存在或不存在的承认,也视为给付。"《德国民法典》第 818 条[③]规定:"(1)返还义务及于所收取的用益,以及受益人因所取得的权利或作为毁坏、损坏或侵夺所取得的标的之补偿而取得的利益。(2)返还因所取得的利益的性质而不可能,或受益人由于其他原因而不能返还的,受益人必须补偿价额。(3)以受益人不再得利为限,返还义务或价额补偿义务被排除。(4)自诉讼系属发生时起,受益人依一般规定负责任。"

(2)基于无效合同交付财产构成不当得利,返还或偿还其价值

基于无效合同交付财产构成不当得利,即《德国民法典》规定的给付不当得利,《德国民法典》第 812 条第 1 款明确以"无法律上的原因"作为不当得利的构成要件。虽然德国法中未明确规定合同无效应当返还财产,但是,在合同无效时,无给付义务(如合同不成立、无效或被撤销)而为给付,当事人基于合同取得财产就没有了法律上的原因作为基础,此时已经符合了《德国民法典》中不当得利请求权的构成要件。因此,合同无效时,若合同当事人间已经交付了相应的财产,那么:①首先便产生了要求相对方返还其基于无效合同取得的财产之请求权,且这一返还请求权及于因该财产所收取之用益以及因该财产遭受毁坏、损坏或侵夺所得的补偿之利益;②若不能返还,则应补偿其价额。

---

① 陈卫佐译注:《德国民法典》,法律出版社 2010 年版。

② 陈卫佐译注:《德国民法典》,法律出版社 2010 年版,第 301 页。

③ 陈卫佐译注:《德国民法典》,法律出版社 2010 年版,第 303 页。

2. 合同无效时,损害赔偿义务的承担

(1)合同无效时,根据主观过失不同确定赔偿义务

《德国民法典》第 122 条[①]规定:"(1)意思表示依第 118 条无效或被依第 119 条、第 120 条撤销的,如该意思表示须以他人为相对人而做出,则表意人必须向相对人,在其他情形下,向任何第三人,赔偿相对人或第三人因信赖该意思表示有效而遭受的损害,但不超过该相对人或第三人就该意思表示之有效所拥有的利益的数额。(2)受害人知道或因过失而不知道(应当知道)无效或可撤销的原因的,不发生损害赔偿义务。"

因此,根据《德国民法典》第 122 条的规定,在合同无效时,应赔偿相对人或第三人因信赖该意思表示有效而遭受的损害,但其前提是受害人乃是善意的、信赖该意思表示是有效的,如若受害人知道或因过失而不知道(应当知道)无效的原因,则不产生损害赔偿义务。由此可见,德国法对无效法律行为的处理中,强调确认当事人的主观要件。

(2)《德国民法典》损害赔偿义务的承担方式

如前所述,《德国民法典》中关于合同无效的后果体现为产生不当得利返还请求权及损害赔偿义务,而关于损害赔偿义务的承担,在《德国民法典》中有详细的规定。《德国民法典》第 249 条[②]规定:"(1)损害赔偿义务人必须恢复假如没有发生引起赔偿义务的情事所会存在的状态。(2)因伤害人或损坏物而须赔偿损害的,债权人可以不请求恢复原状而请求对于恢复原状为必要的金额。"《德国民法典》第 250 条[③]规定:"债权人可以为恢复原状而向赔偿义务人指定适当期间,并表示在期间届满后拒绝恢复原状。期间届满后,恢复原状未适时地为之的,债权人可以请求金钱赔偿;恢复原状请求权予以排除。"《德国民法典》第 251 条[④]规定:"(1)只要恢复原状不可能或不足以赔偿债权人,赔偿义务人就必须用金钱赔偿债权人。(2)恢复原状惟需费过巨始为可能的,赔偿义务人可以用金钱赔偿债权人。因医治受伤动物而发生的费用不仅仅因为它们显著超过动物的价值而为过巨。"

根据《德国民法典》第 249 条至第 251 条的规定,损害赔偿义务的承担方式为:①恢复假如没有发生引起赔偿义务的情事所会存在的状态;②债权人可以为赔偿

---

① 陈卫佐译注:《德国民法典》,法律出版社 2010 年版,第 42 页。

② 陈卫佐译注:《德国民法典》,法律出版社 2010 年版,第 87 页。

③ 陈卫佐译注:《德国民法典》,法律出版社 2010 年版,第 87 页。

④ 陈卫佐译注:《德国民法典》,法律出版社 2010 年版,第 88 页。

义务人规定一个恢复原状的适当期限，并声明逾期将拒绝恢复原状——其属于德国法中的特殊规定，意在督促赔偿义务人尽快履行恢复原状的义务；③债权人于期限届满后，若赔偿义务人仍未恢复原状，则可以要求以金钱赔偿损害；恢复原状请求权予以排除——由于恢复原状有一定的时效性，为避免义务人拖延恢复原状的时间导致权利人遭受进一步的损失，故在赔偿义务人未及时履行的情况下，请求权人可以将其转化为金钱赔偿的请求权；④恢复原状不可能或不足以赔偿债权人时，赔偿义务人应以金钱赔偿债权人——合同无效的处理制度，其本意为弥补善意人的损失，故在不能恢复原状或者恢复原状不足以赔偿债权人所受损害的情况下，请求权人可以将其转化为金钱赔偿；⑤如果只有支付不相当的费用才能恢复原状时（恢复原状需费过巨者），赔偿义务人可以金钱赔偿损害——在很多时候，尤其是合同已经部分履行或完全履行的情况下，若强行恢复原状，将造成经济效益上的极大减损，此时将恢复原状的请求权转换为金钱赔偿的请求权无疑是一个更优解。

（3）损害赔偿义务的范围：包括所失利益，但以可预见性为限

《德国民法典》第252条[①]规定："待赔偿的损害也包括所失利益。按照事物的惯常运行或根据特别情事，特别是根据所作准备和所采取的预防措施，能够以极大的可能性期待得到的利益，视为所失利益。"由此可见，在《德国民法典》第252条对于损害赔偿义务范围的界定中，明确规定了应赔偿的损害也包括所失利益，这是因为德国民法体系对于私法意思自治的尊重程度更高，也更倾向于促成合同有效（达成合同有效时的结果），故其认为所失利益也应纳入赔偿范围。

《德国民法典》第122条规定："（1）意思表示依第118条无效或被依第119条、第120条撤销的，如该意思表示须以他人为相对人而做出，则表意人必须向相对人，在其他情形下，向任何第三人，赔偿相对人或第三人因信赖该意思表示有效而遭受的损害，但不超过该相对人或第三人就该意思表示之有效所拥有的利益的数额……"由此可见，德国法中亦为损害赔偿设定了一个基本的限制，即不超过该相对人或第三人就该意思表示之有效所拥有的利益的数额，也使赔偿义务具有了一定的可预见性。

（二）欧洲合同法原则对合同无效的处理

《欧洲合同法原则》[②]适用于欧洲共同体，该法中对于合同无效的规定相比于

---

① 陈卫佐译注：《德国民法典》，法律出版社2010年版，第88页。

② 韩世远译：《欧洲合同法原则》，载《外国法译评》1999年第2期。

《德国民法典》中的规定,更加成体系,逻辑也更加清晰、连贯。其在合同效力部分规定了合同无效的处理方式:合同任何一方均可要求返还,不能返还的支付合理价金,对合同无效具有明知或应知的主观恶意之当事人,还应当承担损害赔偿责任,并在条款中说明了合同无效时的损害赔偿义务适用本法损害赔偿的一般规定。

1. 合同无效时,返还或支付合理价金的请求权

《欧洲合同法原则》第 4:115 条[①]规定:"合同无效后,任何一方当事人均可要求返还依据该合同或者该合同中无效的部分他所交付的一切东西,但要求他同时返还他依据该合同或者该合同中无效的部分所接受的东西。无论什么原因,如果无法返还原物,则须对所受领的物品支付一笔合理的价金。"

依据该条款,要求返还的权利主体是"任何一方当事人",这意味着要求返还的责任采用的是无过错责任,即不以过错为前提,且该条款规定,不论哪一方提出要求返还的请求权,其应当同时返还其基于无效合同取得的财产,也即返还财产的义务是互负的。除此之外,该条款进一步规定,"如果无法返还原物,则须对所受领的物品支付一笔合理的价金",也就是说,在无法返还时,返还财产的请求权将转化为支付合理价金的请求权。

2. 合同无效时的损害赔偿义务

(1)合同无效时,过错方承担损害赔偿责任

《欧洲合同法原则》第 4:117 条[②]规定:"只要对方当事人知道或者本应知道错误、欺诈、胁迫或获取过分利益或不公平好处,有权依本章规定宣布合同无效的一方当事人可以从对方当事人获取损害赔偿,以使宣布合同无效方当事人尽可能地处于如同它未曾缔结合同一样的状态。"

该条款中规定负有损害赔偿义务的一方为"知道或者本应知道错误、欺诈、胁迫或获取过分利益或不公平好处"的当事人,也就意味着,损害赔偿义务适用过错责任原则,仅当对方当事人存在主观过错时,才承担该义务。且依据该条款,损害赔偿之一般目的为,使当事人尽可能地处于如同未曾缔结合同一样的状态,也即恢复原状。

(2)《欧洲合同法原则》中与合同无效时损害赔偿相关的一般规定

《欧洲合同法原则》第 9:501 条[③]规定:"(1)受害方当事人有权对因对方当事

---

① 韩世远译:《欧洲合同法原则》,载《外国法译评》1999 年第 2 期。

② 韩世远译:《欧洲合同法原则》,载《外国法译评》1999 年第 2 期。

③ 韩世远译:《欧洲合同法原则》,载《外国法译评》1999 年第 3 期。

人的不履行而造成的损失请求赔偿，只要该不履行没有依第8:108条而免责。(2)可获取赔偿的损失包括:1.非金钱损失；和2.合情合理地易于发生的未来的损失。"《欧洲合同法原则》第9:502条①规定："损害赔偿的一般标准是指能够使受害方当事人尽可能处于如果合同被正常地履行时它所会处的状态的金额。此种损害赔偿包括受害方当事人所受损失及其所失利益。"《欧洲合同法原则》第9:503条②规定："履行方当事人仅对其于合同成立时预见到的或可以合理地预见到的、作为其不履行的可能结果的损失负责，除非该不履行是故意的或重大过失的。"

依据上述条款，我们可以发现，《欧洲合同法原则》中对于损害赔偿义务的一般原则亦是"弥补损失、恢复原状"，但其范围还包含了"如果合同被正常地履行时它所会处的状态的金额"，也即还包含了可得利益损失。同样地，为了限制这一赔偿的数额，其亦规定了损害赔偿以可预见性原则为限，充分保障了受害方的权利的同时，也不至于使义务方承担远超其合理预见范围的过重责任。

二、我国大陆现行法中合同无效的通常后果及处理

(一)我国合同无效的通常后果

1.合同无效，则自始无效

根据我国《合同法》第56条的规定："无效的合同或者被撤销的合同自始没有法律约束力。"即合同被确认为无效或者被撤销以后，其结果是该合同自始无效，合同条款自始对当事人不发生约束力，不能实现当事人预期的结果。所谓"自始无效"，也即通常所说的合同无效溯及既往，相对应地，其产生的法律效果则是尽可能将合同各方当事人间的权利义务关系恢复到合同未经签订、履行时的最初状态。

2.合同部分无效，不影响其他部分的效力

(1)合同部分有效的条件

《合同法》第56条规定："合同部分无效，不影响其他部分效力的，其他部分仍然有效。"这是因为在很多时候，可能合同中仅是一部分条款因产生效力瑕疵或阻却生效的事由而归于无效，但其他部分的独立条款并不会受其影响，本身也无效力瑕疵，那么此时其他部分的条款仍旧依法有效。应当注意，适用《合同法》第56条使合同部分有效，需要满足一定的条件：

---

① 韩世远译:《欧洲合同法原则》，载《外国法译评》1999年第3期。

② 韩世远译:《欧洲合同法原则》，载《外国法译评》1999年第3期。

首先，该部分条款能够独立存在：①与其他条款没有从属性，即部分有效的条款与无效条款间不存在从合同与主合同的关系；②与其他条款没有牵连性，即部分有效的条款的履行过程及履行结果均不受到无效条款是否有效、是否履行的影响。其次，该部分条款本身应符合有效要件：①当事人具有相应的订立合同的能力，一般是指订立合同的自然人不存在民事行为能力上的瑕疵，同时在订立某些需要特定资质的合同，如建设工程施工合同时要求合同主体取得了相应的等级资质；②意思表示真实，意思表示是指行为人把进行某一民事行为的内心意愿以一定的方式表示于外部的行为，而真实是指客观上的外部意思与主观上的内心意思一致；③不违反法律、行政法规的强制性规定，不违背公序良俗和社会公共利益，此乃民事法律行为的基本要求，也是合同有效的当然要件。

(2)合同部分有效背后的立法本意

此条款的立法本意在于，合同中可能一部分条款因产生效力瑕疵或阻却生效的事由而归于无效，但其他部分的独立条款并不会受其影响，本身也无效力瑕疵，此时其他条款仍旧是当事人的真实意思表示，为了尽可能在合法范围内最大程度上尊重合同当事人真实意思表示，并促使合同条款有效，因此才有了合同部分有效的规定。同时，往往有许多合同当事人在订立合同时，因不了解法律的强制性规定而无意中订立了某些违反法律规定的条款，但其在主观上并无明知而违反法律的恶意，比如约定了超过合同总金额20%的定金，此时超过部分无效，但20%以内的部分仍旧有效，这样的规定也体现了法律是立法者在全面考虑了公平公正后作出的权衡。

3. 合同无效，不影响争议解决条款的效力

(1)争议解决条款的独立性

《合同法》第57条规定："合同无效，被撤销或者终止的，不影响合同中独立存在的有关解决争议方面的条款的效力。"该条款就是法律上关于争议解决条款独立性的规定，其背后实质上有两项利益权衡：①合同是否无效、可撤销或终止，往往是当事各方的争议焦点，涉及了实体审理，而确认争议解决条款中如管辖条款的效力，却需要在管辖权异议的程序审理阶段完成，为了避免在实体审理之前管辖权悬而不决，亦为了避免在程序审理阶段确认合同效力而使案件审理提早进入实体审理，故《合同法》中规定了争议解决条款独立有效；②在大部分情况下，虽然合同产生了效力瑕疵，但争议解决条款亦仍旧是当事人真实的意思，此时法律愿意尽可能地保护合同当事人的真实意思表示，并尽量促成合同条款有效，其体现的是意思自

治在私法领域中的地位。全国人大法工委编制的《中华人民共和国合同法释义》中对于第57条的论述中亦提到:“双方当事人在原合同中往往订有解决争议的条款存在,当事人希望用约定的解决争议的方法来解决双方之间的争议。”由此可见,在通常情况下,对于争议解决效力的判断前置于对于合同效力的判断,只要争议解决条款本身不存在形式上或效力上的瑕疵,那么其就可以独立生效。

(2)争议解决条款的指向及其重要性

争议解决条款通常指向:①选择受诉法院的条款;②仲裁条款;③选择检验、鉴定机构的条款;④选择法律适用的条款:⑤关于协商解决争议的条款。在涉诉时,第一步也是极其重要的一步,就是确定争议解决的方式,尤其是确定管辖机构。我们知道,管辖机构的选择亦会在一定程度上影响到实体审理,更进一步会影响到当事人双方的实体权利义务,这主要是因为各地法院、各仲裁机构,可能在实践上存在不同的做法与惯例,在自由裁量的尺度把握上也有较大区别,尤其体现在仲裁管辖的约定上——由于仲裁机构的选择不必须与争议存在实际联系,因而仲裁机构及仲裁规则的可选择性使争议解决的风险性增加。因此,在合同无效时,切忌随意应诉管辖,而要首先确定合同中独立的管辖条款是否仍旧可以独立生效,否则会在诉讼和仲裁中陷入十分不利、被动的局面。

(二)我国合同无效的通常处理

1. 合同无效,应返还基于合同取得的财产

(1)返还财产请求权

不论在哪个国家、哪个法系,当合同无效时,即意味着当事人之间没有合同关系存在,之前订立的合同不产生当事人预期的结果,其首要处理原则通常都是恢复原状,即将当事人双方的财产状况都恢复到合同签订前的状态。而通常情况下,恢复原状最直接、有效的方式就是当事人将基于合同取得的财产相互返还,故根据《合同法》第58条的规定:“合同无效或者被撤销后,因该合同取得的财产,应当予以返还。”合同无效时首先产生的法律效果就是合同当事人之间互负返还财产的义务,产生返还财产的请求权。

结合全国人大法工委编制的《中华人民共和国合同法释义》中对于第58条的解释,我们认为在实践中应当注意:①适用返还财产,不以过错为前提,即不论接受财产的一方是否具有过错,都应负有返还财产的法定义务,此谓无过错责任原则;②该财产在法律上和事实上能够返还,即不属于“不能返还”和“没必要返还”的范

畴(关于“不能返还”和“没必要返还”的概念,在下文中将有所论述);③请求返还财产的范围,应当以当事人交付时的财产数额为标准予以确定。如果当事人接受的财产是实物或者货币时,原则上应返还原物或者货币,不能以货币代替实物,或者以实物代替货币。原物已经毁损灭失,不能返还原物的,如果原物是可替代的物,应以同一种类物返还。

(2)返还财产请求权的性质

基于合同无效而产生的返还财产请求权究竟是何种性质？关于这个问题看法多有不同:①有人认为,其本质为不当得利请求权,这一观点主要源自承认物权行为和债权行为各自独立的国家,当事人基于合同成立而取得财产,合同无效后,导致的法律后果是其债权行为及债权关系归于无效,但独立于债权行为之外的物权行为仍旧有效并发生变动的效力,故此时只能基于取得财产没有法律依据而产生不当得利返还请求权;②也有人认为,其本质应为物上请求权,持这一观点的基础是,很多国家并未规定物权行为的独立性和无因性,在合同无效时,当事人基于合同成立而取得的财产没有发生所有权转移的基础,此时受领人并未取得标的物的所有权,故可基于所有权来请求标的物的返还;③还有人认为,合同无效时产生的返还财产的请求权,其既符合《民法通则》第 92 条中产生不当得利请求权的构成要件,也符合《物权法》第 34 条对物权保护的规定,因此构成了不当得利请求权和物上请求权的竞合,当事人可选择适用。

探讨返还财产请求权的性质之所以重要,是因为其权利性质决定了对其进行保护的法律基础和方法,因物权具有绝对性而债权具有相对性,从法律原理上来看,对于物权的保护定然优于对于债权的保护:①物上请求权可以要求返还的物包括原物和孳息,而对于不当得利返还的限度,尚有是否区分相对人的善意或恶意之争论;②若债务人财产不足以清偿全部债务,由于物上请求权优于普通债权故可以优先受偿,而不当得利请求权只能作为普通债权与其他债权平等受偿;③物上请求权作为物权,不受诉讼时效限制,而不当得利请求权需要受到诉讼时效的限制。

笔者认为,应当在性质上明确基于合同无效而产生的返还财产请求权为不当得利请求权更为合理,理由如下:①若认定基于合同无效而产生的返还财产请求权为物上请求权,那么必然其就不适用于诉讼时效制度,这就意味着基于该合同产生的交易秩序会一直处于不稳定的状态,权利人随时可以选择让权利沉睡,又可以随时主张权利,不符合法律的秩序价值;②若认定基于合同无效而产生的返还财产请求权为物上请求权,那么同样地,除了严格构成善意取得的第三人之外,任何第三人在辗转取得合同所涉财产时，都可能被基于物上请求权而要求返还原物，而若要求第三人对其受领的财产的前手权利是否因合同无效而存在瑕疵进行审查，未免过于苛刻，亦不利于交易安全；③若认定基于合同无效而产生的返还财产请求权为物上请求权，那么其返还原物的请求权就不受原权利人主观恶意的影响，这无疑不符合合同无效制度促使行为人善意订立合同的立法本意。

2. 合同无效，财产不能返还或没必要返还的，折价补偿

合同无效的情况下，有时会出现“不能返还”和“没必要返还”的情形，此时若强行适用返还财产，将会造成极大的经济效益减损，故而《合同法》第 58 条规定：“不能返还或者没有必要返还的，应当折价补偿。”将合同双方当事人之间的返还财产请求权转化为折价补偿的请求权，适用折价补偿亦不以过错为前提，同样适用无过错责任原则。另外，还应当注意，结合全国人大法工委编制的《中华人民共和国合同法释义》中对第 58 条的释义，“不能返还”和“没必要返还”主要是指：

（1）不能返还

不能返还可以分为法律上的不能返还和事实上的不能返还：①法律上的不能返还，主要是受善意取得制度的限制。即当一方将受领的财产转让给第三人，而第三人取得该项财产时在主观上没有过错，不知道或者没有责任知道该当事人与另一方当事人的合同无效或者被撤销，善意第三人就可以不返还该原物，并且该原物也是不可替代的，此时，该当事人就不能返还财产，他必须依该物在当时的市价折价补偿给另一方当事人；②事实上的不能返还，主要是指标的物灭失或损毁严重造成不能返还原物，并且原物又是不可替代的，在这种情况下，取得该财产的当事人应当依据该原物当时的市价进行折价补偿。

（2）没必要返还

没必要返还，也主要包含了以下几种情况：①如果当事人接受财产是劳务或者利益，在性质上不能恢复原状的，则以当时国家规定的价格计算，以钱款返还；没有国家规定的价格，以市场价格或同类劳务的报酬标准计算，以钱款返还。②如果一方取得的是使用知识产权而获得的利益，由于该知识产权是无形的，则该方当事人可以折价补偿对方当事人。③在实务中，如果根据实际情况，当事人相互协商认为不予返还并无弊害的，亦可认为是没必要返还的情形。

3. 合同无效，过错方应承担损害赔偿责任

（1）因“缔约过错”而产生的缔约过失责任

合同无效，通常承担的是《合同法》第 42 条规定的缔约过失责任，赔偿的是信

赖利益损失,应当注意:缔约过失,是指假借订立合同,恶意进行磋商,或者故意隐瞒与订立合同有关的重要事实、提供虚假情况,又或者其他违背诚实信用原则的行为;信赖利益损失,是指善意方基于对合同有效的合理信赖而对履行合同作出必要准备而支出的费用;缔约过失责任,适用的是过错责任原则,即合同当事人存在过错时,方应承担损害赔偿责任。

(2)因“履约过错”而产生的过错赔偿责任

《合同法》第58条规定:“有过错的一方应当赔偿对方因此所受到的损失,双方都有过错的,应当各自承担相应的责任。”从字面上来看,该条款并未将合同无效时的过错责任限制在“缔约时”,也即将过错赔偿的责任扩大到了“合同履行的过程”中,既包括“缔约过错”,也包括“履约过错”。这主要是因为当合同无效时,当事人双方关于违约条款的约定也就无效了,为了避免出现“有损失却无救济”的局面,出于公平公正的考量,故而《合同法》第58条并未排斥基于合同履行过程中的过错而请求损害赔偿。

另外,应当注意:①适用《合同法》第58条规定请求损害赔偿的要件有三,即存在损失、存在过错行为以及损失与过错行为间存在因果关系;②与之前的返还财产、折价补偿适用无过错责任不同,该赔偿责任适用于过错责任,即仅当合同当事人存在过错的时候,方可请求损害赔偿,若双方均有过错的,按过错比例承担损失。此时,对于过错的比例则是法官根据案件具体情况,通过对客观事实的认定判定双方当事人的主观心态,并进行自由裁量的空间。

(3)损害赔偿的范围

关于损害赔偿范围,有两个颇有争议的问题:

其一,损害赔偿的范围是否包含可得利益?这一问题在《德国民法典》《欧洲合同法原则》中都有所规定,他们都倾向于使损害赔偿的范围包含可得利益(又称所失利益),这是因为在德国或者欧盟,他们的立法原则都是尽最大可能促成合同有效以及交易自由,尊重当事人的意思自治。但即便如此,他们亦对于损害赔偿的上限作出了一定的限制,主要体现的是以可预见性为原则,以防止对于义务方的责任过重。对此问题,我国法律虽无明确规定,但依据最高人民法院的在先案例,其在(2016)最高法民终628号判决中认为:“合同无效时,当事人主张可得利益无合同依据和法律依据。”另外,《民事审判指导与参考》总第40辑《无效合同损失赔偿范围的界定》一文中,最高人民法院民一庭的意见认为,“合同无效后,若一方当事人对合同无效存在过错,且对方当事人因此遭受损失的,过错方应基于缔约过失行为向对方当事人承担赔偿损失的法律责任，所赔偿的损失限于信赖利益（包括直接损失和间接损失），不包括在合同有效情形下通过履行可以获得的利益。认定损失赔偿数额时，应根据案件具体情形判断各项损失应否全额赔偿；若受害人也存在过错的，受害人应根据自己的过错程度承担相应的责任。”也就是说，最高人民法院在损害赔偿范围这一问题上的倾向性意见是：合同无效时的损害赔偿限于信赖利益损失，不包括在合同有效情形下通过履行可以获得的利益，也即不包含可得利益损失。之所以有此观点，是因为我国在处理无效合同时的一大原则，就是使合同无效的双方当事人不因无效合同而获利，尽量使双方权利义务恢复到合同签订前的状态，而非合同履行后的状态，以此来激励合同双方无论善意或恶意均要审慎签订合同，达到遏制、减少无效合同产生的目的。

其二，损害赔偿的范围是否包括因合同无效而产生对第三人的违约责任？对于这一问题，根据《民事审判指导与参考》总第 53 辑中美兰公司与大华公司建设工程合同纠纷上诉案，最高人民法院亦表明了倾向性的意见：“建设工程施工合同被确认无效后，发包方与第三人签订的《房屋买卖合同》因逾期交房发生的违约损失，如果承包人在签订合同时或履行合同中已经知道或应当知道该损失发生，且该损失与承包人的过错有因果关系，可以纳入无效合同过错责任赔偿范围。根据承包方订立合同、履行合同中的过错责任程度及违反诚实信用原则的程度，依据《合同法》第五十八条规定判令其承担相应的责任。”由此可见，合同无效时，因合同无效而产生对第三人的违约责任亦可以作为损失主张，但有几个应当注意的要点：①权利人的损失与义务人过错之间应该存在充分的因果关系；②应当根据可预见性原则，如果责任方需要对完全无法预料到的损失承担责任，或要求其全面审查对方当事人与其他所有第三人签订的合同，都未免对其过于苛刻，也不利于正常的市场交易，故应当以责任方在签订合同时或履行合同中已经知道或应当知道该损失发生为限。

4. 恶意串通损害国家、集体或者第三人利益导致合同无效时，财产收归国家所有或者返还集体、第三人

通常情况下，合同无效产生的法律效果按上述返还财产、折价补偿、过错赔偿去界定责任即可，但是在合同无效的情形中存在一种特殊情况，即《合同法》第 59 条规定：“当事人恶意串通，损害国家、集体或者第三人利益的，因此取得的财产收归国家所有或者返还集体、第三人。”所谓的“恶意串通”是指合同当事人在订立合同过程中，为牟取不法利益合谋实施的违法行为，在构成要件上强调了主观上的故

意，并强调恶意串通的合同是为牟取非法利益，而并不要求在事实上已经获得了非法利益。

在此类导致合同无效的情形中，还会产生另一种不同的法律后果：取得的财产收归国家所有或者返还集体、第三人。之所以如此规定，是因为在很多时候，虽然合同无效，但经过返还财产、折价补偿后，签订无效合同的双方当事人很可能并没有太大损失，甚至出现合同中的某一方基于合同无效获得的收益比其基于合同有效获得的收益要更高的情形，由此导致违法成本过低，也就达不到遏制当事人签订无效合同的立法目的。另外，恶意串通，损害国家、集体或者第三人利益这一种导致合同无效的情形，尤为恶劣，故该条款亦有惩戒之意。

三、建设工程合同无效的处理

建设工程合同作为合同法明确规定的有名合同之一，当然受合同法的调整。但是建设工程领域又是一个非常特殊的领域，对建设工程合同无效的处理，又绝对不能抛开建设工程领域中的实际情况和特殊性而空谈合同法理论，但也绝不能简单粗暴地套用合同法关于一般合同无效处理的规定。若想解决好建设工程合同无效的问题，最重要的就是要立足合同法的基本理论，并充分考虑到建设工程领域的特殊性，将合同法理论同建设工程实践中的实际情况有机结合起来，抓住导致建设工程合同无效的本质原因，具体问题具体分析。

（一）处理建设工程合同无效后果的基本原则

在开始具体分析之前，先介绍一下笔者认为处理建设工程合同无效后果应该坚持的基本处理原则。处理建设工程合同无效后果应当始终坚持三种原则相结合，即：《合同法》关于合同无效后果处理的基本原则＋建设工程的特殊性原则（包括《建筑法》《招标投标法》等法中的相关规定及原则）＋“违约者不受益原则”、“违法者不受益原则”、“过错者不受益原则”（为了便于下文表述，“违约者不受益原则”、“违法者不受益原则”、“过错者不受益原则”下文中简称为“违法者不受益原则”）。我们需要同时驾驭这三种原则，将三种理论结合起来，方能处理好建设工程合同无效的问题。

1.《合同法》中关于合同无效后果处理的基本原则

《合同法》

第五十六条 无效的合同或者被撤销的合同自始没有法律约束力。

也就是说，依据《合同法》的基本原理，当合同无效时，合同自始没有法律约束力，即应当视为合同双方当事人没有合同、没有约定。

《合同法》

第六十一条 合同生效后，当事人就质量、价款或者报酬、履行地点等内容没有约定或者约定不明确的，可以协议补充；不能达成补充协议的，按照合同有关条款或者交易习惯确定。

第六十二条 当事人就有关合同内容约定不明确，依照本法第六十一条的规定仍不能确定的，适用下列规定：

（一）质量要求不明确的，按照国家标准、行业标准履行；没有国家标准、行业标准的，按照通常标准或者符合合同目的的特定标准履行。

（二）价款或者报酬不明确的，按照订立合同时履行地的市场价格履行；依法应当执行政府定价或者政府指导价的，按照规定履行。

（三）履行地点不明确，给付货币的，在接受货币一方所在地履行；交付不动产的，在不动产所在地履行；其他标的，在履行义务一方所在地履行。

（四）履行期限不明确的，债务人可以随时履行，债权人也可以随时要求履行，但应当给对方必要的准备时间。

（五）履行方式不明确的，按照有利于实现合同目的的方式履行。

（六）履行费用的负担不明确的，由履行义务一方负担。

《合同法》第61条、第62条的立法本意，乃是在当事人对于未约定或约定不明事宜产生争议时，给予一个相对公允的、基本的处理方式。

综合上述三个条款，笔者认为，在合同无效时，对于没有约定的争议事宜，可以采用《合同法》第61条、第62条的处理逻辑，即法律有强制性规定的按照强制性规定，没有强制性规定的按照交易习惯确定，无法按照交易习惯确定的适用《合同法》第62条规定的规则确定。这是基于《合同法》框架下，对于合同无效问题处理所要遵循的一个基本原则和思路。

2. 建设工程领域的特殊性原则

建设工程领域的特殊性原则主要体现为建设工程领域特有的，不同于普通《合同法》的理论。一方面，建设工程合同不仅受到《合同法》调整，还受到《建筑法》《城乡规划法》《招标投标法》等相关法律法规的调整；另一方面，建筑行业有其行业特殊性，是一个个性大于共性的特殊领域。例如，建筑领域有特殊的资质要求的规定、特殊的规划许可的要求和特殊的招标投标规定；建设工程价款的组成具有很大的特殊性，其计价方式特殊、支付方式不同于普通的买卖或者承揽合同，价格组成会受到招投标等情况的影响；建设工程中的工期、质量认定都涉及专业技术，等等。

同时，我们必须看到，我国的资质资格管理制度，重事前预防，轻事后监督和管控，已经严重滞后于当今社会的发展，国家虽然进行了几次改革，仍不能满足当前社会主义市场经济的要求。招标投标的方法是和国际接轨的一种确定工程建筑商的先进方式，但是又没能引起法官、律师和建筑施工企业的足够重视。同时，建设工程领域的实践往往是超前的，立法具有一定的滞后性。虽然，《建筑法》《招标投标法》都已经在极力就建设工程行业的特殊性作出相应立法，但这远远不够。

正是因为这些因素的影响，使得建筑领域成为一个个性大于共性的特殊领域。因此，在处理建设工程合同无效后果时，万万不能抛开建筑领域的特殊性原则。

3."违约者不受益原则""违法者不受益原则""过错者不受益原则"

"违约者不受益原则""违法者不受益原则""过错者不受益原则"（简称"违法者不受益原则"）来源于"任何人都不得从自己的错误行为中获利"这一法谚。笔者认为，上述原则是建筑司法实践中广泛应用的重要原则。

（二）建设工程合同无效的情形

总的来讲，导致建设工程合同无效的情形大致可以分为以下三大类：

第一类是违反资质管理规定等违反《建筑法》规定的情形；

第二类是未取得建设用地规划许可证、建设工程规划许可证等违反《城乡规划法》规定的情形；

第三类是必须招标而未招标、中标无效等违反《招标投标法》规定的情形。分述如下：

1.违反资质管理规定导致合同无效

因违反资质管理规定导致施工合同无效，主要是违反了《建筑法》关于资质管理的相关规定，主要包括"未取得资质或者超越资质等级""借用资质""违法分包、转包"等情况。

（1）法律及最高人民法院司法解释的规定

《建筑法》

第十三条 从事建筑活动的建筑施工企业、勘察单位、设计单位和工程监理单位，按照其拥有的注册资本、专业技术人员、技术装备和已完成的建筑工程业绩等资质条件，划分为不同的资质等级，经资质审查合格，取得相应等级的资质证书后，方可在其资质等级许可的范围内从事建筑活动。

第二十六条　禁止建筑施工企业超越本企业资质等级许可的业务范围或者以任何形式用其他建筑施工企业的名义承揽工程。禁止建筑施工企业以任何形式允许其他单位或者个人使用本企业的资质证书、营业执照,以本企业的名义承揽工程。

第二十八条　禁止承包单位将其承包的全部建筑工程转包给他人,禁止承包单位将其承包的全部建筑工程肢解以后以分包的名义分别转包给他人。

第二十九条　建筑工程总承包单位可以将承包工程中的部分工程发包给具有相应资质条件的分包单位;但是,除总承包合同中约定的分包外,必须经建设单位认可。施工总承包的,建筑工程主体结构的施工必须由总承包单位自行完成。

建筑工程总承包单位按照总承包合同的约定对建设单位负责;分包单位按照分包合同的约定对总承包单位负责。总承包单位和分包单位就分包工程对建设单位承担连带责任。

禁止总承包单位将工程分包给不具备相应资质条件的单位。禁止分包单位将其承包的工程再分包。

《建设工程司法解释一》

第一条　建设工程施工合同具有下列情形之一的,应当根据合同法第五十二条第(五)项的规定,认定无效:

(一)承包人未取得建筑施工企业资质或者超越资质等级的;

(二)没有资质的实际施工人借用有资质的建筑施工企业名义的;

……

第四条　承包人非法转包、违法分包建设工程或者没有资质的实际施工人借用有资质的建筑施工企业名义与他人签订建设工程施工合同的行为无效。人民法院可以根据民法通则第一百三十四条规定,收缴当事人已经取得的非法所得。

(2)地方性规定

《北京市高级人民法院关于审理建设工程施工合同纠纷案件若干疑难问题的解答》

2.《最高人民法院关于审理建设工程施工合同纠纷案件适用法律问题的解释》第一条第(二)项规定的“没有资质的实际施工人借用有资质的建筑施工企业名义”承揽建设工程(即“挂靠”)具体包括哪些情形?

具有下列情形之一的,应当认定为《解释》规定的“挂靠行为”:

(1)不具有从事建筑活动主体资格的个人、合伙组织或企业以具备从事建筑活

动资格的建筑施工企业名义承揽工程;

(2)资质等级低的建筑施工企业以资质等级高的建筑施工企业的名义承揽工程;

(3)不具有施工总承包资质的建筑施工企业以具有施工总承包资质的建筑施工企业的名义承揽工程;

(4)有资质的建筑施工企业通过名义上的联营、合作、内部承包等其他方式变相允许他人以本企业的名义承揽工程。

《北京市第一中级人民法院对民事审判中部分执法不统一问题的规范意见》

第十一条 转包是指承包人将其承包的全部工程都交由第三人完成;违法分包是指承包人将其承包的部分工程肢解为若干部分后,全部交由若干单位或个人完成。转包、违法分包的合同无效。

《江苏省高级人民法院关于审理建设工程施工合同纠纷案件若干问题的意见》

第三条 具有下列情形之一,当事人要求确认建设工程施工合同无效的,人民法院应予支持:

(一)承包人未取得建筑施工企业资质或者超越资质等级的;

(二)没有资质的实际施工人借用有资质的建筑施工企业名义的……

《江苏省高级人民法院建设工程施工合同案件审理指南》

(三)建设工程施工合同的无效情形

1.承包人未取得建筑施工企业资质或者超越资质等级的。

比较典型的表现形式主要有以下几种情况:(1)个体施工队伍在没有资质的情况下违法承揽建设工程的;(2)施工单位冒用、盗用营业执照、资质证书承揽工程的;(3)建筑施工企业的分支机构以自己的名义对外承揽工程的;(4)非建筑施工企业超越经营范围对外承揽建设工程的。此外,承包人在工程竣工前未取得相应资质,竣工验收合格后才取得资质的,建设工程施工合同也应认定为无效。

2.没有资质的实际施工人借用有资质的建筑施工企业名义的。

这种行为在实务中常被称为"挂靠行为"。其特征为:第一,挂靠人没有从事建筑活动的主体资格,或者虽有从事建筑活动的主体资格但没有具备其承揽的建设工程项目所要求的相应的资质等级。第二,挂靠人向被挂靠企业交纳一定数额的"管理费",这是挂靠的最重要的特征。第三,被挂靠人对挂靠人和其所承揽的工程不实施任何管理行为。第四,形式上合法,容易逃避建设行政主管部门和发包人的审查和监督。实践中判断是否是挂靠行为,可以从三个方面考察:(1)有无产权联系，即其资产是否以入股或合并等方式转入现单位；(2)有无统一的财务管理，不能以承包等名义搞变相的独立核算；(3)有无严格、规范的人事任免、调动聘用手续等。

具体说来，有下列情形之一，应当认定为没有资质的实际施工人借用有资质的建筑施工企业名义承揽建设工程，其签订的建设工程施工合同应当属于无效合同：(1)不具有从事建筑活动主体资格的个人、合伙组织或企业以具备从事建筑活动资格的建筑企业的名义承揽工程；(2)资质等级低的建筑企业以资质等级高的建筑企业的名义承揽工程；(3)不具有工程总包资格的建筑企业以具有总包资格的建筑企业的名义承揽工程；(4)有资质的建筑企业通过其他违法方式允许他人以本企业的名义承揽工程的情形。

《浙江省高级人民法院民事审判第一庭关于审理建设工程施工合同纠纷案件若干疑难问题的解答》

一、如何认定内部承包合同？如何认定其效力？

建设工程施工合同的承包人与其下属分支机构或在册职工签订合同，将其承包的全部或部分工程承包给其下属分支机构或职工施工，并在资金、技术、设备、人力等方面给予支持的，可认定为企业内部承包合同；当事人以内部承包合同的承包方无施工资质为由，主张该内部承包合同无效的，不予支持。

《杭州市中级人民法院民一庭关于审理建设工程及房屋相关纠纷案件若干实务问题的解答》

1. 如何理解《最高人民法院关于审理建设工程施工合同纠纷案件适用法律问题的解释》第一条第一款第(二)项中规定的“没有资质的实际施工人借用有资质的建筑施工企业名义承揽建设工程”。

答：具体可分为以下几种情形，即：

(1)不具有从事建筑活动主体资格的个人、合伙组织或企业以具备从事建筑活动资格的建筑企业的名义承揽工程。

(2)资质等级低的建筑企业以资质等级高的建筑企业的名义承揽工程。

(3)不具有工程总包资格的建筑企业以具有总包资格的建筑企业的名义承揽工程。

《绍兴市中级人民法院关于审理建筑领域民商事纠纷案件若干问题的纪要》

三、建筑施工企业与实际施工人签订的合同，实为挂靠经营合同或者转包、分包合同的，应根据最高人民法院《关于审理建设工程施工合同纠纷案件适用法律问题的解释》有关规定，审查认定合同是否有效。

(3)我国资质管理制度的评析

我国资质管理制度始于1984年,来源于苏联,国家为了有效地进行建筑质量的监督管理,参照苏联对建筑工程的质量管理模式设立了我国的资质管理制度,即对建筑企业设定相应条件,达到的即授予不同级别的资质,未授予资质的不准许进入建筑市场。这属于事前预防的一种监管方式。

资质管理制度虽然在保障工程质量方面起到了一定的作用,但是也存在诸多问题。

首先,分级分类的资质管理模式过于落后,已经跟不上当前市场发展的需要。分级分类的资质管理模式来源于苏联,其产生的社会背景是计划经济,我国市场经济体制改革也已经有二十几个年头,我国建筑业的资质管理模式依然停留在分级分类的资质管理阶段,明显已经跟不上社会的发展,无法适应社会主义市场经济的要求。

其次,我国的资质管理制度重事前管控,但是事后监督严重缺失,导致资质管理制度在实施时被挂靠、转包、违法分包等行为架空,进而使得该制度失去了其应有的意义。国家之所以要设立资质管理制度,主要是因为工程质量涉及公共利益,国家希望通过抬高资质等级门槛的方式达到保障工程质量和安全的作用,这一出发点虽然是好的,但是实际效果却不理想。表面上看,国家对施工资质做出了非常严格细致的规定,但实践中转包、挂靠等现象屡禁不止,甚至愈演愈烈。合同签订的主体与实际施工人分离的现象也非常普遍,直接导致资质管理制度被架空,并没有达到保障工程质量和安全的初衷和目的。

最后,资质管理制度成为建筑领域违法行为滋生的土壤。一方面,在竞争激烈的建筑市场,有资质的建筑商不一定有能力承接到工程,也不一定有足够的资金实力实施工程,但是施工资质却是他们无形的资产;另一方面,没有资质的建筑商可能因为拥有市场资源或者资金实力雄厚,从而能够承接到工程。在这种情况下,因国家实施资质管理制度,便只能采取转包、挂靠、违法分包等违法行为。而这种行为在实践中又非常多见。此外,因为资质管理制度,也导致了证书挂靠、建筑商虚假出资、抽逃出资等工程领域的违法、腐败现象。

从世界范围来看,不只是中国,美国、新加坡、英国、日本等国家也都对建筑企业实施管理。但是美国市场经济发达,各州有独立的立法权和执法权,虽然有许可制度,但许可证的获取简单方便,且主要依靠保险公司对不同档次的建筑公司提供不同的保险金额来进行市场调节。英国侧重自由竞争,没有政府定级制度,主要靠市场交易主体的相互制约。日本是发达国家中对经济介入程度最深的国家,有相对简单的建筑商许可制度。新加坡长期以来是政府主导型经济,建筑商资质管理相对复杂和严格。相对而言,我国的资质管理最为严格,而我国的建筑业市场也最为混乱。其根本原因还在于我国的市场经济还不完善,尤其是国内建筑市场当前还处于计划经济向市场经济过渡的过程中,市场化还很不充分,想用行政管理的手段来代替市场这只"看不见的手",没有能够起到很好的引导和监督作用。

因此,笔者建议,我国资质管理制度不宜过细,应减少内部障碍,要提倡个人资格认证,逐步淡化单位资质制度,要充分发挥市场在资源配置中的作用。

(4)争议问题

该如何看待我国《建筑法》第 13 条、第 26 条以及《合同法》第 272 条等规定的建筑企业施工资质制度?是效力性强制性规定还是管理性强制性规定?

笔者认为,《建筑法》第 13 条、第 26 条以及《合同法》第 272 条之规定属于效力性强制性规定,违反资质管理制度的,建设工程施工合同无效。

要辨别某一规定到底属于管理性强制性规定还是效力性强制性规定,还是要追寻该条文的立法目的。《建筑法》第 13 条、第 26 条以及《合同法》第 272 条等规定之所以要设立国家资质管理制度,其侧重点在于保护公共利益、公共安全不受损害,主要是为了加强对建筑活动的监督管理,维护建筑市场秩序,保证建筑工程的质量和安全。尤其是在《建筑法》制定时,这一时期是我国基础建设蓬勃发展的时期,全国各地的建筑施工企业飞速增长,同时,工程质量、民工工资欠付等问题也随之而来。国家为了保障工程质量和公共安全才制定了《建筑法》。因此,工程质量和公共安全始终是建设工程项目不可突破的底线。从体系解释和历史解释的角度来讲,立法者一定将违反施工企业资质制度的行为作为导致合同无效的行为来规定,这才是立法者的本意。该规定应属于效力性强制性规定。即施工企业违反资质管理制度,非法从事转包、违法分包、挂靠等行为的,将会导致施工合同无效。

2. 未取得建设用地规划许可证、建设工程规划许可证而导致合同无效

(1)《建设工程司法解释二》的发展

《建设工程司法解释二》(征求意见稿)第一稿:

第一条　【违法建筑施工合同无效】

当事人以建设单位未办理建设工程规划许可证为由,请求认定建设工程施工合同无效的,应予支持。

《建设工程司法解释二》(征求意见稿)第二稿:

第三条 【违法建筑施工合同无效】

当事人以发包人未取得建设工程规划许可证为由，请求认定建设工程施工合同无效的，人民法院应予支持。但发包人在一审法庭辩论终结前取得建设工程规划许可证的，人民法院不予支持。

《建设工程司法解释二》（征求意见稿）第三稿：

第五条 【违法建筑施工合同无效】

当事人以发包人未取得建设用地规划许可证、建设工程规划许可证为由，请求认定建设工程施工合同无效的，人民法院应予支持。但发包人在一审法庭辩论终结前取得建设用地规划许可证、建设工程规划许可证的，人民法院不予支持。

《建设工程司法解释二》（征求意见稿）第四稿：

第二条 【未取得建设工程规划许可手续而签订的合同无效】

当事人以发包人未取得建设用地规划许可证等建设规划许可手续为由，请求认定建设工程施工合同无效的，人民法院应予支持。但发包人在一审法庭辩论终结前取得建设用地规划许可证等建设规划许可手续的，人民法院不予支持。

《建设工程司法解释二》送审稿：

第二条 当事人以发包人未取得建设工程规划许可证等规划审批手续为由，请求认定建设工程施工合同无效的，人民法院应予支持，但发包人在起诉前取得建设工程规划许可证等规划审批手续的，人民法院不予支持。

办理建设工程规划许可证等规划审批手续的条件成就，发包人不办理，并以此为由主张建设工程施工合同无效的，人民法院不予支持。

《建设工程司法解释二》：

第二条 当事人以发包人未取得建设工程规划许可证等规划审批手续为由，请求确认建设工程施工合同无效的，人民法院应予支持，但发包人在起诉前取得建设工程规划许可证等规划审批手续的除外。

发包人能够办理审批手续而未办理，并以未办理审批手续为由请求确认建设工程施工合同无效的，人民法院不予支持。

从司法解释的历次变动不难发现，第一稿时只规定了未办理建设工程规划许可证的合同无效，但是对于能否补正的问题没有明确规定。第二稿较第一稿增加了规划许可手续允许在一审法庭辩论终结前补正的规定。第三稿在第一、二稿的基础上增加了未取得建设用地规划许可证导致合同无效的规定。第四稿又将“建设用地规划许可证、建设工程规划许可证”修改为“建设用地规划许可证等建设规划许可手续”。送审稿增加了发包人恶意不办理规划审批手续的情形，而正式稿使用的表述为“建设工程规划许可证等规划审批手续”，并延续了送审稿中发包人恶意不办理规划审批手续的情形。

（2）最高人民法院的司法解释

《最高人民法院经济审判庭关于国营黄羊河农场与榆中县第二建筑工程公司签订的两份建筑承包合同的效力认定问题的复函》

甘肃省高级人民法院：

你院甘法经上（1991）22号请示报告收悉。关于国营黄羊河农场与榆中县第二建筑工程公司签订的两份建筑工程承包合同的效力认定问题，经研究，答复如下：

国营黄羊河农场在经上级主管部门批准建设仓库和职工住宅两项工程后，即于1989年5月16日与榆中县第二建筑工程公司分别签订了仓库和职工住宅两份建筑工程施工合同。合同内容合法，当事人双方均具备主体资格。虽然建设单位国营黄羊河农场当时未领取“建设许可证”，但事后已补办了手续。而且两项工程已完成82%的工程总量，因此，对本案合同的效力，可不以建设单位当时未领取“建设许可证”为由确认无效。

（3）地方性规定

《浙江省高级人民法院民事审判第一庭关于审理建设工程施工合同纠纷案件若干疑难问题的解答》

二、如何认定未取得“四证”而签订的建设工程施工合同的效力？

发包人未取得建设用地规划许可证或建设工程规划许可证，与承包人签订建设工程施工合同的，应认定合同无效；但在一审庭审辩论终结前取得建设用地规划许可证和建设工程规划许可证或者经主管部门予以竣工核实的，可认定有效。发包人未取得建设用地使用权证或建筑工程施工许可证的，不影响建设工程施工合同的效力。

《深圳市中级人民法院关于建设工程合同若干问题的指导意见》

第二条　人民法院受理的建设工程施工合同纠纷，在审理过程中，一方当事人以涉案工程未取得土地使用权或建设用地规划许可、建设工程规划许可主张合同无效的，在开庭前发包人仍未取得土地使用权及上述行政许可的，应认定施工合同无效；开庭前已经取得土地使用权及上述行政许可，但未取得施工许可的，应认定施工合同有效。

《安徽省高级人民法院关于审理建设工程施工合同纠纷案件适用法律问题的指导意见》

第七条 发包人未取得建设工程规划许可证,与承包人签订建设工程施工合同的,应认定合同无效。但起诉前取得规划许可证的,应认定合同有效。违反建设工程规划许可证规定超规模建设的,所签订的建设工程施工合同无效,但起诉前补办手续的,应认定合同有效。

《广东省高级人民法院关于审理建设工程合同纠纷案件的暂行意见》

10. 发包人与承包人签订无取得土地使用权证、无取得建设工程规划许可证、无办理报建手续的"三无"工程建设施工合同应确认无效。但在审理期间已补办手续的,应确认合同有效。

11. 发包人经审查被批准用地,并已取得《建设用地规划许可证》,只是用地手续尚未办理而未能取得土地使用权证的,不宜将因发包人的用地手续在形式上存在欠缺而认定所签订的建设施工合同无效。

12. 违反《建设工程规划许可证》的规定,超规模建设所签订的建设工程合同经批准可补办手续,且无违反其他法律规定的,应确认合同有效。

通过对比上述规定不难发现,各地法院对于未办理建设工程规划许可证、建设用地规划许可证会导致合同无效基本没有分歧,但是对于未取得土地使用权证是否会导致合同无效这一问题存在分歧。其中最高人民法院、浙江省高级人民法院认为未取得土地使用权证不会导致合同无效,而深圳市中级人民法院、广东省高级人民法院则认为未取得土地使用权证同样会导致合同无效。

(4)典型案例

最高人民法院在上诉人贵州黔民水泥厂与被上诉人中国航空港建设总公司衡阳建设公司、中国航空港建设总公司建设工程施工合同纠纷案中认为:双方在订立《建设工程施工合同》时,尚未取得建设用地规划许可证和建设工程规划许可证,应认定合同无效。

(5)学术理论界的观点

争议问题一:未依法申办建设用地规划许可证、建设工程规划许可证,所签订的建设工程施工合同是否无效?

对于"未依法申办建设用地规划许可证、建设工程规划许可证所签订的建设工程施工合同是否无效?"这一问题,在《建设工程司法解释二》出台之前,司法实践与各地法院对该问题均有不同的观点,大致可以分为两种观点:

一种观点认为,这种情形下所签订的施工合同无效。理由在于我国《城乡规划法》关于建设用地规划许可证、建设工程规划许可证的规定属于效力性规范,没有取得建设用地规划许可证、建设工程规划许可证的施工合同应为无效合同。并且,没有取得建设用地规划许可证、建设工程规划许可证的工程损害了社会公共利益,依照我国《合同法》第52条,也应将此类合同归入无效合同之列。

另一种观点认为,没有取得建设工程用地和规划许可手续的施工合同,并不必然无效。我国《城乡规划法》第37条规定:"在城市、镇规划区内以划拨方式提供国有土地使用权的建设项目,经有关部门批准、核准、备案后,建设单位应当向城市、县人民政府城乡规划主管部门提出建设用地规划许可申请,由城市、县人民政府城乡规划主管部门依据控制性详细规划核定建设用地的位置、面积、允许建设的范围,核发建设用地规划许可证。建设单位在取得建设用地规划许可证后,方可向县级以上地方人民政府土地主管部门申请用地,经县级以上人民政府审批后,由土地主管部门划拨土地。"第38条规定:"以出让方式取得国有土地使用权的建设项目,在签订国有土地使用权出让合同后,建设单位应当持建设项目的批准、核准、备案文件和国有土地使用权出让合同,向城市、县人民政府城乡规划主管部门领取建设用地规划许可证。"第40条规定:"在城市、镇规划区内进行建筑物、构筑物、道路、管线和其他工程建设的,建设单位或者个人应当向城市、县人民政府城乡规划主管部门或者省、自治区、直辖市人民政府确定的镇人民政府申请办理建设工程规划许可证。"第64条规定:"未取得建设工程规划许可证或者未按照建设工程规划许可证的规定进行建设的,由县级以上地方人民政府城乡规划主管部门责令停止建设;尚可采取改正措施消除对规划实施的影响的,限期改正,处建设工程造价百分之五以上百分之十以下的罚款;无法采取改正措施消除影响的,限期拆除,不能拆除的,没收实物或者违法收入,可以并处建设工程造价百分之十以下的罚款。"

从我国《城乡规划法》的上述规定来看,这些规定应该属于行政管理性规定,没有取得建设用地规划许可证、建设工程规划许可证的,建设单位应当承担相应的行政责任,并非导致施工合同无效。

笔者认为,未取得建设用地规划许可证、建设工程规划许可证的施工合同无效。主要理由在于:

第一,《城乡规划法》关于建设用地规划许可、建设工程规划许可的规定应属于效力性规定。要甄别该规定属于效力规定还是管理性规定,一定要了解建设用地规划许可和建设工程规划许可制度的设立目的。国家之所以要设立规划许可制度，主要是为了协调空间布局、坚守18亿亩耕地红线不受损害，建设工程项目必须要有用地指标，促进城乡经济社会全面协调可持续发展。也就是说，我国规划许可制度的出发点是为了保障基本公共利益的需要。如果建设单位是在没有取得建设用地规划许可证，没有取得建设工程规划许可证的土地上进行工程建设，毫无疑问是对公共利益的严重损害。这种行为就是与《城乡规划法》的立法目的和规划许可制度的设立初衷背道而驰的。从这个角度来看，对于这种行为一定是法律所严格禁止的，法律一定会否定其效力。

第二，从建设工程的具体流程来看。总的来说，任何一个建设项目都要在获得用地指标并经立项审批后先后取得“四证”，即《建设用地规划许可证》《国有土地使用证》《建设工程规划许可证》《建设工程施工许可证》。这些程序既相互独立又相互联系，而且有着严格的先后顺序，未办理前一审批手续，则后续的审批手续一般无法完成。例如，规划部门核发《建设用地规划许可证》后，国土部门才能核发《国有土地使用证》等其他手续。从办理顺序上来看，办理建设用地规划许可证、建设工程规划许可证是取得其他后续手续的基础和前提条件。也就是说，未办理《建设用地规划许可证》必然没有《国有土地使用证》及其他后续手续，以这样的建设内容为标的的建设工程施工合同，由于合同内容违法，合同当然也是违法的、无效的。

第三，《建设用地规划许可证》和《建设工程规划许可证》是造房子的前提，否则就是违章建筑，没有建设用地规划许可和建设工程规划许可相应地也就丧失了建设工程施工合同得以合法履行的基础，建造出的建筑物属于违法建筑，依法应当拆除，这就导致无法实现合同的根本目的。由此说明我国《城乡规划法》关于建设用地规划许可证、建设工程规划许可证的规定属于效力性规范，没有取得《建设用地规划许可证》《建设工程规划许可证》的施工合同应为无效合同。

对于未取得《建设用地规划许可证》《建设工程规划许可证》导致合同无效的，允许其补正更符合当前对于合同效力的认定的处理原则。实际上，我国对于合同效力的处理经历了由严格到宽松的发展过程。在1999年《合同法》施行之前，判断合同效力的主要依据为《经济合同法》的规定，而对判定合同无效的标准很低，并且无效合同的情形也很宽泛，合同从订立到履行完毕整个过程中只要有一个环节有违法现象，整个合同行为就会被认定无效。而1999年我国公布实施了《合同法》，《合同法》的实施是合同效力判定的价值取向的转折点。《合同法》通过对合同无效的情形的限制使得审查合同效力的标准变得宽松。因此，允许其补正，尽量鼓励合同有效也更符合当前的立法价值取向。

实际上,《建设工程司法解释一》(征求意见稿)中也曾规定:至起诉前发包方未办理建设用地审批手续、建设工程规划审批手续的,应当认定合同无效。但最终出于多种考虑,正式公布的司法解释列举的五种无效施工合同类型中却删去了该条文。但是,实践中最高人民法院的判例和地方法院的规定中也基本同笔者所在的律所观点一致。此次《建设工程司法解释二》则正式明确了这一观点。

争议问题二:未依法办理《国有土地使用证》《建设工程施工许可证》,所签订的建设工程施工合同是否无效?

对于未办理《国有土地使用证》《建设工程施工许可证》是否影响建设工程施工合同效力的问题,各地法院有不同的观点:一种观点认为,未办理土地使用权证不会影响施工合同的效力。例如,《最高人民法院关于审理建设工程合同纠纷案件的暂行意见》(2002 年 8 月 5 日生效)"11. 发包人经审查被批准用地,并已取得建设用地规划许可证,只是用地手续尚未办理而未能取得土地使用权证的,不宜将因发包人的用地手续在形式上存在欠缺而认定所签订的建设施工合同无效。"《浙江省高级人民法院民事审判第一庭关于审理建设工程施工合同纠纷案件若干疑难问题的解答》"二、如何认定未取得'四证'而签订的建设工程施工合同的效力? 发包人未取得建设用地使用权证或建筑工程施工许可证的,不影响建设工程施工合同的效力。"

另一种观点认为,未依法办理土地使用权证的,施工合同无效。例如:《徐州市中级人民法院进一步规范关于审理建设工程施工合同纠纷案件的若干问题》规定:"建设工程未取得建设用地规划许可证、建设工程规划许可证、国有土地使用权证,就该工程签订的施工合同无效,但在一审法庭辩论终结前取得的,应当认定施工合同有效。"《深圳市中级人民法院关于建设工程合同若干问题的指导意见》规定:"2. 人民法院受理的建设工程施工合同纠纷,在审理过程中,一方当事人以涉案工程未取得土地使用权或建设用地规划许可、建设工程规划许可主张合同无效的,在开庭前发包人仍未取得土地使用权及上述行政许可的,应认定施工合同无效;开庭前已经取得土地使用权及上述行政许可,但未取得施工许可的,应认定施工合同有效。建设工程未取得建设工程施工许可证,就该工程签订施工合同违反行政法律、法规的,由相关行政部门进行处理,但不影响施工合同效力。"

笔者认为,土地使用权证和施工许可证均不影响施工合同的效力。因为,在建设单位拿到用地指标以后,之所以没有办理出土地使用权证主要是因为土地受让方没有履行土地出让合同约定的义务,主要是付款义务,极少数的拍卖土地不是熟地(如没有完成动迁),一旦土地受让人履行了土地出让合同约定的义务,缴纳了土地出让金即可办理出土地使用权证。而土地使用权证的办理仅仅是行政审批手续问题，其并不会改变建设单位已经拿到了用地指标这一事实，未办理土地使用权证属于行政违法行为，并不会危及公共安全和公共利益，也并不会影响合同的效力。而施工许可证与施工合同的效力不存在直接关联，取得施工许可证不属于法律所规定的效力性强制规范，属于行政管理性质的强制性规定，未取得施工许可会导致建设单位受到行政处罚，但不会影响施工合同的效力。从时间顺序上看，施工合同签订时间早于施工许可证的申领时间，在后的行政行为也不应对已成立生效的民事合同产生效力性影响。

此次《建设工程司法解释二》则正式明确了这一观点。

3. 违反《招标投标法》而导致合同无效

违反《招标投标法》而导致合同无效，主要分为“必须进行招标而未招标”“中标无效”等情形。具体内容本书专题一“招标投标”部分已经进行了详细阐述，在此不再赘述。

（三）建设工程合同无效后工程价款的处理

建设工程施工合同订立后尚未履行前被确认无效的，按照缔约过失处理，基本没有争议。本书重点分析建设工程施工合同所约定的工程已经开工尚未完工时被确认无效的情形，以及合同已经履行完毕后被确认无效的情形。

1. 合同无效，但竣工验收合格时，工程价款的处理

（1）最高人民法院司法解释的规定

《建设工程司法解释一》

第二条 建设工程施工合同无效，但建设工程经竣工验收合格，承包人请求参照合同约定支付工程价款的，应予支持。

（2）地方性规定

《北京市高级人民法院关于审理建设工程施工合同纠纷案件若干疑难问题的解答》

17. 无效建设工程施工合同中的工程价款如何确定？建设工程施工合同无效，但工程经竣工验收合格，当事人任何一方依据《解释》第二条的规定要求参照合同约定支付工程折价补偿款的，应予支持。

《江苏省高级人民法院关于审理建设工程施工合同纠纷案件若干问题的解答》

4. 建设工程施工合同无效，建设工程经竣工验收合格的，发包人或承包人请求

参照合同约定支付工程价款的，如何处理？建设工程施工合同无效，建设工程经竣工验收合格的，发包人和承包人均可以请求参照合同约定支付工程价款。

5. 建设工程施工合同无效，建设工程经竣工验收合格的，合同约定的哪些条款可以参照适用？建设工程施工合同无效，建设工程经竣工验收合格的，当事人主张工程价款或确定合同无效的损失时请求将合同约定的工程价款、付款时间、工程款支付进度、下浮率、工程质量、工期等事项作为考量因素的，应予支持。

《浙江省高级人民法院民事审判第一庭关于审理建设工程施工合同纠纷案件若干疑难问题的解答》

十三、建设工程施工合同无效，但工程竣工验收合格的，谁有权利请求参照合同约定确定工程价款？

建设工程施工合同无效，但工程竣工验收合格，按照最高人民法院《关于审理建设工程施工合同纠纷案件适用法律若干问题的解释》第二条的规定精神，承包人或发包人均可以请求参照合同约定确定工程价款。

《安徽省高级人民法院关于审理建设工程施工合同纠纷意见案件适用法律问题的指导意见》

11. 建设工程施工合同无效，但工程经竣工验收合格的，应当参照合同约定确定工程价款。

12. 建设工程施工合同终止履行，工程未完工但质量合格的，应参照合同约定确定工程价款。

《四川省高级人民法院关于审理建设工程施工合同纠纷案件若干疑难问题的解答》

19. 被确认无效的建设工程施工合同工程价款如何确定？建设工程施工合同被确认无效，但工程经竣工验收合格，当事人依据《建工司法解释》第二条的规定要求参照合同约定支付工程价款的，应予支持。

(3)争议问题

是否无论何种情形导致施工合同无效的，只要竣工验收合格，都可以参照合同约定结算工程价款？

《建设工程司法解释一》认为，施工合同无效后，工程经竣工验收合格的，可以参照合同约定结算工程价款。但是笔者认为，只有违反《建筑法》(资格和资格管理规定)导致合同无效的工程价款按原合同约定结算，既有理论依据，又具有很强的实践操作性。但是违反《招标投标法》和《城乡规划法》导致合同无效的，应立足《合同法》的基本理论,并充分考虑到建设工程领域的特殊性及《招标投标法》和《城乡规划法》的特殊性,将《合同法》的基本理论和招标投标法、规划法的特殊性,再加上违法者不受益理论结合起来,来破解合同无效后的结算问题。

《建设工程司法解释一》第2条之所以会如此规定,主要是因为《合同法》第58条规定:“合同无效或者被撤销后,因该合同取得的财产,应当予以返还;不能返还或者没有必要返还的,应当折价补偿。”建设工程施工合同具有特殊性,合同履行的过程,就是将劳动和建筑材料物化在建筑产品的过程。合同被确认无效后,已经履行的内容不能适用返还的方式使合同恢复到签约前的状态,而只能按照折价补偿的方式处理。从建设工程施工合同的实际履行情况看,当合同被确认无效后,有两种折价补偿方式:一是以工程定额为标准,通过鉴定确定建设工程价值,考虑到目前我国建筑市场的实际情况,有的发包人签订合同时往往把工程价款压得很低,如果合同被确认无效还按照第一方案折价补偿,将会造成无效合同比有效合同的工程价款还高的情况,这超出了当事人签订合同的预期。二是参照合同约定结算工程价款。这种折价补偿的方式不仅符合双方当事人在订立合同时的真实意思,而且还可以节省鉴定费用,提高诉讼效率。因此,通过对以上两种折价补偿方案的比较,根据我国建筑行业的现状,衡平合同各方当事人的利益,《建设工程司法解释一》第2条才规定,建设工程施工合同被确认无效以后,建设工程质量合格的,可以参照合同约定结算工程价款。由于违反《建筑法》当中的资质和资格管理,过错责任在于承包人,故上述观点是违约者不受益理论在《建设工程司法解释一》中的具体应用,也是司法解释的一大亮点,具有极强的操作性。

《建设工程司法解释一》第2条的规定将《合同法》理论和建设工程实践的特殊性、违约者不受益理论结合起来,是立法上的一大进步,但是在违反《招标投标法》、违反《城乡规划法》导致合同无效时,过错责任完全不同。违反《城乡规划法》的过错责任在于发包人,违反《招标投标法》的过错责任视情况而论,即投标人相互串通投标的过错责任在于投标人,招标人和投标人相互串通投标及实质性议价的过错责任在于发包人。当违反《招标投标法》和《城乡规划法》导致合同无效的,应当适用《合同法》的基本理论加上《城乡规划法》《招标投标法》的基本理论再加上违法者不受益原则来破解。

《合同法》基本理论为《合同法》第62条的规定,在没有约定或者约定不明时按照如下原则处理:①质量要求不明确的,按照国家标准、行业标准履行;没有国家标准、行业标准的,按照通常标准或者符合合同目的的特定标准履行。②价款或者报酬不明确的，按照订立合同时履行地的市场价格履行；依法应当执行政府定价或者政府指导价的，按照规定履行……这就是《合同法》确定的在双方当事人意思表示不明确或者意思表示无效时的基本处理原则。

《招标投标法》和《城乡规划法》的实际情况，即违反《城乡规划法》的过错责任在于发包人，违反《招标投标法》的过错责任视情况而论，即投标人相互串通投标的过错责任在于投标人，招标人和投标人相互串通投标及实质性议价的过错责任在于发包人。

具体来讲，导致建设工程施工合同无效的原因很多，大致可以分为三大类：第一类是违反资质管理规定等违反《建筑法》规定的情形；第二类是未取得建设用地规划许可证、建设工程规划许可证等违反《城乡规划法》规定的情形；第三类是必须招标而未招标、中标无效等违反《招标投标法》规定的情形。对于不同情况笔者认为不能一概而论，而应当作分类讨论。

①违反资质管理规定导致施工合同无效的

如前所述，根据《建设工程司法解释一》第 1 条的规定，建筑商存在未取得资质、超越资质、借用资质等违反资质管理的情形时，将会导致建设工程合同无效。《建设工程司法解释一》第 2 条规定，合同无效，但建设工程经竣工验收合格，建筑商请求参照合同约定支付工程价款的，应予支持。那么，在违反资质要求从而导致合同无效的情况下，如果工程经竣工验收合格了，参照合同约定结算工程价款是否合理呢？

笔者认为，违反资质管理规定导致施工合同无效的，可以参照合同约定结算工程价款。具体理由如下：

这主要是由于我国建筑领域造价的特殊性所决定的。根据《合同法》的基本理论，在合同无效以后，合同的约定也归于无效，即此时应视为双方当事人对于工程价款没有约定或者约定无效。

《民法通则》

第八十八条　合同中有关质量、期限、地点或者价款约定不明确，按照合同有关条款内容不能确定，当事人又不能通过协商达成协议的，适用下列规定：

……

（四）价格约定不明确，按照国家规定的价格履行；没有国家规定价格的，参照市场价格或者同类物品的价格或者同类劳务的报酬标准履行。

《建设工程价款结算暂行办法》

第十一条 工程价款结算应按照合同约定办理，合同未约定或约定不明的，发、承包双方应按照下列规定与文件协商处理：

（一）国家有关法律、法规和规章制度；

（二）国务院建设行政主管部门、省、自治区、直辖市或有关部门发布的工程造价计价标准、计价办法等有关规定；

（三）建设项目的合同、补充协议、变更签证和现场签证，以及经发、承包人认定的其他有效文件；其他可依据的材料。

通过上述规定不难发现，在没有约定工程价款如何结算时，依法应当执行政府定价或者政府指导价的，按照规定履行。

就建筑领域的实际情况而言，建设工程定额价格（也就是《建设工程司法解释一》第16条第2款所规定的“签订合同时当地建设行政主管部门发布的计价方法或者计价标准”，下同）是各地建设主管部门根据本地建筑市场成本的平均值确定的，是完成一定计量单位产品的人工、材料、机械和资金消费的规定额度，是政府指导价范畴。根据上述规定，在双方对于价格没有约定或者约定无效的情况下，应当按照该政府指导价（即签订合同时当地定额价格）结算工程价款。

但是由于建筑领域造价组成的特殊性，在结算工程价款时又不能完全按照签订合同时的当地定额价格结算工程价款，还要充分考虑到建筑领域特殊性对工程价款结算的影响。而我国建筑领域造价的特殊性体现为，定额价格一般远高于合同约定的价格。之所以会出现这种情况，一方面，是因为定额价格是基于社会平均水平，由建设行政主管部门根据合理的施工组织设计，按照正常施工条件制定的，生产一个规定计量单位工程合格产品所需人工、材料、机械台班的社会平均标准。但是当前，尤其是浙江地区的民营建筑商，通过优化管理、提高技术等方式已经使得实际成本造价远远低于定额价格，所以建筑商确定的合同价可以远远低于定额价格，实践中合同约定价格也通常远远低于定额价格。另一方面，定额价格除了反映社会平均水平以外，还起到政府指导价的作用。因为目前我国建筑市场是发包人市场，发包人处于明显的强势地位，发包人和建筑商双方之间不存在平等的缔约能力，多数发包人签订合同时往往把工程价款压得很低，国家为了防止工程价款压低以后会影响工程质量和公共安全，所以制定了定额价格，防止工程价格过低，进而保护建筑市场秩序、保障工程质量。也正是因为这个原因，所以定额价格通常高于合同约定的价格。

同时还有一个不容忽视的事实，即违反资质要求，主要是转包、违法分包、借用资质等情况，实际上是没有相应资质的建筑商或者个人借用资质，以规避国家监管的方式承接工程，说到底过错方主要在于建筑商一方。在这种情况下，如果合同被确认无效后还按照价格较高的定额结算，将会造成无效合同比有效合同的工程价款还高，严重违反了“违法者不受益”这一原则，也超出了当事人签订合同的预期，同时也会变相鼓励转包、违法分包、借用资质的违法行为的发生。在实践中大量存在的违反资质管理规定导致合同无效的，主要是上述几种情况。

因此，综合考虑，根据笔者前文提及的处理合同无效后果的基本原则可以推断：在因违反资质管理规定导致施工合同无效时，不能“一刀切”地参照合同约定结算工程价款，而应在合同约定价和定额价格中取较低的一个价格进行结算。如果合同约定的价格低于定额价格的，应参照合同约定价格结算工程价款；如果合同约定价格高于定额价格的，应当参照定额价格结算工程价款。对于合同约定的价格高于定额价格的情况，笔者从事建设领域法律服务二十多年，没有碰到过，这种情况基本没有。

可见，对于违反资质管理规定导致施工合同无效时，可以参照合同约定价格结算工程价款。

②违反规划许可管理制度

A. 因违反规划许可制度导致建设工程合同无效后如何结算工程价款？

关于我国规划许可管理制度的相关内容前文中已经进行了详细论述，在此不再赘述。根据《建设工程司法解释一》第 2 条的规定，合同无效后可以参照合同约定结算工程价款。那么因违反规划许可管理制度导致合同无效的情况下，一律参照合同约定结算工程价款是否合理？

笔者认为，《建设工程司法解释一》统一规定建设工程施工合同无效后参照合同约定支付工程价款，虽然在实际操作时具有了一定的便利性，但是这种规定会使得合同效力的基本理论被架空，导致合同无效同有效产生同样的结果。这也容易产生不良的司法导向，变相鼓励了违反规划许可等违章建筑的产生。

在工程建设项目中依法办理建设用地规划许可证、建设工程规划许可证是发包人应当承担的义务，如果因为没有办理建设用地规划许可证、建设工程规划许可证而导致合同无效的，过错方是发包人一方。至于工程价款如何结算，还是应当坚持《合同法》理论和建设工程实践以及“违法者不受益原则”相结合的原则，保证存在过错一方不得获益。即如果合同约定价格高于定额价格，那么应当参照合同约定价格结算工程价款；如果合同约定价格低于定额价格，那么应当参照定额价格结算工程价款。因实践中定额价格通常高于合同约定价格，因此，可以按照定额价格结算工程价款。

B. 违章建筑是否可以主张工程价款？

如果建筑物被认定为违章建筑，建筑商是否还有权向发包人主张工程价款？实践中观点不一，一种观点认为，违章建筑应当拆除，该建筑对于发包人来讲没有任何利用的价值，建筑商无法主张工程价款。另一种观点认为，建筑物被认定为违章建筑并不是建筑商的过错，只要是工程质量合格，仍有权向发包人主张工程价款对价。笔者认为，建筑物被认定为违章建筑时，只要工程质量合格的，建筑商仍有权向发包人主张工程价款。因为，建筑物之所以被确认为违章，主要是因为建筑物不满足建设用地规划许可和建设工程规划许可的规定，而这都是发包人应当承担的责任，即发包人是主要的过错方。而建筑商的义务就是按照合同约定保质按时完成施工内容，只要工程质量验收合格的，支付工程价款的条件即已成就。

③违反《招标投标法》而导致合同无效

第一，应进行招标而未招标导致合同无效的情形。

该部分内容已经在本书专题一"招标投标"部分已经进行了详细阐述，在此不再赘述。

第二，中标无效导致合同无效的情形。

A. 串通投标

该部分内容已经在本书专题一"招标投标"部分已经进行了详细阐述，在此不再赘述。

B. 实质性议价

该部分内容已经在本书专题一"招标投标"部分已经进行了详细阐述，在此不再赘述。

C. 低于成本价等其他情形

《招标投标法》第33条规定："投标人不得以低于成本的报价竞标。"但是在司法实践中，对如何判断企业成本价、低于成本价的合同如何结算等问题争议较大。

什么是成本价？如何确定企业成本价？实践中判断较为困难。对于这个问题，实践中存在两种观点：第一种观点认为，应当参考建筑市场的社会平均成本进行判断；第二种观点认为，应当以企业的个别成本作为判断依据。

笔者倾向于应当以企业个别成本作为判断依据。因为，每个企业人力、管理、技术、财务控制等实际情况千差万别,各自的成本也不同,以建筑市场的平均成本作为判断标准并不科学。全国人大法工委也明确解释为:低于成本价指的是“企业个别成本”而不是“社会平均成本”。但是如何确定各个企业的成本价呢?企业个别成本不具有公开性且无确定标准,在判断是否低于成本价时易形成争议。纠纷发生后一般会申请专家鉴定,但由于鉴定的依据是中标企业的生产规模、管理水平、自有机械设备情况、原材料采购成本及使用损耗控制、劳动力的组织和调度、融资成本等因素,而不能仅以国家定额作为依据,这种鉴定的难度很大。

如何确定企业成本价,既是解决施工合同无效时如何结算工程价款的核心问题,也是各地法院和建筑主管及相关部门都在探讨的问题。总的来讲,笔者认为,确定企业的成本价应当自上而下的建立一套建筑企业定额备案制度,建筑企业成本价就等于建筑企业定额减去定额中的利润。建筑企业设立时应当根据本公司的人力、管理、技术、财务、设备等核算建筑企业定额,并将该建筑企业定额向行政主管部门进行申报备案。以备案的建筑企业定额减去定额中的利润,就可以很清楚地算出建筑企业成本价是多少。当然,企业可以在年检时根据实际情况对建筑企业定额进行调整。但是必须提供相应的依据,并且对于申请调整的次数应限定为每年一次。一旦这种建筑企业定额制度建立起来,确定投标价格是否低于成本价就变得非常简单。

对于低于成本价中标的施工合同的工程款结算问题。实践中对此存在两种观点:第一种观点认为,根据《建设工程司法解释一》第 2 条的规定,建设工程施工合同无效,但建设工程经竣工验收合格的,参照合同约定支付工程价款;第二种观点认为,低于成本价导致合同无效的不应再参照合同约定支付工程价款。

笔者认为,实践中,低于成本价中标存在两种情况:第一种情况是招标人(发包人)故意压标,导致投标人(建筑商)低于成本价中标;第二种情况是投标人(建筑商)为了中标自愿低于成本价投标。对于第一种招标人(发包人)故意压标,导致投标人(建筑商)低于成本价中标的情况,主要过错方在招标人(发包人),根据本书提出的处理原则,应当在以价格较高的定额价格结算工程价款。对于第二种投标人(建筑商)自愿低于成本价投标的情况,投标人(建筑商)为主要过错方,应当以较低的合同约定价格结算工程价款。

2. 合同无效,竣工验收不合格时,工程价款的处理

《建设工程司法解释一》

第三条 建设工程施工合同无效,且建设工程经竣工验收不合格的,按照以下

情形分别处理：

（一）修复后的建设工程经竣工验收合格，发包人请求承包人承担修复费用的，应予支持；

（二）修复后的建设工程经竣工验收不合格，承包人请求支付工程价款的，不予支持。

因建设工程不合格造成的损失，发包人有过错的，也应承担相应的民事责任。

之所以如此规定，是由于建设工程项目的复杂性，往往竣工之后都需要多次整改方能最终竣工验收合格，在合同无效时，若基于首次验收不合格就直接剥夺了合同双方当事人参照合同价款支付的可能性，未免太过苛刻，也容易造成经济效益的减损。因此，根据《建设工程司法解释一》第3条的规定，建设工程项目竣工验收不合格时，应当首先进行修复，一方面出于实质公正的考量，另一方面也是为了避免对已建工程经济价值的浪费。

（1）修复合格，参照验收合格处理，但由建筑商承担修复费用

《合同法》

第二百六十二条 承揽人交付的工作成果不符合质量要求的，定作人可以要求承揽人承担修理、重作、减少报酬、赔偿损失等违约责任。

《建设工程质量管理条例》

第三十二条 施工单位对施工中出现质量问题的建设工程或者竣工验收不合格的建设工程，应当负责返修。

上述规定均可以看出，建设工程经验收不合格的，建筑商应当承担返修义务，同时发包人可以要求减少报酬。这样做可以避免浪费社会资源，有利于平衡当事人之间的利益。而且，对于工程修复以后合格的，建设工程仍然具有利用价值，发包人也理应支付相应的对价。

（2）修复不合格，无权请求工程价款

要不要支付工程价款，主要看建设工程是否有利用价值。

《合同法》

第二百七十九条第二款 建设工程竣工经验收合格后，方可交付使用；未经验收或者验收不合格的，不得交付使用。

《建筑法》

第六十一条第二款 未经验收或者验收不合格的，不得交付使用。

《建设工程质量管理条例》

第十六条第三款　建设工程经验收合格的，方可交付使用。

由上述规定可以看出，对于验收不合格，经过专业部门鉴定建设工程的质量缺陷无法通过修复予以弥补的，建设工程已经失去价值，只能拆除重新建设，此时如果要求发包人支付工程款，显然不合理。同时，对于质量不合格，无法修复或者修复后仍不合格的，建筑商无权请求支付工程价款。

（四）质量问题的处理

1. 工程质量应当合格

在合同无效时，原合同中关于工程质量的约定也归于无效，那么此时工程质量如何确定?

（1）法律规定

《标准化法》

第二条　强制性标准必须执行。

《国家标准管理办法》

第三条　工程建设的质量、安全、卫生国家标准及国家需要控制的其他工程建设国家标准，属于强制性国家标准。

《建筑法》

第六十条　建筑物在合理使用寿命内，必须确保地基基础工程和主体结构的质量。建筑工程竣工时，屋顶、墙面不得留有渗漏、开裂等质量缺陷；对已发现的质量缺陷，建筑施工企业应当修复。

第六十一条　交付竣工验收的建筑工程，必须符合规定的建筑工程质量标准，有完整的工程技术经济资料和经签署的工程保修书，并具备国家规定的其他竣工条件。建筑工程竣工经验收合格后，方可交付使用；未经验收或者验收不合格的，不得交付使用。

第六十二条　建筑工程实行质量保修制度。建筑工程的保修范围应当包括地基基础工程、主体结构工程、屋面防水工程和其他土建工程，以及电气管线、上下水管线的安装工程，供热、供冷系统工程等项目；保修的期限应当按照保证建筑物合理寿命年限内正常使用，维护使用者合法权益的原则确定。具体的保修范围和最低保修期限由国务院规定。

《合同法》

第六十二条 当事人就有关合同内容约定不明确,依照本法第六十一条的规定仍不能确定的,适用下列规定:

(一)质量要求不明确的,按照国家标准、行业标准履行;没有国家标准、行业标准的,按照通常标准或者符合合同目的的特定标准履行……

(2)争议问题

建设工程合同无效时,工程质量问题如何处理?

建设工程质量只有"合格"或者"不合格"两种情况,不存在中间状态,工程质量合格是结算工程价款的前提条件。建设工程质量"合格"标准为国家强制性标准,"必须强制执行",不容当事人的意思表示排除适用,也不因合同无效而排除适用。对于建设工程来说,工程质量可以说是最为重要的生命线,也是绝对不可突破的一道防线。对于质量问题的处理,笔者认为,在合同无效时,原合同约定自始无效。根据《标准化法》及《建筑法》,建设工程质量标准只有"合格"或者"不合格"两种情况,工程质量合格是强制性国家标准,合同无效后仍应严格满足"工程质量合格"的标准要求。

具体内容本书专题五"建设工程质量和质量司法鉴定"部分已经进行了详细阐述,在此不再赘述。

2. 工程质量合格与质量奖的区别(鼓励质量创优的奖励之处理)

在建设工程领域,有许多国家级、行业级的工程质量奖项,如国家优质工程奖、国家优质工程金质奖、鲁班奖、詹天佑奖、中国建筑工程钢结构金奖等。往往在原合同中,发包人和建筑商之间也会对工程应当获得工程质量奖作出相关约定,那么工程质量奖与工程质量合格有何区别?在合同无效时,对于工程质量奖的约定是否亦要参照适用?

首先我们要明确,工程质量合格与质量奖是有区别的:(1)工程质量合格是建设工程项目一道最为重要的生命线,这是一个建设工程必须要达到的强制性标准,也是项目要进一步评选质量奖的首要前提,起到的是稳固根本的作用,如果未能达到合格标准,建设工程项目是不得交付使用的;(2)工程质量奖是一项建设工程在合格的前提下,进一步产生的附加价值,起到的是锦上添花的作用,如果未能达到原合同约定的工程质量奖的标准,其本质上是一种违约责任。(除此之外,对于建设工程质量合格与质量奖在其他程序、操作等方面的不同,可参见本书专题五"建设工程质量和质量司法鉴定"部分中的详细论述。)

而合同无效时，之所以仍旧要求工程质量达到合格，是因为关于建设工程项目质量必须达到合格乃是强制性国家标准，是必须执行的，一旦一个工程无法达到质量合格的标准，是绝对不能交付使用的，即便合同无效，质量合格仍是最基本的要求；而工程质量奖，并非国家强制性标准，仅是当事人之间的自由合意，未能达到质量奖的标准，本质上是一种违约责任，在合同无效时，理应归于无效。

【实务操作】

对于建设工程项目来说，工程质量是重中之重，建筑商一定要保证工程质量，如果工程质量不合格，那么其他一切都是空谈，不仅在合同无效时无法主张工程价款，还要承担过错赔偿的责任，更严重的后果是，倘若因为工程质量问题造成安全事故，那么建筑商很可能还要承担刑事责任。

（五）工期问题的处理

对于建设工程项目来说，工期问题涉及工期违约金、停窝工损失、过错认定等问题，是建设工程项目中非常重要的问题。工期也是一把“双刃剑”，如果因发包人原因引起工期延误，发包人需要赔偿建筑商停窝工损失；如果是因建筑商原因引起工期延误，建筑商需要赔偿发包人逾期交房的损失及投资成本的损失，如果目标项目是办公楼将来用于出租的，可能还需赔偿租金损失。在合同无效的情形下，虽然不能直接主张工期违约责任，但是工期的确定会直接影响到索赔，是发包人和建筑商双方的重大问题。工期问题，可谓牵一发而动全身，必须审慎地讨论。关于合同无效以后工期问题如何处理，实践中有不同的观点：

1. 施工合同无效后是否可以参照适用原合同对于工期的约定？

《江苏省高级人民法院关于审理建设工程施工合同纠纷案件若干问题的解答》

5. 建设工程施工合同无效，建设工程经竣工验收合格的，合同约定的哪些条款可以参照适用？

建设工程施工合同无效，建设工程经竣工验收合格的，当事人主张工程价款或确定合同无效的损失时请求将合同约定的工程价款、付款时间、工程款支付进度、下浮率、工程质量、工期等事项作为考量因素的，应予支持。

《徐州市中级人民法院进一步规范关于审理建设工程施工合同纠纷案件的若干问题》

［合同无效后还有哪些条款可结算时以拿来用？］建设工程施工合同无效，建设工程经竣工验收合格的，合同中约定的工程造价、工程款支付期限、工期和进度、工

程质量、竣工验收、质量保修等条款仍可参照适用。

《重庆市高级人民法院民一庭关于当前民事审判疑难问题的解答》

8. 建设工程施工合同无效，发包人请求承包人承担延期完工损失的，如何处理？

答：建设工程施工合同无效时，合同中关于工期的约定条款对当事人仍然具有约束力，人民法院可以据此判断工期是否延误。合同中对于工期延误损失有约定的，无论是约定违约金、损失计算方法以及其他约定，因合同被认定无效，故上述约定不能作为认定损失的依据。合同被认定无效后，工期延误损失应当是因承包人延期完工给发包人造成的实际损失，可根据双方当事人的过错予以赔偿。对于实际损失的存在及金额，发包人应当承担举证责任。

江苏和重庆两地高级人民法院的解答中，确认了工期可以参照的观点。笔者认为，这种观点值得商榷。在合同无效以后仍然参照合同有效适用，会架空整个合同效力制度。同时，合同无效作为有效来处理也缺少法律依据，如此规定虽然在操作上可带来一定的便利性，但是属于无源之水、无本之木。笔者多次强调，在处理合同无效后果时一定要有法律依据和法理依据，并且要充分考虑到建设工程领域的特殊性加上违约者不受益理论来破解。至于合同无效后工期如何处理，下文会做详细阐述。

2. 施工合同无效后是否可以参照适用定额工期？

在建筑实践中，工期分为合同工期、定额工期、合理工期三种类型（关于合同工期、定额工期、合理工期的概念、区别已经在本书“工期与索赔”部分有详细论述，在此不再赘述）。

依据《合同法》第 62 条第 4 项的规定：“当事人就有关合同内容约定不明确，依照本法第六十一条的规定仍不能确定的，适用下列规定……（四）履行期限不明确的，债务人可以随时履行，债权人也可以随时要求履行，但应当给对方必要的准备时间……”有观点认为，此处的“必要的准备时间”实际上应当就是指定额工期，故在合同无效时，原合同工期约定无效，直接适用定额工期。

笔者认为，如果合同无效以后不适用合同约定工期，而适用定额工期，虽然有《合同法》第 62 条的规定作为法律依据，但是没有充分结合建设工程领域的特殊性，没有抓住问题的本质。再者，合同无效以后直接适用定额工期的做法，亦没有考虑到合同无效时发包人和建筑商的过错问题。如此一概而论显然会违反“违法者不受益原则”，容易带来道德风险和负面激励，引起不良的司法导向。

3. 施工合同无效后到底应该如何处理工期问题？

依照《合同法》的基本理论，合同无效以后，原合同中关于工期的约定自始无效，也即不能直接适用合同约定工期。那么能不能像江苏省高级人民法院司法解释规定的那样，参照合同约定工期呢？如何理解《建设工程司法解释二》第 3 条第 2 款的规定？

笔者认为，合同无效情况下，不能简单的直接参照适用合同约定工期。笔者反复强调，在处理合同无效的后果时，所得出的结论一定要有法律依据，不能仅仅为了操作便利就作出违反基本法理的规定。合同无效为自始无效，合同无效以后的约定当然也就不具有法律效力，此时参照适用没有法律效力的约定，在现行的法律框架下是毫无法律依据的。如果合同无效后轻易地就能参照合同约定适用的话，合同效力制度将会被彻底架空。

既然不能参照合同约定工期，又应当适用何种工期呢？笔者认为，处理合同无效的法律依据为《合同法》第 61 条以及第 62 条第 4 项的规定："当事人就有关合同内容约定不明确，依照本法第 61 条的规定仍不能确定的，适用下列规定……（四）履行期限不明确的，债务人可以随时履行，债权人也可以随时要求履行，但应当给对方必要的准备时间……"也就是说，双方关于工期没有约定的，应当给对方必要的准备时间。结合建设工程领域的实践情况而言，定额工期为建设工程行政主管部门按正常施工条件、合理的劳动组织，以施工企业技术装备和管理的平均水平为基础而制定的，从基础破土开工（或原桩位打基础桩）起至建筑安装工程施工全部内容，并达到国家验收标准之日止的全过程所需的日历天数。也就是说，定额工期在性质上属于政府指导工期。笔者认为，"必要的准备时间"指的就是定额工期，在处理合同无效后的定额工期问题具有一定的参考价值。在建设工程合同无效时，对于工期并不能一概而论或采取"一刀切"的方式，而应区分发包人和建筑商的过错，结合"违法者不受益原则"以及建设工程领域的特殊情况，以及《合同法》关于合同无效后果处理的基本理论，分别作出不同的处理，下文将详述之。

（1）违反资质管理规定导致合同无效的，应适用合同约定和定额工期中较低的工期，但绝对不能低于合理工期。因实践中合同约定工期基本上都低于定额工期，因此绝大多数情况下均可以参照合同约定工期。

①建筑商过错的情形下，适用合同约定和定额工期中较低的工期

因违反资质管理规定导致施工合同无效，主要是违反了《建筑法》关于资质管理的相关规定，主要包括"未取得资质或者超越资质等级""借用资质""违法分包、

转包"等情况。在这种情况下主要过错方在于建筑商一方。根据本书提及的处理合同无效的基本原则推断:若合同约定的工期高于定额工期,则直接适用定额工期没有问题;若合同约定的工期低于定额工期,那么在合同无效时适用更长的定额工期,则会使建筑商获利,具有过错的建筑商反而基于合同无效获取了比合同有效更高的利益,显然不符合"违法者不受益原则",此时应当适用合同约定的较低工期更为合理。因此,建筑商过错的情形下,应当认定合同约定和定额工期中较低的工期。

在建设工程实务中,由于现在是发包人市场,一般合同约定的工期都远远低于定额工期,合同约定的工期高于定额工期的情形几乎在实践中很少出现。因此,建筑商过错时,一般都适用了较低的合同约定中的工期。

②认定适用较低的合同工期时,亦绝对不能低于合理工期

笔者认为,定额工期在性质上属于政府规定的指导工期,合理工期属于约定工期不可突破的底线,属于效力性的强制性规定,低于合理工期的约定属于无效约定。合理工期是一项建设工程项目能够按计划顺利完成的基本保障,若合同约定工期低于合理工期的,在合同无效时,不能参照适用该工期约定,应以合理工期为限。

(2)违反规划许可导致合同无效的,应认定合同约定工期和定额工期中较高的工期。因定额工期通常高于合同约定工期,因此绝大多数情况下均适用定额工期。

办理建设用地规划许可证、建设工程规划许可证是《城乡规划法》规定的发包人应当承担的义务,如果因建设用地规划许可证、建设工程规划许可证没有办理而导致建设工程合同无效的,显然属于发包人的过错。根据《合同法》处理合同无效后果的基本理论以及"违法者不受益原则",在处理因违反规划许可导致合同无效的后果时,不能让发包人因自身的违法行为而获得更高的利益。若合同约定的工期低于定额工期,则直接适用定额工期没有问题;若合同约定的工期高于定额工期,那么在合同无效时适用更低的定额工期,则会使发包人获利,具有过错的发包人反而基于合同无效获取了比合同有效更高的利益,显然不符合"违法者不受益原则",此时应当适用合同约定的较高工期更为合理。因此,发包人过错的情形下,应当认定合同约定和定额工期中较高的工期。

同样地,在建设工程实务中,由于现在是发包人市场,一般合同约定的工期都是远远低于定额工期,合同约定的工期高于定额工期的情形几乎在实践中没有出现过。因此,发包人过错时,一般都适用了较高的定额工期。

（3）违反《招标投标法》的相关规定导致合同无效的情况要分类讨论

①投标人（建筑商）串标导致备案合同无效的、建筑商弄虚作假骗取中标导致合同无效的、建筑商贿赂评标委员会并中标导致合同无效的，应认定合同约定和定额工期中较低的工期，通常参照合同约定工期。

投标人（建筑商）串标导致备案合同无效的、建筑商弄虚作假骗取中标导致备案合同无效的、建筑商贿赂评标委员会并中标导致备案合同无效的，这些情况下，导致备案合同无效的过错完全在建筑商，因此，处理合同无效后的工期问题时，也应秉承“过错不受益”原则，应适用合同约定工期和定额工期中较低的工期。因为实践中合同约定工期一般远远低于定额工期，所以通常参照适用合同约定工期。

②发包人和建筑商串标导致合同无效的，应认定合同约定和定额工期中较高的工期。因定额工期通常高于合同约定工期，因此绝大多数情况下均适用定额工期。

我国建筑业目前的实际情况是建筑商竞争异常激烈，僧多粥少，建筑商为了承接业务，往往做出重大让利，发包人对于整个招投标程序和价格、工期享有绝对的话语权和强势地位，因此，笔者认为，由于发包人和建筑商串标导致中标无效的情况下，应由发包人承担责任，发包人是主要过错方。应认定合同约定和定额工期中较高的工期。因定额工期通常高于合同约定工期，因此绝大多数情况下均适用定额工期。

③发包人和建筑商实质性议价导致合同无效的，应认定合同约定和定额工期中较高的工期。因定额工期通常高于合同约定工期，因此绝大多数情况下均适用定额工期。

同理，在实质性议价导致备案合同无效的主要责任应由发包人承担，故此种情况下，应认定合同约定和定额工期中较高的工期。因定额工期通常高于合同约定工期，因此绝大多数情况下均适用定额工期。

（4）实务操作

发包人在和建筑商约定工期时，应当特别注意切勿随意压缩工期，而应当使工期符合合理工期的范畴。在实际中，发包人往往希望工期越短越好，而建筑商为了迎合发包人并最终取得项目，亦往往在工期上进行最大程度的压缩。

在这里笔者需要提醒各位发包人，不要简单地认为一味压缩工期就一定对自己有利，而应当在律师的指导下充分考虑法律风险。因为随意压缩工期不但违反相关规定，而且有可能在涉诉时被认定为无法参照工期约定，从而适用定额工期，最终因小失大；而对于建筑商来说，亦切勿急于求成，若为了取得项目而随意压缩工期,那么做出来的工程项目很可能就是有瑕疵的,一旦项目出现质量问题甚至事故风险,那么后果不堪设想。

(六)工程价款的支付及保修金的返还

建设工程合同中,往往约定了工程价款支付,由于建设工程周期长,一个项目常常都要数年之久,故多采用按周期付款的约定方式,即按照已完工程支付进度款,并预留一部分款项作为保修金。那么,当原合同无效时,关于工程价款支付的约定是否应当参照适用?同样地,针对这个问题,我们应当将《合同法》理论、违法者不受益理论以及建设工程中的特殊情况结合起来去分析。

1. 建设工程合同无效后,原合同约定的工程价款支付方式是否可以参照适用?

(1)法律规定

《建设工程价款结算暂行办法》

(三)工程进度款支付。

1. 根据确定的工程计量结果,承包人向发包人提出支付工程进度款申请,14 天内,发包人应按不低于工程价款的60%,不高于工程价款的90%向承包人支付工程进度款。按约定时间发包人应扣回的预付款,与工程进度款同期结算抵扣。

(2)各地出台的地方性规定

《江苏省高级人民法院关于审理建设工程施工合同纠纷案件若干问题的解答》

3. ……建设工程施工合同无效,建设工程经竣工验收合格的,合同约定的哪些条款可以参照适用?建设工程施工合同无效,建设工程经竣工验收合格的,当事人主张工程价款或确定合同无效的损失时请求将合同约定的工程价款、付款时间、工程款支付进度、下浮率、工程质量、工期等事项作为考量因素的,应予支持。

《徐州市中级人民法院进一步规范关于审理建设工程施工合同纠纷案件的若干问题》

【合同无效后还有哪些条款可结算时以拿来用?】建设工程施工合同无效,建设工程经竣工验收合格的,合同中约定的工程造价、工程款支付期限、工期和进度、工程质量、竣工验收、质量保修等条款仍可参照适用。

(3)示范文本的规定

《建设工程施工合同(示范文本)》(GF-2017-0201)

12.3.2 计量周期

除专用合同条款另有约定外,工程量的计量按月进行。

12.4.1 付款周期

除专用合同条款另有约定外,付款周期应按照第12.3.2项〔计量周期〕的约定与计量周期保持一致。

从上述规定可以看出,江苏省采用一种便于操作的"一刀切"式规定,即一律规定合同无效后可以参照合同约定处理工程进度款的支付以及保修金的返还事宜。相比较而言,《建设工程价款结算暂行办法》以及《建设工程施工合同(示范文本)》(GF-2017-0201)则规定了一种更加公允的处理方式,即确定了发包人应按不低于工程价款的60%,不高于工程价款的90%向建筑商支付工程进度款的原则,以及按月支付工程进度款的原则。

根据《合同法》的规定,合同无效后合同条款自始无效、当然无效,合同条款自始不对当事人发生约束力,应当视为没有约定。此时如果法律对于进度款支付方式有强制性规定的,按照强制性规定,没有强制性规定的还是应当按照笔者前文提及的原则来处理。江苏省高级人民法院出台的司法解释认为,此时可以参照原合同中关于工程价款支付时间、支付进度的约定。对于该观点,笔者不敢苟同,笔者认为,江苏省高级人民法院的做法虽然在操作上具有一定的便利性,但缺乏相应的法律依据支撑。

那么,在合同无效的情况下应该怎样处理进度款的支付问题呢?结合建设工程领域的特性,当前建设工程项目可以分为政府投资项目和民营投资项目两种。对于政府投资项目,《关于严禁政府投资项目使用带资承包方式进行建设的通知》(建市〔2006〕6号)第1条明确规定:"政府投资项目一律不得以建筑业企业带资承包的方式进行建设,不得将建筑业企业带资承包作为招投标条件;……"即政府投资项目严格禁止垫资,都是发包人先支付预付款,进度款都是按月支付(除保修金外)。而针对民营项目,笔者认为,还是应当坚持笔者前面提到的处理原则,将《合同法》理论、建设工程领域的特殊性以及"违法者不受益原则"结合起来。根据《合同法》第62条的规定:"当事人就有关合同内容约定不明确,依照本法第六十一条的规定仍不能确定的,适用下列规定:……(五)履行方式不明确的,按照有利于实现合同目的的方式履行……"当合同无效以后,又没有法律强制性规定的,应当选择有利于实现合同目的的方式履行。结合建设工程领域的特殊性而言,国务院建设主管部门为了有效规范建筑领域工程价款结算等相关问题,已经在《建设工程价款结算暂行办法》(财建〔2004〕369号)中进行了指导性的明确规定,确定了发包人应按不低于工程价款的60%,不高于工程价款的90%向承包人支付工程进度款的原则。同时,《建设工程施工合同(示范文本)》(GF－2017－0201)也确立了按月支付工程进度款的原则。笔者认为,这种支付方式支付进度款即属于“有利于实现合同目的的方式履行”。同时还要考虑违法者不受益原则。由此便可以得出的结论是:合同无效以后,当事人双方又没有补充协议约定的,应当按照建筑行业习惯,按月来支付工程进度款,同时支付进度款的金额应不低于工程价款的60%,不高于工程价款的90%。同时裁判者在认定支付进度款金额时应参考导致合同无效的过错的因素,对进度款金额进行自由裁量。发包人过错导致合同无效的,支付已完工程价款的90%;建筑商过错导致合同无效的,支付已完工程价款的60%;发包人和建筑商都有过错的,根据过错比例在60%~90%之间进行分配,保证违法者不因其违法行为取得利益。

2.建设工程合同无效后,工程质量保修金应如何返还?

(1)司法解释的发展

在《建设工程司法解释二》(征求意见稿一、二)中未规定质量保修金的返还期限问题。

《建设工程司法解释二》(征求意见稿)第三稿:

第十三条 【质量保证金返还期限的确认】当事人对发包人在应付工程款中预留的工程质量保证(保修)金返还有约定,承包人请求按照约定返还工程质量保证(保修)金的,应予支持。

当事人没有约定的,发包人返还承包人质量保证(保修)金的期限不超过2年,自工程竣工验收之日起算;工程因发包人原因未能竣工验收的,自承包人提交工程竣工验收报告90天后起算。

发包人返还质量保证(保修)金后,不影响承包人依照合同约定或法律规定履行工程保修义务。

《建设工程司法解释二》(征求意见稿)第四稿:

第八条 【质量保证金返还期限的确定】当事人对发包人在应付工程价款中预留的工程质量保证金的返还有约定,承包人请求按照约定返还工程质量保证金的,人民法院应予支持。

没有约定的,发包人返还承包人质量保证金的期限不超过两年,自工程通过竣工验收之日起算;因发包人原因导致工程未能竣工验收的,自承包人提交竣工验收报告90天后起算。

发包人返还质量保证金后,不影响承包人根据合同约定或者法律规定履行工程保修义务。

《建设工程司法解释二》送审稿：

第八条　【质量保证金返还期限的确定】

有下列情形之一，承包人请求返还工程质量保证金的，人民法院应予支持：

（一）当事人对发包人返还在应付工程价款中预留的工程质量保证金有约定，承包人请求按照约定返还工程质量保证金；

（二）当事人对返还工程质量保证金的期限没有约定，自工程通过竣工验收之日起满两年；

（三）因发包人原因导致工程未能竣工验收，自承包人提交工程竣工验收报告90 日后满两年。

发包人返还质量保证金后，不影响承包人根据合同约定或者法律规定履行工程保修义务。

《建设工程司法解释二》：

第八条　有下列情形之一，承包人请求发包人返还工程质量保证金的，人民法院应予支持：

（一）当事人约定的工程质量保证金返还期限届满。

（二）当事人未约定工程质量保证金返还期限的，自建设工程通过竣工验收之日起满二年。

（三）因发包人原因建设工程未按约定期限进行竣工验收的，自承包人提交工程竣工验收报告九十日后起当事人约定的工程质量保证金返还期限届满；当事人未约定工程质量保证金返还期限的，自承包人提交工程竣工验收报告九十日后起满二年。

发包人返还工程质量保证金后，不影响承包人根据合同约定或者法律规定履行工程保修义务。

从《建设工程司法解释二》（征求意见稿）一、二中对保修金经返还期限未予规定到征求意见稿三、四中明确规定保修金返还期限的适用规则，送审稿和正式稿中进行了更加细化的规定，体现了司法解释的完善和成熟，也反映出最高人民法院对保修金返还问题的重视。对于缺陷责任期，《建设工程质量保证金管理办法》第 2 条第 3 款规定，缺陷责任期一般为 1 年，最长不超过 2 年，由发、承包双方在合同中约定。根据该规定，本条解释规定当事人对工程质量保证金的返还有约定的，承包人有权请求按照约定返还工程质量保证金；没有约定的，发包人返还承包人质量保证金的期限不超过两年。对于起算时点,应当自工程竣工验收时起算。工程未竣工验收的,本条借鉴了《建设工程质量保证金管理办法》第8条的规定,由于发包人原因导致工程无法按规定期限进行竣工验收的,在承包人提交竣工验收报告90日后,开始计算缺陷责任期。

(2)规范性文件的规定

《建设工程质量保证金管理办法》

第二条 本办法所称建设工程质量保证金(以下简称保证金)是指发包人与承包人在建设工程承包合同中约定,从应付的工程款中预留,用以保证承包人在缺陷责任期内对建设工程出现的缺陷进行维修的资金。

缺陷是指建设工程质量不符合工程建设强制性标准、设计文件,以及承包合同的约定。

缺陷责任期一般为1年,最长不超过2年,由发、承包双方在合同中约定。

(3)各地法院指导意见的规定

《广东省高级人民法院关于审理建设工程合同纠纷案件疑难问题的解答》

9. 工程质量保证金的返还期限应如何认定?

根据《建设工程质量保证金管理办法》第二条的规定,质量保证金是用以保证承包人在缺陷责任期内对建设工程出现的缺陷进行维修的资金,缺陷责任期最长为2年。当事人对质量保证金返还期限有约定的,从其约定;没有约定或约定不明的,发包人应在最长缺陷责任期(2年)期满后28日内将质量保证金返还给承包人。合同约定的缺陷责任期期满后,承包人仍应在保修期内对工程承担保修责任。

《山东省高级人民法院2011年全省民事审判工作会议纪要》

(七)关于质量保修金返还时间的确定问题……当事人对质量保修金返还期限有约定的,从其约定;没有约定或约定不明的,缺陷责任期满后,发包人应当将质量保修金返还给承包人,即发包人应当自接受建设工程之日起2年内将质量保修金返还给承包人。

《北京市高级人民法院关于审理建设工程施工合同纠纷案件若干疑难问题的解答》

31. 施工合同约定工程保修期限低于法定最低期限的条款是否有效?承包人要求返还质量保修金的,如何处理?

建设工程施工合同中约定正常使用条件下工程的保修期限低于法律、行政法规规定的最低期限的，该约定无效。

当事人就工程质量保修金返还期限有约定的，依照其约定，但不影响承包人在保修期限内承担质量保修责任；没有约定或约定不明的，工程质量保修金返还期限为工程竣工验收合格之日起二十四个月。

建设工程施工合同无效，但工程经竣工验收合格并交付发包人使用的，承包人应依据法律、行政法规的规定承担质量保修责任。发包人要求参照合同约定扣留一定比例的工程款作为工程质量保修金的，应予支持。

广东、山东以及北京等地高级人民法院都认识到了保修金返还期限问题的争议，并规定，保修金返还按照如下原则处理，即有约定的按照约定，若约定不明或者没有约定的，保修金返还期限最长为 2 年。

通过上述规定可以看出，各地法院对于质量保修金返还的规定较为一致，工程质量保修金返还期限为工程竣工验收合格之日起 24 个月。

笔者认为，根据前文论述的处理合同无效后果的基本原则，双方对于保修金的返还没有约定或者约定无效后，没有法律的强制性规定，当事人就保修金返还期限又未能签订补充协议的，应根据交易习惯或者行业惯例确定。

《建设工程施工合同（示范文本）》（GF－2017－0201）是国家推行的非强制性施工文本，但是其条文规定具有一定的指导作用。该示范文本通用条款第 15.2.1 条规定："缺陷责任期从工程通过竣工验收之日起计算，合同当事人应在专用合同条款约定缺陷责任期的具体期限，但该期限最长不超过 24 个月。"第 15.3.3 条规定："缺陷责任期内，承包人认真履行合同约定的责任，到期后，承包人可向发包人申请返还保证金。"

而《建设工程质量保证金管理办法》中也规定，缺陷责任期内，建筑商认真履行合同约定的责任，到期后，建筑商向发包人申请返还保证金。缺陷责任期一般为 1 年，最长不超过 2 年，由发包人和建筑商双方在合同中约定。

有鉴于此，笔者认为，在合同无效后，保修金返还期限通常为 1 年，最长为 2 年，即发包人应在竣工验收之日起 1 到 2 年内返还工程保修金。认定保修金返还的期限时要结合当事人的过错情况。例如，如因发包人原因导致合同无效的，可以判令 1 年后返还全部保修金，如果因建筑商原因导致合同无效的，可以判令 2 年后返还保修金。如果是混合过错，可以判令在 1 到 2 年之间返还保修金。当然，如果建筑商提供了保函的，可以提前返还保修金。

(七)工程价款的结算程序处理

1. 最高人民法院司法解释

《建设工程司法解释一》

第二十条 当事人约定,发包人收到竣工结算文件后,在约定期限内不予答复,视为认可竣工结算文件的,按照约定处理。承包人请求按照竣工结算文件结算工程价款的,应予支持。

《最高人民法院关于发包人收到承包人竣工结算文件后,在约定期限内不予答复,是否视为认可竣工结算文件的复函》

你院渝高法〔2005〕154号《关于如何理解和适用最高人民法院〈关于审理建设工程施工合同纠纷案件适用法律问题的解释〉第二十条的请示》收悉。经研究,答复如下:

同意你院审委会的第二种意见,即适用该司法解释二十条的前提是当事人之间约定了发包人收到竣工结算文件后,在约定期限内不予答复,则视为认可竣工结算文件。承包人提交的竣工结算文件可以作为工程款结算的依据。建设部制定的建设工程施工合同格式文本中的通用条款第33条第3款的规定,不能简单地推论出双方当事人具有发包人收到竣工结算文件一定期限内不予答复,则视为认可承包人提交的竣工结算文件的一致意思表示,承包人提交的竣工结算文件不能作为工程款结算的依据。

2. 各地法院意见

《江苏省高级人民法院关于审理建设工程施工合同纠纷案件若干问题的意见》

10. 建设工程施工合同中明确约定发包人收到竣工结算文件后,在合同约定的期限内不予答复视为认可竣工结算文件,当事人要求按照竣工结算文件进行工程价款结算的,人民法院应予支持;建设工程施工合同中未明确约定,当事人要求按照竣工结算文件进行工程价款结算的,人民法院不予支持。

《江苏省高级人民法院建设工程施工合同案件审理指南(2010)》

第五条第六款 发包人逾期不答复也不结算所承担的法律后果,前提是合同有效。当合同无效时,当事人不得依据此规定请求按照竣工结算文件结算工程价款。

《江苏省高级人民法院关于审理建设工程施工合同纠纷案件若干问题的解答(2018)》

9.《建设工程司法解释》第20条规定的按照竣工结算文件结算工程价款,审判实践如何适用？

建设工程施工合同无效的，不影响该条款约定的效力。

《浙江省高级人民法院民事审判第一庭关于审理建设工程施工合同纠纷案件若干疑难问题的解答》（2012年）

十四、建设工程施工合同明确约定发包人应在承包人提交竣工结算文件后一定期限内予以答复，且逾期未答复则视为认可竣工结算文件的，承包人可以请求按照竣工结算文件进行工程价款结算。

建设工程施工合同虽约定发包人应在承包人提交竣工结算文件后一定期限内予以答复，但未约定逾期不答复视为认可竣工结算文件的，承包人不能请求按照竣工结算文件确定工程价款。建设工程施工合同约定发包人在承包人的提交竣工结算文件后未答复则视为认可竣工结算文件，但未约定答复期限，且经承包人催告后，发包人仍不予答复的，人民法院可根据实际情况确定合理的答复期限，但答复期限不应超过60天。

建设工程施工合同对此未明确约定，承包人不能仅以《建设工程施工合同（示范文本）》（GF－1999－0201）通用条款第33.3条为依据，要求按照竣工结算工程价款。

《北京市高级人民法院关于审理建设工程施工合同纠纷案件若干疑难问题的解答》

14. 建设工程施工合同约定发包人应在收到承包人提交的竣工结算文件后一定期限内答复，但未明确约定逾期不答复即视为认可竣工结算文件，承包人依据《解释》第二十条的规定要求按照竣工结算文件结算工程价款的，不予支持。

建设工程施工合同对此未做明确约定，承包人仅以原建设部《建筑工程施工发包与承包计价管理办法》第十六条的规定，或者《建设工程施工合同（示范文本）》（GF－1999－0201）通用条款第33.3条的约定为依据，要求按照竣工结算文件结算工程款的，不予支持。

通过上述规定可以看出，江苏省高级人民法院对适用“以送审价为准”的前提是合同有效的态度有变化，先是认为，合同无效时，当事人不得依据此规定请求按照竣工结算文件结算工程价款，而最新的观点是认为合同无效不影响约定效力。而其他法院大多对于该问题没有进行明确规定，或者持相反意见。

3. 争议问题

当建设工程合同无效时，是否还可以参照适用“以送审价为准”的约定？

笔者认为，只要发包人和建筑商在施工合同中约定了“以送审价为准”的结算条款,即使合同被认定无效,亦不影响该结算条款的效力。根据前述理论,合同无效以后有法律强制性规定的,适用强制性规定,没有强制性规定的适用行业惯例或者习惯。财政部、建设部《关于印发〈建设工程价款结算暂行办法〉的通知》(财建〔2004〕369 号)第 16 条规定:“发包人收到竣工结算报告及完整的结算资料后,在本办法规定或合同约定期限内,对结算报告及资料没有提出意见,则视同认可。”建设部第 107 号文《建筑工程施工发包与承包计价管理办法》第 16 条规定:“工程竣工验收合格,应当按照下列规定进行竣工结算:(一)承包方应当在工程竣工验收合格后的约定期限内提交结算文件。(二)发包人应当在收到竣工结算文件后的约定期限内予以答复。逾期未答复的,竣工结算文件视为已被认可……发承包双方在合同中对上述事项的期限没有明确约定的,可视为其约定期限均为 28 天。”根据建筑领域的特殊性可知,当前以送审价为准的原则已经在建筑领域内普遍适用,同时也已经将该原则写入 2013 版和 2017 版《建设工程施工合同(示范文本)》,显然已经成为建筑行业的习惯。在合同无效时适用建筑行业的习惯既有《合同法》的法律依据,又符合建筑领域的实际情况。

(八)利息支付的处理

因建设工程项目标的巨大,动辄几千万甚至几亿元,与其相关的利息金额通常也较为惊人。建设工程施工过程中涉及的利息问题主要是合同无效时还能不能主张利息,以及利息应当如何计算。

要解决上述问题,首先得搞清楚利息的性质是什么。笔者认为,工程款利息本质上应该是法定孳息,是指因法律关系所应得的收益,与本金之间具有附随性。《物权法》第 116 条第 2 款规定:“法定孳息,当事人有约定的,按照约定取得;没有约定或者约定不明确的,按照交易习惯取得。”既然工程款利息性质上属于法定孳息,那么它的产生是基于法律的规定而不是合同的约定,换句话说,除非法律明确规定不产生利息,否则该收益就不应该依附于合同的效力,合同无效时并不必然灭失。对于这一点《物权法》第 116 条第 2 款规定也比较清楚,“没有约定或者约定不明确的,按照交易习惯取得”,而不是没有约定就不取得。因此,在建设工程施工合同无效的情况下可以计取利息这一问题应没有疑问。

那么合同无效时利息应当如何计取呢?根据《建设工程司法解释一》第 2 条的规定,建设工程施工合同无效,但建设工程经竣工验收合格的,参照合同约定支付工程价款。那么是不是由此可以推断出“合同无效时利息也可以参照合同约定”这一结论呢?

《建设工程司法解释一》

第十八条　利息从应付工程款之日计付。当事人对付款时间没有约定或者约定不明确的,下列时间视为应付款时间:

(一)建设工程已实际交付的,为交付之日;

(二)建设工程没有交付的,为提交竣工结算文件之日;

(三)建设工程未交付,工程价款也未结算的,为当事人起诉之日。

但是这个规定并没有明确合同无效时是不是也按照该规定计算利息。笔者认为,第18条的规定不仅适用于合同有效的情况,也适用于合同无效的情形。因为,从条文表述来看,条文规定并没有区分合同有效还是无效,只是明确了"交付之日""提交竣工结算文件之日""起诉之日"这三个起算利息的时间节点,这三个节点既会在合同有效时出现,也会在合同无效时出现。

在工程建设过程中,除了结算款还有进度款,特别是民营企业投资的项目,在合同无效时进度款利息如何支付也是值得思考的问题。笔者认为,按照《建设工程司法解释一》规定的精神以及本书所反复强调的处理合同无效后果的基本原则,在合同无效后,应当从应付未付进度款之日起计算进度款利息,计息标准按照中国人民银行同期贷款利率计算。

(九)违约责任的处理

1. 建设工程合同无效时,违约责任条款无效

关于合同无效时,违约责任条款是否可以参照适用,在实践中已经有了较为统一的做法,最高人民法院的各案例中均确认:合同无效时,违约责任条款无效,合同当事人不得基于原合同的违约责任条款主张违约金。如最高人民法院在案号(2016)最高法民终687号的江苏省金陵建工集团有限公司与沛县汉之源商贸有限公司、沛县国有资产经营有限公司等建设工程施工合同纠纷案中认为:"因案涉工程合同无效,故金陵建工集团要求按照合同中的违约责任条款计算支付违约金,没有法律依据。"在案号(2017)最高法民申1108号的长春大学、长春建设集团股份有限公司(原长春建设股份有限公司)建设工程施工合同纠纷案中同样认为:"涉案建设工程合同无效,长春建设公司要求长春大学按照无效合同的约定承担违约责任没有依据。"

2. 因"违约"造成的损失可作为合同无效的损失请求过错赔偿

当合同无效时,既然当事人双方关于违约条款的约定无效,为了避免出现"有

损失却无救济”的局面，若因对方“违约”造成了实际损失，那么这部分损失虽然不能主张违约责任，但可以作为合同无效的损失，请求对方承担过错赔偿的责任。

（十）奖罚的处理

在建设工程合同中最常见的奖罚主要有工期奖励、工期处罚、质量创杯奖励、主要施工人员到位率不达标的处罚、工地内发生治安事件的处罚等。笔者认为，在合同中约定的上述奖罚条款，在性质上属于违约金的约定。依据《合同法》第 56 条的规定：“无效的合同或者被撤销的合同自始没有法律约束力。”合同无效后上述违约金的约定当然归于无效。

对此，多地高级人民法院的审判指导意见均明确，此类针对工期、质量等予以处罚的，视为违约金条款。

《江苏省高级人民法院关于审理建设工程施工合同纠纷案件若干问题的指导意见》

27. 建设工程施工合同约定发包人可以因工期、质量、转包或违法分包等情形对承包人处以罚款的，该约定应当视为当事人在合同中约定的违约金条款。

《浙江省高级人民法院民事审判第一庭关于审理建设工程施工合同纠纷案件若干疑难问题的解答》

十九、建设工程施工合同关于工期和质量等奖惩办法的约定，应当视为违约金条款。当事人请求按照《中华人民共和国合同法》第 114 条第 2 款，以及最高人民法院《关于适用〈中华人民共和国合同法〉若干问题的解释（二）》第 27 条、第 28 条、第 29 条的规定调整的，可予支持。

通过上述规定不难看出，合同无效以后，关于奖罚处理的约定也一起归于无效。

而在实务中，最高人民法院在中铁十局集团第二工程有限公司与华通路桥集团有限公司建设工程施工合同纠纷申诉案[（2017）最高法民申 394 号]中认为：

原审判决对罚款的事实认定和判令双方按比例承担是否正确。华通公司与中铁二公司签订的《经营承包合同》因违反《中华人民共和国招标投标法》的强制性规定而无效，故合同中有关罚款承担的约定条款亦无效。《经营承包合同》中双方关于罚款的约定不属于结算和清算条款，华通公司认为应适用《合同法》第 98 条“合同的权利义务终止，不影响合同中结算和清算条款的效力”的理由不能成立。罚款的性质应认定为发包方对施工方主张的违约金，人民法院有权依据实际情况对违约金予以调整。原审判决考虑到华通公司与中铁二公司双方对《经营承包合同》无效均存在一定过错，确定该笔罚款按照各自的过错分担，确定的分担比例及数额并无不当。

结　语

从《建设工程司法解释二》关于合同效力的相关规定可以看出，笔者的诸多建议已经被吸收和采纳，尤其是处理合同无效后果时对当事人过错的考量。

第一，处理合同无效所导致的损害赔偿问题还是以赔偿实际损失为原则，合同约定的违约责任无效也不得参照。

第二，在实际损失难以确定的情况下，可以参照合同约定的质量标准、建设工期、工程价款支付时间等内容确定损失大小。主张损害赔偿的一方应对"对方具有过错、损失的大小、对方的过错同损害结果之间存在因果关系"承担举证责任。

但是，对于《建设工程司法解释二》中的部分观点，笔者持保留态度。下述观点希望最高人民法院在后续出台《建设工程司法解释三》时予以考虑：

1. 处理建设工程合同无效后果的基本原则

处理建设工程合同无效后果三原则相结合，即"《合同法》中关于合同无效后果处理的基本原则""建设工程领域的特殊性原则""违法者不受益原则"相结合。

2. 工程价款的结算

(1) 在因违反资质管理规定导致施工合同无效时，可以参照合同价格结算工程价款。

(2) 在因违反规划许可规定导致施工合同无效时，可以参照定额价格结算工程价款。

(3) 在因违反招标投标法的相关规定导致施工合同无效时，分为三种情况：

①串通投标：投标人串标导致中标合同无效的、投标人弄虚作假骗取中标导致中标合同无效的、投标人贿赂评标委员会并中标导致中标合同无效的，应按照实际履行的合同和中标合同中工程价款较低的合同进行结算。招标人和投标人串标导致中标合同无效的，应按照中标合同和实际履行合同中工程价款较高的合同进行结算。

②实质性议价：招标人和投标人实质性议价导致中标合同无效的，应按照中标合同和实际履行合同中工程价款较高的合同进行结算。

③低于成本价中标：存在两种情况：第一种情况是招标人故意压标，导致投标人低于成本价中标，应当在以价格较高的定额价格结算工程价款。第二种情况是投标人为了中标自愿低于成本价投标，应当以较低的合同约定价格结算工程价款。

3. 质量问题的处理

对于质量问题的处理，根据《标准化法》及《建筑法》，建设工程质量标准只有“合格”或者“不合格”两种情况，工程质量合格是强制性国家标准，合同无效后仍应严格满足“工程质量合格”的标准要求。

4. 工期问题的处理

(1)违反资质管理规定导致合同无效的，主要过错在于建筑商一方，应适用合同约定和定额工期中较低的工期，但不能低于合理工期。

(2)违反规划许可导致合同无效的，主要过错在于建筑商一方，应适用合同约定工期和定额工期中较高的工期。

(3)违反《招标投标法》的相关规定导致合同无效的情况要分类讨论：如果是招标人同投标人串标的情形，应认定合同约定和定额工期中较高的工期。如果是投标人相互串通的情形，应认定合同约定和定额工期中较低的工期。

5. 工程价款逾期支付损失

按照行业惯例，支付进度款的金额应不低于已完工程价款的60%，不高于已完工程价款的90%。因此，发包人过错导致合同无效的，支付已完工程价款的90%；建筑商过错导致合同无效的，支付已完工程价款的60%；发包人和建筑商都有过错的，根据过错比例在60%~90%之间进行分配，保证违法者不因其违法行为取得利益。

6. 工程价款的结算程序处理

只要承发包人在施工合同中约定了“以送审价为准”的结算条款，即使合同被认定无效，亦不影响该结算条款的效力。

7. 利息支付的处理

原合同关于利息支付的约定无效，但并不意味着不再计取利息，应依据《建设工程司法解释一》第18条规定的应付款时间开始计取利息。

8. 奖罚约定的处理

对于奖罚约定的处理，其在性质上属于违约金条款，则违约金条款在合同无效时不再适用。

专题七
建设工程价款优先受偿权

本专题共涉及《建设工程司法解释二》7 个条文，即第 17 条、第 18 条、第 19 条、第 20 条、第 21 条、第 22 条以及第 23 条，条文释义如下：

第十七条　与发包人订立建设工程施工合同的承包人，根据合同法第二百八十六条规定请求其承建工程的价款就工程折价或者拍卖的价款优先受偿的，人民法院应予支持。

【释义】

本条是关于建设工程价款优先受偿权权利主体范围的规定，即主体限定于"与发包人订立建设工程施工合同的承包人"，该范围从以下两个方面理解：

第一，建设工程合同性质须为建设工程施工合同。

由于《合同法》第十六章"建设工程合同"第 269 条规定建设工程施工合同包括勘察、设计、施工合同，因此，对于与发包人订立勘察合同的勘察人、与发包人订立设计合同的设计人，是否可以根据《合同法》第 286 条规定行使建设工程价款优先受偿权，此前存在争议。本条明确，勘察人和设计人无权依据《合同法》第 286 条规定行使建设工程价款优先受偿权。

第二，承包人须与发包人建立直接合同关系。

本条规定从合同相对性出发，规定与发包人建立直接合同关系的承包人方可享有建设工程价款优先受偿权。只要与发包人建立直接合同关系，则无论是与发包人签订施工总承包合同的施工总承包人，还是与发包人专业工程承包合同的专业工程承包人，如幕墙、钢结构等专业工程承包人，都享有建设工程价款优先受偿权。反之，与总包单位签订建设工程分包合同的分包人、转包和违法分包情况下的实际施工人，由于其与发包人未建立直接的施工合同关系，均不得依据《合同法》第286条规定行使建设工程价款优先受偿权。

但是，对于挂靠情况下的实际施工人是否具有优先受偿权，以及对于发包人指定的专业工程分包人，是否可以行使建设工程价款优先受偿权，笔者认为仍将存有争议。

法律依据

《合同法》

第二百六十九条　建设工程合同是承包人进行工程建设，发包人支付价款的合同。

建设工程合同包括工程勘察、设计、施工合同。

第二百八十六条　发包人未按照约定支付价款的，承包人可以催告发包人在合理期限内支付价款。发包人逾期不支付的，除按照建设工程的性质不宜折价、拍卖的以外，承包人可以与发包人协议将该工程折价，也可以申请人民法院将该工程依法拍卖。建设工程的价款就该工程折价或者拍卖的价款优先受偿。

第十八条　装饰装修工程的承包人，请求装饰装修工程价款就该装饰装修工程折价或者拍卖的价款优先受偿的，人民法院应予支持，但装饰装修工程的发包人不是该建筑物的所有权人的除外。

【释义】

本条规定装饰装修工程的承包人享有优先受偿权，之所以对装饰装修工程的承包人进行单独规定，是因为此前对于装饰装修是否属于建设工程有争议，即装饰装修工程究竟是属于建设工程还是属于一般承揽。本条明确装饰装修工程属于建设工程。

同时，本条明确但其行使需符合相应的前提条件且范围受限。

1. 前提条件

装饰装修工程发包人须是建筑物所有权人，如果与承包人签订装饰装修施工合同的发包人并非建筑物的所有权人，则装饰装修工程承包人无权行使优先受偿权。

2. 装饰装修工程承包人优先受偿权范围限定

优先受偿权范围是装饰装修工程的折价或拍卖的价款，也即限于承包人施工范围的装饰装修工程的价值，而不得扩大至施工范围之外的建筑物本身或其他设施设备等。

第十九条　建设工程质量合格，承包人请求其承建工程的价款就工程折价或者拍卖的价款优先受偿的，人民法院应予支持。

【释义】

本条规定旨在解决工程价款优先受偿权的前提条件问题。此前对此问题存在争议，一种意见认为，只要工程质量合格就可以行使工程价款优先受偿权；另一种意见认为，在工程质量合同的同时，还需要满足建设工程施工合同有效，承包人才可以行使工程价款优先受偿权。本条规定明确无论建设工程施工合同是否有效，只要工程质量合格，承包人即可行使工程价款优先受偿权。

1. 前提条件

建设工程质量合格是行使工程价款优先受偿权的前提，而无论建设工程施工合同是否有效。《建设工程司法解释一》第 2 条规定“建设工程施工合同无效，但建设工程经竣工验收合格，承包人请求参照合同约定支付工程价款的，应予支持”。因此，本条规定的前提条件，实质上是前述《建设工程司法解释一》第 2 条的自然延伸。而且，鉴于我国严格的招投标和资质管理制度，建设工程施工合同存在大量无效情形，如果工程价款优先受偿权以建设工程施工合同有效为前提，显然不利于保护建筑商和农民工群体的合法利益，与《合同法》第 286 条的立法目的不符。

2. 工程质量合格的理解

《建设工程司法解释一》第 2 条规定的前提条件是“竣工验收合格”，而本条规定的是“工程质量合格”。工程质量合格包括工程竣工验收合格和未竣工工程的中间验收合格。由于实践中存在大量未竣工工程请求支付工程价款并行使工程价款优先受偿权，因此，规定工程质量合格以囊括竣工和未竣工两种情形下的质量合格，显然更为合理，这也与《建设工程司法解释一》第 20 条规定保持一致。

同时，工程质量合格应当既包括验收合格，也包括修复以后合格。

第二十条　未竣工的建设工程质量合格，承包人请求其承建工程的价款就其承建工程部分折价或者拍卖的价款优先受偿的，人民法院应予支持。

【释义】

本条规定，工程价款优先受偿权的行使并不要求工程必须竣工，即使在工程未竣工情况下，只要满足工程质量合格的前提，承包人请求发包人支付工程价款并行使工程价款优先受偿权的，应予支持。

1. 前提条件

承包人在工程未竣工情况下，行使工程价款优先受偿权的前提，仍然是工程质量合格，此时的工程质量合格主要是中间验收或者分部分项质量验收合格。

2. 工程未竣工情况下承包人行使工程价款优先受偿权的常见情形

(1) 工程因发包人原因停工缓建情况下，承包人行使工程进度款；

(2) 工程因发包人原因停工缓建情况下，承包人解除建设工程施工合同并行使工程结算款；

(3) 工程未停建，但发包人拖欠工程进度款，承包人行使工程进度款；

(4) 工程因承包人原因停工或者承包人严重违约，发包人解除建设工程施工合同，承包人行使工程价款。

第二十一条　承包人建设工程价款优先受偿的范围依照国务院有关行政主管部门关于建设工程价款范围的规定确定。

承包人就逾期支付建设工程价款的利息、违约金、损害赔偿金等主张优先受偿的，人民法院不予支持。

【释义】

本条规定了建设工程价款优先受偿权的范围。2002 年《最高人民法院关于建设工程价款优先受偿权问题的批复》第 3 条规定，"建筑工程价款包括承包人为建设工程应当支付的工作人员报酬、材料款等实际支出的费用，不包括承包人因发包人违约所造成的损失"。该批复颁布后，司法实践中一直对于工程造价组成中的企业管理费、利润是否属于实际支出费用存有争议，也对工程款利息是否属于违约损失存有争议，本条规定明确企业管理费和利润属于优先受偿权范围，而工程款利息被排除在范围之外。

1. 工程价款范围的组成

本条没有逐一列举工程价款范围的组成，而是对工程价款范围采用援引式的规定，即依照国务院有关行政主管部门关于建设工程价款范围的规定确定。原因在于国务院有关行政主管部门对工程价款范围的规定，会随着计价方式的更新而发生调整和变化，如逐一列举难免会发生与行政主管部门关于建设工程价款范围不一致情形，从而引发新的争议。但截至目前来看，无论何种计价方式，企业管理费和利润都包含在国务院有关行政主管部门关于建设工程价款范围的规定之内。因此，企业管理费和利润，属于建设工程价款优先受偿权范围。

2. 工程款利息、违约金、损害赔偿金不属于工程价款优先受偿权范围

逾期支付工程款的利息，无论利息计算标准高低，均不属于建设工程价款优先受偿权范围。

停工窝工损失等损害赔偿金，不属于工程价款优先受偿权范围。

第二十二条　承包人行使建设工程价款优先受偿权的期限为六个月，自发包人应当给付建设工程价款之日起算。

【释义】

本条是关于工程价款优先受偿权行使期限和起算点的规定。

2002 年《最高人民法院关于建设工程价款优先受偿权问题的批复》第 4 条规定，"建设工程承包人行使优先权的期限为六个月，自建设工程竣工之日或者建设工程合同约定的竣工之日起计算"。本条规定，在行使期限上延续了前述批复确定的六个月期限，但在起算点上改变了前述批复的规定，即起算点从"建设工程竣工之日或者建设工程合同约定的竣工之日"调整为"发包人应当给付建设工程价款之日"。

1. 工程价款优先权行使期限起算点调整的必要性和合理性

在施工行业中，建设工程施工合同工程价款结算完成期限往往在竣工验收合格后六个月之后，由此导致工程结算尚未完成但承包人优先受偿权行使期限已经届满的不合理情形出现；而且，工程价款优先受偿权的前提一定是工程款支付请求权产生，而与工程竣工与否无必然联系，因此，本条规定将起算点从"建设工程竣工之日或者建设工程合同约定的竣工之日"调整为"发包人应当给付建设工程价款之日"，具有必要性和合理性。

2. 发包人应当给付建设工程价款之日的确定

发包人应当给付建设工程价款之日的确定，无论是进度款还是结算款的给付之日，均应当以合同约定为准；

但是对于工程进度款，由于工程进度款是中间付款，最后还需要结算，不能由于承包人在进度款给付之日起六个月未行使工程价款优先受偿权而认为承包人丧失了对该部分工程进度款的工程价款优先受偿权，承包人仍可以在后续结算款中一并行使工程价款优先受偿权。对此，可以参照《民法总则》第 189 条规定"当事人约定同一债务分期履行的，诉讼时效自最后一期履行期限届满之日起计算"。我们认为，尽管优先受偿权行使期限的性质通说为除斥期间，但上

述关于诉讼时效的规定可以参照。

对于工程结算款的建设工程价款应当给付之日的确定问题，如果工程价款按期完成结算，则按照合同约定确定应当给付之日是明确的。例如，双方约定在建筑商提交结算报告和资料之日起两个月内完成结算，并在结算完成后一个月内付款。建筑商实际在 2019 年 4 月 1 日提交结算报告和资料，双方在 2019 年 5 月 20 日完成结算。则工程结算款应付之日为 2019 年 6 月 19 日之前，相对应地，建筑商行使工程款优先受偿权截止期限为 2019 年 12 月 19 日之前，这是明确的。但是，如果双方未按期在两个月内完成结算，双方结算期限超过半年甚至更长，如双方在 2019 年 12 月 30 日才完成结算，如何认定工程款应付之日？在此情况下，将会出现重大争议。如果严格按照合同约定期限计算，在双方实际完成结算之时，建筑商优先受偿权已经丧失。

对此，我们认为，在双方未按期完成结算的情况下，则应当从双方实际完成结算之日再加上合同约定的付款期作为工程款应付之日，以保护建筑商和建筑工人的利益。

第二十三条　发包人与承包人约定放弃或者限制建设工程价款优先受偿权，损害建筑工人利益，发包人根据该约定主张承包人不享有建设工程价款优先受偿权的，人民法院不予支持。

【释义】

本条是关于工程价款优先受偿权可否放弃或限制的规定。

1. 适用范围

其既包括发包人与承包人约定放弃工程价款优先受偿权，也包括发包人与承包人约定限制工程价款优先受偿权。实践中，发包人有时与承包人并不直接约定承包人放弃工程价款优先受偿权，而是会对工程价款优先受偿权的行使设置附加条件，如约定承包人在工期逾期等违约情况下不得行使工程价款优先受偿权，或者明确在银行债权清偿后承包人才可以行使优先受偿权。

关于发包人与承包人约定的理解应当从广义上理解，既包括双方协议约定，也包括承包人出具放弃或限制工程价款优先受偿权的单方承诺。

2. 承包人同意放弃或限制工程价款优先受偿权的原则上有效，但损害建筑工人利益的除外

建设工程价款优先受偿权作为权利的一种，则当事人有自由处分的权利，故承包人原则上可以作出放弃或限制的处分。但建设工程价款优先受偿权作

为法定的优先权,具有保护建筑工人利益的特殊立法目的,故为了防止建筑工人的利益受损,本条规定如果承包人同意放弃或限制建筑工人利益的行为侵害了建筑工人利益的,放弃或限制行为无效,即承包人仍可以行使享有建设工程价款优先受偿权。

3. 实质要件:损害建筑工人利益的认定

如何理解损害建筑工人利益? 一般而言,放弃或限制建设工程价款优先受偿权,必然实质上影响建筑工人工资的清偿,从而损害建筑工人利益。但是,如果发包人在和承包人约定放弃或限制工程价款优先受偿权的同时,专门调拨资金全部清偿了建筑工人工资或者为建筑工人的工资另行提供了足额担保,在此类情形下,建筑工人的利益有了保障,则应当认定为建筑工人利益未受损害。

一、建设工程价款优先受偿权的基本理论

(一)建设工程价款优先受偿权的概念及其产生原因

在我国大陆地区,首次就建设工程价款优先受偿权(以下简称工程款优先受偿权)进行明确规定的是1999年10月1日起施行的《合同法》第286条:"发包人未按照约定支付价款的,承包人可以催告发包人在合理期限内支付价款。发包人逾期不支付的,除按照建设工程的性质不宜折价、拍卖的以外,承包人可以与发包人协议将该工程折价,也可以申请人民法院将该工程依法拍卖。建设工程的价款就该工程折价或者拍卖的价款优先受偿。"

根据该规定可知,工程款优先受偿权是指发包人未按约定向承包人支付建设工程价款(以下简称工程款),承包人就建设工程折价或拍卖的价款享有优先受偿的权利。

工程款优先受偿权的设立具有深刻的社会原因。我国从20世纪90年代初开始,随着建筑业市场规模的迅猛增长,拖欠工程款的问题也日渐突出。据不完全统计,1990年,全国建筑施工企业被拖欠的工程款为36亿元,到1992年年底达到200亿元,1993年达到308亿元,1995年超过600亿元,据《中国建筑业年鉴》1997年年底的不完全统计,该年度全国工程拖欠款总额为3566亿元。① 可想而知,承包人作为建设工程的承建方,一旦发包人拖欠其工程款,接踵而来的必定是农民工工资拖

① 张国香、孙贤程:《工程款拖欠引发法律思考》,载《人民法院报》2001年8月20日,第B01版。

欠、供应商材料款的欠付,产生一系列恶性循环,严重影响建筑业健康稳定的发展,同时工资作为农民工的生存之本被拖欠,社会和谐稳定也将遭受严重威胁。

工程款优先受偿权制度的设立是保护承包人、农民工的特定债权的需要以及追求实质性公平正义的结果,在日本、法国、德国及我国台湾地区等,均已制定了类似的制度。

(二)工程款优先受偿权的性质

1.学术观点

自《合同法》第286条发布之后,工程款优先受偿权的性质在我国一直存在较大争议。发布之初,甚至由于其与抵押权的优先顺位约定不明确,导致工程款优先受偿权制度形同虚设。目前,我国国内学术界对于工程款优先受偿权的权利性质主要有以下几种观点:

(1)留置权说

留置权,是指债权人按照合同约定占有债务人的财产,债务人不按照合同约定的期限履行债务的,债权人有权留置该财产,以该留置财产折价或者以拍卖、变卖该财产的价款优先受偿。

1991年,我国工商行政管理局和建设部联合制定了《建设工程施工合同条例》,该条例第28条规定:"由于甲方违反有关规定和约定,经办银行不能支付工程款,乙方可留置部分或全部工程,并予以妥善保护,由甲方承担保护费用。"上述规定中使用了"留置"的说法。有鉴于此,部分学者持有留置权说的观点,如江平教授等;[①]反对留置权学说的学者则认为,留置权的权利客体仅限于动产且必须以占有为前提,我国《担保法》第82条也有明确的规定:"本法所称留置,是指依照本法第八十四条的规定,债权人按照合同约定占有债务人的动产,债务人不按照合同约定的期限履行债务的,债权人有权依照本法规定留置该财产,以该财产折价或者以拍卖、变卖该财产的价款优先受偿。"但建设工程属于典型的不动产,且即使建设工程已经交付发包人,承包人仍享有该权利,并非以占有为前提,因此学者认为工程款优先受偿权属于留置权有违法理逻辑,目前持有该观点的学者已愈加减少。

(2)法定抵押权说

法定抵押权是指依据法律的直接规定而在当事人之间产生的抵押权。以梁慧

---

① 江平主编:《中华人民共和国合同法精解》,中国政法大学出版社1999年版,第223页。

星为代表的一些学者从我国《合同法》的立法过程分析,认为我国设立建设工程款优先受偿权就是法定抵押权,只不过在后来的修改中,考虑到法律条文仅规定承包人享有法定抵押权,而该法定抵押权的内容、效力如何实现仍有待于解释,不如直接规定其内容、效力和实现方式,[①]最终《合同法》中没有使用法定抵押权的字眼,而是直接规定了抵押权的内容,即《合同法》第286条的规定。

反对法定抵押权说的学者则认为,工程款优先受偿权属于法定抵押权与我国目前的立法体制相悖。首先,法定抵押权属于担保物权,应符合物权法定的原则,但就我国目前的法律而言,没有任何关于法定抵押权的规定。其次,我国抵押权采取登记生效主义,但是我国工程款优先受偿权的取得并不以登记为要件,且根据我国《物权法》第202条的规定,抵押权的行使期限即是主债权诉讼时效期间,而工程款优先受偿权的行使期限只有6个月。最后,虽然在《合同法》起草的讨论过程中,学者们将工程款优先受偿权作为法定抵押权来讨论,但《合同法》中最终并没有采用法定抵押权的说法,也无法推断认为工程款优先受偿权属于法定抵押权的观点被立法机构认可。

(3)优先权说

优先权是直接根据法律规定,享有特殊债权之人可从债务人的总财产、特定动产、特定不动产的价值优先受偿的权利。[②]

主张优先权说的学者认为,工程款优先受偿权是为了保障处于弱势地位的承包人的债权,法律直接授予债权人的优先权,且在实践中明确释明,该优先权优于其他抵押权,且行使期限为6个月,该观点认为,将工程款优先受偿权的性质界定为优先权有利于较好地保障承包人的合法权益。

反对优先权说的学者则认为,优先权说混淆了"优先权"和"优先受偿权"的概念,认为优先权属于一种独立的担保物权,但是优先受偿权则不是独立的担保物权,亦有学者认为,优先权与优先受偿权是同一含义,因此认为优先受偿权属于优先权的说法并不准确。

2. 其他国家及我国台湾地区关于工程款优先受偿权规定之比较

《法国民法典》第2103条(现第2374条)规定,建筑师、承包人、瓦工与其他受雇于建筑、重建或者修理楼房水渠或其他任何工程施工的工人,只要有楼房、建筑

---

① 梁慧星:《是优先权还是抵押权:合同法第286条的权利性质及其适用》,载《中国律师》2001年第10期。

② 崔建远:《我国物权法应选取的结构原则》,载《法制与社会发展》1995年第3期。

所在辖区内的大审法院依职权任命的鉴定专家事先作成笔录，确认与所有人宣告拟建的工程有关的场地的状况，并且工程完工后最迟6个月内已由同样依职权任命的鉴定专家的验收，即对该工程有优先权。①

《日本民法典》第327条规定："不动产工事的先取特权，就工匠、工程师及承揽人对债务人不动产所进行的工事的费用，存在该不动产上"，第337～339条规定，不动产工事的先取特权，应于工事开始前登记其费用预算额，而保存其效力，并可优先于抵押权而行使。②

《德国民法典》第648条第(1)项规定："建筑工作物或者建筑工作物的各部分的承揽人，可以为其由合同产生的债权，请求给予定作人的建筑地上的保全抵押权。工作尚未完成的，承揽人可以为与已经提供的劳动相当的部分报酬，以及为不包含在报酬中的垫款，请求给予保全抵押权。"③

我国台湾地区"民法"第513条规定："承揽之工作为建筑物或其他地上之工作物，或为此等工作物之重大修缮者，承揽人得就承揽关系报酬额，对于其工作所附之定做人之不动产，请求人为抵押权之登记；或对于将来完成之定做人不动产，请求预为抵押权之登记。前项请求，承揽人于开始工作前亦得为之。前二项之抵押权登记，如承揽契约已经公证者，承揽人得单独申请之。第一项及第二项就修缮报酬所登记之抵押权，于工作物因修缮所增加之价值限度内，优先于成立在先之抵押权。"④

综观上述各国和我国台湾地区的立法例，我们可以看出，各国和我国台湾地区对于工程款"优先受偿权"均有规定，但是对于该权利的性质定位却各不相同。德国和我国台湾地区民法中基本是倾向于将其定位为"法定抵押权"；法国和日本民法中则将其认定为"优先权"，其可优先于抵押权行使。

3. 我国对工程款优先受偿权权利性质的定位

目前我国国内倾向于"优先权"一说的学者主要基于如下理由，其认为工程款优先受偿权符合"优先权"的特征，且笔者也较为赞同该观点：

(1)优先权是通过法律规定而产生的担保物权

优先权均是法定的权利，其通过法律、法规直接规定，而非当事人自行约定。优

---

① 《法国民法典》，罗结珍译，中国法制出版社1999年版，第480页。

② 《日本民法典》，王书江译，中国人民公安大学出版社1999年版。

③ 《德国民法典》，陈卫佐译，法律出版社2004年版，第216页。

④ 梁津、齐宏：《海峡两岸工程款优先权利立法比较及其在不动产抵押估价中的应用》，载《中国房地产估价与经纪》2011年第1期。

先权属于支配权和绝对权，具有排他性，行使优先权无须请求债务人为或者不为一定行为。工程款优先受偿权是《合同法》直接授予承包人的权利，承包人无须占有工程，也无须对优先受偿权进行登记，便可行使优先受偿权来保障自己的债权。根据《合同法》的规定，除按照建设工程的性质不宜折价、拍卖的以外，承包人可以与发包人协议将该工程折价，也可以申请人民法院将该工程依法拍卖，享有优先受偿权的承包人可以通过折价或申请法院对工程进行拍卖等方式，来保障自己债权的实现。

(2)优先权是担保特定债权的担保物权

优先权担保的债权是通过法律、法规明文规定的特定债权，立法机构从公平公正的原则出发，为了维护特定债权人的合法权益，直接授予特定债权人以优先权。工程款优先受偿权，就是为了保障处于弱势地位的承包人基于建设工程施工合同取得的债权而由法律直接授予的优先权。

(3)优先权系区别于传统担保物权之外的一项独立的权利，其优于其他债权和传统担保物权

优先权系独立于传统担保物权种类之外的一项独立的权利，其设立目的、公示方法等均与传统担保物权存在明显的区别，且先位顺序优先于其他债权和传统担保物权。2002 年，《优先受偿权批复》明确指出："人民法院在审理房地产纠纷案件和办理执行案件中，应当依照《中华人民共和国合同法》第二百八十六条的规定，认定建筑工程的承包人的优先受偿权优于抵押权和其他债权。"

二、优先受偿权的行使主体

工程款优先受偿权的行使主体，即依法享有工程款优先受偿权主体资格的当事人。根据《合同法》第 286 条规定可知，享有工程款优先受偿权的权利主体为建设工程"承包人"。在我国《合同法》第十六章"建设工程合同"中，与"承包人"相联系的主体共有以下几类：总承包人、勘察人、设计人、施工承包人、合法分包人（经发包人同意，总承包人或勘察、设计、施工承包人将工程交由第三人完成）、违法分包人（承包人转包或将工程肢解以后的分包、承包人将工程分包给无资质的单位、分包单位再分包）。那么，上述"承包人"是否均享有工程款优先受偿权？现本章节按照实践中问题的复杂性的顺序予以分析。

（一）实际施工人是否享有工程款优先受偿权

何为"实际施工人"，笔者在专题二"实际施工人制度"中已经详细阐述，此处不

再赘述，其是《建设工程司法解释一》创制的概念，旨在表述无效合同中实际承揽工程施工的、无法定资质或低于法定资质的施工企业、非法人单位、个人等。对于实际施工人是否享有工程款优先受偿权，由于我国长期以来一直未有明确规定，司法实践及理论界一直存在争议。

1.《建设工程司法解释二》的发展

《建设工程司法解释二》（征求意见稿）第一稿：

第二十三条 【合同无效实际施工人的优先受偿权】

建设工程施工合同无效，但建设工程质量合格，实际施工人请求对承建的建设工程享有优先权的，应予支持。

另一种意见：建设工程施工合同无效，实际施工人请求对承建的建设工程享有优先权的，不予支持。

《建设工程司法解释二》（征求意见稿）第二稿：

第二十五条 【合同无效实际施工人的优先受偿权】

第一种意见：

建设工程施工合同无效，但建设工程经竣工验收合格，实际施工人请求对承建的建设工程享有优先权的，应予支持。

第二种意见：

建设工程施工合同无效，实际施工人请求对承建的建设工程享有优先权的，不予支持。

《建设工程司法解释二》（征求意见稿）第三稿：

第二十九条 【优先受偿权的行使条件】

符合下列条件，承包人就其承建的工程主张工程价款优先受偿权，人民法院应予支持：

（一）建设工程施工合同有效；

……

另一种意见：不以建设工程合同有效为限。实践中因资质、招投标法律规定，大量无效合同出现。作此规定，不利于无效合同中承包人权利保护。

《建设工程司法解释二》（征求意见稿）第四稿：

第十八条 【优先受偿权的权利主体】

实际施工人等未与发包人订立建设工程施工合同的人，根据合同法第二百八十六条规定主张建设工程价款就工程折价或者拍卖的价款优先受偿的，人民法院不予支持。

《建设工程司法解释二》送审稿：

第十八条 【优先受偿权的权利主体】

与发包人订立建设工程施工合同的承包人，根据合同法第二百八十六条规定主张建设工程价款就工程折价或者拍卖的价款优先受偿的，人民法院应予支持。

《建设工程司法解释二》：

第十七条 与发包人订立建设工程施工合同的承包人，根据合同法第二百八十六条规定请求其承建工程的价款就工程折价或者拍卖的价款优先受偿的，人民法院应予支持。

第一稿及第二稿意见中：对于实际施工人的优先受偿权均列明了两种意见，第一种意见：合同无效但工程质量合格的，实际施工人享有优先受偿权；第二种意见：合同无效，实际施工人不享有优先受偿权。二稿的区别在于，第二稿将第一稿意见中的"建设工程质量合格"修改为"竣工验收合格"。

第三稿意见中，未将实际施工人是否享有工程款优先受偿权单列，而是在优先受偿权行使条件中一并进行规定，但同时也列明了上述两种意见。

第四稿意见中，仅列明了实际施工人不享有优先受偿权的一种意见。该稿不再从第一稿至第三稿中合同效力出发的角度对其进行规定，而是从合同相对性出发，明确实际施工人不享有工程款优先受偿权。

送审稿意见中，其实质意思与第四稿相同，但由原来第四稿反向排除式的规定，修改为正向规定，即明确优先受偿权主体限定为与发包人订立建设工程施工合同的承包人。

正式稿中，将"主张建设工程价款"修改为"请求其承建工程的价款"，实质意义不变，在文字用词上做了调整，显得更为严谨。

2. 各地法院意见

就实际施工人是否享有工程款优先受偿权，各地规定不一，主要有以下三种观点：

第一种观点：总承包人或转包人怠于行使工程款优先受偿权时，实际施工人在发包人欠付工程款范围内可以主张优先受偿权。

《江苏省高级人民法院关于审理建设工程施工合同纠纷案件若干问题的解答》

15. 建设工程价款优先受偿权不受建设工程施工合同效力的影响。建设工程施工合同无效，承包人仍然享有建设工程价款优先受偿权。

16. 实际施工人在总承包人或者转包人不主张或者怠于行使工程价款优先受偿权时,就其承建的工程在发包人欠付工程价款范围内可以主张优先受偿权。

《河北省高级人民法院建设工程施工合同案件审理指南》

33. 建设工程施工合同无效、但建设工程质量合格,承包人主张建设工程价款就该工程折价或拍卖的价款优先受偿的,人民法院应予以支持;分包人或实际施工人在总包人或非法转包人怠于主张工程价款时,主张建设工程价款就该工程折价或拍卖的价款优先受偿的,人民法院应予支持。

《浙江省高级人民法院民事审判第一庭关于审理建设工程施工合同纠纷案件若干疑难问题的解答》

二十二、建设工程施工合同无效,但工程经竣工验收合格,承包人可以主张工程价款优先受偿权。分包人或实际施工人完成了合同约定的施工义务且工程质量合格,在总承包人或转包人怠于行使工程价款优先受偿权时,就其承建的工程在发包人欠付工程价款范围内可以主张工程价款优先受偿权。

《安徽省高级人民法院关于审理建设工程施工合同纠纷案件适用法律问题的指导意见》

第十七条 建设工程施工合同无效,但工程经竣工验收合格的,承包人主张工程价款优先受偿权,可予支持。

第十八条 分包人或实际施工人完成了合同约定的施工义务且工程质量合格的,在总包人或非法转包人怠于主张工程价款优先受偿权时,就其承建的工程在发包人欠付的工程款范围内主张工程价款优先受偿权,可予支持。

《重庆市高级人民法院民一庭关于当前民事审判疑难问题的解答》

15. 实际施工人是否享有建设工程价款优先受偿权?

答:我国《合同法》第二百八十六条规定:"发包人未按照约定支付价款的,承包人可以催告发包人在合理期限内支付价款。发包人逾期不支付的,除按照建设工程的性质不宜折价、拍卖的以外,承包人可以与发包人协议将该工程折价,也可以申请人民法院将该工程依法拍卖。建设工程的价款就该工程折价或者拍卖的价款优先受偿。"该条赋予承包人享有建设工程价款优先受偿权的立法目的旨在解决工程款的拖欠问题,保障包括广大农民工在内的建筑工人的基本生活需要。但是,现实生活中,承包人非法转包和违法分包的情形较为普遍,承包人往往并不实际施工,拖欠的工程款通常是实际施工人的。如果承包人怠于行使权利,则实际施工人的利益无法得到保护。因此,在与发包人具有直接合同关系的承包人没有起诉发包人的情况下，实际施工人诉请发包人在欠付工程款范围内支付工程价款并依照我国《合同法》第二百八十六条主张建设工程价款优先受偿权的，应当予以支持。

《徐州市中级人民法院进一步规范关于审理建设工程施工合同纠纷案件的若干问题》

【合同无效时谁能主张优先受偿权？】建设工程施工合同无效，但建设工程质量合格，承包人可以主张工程价款优先受偿权。实际施工人在承包人怠于行使工程价款优先受偿权时，就其承建的工程在发包人欠付工程款范围内可以主张工程价款优先受偿权。

第二种观点：实际施工人享有工程款优先受偿权。

《四川省高级人民法院关于审理建设工程施工合同纠纷案件若干疑难问题的解答》

37. ……

建设工程施工合同无效，但建设工程经竣工验收合格，或者未经竣工验收但已经实际使用，实际施工人请求其工程价款就承建的建设工程折价或拍卖的价款优先受偿的，应予支持。

《杭州市中级人民法院民一庭关于审理建设工程及房屋相关纠纷案件若干实务问题的解答》

第四条 无效合同的实际施工人是否仍可行使优先受偿权？

答：建设工程价款优先受偿权，是立法对承包人应得工程价款的优先保护，属于承包人的法定权利。即使承包合同被认定无效，但承包人所享有的工程价款请求权依然存在，相应的其优先受偿权也应一并受到保护。

第三种观点：实际施工人不享有工程款优先受偿权。

《全国民事审判工作会议纪要》(2011年)

29. 因违法分包、转包等导致建设工程合同无效，实际施工人请求依据合同法第二百八十六条规定对建设工程行使优先受偿权不予支持。

综上，在我国各地法院发布的意见中，就实际施工人是否享有工程款优先受偿权，主流观点为上述第一种：实际施工人在总承包人或者转包人怠于主张优先受偿权时，有权就其承建的工程在发包人欠付工程款范围内主张优先受偿权，地方法院直接认定实际施工人不享有工程款优先受偿权的情况极少（江苏省高级人民法院及广东省高级人民法院之前持该观点，后均进行了变更）。

3. 典型案例

案例7－1

绍兴××科技有限公司新建厂区工程案[绍兴市上虞区人民法院(2015)绍虞滨民初字第7号]

原告(实际施工人):陶××;

被告一(发包人):绍兴××科技有限公司;

被告二(承包人):浙江××建业有限公司。

一、工程概况

工程名称:绍兴××科技有限公司新建厂区工程。

工程暂定价:4500万元。

工期:540天,开工日期:2011年7月8日(具体以开工报告为准)。

二、合同签订情况

2011年7月2日,二被告签订《建设工程施工合同》,约定被告一将涉案工程发包给被告二施工。

2011年8月18日,原告与被告二签订《工程内部承包合同》,约定被告二将其承包的全部工程以包工包料内部责任承包的形式发包给原告施工,原告履行二被告签订的合同及工程相关之承诺、补充协议等。

三、合同履行情况

2011年8月18日,工程开工;

2012年9月5日,本工程主体结构全部验收合格;

截至2013年2月7日,原告收到的工程进度款仅为28,413,570元。

后由于二被告延期支付工程进度款,原告无能力继续施工。2013年6月起,工程陆续停工,2014年上半年全部停工。

2016年,原告将二被告诉至法院,请求确认涉案工程所涉合同均予以解除、判令二被告向原告支付欠付工程款及利息以及判令原告对涉案工程享有法定优先受偿权。

四、争议焦点

本案中一个最主要的争议焦点为:原告作为实际施工人就涉案工程是否享有工程款优先受偿权?

五、各方观点

原告观点：原告为实际施工人，无论涉案工程合同是否有效，原告均有权主张工程价款，既然如此，则涉案工程也应享有工程款优先受偿权；

被告一观点：原告为实际施工人，其与被告二签订的合同无效，故原告就涉案工程无优先受偿权。

六、法院观点

虽然施工合同无效，涉案工程至今未完全施工完毕，但原告优先受偿权依然存在，就原告行使优先受偿权的诉讼请求予以支持。

【案例小结】

本案中，就作为实际施工人的原告是否享有工程款优先受偿权的焦点，各方争议较大。在原告起诉之前，已经有十几家银行及小贷公司先行起诉了被告一，如果届时判决原告不享有优先受偿权，则原告很可能执行不到任何款项。本案作为笔者亲自承办的案例，在案件审理过程中，笔者则紧密结合《建设工程司法解释一》及《浙江省高级人民法院民事审判第一庭关于审理建设工程施工合同纠纷案件若干疑难问题的解答》之相关规定，分析原告为实际施工人，有权主张工程款，进而也有权主张工程款优先受偿权。

另，经笔者检索，在2014年1月1日至今的案例中：绝大部分均明确支持实际施工人享有优先受偿权，明确实际施工人不享有优先受偿权的案例较少。

4. 其他各国立法

在国外，类似于我国工程款优先受偿权的有法国民法典中的建筑物优先权以及日本民法典中的不动产先取特权、德国的法定抵押权等。

《法国民法典》第2110条（现为第2832条）规定："建筑师、承包人、瓦工与其他受雇建筑、重建或修缮楼房、渠道或其他工程的工人，以及为支付或偿还这些人的款项而提供钱款借贷，且借贷款项的用途得到确认的借贷人，通过以下两次登记而保持其优先权：1. 确认现场状况的笔录的登记；2. 工程验收笔录的登记。"①根据该规定可知，在法国享有工程款优先受偿权的主体较为广泛，包括建筑人、承揽人、瓦工及其他工人，甚至是为支付偿还与这些人有关的款项而贷与金钱的贷与人，但他

① 《法国民法典》，罗结珍译，中国法制出版社1999年版，第483页。

们与不动产所有人应具有直接的关系。①

根据《日本民法典》第 327 条规定可知，享有不动产工事的先取特权的主体，包括工匠、工程师及承揽人，其未明确该主体与发包人是否具有合同相对性、未明确相关合同效力，但日本主流观点认为，不动产工事先取特权的主体限于与工程所有权人有直接关系的主体，分包商不符合该条件，但不排除分包人代为行使总包商债权时对不动产所有人主张先取特权。②

《德国民法典》第 648 条第（1）项规定，“建筑工作物或者建筑工作物的各部分的承揽人，可以为其由合同产生的债权，请求给予定作人的建筑地上的保全抵押权。”根据该规定可知，承揽人对其定作人的建筑地上享有保全抵押权，定作人系建筑地上的所有人、系承揽人的合同相对方，即德国民法不认可与发包人无合同关系的主体即实际施工人享有优先受偿权。

在英美法系国家，如美国、加拿大就工程款优先受偿权的主体规定较为广泛，一般包括劳工、主承包人或总承包人、次承包人、材料供应人、设备供应人、专业服务提供人等。③ 换言之，即其认可实际施工人享有工程款优先受偿权。

综上，在大陆法系国家，就实际施工人是否享有工程款优先受偿权，法国、德国均不予认可，日本主流观点认为应有条件享有，英美法系国家则较为统一，大多认为实际施工人应享有工程款优先受偿权。

5. 学术观点

就实际施工人是否享有工程款优先受偿权，学术界主要存在以下两种观点：

第一种：肯定观点，认为工程验收合格或修复后的工程经验收合格的，则实际施工人享有工程款优先受偿权。主要理由如下：

工程款优先受偿权具有从属性，其依附于工程款而存在，只要实际施工人有权向发包人主张工程款，则应享有工程款优先受偿权。《建设工程司法解释一》第 26 条明确规定实际施工人有权突破合同相对性，主张发包人在欠付款项范围内承担付款责任。

第二种：否定观点，认为实际施工人不享有工程款优先受偿权。主要理由如下：

工程款优先受偿权的性质属于法定担保物权，当作为主合同的建设工程施工

---

① 王旭光：《建筑工程优先受偿权制度研究——合同法第 286 条的理论与实务》，人民法院出版社 2010 年版，第 138 页。

② 李枳莹：《建设工程分包商优先受偿权研究》，吉林大学 2017 年硕士学位论文，第 6 ~ 7 页。

③ 王旭光：《建筑工程优先受偿权制度研究——合同法第 286 条的理论与实务》，人民法院出版社 2010 年版，第 144 页。

合同无效时,作为从权利的担保物权也应无效,故实际施工人不享有工程款优先受偿权。另,如无效、违法合同中的承包人也享有工程款优先受偿权,将有违立法精神。

6. 本书观点

尽管《建设工程司法解释二》第 17 条规定将实际施工人排除在建设工程价款优先受偿权权利主体范围之外,但笔者认为,此规定仍有值得商榷之处。

笔者认为,实际施工人在符合相应的条件下,应有权在发包人欠付工程款范围内要求发包人承担付款责任,笔者认为,如工程质量验收合格或者经修复后验收合格的,实际施工人有权主张工程款,则实际施工人应享有工程款优先受偿权。

具体理由为:

第一,实际施工人是否享有工程款优先受偿权符合设立工程款优先受偿权制度的立法目的。我国工程款优先受偿权制度的设立在于保护承包人,进而保护农民工等弱势群体,实际施工人作为工程人力、物力、财力、机械设备等实际投入者,作为工程施工的实际组织者,其享有工程款优先受偿权,符合我国立法目的,并不违背我国立法精神。

第二,符合我国国情。我国实行严格的资质管理制度,根据《建筑法》《招标投标法》等法律规定,如承包人不具有相关资质即进行施工,则大量合同都将面临无效的法律后果,故转包、违法分包、挂靠等行为在我国普遍存在。转包、违法分包、挂靠等行为是我国经济高速发展、建筑行业激烈竞争的产物,我国目前市场形势下尚无法完全禁止,如由实际施工人独自承担不利的后果,则必将有失公平,也不利于社会和谐稳定。

第三,《建设工程司法解释二》在送审稿中,对于实际施工人的权利保护制度,规定实际施工人只能通过代位权制度主张工程款,因而,其坚持合同相对性的逻辑是一以贯之的。但是正式稿在第 25 条规定实际施工人通过代位权主张工程价款同时,通过第 24 条规定保留了《建设工程司法解释一》第 26 条第 2 款规定的实际施工人突破合同相对性直接向发包人主张工程价款的制度,此时再以合同相对性为由坚持实际施工人不享有优先受偿权,在逻辑上显得混乱。而且,在司法实践中,实际施工人在依据《建设工程司法解释一》第 26 条第 2 款以及《建设工程司法解释二》第 24 条直接向发包人主张工程价款时,就会出现承包人享有工程价款优先受偿权但发包人直接向实际施工人支付工程款的奇怪局面。

第四,在发包人明知甚至积极追求挂靠的情况下,挂靠的实际施工人实际上与发包人直接订立了建设工程施工合同。此时,即使从合同相对性出发,笔者认为也应当赋予实际施工人建设工程价款优先受偿权。

7.实务操作

工程款优先受偿权对于实际施工人的作用不容小觑,如实际施工人无法享有该权利,则将会存在赢了官司,却最终无法实际取得工程款的风险。

面对《建设工程司法解释二》规定实际施工人不享有工程款优先受偿权的情况,笔者建议,一旦实际施工人与发包人、建筑商就工程款支付问题发生争议,则应注意选择起诉主体:

(1)在建筑商信誉状况、经营管理等均较好,且其未出具放弃工程款优先受偿权承诺(下文将具体分析)的情况下,则建议以建筑商名义起诉,但是如果建筑商面临破产、资不抵债、诉讼累累或财产已经被司法部门查封,则建议以实际施工人名义起诉。

(2)律师在代理实际施工人案件中,应注意防范自身的风险。在起诉前,应详细告知实际施工人选择不同的起诉主体会面临的不同的法律风险,并做相应的笔录。另外,在实际施工人确定起诉主体后,则应要求实际施工人出具书面承诺,如实际施工人选择以自身名义起诉,则承诺可参考如下文本:

【参考文本】

承　诺　书

致:______________律师事务所

本人________,性别:______,汉族,身份证号:______________________________住____________________。

本人在"______________"(工程名称)的施工过程中,与发包人____________公司(以下简称发包人)、承包人____________ 公司(以下简称承包人)就工程款支付问题产生纠纷,故聘请贵所为本人就该纠纷事宜提供一审/二审诉讼阶段的诉讼代理法律服务。

贵所在起诉前已明确告知本人,若坚持以实际施工人的名义起诉承包人与发包人的,则会存在如下风险:实际施工人与发包人之间可能会被认定为不存在合同关系,而导致实际施工人向发包人主张工程款的请求及工程款优先受偿权可能不会被支持;贵所对上述问题与相关法律规定都做了充分解释,本人也明白这一问题的严重性。

但考虑到承包人负债较多的情况，故本人仍然要求以实际施工人（即本人）的名义起诉承包人与发包人，由此所造成的全部风险皆由本人承担，与贵所无涉。

特此承诺！

承诺人：

二〇一__年__月__日

（二）专业分包人是否享有工程款优先受偿权

专业分包系相对于施工总承包而言的概念。

施工总承包，是指发包人将工程中的施工任务发包给承包人，承包人根据建设工程设计文件的要求，对建设工程进行新建、扩建、改建的活动①，承包人合同相对方系发包人。《合同法》第272条规定，发包人可以与总承包人订立建设工程合同，也可以分别与勘察人、设计人、施工人订立勘察、设计、施工承包合同；《建筑法》第24条规定，建筑工程的发包单位可以将建筑工程的勘察、设计、施工、设备采购一并发包给一个工程总承包单位，也可以将建筑工程勘察、设计、施工、设备采购的一项或者多项发包给一个工程总承包单位。

《建筑企业资质标准》规定，施工总承包序列设有12个类别，资质一般分为四个等级（特级、一级、二级及三级资质）（本专题所指"总承包"均指"施工总承包"，除非明确予以说明）。

建设部发布的2004年124号文件《房屋建筑和市政基础设施工程施工分包管理办法》首次明确施工分包的种类为专业工程分包以及劳务作业分包两种：

第一，专业工程分包，是指施工总承包企业将其承包的工程中的专业工程发包给具有相应资质的其他建筑业企业完成的活动，该分包必须经过发包人即建设单位认可。2015年版《建筑企业资质标准》将专业承包序列调整为36个类别，主要为地基与基础工程、起重设备安装、消防设施工程、装修装饰、幕墙等，资质一般分为三个等级（一级、二级、三级）。

第二，劳务作业分包，是指施工总承包企业或者专业承包企业将其承包工程中的劳务作业发包给劳务分包企业完成的活动，该分包无须经过发包人同意。

2017年2月，住建部市场司2017年要点提到，积极推进建筑用工制度改革，研

① 何伯洲等：《建设工程合同》，知识产权出版社2003年版，第5页。

究取消建筑施工劳务资质。2017 年 11 月，住建部印发《关于培育新时期建筑产业工人队伍的指导意见(征求意见稿)》，提出拟“取消建筑施工劳务资质审批”。目前，在浙江、安徽等省份 2016 年试点取消劳务分包资质后，山东、江苏省已经正式发文取消劳务分包资质。

分包是建筑行业发展的产物，是各主体充分发挥各自专业能力、资金实力的有效手段，对于建设工程的发展具有良好的促进作用。但是合法分包人，尤其是专业工程分包人(以下简称专业分包人)是否享有工程款优先受偿权，我国法律对这个问题一直不置可否，实务和理论界也存在不同的观点。

1.《建设工程司法解释二》的发展

《建设工程司法解释二》(征求意见稿)第一稿：

第二十五条 【分包人、转包人利益的保护】

承包人怠于行使优先受偿权损害分包人、转包人利益的，分包人、转包人可以依照合同法第七十三条规定就其工程价款向发包人主张权利，但向发包人主张优先受偿的，不予支持。

《建设工程司法解释二》(征求意见稿)第二稿：

第二十条 【优先受偿权的主体】

合同法第二百八十六条规定的承包人是指建设工程施工合同的承包人。转包、分包合同的承包人除外。

第二十六条 【分包人、转包人利益的保护】

承包人怠于行使优先受偿权损害分包人、转包人利益的，分包人、转包人可以依照合同法第七十三条规定就其工程价款向发包人主张权利，但向发包人主张优先受偿的，不予支持。

《建设工程司法解释二》(征求意见稿)第三稿：

删除第一稿及第二稿中的相关条款。

《建设工程司法解释二》(征求意见稿)第四稿：

第十八条 【优先受偿权的权利主体】实际施工人等未与发包人订立建设工程施工合同的人，根据合同法第二百八十六条规定主张建设工程价款就工程折价或者拍卖的价款优先受偿的，人民法院不予支持。

《建设工程司法解释二》送审稿：

第十八条 【优先受偿权的权利主体】与发包人订立建设工程施工合同的承包人，根据合同法第二百八十六条规定主张建设工程价款就工程折价或者拍卖的价款优先受偿的,人民法院应予支持。

《建设工程司法解释二》:

第十七条 与发包人订立建设工程施工合同的承包人,根据合同法第二百八十六条规定请求其承建工程的价款就工程折价或者拍卖的价款优先受偿的,人民法院应予支持。

第一稿及第二稿意见中:均认为分包人、转包人可以通过代位权向发包人主张工程款,但是不得主张工程款优先受偿权,甚至不能通过代位权主张。

第三稿意见中:删除了相关条款。

第四稿至正式稿:对与发包人没有合同关系的主体,直接规定不享有工程款优先受偿权。

2. 各地法院及仲裁委意见

在各地法院及仲裁委发布的意见中,就专业分包人是否享有工程款优先受偿权,存在以下两种观点:

第一种观点:大多数法院均规定如总承包人怠于行使优先权时,则专业分包人有权代发包人行使工程款优先受偿权。

《广东省高级人民法院关于在审判工作中如何适用〈合同法〉第286条的指导意见》

第二条 建设工程合同订立总承包合同后,再由总承包人订立分包合同的,在总承包合同、分包合同均有效的情形下,发包人拖欠工程款的,总承包人可以对工程折价或者拍卖价款主张优先受偿权。分包人对自己承建部分主张享有优先权的,人民法院不予支持。但如因总承包人怠于行使优先权损害分包人利益,分包人可依照《合同法》第七十三条的规定就其承包工程价款范围内向发包人主张权利。

《浙江省高级人民法院民事审判第一庭关于审理建设工程施工合同纠纷案件若干疑难问题的解答》

二十二、建设工程施工合同无效,但工程经竣工验收合格,承包人可以主张工程价款优先受偿权。分包人或实际施工人完成了合同约定的施工义务且工程质量合格,在总承包人或转包人怠于行使工程价款优先受偿权时,就其承建的工程在发包人欠付工程价款范围内可以主张工程价款优先受偿权。

《安徽省高级人民法院关于审理建设工程施工合同纠纷案件适用法律问题的指导意见》

第十八条 分包人或实际施工人完成了合同约定的施工义务且工程质量合格

的，在总包人或非法转包人怠于主张工程价款优先受偿权时，就其承建的工程在发包人欠付的工程款范围内主张工程价款优先受偿权，可予支持。

《河北省高级人民法院建设工程施工合同案件审理指南》

33.分包人或实际施工人在总包人或非法转包人怠于主张工程价款时，主张建设工程价款就该工程折价或拍卖的价款优先受偿的，人民法院应予支持。

《天津仲裁委员会建设工程施工合同纠纷案件仲裁指引》

第七条第一款 总承包人怠于行使优先权导致分包人权利受损时，实务中可以酌情考虑分包人代为行使优先受偿权。

第二种观点：少部分法院认为合法分包人不享有工程款优先受偿权。

《深圳市中级人民法院关于建设工程合同若干问题的指导意见》

第三十二条 总承包人分包的专业工程，专业工程分包人不享有工程价款优先权。

3.其他各国立法

上文中，笔者就法国、德国、日本及英美法系国家中享有类似工程款优先受偿权的主体已作详细分析，在此不再赘述。主要为：法国、德国民法认为与发包人无直接合同关系的主体不享有优先受偿权；日本主流观点则不认可分包人有权享有不动产工事先取特权，但不排除分包人代为行使总包商债权时对不动产所有人予以主张权利；英美法系国家则较为统一，大多认为次承揽人即分包人均应享有相关权利。

4.学术观点

就专业分包人是否享有工程款优先受偿权，学术界主要存在以下三种观点：

第一种：肯定观点，认为专业分包人应享有工程款优先受偿权。

理由主要为：(1)《合同法》第286条规定的“承包人”从广义上而言应包括分包人；(2)专业分包人也是工程施工的实际投入者，人工、材料、机械设备等均由其组织，根据工程款优先受偿权设立目的，其应享有工程款优先受偿权；(3)符合权利义务对等原则，专业分包人根据规定应与总承包人就工程质量向发包人承担连带责任，故因此专业分包人也应享有工程款优先受偿权。

第二种：否定观点，该观点以梁慧星为代表①，蔡卫忠、王明华也持有该观点②，

---

① 梁慧星：《是优先权还是抵押权——合同法第286条的权利性质及其适用》，载《中国律师》2001年第10期。

② 蔡卫忠、王明华：《论建设工程价款优先受偿权的主体》，载《山东警察学院学报》2008年第4期。

其认为专业分包人不应享有工程款优先受偿权。

理由主要为:(1)分包人的合同相对方是施工总承包人,根据合同相对性原则,分包人不得向发包人主张工程款,而优先受偿权依附于工程款,故分包人无权享有工程款优先受偿权;(2)“承包人”应作狭义解释,根据我国《民事案件案由》规定,建设工程施工合同纠纷和建设工程分包合同纠纷均属于建设工程合同纠纷,二者系并列独立的关系,故专业分包人不应享有工程款优先受偿权。

第三种:认为在总承包人怠于主张工程款优先受偿权的情况下,专业分包人有权行使工程款优先受偿权。

理由主要为:根据合同相对性原则,专业分包人无权享有工程款优先受偿权,但是如果总承包人怠于行使其到期债权、怠于行使工程款优先受偿权,则合法分包人作为总承包人的债权人,则应有权根据《合同法》第 73 条规定行使代位权,向发包人主张工程款优先受偿权。

5. 本书观点

就专业分包人是否享有工程款优先受偿权,尽管《建设工程司法解释二》已经明确规定,但笔者赞同上述学术观点中的第三种观点。专业分包人合同相对方系施工总承包人,在法律未明确规定的情况下,不得突破合同相对性原则直接向发包人主张工程款及工程款优先受偿权,但施工总承包人怠于行使其到期债权及优先受偿权时,则专业分包人有权在发包人欠付工程款范围内行使工程款优先受偿权,理由主要为:

第一,符合我国设立工程款优先受偿权的立法目的,即意在保护为工程建设作出贡献的承包人、农民工等弱势群体。

第二,该观点在遵守合同相对性原则的同时,则最大程度上保障专业分包人的权益,试想如果施工总承包企业在优先受偿权行使期间内仍不行使该权利,那么专业分包人的合法权益必将会遭受严重损害。

第三,各地法院均具有相关意见,具有一定的实践基础。

另外,建议明确“怠于履行”方式为未通过诉讼或仲裁方式行使,参考《合同法司法解释一》第 13 条的规定,“所谓怠于行使其到期债权,是指债务人不履行其对债权人的到期债务,又不以诉讼或仲裁方式向债务人主张其享有的具有金钱给付内容的到期债权”,另催告是否能作为行使优先受偿权的方式也尚存争议。

6. 实务操作

根据《建设工程司法解释二》规定,专业分包人无权向发包人主张工程款优先受偿权，因此，如施工总承包人未向分包人支付工程款系由于发包人欠付工程款所导致，则建议专业分包人积极与施工总承包人进行协商，以施工总承包人名义进行诉讼，当然如果施工总承包人已经面临巨额债务清偿、破产风险等情况则除外。与此同时，专业分包人必须注意，自身分包工程款的3年诉讼时效不得超过。

7. 疑难问题分析

发包人指定分包工程中，分包人是否享有工程款优先受偿权？

案例7－2

原告：上海××建筑安装工程有限公司（以下称指定分包人）；

被告一：上海××建筑工程（集团）有限公司（以下称承包人）；

被告二：上海××置业有限公司（以下称发包人）。

一、工程概况

工程名称：××国际广场工程项目；

分包范围：人防通风安装工程；

分包工程合同暂定价：630万元。

二、合同签订及履行过程

2010年6月20日，发包人与承包人就“××国际广场工程项目”签订《总承包合同》，该合同约定通风与空调工程、幕墙工程由发包人指定分包。

2013年3月28日，承包人与指定分包人签订《合同书》，约定由指定分包人承包通风工程，最终工程价款按发包人出具的审价报告确定，承包人收到工程款后三天内付款给指定分包人。该合同中，发包人未被列入合同一方，仅在合同尾部处加盖了公司印章及法人章。

后由于发包人未按期支付工程款，指定分包人遂将承包人、发包人共同诉至法院，要求承包人、发包人支付欠付工程款及利息违约金等，并主张其对涉案工程享有优先受偿权。

承包人遭起诉后，遂寻至我所，委托我所代理本案，最终承包人胜诉。

三、双方争议焦点

指定分包人是否有权向承包人主张工程款？该争议焦点对指定分包人是否就涉案工程价款享有优先受偿权直接产生影响。

指定分包人认为：基于合同相对性，承包人对指定分包人具有付款义务。

承包人认为：其对指定分包人仅承担转支付义务，即发包人将工程款支付于承包人后，承包人再支付于指定分包人，如发包人未履行付款义务，则承包人无须承担付款责任。

四、法院观点

法院支持了承包人观点：

1. 指定分包人与发包人、承包人签订的《合同书》系当事人真实意思表示，且未违反法律、行政法规强制性规定，当属有效。根据合同约定，承包人仅承担转支付义务，实际付款义务人为发包人。

2. 关于优先受偿权问题：从施工实务来看，指定分包人也是承包人。涉案工程实际债权人和债务人为指定分包人和发包人，承包人仅是转支付义务人。从合同相对性原则及保护基本劳动权益的角度，应认定作为指定分包人的原告享有优先受偿权。

现就指定分包人是否享有工程款优先受偿权，笔者分析如下：

笔者认为，指定分包人是否享有工程款优先受偿权应该根据德国"事实合同"的理论，结合合同实际履行情况予以判定。如承包合同实际履行主体系指定分包人、指定分包人完全代替承包人履行施工义务，承包人仅配合盖章，则指定分包人与发包人形成事实合同关系，此时根据合同相对性的原则及优先受偿权保护施工人的立法目的，指定分包人应享有工程款优先受偿权。上述案例中，法院即从本质上采用了该观点，法院结合工程款支付、工程量签证、结算等，认定涉案工程实际债权人和债务人为指定分包人和发包人，进而认定指定分包人享有工程款优先受偿权。

有鉴于此，笔者建议，分包人如为指定分包人，应注意保留与发包人存在直接合同关系的书面证据，包括但不限于签订三方合同或备忘录、保留工程量签证等系通过分包人直接上报发包人并由发包人直接审核的证据、保留与发包人直接进行结算的证据等。

(三)勘察、设计人是否有享有工程款优先受偿权

如上文所述，《合同法》第286条规定享有工程款优先受偿权的主体为"承包人"。鉴于该条款所涉"承包人"规定较为笼统，故在理论和实践中，就勘察人、设计人是否享有工程款优先受偿权也存在一定的争议。

1.《建设工程司法解释二》的发展

《建设工程司法解释二》(征求意见稿)第一稿:

第二十条 【优先受偿权的主体】

与发包人订立建设工程施工合同的承包人,依据合同法第二百八十六条规定提起优先权确权之诉的,人民法院应予受理,并就承包人是否享有优先权以及优先受偿的范围作出裁决。

《建设工程司法解释二》(征求意见稿)第二稿:

第二十条 【优先受偿权的主体】

合同法第二百八十六条规定的承包人是指建设工程施工合同的承包人。转包、分包合同的承包人除外。

《建设工程司法解释二》(征求意见稿)第三稿:

第二十五条 【优先受偿权的权利主体】

合同法第二百八十六条规定的承包人是指建设工程施工合同的承包人。

《建设工程司法解释二》(征求意见稿)第四稿:

第十八条 【优先受偿权的权利主体】

实际施工人等未与发包人订立建设工程施工合同的人,根据合同法第二百八十六条规定主张建设工程价款就工程折价或者拍卖的价款优先受偿的,人民法院不予支持。

《建设工程司法解释二》送审稿:

第十八条 【优先受偿权的权利主体】

与发包人订立建设工程施工合同的承包人,根据合同法第二百八十六条规定主张建设工程价款就工程折价或者拍卖的价款优先受偿的,人民法院应予支持。

《建设工程司法解释二》:

第十七条 与发包人订立建设工程施工合同的承包人,根据合同法第二百八十六条规定请求其承建工程的价款就工程折价或者拍卖的价款优先受偿的,人民法院应予支持。

第一稿至正式稿:均认为仅有建设工程施工合同的承包人享有工程价款优先受偿权,不包括勘察人、设计人。

2. 各地法院及仲裁委意见

在各地法院及仲裁委意见中,就勘察人、设计人是否享有工程款优先受偿权也存在肯定及否定两种观点,但大多数认为其不应享有。

第一种观点:勘察人、设计人不享有工程款优先受偿权。

《浙江省高级人民法院执行局执行中处理建设工程价款优先受偿权有关 问题的解答》

第六条第二款 工程勘察人或设计人就工程勘察或设计费主张优先受偿权的,不予支持。

《安徽省高级人民法院关于审理建设工程施工合同纠纷案件适用法律问题的指导意见》

第十六条 工程勘察人或设计人就工程勘察或设计费主张优先受偿权,不予支持。

第二种观点:勘察人、设计人享有工程价款优先受偿权。

《天津仲裁委员会建设工程施工合同纠纷案件仲裁指引》

第七条第一款 主体方面一般限于与工程范围内的建设工程勘察、设计、施工承包人之间,不包括提供技术服务的工程监理和买卖合同的供应商。

案例 7-3

核工业金华工程勘察院诉浙江恒京船舶重工有限公司建设工程勘察合同纠纷案[岱山县人民法院(2013)舟岱民初字第187号]

核工业金华工程勘察院(以下称原告)诉浙江恒京船舶重工有限公司(以下称被告)建设工程勘察合同纠纷一案中,因被告迟迟未向原告支付勘察费,原告遂将被告诉至法院。

本案中,就原告是否有权享有工程款优先受偿权。法院认为:由于勘察合同所指向的成果并没有将财力、人力、物力物化为具体的建筑物,因此,原告不享有将他人承建建筑物的拍卖所得进行优先受偿的权力。

本案中,法院系以是否物化至具体建筑物为标准,认定勘察人不应享有工程款优先受偿权。对此,经笔者检索,发现也仅有较少数案例认为勘察人享有工程款优先受偿权,大多数均认为不享有。

3. 其他各国立法

根据本专题前文引用的各国规定可知,大陆法系中,就勘察、设计人是否享有工程款优先受偿权规定不一,如法国、德国不予认可,日本则予以认可(即工程师)。

4. 学术观点

就勘察人、设计人是否享有工程款优先受偿权,不同的学者也持有不同的观点:

第一种:认为勘察、设计人均应作为工程款优先受偿权的主体。持有该观点的理由主要为:《合同法》第269条规定:“建设工程合同是承包人进行工程建设,发包人支付价款的合同。建设工程合同包括勘察、设计、施工合同。”故勘察人、设计人相对于发包人而言,也属于承包人。

第二种:认为工程款优先受偿权行使主体应作狭义理解,即仅为建设工程施工合同的承包人,不应包括勘察、设计人。理由主要为:工程款优先受偿权的设立目的主要是保护承包人、农民工弱势群体,勘察、设计人则不属于该群体。另外,工程款优先受偿权的性质是不动产留置权,但勘察、设计人从未占有该工程。

5. 本书观点

笔者认为,勘察人、设计人不应享有工程款优先受偿权。主要理由如下:

第一,从立法目的来看,工程款优先受偿权设立目的系保护农民工弱势群体的利益,不包括勘察人及设计人。且实践中,发包人拖欠勘察费及设计费的可能性较小,大量勘察人及设计人会要求发包人在其提交报告、图纸前付清相关费用。

第二,《合同法》第286条规定,“建设工程的价款”就该工程折价或者拍卖的价款优先受偿。据笔者检索,在我国规定中称为“工程价款”的均为施工方应获得的工程款,《合同法》中涉及设计、勘察的款项则规定为设计费、勘察费,故设计费、勘察费应不属于工程款、不属于工程款优先受偿的范围。

第三,《优先受偿权批复》第3条规定,优先受偿权行使期限自建设工程竣工之日或建设工程合同约定的竣工之日起算,首先,设计、勘察合同不存在竣工之说,其次,设计、勘察费用大多发生在项目立项阶段,以工程竣工之日或合同约定的竣工之日起算明显不合常理。

但是,笔者认为,在EPC(工程总承包)合同中约定的设计费、勘察费是否属于工程款优先受偿范围将会存在一定争议。该设计费、勘察费一般与施工款同时结算、同时支付,且由总承包人(非施工总承包人)垫付、存在无法取得的风险,在价款结算和付款时均难以区分设计费、勘察费与施工款项。

(四)装饰装修合同承包人是否享有工程款优先受偿权

装饰装修是在建筑物、构筑物的新建、改建、扩建过程中进行的一种工种互动,是利用建筑装饰装修材料，对建筑物、构筑物的内、外表面进行修饰，以完善建筑物、构筑物的使用功能，提高美学功能的工程活动。[①]

就装饰装修合同承包人是否享有工程款优先受偿权，最高人民法院曾结合《建设工程质量管理条例》等规定及国外立法，发布了《最高人民法院关于装修装饰工程款是否享有合同法第二百八十六条规定的优先受偿权的函复》(〔2004〕民一他字第14号)(以下简称《函复》)，该函复明确："装修装饰工程属于建设工程，可以适用《中华人民共和国合同法》第二百八十六条关于优先受偿权的规定，但装修装饰工程的发包人不是该建筑物的所有权人，或者承包人与该建筑物的所有权人之间没有合同关系的除外。享有优先权的承包人只能在建筑物因装修装饰而增加价值的范围内优先受偿。"

根据《函复》所涉规定，装饰装修工程应享有工程款优先受偿权，但是应满足两项条件：(1)发包人是该建筑物的所有权人，或者承包人与该建筑物的所有权人具有合同关系；(2)只能在建筑物因装饰装修而增加的价值范围内优先受偿。由于《函复》系针对福建省高级人民法院闽高法〔2004〕143号《关于福州市康辉装修工程有限公司与福州天胜房地产开发有限公司、福州绿叶房产代理有限公司装修工程承包合同纠纷一案的请示》的特定案例予以出具，故就是否所有装饰装修工程的承包人均享有工程款优先受偿权仍存在不少争议。

1.《建设工程司法解释二》的发展

《建设工程司法解释二》(征求意见稿)第一稿：

无相关规定。

《建设工程司法解释二》(征求意见稿)第二稿：

第二十四条　【装饰装修合同承包人优先受偿权的行使】

装饰装修工程的承包人，请求在建筑物因装饰装修而增加的价值范围内优先受偿其工程价款的，人民法院应予支持。但装饰装修工程的发包人不是该建筑物的所有权人或者承包人与该建筑物的所有权人没有合同关系的除外。

《建设工程司法解释二》(征求意见稿)第三稿：

第二十六条　【装饰装修合同承包人优先受偿权的行使】

涉及到建筑物主体和承重结构变动的重大装修工程的承包人，请求在建筑物因装饰装修而增加的价值范围内优先受偿其工程价款的，人民法院应予以支持。

---

① 智维君：《建筑装饰装修工程设计施工一体化研究》，湖北工业大学2016年硕士学位论文，第6页。

但装饰装修工程的发包人不是该建筑物的所有权人或者承包人与该建筑物的所有权没有合同关系的除外。

《建设工程司法解释二》(征求意见稿)第四稿:

第十九条 【装饰装修工程承包人优先受偿权的行使】

装饰装修工程的承包人,请求装饰装修工程价款就该装饰装修工程折价或者拍卖的价款优先受偿的,人民法院应予支持,但装饰装修工程的发包人不是该建筑物的所有权人或者承包人与该建筑物的所有权人之间没有合同关系的除外。

《建设工程司法解释二》送审稿:

第十九条 【装饰装修工程承包人优先受偿权的行使】

装饰装修工程的承包人,请求装饰装修工程价款就该装饰装修工程折价或者拍卖的价款优先受偿的,人民法院应予支持,但装饰装修工程的发包人不是该建筑物的所有权人的除外。

《建设工程司法解释二》:

与送审稿一致。

就装饰装修工程承包人是否享有工程款优先受偿权,直至第二稿才进行规定。第二稿认为,装饰装修工程承包人享有工程款优先受偿权,但需满足以下两个条件:(1)装饰装修工程发包人是建筑物所有权人或者与承包人之间存在合同关系;(2)优先受偿权范围在建筑物因装饰装修而增加的价值内。

第三稿:与第二稿相比,主要是缩小了享有工程价款优先受偿权的主体范围,认为只有建筑物主体和承重结构变动的重大装修工程的承包人才享有工程款优先受偿权。

第四稿:与第二稿意见基本相同,区别在于其将优先受偿范围由"建筑物因装饰装修而增加的价值"修改为"装饰装修工程折价或者拍卖的价款"。

送审稿与正式稿:第四稿规定"装饰装修工程的发包人不是该建筑物的所有权人或者承包人与该建筑物的所有权人之间没有合同关系"两种情形,该两种情形实际上属于同义重复,故送审稿和正式稿将"承包人与该建筑物的所有权人之间没有合同关系"删除。

2. 各地法院意见

我国各地法院就装饰装修工程是否享有工程款优先受偿权,主要存在以下三种观点:

第一种观点:与《函复》意见一致,认为装饰装修合同承包人享有工程款优先受偿权,但需要满足两项前提条件:与建筑物所有权人的合同关系及优先受偿仅限于因装饰装修而增加的价值范围内。

《浙江省高级人民法院执行局关于执行中处理建设工程价款优先受偿权有关问题的解答》

六、装饰装修工程承包人主张工程价款优先受偿权的,可予以支持。但装饰装修工程的发包人不是该建筑的所有权人,或者承包人与该建筑物的所有权人之间没有合同关系的除外。享有优先权的承包人只能在建筑物因装饰装修而增加价值的范围内优先受偿。

《深圳市中级人民法院关于建设工程合同若干问题的指导意见》

32. 建设单位直接发包的基础工程,享有工程价款优先受偿权。建设单位直接发包的消防工程、玻璃幕墙工程、装饰装修工程,在该工程增加价值的范围内享有工程价款优先受偿权。总承包人分包的专业工程,专业工程分包人不享有工程价款优先权。

《四川省高级人民法院关于审理建设工程施工合同纠纷案件若干疑难问题的解答》

37. ……装饰装修工程属于建设工程,可以适用《中华人民共和国合同法》第二百八十六条的规定,但装饰装修工程的发包人不是该建筑物的所有权人或者承包人与该建筑物的所有权人之间没有合同关系的除外。享有优先受偿权的承包人只能在建筑物因装饰装修而增加价值的范围内优先受偿。

第二种观点:直接规定装饰装修承包人享有工程款优先受偿权。

《广东省高级人民法院关于在审判工作中如何适用〈合同法〉第 286 条的指导意见》

第三条 《合同法》第 286 条所规定的建设工程价款优先受偿权适用于建设工程施工合同。建设工程幕墙装修、装饰合同属于建设工程施工合同。

《安徽省高级人民法院关于审理建设工程施工合同纠纷意见案件适用法律问题的指导意见》

第十六条 装饰装修工程承包人主张工程价款优先受偿权,可予支持。

第三种观点:除家庭居室装饰装修合同纠纷系承揽合同纠纷外,其余为建设工程纠纷。

《山东省高级人民法院 2008 年民事审判工作会议纪要》

第四条第四款 关于家庭居室装饰装修合同如何适用法律的问题。近年来,随着人们物质生活水平的不断提升，对改善家庭居室环境的需求越来越高，由此因家庭居室装饰装修引发的纠纷逐年攀升，但此类纠纷如何适用法律一直是我国立法中的空白。所谓家庭居室装饰装修是指居民为改善自己的居住环境，自行或者委托他人对居住的房屋进行修饰处理的工程建设活动。家庭居室装饰装修活动不属于《建筑法》的调整范围，对于家庭居室装饰装修合同引起的纠纷应当依据《合同法》有关承揽合同的规定，并参照建设部 2002 年 3 月 5 日发布的《住宅室内装饰装修管理办法》予以处理。

《江苏省高级人民法院审判工作座谈会纪要（2009 年）建设工程纠纷案件》

第 8 款 家庭住宅装饰装修合同以外的装饰装修合同纠纷适用《最高人民法院关于审理建设工程施工合同纠纷案件适用法律问题的解释》；家庭住宅装饰装修合同纠纷适用法律关于承揽合同的规定，对合同效力以外的问题可以参照司法解释处理。

《江苏省高级人民法院关于审理建设工程施工合同纠纷案件若干问题的意见》

1. 因承包人进行工程施工建设，发包人支付工程价款的建设工程施工合同纠纷案件适用本意见的规定。劳务承包合同纠纷案件和家庭住宅装饰装修合同纠纷案件不适用本意见的规定。

根据上述规定可以看出，地方法院就装饰装修合同承包人是否享有工程款优先受偿权的争议，主要在于家庭装饰装修工程[①]承包人是否享有该权利。

3. 案例分析

家庭装饰装修工程的承包人是否享有工程款优先受偿权？

案例 7－4

舟山泛亚装饰有限公司诉邬小萍等装饰装修合同纠纷案［浙江省岱山县人民法院（2015）舟岱民初字第 371 号］

2012 年 4 月 17 日，原告舟山泛亚装饰有限公司与被告邬小萍签订了《家庭居室装饰装修施工合同》，约定原告对被告邬小萍及被告罗永海位于岱山县高亭镇碧水豪园 25 幢 102 室房屋进行装修。施工过程中，因被告迟迟不付施工费用，工程一直拖延。2015 年 5 月 22 日，经原被告双方同意，工程不再继续并进行了

① 家庭装饰装修，是指在房屋竣工验收后，居民为改善自己的居住环境，自行或者委托他人对居住的房屋进行修饰处理的工程建设活动。

交接。被告在交接单上签名,对工程价款、工程质量表示认可,并同意交接。后经原告多次催讨被告仍欠付施工费,原告故诉至法院。

就原告是否就涉案工程价款享有优先受偿权,法院认为:

根据《最高人民法院关于装修装饰工程款是否享有合同法第二百八十六条规定的优先受偿权的函复》的规定,装修装饰工程属于建设工程,可以适用《合同法》第二百八十六条关于建设工程价款优先受偿权的规定,但装修装饰工程的发包人不是该建筑物的所有权人或者承包人与该建筑物所有权人之间没有合同关系的除外,享有优先权的承包人只能在建筑物因装修装饰而增加价值的范围内优先受偿。因装修装饰期间,碧水豪园25幢102室房屋的所有权人为被告邬小萍、罗永海,根据《优先受偿权批复》的规定,建设工程承包人行使优先权的期限为六个月,自建设工程竣工之日或者约定竣工之日起计算。本案中,原告与被告邬小萍办理装饰装修工程交接手续的时间为2015年5月22日,距本案起诉之日仅五个月,故原告泛亚装饰公司作为装修装饰工程的承包人,主张优先受偿权并未超出法定期限,可在该房屋因装饰装修而增加价值的范围内优先受偿。

案例7-5

李洪平与金湖县业之峰装饰中心合同纠纷案[江苏省淮安市中级人民法院(2018)苏08民终1362号]

2014年10月1日,原审被告金湖县业之峰装饰中心与原审原告李洪平签订《家庭居室装饰装修工程施工合同》一份,约定原审原告将位于金湖县金建橄榄城小区1幢2单元803室房屋承包给原审被告装潢。原审原告称在装潢过程中存在部分质量问题,如厨房灶台台面开裂,灶台台面下沉等,涉案工程至今尚未竣工验收;原审原告入住后,对发现的质量问题多次与原审被告沟通,原审被告承认原审原告曾与其就质量问题进行过交涉,并安排对其下水道进行了维修。

本案中,争议焦点主要为家装是否可以不遵守《建设工程司法解释一》的实际入住应视为合格工程的规定,即家装是否属于建设工程?

法院观点:

装修装饰工程应根据实际情况具体分析是家庭设计装修装饰工程还是工业设计装修装饰工程,简称"家装"和"工装";主要从如下四点进行甄别:1. 指向的对象不同,前者仅为家庭装修,后者对象一般是公共场合的装饰装修工程如商场、写字楼、楼盘的整体精装修等；2. 规模不同，相比之下“工装”的规模远大于“家装”规模；3. 设计角度不同，“工装”针对多数人来设计，偏向理性，局限性大，“家装”偏向于个性化，灵活性高；4. 严谨性不同，“工装”的严谨性远高于家装，各种证照应一应俱全，如营业执照、资格证、施工证、合同书等，“家装”比较随意，故家庭设计装修装饰工程不宜机械地适用《建设工程司法解释一》，《建设工程司法解释一》的相关法律规定进行适用，则必将出现大量无效的家庭设计装修装饰合同，势必对公众日常生活和家庭设计装饰装修市场造成影响，也不符合立法原意。而工业设计装饰装修工程依据《最高人民法院关于装修装饰工程款是否享有合同法第二百八十六条规定的优先受偿权的函复》内容，毫无异议的属于建设工程范畴，应依法适用《建设工程司法解释一》。

【案例小结】

[案例7－4]中，法院认为，家庭装修工程属于建设工程，故家庭装修工程承包人享有工程款优先受偿权。

[案例7－5]中，虽然没有明确涉及家庭装修工程承包人是否享有工程款优先受偿权的问题，但从法院认定家庭装修工程不属于建设工程可以看出，其对该问题是持否定的态度的。该案中，法院认为，家装规模较小、设计灵活度高、比较随意、对资质营业执照等要求不高，不宜机械适用《建设工程司法解释一》，否则将不符合立法原意，工装则毫无异议属于建设工程范畴。

上述案例明显存在同案不同判的情况，现笔者特将实践中认定家庭装修工程无工程款优先受偿权的理由归纳如下：

(1)无法律、行政法规强制性规定家庭装修工程承包人必须具有相应资质。

2002年5月1日实施的建设部《住宅室内装饰装修管理办法》第22条规定：“承接住宅室内装饰装修工程的装饰装修企业，必须经建设行政主管部门资质审查，取得相应的建筑业企业资质证书，并在其资质等级许可的范围内承揽工程。”

1997年6月4日实施的建设部《家庭居室装饰装修管理试行办法》第6条规定：“凡承接家庭居室装饰装修工程的单位应当持有建设行政主管部门颁发的具有建筑装饰装修工程承包范围的《建筑业企业资质证书》。对于承接家庭居室装饰装修工程的个体装饰装修从业者，应当持所在地乡镇以上人民政府有关主管部门出具的务工证明，本人身份证、暂时居住证，向工程所在地的建设行政主管部门或者其指定的机构登记备案，实行‘登记注册、培训考核、技能鉴定、持证上岗’的制度。

具体办法由省、自治区、直辖市人民政府建设行政主管部门制订。”

虽然上述办法就家庭装修企业需要相应的资质进行了规定，但该办法均属于部门规章，不属于法律、行政法规，效力等级较低。故，家庭装修工程不符合《建筑法》第 13 条规定的资质准入要求，不属于建设工程。

（2）工程规模、复杂程度较低，应属于承揽合同纠纷，不属于建设工程。

4. 其他各国及我国台湾地区相关规定

如前文所述，《法国民法典》第 2103 条规定，享有优先权的主体为“建筑师、承包人、瓦工与其他受雇于建筑、重建或者修理楼房水渠或其他任何工程施工的工人”；《日本民法典》第 327 条规定，享有不动产特取工事取得权的主体为“工匠、工程师及承揽人对债务人不动产所进行的工事的费用”；《德国民法典》第 648 条第 1 项规定，享有抵押权的主体为“建筑工作物或建筑工作物各部分的承揽人”。另，我国台湾地区“民法”第 513 条规定，享有法定抵押权的主体为建筑物或其他地上之工作物的承揽者，或为此等工作物之重大修缮者。

根据上述规定可以看出，法国、日本、德国均认可装饰装修工程享有相关优先权或抵押权等，只有我国台湾地区“民法”规定为重大修缮才可享有。

5. 学术观点

就装饰装修工程的承包人是否享有工程款优先受偿权，主要存在以下三种观点：

第一种：认为装饰装修合同为建设工程合同，装饰装修合同承包人享有工程款优先受偿权，但需要满足两项前提条件：与建筑物所有权人的合同关系及优先受偿仅限于因装饰装修而增加的价值范围内。该观点的依据主要为《函复》所涉内容。

第二种：认为装饰装修合同是加工承揽合同，装饰装修合同承包人无法享有工程款优先受偿权。理由主要为：合同法中未明确规定装饰装修是否属于建设工程，由于其是无资质主体承建的装饰装修，故装饰装修合同应属于加工承揽合同，承包人不享有工程款优先受偿权。

第三种：认为应区分装修的内容判定为其是承揽合同还是建设工程施工合同。理由主要为：《建设工程质量管理条例》第 15 条规定，“涉及建筑主体和承重结构变动的装修工程，建设单位应当在施工前委托原设计单位或者具有相应资质等级的设计单位提出设计方案；没有设计方案的，不得施工”。根据该规定，建筑物主体和承重结构工程需要重新出具设计方案，建筑物主体和承重结构实际已经涉及土建工程施工，故只有该部分工程的装饰装修才为建设工程施工合同。

6. 本书观点

就装饰装修工程是否享有工程款优先受偿权(此处仅指发包人直接发包的装饰装修工程,承包人分包的装饰装修工程适用本专题专业分包人是否享有工程款优先受偿权所涉内容),笔者认为,仍应按照最高人民法院〔2004〕民一他字第 14 号《函复》规定予以执行。《函复》系充分结合《建设工程质量管理条例》及《建筑法》相关规定、合同相对性原则及增值理论予以确定的,具有一定的合理性。当然,《建设工程司法解释二》将"增加价值的范围内优先受偿"修改为"装饰装修工程价款"实践操作性更强。

其中,对于家庭装饰装修,笔者认为也应享有优先受偿权的具体理由为:

首先,《建筑法》《建设工程质量管理条例》等并未明确将家庭装饰装修排除,家庭装饰装修也完全符合工程款优先受偿权设定的目的、立法精神。

其次,家庭装饰装修属于建设工程具有相关依据。《住宅室内装饰装修管理办法》第 40 条规定:"装修人或者装饰装修企业违反《建设工程质量管理条例》的,由建设行政主管部门按照有关规定处罚。" 2010 年 10 月 28 日第十一届全国人民代表大会常务委员会第十七次会议通过的《全国人民代表大会财政经济委员会关于第十一届全国人民代表大会第三次会议主席团交付审议的代表提出的议案审议结果的报告》也明确关于制定住宅装修法的议案,建议通过完善《建设工程质量管理条例》《民用建筑节能条例》等相关法规,解决议案所提问题。

最后,鉴于家庭装饰装修内容有些极为简单,为了实务操作所需,可参考《嘉兴市人民政府嘉兴市区住宅装饰装修管理实施细则》第 2 条作出例外规定,如规定对住宅内部进行粉刷、油漆、粘贴墙纸(布)、瓷砖、面砖、安装照明设施等简易装饰装修的,不享有工程款优先受偿权。

7. 实务操作

(1)作为装饰装修工程的承包人,应注意保存装饰装修工程价款结算的证据,如及时采用双方共同委托的方式或司法鉴定的方式进行审价等,就现场工作界面、装修情况,采用公证录像等的方式进行保全。

(2)注意审核发包人是否是建筑物所有权人,如果不是,则需要发包人提供相关保证。

三、优先受偿的范围

工程款优先受偿的范围即为优先受偿权的保护范围。在我国,工程款优先受偿权不仅优先于其他债权,甚至优先于抵押权,如优先受偿范围过广,则在发包人无法足以偿还发包人所有债务的情况下,会直接影响发包人其他债权人的利益,故明确工程款优先受偿的范围具有举足轻重的作用。

我国就工程款优先受偿的范围进行规定的有《合同法》第 286 条规定的"建设工程价款",以及《优选受偿权批复》第 3 条规定的"建筑工程价款包括承包人为建设工程应当支付的工作人员报酬、材料款等实际支出的费用,不包括承包人因发包人违约所造成的损失",其意在保护承包人为建设工程实际投入的人工、材料成本。但是在面对复杂的现实情况时,该规定仍存有不明,且缺乏一定的可操作性,如质量保修金、利息、停窝工损失(人工损失、机械台班损失)、履约保证金等是否属于工程价款优先受偿的范围,争议较大。

(一)《建设工程司法解释二》的发展

《建设工程司法解释二》(征求意见稿)第一稿:

第二十九条　【优先受偿权担保范围】

合同法第二百八十六条规定的价款是指工程结算造价。

《建设工程司法解释二》(征求意见稿)第二稿:

第二十一条　【优先受偿的债权范围】

承包人就发包人尚欠的工程价款主张优先受偿权的,人民法院应予支持。

上述工程价款,是指承包人承建工程的造价。

承包人就发包人违约所造成的损失主张优先受偿权的,人民法院不予支持。

《建设工程司法解释二》(征求意见稿)第三稿:

第二十七条　【优先受偿的债权范围】

合同法第二百八十六条规定的价款是指承包人就其完成的工程成果所产生的费用,包括直接费、间接费、利润、税金等,不包括承包人因发包人违约所产生的损失。

《建设工程司法解释二》(征求意见稿)第四稿:

第二十一条　【建设工程价款优先受偿的范围】

承包人建设工程价款优先受偿的范围包括人工费、材料费、施工机具使用费、企业管理费、利润、规费和税金等,但不包括利息、违约金、损害赔偿金等。

《建设工程司法解释二》送审稿:

第二十一条　【建设工程价款优先受偿的范围】

承包人建设工程价款优先受偿的范围包括人工费、材料费、施工机具使用费、企业管理费、利润、规费和税金等，但不包括利息、违约金、损害赔偿金等。

《建设工程司法解释二》：

第二十一条 承包人建设工程价款优先受偿的范围依照国务院有关行政主管部门关于建设工程价款范围的规定确定。

承包人就逾期支付建设工程价款的利息、违约金、损害赔偿金等主张优先受偿的，人民法院不予支持。

就该条款的定义，第二稿及第三稿将第一稿"担保范围"修改为"债权范围"，避免对优先受偿权性质发生争议；第四稿至正式稿将"优先受偿的债权范围"在表述上调整为"建设工程价款优先受偿的范围"，显然起草者认为，"建设工程价款优先受偿权"所对应的债权自然是指"建设工程价款"，故无须再强调"债权"两字。

就范围的认定则更加明确，第一稿中是"工程结算造价"，第二稿则为"承建工程的造价"，第三稿则是结合定额计价方式认定为"直接费、间接费、利润、税金等"；第四稿和送审稿一致，则在表述上与现行工程量清单计价规范更趋一致，将价款组成部分明确为"人工费、材料费、施工机具使用费、企业管理费、利润、规费和税金等"，同时明确利息、违约金、损害赔偿金均不属于优先受偿的范围。但是在正式稿中，与第四稿和送审稿相比，出现了两处变化：一是不再逐一列举工程价款范围的组成，而是对工程价款范围采用援引式的规定，即依照国务院有关行政主管部门关于建设工程价款范围的规定确定。二是将"利息"明确为"逾期支付建设工程价款的利息"。

（二）各地法院及仲裁委意见

在我国地方法院及仲裁委，关于工程款优先受偿范围的规定主要有：

《江苏省高级人民法院关于审理建设工程施工合同纠纷案件若干问题的意见》

21. 承包人的优先受偿权范围限于建设工程合同约定的工程价款，包括承包人应当支付的工作人员报酬、材料款、用于建设工程的垫资等实际支出的费用。未用于建设工程的借款以及发包人应当支付的违约金或者因为发包人违约所造成的损失不属于建设工程价款优先受偿权的受偿范围。

《江苏省高级人民法院关于审理建设工程施工合同纠纷案件若干问题的解答》

17. 工程款利息是否属于建设工程价款优先受偿权的范围？承包人主张将工程款利息纳入建设工程价款优先受偿权范围的，不予支持。

《浙江省高级人民法院执行局关于执行中处理建设工程价款优先受偿权有关问题的解答》

三、建设工程价款优先受偿权的范围如何掌握？建设工程价款优先受偿权的范围为建设工程的工程价款，包括承包人应当支付的工作人员报酬、材料款和用于建设工程的垫资款等。工程价款的利息不在优先受偿范围内。发包人应当支付的违约金或者因为发包人违约所造成的损失，不属于建设工程价款优先受偿权的受偿范围。

《盐城市中级人民法院关于审理建设工程施工合同纠纷案件若干问题的指导意见》

第二十三条　优先受偿权的范围包括应当支付的工作人员报酬、材料款等实际支出的费用，不包括因发包人违约给承包人造成的损失。

《河北省高级人民法院建设工程施工合同案件审理指南》

34. 承包人享有的优先受偿权的建设工程价款范围是指承包人完成的工作成果所产生的费用，包括直接费、间接费、利润、税金及工作人员报酬、材料款等实际支出的费用，不包括因发包人违约所产生的损失。

利息属于工程价款的法定孳息，承包人主张未付工程价款利息属于工程价款属于优先受偿权范围的，应予支持。

《广东省高级人民法院关于在审判工作中如何适用〈合同法〉第286条的指导意见》

第五条　承包人对其为建设工程应当支付的工作人员报酬、材料款等实际支出的费用主张建设工程价款优先受偿权的，人民法院应予支持。

第六条　承包人对因发包人违约所造成的损失主张优先受偿权的，人民法院不予支持。

《广东省高级人民法院建设工程合同纠纷疑难问题解答》

第15条　利息是否属于工程价款优先受偿权的范围：利息属于工程价款的法定孳息，承包入主张利息属于工程价款优先受偿权范围的，应予支持。

《沈阳市中级人民法院关于审理房地产案件若干问题的处理意见》(之一)

第七条第三款　建筑工程价款包括承包人为建设工程应当支付的工作人员报酬、材料款等实际支出的费用，不包括承包人因发包人违约所造成的损失。

《天津仲裁委员会建设工程施工合同纠纷案件仲裁指引》

第七条第三款　受偿范围和期限，仅包括承包人因承包工程而实际支出的费用,包括人员工资、材料款、机械台班费、各种税费等。利息、停窝工损失、违约金等均不属于优先受偿的 范围。承包人行使优先权的期限为六个月,自工程竣工之日或合同约定竣工之日起计算。

《四川省高级人民法院关于审理建设工程施工合同纠纷案件若干疑难问题的解答》

38.如何界定优先受偿权的范围?建设工程经验收合格,工程的直接成本、间接成本、利润和税金属于优先受偿范围。承包人、实际施工人支付的履约保证金、工程质量保证金、发包人应当支付的违约金等不属于优先受偿范围。

《安徽省高级人民法院关于审理建设工程施工合同纠纷案件适用法律问题的指导意见》(二)

第二十三条 因发包人原因导致承包人施工期间停窝工产生的工人工资、设备租赁等费用,承包人将该费用与工程价款一并主张优先受偿权的,应予支持。

现笔者特将上述规定整理如下:

序号	发布机构	享有优先受偿权的一般范围	工程款利息	质量保证金	停窝工损失	履约保证金	发包人违约金、发包人违约造成的损失	未用于建设工程的借款
1	江苏省高级人民法院	建设工程合同约定的工程价款,包括承包人应当支付的工作人员报酬、材料款、用于建设工程的垫资等实际支出的费用。	不属于				不属于	不属于
2	浙江省高级人民法院	建设工程的工程价款,包括:承包人应当支付的工作人员报酬、材料款和用于建设工程的垫资款等	不属于				不属于	
3	盐城市中级人民法院	应当支付的工作人员报酬、材料款等实际支出的费用					不属于	

续表

序号	发布机构	享有优先受偿权的一般范围	工程款利息	质量保证金	停窝工损失	履约保证金	发包人违约金、发包人违约造成的损失	未用于建设工程的借款
4	河北省高级人民法院	承包人完成的工作成果所产生的费用,包括直接费、间接费、利润、税金及工作人员报酬、材料款等实际支出的费用	属于					
5	广东省高级人民法院	承包人对其为建设工程应当支付的工作人员报酬、材料款等实际支出的费用	属于				不属于	
6	沈阳市中级人民法院	承包人为建设工程应当支付的工作人员报酬、材料款等实际支出的费用					不属于	
7	天津市仲裁委员会	承包人因承包工程而实际支出的费用,包括人员工资、材料款、机构台班费、各种税费等	不属于		不属于		不属于	
8	四川省高级人民法院	工程的直接成本、间接成本、利润和税金		不属于		不属于	不属于	
9	安徽省高级人民法院				工人工资、设备租赁等费用属于			

（三）典型案例

1. 工程款利息

案例7－6

唐山爱德利尔塑料制品有限公司等诉河北省汉沽农场建筑工程总公司建设工程施工合同纠纷再审案［最高人民法院（2012）民再申字第16号］

申请再审人唐山爱德利尔塑料制品有限公司（以下简称爱德利尔公司）、中国工商银行股份有限公司唐山丰南支行（以下简称工行丰南支行）与被申请人河北省汉沽农场建筑工程总公司（以下简称汉沽建筑公司）建设工程施工合同纠纷一案中，工行丰南支行其中一项再审理由为：二审判决扩大优先受偿权的范围，属于适用法律错误。

关于汉沽建筑公司享有的工程款受偿范围问题。最高人民法院认为：

工行丰南支行主张工程款优先权的受偿范围不应包括利润以及逾期支付产生的利息损失。该申请理由与《最高人民法院关于建设工程价款优先受偿权问题的批复》第3条"建筑工程价款包括承包人为建设工程应当支付的工作人员报酬、材料款等实际支出的费用，不包括承包人因发包人违约所造成的损失"的规定精神不相符。工程利润属于工程款的组成部分，应属于优先权的受偿范围，而利息属于法定孳息，系承包人实际支出费用而产生的孳息，与工程款本为一体，也应属于优先权的受偿范围。

案例7－7

重庆一建建设集团有限公司诉重庆博恒房地产开发有限公司建设工程施工合同纠纷案［最高人民法院（2018）最高法民申209号］

再审申请人重庆一建建设集团有限公司因与被申请人重庆博恒房地产开发有限公司建设工程施工合同纠纷一案中，再审申请人提出的一项再审事由为：一审判决认定逾期工程价款的利息不享有优先权错误。

对于逾期工程价款的利息是否享有优先权，最高人民法院认为：

根据《优先受偿权批复》第3条之规定，建筑工程价款包括承包人为建设工程应当支付的工作人员报酬、材料款等实际支出的费用，不包括承包人因发包人违约所造成的损失。而逾期支付工程价款产生的利息属于承包人因发包人违约所造成的损失，故不应享有优先受偿权。

【案例小结】

就工程款利息是否属于工程款优先受偿的范围，实践中争议较大，如[案例7－6]中认为：工程款利息属于的法定孳息，与工程款本为一体，不具有违约金的性质，故属于优先受偿的范围。[案例7－7]中认为：工程款利息系违约性质，系发包人违约造成的损失，故不属于优先受偿的范围。

2. 质量保修金是否属于优先受偿的范围

案例7－8

广西某集团第二建筑工程有限责任公司与田阳某食品工业有限公司建设工程施工合同纠纷一审民事判决书[广西壮族自治区田阳县人民法院(2018)桂1021民初245号]

原告广西某集团第二建筑工程有限责任公司与被告田阳某食品工业有限公司建设工程施工合同纠纷一案中，关于原告是否享有对质量保修金价款的优先受偿权问题。法院认为：

根据《合同法》第286条的规定，承包人对未付工程款时所承建的工程享有优先受偿权。质量保修金来源于工程款，属于工程价款的范畴，故质量保修金属于优先受偿的范围。

案例7－9

青岛温泉建设集团有限公司与青岛文华房地产开发有限公司建设工程施工合同纠纷一审民事判决书[山东省青岛市崂山区人民法院(2017)鲁0212民初3045号]

原告青岛温泉建设集团有限公司与被告青岛文华房地产开发有限公司建设工程施工合同纠纷一案中，关于原告主张的质保金是否对文华度假酒店工程享有优先权，法院认为：

根据《合同法》第286条之规定，优先受偿的范围是工程款，而本案的质保金与工程款的性质不同,质保金形式上虽属于工程款的一部分,但质保金具有一般债权债务里担保金的作用,因此质保金不应适用优先受偿的规定。且该笔款项是当事人约定在质量保证期限届满后支付的,是附期限的约定。优先受偿权的行使期限是六个月,待质保期届满后,也早已超过六个月的时限。故对原告的该项诉请,不予支持。

【案例小结】

对于质量保修金是否属于工程款优先受偿的范围,实践中存在一定的争议。如[案例7-8]中认为:质量保修金源于工程款,属于工程价款的范畴,故质量保修金属于优先受偿的范围;[案例7-9]中认为:质量保修金仅形式上属于工程款的一部分,具有一般债权债务里担保金的作用,不应适用优先受偿的规定。

3. 停窝工损失

案例7-10

浙江申泰建设有限公司与滨州市鸿瑞置业有限公司建设工程施工合同纠纷申诉、申请民事裁定书[最高人民法院(2015)民申字第2701号]

再审申请人滨州市鸿瑞置业有限公司及被申请人浙江申泰建设有限公司建设工程施工合同纠纷一案中,对于优先受偿权的范围,最高人民法院经审查认为:(1)因停工产生的停工、窝工、倒运、机械设备调迁、材料等损失和实际费用,亦属建筑工程款优先受偿权范围;(2)发包人欠付工程款的同期银行存款利息,是承包人依法应享有的工程款法定孳息,不属因发包人违约所造成的损失范围,也应纳入建筑工程款优先受偿权范围。

案例7-11

中铁二十二局集团第四工程有限公司等与安徽省高速公路控股集团有限公司建设工程施工合同纠纷上诉案[最高人民法院(2014)民一终字第56号]

上诉人中铁二十二局集团第四工程有限公司(以下简称中铁公司)、上诉人安徽瑞讯交通开发有限公司(以下简称瑞讯公司)与被上诉人安徽省高速公路控股集团有限公司建设工程施工合同纠纷一案中,就停窝工损失是否享有工程款优先受偿权，最高人民法院认为：

中铁公司在本案中被支持的诉请款项来看，包括因瑞讯公司违约给其造成的停窝工损失和材料价差损失两项，均不属于工程款优先受偿权的权利行使范围。根据《优先受偿权批复》第3条规定："建筑工程价款包括承包人为建设工程应当支付的工作人员报酬、材料款等实际支出的费用，不包括承包人因发包人违约所造成的损失"，能够行使工程款优先受偿权的权利范围不包括因发包人违约导致的损失。

【案例小结】

对于停窝工损失是否属于工程款优先受偿的范围，实践中就该问题存在一定的争议。例如，[案例7－10]中认为，因停工产生的停工、窝工、倒运、机械设备调迁、材料等损失和实际费用，亦属工程价款优先受偿范围；[案例7－11]中认为，停窝工损失属于发包人违约造成的损失，不属于工程款优先受偿范围。

4. 履约保证金

案例7－12

义乌市××建筑工程公司与浙江××××拉链有限公司建设工程施工合同纠纷案[浙江省高级人民法院(2012)浙民终字第14号]

原审原告义乌市××建筑工程公司及原审被告浙江××××拉链有限公司建设工程施工合同纠纷一案中，就履约保证金是否属于工程款优先受偿权范围的问题，法院认为：

根据《合同法》第286条规定及《优先受偿权批复》第3条规定，工程款优先受偿权保护的范围限定在承包人为建设工程支付的工作人员报酬、材料款等实际支出的费用，不包括承包人因发包人违约造成的损失。履约保证金是为保证工程顺利进行由施工方向业主提供的担保，不属为建设工程应当支付的工作人员报酬、材料款等实际支出的费用，原审原告将履约保证金纳入工程款优先受偿权的范围的主张缺乏法律依据，本院不予采纳。

【案例小结】

就履约保证金是否属于优先受偿范围，司法实践中争议逐渐减少，与本案所涉观点基本一致,认为履约保证金与工程款系属不同的性质,是建筑商为保证工程顺利进行向发包人支付的款项。

(四)其他各国及我国台湾地区相关规定

根据《法国民法典》第2103条及第2110条规定可知,优先权的担保范围以为工程所产生的债务金额为准,即使是用于工人工资的借款,均可享有优先权,但与此同时不得超过第二份记录认定的价值及不动产因工程所增加的价值。

《日本民法典》第327条的规定,不动产工事的先取特权,就工匠、工程师及承揽人对债务人不动产进行工事的费用,存在该不动产上,该先取特权,以不动产因工事而产生的增加现存情形为限,只就该增加额存在。可见在日本,不动产工事优先特权的范围为"因不动产进行的工事费用",且仅就不动产因工事而产生的增加额而存在。

在我国台湾地区,根据台湾"民法"第513条规定可知,享有抵押权的范围为"承揽关系报酬额",且金额限于"工作物因修缮所增加之价值限度内"。

在德国,根据《德国民法典》第648条的规定,德国法定抵押权担保范围为"基于合同而发生的债权"。

根据上述各国立法及我国台湾地区"立法"可知,工程款优先受偿权的范围主要有两种:一种为基于承揽关系之报酬,如我国台湾地区;另一种则为因承揽合同产生的债权,如德国、法国、日本,但基本均就工程款优先受偿的范围进行了一定限定。

(五)本书观点

1.工程款优先受偿权的范围

我国目前存在以下两种计价方式:定额计价及清单计价。

定额计价时单位工程造价由直接费(人工、材料、机械费、措施费)、间接费(利润、企业管理费)、规费、税金构成,计价时先计算直接费,再以直接费为基数计算各项费用、利润、税金。

清单计价主要为分部分项工程费用(工程量*综合单价,包括人工费、材料和工程设备费、施工机具使用费、企业管理费、利润及一定范围内的风险费用)、措施项目费、其他项目费、规费及税金。

定额计价：
- 直接费（人工、材料、机械费、措施费）
- 间接费（利润、企业管理费）
- 规费
- 税金

清单计价：
- 分部分项工程费用（人工费、材料和工程设备费、施工机具使用费、企业管理费、利润及一定范围内的风险费用）
- 措施项目费
- 其他项目费
- 规费
- 税金

笔者认为，就工程价款的认定的问题，《建设工程司法解释二》规定较为妥当，即依照国务院有关行政主管部门关于建设工程价款范围的规定确定。如前所述，不同计价方式下，工程造价的组成表述上有所不同，而且，国务院有关行政主管部门对工程价款范围的规定，会随着计价方式的更新而进一步发生调整和变化，司法解释如逐一列举难免会发生与行政主管部门关于建设工程价款范围不一致情形，从而引发新的争议。

2. 工程款所涉利息

首先，虽然《建设工程司法解释二》已经明确逾期支付工程价款的利息不属于建设工程价款优先受偿权范围之内，但笔者认为此规定对承包人不尽合理，如工程款所涉利息为中国人民银行同期同类贷款利息（以下简称银行贷款利息），则该利息属于工程款优先受偿范围；如工程款所涉利息超过银行贷款利息，则超过部分不属于工程款受偿权范围。具体理由如下：

第一，银行贷款利息的性质系法定孳息，与工程款同为一体，应属于优先受偿的范围。

第二，工程款利息超过银行贷款利息部分的，系发包人逾期支付款项导致承包人遭受的损失，不属于优先受偿的范围。

超过银行贷款利息部分的工程款利息不属于法定孳息，该利息实质是当事人双方约定的违约金或损失赔偿额的计算方式，属于承包人因发包人违约遭受的损失。《合同法》第114条具有相应的规定："当事人可以约定一方违约时应当根据违约情况向对方支付一定数额的违约金，也可以约定因违约产生的损失赔偿额的计算方法。"

《人民法院报》于2018年8月5日刊登的最高人民法院张勇健法官的《建设工程施工合同案件审理中应注意的问题》中，也持有该观点。

其次，工程价款的利息包括两种，一种是施工过程中的承包人的垫资利息，另一种是逾期支付工程价款的利息。《建设工程司法解释二》将"利息"明确为"逾期支付建设工程价款的利息"，那么，对第一种利息即施工过程中的承包人的垫资利息如何处理，是否属于建设工程价款优先受偿权范围之内？笔者倾向于认为应当纳入优先受偿权范围之内，具体理由如下：

第一，从《建设工程司法解释二》条文演变看，由"利息"限定为"逾期支付建设工程价款的利息"，显然是对"利息"范围的一种限缩。

第二，承包人的垫资利息，不具有违约金或损失性质，而是承包人投入资金的实际成本之一。

第三，尽管承包人垫资利息未明确列入建设行政主管部门规定的建设工程价款范围之内，但在承包人垫资情况下，通常而言，体现垫资成本投入有两种计算方式：一种方式是约定发包人承担垫资利息，另一种方式是工程造价计价方式下浮率的调整。在后一种方式下，应当纳入工程价款优先权范围之内是无争议的。因此，笔者认为，在前一种情况下，应当予以同等对待。

3. 质量保修金

关于质量保修金的性质，笔者于专题五"建设工程质量和质量司法鉴定"中，已做详细分析，此处不再赘述。笔者认为质量保修金实质上为工程款，应属于工程款优先受偿的范围。

4. 施工期间停窝工产生的工人工资、设备租赁

停窝工损失是指由于发包人违约导致工期延误，以致承包人遭受的人员、材料、机械、设备等损失。笔者认为，停窝工损失不应享有工程款优先受偿权。理由如下：从工程款优先受偿权的立法本意及各国立法可以看出，工程款优先受偿的范围不得超过不动产因工程施工所增加的增值额，是指实际投入到建筑物本身的人力、物力、财力等，停窝工损失则不符合该特点；另外，停窝工损失系由于发包人违约导致承包人遭受的损失，与《优先受偿权批复》规定不符。

（六）实务操作

作为法律服务者，应在最大程度上保障当事人的合法权益，保证建筑商工程款优先受偿权的行使。如在非诉讼过程中，就已付款部分，应告知建筑商通过会议纪

要、协议书的方式确认该款项为利息、停窝工损失等；就将来需要支付的款项部分，则约定优先支付利息、停窝工损失等，而不是工程款。

在建筑商垫资施工情况下，该部分垫资的资金成本尽量体现为工程造价下浮率的调整，而不要体现为垫资利息，以避免争议。

四、优先受偿权的客体——是否包括土地使用权

工程款优先受偿权的客体是承包人可以予以支配的物，包括拍卖或折价的不动产。鉴于工程款优先受偿权的性质我国尚无相关法律予以明确，对优先受偿权的客体是否包括土地使用权的折价或拍卖款，也均存在争议。

（一）《建设工程司法解释二》的发展

《建设工程司法解释二》（征求意见稿）第一稿：

第二十一条　【优先受偿权客体】

承包人请求确认对建设工程占用范围内的土地使用权享有优先受偿的，不予支持。

《建设工程司法解释二》（征求意见稿）第二稿：

第二十二条　【优先受偿权客体】

承包人请求对建设工程占用范围内的土地使用权享有优先受偿权的，不予支持。

《建设工程司法解释二》（征求意见稿）第三稿：

第二十八条　【土地使用权不属于优先受偿权的客体】

承包人请求对建设工程占用范围内的土地使用权享有优先受偿权的，人民法院不予支持。

《建设工程司法解释二》（征求意见稿）第四稿、《建设工程司法解释二》送审稿及《建设工程司法解释二》：

删除相关条款。

前三稿中对于承包人就土地是否享有工程价款优先受偿权意见较为统一，不同的只是将第一稿中的“确认”予以删除，毕竟工程款优先受偿权的请求不仅会发生于诉讼中，也会发生在破产、执行过程中，此时使用“确认”二字则不恰当。第四稿至正式稿则删除相关条款。

（二）各地法院意见

在我国，大多数地方法院意见中均认为工程款优先受偿的范围不包括土地使

用的价值。

《浙江省高级人民法院执行局关于执行中处理建设工程价款优先受偿权有关问题的解答》

第四条 建设工程承包人对工程占用范围内的土地使用权的拍卖价款是否享有优先受偿权？建设工程承包人只能在其承建工程拍卖价款的范围内行使优先受偿权，对该工程占用范围内的土地使用权的拍卖价款不能主张优先受偿。实际操作中可对建设工程和土地使用权分开进行价值评估，确定各自在总价值中的比例，然后一并拍卖，拍卖成交后再确定建设工程承包人可以优先受偿的金额。

《安徽省高级人民法院关于审理建设工程施工合同纠纷案件适用法律问题的指导意见》(二)

第二十二条 承包人仅对建设工程占用的土地使用权主张优先受偿权的，不予支持。

《四川省高级人民法院关于审理建设工程施工合同纠纷案件若干疑难问题的解答》

38. 承包人、实际施工人请求确认对建设工程占用范围内的土地使用权享有优先受偿权的，不予支持。

《河北省高级人民法院建设工程施工合同案件审理指南》

37. ……土地使用权不属于优先受偿权的客体，承包人请求对建设工程占用范围内的土地使用权的价值享有优先受偿权的，不予支持。

《广东省高级人民法院 2012 年全省民事审判工作会议纪要》(节选)

28. 建设工程价款优先受偿的范围仅限于建设工程价值，不包括建设工程范围内的建设用地使用权价值。

《徐州市中级人民法院进一步规范关于审理建设工程施工合同纠纷案件的若干问题》

【优先受偿权的范围怎么确定？】建设工程价款优先受偿的范围依据《物权法》第一百七十三条进行确定，但不包含建设工程范围内的土地使用权价值。

案例 7 – 13

荣县金镏建筑工程有限公司等诉自贡市东焰鞋业有限公司建设工程施工合同纠纷再审案[最高人民法院(2018)最高法民再 42 号]

在荣县金镏建筑工程有限公司(以下简称金镏公司)与自贡市东焰鞋业有限

公司(以下简称东焰鞋业)建设工程施工合同纠纷一案中,东焰鞋业已经破产清算,金镒公司享有的工程款优先受偿权的认定尤为重要。

就工程款优先受偿权范围如何限定?最高人民法院观点为:

按照评估价计算,在建工程在整体处置在建工程和土地的价款中,占比应为59.9%。本案在建工程及土地的实际拍卖总价款为1410万元,故在建工程的实际拍卖价为844.59万元(1410万元×59.9%)。应以实际拍卖总价款1410万元的59.9%为比例计算金镒公司建设工程优先受偿权不得超出的范围。

【案例小结】

本案中,法院认为土地不属于工程款优先受偿权客体。

实践中,在部分施行房屋所有证与土地使用权证合一的地区,如上海,一般认为工程款优先受偿权客体包括土地。

(三)其他各国及我国台湾地区相关规定

法国、日本、我国台湾地区等就工程款优先受偿权的客体是否包括土地,也存在大量争议,主流观点认为其客体仅为房屋,不包括土地(基于其将土地与房屋进行分离,且债权范围以不动产因工程所增加的增值额为限);德国则认为土地不是独立的不动产,优先受偿的客体应包括土地。

(四)学术观点

关于工程款优先受偿权客体是否包括土地,学者存在以下两种观点:

第一种:肯定学说,认为工程款优先受偿权的客体应包括土地使用权。如梁慧星认为,工程款优先受偿权系法定抵押权,法定抵押权的标的物为承包人施工所完成的,属于发包人所有的建设工程(不动产)及其基地使用权。[①] 另外,根据我国《物权法》第182条的规定,以建筑物抵押的,应遵循"地随房走"的原则,故工程款优先受偿权客体应包括土地使用权。

第二种:否定学说,认为工程款优先受偿权的客体不含土地使用权。持有该观点的学者认为,虽然工程款优先受偿权设定目的是保护承包人获得工程款的权益,

---

① 梁慧星:《是优先权还是抵押权——合同法第286条的权利性质及其适用》,载《中国律师》2001年第10期。

但承包人享受工程款优先受偿权的客体应仅为通过其努力使建设工程得以增值的部分,故不包括土地使用权。

（五）本书观点

笔者认为,工程款优先受偿权的客体不应及于土地使用权,理由主要为:

第一,如前文所述,笔者认为工程款优先受偿权的性质系优先权,不是法定抵押权,故不应适用物权法“地随房走”的原则。

第二,作为施工单位,其人工、材料、机械设备等均投入到建设工程中,没有投入到土地,工程款优先受偿权客体限定于建设工程中,足以保障承包人获得足额工程款。

第三,实践中,开发商为办理贷款,土地使用权大多已抵押于银行,如工程款优先受偿权客体包括土地使用权,则将严重损害其他第三方的权益,有失公平公正。

第四,根据前文引用的各国及地区立法例可以看出,在日本、法国、我国台湾地区等均具有类似规定,其享有相关优先权的债权范围以不动产因工程所增加的增值额为限。在我国,土地所有权归属于国家及集体、建筑物所有权则归属于个人所有,土地与建筑物相互独立,大多数地方实行房屋所有权证和土地证分离。

第五,在建筑物拍卖评估过程中,房屋和土地可独立进行评估,故工程款优先受偿权的客体不包括土地使用权也具有可操作性。

（六）实务操作

1. 在执行过程中,一旦进入评估程序,需要与评估单位提前予以沟通,让其将土地使用权价值和建筑物价值予以区分。

2. 即使土地使用权不属于工程款优先受偿的客体,其合法性、可流转性也需要予以注意,否则建筑物将因此成为违章建筑、不可流转。

五、优先受偿权的行使条件

优先受偿权的行使条件,即只有在相应的前提条件予以满足时,承包人才有权主张工程款优先受偿权。目前,我国明确规定的一项行使条件为建设工程不属于不宜折价、拍卖的范围,就是否将建设工程施工合同必须有效、建设工程必须竣工作为工程款优先受偿权行使的前提条件存有部分争议。

(一)行使优先受偿权是否以合同有效为前提

1.《建设工程司法解释二》的发展

《建设工程司法解释二》(征求意见稿)第一稿:

第二十三条 【合同无效实际施工人的优先受偿权】

建设工程施工合同无效,但建设工程质量合格,实际施工人请求对承建的建设工程享有优先权的,应予支持。

另一种意见:建设工程施工合同无效,实际施工人请求对承建的建设工程享有优先权的,不予支持。

《建设工程司法解释二》(征求意见稿)第二稿:

第二十五条 【合同无效实际施工人的优先受偿权】

第一种意见:

建设工程施工合同无效,但建设工程经竣工验收合格,实际施工人请求对承建的建设工程享有优先权的,应予支持。

第二种意见:

建设工程施工合同无效,实际施工人请求对承建的建设工程享有优先权的,不予支持。

《建设工程司法解释二》(征求意见稿)第三稿:

第二十九条 【优先受偿权的行使条件】

符合下列条件,承包人就其承建的工程主张工程价款优先受偿权,人民法院应予支持:

(一)建设工程施工合同有效;

……

另一种意见:不以建设工程合同有效为限。实践中因资质、招投标法律规定,大量无效合同出现。作此规定,不利于无效合同中承包人权利保护。

《建设工程司法解释二》(征求意见稿)第四稿:

第二十条 【行使优先受偿权是否以合同有效为前提】

【方案一】建设工程施工合同无效,但已完成的工程经验收合格,承包人就其承建工程的价款主张优先受偿权的,人民法院应予支持。

【方案二】建设工程施工合同无效,但已完成的工程经验收合格,承包人就其承建工程的价款主张优先受偿权的,人民法院不予支持。

《建设工程司法解释二》送审稿：

第二十条 【行使优先受偿权是否以合同有效为前提】

【方案一】

已完成的建设工程质量合格，承包人主张其承建工程的价款就工程折价或者拍卖的价款优先受偿的，人民法院应予支持。

【方案二】

建设工程施工合同有效，且已完成的工程质量合格，承包人主张其承建工程的价款就工程折价或者拍卖的价款优先受偿的，人民法院应予支持。

《建设工程司法解释二》：

第十九条 建设工程质量合格，承包人请求其承建工程的价款就工程折价或者拍卖的价款优先受偿的，人民法院应予支持。

第一稿及第二稿仅考虑合同无效情况下的实际施工人是否享有优先受偿权，而未考虑合同无效情况下的承包人是否享有优先受偿权。第三稿首次规定了合同无效情况下承包人是否享有工程价款优先受偿权问题，并列出肯定与否定两种处理意见。第四稿以及送审稿也同样列出两种意见。正式稿最终采用了送审稿的第一种方案，仅在文字上进行了修饰调整。

2. 其他

就无效的建设工程施工合同承包人（本处仅指与发包人具有合同关系的承包人）是否享有工程款优先受偿权，大量内容均与上文所涉实际施工人是否享有工程款优先受偿权重复，现就相关内容简要阐述如下：

（1）根据各地法院意见可知，司法实践中存在以下两种观点：如工程质量合格，则无效合同承包人享有工程款优先受偿权；无效合同承包人无权享有工程款优先受偿权。

（2）根据各国立法可知，德国、日本、法国及英美法系国家就合同是否必须有效，无明确规定，但是须注意一点，即国外大多无施工资质的要求。

（3）学术界存在两种观点：一种为肯定观点，另一种为否定观点。

（4）笔者观点：就无效合同承包人是否享有工程款优先受偿权，笔者持有肯定观点，具体理由与笔者认为实际施工人应享有工程款优先受偿权的理由相同，在此不再赘述。

（二）未竣工工程可以行使优先受偿权

未竣工工程，是指尚未经建设单位、设计、施工、工程监理等有关单位进行竣工验收的工程。实践中,对于未竣工且质量不合格的工程,承包人无权主张工程价款,自然更无权主张工程款优先受偿权,争议不大。但是对于未竣工但质量验收合格的工程,承包人是否有权主张工程款优先受偿权则存在一定的争议。

1.《建设工程司法解释二》的发展

《建设工程司法解释二》(征求意见稿)第一稿:

第二十二条　【优先受偿权行使的例外情形】

具有下列情形之一,承包人请求确认优先受偿权的,不予支持。

(一)修复后的建设工程经竣工验收不合格;

……

《建设工程司法解释二》(征求意见稿)第二稿:

第二十七条　【建设工程不宜折价、拍卖情形】

建设工程具有下列情形之一,应当认定为不宜折价、拍卖。

(一)修复后的建设工程经竣工验收不合格;

……

《建设工程司法解释二》(征求意见稿)第三稿:

第二十九条　【优先受偿权的行使条件】

符合下列条件,承包人就其承建的工程主张工程价款优先受偿权,人民法院应予支持。

……

(二)建设工程经竣工验收合格;

……

第三十条　【未竣工工程可以行使优先受偿权】

建设工程未竣工,承包人就发包人尚欠的工程价款请求优先受偿权的,人民法院应当综合工程质量是否合格,工程是否已由第三人续建,是否发挥工程最大效益等因素,依照诚实信用原则和公平原则予以衡量,并作出裁决。

建设工程由第三人续建,承包人主张待工程竣工后行使优先受偿权,就其承建的工程部分折价或者拍卖的价款优先受偿的,人民法院应予支持。

建设工程因发包人原因停建,或者工程虽由第三人续建,但因发包人原因停建,承包人主张就其承建的工程部分折价、拍卖的价优先受偿的,人民法院应予支持。

《建设工程司法解释二》(征求意见稿)第四稿:

第二十二条 【对未竣工工程可以行使优先受偿权】

建设工程未竣工,但已完成的工程质量合格,承包人就发包人尚欠的工程价款主张优先受偿权的,人民法院应予支持。

《建设工程司法解释二》送审稿:

与第四稿一致。

《建设工程司法解释二》:

第二十条 未竣工的建设工程质量合格,承包人请求其承建工程的价款就其承建工程部分折价或者拍卖的价款优先受偿的,人民法院应予支持。

第一稿及第二稿均未明确未竣工工程是否可以行使工程价款优先受偿权,仅规定竣工验收不合格的工程属于行使的例外情形或不宜折价、拍卖的情形,直至第三稿才予以明确。

第三稿就未竣工工程优先受偿权的行使设定了大量条件,如应综合考虑质量是否合格、工程是否已有第三人续建、是否发挥工程最大效益等因素,根据诚实信用原则和公平原则予以综合判定。

第四稿则规定得较为简单,就未竣工工程,认为只要工程质量合格,则承包人享有工程款优先受偿权。

正式稿与送审稿实质上一致,仅在文字上作了修饰调整。

2. 各地法院意见

《江苏省高级人民法院关于审理建设工程施工合同纠纷案件若干问题的解答》

14. 建设工程价款优先受偿权起算如何确定? 建设工程施工合同的承包人行使建设工程价款优先受偿权的期限为六个月,具体起算按照以下方式确定:(1)工程已竣工且工程结算款已届期的,自建设工程竣工之日或者建设工程施工合同约定的竣工之日起算;(2)建设工程施工合同解除、终止履行的,自合同实际解除、终止之日起算;(3)工程已竣工验收合格,但合同约定除质保金以外的工程款付款期限尚未届满的,自合同约定的工程款付款期限届满之日起算。

《河北省高级人民法院建设工程施工合同案件审理指南》

35. 建设工程承包人行使优先受偿权的期限为六个月,具体起算时间按照以下方式确定:(1)工程已竣工的,自建设工程竣工之日或者建设工程合同约定的竣工之日起算,上述日期不一致的,以在后日期作为起算点,但合同约定的付款期限尚未届满的,以合同约定的付款期限届满之日作为起算点;(2)工程尚未竣工而合同解除、终止履行的,以合同实际解除、终止之日作为起算点;(3)发包人主张以《最高人民法院建设工程案件司法解释》第十四条第(二)、(三)项作为承包人行使优先受偿权起算点的,不予支持。

《浙江省高级人民法院执行局执行中处理建设工程价款优先受偿权有关问题的解答》

一、行使优先权的六个月期限应该如何理解？六个月期限的起算点应区分以下情况予以确定:发生建设工程施工合同纠纷时工程已实际竣工的,工程实际竣工之日为六个月的起算点;发生建设工程施工合同纠纷时工程未实际竣工的,约定的竣工之日为六个月的起算点;约定的竣工日期早于实际停工日 期的,实际停工之日为六个月的起算点。

《广东省高级人民法院 2012 年全省民事审判工作会议纪要》

27. 非因承包人的原因,建设工程未能在约定期限内竣工,承包人依据《合同法》第二百八十六条规定享有的优先受偿权不受影响。承包人请求行使优先受偿权的期限,自建设工程实际竣工之日起计算;如果建设工程合同由于发包人的原因解除或终止履行,承包人行使建设工程价款优先受偿权的期限自合同解除或终止履行之日起计算。

《徐州市中级人民法院进一步规范关于审理建设工程施工合同纠纷案件的若干问题》

【优先受偿权的期限如何起算?】建设工程价款优先受偿权应在法律规定的期限内主张。建设工程已经竣工的,建设工程优先受偿权从竣工之日起算;建设工程未实际竣工的,从约定的竣工之日起算,约定的竣工之日早于实际停工之日的,从实际停工之日起算。无论工程是否竣工,双方进行了结算并约定了工程款给付之日的,从工程款逾期给付之日起算。

根据上述规定可以看出,在我国大量地区均认可未竣工工程的工程款优先受偿权,只是需以质量验收合格为前提。

案例 7－14

湖北太航星河飞行器制造有限公司诉四川省泸州市第十建筑工程公司建设工程施工合同纠纷案[最高人民法院(2016)最高法民申 1993 号]

湖北太航星河飞行器制造有限公司(以下简称太航星河公司)诉四川省泸州市第十建筑工程公司(以下简称泸州十建公司)建设工程施工合同纠纷一案中,

就尚未竣工验收的涉案工程,是否享有工程款优先受偿权,最高人民法院认为:

关于优先受偿权的问题,建设工程价款的优先受偿权是法律赋予承包人的法定权利,《合同法》第286条规定的工程款优先受偿权的行使并不以工程竣工为限,案涉工程未竣工并不影响泸州十建公司诉请人民法院确认其对太航星河公司应付工程款享有优先受偿权。太航星河公司认为承包人在工程竣工验收后方能享有工程款优先受偿权的再审申请理由于法无据,不能成立。

【案例小结】

上述案例中,法院先行就工程质量是否存在问题进行审理,在该基础上,再就工程款优先受偿权进行判定。另外,经笔者检索发现,实践中大多案例均认可未竣工工程承包人享有工程款优先受偿权,仅有极少数部分案例不予支持。

3. 其他各国及我国台湾地区相关规定

《德国民法典》第648条明确规定只要承揽人因其合同所产生债权,即可以要求行使担保物权,且未竣工工程,承揽人也可行使,"工作尚未完成的,承揽人可以为与已经提供的劳动相当的部分报酬,以及为不包含在报酬中的垫款,请求给予保全抵押权"。

根据我国台湾地区"民法"第513条"前项请求,承揽人于开始工作前亦得为之"可知,在我国台湾,法定抵押权在承揽人开始工作前即可得之,只要办理相关抵押登记。

《法国民法典》认为"自第一次记录登记之日起取得优先权",《日本民法典》也规定"因于工事开始登记其费用预算额"。

从上述规定可以看出,在德国、法国、日本及我国台湾地区均认为未竣工工程也可行使工程款优先受偿权,只要办理相关手续即可。

4. 学术观点

就未竣工工程是否享有工程款优先受偿权,存在以下三种观点:

第一种:肯定说,认为无论建设工程是否竣工,工程款优先受偿权均成立。工程款优先受偿权具有担保物权的性质,未竣工工程虽然尚未有完整意义上的物质形态,但已经具备了担保物权的一般属性,如为人力所支配、具有独立性、能满足人类生活需要、同时建设工程具有交换属性、担保工程价款的属性等。①

---

① 陈迪颖:《未竣工工程优先受偿权制度适用研究》,东南大学2017年硕士学位论文,第9~10页。

第二种:否定说,认为工程款优先受偿权成立于工程竣工之后,以梁慧星教授为代表,梁慧星教授认为工程款优先受偿权系法定抵押权,其成立条件之一则为建设工程已经竣工。建设工程未竣工,则不发生法定抵押权。建设工程未竣工而中途解除建设工程施工合同的情形,也不发生法定抵押权。工程优先受偿权的行使标的物是已经存在的建成的建设工程,对将来可能建成的建设工程不宜成为建设工程优先受偿权的标的物。

第三种:折中说,认为原则上应当在竣工以后才行使优先权,因为只有在工程竣工以后,工程的质量情况才能明确,整个工程价款才能确定。如果一旦发生拖欠就行使优先权,将会使问题更为复杂化,而且违背常理。但是,如果发包人中途没有资金继续建设,甚至发生发包人中途逃跑,也应当允许承包人行使优先权。

5. 本书观点

笔者认为,只要未竣工工程质量验收合格,承包人也应享有优先受偿权,且无论是发包人还是承包人原因导致工程停工、未竣工的。具体理由如下:

第一,符合优先受偿权制度设立的目的。工程款优先受偿权系法定权利,旨在保护承包人、农民工的利益,即使在未竣工工程中,承包人为工程投入的人力、物力等也已经物化至建筑物之中,仅因工程未竣工,则剥夺承包人的权利,对其不公平。

第二,该观点与我国已有的工程款优先受偿权的相关规定相互统一。《合同法》第 286 条及《优先受偿权批复》中并未否认未竣工工程不能行使工程款优先受偿权,且《全国民事审判工作会议纪要》(法办〔2011〕442 号)第 26 条规定:“非承包人原因,建设工程未能在约定期间竣工,承包人依据合同法第二百八十六条规定享有的优先受偿权不受影响。”

第三,优先受偿权依附于工程款而存在,根据《建设工程司法解释一》第 10 条“建设工程施工合同解除后,已经完成的建设工程质量合格的,发包人应当按照约定支付相应的工程价款”可知,在工程未竣工但是质量验收合格的情况下,承包人有权向发包人主张工程款,故承包人也应享有工程款优先受偿权。

第四,如由于承包人原因导致工程停工、未竣工,发包人有权根据合同法及双方约定等追究承包人的违约责任,发包人具有相应的救济途径,不应因此否认承包人的工程款优先受偿权。

第五,参照法国、日本、德国民法典和我国台湾地区“民法”均可得出,优先受偿权在施工过程中即已产生,对于未竣工工程应享有工程款优先受偿权。

6. 实务操作

目前,在我国司法实践中,发包人就工程质量提起反诉的案件愈加频繁,此时,只要发包人就工程质量问题申请鉴定，很多承包商都较难摆脱责任。对此，笔者提醒建筑商，工程质量问题是施工中的重中之重，不可忽视，工程质量一旦存在问题，不仅无法获得工程款及其优先受偿权，还将面临巨额赔偿。

（三）不宜折价、拍卖的工程种类

《合同法》第286条规定："除按照建设工程的性质不宜折价、拍卖的以外，承包人可以与发包人协议将该工程折价，也可以申请人民法院将该工程依法拍卖。建设工程的价款就该工程折价或者拍卖的价款优先受偿。"可见，"不宜折价、拍卖的工程"将无法享有工程款优先受偿权，但实践中就何为不宜折价或拍卖的工程，经常较难抉择。

1.《建设工程司法解释二》的发展

《建设工程司法解释二》（征求意见稿）第一稿：

第二十二条 【优先受偿权行使的例外情形】

具有下列情形之一，承包人请求确认优先受偿权的，不予支持。

（一）修复后的建设工程经竣工验收不合格；

（二）建设工程属于事业单位、社会团体以公益目的建设的教育设施、医疗设施及其他社会公益设施；

（三）建设工程属于国家机关已投入使用的办公用房或者军事建筑；

（四）建设工程属于设备安装等附属工程；

（五）消费者购买承包人承建的商品房，并已经办理商品房预告登记或者产权变更手续。

《建设工程司法解释二》（征求意见稿）第二稿：

第二十七条 【建设工程不宜折价、拍卖情形】

建设工程具有下列情形之一，应当认定为不宜折价、拍卖。

（一）修复后的建设工程经竣工验收不合格；

（二）建设工程属于事业单位、社会团体以公益目的建设的教育设施、医疗设施及其他社会公益设施；

（三）建设工程属于军事建筑；

（四）建设工程属于设备安装等附属工程；

（五）消费者购买承包人承建的商品房，并已经支付全部或者大部分房款的。

《建设工程司法解释二》（征求意见稿）第三稿：

第三十一条　【建设工程不宜折价、拍卖情形】

建设工程具有下列情形之一，应当认定为不宜折价、拍卖。

（一）建设工程未取得建设工程规划许可证或者未按照规划许可证的要求进行建设的；

（二）建设工程经验收不合格，且无法予以修复的；

（三）建设工程属于事业单位、社会团体以公益目的建设的教育设施、医疗设施及其他社会公益设施；

（四）建设工程属于国家机关的办公用房或者军事建筑；

（五）无法独立存在或者分割后影响主建筑使用功能的附属工程等工程。

《建设工程司法解释二》（征求意见稿）第四稿至《建设工程司法解释二》：

删除相关条款。

第二稿与第一稿相比，在不宜折价拍卖、拍卖第三项情形中删除了"国家机关军事建筑"；就消费者购买承包人承建的商品房，将"已经办理商品房预告登记"修改为"已经支付全部或者大部分房款的"。

第三稿中则增加了违章建筑，再次添加办公用房（删除第一稿所涉需要投入使用），并在第一稿及第二稿的基础上明确验收不合格的工程需要无法予以修复、附属工程需要无法独立存在或者分割后影响主建筑使用功能的。

后第四稿至正式稿，均将该条款予以删除。

2. 各地法院及仲裁委意见

在我国地方法院及仲裁委意见中，不宜折价或拍卖的工程种类主要有以下几种规定：

（1）广东省高级人民法院：参与建设的学校、幼儿园、医院等以公益为目的的事业单位、社会团体的教育设施、医疗设施和其他社会公益设施。

《广东省高级人民法院关于在审判工作中如何适用〈合同法〉第286条的指导意见》

4. 承包人只能对其所建设的建设工程主张工程价款优先受偿权。承包人对于其参与建设的学校、幼儿园、医院等以公益为目的的事业单位、社会团体的教育设施、医疗设施和其他社会公益设施，不享有建设工程价款优先受偿权。

（2）沈阳市中级人民法院：所有权不属于发包人，以及具有国家重点工程或具有特定用途的工程。

《沈阳市中级人民法院关于审理房地产案件若干问题的处理意见》(之一)

第二条第七款 (五)按照工程的性质不宜折价、拍卖的,承包人不能将该工程折价或拍卖。如该工程的所有权不属于发包人,承包人就不得将该工程折价。如国家重点工程,具有特定用途的工程等也不宜折价或者拍卖。

(3)天津仲裁委:学校、医院、政府机关办公楼、道路、桥梁等公益建筑。

《天津仲裁委员会建设工程施工合同纠纷案件仲裁指引》

第七条第二款 不宜折价、拍卖的以及学校、医院、政府机关办公楼、道路、桥梁等公益建筑均不适用工程价款优先受偿权。

(4)四川省高级人民法院:竣工验收不合格的工程、为公益目的的建设的教育设施、医疗设施及其他社会公益设施、已投入使用的属于国家机关的办公用房或者军事建筑、设备安装等附属工程及消费者已办理产权变更或预告登记或已支付全部大部分款项的商品房。

《四川省高级人民法院关于审理建设工程施工合同纠纷案件若干疑难问题的解答》

39.承包人、实际施工人不享有优先受偿权的情形有哪些?具有下列情形之一,承包人、实际施工人请求工程价款就承建的建设工程折价或拍卖的价款优先受偿的,不予支持:

(一)经竣工验收不合格的工程;

(二)建设工程属于为公益目的建设的教育设施、医疗设施及其他社会公益设施;

(三)建设工程属于国家机关已投入使用的办公用房或者军事建筑;

(四)建设工程属于设备安装等附属工程;

(五)消费者购买承包人承建的商品房,并已经办理商品房产权变更或预告登记,或者消费者已交付购买商品房的全部或者大部分款项的。

3.案例

(1)未取得建设工程规划许可证或者未按规划许可证进行建设的工程

案例7-15

中建海峡建设发展有限公司与福建金龙地产有限公司建设工程施工合同执行裁定书[最高人民法院(2016)最高法执监161号]

申诉人(被执行人)福建金龙地产有限公司与申请执行人中建海峡建设发展

有限公司(原中国建筑第七工程局第三建筑公司)执行异议一案中,就违法建筑能否以现状抵偿债务。最高人民法院认为:

首先,违法建筑是指违反《土地管理法》、《城乡规划法》、《村庄和集镇建设管理条例》(国务院令第116号)等相关法律法规的规定,在城市规划区内,未取得建设工程规划许可证或者违反建设工程许可证的规定建设,严重影响城市规划的建筑。违法建筑因违反了法律的禁止性规定,原则上不能依法进行产权登记。本案世界金龙大厦第32、33层建筑超出了福州市规划管理局"榕规(93)建250号"《建设工程规划许可证》确定的建设规模(高度99.99米,层数31层),工程已建设完成,至今未能得到政府相关部门的审批和验收,应为违法建筑。

其次,根据《城乡规划法》第64条的规定,对违法建筑的法定处理机关为县级以上地方人民政府规划主管部门;处理方式包括,停止建设、限期改正并处罚款、限期拆除、没收实物或违法收入等。而在违法建筑被相关部门行使公权力拆除或自行拆除前,违法建筑仍具有一定的使用价值。

金龙公司对世界金龙大厦第32、33层建筑虽不享有所有权,但其长期占有、使用并以租赁等方式取得收益,上述建筑应视为被执行人金龙公司的具有使用价值的可供执行财产。《最高人民法院转发住建部关于无证房产执行问题的通知》第2条明确:"执行程序中处置未办理初始登记的房屋时……不具备初始登记条件的,原则上进行'现状处置',即处置前披露房屋不具备初始登记条件的现状,买受人或承受人按照房屋的权利现状取得房屋,后续的产权登记事项由买受人或承受人自行负责。"世界金龙大厦第32、33层即属通知中所称的"不具备初始登记条件"的建筑,南平中级人民法院按建筑物现状进行处置符合通知要求。南平中级人民法院在(2015)南执恢字第9-1号执行裁定中明确告知海峡公司世界金龙大厦第32、33层建筑的现状,亦提示了对建筑交付后可能产生的消防安全等风险。

再次,南平中级人民法院(2015)南执恢字第9-1号执行裁定只对违法建筑占有的事实状态进行了变更,未涉及建筑物所有权的归属,不存在将违法建筑通过协助执行行为合法化的情形,不影响行政机关今后对违法建筑作出处理决定。

因此,对于上述批复施行前所形成的工程欠款,承包人主张工程款优先权的期限应自该批复施行之日起计算期限。本案海峡公司已于2002年12月12日书面向福建高级人民法院主张工程款优先受偿权,属于在法定期限内主张权利。该批复第1条规定建筑工程的承包人的优先受偿权优于抵押权和其他债权。虽然福建高级人民法院(2004)闽民终字第83号及(2004)闽民初字第49号民事判决分别确认若世界金龙大厦第32层、33层房屋可办理产权登记,应由中国工商银行福建省分行营业部及中国华融资产管理公司福州办事处享有优先受偿权,但该因抵押产生的优先受偿权不能对抗建筑工程承包人的优先受偿权。因此,南平中级人民法院(2015)南执恢字第9-1号执行裁定并未侵犯其他债权人的合法权益。

案例7-16

江苏恒旺建设工程有限公司诉宿迁市双龙服饰有限公司建设工程施工合同纠纷案[江苏省高级人民法院(2016)苏民申5851号]

再审申请人江苏恒旺建设工程有限公司与被申请人宿迁市双龙服饰有限公司建设工程施工合同纠纷一案中,就再审申请人是否对涉案工程价款享有优先受偿权,法院认为:

根据《合同法》第286条规定,要实现建设工程价款的优先受偿权,须以折价或者拍卖的形式获得价款。而涉案工程未取得建设用地规划许可证以及建设工程规划许可证,不属于可以合法流转的建筑物,故无法通过折价或拍卖的形式获得该建设工程的价款。因此,对于未取得建设用地规划许可证以及建设工程规划许可证的建设工程应当认定为不宜折价、拍卖的建设工程,承包人再审申请人应无法就该建设工程的价款优先受偿。

【案例小结】

根据上述案例可知,关于未取得建设工程规划许可证或者未按规划许可证进行建设的工程的违法建筑是否享有工程款优先受偿权,存在两种观点:一种观点如[案例7-15]认为,在违法建筑被相关部门行使公权力拆除或自行拆除前,违法建筑仍具有使用价值,故只要承包人完成的建设工程有价值,其价值归属于承包人,承包人即有权就该建筑工程主张工程款优先受偿权;另一种观点则如[案例7-16]认为,违法建筑不可合法流转,所以不享有优先受偿权。

(2)民营学校、幼儿园、医院等是否享有优先受偿权?

案例 7 -17

××工程局有限公司与××进修学院、××科教有限公司、××技术学院建设工程施工合同纠纷案

原告(上诉人):××工程局有限公司;

被告一(被上诉人一):××进修学院;

被告二(被上诉人二):××科教有限公司;

被告三(被上诉人三)××技术学院。

一、工程概况

发包人:××进修学院;

承包人:××工程局有限公司;

工程名称:上海市××扩建工程;

合同工期:342 天;

合同价款:暂定 9000 万元。

二、合同签订及履行情况

2009 年 9 月 6 日,原告与被告一签订《上海市建设工程施工合同》,约定被告一将涉案工程发包于原告施工建设。

后原告、被告一再次签订《补充协议(一)》及《补充协议(二)》,其中《补充协议(二)》约定被告二应每月支付工程能进度款。

2009 年 10 月,涉案工程开工;

2012 年 8 月,原告与三被告签订《工程款及债务处理协议》,该协议约定:(1)工程造价暂按 13,259 万元计算,最终以审计报告为准,双方共同努力于 2012 年 12 月底之前审计完毕;(2)截至 2012 年 8 月 2 日,以暂定工程造价 13,259 万元计算(待审计结束后多退少补),三被告拖欠原告工程款、未付工程款的损失、应偿还借款等一次性结算合计为 15,914 万元(本款项除工程款部分待审计结束后多退少补)。

2012 年 10 月,原告、被告一、监理单位、管理单位共同出具《工程开竣工确认单》,确认工程竣工时间为 2012 年 8 月;

2013 年 4 月 22 日,在未经竣工验收的情况下,原告将系争工程的钥匙全部移交给被告；

2013年11月，原告与被告一共同确认涉案工程造价为177,481,292元；

后鉴于被告迟迟未按约定支付工程款，原告委托我所将本案诉至法院。

三、本案争议焦点

本案中，除合同效力、已付款外，最大的争议焦点即为原告就涉案工程的折价或拍卖款是否享有优先受偿权，涉案工程是否属于不宜折价、拍卖的建筑物。

四、双方观点

（一）原告观点

涉案工程不属于不宜折价、拍卖的建筑物。

目前是空置房屋，没有招生并办学的事实，对涉案工程的拍卖不会影响到社会公共利益，应属于可以拍卖、折价偿债的标的物，故原告对涉案工程享有工程款优先受偿权。

（二）被告观点

涉案工程使用用途为学校，属于不宜折价、拍卖的工程。

五、法院判决

（一）一审判决

原告就涉案工程的折价或拍卖款不享有工程款优先受偿权。理由如下：

除认为原告行使优先权期限已经超过法定期限外，其认为涉案工程的用途为学校，而且尚未补办齐全相关的报建审批手续，应属于不宜折价、拍卖的建设工程。

（二）二审判决

原告就涉案工程的折价或拍卖款享有工程款优先受偿权。理由如下：

除认定未超过法定行使期限外，其认为：虽然系争工程用途为学校，但该学校现状是空置，且××进修学院的办学许可证已经过期，涉案工程目前未实际用于办学，故综合考虑不应理解为不宜折价、拍卖的建设工程，否则将不利于承包人合法债权的保护。

【案例小结】

本案中，涉案工程即为民营学校。本案被告及一审法院认为：无论是针对公立还是民营学校、幼儿园、医院等，均属于公益事业，属于不宜折价、拍卖的工程；但原告及二审法院认为：民营学校、幼儿园、医院等不属于公益事业，且学校是否属于不宜折价、拍卖的工程应结合其整体使用情况,判定其是否危害公益事业。

4. 学术观点

就何为“不宜折价拍卖的工程”,经笔者检索主要有以下几种理解:

全国人大法工委编写的《中华人民共和国合同法释义》认为不宜折价拍卖的情形包括两类:一是工程的所有权人不属于发包人;二是国家重点工程,具有特定用途的工程。

梁慧星教授认为:法律禁止流通物,包括共有物,如国家机关办公的房屋建筑及军事设施;公用物,如公共道路、桥梁、机场、港口及公共图书馆、公共博物馆。但国家机关的员工宿舍不属于共有物。

也有学者认为,主要包括:(1)保密工程,如国防工程、尖端技术工程等,因该类工程涉及国家利益;(2)公用事业工程,如桥梁、河堤、绿化工程等,该工程涉及公共利益;(3)学校、幼儿园、医院等以公益为目的的事业单位、社会团体教育设施工程、医疗卫生设施工程和其他社会公益工程,我国《担保法》第 37 条第 3 款明确规定该类工程不得抵押。

5. 本书观点

笔者赞同《建设工程司法解释二》(征求意见稿)第三稿的意见,认为根据价值目标的标准对不宜折价、拍卖的工程种类予以确定,具有其合理性。

第(1)项、第(4)项规定的违章建筑、国家机关的办公用房、军用建筑系基于公共事务的运转及国家安全予以考虑,除非国家机关的办公用房及均用建筑的性质予以改变;

第(2)项经验收不合格,且无法予以修复的工程,系基于社会公共安全;

第(3)项属于事业单位、社会团体等非营利性法人以公益目的建设的教育设施、医疗设施及其他社会公益设施,是基于社会公共利益考虑(不包括营利性法人的教育设施、医疗设施等);

第(5)项无法独立存在或者分割后影响主建筑使用功能的附属工程等工程,是基于其无法操作性、损坏建筑物整体性、不符合经济原则所考虑。

6. 实务操作

建筑商在承建工程前,应进行尽职调查,就工程是否属于未取得建设用地或建设工程规划许可证等的违章建筑、是否属于事业单位、社会团体等的教育设施、医疗设施或其他社会公益设施等进行熟悉调查,如果属于该类工程,则建议:

在合同中明确发包人在竣工验收前工程款必须付至 95%,并约定如发包人逾期支付工程款,则建筑商有权停工。否则,则应要求发包人提供足额的履约担保或银行保函。

六、优先受偿权的行使方式

《合同法》第286条规定中,涉及工程款优先受偿权行使的三个词主要为“催告”、“协议折价”及“申请法院依法拍卖”。但就以下两个问题:(1)“催告”是否为行使工程款优先受偿权的必要条件;(2)承包人是否仅能通过协议折价或诉讼的方式行使优先受偿权,“书面发函”是否属于优先受偿权的有效行使方式,在我国仍存在不少争议。

(一)催告是否为行使工程款优先受偿权的必要条件?

1.《建设工程司法解释二》的发展

《建设工程司法解释二》(征求意见稿)第一稿:

第二十六条 【承包人的催告义务】

承包人主张优先受偿权的,应向发包人书面催告。建设工程施工合同没有约定催告履行的合理期限的,催告履行的合理期限应不少于一个月,自发包人收到催告通知次日起计算。

第二十七条 【催告义务履行时间】

具有下列情形之一,承包人应在六个月内催告发包人给付工程价款。

(一)当事人约定的给付工程价款期间届满;

(二)当事人没有约定工程价款给付时间或者约定不明,但建设工程已经实际交付的;

(三)建设工程没有交付,但承包人已经提交竣工结算文件的。

《建设工程司法解释二》(征求意见稿)第二稿:

第二十八条 【承包人的催告义务】

与第一稿第二十六条相同。

第二十九条 【催告义务履行时间】

具有下列情形之一,承包人可以催告发包人给付工程价款。

(一)当事人约定的给付工程价款期间届满;

(二)当事人没有约定工程价款给付时间或者约定不明,但建设工程已经实际交付的;

(三)建设工程没有交付,但承包人已经提交竣工结算文件的;

(四)建设工程施工合同终止履行,发包人应当给付工程价款的。

《建设工程司法解释二》(征求意见稿)第三稿:

与第二稿相同。

《建设工程司法解释二》(征求意见稿)第四稿至《建设工程司法解释二》:

删除相关条款。

第一稿中,认为承包人应在六个月内向发包人催告给付工程款,且催告履行的合理期限不少于一个月,该催告是承包人的一项义务,且该稿就催告义务的履行时间进行了规定。

第二稿及第三稿就第一稿有了一定的调整:首先,将第一稿中承包人"应在六个月内催告"修改为"可以催告";其次,在第一稿规定的"催告义务履行期间"的基础上添加了一项:施工合同终止履行的情形。

第四稿至正式稿中则将相关内容予以删除。

2. 各地法院及仲裁委意见

据笔者检索,各地法院对承包人行使工程款优先受偿权是否必须以催告为前提规定较少。虽然《天津仲裁委员会建设工程施工合同纠纷案件仲裁指引》第 7 条规定:"发包人逾期支付工程款,经承包人书面催告后在合理期限内仍未支付工程款,承包人可以主张工程款优先受偿",但其并未明确如承包人未催告,则承包人不得行使工程款优先受偿权。

3. 其他各国及我国台湾地区立法

根据《法国民法典》第 2110 条、《日本民法典》第 389 条、我国台湾"民法"第 513 条规定可知,在上述国家及台湾地区就类似于工程款优先受偿权的权利取得均实行登记制度。但笔者认为,登记制度在我国不符合我国国情。在我国,承包人处于弱势地位,如要求发包人、承包人前往相关部门予以登记,大多发包人将不会予以配合,届时工程款优先受偿权在我国必将形同虚设。

4. 学术观点

就《合同法》第 286 条规定中"催告"是否为工程款优先受偿权行使的必要条件,理论界一直存在争议:

第一种观点:认为不是必要条件,该条款已经明确为"可以"催告,不是"应当""催告";

第二种观点:认为"催告"是行使工程款优先受偿权的必要条件,从《合同法》第

286 条规定可以看出“逾期不支付”紧随着“催告”所规定，是指承包人催告后发包人仍不支付工程款，承包人有权就该工程折价、拍卖，梁慧星教授认为该观点从《合同法》第 286 条以及合同法释义中可以看出。

5. 本书观点

笔者认为，催告不应作为承包人享有工程款优先受偿权的必要条件。理由如下：

第一，从文义上而言，《合同法》第 286 条中规定“可以”催告，并未规定“必须”或“应当”，催告是承包人的权利，并非义务，承包人可以行使也可以不行使；

第二，从立法目的及其性质而言，笔者已经多次表示，优先受偿权设立是为了保护承包人、农民工的权利，其为优先权，只要承包人具有尚未收到的工程款，则承包人应享有该项权利，是否“催告”不应作为承包人是否享有该项权利的必要条件；

第三，司法实践中，绝大多数法院在审理中均不会将诉讼前的催告作为行使工程款优先受偿权的必要条件。

关于催告的形式，笔者认为，在目前现代化社会，纸质形式、邮件、微信、短信等均是书面形式，均可以作为承包人催告工程款的方式。根据《合同法》第 11 条“书面形式是指合同书、信件和数据电文（包括电报、电传、传真、电子数据交换和电子邮件）等可以有形地表现所载内容的形式”和《民事诉讼法解释》第 116 条“视听资料包括录音资料和影像资料。电子数据是指通过电子邮件、电子数据交换、网上聊天记录、博客、微博客、手机短信、电子签名、域名等形成或者存储在电子介质中的信息”均可以看出。

6. 实务操作

（1）为防止发包人以建筑商未催告为由抗辩建筑商行使工程款优先受偿权的权利，建议建筑商在工程款付款期届满后及时发送书面催告函，并在函件中明确未按合同约定支付工程款，建筑商要行使工程款优先受偿权的权利。

（2）就催告的形式：为充分有效保留催告证据，建议建筑商采用公证邮寄的方式进行催告。对于目前非常流行的“微信”形式，笔者认为，虽然其也是书面方式之一，但是微信发送主体较难认定，且经常存在未保存、删除的情况，故建议不要采用。

（二）书面发函是否属于行使工程款优先受偿权的有效方式？

1. 各地法院意见

就书面发函是否属于行使工程款优先受偿权的方式，《建设工程司法解释二》

尚未有相关规定，地方法院主要具有以下两种观点：

第一种观点：书面发函不属于行使工程款优先受偿权的方式。

《江苏省高级人民法院关于审理建设工程施工合同纠纷案件若干问题的解答》

第十八条　承包人行使建设工程价款优先受偿权的方式如何认定？承包人通过提起诉讼或申请仲裁的方式，主张建设工程价款优先受偿权的，属于行使建设工程价款优先受偿权的有效方式。承包人通过发函形式主张建设工程价款优先受偿权的，不认可其行使的效力。

第二种观点：书面发函属于行使工程款优先受偿权的方式。

《广东省高级人民法院建设工程合同纠纷疑难问题解答》

17. 承包人行使工程价款优先受偿权的方式应如何认定：建设工程承包人提起诉讼、申请仲裁主张工程价款优先受偿权，自行与发包人协商以该工程折价抵偿欠付工程款，申请法院将该工程拍卖以实现工程款债权，申请对建设工程拍卖款参与分配程序主张优先受偿权，或者向发包人以书面形式明确表示主张优先受偿权的，均属于对建设工程价款依法行使优先受偿权。

2. 典型案例

案例 7－18

昆明二建建设(集团)有限公司、北京国际信托有限公司第三人撤销之诉再审民事判决书[最高人民法院(2018)最高法民再 84 号]

再审申请人昆明二建建设(集团)有限公司(以下简称昆明二建公司)与被申请人北京国际信托有限公司(以下简称北京信托公司)、原审被告云南金冠源房地产开发有限公司(以下简称金冠源公司)第三人撤销之诉一案中，就昆明二建公司是否享有工程款优先受偿权？其是否有权通过发函形式予以主张？一审、二审法院及再审法院观点如下：

一审、二审法院认为：

行使工程款优先受偿权的方式有两种：

其一是当事人协商将该工程折价。案中，昆明二建公司在 2013 年 11 月 26 日向金冠源公司发的催告函及其他证据仅是证明其声明自身享有工程款优先受偿权，但双方当事人并未对溪谷雅苑小区工程价款是否折价进行过协商，即不符合民事权利行使的实施方式。

其二是当事人申请人民法院将该工程依法拍卖，昆明二建公司在“催告函”中虽说明金冠源公司逾期不支付工程款，其有权就该工程向人民法院申请拍卖以抵工程款，但从本案查明的事实来看，昆明二建公司未实施该行为。2016年1月18日，昆明二建公司向昆明市中级人民法院起诉，要求金冠源公司支付工程款和享有工程款优先受偿权时，昆明二建公司作为承包人对溪谷雅苑小区工程价款享有优先受偿权已经超过六个月的除斥期，其丧失了对溪谷雅苑小区工程就该工程折价或拍卖的价款享有的优先受偿权。

最高人民法院认为：

根据《合同法》第286条之规定，发包人逾期不支付建设工程价款的，承包人既可以与发包人协议将该工程折价，也可以申请人民法院将该工程依法拍卖来行使工程款优先受偿权。即承包人享有的建设工程优先受偿权系法定权利，不需要经法院确认即享有。

本案所涉“溪谷雅苑项目”于2013年6月7日竣工，金冠源公司未按照合同约定与昆明二建公司进行结算。昆明二建公司与金冠源公司协商以溪谷雅苑项目房产折抵部分工程款，并于2013年11月26日向金冠源公司发出催告函，要求金冠源公司尽快结算并声明享有工程款优先受偿权，而金冠源公司也于2013年11月28日向昆明二建公司出具《协商意见》，表示会在两个月内进行结算，并认可昆明二建公司对“溪谷雅苑小区”工程享有优先受偿权。昆明二建公司行使案涉工程款优先受偿权，符合《优先受偿权批复》第4条之规定。原一审、二审判决关于昆明二建公司发函仅主张享有优先受偿权，而没有行使优先受偿权，起诉主张案涉工程享有优先受偿权已经超过了除斥期间的认定确有错误，本院予以纠正。

【案例小结】

本案中，就书面发函是否属于主张工程价款受偿权有效方式有以下两种观点：

（1）本案最高人民法院观点：书面发函方式可以行使工程款优先受偿权，法律未限定工程款优先受偿权行使方式仅为起诉，且《优先受偿权批复》允许以非诉方式行使，如折价。

（2）本案一审、二审观点：书面发函方式不可以行使工程款优先受偿权，必须严格适用《优先受偿权批复》之规定，或者双方折价达成一致意见，或者诉讼。

在司法实践中，经笔者检索发现，部分法院为保护承包人的利益，认可催告为行使工程款优先受偿权的方式,但也有不少法院不予认可。

3. 学术观点

对于书面发函是否属于工程款优先受偿权的方式,部分学者不予认可,其认为工程款优先受偿权具有物权属性,如果仅发函催告即可行使工程款优先受偿权,则该权利行使与工程本身无关,故不应具有行使的效力。①

4. 本书观点

笔者认为,书面发函不应作为行使工程款优先受偿权的有效方式,建议《司法解释二》中予以明确。具体理由如下:

第一,工程款优先受偿权优先于抵押权及一般债权,该权利的行使不仅涉及承包人的权益,更涉及发包人其他债权人的利益,其行使方式应予以限定,否则发包人的其他债权人的权利将处于不明确的状态。

第二,我国船舶优先权、民用航空器优先权均规定需通过法院行使,参照该规定,工程款优先受偿权行使方式不应包括书面发函。如《海商法》第28条规定:"船舶优先权应当通过法院扣押产生优先权的船舶行使";《民用航空法》第24条规定:"民用航空器优先权应当通过人民法院扣押产生优先权的民用航空器行使。"

第三,日本、法国、我国台湾地区对优先权(或抵押权)的行使均规定以登记为条件,而我国大陆工程款优先受偿权则无须登记,故更应予以限制。

5. 实务操作

虽然我国具有相关的案例支持催告方式行使工程款优先受偿权,但在无相关法律予以明确的情况下,建议采用诉讼的方式行使,以确保享有工程款优先受偿权的权利。

6. 疑难问题分析

能否通过法院调解确认工程款优先受偿权的效力?

案例7-19

上海××安装工程有限公司与江苏××有限公司建设工程施工合同纠纷案

该案中,经法院组织调解,原被告双方达成调解协议:

1. 确认江苏××有限公司应向上海××安装工程有限公司支付工程款

---

① 李文奇:《承包人能否通过发函催告的方式行使建设工程价款优先受偿权?》,载天同诉讼圈(天同下午茶2014年5月22日)。

61,766,999元(包括履约保证金600万元);2.确认江苏××有限公司应向上海××安装工程有限公司支付工程款利息1300万元;3.江苏××有限公司应于2018年1月31日前支付给上海××安装工程有限公司工程款利息1300万元、履约保证金600万元及工程款10,606,799元,合计29,606,799元;江苏××有限公司应于2018年4月30日前支付给上海××安装工程有限公司剩余工程款45,160,200元;4.如江苏××有限公司在2018年1月31日前未支付约定款项的,则上海××安装工程有限公司可申请执行全部应付未付款项;5.双方确认上海××安装工程有限公司就剩余工程款55,766,999元在其施工工程范围内享有优先受偿权。

目前,该案所涉款项,被告均已履行完毕。

【案例分析】

上述案例中,法院出具的调解书已明确确认承包人享有工程款优先受偿权。但就此,实践及理论界也有部分观点认为,工程款优先受偿权属于物权范畴,依照民事诉讼法等规定不能通过调解书确认。

笔者观点:

笔者赞同法院通过调解方式确认工程款优先受偿权,但该调解书存在违背双方真实意思表示、侵害国家利益、社会公共利益及案外人利益及其他违反法律、行政法规禁止性规定情况的除外。

第一,调解方式可谓贯穿在民事诉讼的全过程,故笔者认为只要其不违反法律法规,不侵害社会公共利益和第三人合法权益,应为有效。

第二,如果担心调解书侵害第三方利益,第三方可以采用合法途径予以救济,如第三人可通过向法院提起撤销之诉等保护其合法权益。

第三,我国部分地方高级人民法院也对此予以了确认,如《河北省高级人民法院建设工程施工合同案件审理指南》第36条规定:“当事人以调解方式对优先受偿权进行确认的,人民法院应依法审查其合法性,对当事人恶意串通损害第三人合法权益的调解协议不予确认。”

七、优先受偿权的保护期间

《优先受偿权批复》系我国首次就工程款优先受偿权行使期限明确规定,该批复第3条规定,优先权行使期限自建设工程竣工之日或者建设工程合同约定的竣工之日计算。但该条文在实践运用中仍存在不少问题。例如:(1)合同约定的竣工日期与实际竣工日期不一致如何处理？(2)建设工程竣工之日如何认定？是否适用《建设工程司法解释一》第14条规定的第(2)、(3)情形？(3)未竣工工程、"烂尾楼"工程优先受偿权起算点如何认定？

虽然最高人民法院发布的《全国民事审判工作会议纪要》(法办〔2011〕442号)第26条规定:"非因承包人的原因,建设工程未能在约定期间内竣工,承包人依据合同法第二百八十六条规定享有的优先受偿权不受影响;承包人行使优先受偿权的期限为六个月,自建设工程合同约定的竣工之日起计算;建设工程合同未约定竣工日期,或者由于发包人的原因,合同解除或终止履行时已经超出合同约定的竣工日期的,承包人行使优先受偿权的期限自合同解除或终止履行之日起计算。"对于解决未竣工工程优先受偿权起算点问题具有较大参考作用,但其未明确由于承包人自身原因导致合同解除、终止的优先受偿权的享有及起算问题。

(一)优先受偿权保护期限及其起算

1.《建设工程司法解释二》的发展

《建设工程司法解释二》(征求意见稿)第一稿:

第二十八条　【优先权的保护期间】

承包人行使优先受偿权的期限为一年,自承包人催告发包人给付工程价款期间届满之日起算。

《建设工程司法解释二》(征求意见稿)第二稿:

与第一稿相同

《建设工程司法解释二》(征求意见稿)第三稿:

第三十四条　【优先权的保护期间】

承包人行使优先受偿权的期限为一年,自承包人催告发包人给付工程价款期间届满之日起算;承包人未履行催告义务的,以发包人应当给付工程价款之日起算;

另一种意见:承包人行使优先受偿权期限为六个月,自发包人应当给付工程价款之日起算。

《建设工程司法解释二》(征求意见稿)第四稿:

第二十三条　【优先受偿权的保护期限】

承包人行使工程价款优先受偿权的期限为六个月,自发包人应当给付工程价款之日起算。

《建设工程司法解释二》送审稿及《建设工程司法解释二》：

与第四稿一致。

第一稿，仅列明了一种意见：认为应从催告之日起算，且期限为一年。

第二稿与第一稿相同。

第三稿，存在两种意见：第一种意见为期限为一年，从催告之日起算，未催告则自应付款之日起算；第二种意见则变更为六个月，且从应付款之日起算。

第四稿至正式稿又仅有一种意见，认为优先受偿权行使期限为六个月，且从应付款之日起算。

从上述发展可以看出，对于优先受偿权保护期限，主要存在以下两方面争议：(1)从催告之日起算还是工程给付期限届满之日起算；(2)期限为六个月还是一年。

2. 各地法院及仲裁委意见

在各地法院及仲裁委中，就优先受偿权行使期限的起算点规定不一，主要为：

江苏：已经竣工且结算款已届期的，自工程竣工之日或合同约定的竣工之日起算；合同解除的，自实际解除之日、终止之日起算；工程竣工验收合格，工程款付款期限尚未届满，则自约定的付款期限届满之日起算。

《江苏省高级人民法院关于审理建设工程施工合同纠纷案件若干问题的解答》

14. 建设工程价款优先受偿权起算如何确定？建设工程施工合同的承包人行使建设工程价款优先受偿权的期限为六个月，具体起算按照以下方式确定：

(1)工程已竣工且工程结算款已届期的，自建设工程竣工之日或者建设工程施工合同约定的竣工之日起算；

(2)建设工程施工合同解除、终止履行的，自合同实际解除、终止之日起算；

(3)工程已竣工验收合格，但合同约定除质保金以外的工程款付款期限尚未届满的，自合同约定的工程款付款期限届满之日起算。

浙江：实际竣工的，则以实际竣工之日为准；未竣工，则以约定的竣工之日为准；约定的竣工日期早于停工日期，以停工日期为准；徐州：在浙江意见外，添加了一项，进行了结算并约定了工程款给付之日的，从工程款逾期给付之日起算。

《浙江省高级人民法院执行局执行中处理建设工程价款优先受偿权有关问题的解答》

一、行使优先权的六个月期限应该如何理解？六个月期限的起算点应区分以下情况予以确定：发生建设工程施工合同纠纷时工程已实际竣工的，工程实际竣工之日为六个月的起算点；发生建设工程施工合同纠纷时工程未实际竣工的，约定的竣工之日为六个月的起算点;约定的竣工日期早于实际停工日期的,实际停工之日为六个月的起算点。

《徐州市中级人民法院进一步规范关于审理建设工程施工合同纠纷案件的若干问题》

【优先受偿权的期限如何起算?】建设工程价款优先受偿权应在法律规定的期限内主张。建设工程已经竣工的,建设工程优先受偿权从竣工之日起算;建设工程未实际竣工的,从约定的竣工之日起算,约定的竣工之日早于实际停工之日的,从实际停工之日起算。无论工程是否竣工,双方进行了结算并约定了工程款给付之日的,从工程款逾期给付之日起算。

广东省高级人民法院:明确2002年12月28日之后行使工程款优先受偿权的,如建设工程竣工之日与建设工程承包合同约定的竣工之日不一致的,则以日期在后的为准,合同解除则以解除之日为准;2002年12月28日之前行使的,不受行使期限的限制。

《广东省高级人民法院2012年全省民事审判工作会议纪要》

27. 非因承包人的原因,建设工程未能在约定期限内竣工,承包人依据《合同法》第二百八十六条规定享有的优先受偿权不受影响。承包人请求行使优先受偿权的期限,自建设工程实际竣工之日起计算;如果建设工程合同由于发包人的原因解除或终止履行,承包人行使建设工程价款优先受偿权的期限自合同解除或终止履行之日起计算。

《广东省高级人民法院关于在审判工作中如何适用〈合同法〉第286条的指导意见》

10. 承包人在2002年12月28日之后行使建设工程价款优先受偿权的期限为6个月,自建设工程竣工之日或者建设工程承包合同约定的竣工之日起计算。建设工程竣工之日与建设工程承包合同约定的竣工之日不一致的,以日期在后的为准。承包人在1999年10月1日以后2002年12月28日之前行使建设工程价款优先受偿权的,不受6个月期限的限制。

河北省高级人民法院:明确建设工程竣工之日与建设工程承包合同约定的竣工之日不一致的,以日期在后的为准,但合同付款期限未满则以付款期限届满之日为准;合同解除则以解除之日为准;不得适用《建设工程司法解释一》第14条第2、3项作为起算点。

《河北省高级人民法院建设工程施工合同案件审理指南》

35. 建设工程承包人行使优先受偿权的期限为六个月，具体起算时间按照以下方式确定：

(1) 工程已竣工的，自建设工程竣工之日或者建设工程合同约定的竣工之日起算，上述日期不一致的，以在后日期作为起算点，但合同约定的付款期限尚未届满的，以合同约定的付款期限届满之日作为起算点；

(2) 工程尚未竣工而合同解除、终止履行的，以合同实际解除、终止之日作为起算点；

(3) 发包人主张以《最高人民法院建设工程案件司法解释》第十四条第(二)、(三)项作为承包人行使优先受偿权起算点的，不予支持。

沈阳中级人民法院及深圳、天津仲裁委：直接采用批复的规定；深圳中级人民法院及盐城中级人民法院除采用批复规定外，规定合同解除的则以合同解除之日起算。

《深圳市中级人民法院关于建设工程合同若干问题的指导意见》

29. 在工程竣工验收合格前，建设工程合同被解除的，承包人对已完工程享有建设工程价款优先受偿权，承包人行使优先权的期限为六个月，自建设工程合同解除之日起计算。

《盐城市中级人民法院关于审理建设工程施工合同纠纷案件若干问题的指导意见》

22. 建设工程承包人主张优先受偿权的期限为六个月，自建设工程竣工之日或者建设工程合同约定的竣工之日起算。

24. 在工程竣工验收合格前，建设工程合同被依法解除的，承包人对已完工程享有建设工程价款优先受偿权，承包人行使优先受偿权的期限为六个月，自建设工程合同解除之日起算。

《沈阳市中级人民法院关于审理房地产案件若干问题的处理意见(之一)》

第七条第四款 (四)建设工程承包人行使优先权的期限为六个月，自建设工程竣工之日或者建设工程合同约定的竣工之日起计算。

《深圳仲裁委关于审理建设工程施工合同案件若干问题的意见》

第八条 建设工程承包人主张优先受偿权的期限为六个月，自建设工程竣工之日或者建设工程合同约定的竣工之日起计算。

《天津仲裁委员会建设工程施工合同纠纷案件仲裁指引》

第七条第三款　承包人行使优先权的期限为六个月，自工程竣工之日或合同约定竣工之日起计算。

具体总结可见下表：

地方法院、仲裁委关于优先受偿权起算点的规定							
序号	法院或仲裁委名称	工程竣工之日	合同约定的竣工之日	实际解除之日、终止之日	约定的付款期限届满之日	停工之日	
1	江苏省高级人民法院	已经竣工且结算款已经届满		合同解除、终止	工程竣工验收合格且付款期限尚未届满（质保金外）		
2	浙江省高级人民法院	已经实际竣工的	未实际竣工的			约定的竣工日期早于实际停工日期的	
3	徐州市中级人民法院	已竣工的	未实际竣工的		双方进行了结算，并约定工程款给付之日的	约定的竣工日期早于实际停工日期的	
4	广东省高级人民法院	已经实际竣工的（非因承包人原因未能在约定期限内竣工，优先受偿权不受影响）	竣工之日与约定的竣工日期不一致的，以日期以后为准	由于发包人原因解除或终止履行			
5	河北省高级人民法院	已经竣工的，二日期不一致，则以在后日期为准		尚未竣工而合同解除、终止履行			司法解释一第十四条第(二)、(三)项不适用
6	深圳市中级人民法院			合同被解除			

续表

7	盐城市中级人民法院	自建设工程竣工之日或者合同约定的竣工之日为准	合同被解除			
8	沈阳市中级人民法院	自建设工程竣工之日或者合同约定的竣工之日为准				
9	深圳市仲裁委	自建设工程竣工之日或者合同约定的竣工之日为准				
10	天津市仲裁委	自建设工程竣工之日或者合同约定的竣工之日为准				

案例7－20

北海湾春投资开发有限公司与浙江横店建筑工程有限公司建设工程施工合同纠纷上诉案[(2017)最高法民终918号]

上诉人(一审被告)北海湾春投资开发有限公司(以下简称北海湾春公司)与被上诉人(一审原告)浙江横店建筑工程有限公司(以下简称浙江横店公司)建设工程施工合同纠纷一案中,对于工程款优先受偿权的起算时间,最高人民法院认为:

本案的关键在于确定优先权的起算时间。虽然批复第4条明确规定,优先权自建设工程竣工之日或者建设工程合同约定的竣工之日起计算,但根据《合同法》第286条规定的原意,优先权的适用是以发包人逾期不支付工程价款为前提,"应当遵循客观事实,尊重当事人之间关于支付工程价款期限的约定,优先受偿权行使期限的起算点,不应早于当事人之间约定的工程价款支付期限,以保证实现该优先权权能"是公平合理的。

根据本案已查明的事实,案涉《建设工程施工合同》约定的计划竣工时间为2016年9月1日、2016年11月5日(不同地块),实际上于2015年2月停工。《解除建设施工合同协议书》签订于2015年7月4日,其中第3条约定,北海湾春公司应在2017年5月30日前将欠款242,935,394.56元等费用向浙江横店公司全部支付完毕。浙江横店公司于2016年5月27日提起本案诉讼,未超出优先受偿权使期限,符合上述法律的规定,并无不当。

【案例小结】

[案例7-20]中,就优先受偿权行使期限的起算点,无论以约定的竣工时间2016年11月5日计算还是停工之日计算,承包人优先受偿权行使将均已经超过期限。最高人民法院则未直接适用《优先受偿权批复》的规定,其充分结合《合同法》第286条的立法目的,确定本案中优先受偿权行使期限应从工程款付款期限届满之日起算。

3.其他各国立法及我国台湾地区规定

日本、法国、我国台湾地区基本均规定为自登记之日起保存类似于工程款优先受偿权的效力,即可以理解为自该日起享有相关权利。

4.学术观点

实践中就工程款优先受偿权起算点的认定,有以下几种观点:

第一种观点:梁慧星教授等学者认为,工程款优先受偿权从工程竣工之日才享有,可见其认为工程款优先受偿权起算点最起码应从竣工之日起算,未完工工程不存在起算点的问题。

第二种观点:应从债权到期之日起算。依据《合同法》第286条规定,优先受偿权需要承包人在催告发包人支付工程款后,发包人超过合理期限仍未支付的才享有,可想而知,如债权尚未到期,何来催告之说,故认为单纯的以竣工之日或合同约定竣工之日起算优先受偿权不合理,应以债权到期之日起算。

5.本书观点

笔者支持《建设工程司法解释二》规定,认为工程款优先受偿权行使期限应从发包人应当给付工程价款之日起算六个月。

(1)符合实际情况:实践中,根据正常情况,承包人一般在竣工验收合格后一个月或两个月提交结算书,发包人则在收到结算书后一年甚至数年出具审价报告,发包人与承包人在工程竣工验收合格后六个月内完成结算的情况基本没有,故《优先受偿权批复》第4条所涉工程款优先受偿权行使期限的起算点完全脱离实际,难以操作。

(2)与《合同法》规定的立法精神一致:《合同法》第286条规定,承包人在发包人逾期支付工程价款时,有权行使工程款优先受偿权,故工程款优先受偿权行使期限应该按照工程价款应付未付之日起算。

(3)对于工程进度款,由于工程进度款是中间付款,最后还需要结算,不能由于承包人在进度款给付之日起六个月未行使工程价款优先受偿权而认为承包人丧失了对该部分工程进度款的工程价款优先受偿权，承包人仍可以在后续结算款中一并行使工程价款优先受偿权。同时根据《最高人民法院关于审理民事案件适用诉讼时效制度若干问题的规定》第5条及《民法总则》第189条“当事人约定同一债务分期履行的，诉讼时效期间自最后一期履行期限届满之日起计算”可知，建设工程施工合同中发包人欠付工程款的诉讼时效，应从发包人支付的最后一笔工程款的时间开始起算。故参照该规定，也应做同样理解。

(4)对于工程结算款的建设工程价款之日的确定，有合同约定的，从合同约定。如果合同没有约定或者约定不明的，则应当按照《建设工程司法解释一》第18条对规定予以确定，即建设工程已实际交付的，为交付之日；建设工程未交付的，为提交竣工结算文件之日；建设工程未交付，工程价款也未结算的，为当事人起诉之日。

6. 疑难问题分析

(1)能否仅就工程款优先受偿权提起确认之诉？

案例7－21

新疆中京建设集团有限公司诉乌鲁木齐信诚信典当有限公司等债权人撤销权纠纷、工程款优先受偿权纠纷案［新疆生产建设兵团第二师中级人民法院(2017)兵02民初1号］

原告新疆中京建设集团有限公司(以下简称中京公司)与被告乌鲁木齐信诚信典当有限公司(以下简称信诚信公司)、巴州农二师万祥农产品综合批发有限公司(以下简称万祥公司)债权人撤销权纠纷、工程款优先受偿权纠纷一案中，原告中京公司提出诉讼请求：①请求依法撤销两被告于2015年9月23日所签订的“以物抵债”《执行和解协议》，依法确认原告对抵债工程享有优先受偿权；②判令两被告承担本案全部诉讼费用。

就中京公司提出的优先受偿权的诉讼请求，法院认为：

《合同法》第286条规定明确了××行使优先受偿权的前提条件是××未按约付款，即工程款债权已过清偿期未获清偿，且经催告后仍未清偿。本案中，由于原告提供的证据不足以证明万祥公司未按照合同约定履行付款义务，故在双方对于工程款是否付清尚存争议的情况下，原告主张工程款优先受偿权没有事实和法律依据，法院不予支持。

【案例分析】

就本质上而言，本案系承包人单独提起优先受偿权确认之诉。本案中，法院认为由于欠付工程款的事实无法确认，故未认可中京公司享有工程款优先受偿权。就此，《徐州市中级人民法院进一步规范关于审理建设工程施工合同纠纷案件的若干问题》也具有相关规定。

但在实践中，也有观点认为，即使发包人是否欠付承包人的工程款暂无法确定，承包人也有权单独提起工程款优先受偿权确认之诉。如《深圳市中级人民法院关于建设工程合同若干问题的指导意见》第 28 条明确规定："发包人已按约定支付工程价款或办理结算，但在建设工程竣工之日或建设工程合同约定的竣工之日起六个月内，承包人请求确认工程款优先受偿权的，应予支持。"即其认为承包人行使工程款优先受偿权不以发包人已经存在逾期付款为前提。

就工程款欠款行为尚未确认的情况下，承包人是否能单独提起工程价款确认之诉，笔者观点如下：

如工程款优先受偿权行使期限起算点仍然按照《优先受偿权批复》第 4 条规定，"建设工程承包人行使优先权的期限为六个月，自建设工程竣工之日或者建设工程合同约定的竣工之日起计算"，则承包人有权单独就工程款优先受偿权提起确认之诉。具体理由为：

第一，工程款结算完成短则一年，多则数年，如按照工程竣工验收合格之日起算优先受偿权行使期限，势必导致结算完成后，优先受偿权期限已经超过，为了弥补这个问题，工程价款给付之诉应该与优先受偿权确认之诉相分离。另外，《最高人民法院民事案件案由规定》也已经明确规定，工程款优先受偿权纠纷系一项独立的案由。

第二，确认利益是确认之诉存在的根本因素，[①]如按照《优先受偿权批复》规定计算工程款优先受偿权行使期限，则承包人提起确认之诉具有权利保护的必要性，如不允许承包人单独提起工程价款确认之诉，则承包人权利将遭受严重损害。

第三，该观点是利益取舍的结果，有利于建筑市场健康稳定的发展。《批复》本意是为了保护承包人工程款优先受偿权，如不允许承包人单独提起确认之诉，则不利于社会和谐、我国民事政策的导向。

（2）工程分期且各期分别签订合同时，工程款优先受偿权起算时间如何认定？

---

① 赵秀举：《论确认之诉的程序价值》，载《法学家》2017 年第 6 期。

案例 7 – 22

上海××建筑安装工程有限公司与××投资开发有限公司建设工程施工合同纠纷案

一、本案当事人

原告(承包人):上海××建筑安装工程有限公司;

被告(发包人):××投资开发有限公司。

二、工程概况

工程名称:××产业服务园(一期);

工期:330 天;

质量要求:100%合格,争创××市优质工程;

造价:约 2.4 亿元。

三、合同签订过程

2006 年 5 月 7 日,发包人的关联公司与承包人签署《施工意向书》,约定将本工程发包给承包人施工。

2007 年,发包人为便于管理,将本工程分为三标段,即 A 标段、B 标段、B 标段 39 – 41#及人防工程。

发包人与承包人分别于 2007 年 5 月、2007 年 9 月、2007 年 11 月签订了各标段的施工合同,分别为《A 标段施工合同》、《B 标段施工合同》及《B 标段 39 – 41#施工合同》。

2007 年 8 月 15 日,本工程 1#房正式开工,其他号房后陆续开工。

2009 年 9 月,发包人与承包人又签订了《补充协议书》,再次明确将本工程共 41 幢建筑单体整体发包给承包人的事实,承包人的承包内容包括基础、结构、给排水、暖通、电气系统和总体室内外配套工程。

2009 年 12 月 28 日,本工程的部分号房通过竣工验收备案;直至 2010 年 11 月 15 日,本工程全部通过竣工验收备案。

四、起诉原因

本工程通过竣工验收后,承包人按合同约定向发包人提交了整个工程的结算书,但发包人一直拖延本工程造价的审核工作,以致工程款迟迟未付。

五、本案主要争议焦点之一

承包人是否享有优先受偿权,主要包括:本工程的竣工日期如何确认?承包人主张优先受偿权是否超过了法定期限？

六、双方观点

1. 发包人观点

本工程竣工日期、主张优先受偿权的时间应该分别认定，承包人起诉时对于2009年12月28日的工程已经丧失了优先受偿权，另根据《承诺函》，承包人也放弃了优先受偿权，故承包人不应享有优先受偿权。

2. 承包人观点

本工程41幢单体是作为一个整体工程来进行施工的，不应割裂开来分别计算竣工日期，主要理由如下：

合同履行是以双方实际履行、真实意思表示的原则来确定双方权利和义务的。建设工程施工合同属于合同的一类，故确定权利和义务也应依实际履行和真实意思表示的原则。本工程作为一个群体工程，由41幢建筑单体组成，虽然承包人与发包人基于本工程签订了三份建设工程施工合同，但是为了应付政府行政管理，在双方履行合同的过程中，均是将本工程作为一个整体工程、一个合同来实施的，从未将本工程分为三个部分来分别履行，具体为：

(1)工程款的支付

在本工程提起诉讼前，发包人分20次向承包人支付了共计10,200万元，在本工程一审诉讼过程中，发包人又分四次向承包人支付了202.9万元，发包人从未区分不同的施工合同来支付工程款，而是将本工程作为一个整体来支付的。

(2)工程款的结算

本工程的结算也都是作为一个整体来进行结算的，承包人向发包人提交结算书以及相关结算资料时也是统一提交的。

(3)施工组织设计

本案中，本工程是一直作为一个整体工程、按照一个合同来施工的，故也仅存在一份整体的施工组织设计。

(4)情况说明

在本工程施工过程中，因天气、金融危机等种种原因导致工期需要顺延，承包人与发包人共同签署《情况说明》，明确本工程的施工工期顺延至2009年年底，并未按照三份合同来分别区分工期。

(5)开工报告

本工程共计41幢单体，是根据工程的实际情况安排开工的，并非按照三份施工合同来安排开工的，而是将本工程作为一个整体工程，根据施工现场的实际情况来具体安排的。

(6)竣工备案

《B标段合同》所涉工程是分两部分来分别进行验收的，一部分是2010年11月15日验收的，另一部分是2009年12月28日验收的，与《39#、40#、41#合同》所涉的工程一起于2009年12月28日进行验收。这可以看出本工程不是按照三份合同来分别验收的，而是按照工程的实际施工情况来进行验收的，且《竣工备案意见书》也并非按照三份施工合同来分别进行备案的。

(7)立项

本工程是作为一个整体项目进行立项的，三份施工合同第1条均明确写明立项批准文号系“昆发改投(2007)第35号”。

(8)规划

本工程的建设用地规划和建设工程规划均是将本工程作为一个整体项目进行规划的。

综上，本案中工程价款的结算和支付，以及施工组织设计、情况说明、开工报告、竣工报告，立项、规划等都是一个整体合同来履行的，从来没有加以区分，也无法分开。

七、法院观点

一审法院：支持发包人的观点；

二审法院即最高人民法院：支持了承包人的上诉意见，并认定承包人在法定期限内主张了优先受偿权。

【案例分析】

本案中，最高人民法院充分结合工程价款结算及支付、施工组织设计、情况说明、开工报告、竣工报告，立项、规划等认定三份合同实际为一个整体合同，认为工程款优先受偿权行使期限应从三份合同中最后一份合同所涉工程的竣工验收合格之日起算。

笔者观点：

第一，工程分期情况下，即使各期分别签订合同，所涉工程款优先受偿权起算时间，也应参照工程款诉讼时效起算时间的精神予以认定。

《最高人民法院关于审理民事案件适用诉讼时效制度若干问题的规定》第5条

规定:“当事人约定同一债务分期履行的,诉讼时效期间从最后一期履行期限届满之日起计算。”《民法总则》第189条规定:“当事人约定同一债务分期履行的,诉讼时效期间自最后一期履行期限届满之日起计算。”

根据上述规定,建设工程施工合同中发包人欠付工程款的诉讼时效,应从发包人支付的最后一笔工程款的时间开始起算诉讼时效。参照该规定,如多份合同所涉系一个整体工程,则应从最后一份合同所涉工程的竣工验收合格之日起算工程款优先受偿权。

第二,该操作方式有利于建筑市场持续稳定健康发展,如不按上述方式操作,将会促使发包人、承包人在部分工程正常施工、正常履行的情况下,提前进入诉讼,发生争议。

(二)优先受偿权行使期限的性质——除斥期间还是诉讼时效

诉讼时效指对在法定期间内不行使权利的权利人,即丧失在诉讼中的胜诉权的法律制度。除斥期间为法定的权利存续期间,因该期间经过而发生权利消灭的法律后果。

就工程款优先受偿权行使期限性质的认定,由于我国尚无相关法律规定予以明确,理论界及实务界一直存有争议。

1. 各地法院意见

就工程款优先受偿权行使期限的性质,最高人民法院及各地法院存在以下两种观点:

第一种观点:除斥期间,超过规定的期限未行使则丧失。

《最高人民法院对人民法院调解书中未写明建设工程款有优先受偿权应如何适用法律的问题答复》

广东省高级人民法院:

你院(2007)粤高法执督字第45号关于对人民法院调解书中未写明建设工程款有优先受偿权应如何适用法律问题的请示收悉。经研究,答复如下:建设工程价款优先受偿权是一种法定优先权,无需当事人另外予以明示。最高人民法院《关于建设工程价款优先受偿权问题的批复》第四条明确规定,建设工程承包人行使优先权的期限为六个月。依据该条规定,建设工程承包人行使优先权的期限为六个月,且为不变期间,不存在中止、中断或延长的情形。

《浙江省高级人民法院执行局关于执行中处理建设工程价款优先受偿权有关问题的解答》

第一条第二款 权利人未在上述期限内行使优先权的，建设工程价款优先受偿权丧失。

《广东省高级人民法院关于在审判工作中如何适用〈合同法〉第286条的指导意见》

第十二条第二款 承包人在超过法定的期限后向人民法院主张建设工程价款优先受偿权的，人民法不予支持。

第二种观点：六个月行使期限是承包人向发包人催告工程款的期限，工程款优先受偿权的期限应适用民事诉讼法规定的2年诉讼时效。

《杭州市中级人民法院民一庭关于审理建设工程及房屋相关纠纷案件若干实务问题的解答》

第一部分第八条第五款 虽然上述批复规定了该优先受偿权的行使期限为六个月，但从《合同法》第286条的条文本意分析，该六个月的期限，仅是规定应由承包人向发包人催告支付工程价款，至于是否选择折价、拍卖等形式受偿的，并不在该期限内。但应当明确，从承包人催告时起，就意味着其知道自身可以行使优先受偿权了，所以也应当从这一时间点计算该项权利的诉讼时效，即为两年，若两年内还不起诉的，则应丧失该优先受偿的胜诉权。

2. 学术观点

就工程款优先受偿权行使期限的性质，学界存在以下两种观点：

第一种观点：通说认为优先受偿权行期限为除斥期间，除斥期间指在此期间内不行使相应的民事权利，则在该法定期间届满时导致该优先受偿权的消灭，不存在中止、中断的情形。持有该观点理由为：第一，该期间无须公示，理解为除斥期间更为合理；第二，承包人对行使方式具有选择权，如直接法院起诉主张，抑或与发包人协商，该权利具有形成权的性质。①

第二种观点：优先受偿权行使期限为诉讼时效，根据我国合同法及司法解释可知，优先受偿权的起算时间并非知道或应该知道自身权利被侵害之日起，之前的《合同法》第286条是以合同约定的竣工之日或工程竣工之日起算，《建设工程司法解释二》则规定以应付工程款之日起算，起算时间与诉讼时效不同。

---

① 张如：《我国建设工程优先受偿权的争议与探索》，载《淮南师范学院学报》2016年第3期。

3. 本书观点

笔者认为，工程款优先受偿权行使期限的性质系除斥期间，理由如下：

第一，工程款优先受偿权是法定优先权，并非债权请求权，不应适用诉讼时效的规定。

第二，工程款优先受偿权行使期限的设立目的，系平衡发包人与其他债权人的利益，如认定为诉讼时效，可以随时中止中断，则必将损害其他债权人的合法权益，与立法目的相违背。

第三，在我国司法实践中，大多数法院均认为工程款优先受偿权行使期限是除斥期间，承包人在该期限内没有主张，则面临丧失该权利的后果。杭州市中级人民法院规定6个月系催款期限，笔者不予认可。

建议我国能出具相应的法律，明确超过优先受偿权行使期限的法律后果，以减少各方争议。

4. 疑难问题分析

优先受偿权行使期限已超过，当事人约定承包人享有工程款优先受偿权是否有效？

案例7－23

江苏省镇江市丹徒区德润农村小额贷款有限公司诉江苏省淮安市第四建筑工程有限公司工程款优先受偿权纠纷案[江苏省淮安市中级人民法院(2015)淮中民撤初字第2号]

原告江苏省镇江市丹徒区德润农村小额贷款有限公司(以下简称小额贷款公司)与被告江苏省淮安市第四建筑工程有限公司(以下简称四建公司)、江苏省淮安老司机汽车零部件有限公司(以下简称老司机公司)工程款优先受偿权纠纷案中，就法律规定的优先受偿权行使期限已超过，当事人约定承包人享有工程款优先受偿权是否有效？淮安市中级人民法院经审理认为：

建设工程承包人对建设工程折价或者拍卖的价款享有优先权，但是优先权的行使以建设工程竣工之日或者建设工程合同约定的竣工之日起6个月为限。案涉工程项目已于2013年1月之前竣工，其在工程竣工6个月后通过诉讼调解确认四建公司享有优先权，没有依据。

【案例分析】

本案中,法院认可优先受偿权行使期限是除斥期间,该期限超过之后即使双方共同确认,承包人也已丧失该权利,诉讼调解没有依据。

笔者观点:

如前文所述,笔者认为,工程款优先受偿权系除斥期间,该权利不同于诉讼时效,只要债务人同意继续履行,则时间重新起算,除斥期间系形成权,一旦时间超过,则权利丧失,故优先受偿权行使期限已超过,当事人约定承包人享有工程款优先受偿权应为无效。

八、优先受偿权放弃的效力

房地产行业中,大量开发商均使用在建工程抵押的方式向银行等机构融资贷款,银行及相关企业为确保自身债权的实现并优先受偿,常常会要求开发商提交承包人出具的放弃工程款优先受偿权的承诺书;或者直接与开发商、承包人签订一个三方合同,要求承包人放弃工程款优先受偿权。此时,承包人为了获得建设项目,或者合同履行过程中基于发包人的强势地位,有时不得不作出放弃工程款优先受偿权的承诺。但就该承诺书的效力,理论界及实务界均存在不同的观点。

(一)《建设工程司法解释二》的发展

《建设工程司法解释二》(征求意见稿)第一稿:

第二十四条 【优先受偿权是否可以处分】

当事人约定承包人放弃行使优先受偿权后,承包人又请求依据合同法第二百八十六条规定享有优先权的,不予支持。

另一种意见:删除。

《建设工程司法解释二》(征求意见稿)第二稿:

无相关规定。

《建设工程司法解释二》(征求意见稿)第三稿:

第三十五条 【优先受偿权放弃的效力】

承包人与发包人约定不行使优先受偿权后,又请求行使优先受偿权的,人民法院不予支持。

《建设工程司法解释二》(征求意见稿)第四稿:

第二十四条 【优先受偿权可否事前放弃】

【方案一】

发包人根据与承包人关于放弃建设工程价款优先受偿权或者限制建设工程价款优先受偿权行使约定，主张承包人不享有优先受偿权的，人民法院不予支持。

【方案二】

承包人与发包人约定放弃建设工程价款优先受偿权或者限制建设工程价款优先受偿权行使后，又请求行使优先受偿权的，人民法院不予支持。

《建设工程司法解释二》送审稿：与第四稿一致；

《建设工程司法解释二》：

第二十三条　发包人与承包人约定放弃或者限制建设工程价款优先受偿权，损害建筑工人利益，发包人根据该约定主张承包人不享有建设工程价款优先受偿权的，人民法院不予支持。

第一稿存在两种意见：一种意见认为放弃有效，另一种意见认为建议删除。第二稿则无相关规定。第三稿再次认为放弃有效。第四稿和送审稿均存在两种方案：第一种方案为放弃无效；第二种方案为放弃有效。正式稿则认为承包人同意放弃或限制工程价款优先受偿权的原则上有效，但损害建筑工人利益的除外。

（二）各地法院意见

在我国各地法院意见中，就工程款优先受偿权的放弃主要存在以下几种观点：

第一种观点：放弃有效。

《广东省高级人民法院关于在审判工作中如何适用〈合同法〉第286条的指导意见》

9. 承、发包双方当事人在建设工程承包合同中约定承包人不能行使建设工程价款优先权，事后承包人以建设工程价款优先权是法定权利为由向人民法院主张合同约定无效并要求行使建设工程价款优先权的，人民法院不予支持。

第二种观点：只涉及承包人自身利益的有效，损害涉及第三人利益的，对第三人不生效。

《江苏省高级人民法院关于审理建设工程施工合同纠纷案件若干问题的解答》

19. 法律并未禁止承包人放弃建设工程价款优先受偿权。承包人自愿放弃建设工程价款优先受偿权的，只涉及承包人自身利益的，该放弃行为有效。但该放弃行为损害实际施工人等第三人利益的，对该第三人不产生效力。

案例 7 -24

大连友兰建筑工程有限公司、庄河市林茵置业有限公司建设工程施工合同纠纷案[(2018)最高法民终 99 号]

在上诉人大连友兰建筑工程有限公司(以下简称友兰公司)与被上诉人庄河市林茵置业有限公司(以下简称林茵公司)、中国农业银行股份有限公司大连庄河支行(以下简称农行庄河支行)建设工程施工合同纠纷一案中,关于友兰公司放弃优先受偿权承诺的效力,最高人民法院认为有效,理由如下:

1. 友兰公司放弃优先受偿权系自愿,应为真实意思表示,也不违反法律行政法规的效力性强制性规定,本案也不存在《合同法》第 52 条规定的无效情形,故《承诺书》合法有效,对友兰公司依法具有约束力。工程款优先受偿权虽然旨在赋予承包人优于抵押权的法定优先权进而间接保障建筑工人、材料商的合法权益,但并未规定该优先权的行使、放弃需征得建筑工人、材料商的同意,友兰公司主张因其未征得上述人员同意,放弃优先权的意思表示无效,缺乏法律依据。

2. 据林茵公司在友兰公司参与下于 2012 年 3 月 23 日向广源小贷公司出具的承诺函内容显示,友兰公司明知林茵公司向农行庄河支行借款的目的系用于偿还广源小贷公司的借款,其不仅保证案涉工程的工人工资及相关税费不拖欠,还在农行庄河支行向林茵公司放贷后,配合林茵公司以转账的形式借新还旧,偿还广源小贷公司的借款。而且,因林茵公司未偿还农行庄河支行借款,辽宁省高级人民法院 68 号判决已确认农行庄河支行对案涉工程及土地使用权享有优先受偿权。

【案例小结】

本案中,对放弃工程款优先受偿权的是否有效,法院给予了肯定性回答。目前,在我国司法实践中,也倾向性认为是有效的,其认为优先受偿权是承包人民事权利,承包人有权自有处分,且放弃行为是承包人的真实意思表示,未违反法律、行政法规强制性规定,故应为有效。

(三)其他国家和地区规定

《瑞士民法典》第 837 条第 2 款明确规定,权利人不得预先抛弃前款的法定抵押权。日本、我国台湾等地区则采用登记生效主义。

（四）学术观点

就优先受偿权放弃的效力问题，存在以下三种观点：

第一种观点：认为工程款优先受偿权可以放弃。其认为工程款优先受偿权作为一项民事权利，基于意思自治的原则，承包人可以放弃；另外，遵循诚信原则，如无效，则违背了交易过程中的禁反言原则。

第二种观点：认为只有获得施工企业的工人和劳动者同意，才可以放弃。其从工程款优先受偿权设定目的出发，侧重于保护实际施工人的利益，使其不能让承包人任意处置。

第三种观点：认为优先受偿权不得放弃，承包人即使作出放弃优先受偿权的承诺的，该承诺依然无效，理由主要为：(1)优先受偿权属于法律强制性规定，不能通过协议予以放弃。(2)优先受偿权是基于对特殊群体的保护即最基层的农民工的保护。工程款中包含人工工资，放弃优先受偿权可能会侵害工人基本生存权利，易引发社会不稳定。(3)在合同履行过程中，发包人居于强势地位，要求承包人承诺放弃优先权，承包人不可能在合同履行过程中拒绝发包人的要求，无法达到通过增加承包人权利的方式维护其不平等主体地位。

（五）本书观点

《建设工程司法解释二》的规定实际上作了一定的折中处理，但在司法实践中，对于如何认定是否侵害建筑工人利益，必然会产生重大争议。笔者认为，为了保护建筑工人利益，对于是否侵害建筑工人利益，应当作有利于建筑工人利益的解释，除非发包人和承包人专门调拨资金全部清偿了建筑工人工资或者为建筑工人的工资另行提供了足额担保，否则，放弃或限制建设工程价款优先受偿权，都应当认定为损害建筑工人利益。

另外，笔者还是倾向认为，工程款优先受偿权不得预先放弃，只有工程价款结算完成之后，才可以放弃。即工程价款结算完成后，承包人承诺放弃优先受偿权，则放弃有效；工程价款结算完成前，承包人承诺放弃优先受偿，则放弃无效。具体理由如下：

第一，工程款优先受偿权系法定权利，系国家为了保护承包人、农民工等弱势群体设立的权利。

第二，民事权利并不是都能予以放弃，我国法律即明确禁止流押及流质。《担保法》第40条规定:“订立抵押合同时,抵押权人和抵押人在合同中不得约定在债务履行期届满抵押权人未受清偿时,抵押物的所有权转移为债权人所有。”第66条规定:“出质人和质权人在合同中不得约定在债务履行期届满质权人未受清偿时,质物的所有权转移为质权人所有。”该条款制定的目的,系最大程度上保证公平公正,如签订借款合同时订立抵押合同,出借人将处于优势地位,借款人迫于借款可能会作出某种让步,故法律禁止双方在签订抵押合同对将来权利进行处分,只有在借款期限届满、双方处于平等地位时才可进行。

第三,就建设工程而言,承包人自承建工程之日起至结算完成前,都将处于弱势地位,发包人则处于强势地位,故即使工程款优先受偿权属于承包人可以处分的民事权利,在结算完成前,承包人所作出的放弃行为也将无法充分体现合同法上的意思自治原则,只有在结算完成后才可予以体现,结算完成后承包人才有可以拒绝的资本。

（六）实务操作

工程款优先受偿权作为建筑商的保护伞,不得轻易承诺放弃,即使要放弃,建筑商也应该要求发包人提供相应的抵押担保、银行保函或要求其法定代表人及其他有实力的主体承担连带责任保证等。

（七）疑难问题分析

施工总包单位放弃优先受偿权,对实际施工人及其他第三人是否有效?

案例7-25[①]

××银行与陶×、绍兴××空调科技有限公司、浙江××建业有限公司第三人撤销之诉案

原告:××银行(第三人);

被告一:陶×(实际施工人);

原审被告:绍兴××空调科技有限公司(发包人,以下简称××空调);

原审被告:浙江××建业有限公司(承包人,以下简称××建业)。

① 该案例系本专题前文中所引用的案例:(2015)绍虞滨民初字第7号的延续。

一、本案基本情况

××空调将涉案工程发包于××建业承包之后，××建业即将工程发包于陶×实际施工，陶×是涉案工程实际施工人。

2014年12月，因××空调及××建业欠付大量工程款，且未提供甲供材料及水电中断等原因，陶×向××建业、××建业向××空调分别发出《合同解除通知函》。后陶×诉至法院，要求××空调及××建业承担付款责任，并享有工程款优先受偿权。

2016年4月13日，法院作出判决，认定本工程价款为5706.8450万元，扣除已支付的2841.3570万元，尚欠工程款2865.4880万元，××建业与××空调均应承担付款责任。同时，陶×在欠付金额范围内就本工程的折价或拍卖款享有优先受偿权。

2016年11月16日，××银行作为涉案工程的抵押权人，提起第三人撤销之诉，称上述陶×在工程款欠付范围内享有优先受偿权的判决错误，损害其合法权益，应予撤销。

二、争议焦点

××建业向××银行出具的《放弃优先受偿承诺书》是否及于实际施工人陶×？

三、各方观点

××银行认为：陶×享有优先受偿权缺乏事实依据，本工程承包人××建业已向绍兴银行出具《放弃优先受偿承诺书》。

陶×即我所观点：陶×应享有优先受偿权。首先，我所就陶×作为实际施工人应享有工程款优先受偿权予以分析；后笔者再次结合合同相对性原则，认为××建业的放弃承诺未经陶×同意或追认，效力不及于陶×，对其并不当然产生效力，故认为陶×享有工程款优先受偿权。

四、法院判决

一审法院、二审法院及再审法院均支持了笔者观点。

【案例分析】

上述案例中，就施工总承包人作出的放弃优先受偿权的承诺，一审、二审及再审法院均认为不应及于实际施工人，施工总承包人无权对实际施工人享有的优先受偿权进行处分，除非实际施工人已经同意或事后追认。

笔者观点：

施工总承包人放弃优先受偿权的效力是否及于实际施工人，笔者认为，该效力不及于实际施工人。具体应从以下三点分析：

第一，应首先分析该实际施工人是否享有工程款优先受偿权。对此，笔者于前文已经详细阐述，在此不再赘述，即认为在目前法律形势下，实际施工人应享有该权利。

第二，在实际施工人享有工程款优先受偿权的前提下，根据《合同法》第 51 条“无处分权的人处分他人财产，经权利人追认或无处分权的人订立合同后取得处分权的，该合同有效”的规定可知，总承包人无权处分实际施工人的权利，其无权代实际施工人作出放弃权利的承诺，除非实际施工人已经同意或事后追认。上述案件中，从银行角度出发，其仅可以根据合同相对性，主张总承包人已经放弃优先受偿权。

第三，《民法总则》第 132 条规定：“民事主体不得滥用民事权利损害国家利益、社会公共利益或者他人合法权益。”根据该规定，总承包人处分自身权利损害国家、集体及第三人利益，包括实际施工人利益的行为，均应为法律所禁止。

对于上述观点，《江苏省高级人民法院关于审理建设工程施工合同纠纷案件若干问题的解答》第 19 条也有相关规定。

九、优先受偿权与其他权利的顺位

在我国，关于工程款优先受偿权的顺位的规定主要是我国《合同法》第 286 条以及《优先受偿权批复》第 1 条及第 2 条。根据该规定，工程款优先受偿权优先于抵押权及其他一般债权。但面对纷繁复杂的社会环境，即使在《优先受偿权批复》发布之后，工程款优先受偿权的顺位问题也未彻底解决，如《优先受偿权批复》中第 2 条规定的消费者应如何认定、交付大部分款项如何认定、建筑物所有权转让后承包人是否有权行使工程款优先受偿权等。

（一）《建设工程司法解释二》的发展

《建设工程司法解释二》（征求意见稿）第一稿：

无规定。

《建设工程司法解释二》（征求意见稿）第二稿：

第二十三条 【承包人优先受偿权与其他权利的顺位】

承包人的优先受偿权优先于其承揽工程上设立的抵押权和其他债权。

《建设工程司法解释二》(征求意见稿)第三稿:

第三十六条　【承包人优先受偿权与其他权利的顺位】

承包人工程价款优先受偿权优先于其承建工程上设立的抵押权和其他债权。发包人以建设工程设定抵押权为由进行抗辩的,人民法院不予支持。

发包人以其不是建设工程项目建设单位或者建设工程已经转让第三人所有抗辩承包人优先受偿权的,人民法院不予支持。但应当追加建设工程项目建设单位或者工程项目受让人作为无独立请求权第三人参加诉讼。

《建设工程司法解释二》(征求意见稿)第四稿至《建设工程司法解释二》:

无相关规定。

就优先受偿权与其他权利的顺位,直至第二稿才考虑规定。

第二稿认为优先受偿权优于其承揽工程上的抵押权及其他债权;

第三稿则将第二稿中的"承揽工程"修改为"承建工程",措辞更加准确;且第三稿规定发包人不得以其不是建设工程项目的建设单位或建设工程已经转让第三人所有为由进行抗辩。

第四稿至正式稿,均将该条款予以删除。

(二)各地法院意见

各地法院就工程款优先受偿权效力,一般均认为其优先于抵押权及其他债权,但不得对抗购买商品房的消费者,其中关于该消费者的认定部分法院限定较为严格、详细,如规定购房者购房是为生活消费需要而不是为经营需要、需已交付全部或大部分购房款(超过50%),且能支付尾款等。

《广东省高级人民法院关于审理建设工程合同纠纷案件的暂行规定》

32. 同一建设工程存在优先权和抵押权的,优先权的效力优于抵押权。

《广东省高级人民法院关于在审判工作中如何适用〈合同法〉第286条的指导意见》

1. 当事人在一审诉讼中依法提出要求人民法院确认其对建设工程享有优先受偿权 的诉讼请求的,人民法院应对该诉讼请求进行审理,并作出是否支持其诉讼请求的判决。人民法院支持当事人对建设工程享有优先受偿权的诉讼请求的,判决主文可作如下表述:承包人在××元范围内对于××工程(楼房)享有建设工程价款优先受偿权,但在本判决生效之日(如已对该工程或楼房采取财产保全措施的,为采取财产保全措施之日）前已办理商品房预售登记、变更登记或消费者已交付超过50%购房款（在商品房担保贷款中，含消费者向银行所借款项）的房屋部分除外。

11. 合同法实施前，建设工程已办理抵押登记或已出售、预售，承包人主张建设工程价款优先受偿权的，人民法院不予支持。

《北京市高级人民法院关于印发〈北京市高级人民法院企业破产案件审理规程〉的通知》

253. 破产人为建设工程发包人时，就该工程折价或者拍卖的价款，承包人的建设工程价款债权优先于抵押权受偿。

《沈阳市中级人民法院关于审理房地产案件若干问题的处理意见（之一）》

第二条第七款 （一）建筑工程的承包人的优先受偿权优于抵押权和其他债权；（二）消费者交付购买商品房的全部或者大部分款项后，承包人就该商品房享有的工程价款优先受偿权不得对抗买受人。这里大部分购房款原则上应超过全部购房款的50%。

《重庆市高级人民法院关于对最高人民法院〈关于建设工程价款优先受偿权问题的批复〉应如何理解的意见》

首先，购房消费者中消费者的含义应与《消费者权益保护法》中的“消费者”含义相同，即购房者购房是为生活消费需要而不是为经营需要。其次，购房消费者已交付全部或大部分购房款（超过50%），且能支付尾款。第三，购房消费者在购买商品房的过程中无恶意损害抵押权人利益的行为。

《重庆市高级人民法院关于审理和执行涉及“四久工程”纠纷案件若干问题的意见》

21. 受偿顺序同一标的上设有多个债权的，按以下顺序依法清偿：

（一）“四久工程”被拆迁安置人债权；

（二）已交纳全部或大部分购房款并用于居住的购房消费者债权；

（三）享有优先受偿权的建设工程款；

（四）设定抵押的债权；

（五）普通债权。

《天津仲裁委员会建设工程施工合同纠纷案件仲裁指引》

第七条第四款 工程价款优先受偿权的适用限制：

1. 消费者交付购买商品房的全部或大部分款项后，承包人对该商品房的价款优先受偿权不得对抗买受人。

2. 数个工程价款优先受偿权之间平等享有优先受偿权,不分时间先后。

3. 承包人能否在保全财产未被处置之前主张提前行使工程价款优先受偿权尚存争议。

(三)案例分析

1. 购房消费者应如何认定?

案例 7 -26

曹县建筑工程承包总公司诉曹县昊龙房地产开发有限公司等公司商品房预售合同纠纷案[最高人民法院(2016)最高法民监 25 号]

申诉人曹县建筑工程承包总公司(以下简称建筑公司)为与被申诉人曹县农村信用合作联社(以下简称信用社)、曹县昊龙房地产开发有限公司(以下简称昊龙公司)商品房预售合同纠纷一案,不服山东省高级人民法院(2009)鲁民再终字第 3 号民事判决,向最高人民法院申诉。

2003 年 12 月 1 日,信用社与昊龙公司签订商品房买卖合同一份,约定:出卖人为昊龙公司,买受人为信用社,信用社购买的商品房为第一幢,用途为商住,商品房总价款 195 万元,付款方式为买受人在交付使用时一次性付清,出卖人应当在 2004 年 10 月 1 日前将商品房交付买受人使用。

信用社付清购房款后,于 2006 年 3 月 19 日,以要求法院确认其与昊龙公司于 2003 年 12 月 1 日所签商品房买卖合同有效、要求昊龙公司立即交付所售房屋并办理房产登记手续为由诉至原审法院。

2004 年 9 月 1 日,昊龙公司与建筑公司就昊龙商住楼签订一份建筑安装工程承包合同。2005 年 12 月 21 日,昊龙公司与建筑公司双方经最后核算,总工程价款为 317 万元。同年 12 月 22 日,昊龙公司与建筑公司签订一份协议书,协议约定昊龙公司还欠建筑公司工程款 130.3 万元,该款于本协议签订之日起三个月付清。

本案中的争议主要为信用社购买争议门市房的行为能否对抗建筑公司的工程款优先受偿权的问题。

最高人民法院认为:对于《优先受偿权批复》第 2 条所称"消费者",应为消费者权益保护法所规定的消费者,应为自然人,不能为法人或其他组织。其购房系为生活消费需要而并非经营。此外,申诉人在听证中反映,经曹县公安局经侦大队核实,本案涉案32人的贷款在2006年7月28日都已还清。对此,应在再审中予以查清。如果属实,则信用社据以起诉的债权不实,其请求不应得到支持。

【案例小结】

[案例7－26]中,当事人各方对于《批复》第2条所涉“消费者”存在较大争议,后最高人民法院于[案例7－26]中则认为“消费者”应是为生活消费需要而非经营需要购房的自然人。

2. 建筑物所有权转让后承包人是否有权行使工程款优先受偿权?

案例7－27

史海明诉谷金栋等建设工程施工合同纠纷案[河北省沧州市中级人民法院(2017)冀09民终6262号]

上诉人史海明与被上诉人张俊艳、谷金栋建设工程施工合同纠纷一案,不服河北省黄骅市人民法院(2016)冀0983民初3949号民事判决,向法院提出上诉。史海明上诉的一项请求及理由为:谷金栋对涉案工程不具有优先受偿权,史海明现为涉案工程的所有权人,即便谷金栋享有优先受偿权,其所享有的民事权益亦不能优先于上诉人的民事权益。对于该问题,法院认为:

张俊艳与史海明对建筑物的转让,是基于张俊艳欠史海明款而以物抵债,故史海明不属于该批复第2条规定的消费者,不能对抗谷金栋的优先受偿权。即无论张俊艳与史海明对建筑物的转让是否合法有效,均不影响谷金栋就其承建的工程行使优先受偿权。本院确认,谷金栋对其承建的工程在欠付工程款730,000元范围内优先受偿。

【案例小结】

[案例7－27]中,史海明认为金谷栋就其所有的工程不应享有工程款优先受偿权;但法院认为,史海明并非购房消费者,故即使建筑物所有权转让,金谷栋仍就该工程享有工程款优先受偿权。

（四）学者观点

1.《优先受偿权批复》第 2 条所涉“消费者”及“商品房”的定义

（1）消费者的定义

一种观点认为，该消费者仅包括以自有居住为主且支付了全部或大部分款项的购房者。

另一种观点认为，该消费者涵盖了以自有居住为目的的购房者、以投资经营为目的、以物抵债方式取得商品房备案的购房者。

（2）商品房的定义

一种观点认为，仅指生活居住用房，不包括商业用房存在争议。

另一种观点认为，应作广义理解，商业用房也属于商品房。

2. 建筑物所有权转让后承包人是否有权行使工程款优先受偿权

就建筑物所有权转让后承包人是否有权行使工程款优先受偿权，存在以下两种观点：

一种观点认为，建筑物所有权转让、已经变更登记及其他第三方名下时，承包人不得行使工程款优先受偿权。工程款优先受偿权的产生系由于发包人欠付承包人工程款，根据物权优先于债权的原理，工程款作为债权不得对抗享有物权的受让人。

另一种观点认为，承包人的工程款优先受偿权系法定优先权，其目的是保护特殊利益，故即使在建筑物所有权转让、已经变更登记至其他第三方名下后，承包人仍应享有工程款优先受偿权。

（五）本书观点

1.“消费者”及“商品房”应如何认定？

笔者认为，工程款优先受偿权系为了保护承包人、农民工等弱势群体的利益，该利益某些程度上仍具有经营性质，但《优先受偿权批复》第 2 条规定系二者利益相权衡的后果，其系为了保护购房者的居住生存权。另外，在购房者已经支付大量房款的情况，如工程款优先于购房者，将严重损害购房者的合法权益。

有鉴于此，笔者认为：该消费者仅包括以自有居住为主且支付了全部或大部分款项的自然人；该商品房应仅指生活居住用房，不包括商业用房。对于大部分购房款的认定，则可参考部分地方高级人民法院意见，认定为超过 50% 的购房款。

2. 建筑物所有权转让后承包人是否有权行使工程款优先受偿权？

如受让人一并受让建筑物所涉所有债权债务，则承包人有权行使工程款优先受偿权；如受让人仅受让建筑物的所有权，债务不予受让，则应按如下方式操作：

（1）建筑物所有权转让的，承包人仍然有权享有工程款优先受偿权；但承包人在发包人或受让人发出催告通知后60日内仍未行使工程款优先受偿权的，则承包人丧失工程款优先受偿权。

第一，根据《物权法》第191条“抵押期间，抵押人未经抵押权人同意，不得转让抵押财产，但受让人代为清偿债务消灭抵押权的除外”的规定，工程款优先受偿权优先于抵押权，在未经承包人同意的情况下，发包人更不应将该建筑物转让于第三人。

第二，工程款优先受偿权系法定优先权，无须登记承包人即可享有，受让人在明知该权利已经存在的情况下，应履行相应的义务、承担相应的风险，不应以其为善意第三人为由，要求减免相关责任。当然，为了平衡受让人及承包人的利益，可以规定在受让人已经催告但承包人仍不行使工程款优先受偿权的情况下，承包人丧失工程款优先受偿权。

第三，受让人所存在的利益风险，可通过其他救济途径予以解决，如将转让款直接支付至承包人等。

第四，我国就船舶优先权、民用航空器优先权均具有相关规定，认为不管物权变动登记与否，均应属于绝对不可对抗的善意第三人范畴，笔者观点中所涉60日期限即参考船舶优先权的行使期限。

（2）即使承包人就转让后的建筑物不享有工程款优先受偿权，其就转让款也应优先受偿。

如上所述，工程款优先受偿权优先于抵押权，根据《物权法》第174条、第195条的规定，抵押权人就该抵押财产拍卖、变卖所得的价款、担保财产毁损灭失、征收的保险金、赔偿金、补偿金等均具有优先受偿的权利，具有物上代位性，故工程款优先受偿权的范围更应该包括上述内容。

附录一

《建设工程司法解释二》完善建议

专题一　招标投标理论(黑白合同、阴阳合同)

一、强制招标项目的招标投标程序合法有效、中标有效、备案合同有效时,工程价款的结算原则:根据《建设工程司法解释一》第21条的规定,按照备案的中标合同作为结算工程价款的依据。

二、强制招标项目的招标投标程序合法有效、中标有效时,签订备案合同时变更招标投标文件、中标通知书实质性内容的条件:客观情况发生重大变化。

三、强制招标项目的招标投标程序合法有效、中标有效、备案合同有效时,变更施工合同实质性内容的条件:客观情况发生重大变化。

四、强制招标项目的招标投标程序合法有效、中标有效、备案合同有效时,招标投标文件、中标通知书、备案合同的效力顺序:第一位为:招标文件;第二位为:投标文件;第三位为:中标通知书;第四位为:备案合同。

五、强制招标项目的招标投标程序合法有效、中标有效时,发包人发出中标通知书且到达承包人时,施工合同成立。

六、当事人是否存在违反《招标投标法》《招标投标法实施条例》的相关规定,须由当事人举证证明,而不能仅凭法官的主观臆想进行推定,应当根据《民事诉讼法》及司法解释规定的举证责任的规定分配举证责任,且对于待证事实的证明力须达到让人民法院"确信"的程度,而非直接认定凡是在招标投标之前签订合同的,就一律认为会必然导致招标投标行为无效,进而认定备案合同无效。

七、在"黑白合同"均被认定无效的情况下,既需要保护招标投标的市场秩序,也需贯彻"违约者不得益原则""违法者不得益原则""过错者不得益原则",又应结合《合同法》“意思自治”的基本原则来对“黑白合同”的差价部分进行处理和认定，即将“黑白合同”理论、“违约者不得益原则”“违法者不得益原则”“过错者不得益原则”“意思自治原则”相结合，根据导致招标投标程序无效中发包人和建筑商的过错责任，并根据各个案件的不同情况来分别确定工程价款的结算依据：

(1)投标人串标导致备案合同无效的、投标人弄虚作假骗取中标导致备案合同无效的、投标人贿赂评标委员会并中标导致备案合同无效的，应按照实际履行的合同和备案合同中工程价款较低的合同进行结算。

(2)招标人和投标人串标导致备案合同无效的，应按照备案合同和实际履行的合同中工程价款较高的合同进行结算。

(3)招标人和投标人实质性议价导致备案合同无效的，应按照备案合同和实际履行的合同中工程价款较高的合同进行结算。

八、强制招标项目应招标而未招标导致合同无效时，应当按照签订合同时的当地定额(即按照《建设工程司法解释一》第16条第2款规定的“签订建设工程施工合同时当地建设行政主管部门发布的计价方法或者计价标准结算工程价款”，下同)据实结算。

九、非强制招标的项目，实际进行了行政主管部门监督下的招标投标程序，且存在“黑白合同”的情况下，工程价款的处理原则：与强制项目的处理原则一致。

十、非强制招标项目，发包人自行组织了招标程序时，且存在“黑白合同”的情况下，工程价款的结算原则：以双方实际履行的合同为准。

专题二　实际施工人

十一、关于实际施工人的界定

(1)实际施工人所签订的承包合同必须是无效合同；换言之，合法有效的施工合同、分包合同的承包人不属于实际施工人；

(2)实际施工人是工程施工实际组织者，即实际投入资金、安排工人并采购相应的材料；由此，在层层转包情况下，中间环节的转包人或承包人均不能被认定为实际施工人；

(3)其从事的行为是施工行为，而不能是材料采购或一般的承揽行为。

十二、《建设工程司法解释一》第26条第2款的适用

《建设工程司法解释二》(征求意见稿)规定了两种方案，我们更倾向于对第二种方案进行进一步修改：即修改为“实际施工人依据《最高人民法院关于审理建设

工程施工合同纠纷案件适用法律问题的解释》第二十六条第二款规定提起诉讼的，应当符合下列条件：实际施工人有证据证明与其具有合同关系的缔约人丧失履约能力或者具有下落不明等情形，且实际施工人至总承包人之间的合同均无效。”

十三、借用资质情况下的责任承担问题

借用资质情况下，应当区分发包人是否明知而规定不同的法律后果。

(1)从合同关系上而言

发包人订立合同时明知的，发包人与实际施工人直接成立施工合同关系。

发包人订立合同时不明知的，发包人与出借资质的施工企业成立施工合同关系。

(2)发包人向出借资质的单位和实际施工人主张责任角度而言

发包人请求实际施工人和出借资质的建筑施工企业对其因合同无效而造成损失承担连带赔偿责任的，应予支持。

但发包人订立合同时明知实际施工人借用资质，出借资质的建筑施工企业以此为由主张减轻责任的，应予支持。

(3)实际施工人向出借资质的施工单位工程价款角度而言

无论发包人订立合同是否明知借用资质情况，实际施工人与出借资质的施工单位之间的合意内容是借用资质，而不是工程施工的承发包，因此，实际施工人向出借资质的施工单位主张工程价款的，不予支持，也即出借资质的施工单位不承担付款责任，但双方之间另有约定或施工单位已收取、未转付工程款的除外。

(4)实际施工人向发包人主张工程款角度而言

在发包人订立时明知情况下，发包人与实际施工人直接成立施工合同关系，所以，实际施工人当然可以直接向发包人主张工程价款。

专题三 工程造价鉴定

十四、启动造价鉴定的前提条件

(1)不属于《建设工程司法解释一》第22条规定的情形；

(2)未在诉讼中确认工程价款的结算以送审价为准；

(3)在起诉前，双方未共同委托鉴定。

十五、对于当事人双方在诉前共同委托所出具的鉴定意见，在不具备《民诉证据》第27条第1款所规定的情形时，不应进行重新鉴定，该鉴定意见可以直接作为工程价款结算的依据。

十六、如果诉前委托鉴定的机构无造价咨询资质的，即使当事人双方对其出具的鉴定意见予以认可的，其鉴定意见仍不能作为工程价款结算的依据。

十七、鉴定机构具有建设部颁发的相应造价咨询资质，但无司法鉴定资质的，其出具的鉴定意见，可以作为工程价款结算的依据。

十八、诉前自行委托鉴定的鉴定意见具有证据资格，其效力应由人民法院认定。

十九、固定价合同解除时，对于解除情况下工程造价计算有约定的，从其约定；没有相应约定或约定不明而难以确定工程造价的情况下，应区分承发包双方的过错责任，按照下列三种计价方法确定工程造价：

（1）因发包人违约导致合同解除时，应按照建筑商已完工程量，参照《建设工程司法解释一》第16条第2款的规定，根据签订合同时当地建设主管部门发布的计价方法或计价标准计算已完工程造价；

（2）因建筑商违约导致合同解除时，应计算出建筑商未完工程量，根据当地定额取费标准计算未完工程造价，再按照原合同的固定总价，减去未完工程造价所得差额，确定已完工程造价；

（3）当双方均无过错或双方均有过错时，应以合同约定的固定价为基础，根据已完工工程占合同约定施工范围的比例计算工程款。

二十、对于建设工程司法鉴定中的鉴定材料，应区分其所涉及的内容：若鉴定材料涉及法律关系的，应进行质证；若鉴定材料仅涉及项目造价的确定，应先由鉴定单位组织进行确认，对于争议部分的鉴定材料，再由人民法院组织质证。

二十一、一审程序中未启动司法鉴定的，二审过程中认为有必要启动司法鉴定以查明案件事实的，应当发回重审，但双方当事人一致同意在二审中直接启动鉴定的除外。

二十二、二审审理中可以参照一审程序对原鉴定意见作出补充鉴定。

专题四　工期与索赔

二十三、由于违反强制性规范且违反社会公共利益，合同工期低于合理工期的约定无效，至于合理工期的确定，应当参照《建设工程工程量清单计价规范》（GB 50500－2013）以及工程所在地建设行政主管部门的规定加以确定。

二十四、当承发包人对实际开工日期的确定存在争议时，应当按照以下规则进行确定：

(1)若发包人或监理人发出开工通知的,无论承包人是否在开工通知载明的开工时间前进场施工的,以开工通知上载明的开工时间为准;

(2)开工通知发出后,由于发包人原因尚不具备开工条件的,以开工条件具备的时间作为开工日期,但由于承包人原因导致实际开工时间推迟的,以开工通知载明的时间为开工日期;

(3)若无开工通知,但存在开工报告的,则以开工报告上载明的开工日期为准;

(4)既无开工日期,又无开工报告,但有证据证明实际进场施工日期的,应以该实际进场施工时间为准;

(5)既无开工日期、开工报告,也无证据证明实际进场施工时间的,则应当综合考虑合同约定、开工许可证上载明的时间,并结合是否具备开工条件的事实来确定实际开工日期。

二十五、承发包人对实际竣工日期的确定存在争议的,应当根据《建设工程司法解释一》第 14 条进行确定,但对几个争议问题应当如下认定:

(1)根据合同约定来认定拖延竣工验收,若无相应规定,裁判机构可参照 GF 示范文本及建设部《建筑工程施工发包与承包计价管理办法》的规定进行认定。

(2)发包人使用未经竣工验收合格的建设工程,无论是否经过承包人同意,均属于擅自使用。

二十六、由于发包人原因、监理人及发包人指定分包人等第三方原因、不利物质条件、不可抗力、文物化石等非人为因素原因导致工期延误及费用增加,承包人可向发包人进行索赔,上述索赔事件应当发生在关键线路上。

二十七、如承发包人约定,未在规定时间内提出工期顺延及费用增加的申请而丧失相关权利的,应当尊重双方当事人的约定。

二十八、发包人要求承包人承担工期延误的违约责任时,通常只要证明实际施工工期大于合同约定的总工期或节点工期即可,承包人则需要其抗辩理由提供不同证据证明实际工期不存在延误或工期延误的责任不在于自身。

二十九、工期鉴定由造价鉴定单位进行鉴定,启动工期鉴定的前提条件

(1)当事人提起主张工期延误的请求;

(2)申请鉴定的当事人有初步证据证明工期延误的事实;

(3)裁判机构无法根据双方当事人提供的证据直接认定工期是否延误或延误工期及增加费用。

专题五　工 程 质 量

三十、建设工程质量的概述及标准

建设工程质量“合格”为工程质量标准，系国家现行强制性标准，不同于鼓励质量创优的奖励。强制性标准必须执行，当事人不得约定其他的质量标准，也不存在其他的质量标准。若当事人在质量标准中约定“优良”、“鲁班奖”、“钱江杯”等鼓励质量创优的奖励的，该约定应属于无效。

三十一、工程竣工前的质量问题

(1)建设工程的验收程序具有特殊性、严格性。从检验批、分项、分部到单位工程，最后到项目整体的竣工验收，都有相应的强制性规范，只有前一道程序验收合格后方可进入下一道程序。

(2)若建设工程出现质量缺陷，原则上由建筑商承担质量责任，除非建筑商提出合理抗辩，即工程质量缺陷是由勘察、设计、监理、发包人或第三人、不可抗力原因所造成，该举证责任应由建筑商承担。

(3)对工程质量缺陷，建筑工程五方责任主体项目负责人实行质量终身责任制。

(4)建筑商对工程质量缺陷的责任，即修复责任和赔偿损失的责任。

(5)在竣工验收前或者过程中，工程质量不合格的，发包人有权拒付工程进度款。

三十二、工程竣工验收合格或者未验收发包人擅自使用后的质量问题

(1)发包人与建筑商约定的保修期低于《建设工程质量管理条例》第40条规定最低保修期限的，该约定无效。

(2)发包人未履行保修通知义务，自行委托第三方修复的，该修复费用原则上应由发包人自行承担。

(3)在保修期内，出现以下情况的，发包人可委托第三方进行修复：

①发包人通知后，建筑商未及时履行保修义务的。

②在情况紧急情况下，即发生涉及结构安全或者严重影响使用功能的紧急抢修事故的，可委托第三方进行修复，但发包人需要提供相应的证据证明。

③经建筑商二次维修仍然无法修复的。

(4)从工程质量保修体系的完整性以及实践需要，发包人与建筑商在建设工程承包合同中约定，从应付的工程款中预留，用以保证建筑商对建设工程在合同约定

的最低保修期限且不得低于《建设工程质量管理条例》第 40 条最低保修期限内，出现质量缺陷进行维修的资金，应称之为“工程质量保修金”，而非“工程质量保证金”。

(5)工程质量保修金不符合《担保法》确立的五种法定担保形式，故工程质量保修金在性质上并非属于合同担保，其实质上应为工程款。

(6)对工程质量保修金预留比例问题，确有必要在司法解释或者法律中对此明确规定，即工程质量保修金预留比例不得超过 3%。

(7)工程质量保修金返还期限有约定的，按照约定返还；在保修金返还期限约定不明或者未约定，且当事人无法达成补充协议的，根据国家法规的相关规定和建筑行业的惯例，工程质量保修金返还期限最长为 2 年，即发包人应在工程竣工验收合格之日起 1 ~ 2 年内返还工程质量保修金。

(8)竣工验收合格后，发包人无权以质量缺陷为由拒付工程结算款，除非确因建筑商施工导致地基基础工程、工程主体结构质量不合格的。

(9)在保修期间且保修范围内，出现质量问题的，发包人有权扣减保修金，但不得延期支付保修金。

(10)发包人擅自使用的法律后果主要涉及以下几个方面：

①实际竣工日期确定；

②工程款支付条件成就；

③应付工程款利息开始计算；

④建设工程风险责任转移；

⑤建筑商因后续修复的逾期交付责任免除；

⑥建筑商的质量返修责任免除；

⑦不排除建筑商的保修责任。

三十三、在建筑商提起的建设工程合同纠纷案件中，发包人以工程质量缺陷为由主张拒付或者减付工程价款的，应作为抗辩处理，而要求建筑商支付违约金或者赔偿修理、返工或改建的合理费用等损失的，应作为反诉或者另行起诉处理。

三十四、建设工程质量司法鉴定的启动的基本原则

(1)建设工程质量司法鉴定不应随意启动。

(2)建设工程竣工验收合格后，或者没有竣工验收，但发包人擅自使用的，原则上不应启动工程质量司法鉴定；除非是涉及危房，影响主体结构、地基基础的安全问题，并且发包人也提供了充分的证据进行证明，在法院审查后，才可就主体结构

和地基基础的安全性是否符合规范启动质量鉴定(不包括地基基础和主体结构是否符合设计和规范要求或合格)。

(3)建设工程未经竣工验收,发包人亦未擅自提前使用的,在发包人对工程质量提出异议并提供了初步证据的,可启动质量司法鉴定。

三十五、建设工程质量的司法鉴定机构必须具有法定资质,若没有相应资质的鉴定机构出具的鉴定意见,该鉴定意见不具有法律约束力。

专题六　合同无效时的处理

三十六、工程价款的结算

(1)在因违反资质管理规定导致施工合同无效时,可以参照合同价格结算工程价款。

(2)在因违反规划许可规定导致施工合同无效时,可以参照定额价格结算工程价款。

(3)在因违反《招标投标法》的相关规定导致施工合同无效时,工程价款结算详见第七条之规定。

三十七、对于质量问题的处理,根据《标准化法》及《建筑法》,建设工程质量标准只有"合格"或者"不合格"两种情况,工程质量合格是强制性国家标准,合同无效后仍应严格满足"工程质量合格"的标准要求。

三十八、工期问题的处理

(1)违反资质管理规定导致合同无效的,主要过错在于建筑商一方,应适用合同约定和定额工期中较低的工期,但不能低于合理工期。

(2)违反规划许可导致合同无效的,主要过错在于发包人一方,应适用合同约定工期和定额工期中较高的工期。

(3)违反《招标投标法》的相关规定导致合同无效的情况要分类讨论:如果是招标人同投标人串标的情形,应认定合同约定和定额工期中较高的工期。如果是投标人相互串通的情形,应认定合同约定和定额工期中较低的工期。

三十九、工程价款逾期支付损失

民营投资项目按照行业惯例,支付进度款的金额应不低于已完工程价款的60%,不高于已完工程价款的90%。因此,发包人过错导致合同无效的,支付已完工程价款的90%;建筑商过错导致合同无效的,支付已完工程价款的60%;发包人和建筑商都有过错的,根据过错比例在60%~90%之间进行分配,保证违法者不因其违法行为取得利益。

四十、工程价款的结算程序处理

只要承发包人在施工合同中约定了“以送审价为准”的结算条款，即使合同被认定无效，亦不影响该结算条款的效力。

四十一、利息支付的处理

原合同关于利息支付的约定无效，但并不意味着不再计取利息，应依据《建设工程司法解释一》第18条规定的应付款时间开始计取利息。

四十二、违约责任的处理

合同无效的违约条款自始没有约束力，违约条款在合同无效时不再适用。

四十三、奖罚约定的处理

对于奖罚约定的处理，其在性质上属于违约金条款，则违约金条款在合同无效时不再适用。

专题七　优先受偿权

四十四、优先受偿权的行使主体

(1)工程质量验收合格或者经修复后验收合格，实际施工人享有工程价款优先受偿权。

(2)专业工程分包人不得直接向发包人主张工程价款优先受偿权，但施工总承包企业怠于行使工程价款优先受偿权时，则专业工程分包人有权在发包人欠付工程价款范围内行使工程价款优先受偿权。

(3)如发包人指定分包单位与发包人形成直接合同关系的，则指定分包单位享有工程价款优先受偿权。

(4)勘察人、设计人无权主张工程价款优先受偿权。

(5)装饰装修工程承包人享有工程价款优先受偿权，无论是否是建筑物主体、承重结构的重大装修工程承包人，是否是家庭、住宅室内装修的承包人。但如果装饰装修发包人不是建筑物所有权人或者与承包人之间不存在合同关系的，则按照上述第2项专业工程分包人处理办法执行。

四十五、工程价款优先受偿权的范围

工程价款优先受偿权范围包括人工费、材料费、施工机具使用费、规费、企业管理费、利润、税金、措施费、风险金、工程款所涉同期银行贷款利息、质量保修金，不包括停窝工损失、超过银行贷款利息部分的工程款利息及发包人原因造成的其他损失。

四十六、优先受偿权的客体——是否包括土地使用权

工程价款优先受偿权的客体不包括土地使用权。

四十七、优先受偿权行使条件

(1)合同无效承包人应享有工程价款优先受偿权。

(2)未竣工工程,只要质量验收合格,承包人则应享有工程价款优先受偿权。

(3)以下属于不宜折价、拍卖的工程:

①未取得建设工程规划许可证或者未按照规划许可证的要求进行建设的;

②经验收不合格,且无法予以修复的;

③属于事业单位、社会团体以公益目的建设的教育设施、医疗设施及其他社会公益设施;

④属于国家机关的办公用房或者军事建筑;

⑤无法独立存在或者分割后影响主建筑使用功能的附属工程等工程。民营的教育设施、医疗设施等可享有工程价款优先受偿权。

四十八、优先受偿权的行使方式

(1)催告不是行使工程价款优先受偿权的必要条件。

(2)书面发函不属于行使工程价款优先受偿权的有效方式。

四十九、优先受偿权的保护期间

(1)工程价款优先受偿权行使期限应从发包人应当给付工程价款之日起算六个月,该价款应为结算款。

(2)在工程款结算完成前,承包人有权单独提起工程价款优先受偿权确认之诉。

(3)存在多份合同一起履行时,工程价款优先受偿权应从最后一份合同竣工之日起算。

(4)优先受偿权行使期限为除斥期间。

(5)优先受偿权行使期限已超过,当事人约定承包人享有工程款优先受偿权无效。

五十、优先受偿权放弃的效力

(1)工程价款优先受偿权不得预先放弃,只有在工程价款结算完成之后,才可以放弃。

(2)施工总包单位放弃优先受偿权,对实际施工人及其他第三人不发生效力。

五十一、工程价款优先受偿权与其他权利的顺位

(1)《最高人民法院关于工程款优先受偿权问题的批复》中所涉消费者仅包括以自有居住为主且支付了全部或大部分款项的购房者;商品房仅指生活居住用房,不包括商业用房。对于大部分购房款的认定,则可认定为超过50%的购房款。

(2)建筑物所有权转让的,承包人仍然有权享有工程价款优先受偿权;但承包人在收到发包人或受让人书面催告通知后60日内仍未行使工程价款优先受偿权的,则承包人丧失工程价款优先受偿权。退一步讲,即使承包人就转让后的建筑物不享有工程价款优先受偿权,其就转让款也应优先受偿。

附录二

法律法规、指导意见

最高人民法院关于审理建设工程施工合同纠纷案件适用法律问题的解释

(2004 年 9 月 29 日最高人民法院审判委员会第 1327 次会议通过
2004 年 10 月 25 日公布　法释〔2004〕14 号　自 2005 年 1 月 1 日起施行)

根据《中华人民共和国民法通则》、《中华人民共和国合同法》、《中华人民共和国招标投标法》、《中华人民共和国民事诉讼法》等法律规定,结合民事审判实际,就审理建设工程施工合同纠纷案件适用法律的问题,制定本解释。

第一条　建设工程施工合同具有下列情形之一的,应当根据合同法第五十二条第(五)项的规定,认定无效:

(一)承包人未取得建筑施工企业资质或者超越资质等级的;

(二)没有资质的实际施工人借用有资质的建筑施工企业名义的;

(三)建设工程必须进行招标而未招标或者中标无效的。

第二条　建设工程施工合同无效,但建设工程经竣工验收合格,承包人请求参照合同约定支付工程价款的,应予支持。

第三条　建设工程施工合同无效,且建设工程经竣工验收不合格的,按照以下情形分别处理:

(一)修复后的建设工程经竣工验收合格,发包人请求承包人承担修复费用的,应予支持;

(二)修复后的建设工程经竣工验收不合格,承包人请求支付工程价款的,不予支持。

因建设工程不合格造成的损失，发包人有过错的，也应承担相应的民事责任。

第四条　承包人非法转包、违法分包建设工程或者没有资质的实际施工人借用有资质的建筑施工企业名义与他人签订建设工程施工合同的行为无效。人民法院可以根据民法通则第一百三十四条规定，收缴当事人已经取得的非法所得。

第五条　承包人超越资质等级许可的业务范围签订建设工程施工合同，在建设工程竣工前取得相应资质等级，当事人请求按照无效合同处理的，不予支持。

第六条　当事人对垫资和垫资利息有约定，承包人请求按照约定返还垫资及其利息的，应予支持，但是约定的利息计算标准高于中国人民银行发布的同期同类贷款利率的部分除外。

当事人对垫资没有约定的，按照工程欠款处理。

当事人对垫资利息没有约定，承包人请求支付利息的，不予支持。

第七条　具有劳务作业法定资质的承包人与总承包人、分包人签订的劳务分包合同，当事人以转包建设工程违反法律规定为由请求确认无效的，不予支持。

第八条　承包人具有下列情形之一，发包人请求解除建设工程施工合同的，应予支持：

（一）明确表示或者以行为表明不履行合同主要义务的；

（二）合同约定的期限内没有完工，且在发包人催告的合理期限内仍未完工的；

（三）已经完成的建设工程质量不合格，并拒绝修复的；

（四）将承包的建设工程非法转包、违法分包的。

第九条　发包人具有下列情形之一，致使承包人无法施工，且在催告的合理期限内仍未履行相应义务，承包人请求解除建设工程施工合同的，应予支持：

（一）未按约定支付工程价款的；

（二）提供的主要建筑材料、建筑构配件和设备不符合强制性标准的；

（三）不履行合同约定的协助义务的。

第十条　建设工程施工合同解除后，已经完成的建设工程质量合格的，发包人应当按照约定支付相应的工程价款；已经完成的建设工程质量不合格的，参照本解释第三条规定处理。

因一方违约导致合同解除的，违约方应当赔偿因此而给对方造成的损失。

第十一条　因承包人的过错造成建设工程质量不符合约定，承包人拒绝修理、返工或者改建，发包人请求减少支付工程价款的，应予支持。

第十二条　发包人具有下列情形之一，造成建设工程质量缺陷，应当承担过错责任：

（一）提供的设计有缺陷；

（二）提供或者指定购买的建筑材料、建筑构配件、设备不符合强制性标准；

（三）直接指定分包人分包专业工程。

承包人有过错的,也应当承担相应的过错责任。

第十三条 建设工程未经竣工验收,发包人擅自使用后,又以使用部分质量不符合约定为由主张权利的,不予支持;但是承包人应当在建设工程的合理使用寿命内对地基基础工程和主体结构质量承担民事责任。

第十四条 当事人对建设工程实际竣工日期有争议的,按照以下情形分别处理:

(一)建设工程经竣工验收合格的,以竣工验收合格之日为竣工日期;

(二)承包人已经提交竣工验收报告,发包人拖延验收的,以承包人提交验收报告之日为竣工日期;

(三)建设工程未经竣工验收,发包人擅自使用的,以转移占有建设工程之日为竣工日期。

第十五条 建设工程竣工前,当事人对工程质量发生争议,工程质量经鉴定合格的,鉴定期间为顺延工期期间。

第十六条 当事人对建设工程的计价标准或者计价方法有约定的,按照约定结算工程价款。

因设计变更导致建设工程的工程量或者质量标准发生变化,当事人对该部分工程价款不能协商一致的,可以参照签订建设工程施工合同时当地建设行政主管部门发布的计价方法或者计价标准结算工程价款。

建设工程施工合同有效,但建设工程经竣工验收不合格的,工程价款结算参照本解释第三条规定处理。

第十七条 当事人对欠付工程价款利息计付标准有约定的,按照约定处理;没有约定的,按照中国人民银行发布的同期同类贷款利率计息。

第十八条 利息从应付工程价款之日计付。当事人对付款时间没有约定或者约定不明的,下列时间视为应付款时间:

(一)建设工程已实际交付的,为交付之日;

(二)建设工程没有交付的,为提交竣工结算文件之日;

(三)建设工程未交付,工程价款也未结算的,为当事人起诉之日。

第十九条 当事人对工程量有争议的,按照施工过程中形成的签证等书面文件确认。承包人能够证明发包人同意其施工,但未能提供签证文件证明工程量发生的,可以按照当事人提供的其他证据确认实际发生的工程量。

第二十条 当事人约定,发包人收到竣工结算文件后,在约定期限内不予答复,视为认可竣工结算文件的,按照约定处理。承包人请求按照竣工结算文件结算工程价款的,应予支持。

第二十一条 当事人就同一建设工程另行订立的建设工程施工合同与经过备案的中标

合同实质性内容不一致的，应当以备案的中标合同作为结算工程价款的根据。

第二十二条　当事人约定按照固定价结算工程价款，一方当事人请求对建设工程造价进行鉴定的，不予支持。

第二十三条　当事人对部分案件事实有争议的，仅对有争议的事实进行鉴定，但争议事实范围不能确定，或者双方当事人请求对全部事实鉴定的除外。

第二十四条　建设工程施工合同纠纷以施工行为地为合同履行地。

第二十五条　因建设工程质量发生争议的，发包人可以以总承包人、分包人和实际施工人为共同被告提起诉讼。

第二十六条　实际施工人以转包人、违法分包人为被告起诉的，人民法院应当依法受理。

实际施工人以发包人为被告主张权利的，人民法院可以追加转包人或者违法分包人为本案当事人。发包人只在欠付工程价款范围内对实际施工人承担责任。

第二十七条　因保修人未及时履行保修义务，导致建筑物毁损或者造成人身、财产损害的，保修人应当承担赔偿责任。

保修人与建筑物所有人或者发包人对建筑物毁损均有过错的，各自承担相应的责任。

第二十八条　本解释自2005年1月1日起施行。

施行后受理的第一审案件适用本解释。

施行前最高人民法院发布的司法解释与本解释相抵触的，以本解释为准。

最高人民法院关于审理建设工程施工合同纠纷案件适用法律问题的解释(二)

(征求意见稿)(第一稿)

为正确审理建设工程施工合同纠纷案件，根据《中华人民共和国民法通则》、《中华人民共和国合同法》、《中华人民共和国民事诉讼法》等法律规定，结合民事审判实践，作如下解释。

一　合同效力

第一条　【违法建筑施工合同无效】

当事人以建设单位未办理建设工程规划许可证为由，请求认定建设工程施工合同无效的，应予支持。

第二条　【依法应认定有效的五种合同】

当事人以建设工程施工合同具有下列情形之一，主张无效的，不予支持。

（一）承包人未取得建筑施工企业资质或者超越资质等级的；

（二）没有资质的实际施工人借用有资质的建筑施工企业名义的；

（三）建设工程必须进行招标而未招标或者中标无效的。

另一种意见：删除

第三条 【内部承包的认定标准】

承包人与其下属分支机构或者职工签订合同，将其承包的全部或者部分工程承包给其下属分支机构或者职工施工，并对其下属分支机构或者职工的施工进行财务管理、技术指导、质量监管等必要管理的，应认定为企业内部承包合同。当事人以上述内部承包合同的承包人无施工资质为由，请求认定合同无效的，不予支持。

第四条 【中标通知书的性质】

招标人向中标人发出中标通知书后，建设工程施工合同成立。招标人无正当理由不签订书面合同，中标人请求招标人承担违约赔偿责任的，应予支持。

另一种意见：招标人向中标人发出中标通知书后，建设工程预约施工合同成立。招标人无正当理由不签订书面合同，中标人请求招标人承担建设工程预约施工合同违约赔偿责任的，应予支持。

第五条 【不属于必须招标工程进行招标的法律效果】

发包人将依法不属于必须招标的工程进行招标后，与承包人另行订立的建设工程施工合同与备案的中标合同实质性内容不一致，当事人请求以备案的中标合同作为结算工程价款根据的，应予支持。

另一种意见：发包人将依法不属于必须招标的工程进行招标后，与承包人另行订立的建设工程施工合同与备案的中标合同实质性内容不一致的，以双方实际履行的合同作为结算工程价款的根据。不能确定实际履行合同的，以后订立的合同作为结算工程价款的根据。

第六条 【合作开发房地产合同当事人责任】

合作开发房地产合同一方当事人作为发包人与承包人订立建设工程施工合同，承包人请求合作开发房地产合同的其他当事人对发包人建设工程价款债务承担连带责任的，不予支持。

另一种意见：合作开发房地产合同一方当事人作为发包人与承包人订立建设工程施工合同，承包人请求合作开发房地产合同的其他当事人对施工合同债务承担连带责任的，应予支持。

二 工期、工程质量

第七条 【工期顺延的认定】

当事人对工程日期是否应当顺延有争议的，按照施工过程中形成的签证等书面文件确认。

当事人约定，承包人不在约定时间内提出工期顺延申请视为工期不顺延的，按照约定处理。

第八条　【发包人质量主张的处理】

承包人请求发包人给付工程价款纠纷案件中，发包人以工程质量不合格或者不符合合同约定为由主张减少工程价款的，应作为抗辩处理；发包人主张承包人承担建设工程质量违约赔偿责任的，应作为反诉处理。

三　工程价款的结算

第九条　【合同实质性内容的范围及背离判断标准】

招标投标法第四十六条规定的"合同实质性内容"，主要包括合同工期、工程价款、工程项目性质等。人民法院应当综合备案的中标合同价款、工程性质、施工工艺、实质性内容变更的程度，依据诚实信用原则认定当事人另行订立的建设工程施工合同是否背离中标合同实质性内容。

第十条　【变更中标合同实质性内容的例外情形】

建设工程开工后，因设计变更、建设工程规划指标调整等客观原因，发包人与承包人变更合同工期、工程价款、工程项目性质等约定的，不应认定为变更中标合同的实质性内容。

第十一条　【仅登记备案合同的效力】

当事人在相关行政管理部门备案的施工合同未经招标投标，不适用招标投标法第四十六条规定。当事人仅以双方另行订立的合同与上述备案合同的实质性内容不一致为由，请求依据《建设工程施工合同纠纷案件适用法律问题的解释》第二十一条规定结算工程价款的，不予支持。

第十二条　【多份无效合同的结算】

当事人就同一建设工程订立的数份施工合同均被认定无效，应当参照当事人实际履行的合同约定结算工程价款。不能确定实际履行合同的，可以参照后订立的合同约定结算工程价款。

第十三条　【审计机关等行政审计不能作为结算依据】

发包人主张以审计机关出具的审计报告或者财政评审机构出具的评审结论作为工程价款结算依据的，不予支持。但当事人另有约定的除外。

四　建设工程造价鉴定

第十四条　【诉讼前委托鉴定的效力】

当事人在提起诉讼前，共同委托的鉴定单位已经对建设工程造价出具鉴定意见，诉讼中一方当事人申请重新鉴定的，不予支持。但当事人有证据证明鉴定结论具有《最高人民法院关于民事诉讼证据的若干规定》第二十七条第一款规定情形，且不能通过该条第二款规定方法解决的除外。

第十五条 【二审程序中的鉴定启动】

一审诉讼中负有举证责任的当事人未对工程价款申请鉴定,导致案件事实不清,二审诉讼中申请鉴定的,可予准许。但在一审法院告知后,负有举证责任的当事人无正当理由拒不申请鉴定或者在一审法院决定委托鉴定后拒不预交鉴定费用的除外。

第十六条 【人民法院委托鉴定中司法权的行使】

人民法院准许当事人对工程价款进行鉴定的申请后,应当根据当事人申请及查明案件事实的需要,确定委托鉴定的事项及范围,并组织双方当事人对争议的鉴定材料进行质证,确定鉴定依据。

第十七条 【对鉴定报告的审核认定】

人民法院应当组织双方当事人对鉴定单位出具的鉴定意见进行质证。鉴定报告具有下列情形的,分别予以处理。

(一)鉴定报告超出委托鉴定范围,人民法院应当要求鉴定单位对鉴定意见进行更正。鉴定单位拒不更正导致鉴定意见无法予以采信,支付鉴定费用的当事人请求返还鉴定费用的,应予支持;

(二)鉴定单位未将当事人有争议的鉴定材料提交人民法院确认即作为鉴定依据,人民法院应就该部分鉴定材料组织双方当事人进行质证。经质证不能作为鉴定依据的,鉴定单位应对相应鉴定意见进行更正。鉴定单位拒不更正的,人民法院可以通过补充鉴定、专家证人审核等方法解决,因此产生的费用从鉴定单位收取的鉴定费用中支付;

(三)鉴定单位擅自对合同或者其他协议效力进行确认,或者对当事人责任承担进行认定,并在此基础上进行鉴定的,人民法院应当对合同效力或者当事人责任承担进行认定。人民法院与鉴定单位认定不一致的,鉴定单位应当对鉴定意见进行更正。鉴定单位拒绝对鉴定意见进行更正的,人民法院可以通过补充鉴定等方法对鉴定意见进行更正,因此产生的费用从鉴定单位收取的鉴定费用中支付。

第十八条 【鉴定人义务】

人民法院通知鉴定人出庭接受当事人质询,鉴定人有正当理由经人民法院准许不出庭的,应当就当事人提出的异议提供书面意见。鉴定人无正当理由拒不出庭作证的,人民法院不得将鉴定意见作为认定案件事实的根据。

第十九条 【鉴定意见不予采信的处理】

鉴定单位出具的鉴定意见因具有《最高人民法院关于民事诉讼证据的若干规定》第二十七条第一款规定情形,未被采信,当事人请求返还鉴定费用的,应予支持。

五 实际施工人权利的保护

第二十条 【实际施工人和农民工工资权利救济途径】

实际施工人以与其没有合同关系的发包人为被告主张工程款权利的,人民法院不予受理。

实际施工人依据合同法第七十三条规定，以转包人、违法分包人怠于向发包人行使工程款债权，损害其利益为由提起代位权诉讼的，人民法院应予受理。

实际施工人拖欠务工人员工资产生的纠纷，按照劳动争议案件处理。

六　建设工程价款的优先受偿权

第二十一条　【优先受偿权的主体】

与发包人订立建设工程施工合同的承包人，依据合同法第二百八十六条规定提起优先权确权之诉的，人民法院应予受理，并就承包人是否享有优先权以及优先受偿的范围作出裁决。

第二十二条　【优先受偿权客体】

承包人请求确认对建设工程占用范围内的土地使用权享有优先受偿的，不予支持。

第二十三条　【优先受偿权行使的例外情形】

具有下列情形之一，承包人请求确认优先受偿权的，不予支持。

（一）修复后的建设工程经竣工验收不合格；

（二）建设工程属于事业单位、社会团体以公益目的建设的教育设施、医疗设施及其他社会公益设施；

（三）建设工程属于国家机关已投入使用的办公用房或者军事建筑；

（四）建设工程属于设备安装等附属工程；

（五）消费者购买承包人承建的商品房，并已经办理商品房预告登记或者产权变更手续。

第二十四条　【合同无效实际施工人的优先受偿权】

建设工程施工合同无效，但建设工程质量合格，实际施工人请求对承建的建设工程享有优先权的，应予支持。

另一种意见：建设工程施工合同无效，实际施工人请求对承建的建设工程享有优先权的，不予支持。

第二十五条　【优先受偿权是否可以处分】

当事人约定承包人放弃行使优先受偿权后，承包人又请求依据合同法第二百八十六条规定享有优先权的，不予支持。

另一种意见：删除。

第二十六条　【分包人、转包人利益的保护】

承包人怠于行使优先受偿权损害分包人、转包人利益的，分包人、转包人可以依照合同法第七十三条规定就其工程价款向发包人主张权利，但向发包人主张优先受偿的，不予支持。

第二十七条　【承包人的催告义务】

承包人主张优先受偿权的，应向发包人书面催告。建设工程施工合同没有约定催告履行的合理期限的，催告履行的合理期限应不少于一个月，自发包人收到催告通知次日起计算。

第二十八条 【催告义务履行时间】

具有下列情形之一，承包人应在六个月内催告发包人给付工程价款。

（一）当事人约定的给付工程价款期间届满；

（二）当事人没有约定工程价款给付时间或者约定不明，但建设工程已经实际交付的；

（三）建设工程没有交付，但承包人已经提交竣工结算文件的。

第二十九条 【优先权的保护期间】

承包人行使优先受偿权的期限为一年，自承包人催告发包人给付工程价款期间届满之日起算。

第三十条 【优先受偿权担保范围】

合同法第二百八十六条规定的价款是指工程结算造价。

最高人民法院关于审理建设工程施工合同纠纷案件适用法律问题的解释（二）

（征求意见稿）（第二稿）

为正确审理建设工程施工合同纠纷案件，根据《中华人民共和国民法通则》、《中华人民共和国合同法》、《中华人民共和国民事诉讼法》等法律规定，结合民事审判实践，作如下解释。

一　合同效力

第一条 【中标通知书的性质】

第一种意见：

招标人向中标人发出中标通知书后，一方未依照《招标投标法》第四十六条规定履行订立书面合同义务的，对方请求其承担建设工程预约合同违约责任或者要求解除预约合同并主张损害赔偿的，人民法院应予支持。

投标人提交投标保证金的，招标人未履行订立书面合同义务，投标人请求其退还投标保证金并按照投标保证金数额支付违约金的，人民法院应予支持。

第二种意见：

招标人向中标人发出中标通知书后，一方未依照《招标投标法》第四十六条规定履行订立书面合同义务导致建设工程施工合同无法履行，对方依照合同法第一百一十三条规定请求其赔偿损失的，人民法院应予支持。

第二条　【中标合同实质性内容的认定】

招标投标法第四十六条规定的"合同实质性内容",主要包括合同工期、工程质量、工程价款、工程项目规模(工程项目性质)等。

人民法院应当综合备案的中标合同工期、工程质量标准、工程价款、工程项目规模等实质性内容变更的幅度,依据诚实信用原则认定当事人另行订立的建设工程施工合同是否背离中标合同实质性内容。

建设工程开工后,因设计变更、建设工程规划指标调整、主要建筑材料异常变动等客观原因,发包人与承包人变更合同工期、工程价款、工程项目规模等约定的,不应认定为变更中标合同的实质性内容。

第三条　【违法建筑施工合同无效】

当事人以发包人未取得建设工程规划许可证为由,请求认定建设工程施工合同无效的,人民法院应予支持。但发包人在一审法庭辩论终结前取得建设工程规划许可证的,人民法院不予支持。

第四条　【无效合同赔偿责任的承担】

建设工程施工合同无效但已经实际履行的,一方依照《合同法》第五十八条规定,请求对方赔偿其因履行无效合同所受到的损失,人民法院应当综合对方缔约及履约过错、一方受到的损害、损害与对方过错是否具有因果关系等因素,依照诚实信用原则和公平原则,作出认定并予以裁决。

第五条　【借用资质的单位或个人责任】

第一种意见:

发包人不知道实际施工人借用资质承揽工程的,发包人主张实际施工人和出借资质的建筑施工企业对合同无效承担连带责任的,人民法院应予支持。

发包人订立合同时明知实际施工人借用资质,实际施工人或者出借资质的建筑施工企业以此为由主张发包人承担相应责任的,人民法院应予支持。

第二种意见:

删除。

二　工程价款的结算

第六条　【开工时间的认定】

当事人双方对建设工程实际开工日期有争议的,人民法院应当分别按照以下情形予以认定:

(1)开工日期为监理人发出的开工通知中载明的开工日期;开工通知发出后,尚不具备开工条件的,以开工条件具备的时间作为开工日期,但因承包人原因导致实际开工时间推迟的,以开工通知载明的时间为开工日期;

(2)监理人未发开工通知,亦无相关证据证明实际开工日期的,应当综合考虑开工报告、合同约定、开工许可证上载明的时间,并结合是否具备开工条件的事实,认定开工日期;

(3)承包人在开通通知发出前已经实际进场施工的,以实际开工时间为开工日期。

第七条 【工期顺延的认定】

当事人约定顺延工期应当经发包人签证确认,承包人虽未取得工期顺延的签证确认,但能够证明在合同约定的办理期限内向发包人申请过工期顺延的,对其顺延合理工期的主张,人民法院应予支持。

当事人约定,承包人未在约定时间内提出工期顺延申请视为工期不顺延的,按照约定处理。

第八条 【发包人主张工程质量问题的处理】

承包人请求支付工程价款,发包人以工程质量为由抗辩的,人民法院应按照以下情形分别处理:

(一)建设工程经竣工验收合格,或虽未经竣工验收,但发包人已经实际使用的,工程存在的质量问题属于工程质量保修范围,发包人以此为由主张工程价款支付条件不成就或者减付工程价款的,人民法院不予支持,但确因承包人原因导致工程的地基基础工程或主体结构质量不合格的除外;发包人反诉要求承包人承担保修责任或者赔偿修复费用等实际损失的,按照建设工程保修的相关规定处理。

(二)工程尚未竣工验收且未交付使用,发包人以工程质量不符合合同约定为由要求拒付或者减付工程款的,按照抗辩处理。发包人要求承包人支付违约金或者赔偿修理、返工或改建的合理费用等损失的,应告知其提起反诉或者另行提起诉讼解决。

(三)发包人请求承包人赔偿其因工程质量不符合合同约定而造成的其他财产损失或者人身伤害的,应告知其提起反诉或者另行提起诉讼。

第九条 【仅登记备案合同的效力】

当事人在相关行政管理部门备案的施工合同未经招标投标,不适用招标投标法第四十六条规定。当事人仅以双方另行订立的合同与上述备案合同的实质性内容不一致为由,请求依据《建设工程施工合同纠纷案件适用法律问题的解释》第二十一条规定结算工程价款的,人民法院不予支持。

第十条 【不属于必须招标工程进行招标的法律效果】

发包人将依法不属于必须招标的工程进行招标后,与承包人另行订立的建设工程施工合同与备案的中标合同实质性内容不一致,当事人请求以备案的中标合同作为结算工程价款根据的,人民法院应予支持。

第十一条 【备案合同与招标投标文件不一致时工程价款的结算】

第一种意见:

当事人经过备案的中标合同与招标文件、投标文件、中标通知书载明的工程价款、工期、工程项目性质不一致，且无证据表明签订备案合同时，招投标的客观情况发生变化，且变更内容未达到实质性变更程度，当事人一方请求将招标文件投标文件、中标通知书作为结算工程价款的根据，人民法院应予支持。合同另有约定的除外。

第二种意见：

删除

第十二条 【合作开发房地产合同各方对工程款债务清偿责任的承担】

第一种意见：

合作开发房地产合同一方作为发包人与承包人订立建设工程施工合同，承包人请求合作开发房地产合同的其他合作方对建设工程施工合同债务承担连带责任的，人民法院应予支持。

第二种意见：

合作开发房地产合同一方作为发包人与承包人订立建设工程施工合同，承包人请求合作开发房地产合同的其他合作方对建设工程施工合同债务承担连带责任的，人民法院不予支持。

第十三条 【多份无效合同的结算】

第一种意见：

当事人就同一建设工程订立的数份施工合同均被认定无效，应当参照当事人真实合意并实际履行的合同约定结算工程价款。无法确定双方当事人真实合意并实际履行合同的，应当结合缔约过错、已完工程质量、利益平衡等因素分配两份或以上合同间的差价确定工程价款。

第二种意见：

承、发包双方当事人订立的两份或以上价款不一的施工合同均无效，应当结合缔约过错、已完工程质量、利益平衡等因素分配两份或以上合同间的差价确定工程价款。

三 建设工程造价鉴定

第十四条 【诉讼前委托鉴定的效力】

当事人双方在提起诉讼前已经对工程价款结算形成有效合意，诉讼中，一方当事人申请对工程造价进行鉴定的，人民法院不予支持。

第十五条 【诉讼前委托鉴定的效力】

当事人在提起诉讼前，共同委托的鉴定单位已经对建设工程造价出具鉴定意见，诉讼中一方当事人申请重新鉴定的，不予支持。但当事人有证据证明鉴定结论具有《最高人民法院关于民事诉讼证据的若干规定》第二十七条第一款规定情形，且不能通过该条第二款规定方法解决的除外。

第十六条 【二审程序中的鉴定启动】

一审诉讼中负有举证责任的当事人未对工程价款申请鉴定，一审法院亦未依职权委托鉴定，导致案件事实不清，二审诉讼中当事人申请鉴定的，人民法院可予准许。

第十七条 【人民法院委托鉴定中司法权的行使】

人民法院准许当事人对工程价款进行鉴定的申请后，应当根据当事人申请及查明案件事实的需要，确定委托鉴定的事项及范围，并组织双方当事人对争议的鉴定材料进行质证，确定鉴定依据。

第十八条 【对鉴定报告的审核认定】

人民法院应当组织双方当事人对鉴定单位出具的鉴定意见进行质证。鉴定报告具有下列情形的，分别予以处理。

（一）鉴定报告超出委托鉴定范围，人民法院应当要求鉴定单位对鉴定意见进行更正。鉴定单位拒不更正导致鉴定意见无法予以采信，人民法院可以在裁判文书中不判决当事人对鉴定费用的负担，并说明理由。预交鉴定费用的当事人请求鉴定单位返还鉴定费用的，可以另行提起诉讼解决；

（二）鉴定单位未将当事人有争议的鉴定材料提交人民法院确认即作为鉴定依据，人民法院应就该部分鉴定材料组织双方当事人进行质证。经质证不能作为鉴定依据的，鉴定单位应对相应鉴定意见进行更正。鉴定单位拒不更正的，人民法院可以通过补充鉴定、专家证人审核、重新鉴定等方法解决；

（三）鉴定单位对合同或者其他协议效力进行确认，或者对当事人责任承担进行认定，并在此基础上进行鉴定的，人民法院应当对合同效力或者当事人责任承担进行认定。人民法院与鉴定单位认定不一致的，鉴定单位应当对鉴定意见进行更正。鉴定单位拒绝对鉴定意见进行更正的，人民法院可以通过补充鉴定等方法对鉴定意见进行更正；

（四）鉴定人经人民法院通知后拒不出庭作证，导致鉴定结论未予采信，人民法院可以在裁判文书中不判决当事人对鉴定费用的负担，并说明理由。预交鉴定费用的当事人请求鉴定单位返还鉴定费用，可以另行提起诉讼解决。

四 实际施工人权利的保护

第十九条 【实际施工人权利救济途径】

实际施工人以与其没有合同关系的发包人为被告主张工程款权利的，人民法院不予受理。

实际施工人依据合同法第七十三条规定，以转包人、违法分包人怠于向总承包人、发包人行使工程款债权，损害其利益为由提起代位权诉讼的，人民法院应予受理。

五 建设工程价款的优先受偿权

第二十条 【优先受偿权的主体】

合同法第二百八十六条规定的承包人是指建设工程施工合同的承包人。转包、分包合同的承包人除外。

第二十一条 【优先受偿的债权范围】

承包人就发包人尚欠的工程价款主张优先受偿权的，人民法院应予支持。

上述工程价款，是指承包人承建工程的造价。

承包人就发包人违约所造成的损失主张优先受偿权的，人民法院不予支持。

第二十二条 【优先受偿权客体】

承包人请求对建设工程占用范围内的土地使用权享有优先受偿权的，不予支持。

第二十三条 【承包人优先受偿权与其他权利的顺位】

承包人的优先受偿权优先于其承揽工程上设立的抵押权和其他债权。

第二十四条 【装饰装修合同承包人优先受偿权的行使】

装饰装修工程的承包人，请求在建筑物因装饰装修而增加的价值范围内优先受偿其工程价款的，人民法院应予支持。但装饰装修工程的发包人不是该建筑物的所有权人或者承包人与该建筑物的所有权人没有合同关系的除外。

第二十五条 【合同无效实际施工人的优先受偿权】

第一种意见：

建设工程施工合同无效，但建设工程经竣工验收合格，实际施工人请求对承建的建设工程享有优先权的，应予支持。（需要研究的问题是，借用资质的施工人是否具有优先权）

第二种意见：

建设工程施工合同无效，实际施工人请求对承建的建设工程享有优先权的，不予支持。

第二十六条 【分包人、转包人利益的保护】

承包人怠于行使优先受偿权损害分包人、转包人利益的，分包人、转包人可以依照合同法第七十三条规定就其工程价款向发包人主张权利，但向发包人主张优先受偿的，不予支持。

第二十七条 【建设工程不宜折价、拍卖情形】

建设工程具有下列情形之一，应当认定为不宜折价、拍卖。

（一）修复后的建设工程经竣工验收不合格；

（二）建设工程属于事业单位、社会团体以公益目的建设的教育设施、医疗设施及其他社会公益设施；

（三）建设工程属于军事建筑；

（四）建设工程属于设备安装等附属工程；

（五）消费者购买承包人承建的商品房，并已经支付全部或者大部分房款的。

第二十八条 【承包人的催告义务】

承包人主张优先受偿权的，应向发包人书面催告。建设工程施工合同没有约定催告履行的合理期限的，催告履行的合理期限应不少于一个月，自发包人收到催告通知次日起计算。

第二十九条 【催告义务履行时间】

具有下列情形之一，承包人可以催告发包人给付工程价款。

（一）当事人约定的给付工程价款期间届满；

（二）当事人没有约定工程价款给付时间或者约定不明，但建设工程已经实际交付的；

（三）建设工程没有交付，但承包人已经提交竣工结算文件的；

（四）建设工程施工合同终止履行，发包人应当给付工程价款的。

第三十条 【优先权的保护期间】

承包人行使优先受偿权的期限为一年，自承包人催告发包人给付工程价款期间届满之日起算。

最高人民法院关于审理建设工程施工合同纠纷案件适用法律问题的解释（二）

（征求意见稿）（第三稿）

为正确审理建设工程施工合同纠纷案件，根据《中华人民共和国合同法》《中华人民共和国招标投标法》《中华人民共和国民事诉讼法》等法律规定，结合民事审判实践，制定本解释。

一 合同效力及相关问题

第一条 【中标通知书的性质】

招标人向中标人发出中标通知书后，一方未依照招标投标法第四十六条第一款的规定履行订立书面合同义务，对方请求其承担预约合同违约责任或者要求解除预约合同并主张损害赔偿的，人民法院应予支持。

另一种意见：招投标文件与中标通知书已具备建设工程施工合同主要内容，且不得作实质性变更，即使未订立书面合同，本约亦成立。

第二条 【中标合同实质性内容的认定】

招标投标法第四十六条第一款规定的“合同实质性内容”，主要指有关工程范围、建设工期、工程质量、工程造价等约定内容。

中标人作出的以明显高于市场价格购买承建房产、无偿建设住房配套设施、让利、向建设方捐款等承诺，应认定变更中标合同工程造价实质性内容。

第三条 【背离中标合同实质性内容的认定】

当事人依据《最高人民法院关于审理建设工程施工合同纠纷案件适用法律问题的解释》

第二十一规定，请求以备案的中标合同作为结算工程价款根据的，人民法院应当综合另行订立的合同是否变更了备案的中标合同实质性内容，当事人就实质性内容享有的权利义务是否发生较大变化等因素，依据诚实信用原则和公平原则予以衡量，并作出裁决。

第四条 【背离中标合同实质性内容的例外情形】

建设工程开工后，因设计变更、建设工程规划指标调整、主要建筑材料价格异常变动等客观原因，发包人与承包人变更有关工程范围、建设工期、工程质量、工程造价等约定，不适用招标投标法第四十六条规定。当事人请求根据变更的合同约定结算工程价款的，人民法院应予支持。

第五条 【违法建筑施工合同无效】

当事人以发包人未取得建设用地规划许可证、建设工程规划许可证为由，请求认定建设工程施工合同无效的，人民法院应予支持。但发包人在一审法庭辩论终结前取得建设用地规划许可证、建设工程规划许可证的，人民法院不予支持。

第六条 【合同无效承包人的赔偿责任】

建设工程施工合同无效，发包人可以就以下损失请求承包人予以赔偿：

（一）承包人承建的工程不符合规定的质量标准造成的损失；

（二）承包人承建的工程超出规定的合理期限造成的损失；

（三）承包人过错导致的其他损失。

上述造成的损失，发包人有过错的，应承担相应的责任。

第七条 【合同无效发包人的赔偿责任】

建设工程施工合同无效，承包人可以就以下损失请求发包人予以赔偿：

（一）发包人拖欠工程价款造成的损失；

（二）发包人原因导致承包人停工、窝工造成的损失；

（三）发包人过错导致的其他损失。

上述造成的损失，承包人有过错的，应承担相应的责任。

第八条 【合同无效损失赔偿的认定标准】

建设工程施工合同无效，当事人一方依照《合同法》第五十八条规定，请求对方赔偿其因无效合同所受到的损失，人民法院应当综合对方过错、一方受到的损害、损害与对方过错是否具有因果关系等因素，依照诚实信用原则和公平原则，作出认定并予以裁决。

第九条 【借用资质的单位或个人责任】

建设工程施工合同因实际施工人借用有资质的建筑施工企业名义签订被认定无效，发包人请求实际施工人和出借资质的建筑施工企业对其因合同无效所受到的损失承担连带赔偿责任的，人民法院应予支持。

发包人订立合同时明知实际施工人借用资质，实际施工人或者出借资质的建筑施工企业以此为由主张发包人承担相应责任的，人民法院应予支持。

发包人订立合同时明知实际施工人借用资质，实际施工人向出借资质的建筑施工企业主张工程价款的，不予支持；实际施工人主张出借资质的建筑工程施工企业对发包人不能清偿的工程价款承担补充责任的，可予支持。

二　工程价款的结算

第十条　【开工时间的认定】

当事人双方对建设工程实际开工日期有争议的，人民法院应当分别按照以下情形予以认定：

(1)开工日期为监理人发出的开工通知中载明的开工日期；开工通知发出后，尚不具备开工条件的，以开工条件具备的时间作为开工日期，但因承包人原因导致实际开工时间推迟的，以开工通知载明的时间为开工日期。

(2)监理人未发开工通知，亦无相关证据证明实际开工日期的，应当综合考虑开工报告、合同约定、开工许可证载明的时间，并结合是否具备开工条件的事实，认定开工日期。

(3)承包人在开工通知发出前已经实际进场施工的，以实际开工时间为开工日期。

(4)依照上述第 1 项、第 3 项确定的开工日期，在开工许可证载明的时间之前的，以开工许可证载明的时间确定开工日期。

第十一条　【工期顺延的认定】

当事人约定顺延工期应当经发包人签证确认，承包人虽未取得工期顺延的签证确认，但能够证明在合同约定的办理期限内向发包人申请过工期顺延的，对其顺延合理工期的主张，人民法院应予支持。

当事人约定，承包人未在约定时间内提出工期顺延申请视为工期不顺延的，按照约定处理。

第十二条　【发包人主张工程质量问题的处理】

承包人提起的建设工程施工合同纠纷案件中，发包人以工程质量不符合合同约定或者规定为由，要求承包人支付违约金或者赔偿修理、返工或者改建的合理费用等损失的，告知其提起反诉或者另行提起诉讼解决。

第十三条　【质量保证金返还期限的确定】

当事人对发包人在应付工程款中预留的工程质量保证(保修)金返还有约定，承包人请求按照约定返还工程质量保证(保修)金的，应予支持。

当事人没有约定的，发包人返还承包人质量保证(保修)金的期限不超过 2 年，自工程竣工验收之日起算；工程因发包人原因未能竣工验收的，自承包人提交工程竣工验收报告 90 天后起算。

发包人返还质量保证(保修)金后，不影响承包人依照合同约定或法律规定履行工程保修义务。

第十四条　【不属于必须招标工程进行招标的法律效果】

发包人将依法不属于必须招标的工程进行招标后，与承包人另行订立的建设工程施工合同背离备案的中标合同实质性内容，当事人请求以备案的中标合同作为结算工程价款根据的，人民法院应予支持。

第十五条　【备案合同与招标投标文件不一致时工程价款的结算】

第一种意见：

当事人经过备案的中标合同与招标文件、投标文件、中标通知书载明的工程价款、建设工期、工程质量不一致，亦无证据表明签订备案合同时，招投标的客观情况发生变化，且变更内容未达到实质性变更程度，当事人一方请求将招标文件投标文件、中标通知书作为结算工程价款的根据，人民法院应予支持。合同另有约定的除外。

第二种意见：

删除

第十六条　【合作开发房地产合同各方对工程款债务清偿责任的承担】

第一种意见：

合作开发房地产合同一方作为发包人与承包人订立建设工程施工合同，承包人请求合作开发房地产合同的其他合作方对建设工程施工合同债务承担连带责任的，人民法院应予支持。

第二种意见：

合作开发房地产合同一方作为发包人与承包人订立建设工程施工合同，承包人请求合作开发房地产合同的其他合作方对建设工程施工合同债务承担连带责任的，人民法院不予支持。

第十七条　【合同无效工程价款结算条件】

建设工程施工合同无效，因设计变更、建设工程规划指标调整等原因导致无法参照合同约定结算工程价款，当事人请求按照签约时的市场价格信息结算工程价款的，人民法院应予支持。

第十八条　【多份无效合同的结算】

当事人就同一建设工程订立的数份施工合同均被认定无效，当事人请求参照合同约定结算工程价款的，按照以下情形分别予以处理：

（一）参照当事人真实合意并实际履行的合同约定结算工程价款；

（二）无法确定双方当事人真实合意并实际履行合同的，应当结合缔约过错、已完工程质量、利益平衡等因素分配两份或以上合同间的差价确定工程价款；

（三）依照第二项确定的工程价款与工程实际价款差距较大，按照签约时的市场价格信息确定工程价款。

三　建设工程造价鉴定

第十九条　【诉讼前委托鉴定的效力】

当事人双方在提起诉讼前已经对工程价款结算形成有效合意，诉讼中一方当事人申请对工程造价进行鉴定的，人民法院不予准许。

第二十条　【诉讼前委托鉴定的效力】

当事人在提起诉讼前，共同委托的鉴定人已经对建设工程造价出具鉴定意见，诉讼中一方当事人申请重新鉴定的，不予准许。但当事人有证据证明鉴定意见具有《最高人民法院关于民事诉讼证据的若干规定》第二十七条第一款规定情形，且不能通过该条第二款规定方法解决的除外。

第二十一条　【二审程序中的鉴定启动】

人民法院经审理认为就建设工程造价等专门性问题需要进行鉴定的，应当向负有举证责任的当事人释明。当事人经释明后未申请鉴定的，应承担不利的后果。

一审诉讼中负有举证责任的当事人未对工程价款申请鉴定，二审诉讼中申请鉴定的，人民法院可予准许。人民法院准许后，可以将案件发回一审法院委托鉴定，并免除另一方当事人因此加重的负担。

第二十二条　【人民法院委托鉴定中司法权的行使】

人民法院准许当事人对工程造价等进行鉴定的申请后，应当根据当事人申请及查明案件事实的需要，确定委托鉴定的事项及范围，并组织双方当事人对争议的鉴定材料进行质证，确定鉴定依据。

第二十三条　【对鉴定意见的审核认定】

人民法院应当组织当事人对鉴定人出具的鉴定意见进行质证。鉴定意见具有下列情形的，分别予以处理：

（一）鉴定意见超出委托鉴定范围，人民法院应当要求鉴定人对鉴定意见进行更正。鉴定人拒不更正导致鉴定意见无法予以采信，人民法院可以在裁判文书中不判决当事人对鉴定费用的负担，并说明理由。预交鉴定费用的当事人请求鉴定机构返还鉴定费用的，可以另行提起诉讼解决；

（二）鉴定人未将当事人有争议的鉴定材料提交人民法院确认即作为鉴定依据，人民法院应就该部分鉴定材料组织双方当事人进行质证。经质证不能作为鉴定依据的，鉴定人应对相应鉴定意见进行更正。鉴定单位拒不更正的，人民法院可以通过补充鉴定、专家证人审核、重新鉴定等方法解决；

（三）鉴定人对合同或者其他协议效力进行确认，或者对当事人责任承担进行认定，并在此基础上进行鉴定的，人民法院应当对合同效力或者当事人责任承担进行认定。人民法院与鉴定人认定不一致的，鉴定人应当对鉴定意见进行更正。鉴定人拒绝对鉴定意见进行更正的，人民法院可以通过补充鉴定等方法对鉴定意见进行更正；

（四）鉴定人经人民法院通知后拒不出庭作证，导致鉴定意见未予采信，人民法院可以在裁判文书中不判决当事人对鉴定费用的负担，并说明理由。预交鉴定费用的当事人请求鉴定机构返还鉴定费用，可以另行提起诉讼解决。

四 实际施工人权利的保护

第二十四条 【实际施工人权利救济途径】

第一种意见：实际施工人以与其没有合同关系的发包人为被告主张工程款权利的，人民法院不予受理。

实际施工人依据合同法第七十三条规定，以转包人、违法分包人怠于向总承包人、发包人行使工程款债权，损害其利益为由提起代位权诉讼的，人民法院应予受理。

第二种意见：实际施工人依据《最高人民法院关于审理建设工程施工合同纠纷案件适用法律问题的解释》第二十六条第二款规定提起诉讼的，应当符合下列条件：

实际施工人有证据证明与其具有合同关系的缔约人丧失履约能力或者具有下落不明等情形，导致其劳务分包工程款债权无法实现。

五 建设工程价款的优先受偿权

第二十五条 【优先受偿权的权利主体】

合同法第二百八十六条规定的承包人是指建设工程施工合同的承包人。

第二十六条 【装饰装修合同承包人优先受偿权的行使】

涉及到建筑物主体和承重结构变动的重大装修工程的承包人，请求在建筑物因装饰装修而增加的价值范围内优先受偿其工程价款的，人民法院应予支持。但装饰装修工程的发包人不是该建筑物的所有权人或者承包人与该建筑物的所有权人没有合同关系的除外。

第二十七条 【优先受偿的债权范围】

合同法第二百八十六条规定的价款是指承包人就其完成的工程成果所产生的费用，包括直接费、间接费、利润、税金等，不包括承包人因发包人违约所产生的损失。

第二十八条 【土地使用权不属于优先受偿权的客体】

承包人请求对建设工程占用范围内的土地使用权享有优先受偿权的，人民法院不予支持。

第二十九条 【优先受偿权的行使条件】

符合下列条件，承包人就其承建的工程主张工程价款优先受偿权，人民法院应予支持。

（一）建设工程施工合同有效；

（二）建设工程经竣工验收合格；

（三）建设工程不属于不宜折价、拍卖范围；

(四)承包人在约定或者法定期限内主张优先受偿权。

另一种意见:不以建设工程合同有效为限。实践中因资质、招投标法律规定,大量无效合同出现。作此规定,不利于无效合同中承包人权利保护。

第三十条 【未竣工工程可以行使优先受偿权】

建设工程未竣工,承包人就发包人尚欠的工程价款请求优先受偿权的,人民法院应当综合工程质量是否合格,工程是否已由第三人续建,是否发挥工程最大效益等因素,依照诚实信用原则和公平原则予以衡量,并作出裁决。

建设工程由第三人续建,承包人主张待工程竣工后行使优先受偿权,就其承建的工程部分折价或者拍卖的价款优先受偿的,人民法院应予支持。

建设工程因发包人原因停建,或者工程虽由第三人续建,但因发包人原因停建,承包人主张就其承建的工程部分折价、拍卖的价款优先受偿的,人民法院应予支持。

第三十一条 【建设工程不宜折价、拍卖情形】

建设工程具有下列情形之一,应当认定为不宜折价、拍卖。

(一)建设工程未取得建设工程规划许可证或者未按照规划许可证的要求进行建设的;

(二)建设工程经验收不合格,且无法予以修复的;

(三)建设工程属于事业单位、社会团体以公益目的建设的教育设施、医疗设施及其他社会公益设施;

(四)建设工程属于国家机关的办公用房或者军事建筑;

(五)无法独立存在或者分割后影响主建筑使用功能的附属工程等工程。

第三十二条 【承包人的催告义务】

承包人主张优先受偿权的,应向发包人书面催告。建设工程施工合同没有约定催告履行合理期限的,催告履行的合理期限应不少于一个月,自发包人收到催告通知之次日起计算。

第三十三条 【催告义务履行时间】

具有下列情形之一,承包人可以催告发包人给付工程价款。

(一)当事人约定的给付工程价款期间届满;

(二)当事人没有约定工程价款给付时间或者约定不明,但建设工程已经实际交付的;

(三)建设工程没有交付,但承包人已经提交竣工结算文件的;

(四)建设工程施工合同终止履行,发包人应当给付工程价款的。

第三十四条 【优先权的保护期间】

承包人行使优先受偿权的期限为一年,自承包人催告发包人给付工程价款期间届满之日起算;承包人未履行催告义务的,以发包人应当给付工程价款之日起算。

另一种意见:承包人行使优先受偿权期限为六个月,自发包人应当给付工程价款之日起算。

第三十五条 【优先受偿权放弃的效力】

承包人与发包人约定不行使优先受偿权后,又请求行使优先受偿权的,人民法院不予支持。

第三十六条 【承包人优先受偿权与其他权利的顺位】

承包人工程价款优先受偿权优先于其承建工程上设立的抵押权和其他债权。发包人以建设工程设定抵押权为由进行抗辩的,人民法院不予支持。

发包人以其不是建设工程项目建设单位或者建设工程已经转让第三人所有抗辩承包人优先受偿权的,人民法院不予支持。但应当追加建设工程项目建设单位或者工程项目受让人作为无独立请求权第三人参加诉讼。

江苏省高级人民法院关于审理建设工程施工合同纠纷案件若干问题的解答

为公正、规范地审理建设工程施工合同纠纷案件,依法维护健康有序的建筑市场环境,6 月 26 日,省法院印发了《江苏省高级人民法院关于审理建设工程施工合同纠纷案件若干问题的解答》。

2018 年 6 月 12 日,江苏省高级人民法院召开第 6 次审判委员会,对建设工程施工合同纠纷案件审理中的若干问题进行了专题讨论。近年来,随着建筑业改革不断推进,新型建设工程合同纠纷不断涌现,建设工程施工合同纠纷案件审理中遇到许多疑难复杂问题。为公正、规范地审理建设工程施工合同纠纷案件,依法维护健康有序的建筑市场环境,根据《中华人民共和国民法总则》、《中华人民共和国合同法》、《中华人民共和国建筑法》、《中华人民共和国民事诉讼法》、《最高人民法院关于审理建设工程施工合同纠纷案件适用法律若干问题的解释》(简称《建设工程司法解释》)等相关法律、行政法规、司法解释规定,结合我省实际情况,制定本解答:

一、建设工程合同案件的管辖

1. 建设工程合同案件专属管辖如何理解?

《最高人民法院关于适用〈中华人民共和国民事诉讼法〉的解释》第 28 条规定建设工程施工合同案件按照不动产专属管辖确定受诉法院,即建设工程施工合同纠纷一律由建设工程所在地人民法院管辖。“建设工程施工合同纠纷”还包括建设工程价款优先受偿权纠纷、建设工程分包合同纠纷、建设工程监理合同纠纷、装饰装修合同纠纷、建设工程勘察合同纠纷、建设工程设计合同纠纷。

尚未开工建设的建设工程施工合同纠纷，以及达成结算协议的建设工程施工合同纠纷，均适用专属管辖。

工程款债权转让的，债务人与受让人因债务履行发生纠纷的，由于该债权源于建设工程施工合同，按建设工程施工合同纠纷适用专属管辖。

二、建设工程施工合同效力

2. 商品房未经招投标程序签订的建设工程施工合同效力如何认定？

当事人以商品房未经招投标程序主张签订的建设工程施工合同无效的，除符合《招标投标法》第3条规定的必须招标的项目外，不予支持。

（备注：《招标投标法》第3条：在中华人民共和国境内进行下列工程建设项目包括项目的勘察、设计、施工、监理以及与工程建设有关的重要设备、材料等的采购，必须进行招标：（一）大型基础设施、公用事业等关系社会公共利益、公众安全的项目；（二）全部或者部分使用国有资金投资或者国家融资的项目；（三）使用国际组织或者外国政府贷款、援助资金的项目。前款所列项目的具体范围和规模标准，由国务院发展计划部门会同国务院有关部门制订，报国务院批准。法律或者国务院对必须进行招标的其他项目的范围有规定的，依照其规定。

国家发展和改革委员会2018年6月1日施行的《必须招标的工程项目规定》第二条：全部或者部分使用国有资金投资或者国家融资的项目包括：（一）使用预算资金200万元人民币以上，并且该资金占投资额10%以上的项目；（二）使用国有企业事业单位资金，并且该资金占控股或者主导地位的项目。第三条：使用国际组织或者外国政府贷款、援助资金的项目包括：（一）使用世界银行、亚洲开发银行等国际组织贷款、援助资金的项目；（二）使用外国政府及其机构贷款、援助资金的项目。第四条：不属于本规定第二条、第三条规定情形的大型基础设施、公用事业等关系社会公共利益、公众安全的项目，必须招标的具体范围由国务院发展改革部门会同国务院有关部门按照确有必要、严格限定的原则制订，报国务院批准。

国家发展和改革委员会2018年6月6日施行的《必须招标的基础设施和公用事业项目范围规定》第二条：不属于《必须招标的工程项目规定》第二条、第三条规定情形的大型基础设施、公用事业等关系社会公共利益、公共安全的项目，必须招标的具体范围包括：（一）煤炭、石油、天然气、电力、新能源等能源基础设施项目；（二）铁路、公路、管道、水运，以及公共航空和A1级通用机场等交通运输基础设施项目；（三）电信枢纽、通信信息网络等通信基础设施项目；（四）防洪、灌溉、排涝、引（供）水等水利基础设施项目；（五）城市轨道交通等城建项目。）

3. 未取得建设工程规划许可证、施工许可证所签订的建设工程施工合同的效力如何认定？

发包人未取得建设工程规划许可证，与承包人签订的建设工程施工合同，应认定为无效。但在一审法庭辩论终结前取得建设工程规划许可证或者经规划部门认可的，可以认定有效。

发包人未取得建设工程施工许可证的,不影响建设工程施工合同的效力。

三、工程价款结算

4. 建设工程施工合同无效,建设工程经竣工验收合格的,发包人或承包人请求参照合同约定支付工程价款的,如何处理?

建设工程施工合同无效,建设工程经竣工验收合格的,发包人和承包人均可以请求参照合同约定支付工程价款。

(备注:最高人民法院 2011 年 6 月 29 日给我院的关于常州长兴集团房地产开发有限公司与南通新华建筑集团公司建设工程施工合同纠纷请示一案的答复指出:《建设工程司法解释》第 2 条确立了建设工程施工合同无效,但建设工程经竣工验收合格时的折价补偿原则,即参照合同约定支付工程价款。该条的本意并不是赋予承包人选择参照合同约定或工程定额标准进行结算的权利。根据该条规定精神,建设工程施工合同无效,但建设工程经竣工验收合格,发包人也可以请求参照合同约定支付工程价款。)

5. 建设工程施工合同无效,建设工程经竣工验收合格的,合同约定的哪些条款可以参照适用?

建设工程施工合同无效,建设工程经竣工验收合格的,当事人主张工程价款或确定合同无效的损失时请求将合同约定的工程价款、付款时间、工程款支付进度、下浮率、工程质量、工期等事项作为考量因素的,应予支持。

6. 出借资质的一方或者转包人要求按照合同约定支付管理费的,如何处理?

出借资质的一方或者转包人要求按照合同约定支付管理费的,根据《建设工程司法解释》第 4 条的规定,不予支持。

7.《建设工程司法解释》第 21 条黑白合同的规则,审判实践中如何适用?

强制招投标的建设工程,经过招投标的,当事人在招投标之后另行签订的建设工程施工合同与经过备案的中标合同实质性内容不一致的,备案的中标合同有效,另行签订的合同无效,应当以备案的中标合同作为结算工程价款的依据。

强制招投标的建设工程,当事人在招投标之前进行了实质性协商签订了建设工程施工合同,后经过招投标另行签订了一份实质性内容不一致的建设工程施工合同并进行备案的,前后合同均无效,参照双方当事人实际履行的合同结算工程价款。

非强制招投标的建设工程,经过招投标或备案的,当事人在招投标或备案之外另行签订的建设工程施工合同与经过备案的合同实质性内容不一致的,以双方当事人实际履行的合同作为结算工程价款的依据。

合同履行完毕后当事人达成的结算协议具有独立性,施工合同是否有效不影响结算协议的效力。

8. 固定总价合同履行中,承包人未完成工程施工的,工程价款如何确定?

建设工程施工合同约定工程价款实行固定总价结算,承包人未完成工程施工,其要求发包人支付工程款,发包人同意并主张参照合同约定支付的,可以采用"按比例折算"的方式,即由鉴定机构在相应同一取费标准下计算出已完工程部分的价款占整个合同约定工程的总价款的比例,确定发包人应付的工程款。但建设工程仅完成一小部分,如果合同不能履行的原因归责于发包人,因不平衡报价导致按照当事人合同约定的固定价结算将对承包人利益明显失衡的,可以参照定额标准和市场报价情况据实结算。

9.《建设工程司法解释》第 20 条规定的按照竣工结算文件结算工程价款,审判实践中如何适用?

建设工程施工合同专用条款中明确约定发包人收到竣工结算文件后,在合同约定的期限内不予答复视为认可竣工结算文件,当事人要求按照竣工结算文件进行工程价款结算的,应予支持。建设工程施工合同专用条款中未明确约定,当事人要求按照竣工结算文件进行工程价款结算的,不予支持。

建设工程施工合同专用条款有此明确约定,发包人有证据证明在合同约定的期限内提出异议的,承包人要求按照竣工结算文件进行工程价款结算的,不予支持。

建设工程施工合同无效的,不影响该条款约定的效力。

10. 当事人约定以行政审计、财政评审作为工程款结算依据的如何处理?

当事人约定以行政审计、财政评审作为工程款结算依据的,按照约定处理。但行政审计、财政评审部门明确表示无法进行审计或者无正当理由长期未出具审计结论,当事人申请进行司法鉴定的,可以准许。

11. 欠付工程款利息标准如何确定?

当事人对欠付工程价款利息计付标准有约定的,按照约定处理,但不得超过年利率 24%。

没有约定的,参照《最高人民法院关于审理买卖合同纠纷案件适用法律问题的解释》第 24 条第 4 款的规定,可以中国人民银行同期同类人民币贷款基准利率为基础,参照逾期罚息利率标准计算。

12. 发包人与承包人在工程款已届清偿期,约定以房屋折抵工程价款的,对该抵债协议的效力如何认定?

发包人与承包人在工程款已届清偿期,约定以房屋折抵工程价款的,一方要求确认以房抵债协议无效或者变更、撤销,经审查抵债协议系当事人真实意思表示,且不存在《合同法》第 52 条、第 54 条规定情形的,对其主张不予支持。

13. 发包人能否以承包人未开具发票作为拒绝支付工程款的先履行抗辩的事由?

发包人以承包人未开具发票为由拒绝支付工程款的,不予支持,当事人另有明确约定的除外。

四、建设工程价款优先受偿权

14. 建设工程价款优先受偿权起算如何确定？

建设工程施工合同的承包人行使建设工程价款优先受偿权的期限为六个月，具体起算按照以下方式确定：

（1）工程已竣工且工程结算款已届期的，自建设工程竣工之日或者建设工程施工合同约定的竣工之日起算；

（2）建设工程施工合同解除、终止履行的，自合同实际解除、终止之日起算；

（3）工程已竣工验收合格，但合同约定除质保金以外的工程款付款期限尚未届满的，自合同约定的工程款付款期限届满之日起算。

15. 建设工程施工合同无效，承包人是否享有建设工程价款优先受偿权？

建设工程价款优先受偿权不受建设工程施工合同效力的影响。建设工程施工合同无效，承包人仍然享有建设工程价款优先受偿权。

16. 实际施工人是否享有建设工程价款优先受偿权？

实际施工人在总承包人或者转包人不主张或者怠于行使工程价款优先受偿权时，就其承建的工程在发包人欠付工程价款范围内可以主张优先受偿权。

17. 工程款利息是否属于建设工程价款优先受偿权的范围？

承包人主张将工程款利息纳入建设工程价款优先受偿权范围的，不予支持。

18. 承包人行使建设工程价款优先受偿权的方式如何认定？

承包人通过提起诉讼或申请仲裁的方式，主张建设工程价款优先受偿权的，属于行使建设工程价款优先受偿权的有效方式。

承包人通过发函形式主张建设工程价款优先受偿权的，不认可其行使的效力。

19. 承包人放弃建设工程价款优先受偿权的效力如何认定？

法律并未禁止承包人放弃建设工程价款优先受偿权。承包人自愿放弃建设工程价款优先受偿权的，只涉及承包人自身利益的，该放弃行为有效。但该放弃行为损害实际施工人等第三人利益的，对该第三人不产生效力。

20. 工程款债权转让的，建设工程价款优先受偿权是否一并转让？

建设工程价款优先受偿权依附于工程款债权，承包人将建设工程价款债权转让的，建设工程价款优先受偿权随之转让。受让人是否实际享有建设工程价款优先受偿权，仍应进行实体审查。

五、民事责任承担

21. 发包人主张挂靠人与被挂靠人对工程质量承担连带责任的如何处理？

挂靠人以被挂靠人名义订立建设工程施工合同，发包人要求挂靠人与被挂靠人就工程质量承担连带责任的,应予支持。

22. 实际施工人起诉发包人主张工程款的,发包人的责任如何认定?

实际施工人依据《建设工程司法解释》第26第2款的规定起诉发包人主张工程款的,发包人应举证证明已向总承包人支付的工程款数额。发包人未能举证已付工程款数额的,应当与承包人对工程欠款承担连带责任。

23. 层层转包中,实际施工人要求所有转包人、违法分包人均承担责任的,如何处理?

建设工程因转包、违法分包导致建设工程施工合同无效的,实际施工人要求转包人、违法分包人对工程欠款承担连带责任的,应予支持。前手转包人、违法分包人举证证明其已付清工程款的,可以相应免除其给付义务。发包人在欠付的工程款范围内承担连带责任。

24. 合作开发房地产合同各方对承包人的责任如何承担?

合作开发房地产合同中的一方当事人作为发包人与承包人签订建设工程施工合同,承包人要求合作各方当事人对欠付的工程款承担连带责任的,应根据合作开发协议等证据查明事实,依法作出裁判。

25. 建设工程领域,项目部或项目经理以施工企业名义对外借款,出借人要求施工企业承担责任的如何处理?

建设工程领域,项目部或者项目经理不具有对外借款的职权,其以施工企业名义对外借款的,出借人要求施工企业承担还款责任的,原则上不予支持。出借人举证证明项目经理系获得施工企业授权,或具有款项进入施工企业账户、实际用于工程等情形,导致其有理由相信项目部或项目经理有代理权的,出借人要求施工企业承担还款责任的,可予支持。

六、其他

26. 本解答自印发之日起施行。

本解答施行后受理的一审案件适用本解答的规定。

本院以前有关规定与本解答相抵触的,不再适用。

河北省高级人民法院
建设工程施工合同案件审理指南

(2018年5月7日河北省高级人民法院审判委员会总第9次会议讨论通过)

为了正确审理建设工程施工合同纠纷,准确适用法律,规范自由裁量权的行使,依据《中华人民共和国合同法》、《中华人民共和国建筑法》、《中华人民共和国招标投标法》、《最高人民法院关于审理建设工程施工合同纠纷案件适用法律若干问题的解释》以下简称《最高人民法院建设工程案件司法解释》）等法律、行政法规及司法解释，结合我省实际情况，制定本审理指南。

一、建设工程施工合同的效力认定问题

1. 发包人未取得建设用地规划许可证或建设工程规划许可证，与承包人签订的建设工程施工合同，应认定为无效。但在一审法庭辩论终结前取得两证或者经主管部门批准建设的，可以认定有效。

发包人已经办理建设用地使用权手续，但尚未取得建设用地使用权证，不影响合同效力。

发包人未取得建设工程施工许可证的，不影响合同效力。

2. 当事人以商品房开发未经招投标程序主张签订的建设工程施工合同无效的，如果该开发项目符合《中华人民共和国招投标法》第三条、《河北省实施〈中华人民共和国招投标法〉的办法》第六条、第九条规定的强制招投标项目而未进行招投标的，人民法院应予支持。但根据国务院《关于促进建筑业持续健康发展的意见》（2017 年第 19 号），在民间投资的建设工程项目中，可由建设单位自主决定发包方式。

3. 法律、行政法规规定必须经过招投标的建设工程，当事人以招投标程序违法，或者存在串标、明招暗定等情形主张建设工程施工合同无效的，应承担相应的举证责任，人民法院经审查，认定确实存在以上情形的，该建设工程施工合同为无效合同。

4. 建筑施工企业与其下属分支机构或在册职工签订合同，将其承包的全部或者部分工程分包给其下属分支机构或职工施工，并在资金、技术、设备、人力等方面给予支持的，可以认定为企业内部承包合同。判断是否为企业的在册职工应以书面劳动合同、社保缴纳凭证、工资发放证明等证据综合予以认定。企业内部职工和下属分支机构不得单独主张工程款建筑施工企业与无施工资质的承包人签订的合同名为企业内部承包实为借用资质，当事人主张合同有效的，人民法院不予支持。

5. 以下情形可以认定为非法劳务分包：

（1）总承包人、专业分包企业将建筑工程的劳务作业分包给不具备相应资质条件的企业和个人；

（2）总承包人、专业分包企业将建筑工程的劳务作业分包给具备相应资质条件的企业，但分包的内容包括提供大型机械、周转性材料租赁和主要材料、设备采购等；

（3）劳务作业承包人将承包的劳务作业再分包的。

二、工程价款结算及相关问题

6. 建设工程施工合同无效，发包人与承包人均有权请求参照合同约定支付工程价款；承包人要求另行按照定额结算或者据实结算的，人民法院不予支持。

7. 当事人就同一建设工程订立的数份施工合同均被认定为无效的,在结算工程价款时,应当参照当事人真实意思表示并实际履行的合同约定结算工程价款。当事人已经基于其中一份合同达成结算单的,如不存在欺诈、胁迫等撤销事由,应认定该结算单应有效。

无法确定当事人真实意思并实际履行的合同的,可以结合缔约过错、已完工程质量、利益平衡等因素合理分配当事人之间数份合同的差价确定工程价款。

8. 法律、行政法规未规定必须进行招投标的建设工程,经过合法有效的招投标程序的,当事人实际履行的建设工程施工合同与备案中标合同实质性内容不一致的,应当以中标合同作为工程价款的结算根据。

9. 法律、行政法规未规定必须进行招投标的建设工程,实际上也未经过招投标,当事人根据当地行政主管部门的要求,对双方签订的建设工程施工合同进行备案后另行签订实质性内容不同的合同,应当以当事人实际履行的合同作为工程价款的结算根据。

10. 当事人在合同中只约定了发包人收到竣工结算文件后,应在约定的期限内予以答复,但未明确约定逾期不答复视为认可竣工结算文件的,不能适用《最高人民法院建设工程案件司法解释》第20条的规定。承包人仅依据建设部制定的建设施工合同格式文书通用条款33.3条"发包人收到竣工结算报告及结算资料后28天内无正当理由不支付工程结算价款的,从29天起按承包人同期向银行贷款利率支付拖欠工程价款的利息,并承担约责任"的约定请求发包人按照竣工结算文件结算工程价款的,人民法院不予支持。

11. 合同约定固定价款的,因发包人原因导致工程变更的,承包人能够证明工程变更增加的工程量不属于合同约定包干价范围之内的,有约定的,按约定结算工程价款,没有约定的,可以参照合同约定标准对工程量增减部分予以单独结算,无法参照约定标准结算可以参照施工地建设行政主管部门发布的计价方法或者计价标准结算。主张调整的当事人对合同约定的施工具体范围、实际工程量增减的原因、数量等事实负有举证责任。

12. 建设工程施工合同约定工程款实行固定价,如建设工程尚未完工,当事人对已完工程造价产生争议的,可将争议部分的工程造价委托鉴定,但应以合同约定的固定价为基础,根据已完工工程占合同约定施工范围的比例计算工程款。即由鉴定机构在同一取费标准下分别计算出已完工程部分的价款和整个合同约定工程的总价款,两者对比计算出相应系数,再用合同约定的固定价乘以该系数,确定工程价款。当事人一方主张以定额标准作为造价鉴定依据的,人民法院不予支持。

13. 未施工完毕的工程项目,当事人就已完工程的工程量存有争议的,应当根据双方在撤场交接时签订的会议纪要、交接记录以及监理材料、后续施工资料等文件予以确定;不能确定的应根据工程撤场时未能办理交接及工程未能完工的原因等因素合理分配举证责任。

发包人有恶意驱逐施工方、强制施工方撤场等情形的,发包人不认可承包方主张的工程量的,由发包人承担举证责任。发包人不提供相应证据,应承担举证不能的不利后果。

14. 建设工程施工合同无效，当事人一方依照《合同法》第58条规定，请求对方赔偿其因合同无效所受到的损失，人民法院应当综合过错程度、损失大小、损失与对方的过错之间是否存在因果关系等因素，依照诚实信用原则和公平原则，做出认定和裁决。

15. 建设工程施工合同被确认无效后，发包人主张因承包方工期延误应赔偿其与第三人签订的房屋买卖合同因逾期交房发生的违约损失，承包人对工期延误存在过错，损失已经实际发生，且损失发生与承包人逾期交工行为有因果关系，可以纳入无效合同过错责任赔偿范围。根据承包方订立、履行合同中的过错责任大小及诚实信用原则，依据《合同法》第五十八条规定判令其承担相应的责任。

16. 合作开发房地产合同中的一方当事人作为发包人与承包人签订建设工程施工合同，承包人要求合作开发的各方当事人对欠付的工程款承担连带责任的，人民法院应予支持。

17. 工程价款确定前，发包人与承包人约定以土地或商品房抵顶工程款的，该协议属于流质契约，应认定为无效。当事人请求继续履行该抵债协议的，不予支持。人民法院应对涉案土地或房屋进行评估，折价后支付承包人的工程款。支付工程款后的剩余款项，应返还发包人；不足部分，承包人可向发包人另行主张。

18. 工程价款确定后，包括施工过程中对已完工程的造价确定后，发包人与承包人约定以土地或商品房抵顶工程款，如果已经办理土地或房屋的过户手续的，应认定为有效。如果尚未办理土地或房屋过户手续，一方当事人主张继续给付工程欠款及利息的，人民法院应予支持。

19. 建设工程施工过程中，发包人与承包人进行结算后，出具欠条确认欠付债务，原告依据欠条起诉，被告主张该欠条中确认数额并非实际的工程款数额，要求确认欠条无效的，一般不予支持。除非被告能够提供证据证明出具欠条时存在重大误解、欺诈、胁迫或显失公平等情形。

三、审计结论、财政评审意见作为结算依据的相关问题

20. 政府投资和以政府投资为主的建设项目，合同明确约定以审计机关出具的审计意见作为工程价款结算依据的，财政部门审计部门等对工程款的审核、审计，应当作为结算依据。

21. 审计机关严重超出合同约定的期限未作出审计结论，发包人以此为由拒付工程款的，发包人无法举证证明审计机关具有正当理由不能出具审计结论的，当事人申请对工程造价予以司法鉴定，人民法院应予支持。

22. 在双方当事人已经通过结算协议确认了工程结算价款并已基本履行完毕的情况下，国家审计机关作出的审计结论或财政评审意见，不影响双方结算协议的效力。

四、建设工程造价鉴定

23. 当事人诉前共同委托具有鉴定资质的鉴定机构对涉案工程的工程造价作出鉴定结论，诉讼中一方当事人要求重新鉴定的，人民法院一般不予准许，但有证据推翻该鉴定结论的除外。承包方提出结算申请后，发包人单方委托鉴定，后承包方以发包人委托鉴定结论为依据起诉要求支付工程款的，按诉前共同委托鉴定处理。

24. 发包人对承包方提供的结算报告已经委托有资质的第三方进行审核并经双方签字认可，或者双方当事人已完成工程价款结算，结算报告已经双方签字认可。诉讼中一方当事人要求重新鉴定的，人民法院不予准许。

25. 当事人对施工合同效力、结算依据、签证文件的真实性及效力等问题存在争议的，应由人民法院进行审查并确认是否作为结算依据。

人民法院准许当事人对工程价款进行鉴定的申请后，应当根据当事人申请及查明案件事实的需要，确定委托鉴定的事项及范围，并组织双方当事人对争议的鉴定材料进行质证，确定鉴定依据。

当事人对对方提交的鉴定资料无法达成一致意见的，人民法院不能简单以当事人不予认可为由否认该鉴定资料的夹实性，人民法院应依法对争议的资料进行审查并确定是否可以作为鉴定资料使用。

26. 人民法院在委托鉴定时可要求鉴定机构根据当事人所主张的不同结算依据分别作出鉴定结论，或者要求鉴定机构对存疑部分的工程量及价款鉴定后单独列项，供审判时审核认定使用，也可由人民法院就争议问题先做出明确结论后再启动鉴定程序。

27. 鉴定过程中，各方当事人均有提交鉴定资料的义务。当事人在鉴定过程中未按法院指定的期限提交鉴定资料，经过催告仍不提交，且不能做出合理解释的，视为拖延提交鉴定资料，应承担举证不能的法律后果。

28. 人民法院经审理认为就建设工程价款等专门性问题需要进行鉴定的，应当向负有举证责任的当事人进行充分释明、明确告知其不申请鉴定可能承担的不利后果。当事人经释明后未申请鉴定的，可参照民事诉讼法逾期举证的规定，由其承担相应的法律后果。

一审诉讼中负有举证责任的当事人未对工程价款申请鉴定，二审诉讼中申请鉴定的，人民法院可予准许。人民法院准许后，可以将案件发回一审法院委托鉴定，但不得违反民事诉讼法的相关规定。对经一审法院释明未申请鉴定的当事人，可参照民事诉讼法对逾期举证的规定，对当事人进行训诫、罚款。

五、实际施工人的认定及权利行使问题

29. 实际施工人与名义上的承包人相对，一般是指非法转包合同、违法分包合同、借用资质（挂靠）签订合同的承包人。具有下列情形可认定为实际施工人：（一）存在实际施工行为，包括在施工过程中购买材料、支付工人工资、支付水电费等行为；（二）参与建设工程承包合同的签订与履行过程；（三）存在投资或收款行为。

具有下列情形的，不能认定为实际施工人：（一）属于施工企业的内部职工；（二）与非法转包人、违法分包人无施工合同关系的农民工、建筑工人或者施工队、班组成员。上述人员不能直接向发包人主张权利,只能依据劳动关系或劳务关系向实际施工人(承包人)主张权利。

建设工程经数次转包的,实际施工人为最终的承包人。

30. 对于工程项目多次分包或转包的,实际施工人起诉合同相对方、发包人支付工程款的,为查明发包人欠付工程款的数额应追加总承包人为第三人,其余违法分包人、转包人未参与实际施工,不影响案件事实查明的,可以不追加为案件诉讼主体。

31. 实际施工人向与其没有合同关系的转包人、分包人、总承包人、发包人提起的诉讼,发包人与承包人就工程款问题尚未结算的,原则上仍应坚持合同相对性,由与实际施工人有合同关系的前手承包人给付工程款。

如果发包人与承包人已就工程款进行结算或虽尚未结算,但欠款范围明确,可以确定发包人欠付承包人的工程款数额大于承包人欠付实际施工人的工程款数顿,可以直接判决发包人对实际施工人在承包人欠付实际施工人的工程款数额范围内承担连带给付责任。

欠付工程款范围明确是指判决中必须明确发包人承担连带责任的范围和数额,不能简单表述为发包人在欠付工程款范围内承担连带责任。

32. 承包人请求发包人支付工程款,发包人以向实际施工人支付工程款抗辩的,应当举证证明支付工程款数额及支付理由,对付款有特殊约定、承包人予以授权、生效裁决予以确定,或者有其他正当理由,人民法院应当予以支持。

六、建设工程优先受偿权

33. 建设工程施工合同无效、但建设工程质量合格,承包人主张建设工程价款就该工程折价或拍卖的价款优先受偿的,人民法院应予以支持;分包人或实际施工人在总包人或非法转包人怠于主张工程价款时,主张建设工程价款就该工程折价或拍卖的价款优先受偿的,人民法院应予支持。

34. 承包人享有的优先受偿权的建设工程价款范围是指承包人完成的工作成果所产生的费用,包括直接费、间接费、利润、税金及工作人员报酬、材料款等实际支出的费用,不包括因发包人违约所产生的损失。

利息属于工程价款的法定孳息,承包人主张未付工程价款利息属于工程价款属于优先受偿权范围的,应予支持。

土地使用权不属于优先受偿权的客体,承包人请求对建设工程占用范围内的土地使用权的价值享有优先受偿权的,不予支持。

35. 建设工程承包人行使优先受偿权的期限为六个月,具体起算时间按照以下方式确定:(1)工程已竣工的,自建设工程竣工之日或者建设工程合同约定的竣工之日起算,上述日期不一致的,以在后日期作为起算点,但合同约定的付款期限尚未届满的,以合同约定的付款期限届满之日作为起算点;(2)工程尚未竣工而合同解除、终止履行的,以合同实际解除、终止之日作为起算点;(3)发包人主张以《最高人民法院建设工程案件司法解释》第十四条第(二)、(三)项作为承包人行使优先受偿权起算点的,不予支持。

36. 当事人以调解方式对优先受偿权进行确认的,人民法院应依法审查其合法性,对当事人恶意串通损害第三人合法权益的调解协议不予确认。

37. 建设工程价款优先受偿权与建设工程价款请求权具有人身依附性,承包人将建设工程价款债权转让,建设工程价款的优先受偿权消灭。

七、工程质量、质保金返还及保修责任

38. 承包人提起的建设工程施工合同纠纷中,发包人以工程质量不符合合同约定或规定、工期延误等为由,要求承包人支付违约金或者赔偿修理、返工或者改建的合理费用等损失的,告知发包人应提起反诉,与本诉一并审理。

承包人提起建设工程施工合同纠纷后,发包人在其他法院另行起诉承包人主张上述权利的,人民法院应告知发包人在前诉中提起反诉。发包人坚持立案的,后立案的法院应主动将案件移送到先立案的法院合并审理。

39. 因承包人的过错造成建设工程质量不符合约定,发包人能够证明已经履行了通知义务,承包人拒绝修理、返工或者改建,发包人请求减付工程价款的,可以将发包人因修理、返工或重建而支付的费用在工程款中予以扣减。

40. 建设工程经过竣工验收合格后,承包人主张工程款的发包人又以工程质量不合格主张付款条件不成就或者拒付工程款的,人民法院不予支持。

41. 建设工程未经竣工验收或未经验收合格,发包人擅自使用后,承包人主张工程款的,发包人又以使用部分质量不合格主张付款条件不成就或者拒付工程款的,人民法院不予支持。但确因承包人原因导致建设工程的地基基础工程和主体结构存在质量问题的除外。

42. 未完工程中,承包人主张其已完成部分的工程款的,后续工程已经由第三方施工完毕,并竣工验收合格的,发包人又以承包人施工部分的工程质量不合格主张付款条件不成就或者拒付工程款的,人民法院不予支持。后续工程已经由第三方施工完毕但未进行竣工验收,或者未由第三方继续施工,但分部分项验收合格的,发包人以承包人施工部分的工程质量不合格主张付款条件不成就或者拒付工程款的,人民法院不予支持。人民法院可在承包人已完工程价款中按合同约定比例暂扣质保金,暂扣质保金的时间最长不超过两年。但确因承包人原因导致建设工程的地基基础工程和主体结构存在质量问题的除外。

43. 当事人对质量保证金返还期限有约定的,承包人请求按照约定返还工程质量保证金的,人民法院应予支持。没有约定或约定不明的,适用《建设工程质量保证金管理办法》(建质〔2016〕295 号)第二条规定,缺陷责任期最长为 2 年。发包人应在最长缺陷责任期(2 年)期满后将质量保证金返还承包人。

质量保证金的期限自工程竣工验收合格之日起算;工程因发包人原因未能竣工验收的,自承包人提交工程竣工验收报告 90 天后起算。

发包人返还质量保证金后，不影响承包人依照合同约定或法律规定履行工程保修义务。

44. 发包人擅自使用未经验收或验收不合格工程，视为该工程已经竣工验收，但不能排除工程保修期内承包人的保修责任。

45. 建设工程施工合同中约定发包人可因工期、工程质量转包或违法分包等情形对承包人处以"罚款"的，该约定应视为双方对违约责任的约定，罚款具有违约金的性质。经承包人确认的罚款数额，发包人主张从工程款中扣减的，人民法院应予支持。当事人要求对罚款的数额进行调整的，人民法院可按照《合同法》第一百一十四条的规定予以处理。

46. 发包人未取得施工许可证，但承包人已实际开工的，应以实际开工之日为开工日期，合同另有约定的除外。因未取得施工许可证而被行政主管部门责令停止施工的，可作为工期顺延的事由。

47. 工期延误的责任应该由造成工期延误的过错一方承担，发包人仅以承包人未在合同约定的期限内提出工期顺延申请而主张工期不能顺延的，人民法院不予支持。

48. 建设工程施工合同履行中，承包人由于管理不善等原因，导致工期延误等违约行为的，人民法院确定承包人向发包人承担的违约责任时，应准确理解、把握《合同法》第一百一十三条规定，综合考虑承包人过错、履行施工合同预期利益，发包人实际损失等情况，综合确定赔偿数额。

八、承包主体的对外责任承担

49. 挂靠人以自己名义与材料设备供应商签订买卖合同，材料设备供应商起诉要求被挂靠单位承担合同责任的，不予支持。挂靠人以被挂靠单位名义签订合同，一般应由被挂靠单位和挂靠人共同承担责任，但材料设备供应商签订合同时明知挂靠的事实，并起诉要求被挂靠人承担合同责任的，人民法院不予支持。

非法转包人、违法分包人未经施工企业授权，以施工企业项目部名义对外签订买卖、租赁等合同，施工企业是否承担民事责任适用《合同法》第四十九条的规定。有证据证实合同标的用于工程或施工合同履行过程中施工企业对项目部的行为进行过认可的，可以认定债权人有理由相信非法转包人、违法分包人有代理权。

非法转包人、违法分包人未经施工企业授权，以施工企业项目部名义对外签订借款合同，应按照《最高人民法院关于民间借贷案件适用法律若干问题的规定》严格审查借贷的基础事实，包括借款的数额、利息等，并审查借款的用途。有证据证实借款实际发生且用于工程或施工合同履行过程中施工企业对项目部的行为进行过认可的，可以认定债权人有理由相信非法转包人、违法分包人有代理权。

50. 施工企业设立项目部并任命项目部负责人的，项目部负责人受施工企业委托从事民事行为，应视为履行职务行为，施工企业应为合同主体。

建设工程承包人设立的项目部负责人在施工企业授权范围外从事的行为，构成表见代理的,施工企业应对外承担责任。

施工企业与其设立的项目部负责人签订的有关内部协议,约定免除施工企业对外承担责任的条款,不具有对外效力,不能约束第三人。

51. 施工企业认可的项目部印章对外订立合同的,该印章具有缔约或结算的效力,施工企业应对加盖该项目部印章的合同承担责任。

施工企业对项目部印章不认可的,若权利人举证证明在其他对外经济往来或具有公示效力的场合使用过该印章,则该印章具有缔约或结算的效力。

52. 技术章、材料收讫章、资料专用章一般不具有缔约或结算的效力,相对人主张权利的,应当结合交易习惯、该章的使用情况等举证证明其有理由相信该印章具有超出其表面记载的实际功能,可以认定该章的效力。

53. 实际施工人与施工企业之间存在挂靠关系,行为人私刻施工企业印章的,施工企业不能证明合同相对人对私刻印章的情形是明知的,施工企业应承担相应的民事责任。

54. 支付工程款义务和开具发票义务是两种不同性质的义务,不具有对等关系。发包人以承包人违反约定未开具发票为抗辩理由拒付工程款的,人民法院不予支持。但可以明确承包人具有向发包人开具发票的义务。发包人提起反诉请求主张承包人开具发票的,人民法院应予支持。

55. 本审理指南自印发之日起在工作中参照执行。

广东省高级人民法院关于审理建设工程合同纠纷案件疑难问题的解答

(2017 年 8 月 1 日广东省高级人民法院办公室印发)

为统一建设工程合同纠纷案件的审理标准,根据《中华人民共和国合同法》(以下简称《合同法》)及《最高人民法院关于审理建设工程施工合同纠纷案件适用法律问题的解释》(以下简称《建设工程司法解释》)等相关法律的规定,结合我省法院审判工作实际,提出如下解答意见:

一、合同效力

1. 建设工程依法必须进行招标的范围如何确定

工程建设项目包括项目的施工、勘察、设计、监理以及与工程建设有关的重要设备、材料等的采购,符合《中华人民共和国招标投标法》第三条第一款规定的三种条件之一,并达到

《工程建设项目招标范围和规模标准规定》的相应范围和标准，应依法进行招标。但根据国务院《关于促进建筑业持续健康发展的意见》(2017 年第 19 号)，在民间投资的建设工程项目中，可由建设单位自主决定发包方式。

2. 家庭室内装修和农村建房合同的效力如何认定

家庭室内装修和农村、建制镇、集镇规划区内自建低层住宅(二层以下、含两层)、建设工程投资额在 30 万元以下或者建筑面积在 300 平方米以下的合同纠纷，当事人以施工人没有施工资质而主张合同无效的，一般不予支持。

3. 施工许可证是否影响建设工程施工合同的效力认定

建设工程施工许可证是行政主管部门对建设施工行为的行政管理措施，发包人未依法领取施工许可证的，不影响当事人签订的建设工程施工合同效力。

4. 发包人或承包人能否按照承揽合同的规定解除建设工程合同

发包人或承包人行使建设工程合同的解除权应符合《建设工程司法解释》第八条和第九条的规定，其以《合同法》第二百六十八条和第二百八十七条规定为依据主张随时解除施工合同的，不予支持，合同另有约定的除外。

5. 一、二审对建设工程合同效力认定不一致，二审应如何处理

一、二审对建设工程合同效力认定不一致的，二审法院可以释明当事人变更诉讼请求。如果经法院释明当事人变更诉讼请求，且各方当事人均同意由二审法院审理的，二审法院可以参照《最高人民法院关于适用〈中华人民共和国民事诉讼法〉的解释》第三百二十八条第二款的规定审理，案件无需发回重审；当事人不同意由二审法院审理且合同效力对当事人诉讼请求影响重大的，案件发回重审。

承包人基于合同有效主张发包人支付逾期付款违约金，一审法院经审理判令发包人承担违约金，但二审法院经审查认为合同无效的，可依法直接判令发包人支付逾期付款的利息。

二、工程价款结算

6. 建设工程合同无效情形下工程价款应如何结算

建设工程施工合同无效，但建设工程经竣工验收合格，承包人或发包人请求参照合同约定支付工程价款的，应予支持。

7. 中标合同未在行政主管部门备案的，能否作为工程价款结算的依据

发包人经过合法招投标程序与承包人签订的中标合同，即使没有在建设主管部门备案，亦应作为结算工程价款的依据。双方当事人在诉讼中均主张不按照合法的中标合同进行工程价款结算的，不予支持。

8.《建设工程司法解释》第二十条规定的按照竣工结算文件结算工程价款，审判实践中应如何具体适用

建设工程施工合同约定，发包人收到竣工结算文件后，在约定期限内不予答复，视为认

可竣工结算文件的，按照约定处理。即使承包人未在合同约定的期限内提交竣工结算文件，发包人收到竣工结算文件后亦应在合同约定的期限内答复，逾期未答复的，承包人请求按照竣工结算文件结算工程价款的，应予支持。

承包人提交的竣工结算文件不符合合同约定或法律规定的条件，发包人逾期未予回复，承包人主张按照竣工结算文件结算工程价款的，不予支持，但可从逾期答复之日起计付应付工程款的利息，合同另有约定的除外。

9. 工程质量保证金的返还期限应如何认定

根据《建设工程质量保证金管理办法》第二条的规定，质量保证金是用以保证承包人在缺陷责任期内对建设工程出现的缺陷进行维修的资金，缺陷责任期最长为 2 年。当事人对质量保证金返还期限有约定的，从其约定；没有约定或约定不明的，发包人应在最长缺陷责任期（2 年）期满后 28 日内将质量保证金返还给承包人。合同约定的缺陷责任期期满后，承包人仍应在保修期内对工程承担保修责任。

10. 工程造价咨询企业超越其资质等级出具的鉴定意见如何处理

如果鉴定造价超过 5000 万元，但当事人在法院摇珠选定乙级工程造价咨询企业进行鉴定时未对资质提出异议，而在质证过程中又以造价咨询企业为乙级资质不能承接 5000 万元以上的鉴定业务而否定鉴定意见的，不予支持。

11. 当事人约定以审核、审计结果作为工程款结算的条件无法成就时如何处理

当事人约定以财政、审计等部门的审核、审计结果作为工程款结算依据的，按照约定处理。如果财政、审计等部门明确表示无法进行审核、审计或者无正当理由长期未出具审核、审计结论，经当事人申请，且符合具备进行司法鉴定条件的，人民法院可以通过司法鉴定方式确定工程价款。

12. 建设工程委托代建合同能否依据委托合同的规定处理

对于非经营性政府投资项目根据法律强制实行委托代建，代建单位作为项目建设法人，全权负责项目建设的组织管理、招投标和工程款支付义务的，其属于发包人。承包人依据《合同法》有关委托合同的规定主张委托人承担责任的，不予支持。对于其他委托代建工程建设项目，依据《合同法》有关委托合同的规定处理。

三、工程价款优先受偿权

13. 建设工程合同无效是否影响承包人主张工程价款优先受偿权

建设工程施工合同无效，但工程质量合格的，发包人仅以施工合同无效为由主张承包人无权主张工程价款优先受偿权的，不予支持。

14. 建设工程因承包人原因逾期完工的是否影响其主张工程价款优先受偿权

因承包人的原因，建设工程未能在约定期限内竣工的，承包人应承担的是逾期完工违约责任，其依据《合同法》第二百八十六条规定享有的优先受偿权不受影响。

15. 利息是否属于工程价款优先受偿权的范围

利息属于工程价款的法定孳息，承包人主张利息属于工程价款优先受偿权范围的，应予支持。

16. 建设工程承包人行使工程价款优先受偿权的起算时点应如何确定

建设工程承包人行使优先受偿权的期限为六个月，具体起算点按照以下方式确定：（1）工程已竣工的，自建设工程竣工之日或者建设工程合同约定的竣工之日起算，上述日期不一致的，以在后日期作为起算点，但合同约定的付款期限尚未届满的，以合同约定的付款期限届满之日作为起算点；（2）工程尚未竣工而合同解除、终止履行的，以合同实际解除、终止之日作为起算点；（3）发包人主张以《建设工程司法解释》第十四条第（二）、（三）项作为承包人行使优先受偿权起算点的，不予支持。

17. 承包人行使工程价款优先受偿权的方式应如何认定

建设工程承包人提起诉讼、申请仲裁主张工程价款优先受偿权，自行与发包人协商以该工程折价抵偿欠付工程款，申请法院将该工程拍卖以实现工程款债权，申请对建设工程拍卖款参与分配程序主张优先受偿权，或者向发包人以书面形式明确表示主张优先受偿权的，均属于对建设工程价款依法行使优先受偿权。

18. 承包人能否单独主张工程价款优先受偿权

建设工程承包人提起仲裁、诉讼仅主张发包人向其支付工程款，未主张确认其对工程拍卖价款享有优先受偿权的，不视为行使优先受偿权。承包人另案主张工程价款优先受偿权的，应予受理。

四、工期

19. 建设工程开工日期应如何认定

虽然发包人未取得施工许可证，但承包人已实际开工的，应以实际开工之日为开工日期，合同另有约定的除外。因未取得施工许可证而被行政主管部门责令停止施工的，停工日期可作为工期顺延的事由。

20. 承包人未依约提出工期顺延申请的能否视为放弃工期顺延权利

发包人仅以承包人未在合同约定的期限内提出工期顺延申请而主张工期不能顺延的，不予支持，但合同明确约定承包人未依约提出顺延工期申请视为放弃权利的，按照约定处理。

五、民事责任承担

21. 当事人在一审经释明未请求调整违约金标准，二审中又提出调整申请的，是否应予审查

当事人一方以对方违约为由主张支付违约金，对方以合同不成立、合同未生效、合同无效或者不构成违约等为由进行免责抗辩而未主张调整过高的违约金的，人民法院应当就法

院若不支持免责抗辩，当事人是否需要主张调整违约金进行释明。在一审审理中经法院释明，建设工程合同违约方未提出违约金调整请求，但在二审审理中又主张调整违约金的，不予审查，有新证据证明违约金过高的除外。

22. 实际施工人主张挂靠人和被挂靠人承担欠付工程款连带责任的如何处理

挂靠人以被挂靠人的名义承接工程后，又将工程进行分包或转包，实际施工人主张挂靠人和被挂靠人承担欠付工程款连带责任的，应区分情形处理：挂靠人以被挂靠人名义对外签订分包或转包合同的，挂靠人和被挂靠人承担连带付款责任；挂靠人以自己名义对外签订分包或转包合同的，挂靠人承担付款责任。

23. 挂靠人主张被挂靠人和发包人承担欠付工程款连带责任的如何处理

因发包人欠付工程款，挂靠人主张被挂靠人和发包人承担欠付工程款的连带责任的，不予支持，但挂靠人和被挂靠人之间的合同明确约定被挂靠人承担支付工程款义务的除外。挂靠人主张被挂靠人支付已收取但尚未转付工程款的，应予支持。

24.《建设工程司法解释》第二十六条第二款规定在审判实践中应如何具体适用

《建设工程司法解释》第二十六条第二款规定的“发包人只在欠付工程价款范围内对实际施工人承担责任”应定性为连带责任。如果发包人和总承包人未就工程款纠纷进入仲裁、诉讼程序，实际施工人单独起诉合同相对人后，另案起诉发包人在欠付工程价款范围内支付工程款的，应予受理。

根据《建设工程司法解释》第二十六条第二款的规定，发包人应举证证明已向总承包人支付的工程款数额。发包人和总承包人已对工程款进行结算的，按照工程结算款扣减已支付工程款确定发包人欠付工程款的数额；发包人和总承包人未对工程款进行结算且未进入仲裁、诉讼程序的，根据工程实际完工的情况，可以按照合同约定的工程结算款扣减已支付工程款确定发包人欠付工程款的数额，发包人和总承包人实际结算后，如发包人仍欠付总承包人工程款的，实际施工人可就差额部分另行起诉；发包人和总承包人就工程款的结算纠纷进入仲裁、诉讼程序的，实际施工人可以申请参加该案的诉讼，其另案主张发包人承担付款责任的，不予受理。

25. 工程项目多次分包或转包的诉讼主体应如何确定

对于工程项目多次分包或转包的，实际施工人起诉合同相对方、发包人支付工程款的，为查明发包人欠付工程款的数额，应追加总承包人作为第三人。其余违法分包人、转包人如未参与实际施工，不影响案件事实查明的，可以不追加为案件诉讼主体。

26. 违法分包、转包或挂靠合同涉及的管理费、税费应如何处理

违法分包、转包工程合同或者挂靠合同中约定管理费，如果分包人、转包人或被挂靠人在工程施工过程中履行了管理义务，其主张参照合同约定收取劳务费用的，可予支持；实际施工人有证据证明合同约定的管理费过高的，可依法予以调整。分包人、转包人或被挂靠人

代实际施工人缴纳了税费，其主张实际施工人负担的，应予支持。

27. 建设工程项目停工后承包人移交场地的时间应如何认定

根据《合同法》第一百一十九条的规定，如果施工项目停工且无法继续履行，发包人已书面通知承包人移交场地的，承包人应在合理期间内（根据具体案情在一至六个月内酌定）与发包人办理场地移交手续以避免损失扩大，合同另有约定的除外。发包人主张承包人承担未及时移交场地所产生损失的，应予支持。

28. 发包人向实际施工人支付的工程款能否在与承包人结算工程时予以抵扣

承包人请求发包人支付工程款，发包人主张对其已向实际施工人支付的工程款进行抵扣的，不予支持，但合同另有约定、承包人予以授权、生效裁决予以确定或者发包人有证据证明其有正当理由向实际施工人支付工程款的除外。

安徽省高级人民法院关于审理建设工程施工合同纠纷案件适用法律问题的指导意见（二）

（2013年12月23日安徽省高级人民法院审判委员会
民事执行专业委员会第32次会议讨论通过）

为正确审理建设工程施工合同纠纷案件，根据《中华人民共和国民法通则》、《中华人民共和国合同法》、《中华人民共和国招标投标法》、《中华人民共和国民事诉讼法》、《最高人民法院关于审理建设工程施工合同纠纷案件适用法律问题的解释》等法律和司法解释的规定，结合本省民事审判实际，制定本意见。

第一条　建筑施工企业的内部人员对外以企业名义承包工程，对内与企业签订承包协议，企业只收取管理费，不在资金、技术、设备、人力等方面提供支持，不承担技术、质量监管和经济责任的，应当认定为借用资质，以建筑施工企业名义与发包人签订的建设工程施工合同无效。

第二条　依法必须进行招标的建设工程，招标人与投标人在履行招投标程序前，以签订补充协议等形式对建设工程的施工范围、工期、计价方式、总价款等内容进行约定的，属串通投标，所签订的建设工程施工合同无效。

第三条　建设工程的开工日期应依据开工令、开工报告记载的时间予以认定。当事人认为实际开工时间与开工令、开工报告记载的时间不符的，应当承担举证责任。

因发包人原因导致延误开工的，以实际开工时间作为开工日期；因承包人原因导致延误开工的，以开工令、开工报告记载的时间作为开工日期。

既无开工令、开工报告，又无法查明实际开工时间的，依据合同约定的开工日期予以认定。

第四条 承包人未能提供顺延工期的签证等书面文件，但能够证明工程存在延期开工、不具备施工条件、设计变更、工程量增加、发包人指定的分包工程迟延完工、不可抗力等不可归责于承包人的原因，影响施工进度的，可以允许承包人相应顺延工期。

第五条 承包人已经按照合同约定或者《建筑法》第六十一条规定，向发包人提交竣工验收报告、其承包部分完整的工程技术经济资料和经签署的工程保修书，发包人拖延验收的，以上述资料提交齐全之日为竣工日期。但工程质量不合格的除外。

第六条 尚未竣工验收或使用的建设工程，承包人主张工程价款，发包人以工程质量不符合合同约定或者国家质量标准为由，主张减少工程价款或者扣除修复费用的，属于抗辩。

工程已经竣工验收合格，发包人又以工程质量不合格为由，主张承包人承担违约责任的，应当提起反诉。

第七条 不属于依法必须招标的建设工程，发包人与承包人又另行签订并实际履行了与备案中标合同不一致的合同，当事人请求按照实际履行的合同确定双方权利义务的，应予支持。

第八条 当事人就同一建设工程订立的数份施工合同均被认定无效，应当参照当事人实际履行的合同结算工程价款。

第九条 经过招投标的建设工程，当事人对工程量变化部分的工程价款如何确定没有约定，且不能协商一致的，参照建设行政主管部门的规定或者行业规范处理。

第十条 政府投资和以政府投资为主的建设项目，当事人在合同中约定以审计机关出具的审计报告、财政评审机构出具的评审结论作为工程价款结算依据，发包人请求依据审计报告、评审结论结算工程价款的，予以支持。

第十一条 非法转包、违法分包建设工程，实际施工人与承包人约定以发包人与承包人的结算结果作为结算依据，承包人与发包人尚未结算，实际施工人向承包人主张工程价款的，分别下列情形处理：

（一）承包人与发包人未结算尚在合理期限内的，驳回实际施工人的诉讼请求。

（二）承包人已经开始与发包人结算、申请仲裁或者诉至人民法院的，中止审理。

（三）承包人怠于向发包人主张工程价款，实际施工人主张参照发包人与承包人签订的建设工程施工合同确定工程价款的，应予支持。

第十二条 非法转包、违法分包建设工程的当事人未签订书面合同，又无法查明双方的计价方法或者计价标准，一方主张参照承包人与发包人签订的建设工程施工合同确定工程价款的，可予支持。

第十三条 实际施工人根据《最高人民法院关于审理建设工程施工合同纠纷案件适用

法律问题的解释》第二十六条第二款的规定要求发包人承担责任，发包人对其已支付的工程价款数额负有举证责任。

第十四条　建设工程尚未竣工，合同终止履行的，已完工程质量合格，发包人主张按照合同约定扣留一定比例的工程价款作为质量保修金的，不予支持。

第十五条　建设工程施工合同履行过程中，人工、材料、机械费用出现波动，合同有约定的，按照约定处理；合同无约定，当事人又不能协商一致的，参照建设行政主管部门的规定或者行业规范处理。

因工期延误导致上述费用增加造成损失的，由导致工期延误的一方承担；双方对工期延误均有过错的，应当各自承担相应的责任。

第十六条　当事人同时主张违约金和利息的，可予支持。

当事人主张的总额在中国人民银行公布的同期同类贷款利率或贷款基础利率 4 倍范围内的，应当综合违约行为的情节、程度，给守约方造成损失的大小等因素进行确定。

当事人主张的总额超出中国人民银行公布的同期同类贷款利率或贷款基础利率 4 倍范围的，应当举证证明实际损失的数额，人民法院按照《最高人民法院关于适用〈中华人民共和国合同法〉若干问题的解释（二）》第二十九条的规定处理。

第十七条　一方当事人主张以自行委托中介机构作出的审核意见作为确定建设工程造价的依据，另一方有异议的，审核人员应当出庭接受质询。审核人员无正当理由拒不出庭的，审核意见不得作为定案依据。

第十八条　出具审核意见的审核人员已出庭接受质询，如果审核意见存在《最高人民法院关于民事诉讼证据的若干规定》第二十七条第一款规定情形，且不能通过该条第二款规定解决，当事人又申请司法鉴定的，可予支持。

第十九条　工程价款、质量等需要通过司法鉴定确定，经一审人民法院释明，负有举证责任的当事人无正当理由拒不申请鉴定，或者在人民法院决定委托鉴定后拒不预交鉴定费用的，应当承担举证不能的法律后果。

上述当事人在二审期间又申请鉴定的，应当责令其说明理由，拒不说明理由或者理由不成立的，不予支持。

第二十条　人民法院对外委托工程造价鉴定，应当选择具有建设行政主管部门颁发的工程造价资质证书的鉴定机构。

第二十一条　鉴定机构出具的鉴定意见，因具有《最高人民法院关于民事诉讼证据的若干规定》第二十七条规定情形，未被采信，当事人可以依据《中华人民共和国民事诉讼法》第七十八条的规定，向鉴定机构要求返还鉴定费用。

第二十二条　承包人仅对建设工程占用的土地使用权主张优先受偿权的，不予支持。

第二十三条　因发包人原因导致承包人施工期间停窝工产生的工人工资、设备租赁等费用,承包人将该费用与工程价款一并主张优先受偿权的,应予支持。

第二十四条 本意见自 2014 年 1 月 1 日起施行。

本意见施行后,法律、行政法规和司法解释作出新规定的,按新规定执行。

浙江省高级人民法院民事审判第一庭关于审理建设工程施工合同纠纷案件若干疑难问题的解答

近年来随着经济和社会的迅猛发展,建设工程施工合同纠纷案件频发,新情况、新问题层出不穷。为正确审理此类案件,省高级人民法院民事审判第一庭经深入调研,并广泛征求意见,现就此类案件审理中的一些突出问题作出解答,供办案时参考。

一、如何认定内部承包合同?如何认定其效力?

建设工程施工合同的承包人与其下属分支机构或在册职工签订合同,将其承包的全部或部分工程承包给其下属分支机构或职工施工,并在资金、技术、设备、人力等方面给予支持的,可认定为企业内部承包合同;当事人以内部承包合同的承包方无施工资质为由,主张该内部承包合同无效的,不予支持。

二、如何认定未取得“四证”而签订的建设工程施工合同的效力?

发包人未取得建设用地规划许可证或建设工程规划许可证,与承包人签订建设工程施工合同的,应认定合同无效;但在一审庭审辩论终结前取得建设用地规划许可证和建设工程规划许可证或者经主管部门予以竣工核实的,可认定有效。发包人未取得建设用地使用权证或建筑工程施工许可证的,不影响建设工程施工合同的效力。

三、如何认定当事人就工程价款计价方法所约定的条款的效力?

建设工程施工合同约定的工程价款的确定方法虽然与建设工程计价依据不一致,但并不违反法律、行政法规强制性规定的,该约定应认定有效。

四、如何认定当事人约定的保修期低于法律规定的最低保修期限的条款的效力?

建设工程施工合同中约定的正常使用条件下工程的保修期限低于国家和省规定的最低期限的,该约定应认定无效。

五、如何认定开工时间?

建设工程施工合同的开工时间以开工通知或开工报告为依据。开工通知或开工报告发出后,仍不具备开工条件的,应以开工条件成就时间确定。没有开工通知或开工报告的,应以实际开工时间确定。

六、如何认定工期顺延？

发包人仅以承包人未在规定时间内提出工期顺延申请而主张工期不能顺延的，该主张不能成立。但合同明确约定不在规定时间内提出工期顺延申请视为工期不顺延的，应遵从合同的约定。

七、发包人已经签字确认验收合格，能否再以质量问题提出抗辩，主张延期或不予支付工程价款？

发包人已组织验收并在相关文件上签字确认验收合格，后又以工程质量存在瑕疵为由，拒绝支付或要求延期支付工程价款的，该主张不能成立。但确因承包人施工导致地基基础工程、工程主体结构质量不合格的，发包人仍可以拒绝支付或要求延期支付工程价款。

八、如何把握工程质量鉴定程序的启动？

要严格把握工程质量鉴定程序的启动。建设工程未经竣工验收，发包人亦未擅自提前使用，发包人对工程质量提出异议并提供了初步证据的，可以启动鉴定程序。

九、发包人以工程质量为由提出的对抗性主张，究竟是抗辩还是反诉？

承包人诉请给付工程价款，发包人以工程质量不符合合同约定或国家强制性的质量规范标准为由，要求减少工程价款的，按抗辩处理；发包人请求承包人赔偿损失的，按反诉处理。

十、哪些证据可以作为工程量、工程价款的结算依据？

双方当事人在建设工程施工过程中形成的补充协议、会议纪要、工程联系单、工程变更单、工程对帐签证以及其他往来函件、记录等书面证据，可以作为工程量计算和认定工程价款的依据。

十一、施工过程中谁有权利对涉及工程量和价款等相关材料进行签证、确认？

要严格把握工程施工过程中相关材料的签证和确认。除法定代表人和约定明确授权的人员外，其他人员对工程量和价款等所作的签证、确认，不具有法律效力。没有约定明确授权的，法定代表人、项目经理、现场负责人的签证、确认具有法律效力；其他人员的签证、确认，对发包人不具有法律效力，除非承包人举证证明该人员确有相应权限。

十二、能否调整总价包干合同的工程量、工程价款？

建设工程施工合同采用固定总价包干方式，当事人以实际工程量存在增减为由要求调整的，有约定的按约定处理。没有约定，总价包干范围明确的，可相应调整工程价款；总价包干范围约定不明的，主张调整的当事人应承担举证责任。

十三、建设工程施工合同无效，但工程竣工验收合格的，谁有权利请求参照合同约定确定工程价款？

建设工程施工合同无效，但工程竣工验收合格，按照最高人民法院《关于审理建设工程施工合同纠纷案件适用法律若干问题的解释》第二条的规定精神，承包人或发包人均可以请求参照合同约定确定工程价款。

十四、承包人能否直接请求按照竣工结算文件结算工程价款？

建设工程施工合同明确约定发包人应在承包人提交竣工结算文件后一定期限内予以答复，且逾期未答复则视为认可竣工结算文件的，承包人可以请求按照竣工结算文件进行工程价款结算。

建设工程施工合同虽约定发包人应在承包人提交竣工结算文件后一定期限内予以答复，但未约定逾期不答复则视为认可竣工结算文件的，承包人不能请求按照竣工结算文件确定工程价款。

建设工程施工合同约定发包人在承包人提交竣工结算文件后未答复则视为认可竣工结算文件，但未约定答复期限，且经承包人催告后，发包人仍不予答复的，人民法院可根据实际情况确定合理的答复期限，但答复期限不应超过60天。

建设工程施工合同中对此未明确约定，承包人不能仅以GF－1999－0201《建设工程施工合同（示范文本）》通用条款33.2条为依据，要求按照竣工结算文件结算工程价款。

十五、如何认定“黑白合同”？

认定“黑白合同”时所涉的“实质性内容”，主要包括合同中的工程价款、工程质量、工程期限三部分。对施工过程中，因设计变更、建设工程规划指标调整等客观原因，承、发包双方以补充协议、会谈纪要、往来函件、签证等洽商纪录形式，变更工期、工程价款、工程项目性质的书面文件，不应认定为《中华人民共和国招标投标法》第46条规定的“招标人和中标人再行订立背离合同实质性内容的其他协议”。

十六、对“黑白合同”如何结算？

当事人就同一建设工程另行订立的建设工程施工合同与中标合同实质性内容不一致的，不论该中标合同是否经过备案登记，均应当按照最高人民法院《关于审理建设工程施工合同纠纷案件适用法律问题的解释》第二十一条的规定，以中标合同作为工程价款的结算依据。

当事人违法进行招投标，当事人又另行订立建设工程施工合同的，不论中标合同是否经过备案登记，两份合同均为无效；应当按照最高人民法院《关于审理建设工程施工合同纠纷案件适用法律问题的解释》第二条的规定，将符合双方当事人的真实意思，并在施工中具体履行的那份合同，作为工程价款的结算依据。

十七、启动工程量和工程价款鉴定程序，应该注意哪些问题？

当事人对工程价款存在争议，不能协议一致，也无法采取其他方式确定的，可以根据当事人的申请，对工程造价进行鉴定；双方当事人均不申请鉴定的，应向负有举证责任的当事人一方进行释明，其仍不申请鉴定的，由其承担举证不能的法律后果。

诉讼前已经由当事人共同选定具有相应资质的鉴定机构对工程价款进行了鉴定，诉讼中一方当事人要求重新鉴定的，不予准许，但确有证据证明鉴定结论具有最高人民法院《关于民事诉讼证据的若干规定》第二十七条第一款规定的情形除外。

一审诉讼期间对工程价款进行了鉴定，当事人在二审诉讼期间申请重新鉴定或补充鉴定的，不予准许，但确有证据证明鉴定结论具有最高人民法院《关于民事诉讼证据的若干规定》第二十七条第一款规定情形的除外。

二审诉讼期间，双方当事人均同意鉴定的，可予准许，但可能损害社会公共利益或第三人利益的除外。

人民法院应避免随意、盲目委托鉴定和不必要的多次、重复鉴定。根据双方当事人的合同约定或者现有证据，足以认定工程量和工程价款的，不应再就工程价款委托鉴定。

十八、工程因发包人的原因未及时竣工验收，发包人能否以工程未竣工验收为由拒绝支付工程款？

发包人收到承包人竣工验收报告后，在合理期限内无正当理由不组织竣工验收的，不能以工程未验收合格为由，拒绝支付工程价款。

十九、如何认定建设工程施工合同关于工期和质量等奖惩办法约定的性质？

建设工程施工合同关于工期和质量等奖惩办法的约定，应当视为违约金条款。当事人请求按照《中华人民共和国合同法》第一百一十四条第二款，以及最高人民法院《关于适用〈中华人民共和国合同法〉若干问题的解释（二）》第二十七条、第二十八条、第二十九条的规定调整的，可予支持。

二十、合同无效是否影响关于工程质量的约定、承诺的效力？

建设工程施工合同无效，不影响发包人按合同约定、承包人出具的质量保修书或法律法规的规定，请求承包人承担工程质量责任。

二十一、承包人能否一并请求逾期支付工程款的违约金和利息？

承包人不能按照建设工程施工合同的约定，既请求发包人承担逾期支付工程款的违约金，又同时请求支付相应利息。

二十二、建设工程施工合同无效情形下，谁有权行使优先受偿权？

建设工程施工合同无效，但工程经竣工验收合格，承包人可以主张工程价款优先受偿权。分包人或实际施工人完成了合同约定的施工义务且工程质量合格，在总承包人或转包人怠于行使工程价款优先受偿权时，就其承建的工程在发包人欠付工程价款范围内可以主张工程价款优先受偿权。

二十三、实际施工人可以向谁主张权利？

实际施工人的合同相对人破产、下落不明或资信状况严重恶化，或实际施工人至承包人（总承包人）之间的合同均为无效的，可以依照最高人民法院《关于审理建设工程施工合同纠纷案件适用法律问题的解释》第二十六条第二款的规定，提起包括发包人在内为被告的诉讼。

北京市高级人民法院关于审理建设工程施工合同纠纷案件若干疑难问题的解答

（2012 年 8 月 6 日　京高法发〔2012〕245 号）

一、建设工程施工合同效力的认定

1. 未取得建设审批手续的施工合同的效力如何认定？

发包人就尚未取得建设用地规划许可证、建设工程规划许可证等行政审批手续的工程，与承包人签订的建设工程施工合同无效。但在一审法庭辩论终结前发包人取得相应审批手续或者经主管部门批准建设的，应当认定合同有效。

发包人未取得建筑工程施工许可证的，不影响施工合同的效力。

2.《最高人民法院关于审理建设工程施工合同纠纷案件适用法律问题的解释》（以下简称《解释》）第一条第（二）项规定的“没有资质的实际施工人借用有资质的建筑施工企业名义”承揽建设工程（即“挂靠”）具体包括哪些情形？

具有下列情形之一的，应当认定为《解释》规定的“挂靠”行为：

（1）不具有从事建筑活动主体资格的个人、合伙组织或企业以具备从事建筑活动资格的建筑施工企业的名义承揽工程；

（2）资质等级低的建筑施工企业以资质等级高的建筑施工企业的名义承揽工程；

（3）不具有施工总承包资质的建筑施工企业以具有施工总承包资质的建筑施工企业的名义承揽工程；

（4）有资质的建筑施工企业通过名义上的联营、合作、内部承包等其他方式变相允许他人以本企业的名义承揽工程。

3. 如何认定是否属于必须招标的建设工程？

《解释》第一条第（三）项规定的“必须进行招标”的建设工程的认定应当依据《中华人民共和国招标投标法》第三条的规定、《中华人民共和国招标投标法实施条例》和原国家发展计划委员会《工程建设项目招标范围和规模标准规定》的相关规定予以确定。法律、行政法规有新规定的，适用其新规定。

4. 劳务分包合同的效力如何认定？

同时符合下列情形的，所签订的劳务分包合同有效：

（1）劳务作业承包人取得相应的劳务分包企业资质等级标准；

(2)分包作业的范围是建设工程中的劳务作业(包括木工、砌筑、抹灰、石制作、油漆、钢筋、混凝土、脚手架、模板、焊接、水暖、钣金、架线);

(3)承包方式为提供劳务及小型机具和辅料。

合同约定劳务作业承包人负责与工程有关的大型机械、周转性材料租赁和主要材料、设备采购等内容的,不属于劳务分包。

5. 如何认定建筑企业的内部承包行为?

建设工程施工合同的承包人将其承包的全部或部分工程交由其下属的分支机构或在册的项目经理等企业职工个人承包施工,承包人对工程施工过程及质量进行管理,对外承担施工合同权利义务的,属于企业内部承包行为;发包人以内部承包人缺乏施工资质为由主张施工合同无效的,不予支持。

6. 小型建筑工程及农民低层住宅施工合同、家庭住宅室内装饰装修合同的效力如何认定?

施工人签订合同承建小型建筑工程或两层以下(含两层)农民住宅,或者进行家庭住宅室内装饰装修,当事人仅以施工人缺乏相应资质为由,主张合同无效的,一般不予支持。对于当事人确实违反企业资质管理规定承揽工程的,可以建议有关行政主管部门予以处理。

前述合同对质量标准有约定的,依照其约定,没有约定的,依照通常标准或符合合同目的的特定标准予以确定。当事人有其他争议的,原则上可以参照本解答的相关内容处理。

二、建设工程价款的确定和支付

7. 当事人在诉讼前已就工程价款的结算达成协议,一方要求重新结算的,如何处理?

当事人在诉讼前已就工程价款的结算达成协议,一方在诉讼中要求重新结算的,不予支持,但结算协议被法院或仲裁机构认定为无效或撤销的除外。

建设工程施工合同无效,但工程经竣工验收合格,当事人一方以施工合同无效为由要求确认结算协议无效的,不予支持。

8. 承包人项目经理在合同履行过程中所施行为的效力如何认定?

施工合同履行过程中,承包人的项目经理以承包人名义在结算报告、签证文件上签字确认、加盖项目部章或者收取工程款、接受发包人供材等行为,原则上应当认定为职务行为或表见代理行为,对承包人具有约束力,但施工合同另有约定或承包人有证据证明相对方知道或应当知道项目经理没有代理权的除外。

9. 当事人工作人员签证确认的效力如何认定?

当事人在施工合同中就有权对工程量和价款洽商变更等材料进行签证确认的具体人员有明确约定的,依照其约定,除法定代表人外,其他人员所作的签证确认对当事人不具有约束力,但相对方有理由相信该签证人员有代理权的除外;没有约定或约定不明,当事人工作人员所作的签证确认是其职务行为的,对该当事人具有约束力,但该当事人有证据证明相对方知道或应当知道该签证人员没有代理权的除外。

10. 工程监理人员在签证文件上签字确认的效力如何认定？

工程监理人员在监理过程中签字确认的签证文件，涉及工程量、工期及工程质量等事实的，原则上对发包人具有约束力，涉及工程价款洽商变更等经济决策的，原则上对发包人不具有约束力，但施工合同对监理人员的授权另有约定的除外。

11. 固定总价合同履行中，当事人以工程发生设计变更为由要求对工程价款予以调整的，如何处理？

建设工程施工合同约定工程价款实行固定总价结算，在实际履行过程中，因工程发生设计变更等原因导致实际工程量增减，当事人要求对工程价款予以调整的，应当严格掌握，合同对工程价款调整有约定的，依照其约定；没有约定或约定不明的，可以参照合同约定标准对工程量增减部分予以单独结算，无法参照约定标准结算的，可以参照施工地建设行政主管部门发布的计价方法或者计价标准结算。

主张工程价款调整的当事人应当对合同约定施工的具体范围、实际工程量增减的原因、数量等事实承担举证责任。

12. 固定价合同履行过程中，主要建筑材料价格发生重大变化，当事人要求对工程价款予以调整的，如何处理？

建设工程施工合同约定工程价款实行固定价结算，在实际履行过程中，钢材、木材、水泥、混凝土等对工程造价影响较大的主要建筑材料价格发生重大变化，超出了正常市场风险的范围，合同对建材价格变动风险负担有约定的，原则上依照其约定处理；没有约定或约定不明，该当事人要求调整工程价款的，可在市场风险范围和幅度之外酌情予以支持；具体数额可以委托鉴定机构参照施工地建设行政主管部门关于处理建材差价问题的意见予以确定。

因一方当事人原因导致工期延误或建筑材料供应时间延误的，在此期间的建材差价部分工程款，由过错方予以承担。

13. 固定总价合同履行中，承包人未完成工程施工的，工程价款如何确定？

建设工程施工合同约定工程价款实行固定总价结算，承包人未完成工程施工，其要求发包人支付工程款，经审查承包人已施工的工程质量合格的，可以采用“按比例折算”的方式，即由鉴定机构在相应同一取费标准下分别计算出已完工程部分的价款和整个合同约定工程的总价款，两者对比计算出相应系数，再用合同约定的固定价乘以该系数确定发包人应付的工程款。

当事人就已完工程的工程量存在争议的，应当根据双方在撤场交接时签订的会议纪要、交接记录以及监理材料、后续施工资料等文件予以确定；不能确定的，应根据工程撤场时未能办理交接及工程未能完工的原因等因素合理分配举证责任。

14. 承包人依据《解释》第二十条的规定要求按照竣工结算文件结算工程价款的，如何处理？

建设工程施工合同约定发包人应在收到承包人提交的竣工结算文件后一定期限内予以答复，但未明确约定逾期不答复即视为认可竣工结算文件，承包人依据《解释》第二十条的规定要求按照竣工结算文件结算工程价款的，不予支持。

建设工程施工合同对此未作明确约定，承包人仅以原建设部《建筑工程施工发包与承包计价管理办法》第十六条的规定，或者《建设工程施工合同（示范文本）》（GF－1999－0201）通用条款第33.3条的约定为依据，要求按照竣工结算文件结算工程价款的，不予支持。

15. "黑白合同"中如何结算工程价款？

法律、行政法规规定必须进行招标的建设工程，或者未规定必须进行招标的建设工程，但依法经过招标投标程序并进行了备案，当事人实际履行的施工合同与备案的中标合同实质性内容不一致的，应当以备案的中标合同作为结算工程价款的依据。

法律、行政法规规定不是必须进行招标的建设工程，实际也未依法进行招投标，当事人将签订的建设工程施工合同在当地建设行政管理部门进行了备案，备案的合同与实际履行的合同实质性内容不一致的，应当以当事人实际履行的合同作为结算工程价款的依据。

备案的中标合同与当事人实际履行的施工合同均因违反法律、行政法规的强制性规定被认定为无效的，可以参照当事人实际履行的合同结算工程价款。

16. "黑白合同"中如何认定实质性内容变更？

招投标双方在同一工程范围下另行签订的变更工程价款、计价方式、施工工期、质量标准等中标结果的协议，应当认定为《解释》第二十一条规定的实质性内容变更。中标人作出的以明显高于市场价格购买承建房产、无偿建设住房配套设施、让利、向建设方捐款等承诺，亦应认定为变更中标合同的实质性内容。

备案的中标合同实际履行过程中，工程因设计变更、规划调整等客观原因导致工程量增减、质量标准或施工工期发生变化，当事人签订补充协议、会谈纪要等书面文件对中标合同的实质性内容进行变更和补充的，属于正常的合同变更，应以上述文件作为确定当事人权利义务的依据。

17. 无效建设工程施工合同中的工程价款如何确定？

建设工程施工合同无效，但工程经竣工验收合格，当事人任何一方依据《解释》第二条的规定要求参照合同约定支付工程折价补偿款的，应予支持。承包人要求发包人按中国人民银行同期贷款利率支付欠付工程款利息的，应予支持。发包人以合同无效为由要求扣除工程折价补偿款中所含利润的，不予支持。

18.《解释》中"实际施工人"的范围如何确定？

《解释》中的"实际施工人"是指无效建设工程施工合同的承包人，即违法的专业工程分包和劳务作业分包合同的承包人、转承包人、借用资质的施工人(挂靠施工人);建设工程经数次转包的,实际施工人应当是最终实际投入资金、材料和劳力进行工程施工的法人、非法人企业、个人合伙、包工头等民事主体。法院应当严格实际施工人的认定标准,不得随意扩大《解释》第二十六条第二款的适用范围。对于不属于前述范围的当事人依据该规定以发包人为被告主张欠付工程款的,应当不予受理,已经受理的,应当裁定驳回起诉。

建筑工人追索欠付工资或劳务报酬的,按照工资支付的相关法律、法规规定及《北京市高级人民法院关于依法快速处理建设领域拖欠农民工工资相关案件的意见》妥善处理。

19. 违法分包合同、转包合同的实际施工人主张欠付工程款的,诉讼主体如何确定?发包人的责任如何承担?

实际施工人以违法分包人、转包人为被告要求支付工程款的,法院不得依职权追加发包人为共同被告;实际施工人以发包人为被告要求支付工程款的,应当追加违法分包人或转包人作为共同被告参加诉讼,发包人在其欠付违法分包人或转包人工程款范围内承担连带责任。发包人以其未欠付工程款为由提出抗辩的,应当对此承担举证责任。

20. 不具有资质的挂靠施工人主张欠付工程款的,如何处理?挂靠人又将工程分包、转包给他人施工,施工人主张欠付工程款的,如何处理?

不具有资质的实际施工人(挂靠施工人)挂靠有资质的建筑施工企业(被挂靠人),并以该企业的名义签订建设工程施工合同,被挂靠人怠于主张工程款债权的,挂靠施工人可以以自己名义起诉要求发包人支付工程款,法院原则上应当追加被挂靠人为诉讼当事人,发包人在欠付工程款范围内承担给付责任。因履行施工合同产生的债务,被挂靠人与挂靠施工人应当承担连带责任。

挂靠人承揽工程后,以被挂靠人名义将工程分包、转包给他人施工,施工人主张欠付工程款的,按照《北京市高级人民法院审理民商事案件若干问题的解答之五》第四十七条规定处理。

21. 发包人主张将其已向合法分包人、实际施工人支付的工程款予以抵扣的,如何处理?

承包人依据建设工程施工合同要求发包人支付工程款,发包人主张将其已向合法分包人、实际施工人支付的工程款予以抵扣的,不予支持,但当事人另有约定、生效判决、仲裁裁决予以确认或发包人有证据证明其有正当理由向合法分包人、实际施工人支付的除外。

22. 分包合同中约定总包人收到发包人支付工程款后再向分包人支付的条款的效力如何认定?

分包合同中约定待总包人与发包人进行结算且发包人支付工程款后,总包人再向分包人支付工程款的,该约定有效。因总包人拖延结算或怠于行使其到期债权致使分包人不能及时取得工程款,分包人要求总包人支付欠付工程款的,应予支持。总包人对于其与发包人之间的结算情况以及发包人支付工程款的事实负有举证责任。

23. 发包人以工程未验收或承包人未移交工程竣工资料为由拒绝支付工程款的,如何处理?

建设工程施工合同约定工程竣工验收合格后再支付工程款,发包人收到承包人提交的工程竣工验收资料后,无正当理由在合同约定期限或合理期限内未组织竣工验收,其又以工程未验收为由拒绝支付工程款的,不予支持。

发包人以承包人未移交工程竣工资料为由拒绝支付工程款的,不予支持,但合同另有约定的除外。

三、建设工程工期和质量责任的认定

24. 当事人就工程款结算达成一致后又主张索赔的,如何处理?

结算协议生效后,承包人依据协议要求支付工程款,发包人以因承包人原因导致工程存在质量问题或逾期竣工为由,要求拒付、减付工程款或赔偿损失的,不予支持,但结算协议另有约定的除外。当事人签订结算协议不影响承包人依据约定或法律、行政法规规定承担质量保修责任。

结算协议生效后,承包人以因发包人原因导致工程延期为由,要求赔偿停工、窝工等损失的,不予支持,但结算协议另有约定的除外。

25. 工程开竣工日期如何确定?

建设工程施工合同实际开工日期的确定,一般以开工通知载明的开工时间为依据;因发包人原因导致开工通知发出时开工条件尚不具备的,以开工条件具备的时间确定开工日期;因承包方原因导致实际开工时间推迟的,以开工通知载明的时间为开工日期;承包人在开工通知发出前已经实际进场施工的,以实际开工时间为开工日期;既无开工通知也无其他相关证据能证明实际开工日期的,以施工合同约定的开工时间为开工日期。

发包人、承包人、设计和监理单位四方在工程竣工验收单上签字确认的时间,可以视为《解释》第十四条第(一)项规定的竣工日期,但当事人有相反证据足以推翻的除外。

26. 工期顺延如何认定?

因发包人拖欠工程预付款、进度款、迟延提供施工图纸、场地及原材料、变更设计等行为导致工程延误,合同明确约定顺延工期应当经发包人签证确认,经审查承包人虽未取得工期顺延的签证确认,但其举证证明在合同约定的办理期限内向发包人主张过工期顺延,或者发包人的上述行为确实严重影响施工进度的,对承包人顺延相应工期的主张,可予支持。

27. 施工合同约定的工程质量标准与国家强制性标准不一致的是否有效?

建设工程施工合同中约定的建设工程质量标准低于国家规定的工程质量强制性安全标准的,该约定无效;合同约定的质量标准高于国家规定的强制性标准的,应当认定该约定有效。

28. 发包人主张工程质量不符合合同约定的,应按反诉还是抗辩处理?

承包人要求支付工程款,发包人主张工程质量不符合合同约定给其造成损害的,应按以下情形分别处理：

（1）建设工程已经竣工验收合格，或虽未经竣工验收，但发包人已实际使用，工程存在的质量问题一般应属于工程质量保修的范围，发包人以此为由要求拒付或减付工程款的，对其质量抗辩不予支持，但确因承包人原因导致工程的地基基础工程或主体结构质量不合格的除外；发包人反诉或另行起诉要求承包人承担保修责任或者赔偿修复费用等实际损失的，按建设工程保修的相关规定处理。

（2）工程尚未进行竣工验收且未交付使用，发包人以工程质量不符合合同约定为由要求拒付或减付工程款的，可以按抗辩处理；发包人要求承包人支付违约金或者赔偿修理、返工或改建的合理费用等损失的，应告知其提起反诉或另行起诉。

（3）发包人要求承包人赔偿因工程质量不符合合同约定而造成的其他财产或者人身损害的，应告知其提起反诉或另行起诉。

29. 如何认定承包人对建设工程质量缺陷存在过错？

承包人具有下列情形之一的，应当认定其对建设工程质量缺陷存在过错：

（1）承包人明知发包人提供的设计图纸、指令存在问题或者在施工过程中发现问题，而没有及时提出意见和建议并继续施工的；

（2）承包人对发包人提供或指定购买的建筑材料、建筑构配件、设备等没有进行必要的检验或经检验不合格仍然使用的；

（3）对发包人提出的违反法律法规和建筑工程质量、安全标准，降低工程质量的要求，承包人不予拒绝而进行施工的。

前述情形下，因工程质量存在缺陷造成第三人损失的，由发包人与承包人承担连带责任。

30. 发包人以工程质量不符合合同约定为由，要求承包人承担修复费用的，如何处理？

因承包人原因致使工程质量不符合合同约定，承包人拒绝修复、在合理期限内不能修复或者发包人有正当理由拒绝承包人修复，发包人另行委托他人修复后要求承包人承担合理修复费用的，应予支持。

发包人未通知承包人或无正当理由拒绝由承包人修复，并另行委托他人修复的，承包人承担的修复费用以由其自行修复所需的合理费用为限。

31. 施工合同约定工程保修期限低于法定最低期限的条款是否有效？承包人要求返还质量保修金的，如何处理？

建设工程施工合同中约定正常使用条件下工程的保修期限低于法律、行政法规规定的最低期限的，该约定无效。

当事人就工程质量保修金返还期限有约定的，依照其约定，但不影响承包人在保修期限内承担质量保修责任；没有约定或约定不明的，工程质量保修金返还期限为工程竣工验收合格之日起二十四个月。

建设工程施工合同无效，但工程经竣工验收合格并交付发包人使用的，承包人应依据法律、行政法规的规定承担质量保修责任。发包人要求参照合同约定扣留一定比例的工程款作为工程质量保修金的，应予支持。

四、工程造价鉴定

32. 当事人申请对工程造价进行鉴定的，如何处理？

当事人对工程价款存在争议，既未达成结算协议，也无法采取其他方式确定工程款的，法院可以根据当事人的申请委托有司法鉴定资质的工程造价鉴定机构对工程造价进行鉴定；当事人双方均不申请鉴定的，法院应当予以释明，经释明后对鉴定事项负有举证责任的一方仍不申请鉴定的，应承担举证不能的不利后果。

鉴定过程中，一方当事人无正当理由在规定期限内拒绝提交鉴定材料或拒不配合，导致鉴定无法进行，经法院释明不利后果后其仍拒绝提交或拒不配合的，应承担举证不能的不利后果。

33. 当事人在诉前共同委托鉴定的效力如何认定？

当事人诉前已经共同选定具有相应资质的鉴定机构对建设工程作出了相应的鉴定结论，诉讼中一方当事人要求重新鉴定的，一般不予准许，但有证据证明该鉴定结论具有《最高人民法院关于民事诉讼证据的若干规定》第二十七条第一款规定情形除外。

34. 工程造价鉴定中法院依职权判定的事项包括哪些？

当事人对施工合同效力、结算依据、签证文件的真实性及效力等问题存在争议的，应由法院进行审查并做出认定。法院在委托鉴定时可要求鉴定机构根据当事人所主张的不同结算依据分别作出鉴定结论，或者对存疑部分的工程量及价款鉴定后单独列项，供审判时审核认定使用，也可就争议问题先做出明确结论后再启动鉴定程序。

五、民事责任的承担

35. 发包人无正当理由拒绝结算工程款的，欠付工程款利息的起算点如何确定？

发包人在施工合同约定的审核结算期限内无正当理由拒绝结算或故意拖延结算，在审核期限届满后也未支付工程款，承包人要求发包人从合同约定的审核结算期限届满的次日起计算欠付工程款利息的，可予支持，但合同另有约定的除外。

36. 承包人同时主张逾期支付工程款的违约金和利息的，如何处理？

建设工程施工合同明确约定发包人逾期支付工程款，承包人可以同时主张逾期付款违约金和利息的，依照其约定，发包人主张合同约定的违约金和利息之和过分高于实际损失请求予以适当减少的，按照《最高人民法院关于适用〈中华人民共和国合同法〉若干问题的解释（二）》第二十九条的规定处理；没有约定或约定不明的，对承包人的主张，一般不应同时支持，但承包人有证据证明合同约定的违约金或利息单独不足以弥补其实际损失的除外。

37. 施工合同约定对承包人违约行为处以“罚款”的条款的性质如何认定？

建设工程施工合同约定承包人存在工期迟延、质量缺陷、转包或违法分包等违约行为，发包人可对承包人处以罚款的，该约定可以视为当事人在合同中约定的违约金条款，应依据《中华人民共和国合同法》第一百一十四条的规定予以处理。

38. 承包人以发包人拖延结算或欠付工程款为由拒绝交付工程的，如何处理？由此造成的损失如何承担？

工程竣工验收合格后，承包人以发包人拖延结算或欠付工程款为由拒绝交付工程的，一般不予支持，但施工合同另有明确约定的除外。

承包人依据合同约定拒绝交付工程，但其拒绝交付工程的价值明显超出发包人欠付的工程款，或者欠付工程款的数额不大，而部分工程不交付会严重影响整个工程使用的，对发包人因此所受的实际损失，应由当事人根据过错程度予以分担。

39. 合作开发房地产项目中，承包人主张欠付工程款的，如何处理？

两个以上的法人、其他组织或个人合作开发房地产项目，其中合作一方以自己名义与承包人签订建设工程施工合同，承包人要求其他合作方对欠付工程款承担连带责任的，应予支持。

承包人仅以建设工程施工合同发包人为被告追索工程款的，应依承包人的起诉确定被告。

40. 发包人承租建筑物后以自己名义对外签订施工合同，承包人应当如何主张权利？

发包人（承租人）与建筑物所有权人签订租赁合同租赁该建筑物后，以自己的名义对外签订施工合同，承包人主张工程款的，应当以施工合同的发包人为被告提起诉讼。

发包人下落不明或丧失支付能力，且建筑物所有权人与发包人之间的租赁合同已经终止，承包人以建筑物所有权人为被告主张权利的，建筑物所有权人在其实际受益范围内承担赔偿责任。

福建省高级人民法院关于审理建设工程施工合同纠纷案件疑难问题的解答

1. 问：如何认定施工企业内部承包合同的性质与效力？

答：建设工程施工合同的承包人与其下属分支机构或职工就所承包的全部或部分工程施工所签订的承包合同为企业内部承包合同，属建筑施工企业的一种内部经营方式，法律和行政法规对此并不禁止，承包人仍应对工程施工过程及质量等进行管理，对外承担施工合同的权利义务。当事人以内部承包合同的承包方无施工资质为由主张合同无效的,不予支持。

2. 问:如何区分劳务分包与转包、违法分包?

答:劳务分包是指建设工程的总承包人或者专业承包人将所承包的建设工程中的劳务作业(包括木工、砌筑、抹灰、石制作、油漆、钢筋、混凝土、脚手架、模板、焊接、水暖、钣金、架线等)发包给劳务作业承包人完成的活动。转包是承包人将所承包的全部建设工程转由第三人施工完成。分包是承包人将所承包的建设工程的某一部分施工项目交由第三人施工建设,其中《建筑法》与《建设工程质量管理条例》第七十八条所列的四种行为属违法分包。劳务包既不是转包,也不是分包;转包及违法分包为法律所禁止,劳务分包则不为法律所禁止。

3. 问:被挂靠单位(出借名义的建筑施工企业)是否应对挂靠人在施工过程中的转包、购买施工材料等行为承担责任?

答:挂靠人以自已的名义将工程转包或者与材料设备供应商签订购销合同,实际施工人或者材料设备供应商起诉要求被挂靠单位承担合同责任的,不予支持;挂靠人以被挂靠单位的名义将工程转包或者与材料设备供应商签订购销合同的,一般应由被挂靠单位承担合同责任,但实际施工人或者材料设备供应商签订合同时明知挂靠的事实,并起诉要求挂靠人承担合同责任的,由挂靠人承担责任。

4. 问:发包人与无相应施工资质的承包人签订建设工程施工合同,承包人依合同取得的工程价款超过其实际施工成本的,超过部分是否应予收缴?承包人非法转包、违法分包、出借资质而依合同约定取得的"挂靠费"、"管理费"等是否应当收缴?

答:承包人无相应施工资质,所签订的建设工程施工合同虽然无效,但最高人民法院《关于审理建设工程施工合同纠纷案件适用法律问题的解释》第二条规定:"建设工程施工合同无效,但建设工程经竣工验收合格,承包人请求参照合同约定支付工程价款的,应予支持。"因此,对承包人依合同取得的工程价款不应予以收缴。

对承包人因非法转包、违法分包建设工程而已经取得的利益,或者建筑施工企业因出借施工资质而已经取得的利益,例如:"挂靠费"、"管理费"等,人民法院可以根据我国《民法通则》第一百三十四条的规定予以收缴,但建设行政机关已经对此予以行政处罚的,人民法院不应重复予以制裁。

5. 问:建设工程施工合同无效,但建设工程质量合格,发包人请求按照合同约定计算工程造价,而承包人请求按照工程定额标准计算工程造价的,如何处理?

答:建设工程施工合同无效,但建设工程质量合格的,发包人或者承包人任何一方请求参照合同约定支付工程价款的,均应予以支持。

6. 问:建设工程施工合同约定的价款明显低于工程定额标准,已经超出一定合理范围的,当事人能否以合同约定价款明显违反定额为由,主张价款之约定无效,或者以显失公平为由,主张撤销或变更合同?

答:工程造价定额标准不属于法律、法规的强制性规定,因此,建设工程施工合同约定的价款低于工程定额标准,不导致该约定无效。当事人以合同约定的价款过低从而显失公平为由,主张撤销或变更合同的,依《合同法》的相关规定处理。

7. 问:依据《合同法》第九十六条的规定,当事人一方行使约定或者法定解除权时,应当通知对方,合同自通知到达对方时解除,对方有异议的,可以请求人民法院或者仲裁机构确认解除合同的效力。建设工程施工合同的当事人未通知对方的,能否迳行向人民法院提起解除合同之诉?

答:一方当事人向人民法院起诉请求解除建设工程施工合同的,人民法院不得以未通知对方为由不予受理。

8. 问:一方当事人认为符合合同解除条件,但并未起诉请求解除合同,或者认为合同已经解除,而起诉请求对方承担恢复原状、采取其他补救措施、赔偿损失等合同解除的法律责任,审理后查明其解除合同之主张并未通知对方或者通知并未到达对方的,如何处理?

答:审理中查明解除合同之主张并未通知对方或者通知并未到达对方的,应当告知当事人可以增加解除合同之诉讼请求。告知后,当事人仍不请求解除合同的,应当驳回其诉讼请求。当事人增加解除合同之诉讼请求的,人民法院可以另行给予双方当事人一定的举证期限。

9. 问:根据《合同法》第二百八十七条,建设工程合同一章没有规定的,适用承揽合同的有关规定,而《合同法》第二百六十八条规定,定作人可以随时解除承揽合同。建设工程施工合同的发包人能否据此行使任意解除权?

答:发包人行使解除权必须符合最高人民法院《关于审理建设工程施工合同纠纷案件适用法律问题的解释》第八条的规定,不宜任意扩大解除权的行使。

10. 问:因承包人的过错造成建设工程质量不符合约定,承包人拒绝修理、返工或者改建,发包人以工程质量不符合约定为由请求减少支付工程价款的,应否必须反诉?工程未经竣工验收交付使用的,发包人以工程质量不符合约定为由请求减少支付工程款,应否支持?

答:发包人可以以此抗辩,请求在工程价款中扣减修理、返工或者改建的合理费用;也可以提起反诉,请求承包人支付修理、返工或者改建的合理费用。但发包人要求承包人赔偿因工程质量不符合约定而造成的其他财产或者人身损害的,应当提起反诉。

工程未经竣工验收,发包人擅自使用后,又以质量不符合约定为由请求减少支付工程价款的,不予支持。

11. 问:建设工程质量不合格,发包人拒绝由承包人修复而另行委托他人修复的,承包人应否承担修复费用?

答:因承包人的原因造成建设工程质量不合格的,承包人应当承担合理的修复费用。发包人无正当理由拒绝由承包人修复而另请他人修复的，因另请他人而增加的费用不应由承包人承担。

12. 问：最高人民法院《关于审理建设工程施工合同纠纷案件适用法律问题的解释》第十二条第二款规定，造成建设工程质量缺陷，承包人有过错的，也应当承担相应的过错责任，应如何理解？

答：承包人具有下列情形的，应当认定其有过错：(1)承包人明知发包人提供的工程设计有问题或者在施工中发现设计文件和图纸有差错，而没有及时提出意见和建议，并继续进行施工的；(2)对发包人提供的建筑材料、建筑构配件、设备等未按规定进行检验或者检验不合格仍予以使用的；(3)对发包人提出的违反法律、行政法规和建筑工程质量、安全标准，降低工程质量要求，未拒绝而进行施工的。

13. 问：承包人已经提交竣工验收报告，发包人拖延验收，而验收后工程质量不合格需要返工的，能否以承包人提交验收报告之日为竣工日期？

答：最高人民法院《关于审理建设工程施工合同纠纷案件适用法律问题的解释》第十四条第(二)项规定的："承包人已经提交竣工验收报告，发包人拖延验收的，以承包人提交验收报告之日为竣工日期"是指工程经竣工验收合格的情形。发包人拖延验收，而验收的工程质量不合格，经修改后才通过竣工验收。当事人对建设工程实际竣工日期有争议的，"以承包人修改后提请发包人验收之日作为竣工日期。但在计算承包人的实际施工工期时，应当扣除发包人拖延验收的期间。

14. 问：当事人约定发包人收到竣工结算文件后一定期限内应予答复，但未明确约定不答复即视为认可竣工结算文件，发包人未在约定的期限内答复，承包人请求以其提交的竣工结算文件作为结算依据的，应否支持？承包人提交的竣工结算资料不完整，发包人未在约定期限内答复的，如何处理？如果当事人未约定答复期限，能否根据建设部《建筑工程施工发包与承包计价管理办法》第十六条第一款第二项和第二款的规定，认定双方约定的答复期限为28日？

答：当事人约定发包人收到竣工结算文件后一定期限内应予答复，但未明确约定不答复即视为认可竣工结算文件的，若发包人未在约定的期限内答复，承包人提交的竣工结算文件不能作为工程造价的结算依据。承包人提交的竣工结算资料不完整的，发包人应在约定的期限内告知承包人，发包人未告知的，视为在约定的期限内不予答复、当事人未约定发包人的答复期限的。不应推定其答复期限。

15. 问：施工过程中，发包方工作人员确认的工程量以及价款等的签证能否作为工程价款的结算依据？

答：双方当事人对有权进行工程量和价款等予以签证、确认的具体人员有约定的，除该具体人员及法定代表人外，他人对工程量和价款等所作的签证、确认不能作为工程价款的结算依据;没有约定的,发包人应对其工作人员的职务行为承担民事责任;但发包人有证明承包人明知该工作人员无相应权限的。该工件人员签证的内容对发包人不发生法律效力。

16. 问:人民法院在审理建设工程施工合同案件时,是否可以主动对工程造价进行鉴定?当事人不申请鉴定导致工程价款无法确定的,如何处理?

答:除依照最高人民法院《关于民事诉讼证据的若干规定》属于应当由人民法院调查收集"证据外,人民法院对工程造价进行鉴定应当依照当事人的申请进行。工程造价需经鉴定才能确定的,人民法院应当告知负有举证责任的当事人在一定期限内提出鉴定申请,负有举证责任的当事人拒不申请的,应承担由此产生的不利后果。

17. 问:当事人对付款时间没有约定或者约定不明的,最高人民法院《关于审理建设工程施工合同纠纷案件适用法律问题的解释》第十八条规定的应付款时间是否可以作为承包人主张工程款的诉讼时效起算时间?

答:当事人对付款时间没有约定或约定不明,承包人请求发包人支付工程份款的,诉讼时效从建设工程交付之日起算。

18. 问:建设工程施工合同约定,工程竣工验收合格后支付工程款,但工程完工后,发包人拒不验收或者不组织验收,承包人起诉要求支付工程款的,如何处理?

答:工程完工后,发包人无正当理由不依照法律规定或者合同约定进行竣工验收的,视为恶意阻止付款条件成就,其应当履行验收或者组织验收义务之日为付款条件成就之日。

19. 问:建设工程施工过程中,因设计变更或者遇特殊地质情况等客观原况原因,当事人另行签订合同,变更了中标合同的内容,是否仍应以中标合同作为结算工程价款的依据?

答:建设工程施工合同履行过程中,因设计变更或者遇特殊地质情况等客观原因导致工程量增减,当事人协商一致对中标合同的内容进行修改,属于正常行使合同变更权,修改后的合同可以作为结算工程价款的依据。

20. 问:《最高人民法院关于审理建设工程施工合同纠纷案件适用法律问题的解释》是否适用于城镇个人自建房屋、农村建房合同或者房屋建筑之外的其他工程施工合同?

答:城镇个人自建房屋适用该司法解释,但农村建房不适用该司法解释,农村建筑活动由国务院《村庄和集镇规划建设管理条例》及相关法规、法规调整。桥梁、铁路、公路、码头、堤坝等构筑物工程、线路管道和设备安装工程以及构成专业承包的建筑装饰装修土程等施土合同适用该司法解释。

国务院办公厅关于促进建筑业持续健康发展的意见

（2017 年 2 月 21 日　国办发〔2017〕19 号）

各省、自治区、直辖市人民政府，国务院各部委、各直属机构：

建筑业是国民经济的支柱产业。改革开放以来，我国建筑业快速发展，建造能力不断增强，产业规模不断扩大，吸纳了大量农村转移劳动力，带动了大量关联产业，对经济社会发展、城乡建设和民生改善作出了重要贡献。但也要看到，建筑业仍然大而不强，监管体制机制不健全、工程建设组织方式落后、建筑设计水平有待提高、质量安全事故时有发生、市场违法违规行为较多、企业核心竞争力不强、工人技能素质偏低等问题较为突出。为贯彻落实《中共中央国务院关于进一步加强城市规划建设管理工作的若干意见》，进一步深化建筑业“放管服”改革，加快产业升级，促进建筑业持续健康发展，为新型城镇化提供支撑，经国务院同意，现提出以下意见：

一、总体要求

全面贯彻党的十八大和十八届二中、三中、四中、五中、六中全会以及中央经济工作会议、中央城镇化工作会议、中央城市工作会议精神，深入贯彻习近平总书记系列重要讲话精神和治国理政新理念新思想新战略，认真落实党中央、国务院决策部署，统筹推进“五位一体”总体布局和协调推进“四个全面”战略布局，牢固树立和贯彻落实创新、协调、绿色、开放、共享的发展理念，坚持以推进供给侧结构性改革为主线，按照适用、经济、安全、绿色、美观的要求，深化建筑业“放管服”改革，完善监管体制机制，优化市场环境，提升工程质量安全水平，强化队伍建设，增强企业核心竞争力，促进建筑业持续健康发展，打造“中国建造”品牌。

二、深化建筑业简政放权改革

（一）优化资质资格管理。进一步简化工程建设企业资质类别和等级设置，减少不必要的资质认定。选择部分地区开展试点，对信用良好、具有相关专业技术能力、能够提供足额担保的企业，在其资质类别内放宽承揽业务范围限制，同时，加快完善信用体系、工程担保及个人执业资格等相关配套制度，加强事中事后监管。强化个人执业资格管理，明晰注册执业人员的权利、义务和责任，加大执业责任追究力度。有序发展个人执业事务所，推动建立个人执业保险制度。大力推行“互联网＋政务服务”，实行“一站式”网上审批，进一步提高建筑领域行政审批效率。

（二）完善招标投标制度。加快修订《工程建设项目招标范围和规模标准规定》，缩小并严格界定必须进行招标的工程建设项目范围，放宽有关规模标准，防止工程建设项目实行招标"一刀切"。在民间投资的房屋建筑工程中，探索由建设单位自主决定发包方式。将依法必须招标的工程建设项目纳入统一的公共资源交易平台，遵循公平、公正、公开和诚信的原则，规范招标投标行为。进一步简化招标投标程序，尽快实现招标投标交易全过程电子化，推行网上异地评标。对依法通过竞争性谈判或单一来源方式确定供应商的政府采购工程建设项目，符合相应条件的应当颁发施工许可证。

三、完善工程建设组织模式

（三）加快推行工程总承包。装配式建筑原则上应采用工程总承包模式。政府投资工程应完善建设管理模式，带头推行工程总承包。加快完善工程总承包相关的招标投标、施工许可、竣工验收等制度规定。按照总承包负总责的原则，落实工程总承包单位在工程质量安全、进度控制、成本管理等方面的责任。除以暂估价形式包括在工程总承包范围内且依法必须进行招标的项目外，工程总承包单位可以直接发包总承包合同中涵盖的其他专业业务。

（四）培育全过程工程咨询。鼓励投资咨询、勘察、设计、监理、招标代理、造价等企业采取联合经营、并购重组等方式发展全过程工程咨询，培育一批具有国际水平的全过程工程咨询企业。制定全过程工程咨询服务技术标准和合同范本。政府投资工程应带头推行全过程工程咨询，鼓励非政府投资工程委托全过程工程咨询服务。在民用建筑项目中，充分发挥建筑师的主导作用，鼓励提供全过程工程咨询服务。

四、加强工程质量安全管理

（五）严格落实工程质量责任。全面落实各方主体的工程质量责任，特别要强化建设单位的首要责任和勘察、设计、施工单位的主体责任。严格执行工程质量终身责任制，在建筑物明显部位设置永久性标牌，公示质量责任主体和主要责任人。对违反有关规定、造成工程质量事故的，依法给予责任单位停业整顿、降低资质等级、吊销资质证书等行政处罚并通过国家企业信用信息公示系统予以公示，给予注册执业人员暂停执业、吊销资格证书、一定时间直至终身不得进入行业等处罚。对发生工程质量事故造成损失的，要依法追究经济赔偿责任，情节严重的要追究有关单位和人员的法律责任。参与房地产开发的建筑业企业应依法合规经营，提高住宅品质。

（六）加强安全生产管理。全面落实安全生产责任，加强施工现场安全防护，特别要强化对深基坑、高支模、起重机械等危险性较大的分部分项工程的管理，以及对不良地质地区重大工程项目的风险评估或论证。推进信息技术与安全生产深度融合，加快建设建筑施工安全监管信息系统，通过信息化手段加强安全生产管理。建立健全全覆盖、多层次、经常性的安全生产培训制度，提升从业人员安全素质以及各方主体的本质安全水平。

（七）全面提高监管水平。完善工程质量安全法律法规和管理制度，健全企业负责、政府监管、社会监督的工程质量安全保障体系。强化政府对工程质量的监管，明确监管范围，落实监管责任,加大抽查抽测力度,重点加强对涉及公共安全的工程地基基础、主体结构等部位和竣工验收等环节的监督检查。加强工程质量监督队伍建设,监督机构履行职能所需经费由同级财政预算全额保障。政府可采取购买服务的方式,委托具备条件的社会力量进行工程质量监督检查。推进工程质量安全标准化管理,督促各方主体健全质量安全管控机制。强化对工程监理的监管,选择部分地区开展监理单位向政府报告质量监理情况的试点。加强工程质量检测机构管理,严厉打击出具虚假报告等行为。推动发展工程质量保险。

五、优化建筑市场环境

(八)建立统一开放市场。打破区域市场准入壁垒,取消各地区、各行业在法律、行政法规和国务院规定外对建筑业企业设置的不合理准入条件;严禁擅自设立或变相设立审批、备案事项,为建筑业企业提供公平市场环境。完善全国建筑市场监管公共服务平台,加快实现与全国信用信息共享平台和国家企业信用信息公示系统的数据共享交换。建立建筑市场主体黑名单制度,依法依规全面公开企业和个人信用记录,接受社会监督。

(九)加强承包履约管理。引导承包企业以银行保函或担保公司保函的形式,向建设单位提供履约担保。对采用常规通用技术标准的政府投资工程,在原则上实行最低价中标的同时,有效发挥履约担保的作用,防止恶意低价中标,确保工程投资不超预算。严厉查处转包和违法分包等行为。完善工程量清单计价体系和工程造价信息发布机制,形成统一的工程造价计价规则,合理确定和有效控制工程造价。

(十)规范工程价款结算。审计机关应依法加强对以政府投资为主的公共工程建设项目的审计监督,建设单位不得将未完成审计作为延期工程结算、拖欠工程款的理由。未完成竣工结算的项目,有关部门不予办理产权登记。对长期拖欠工程款的单位不得批准新项目开工。严格执行工程预付款制度,及时按合同约定足额向承包单位支付预付款。通过工程款支付担保等经济、法律手段约束建设单位履约行为,预防拖欠工程款。

六、提高从业人员素质

(十一)加快培养建筑人才。积极培育既有国际视野又有民族自信的建筑师队伍。加快培养熟悉国际规则的建筑业高级管理人才。大力推进校企合作,培养建筑业专业人才。加强工程现场管理人员和建筑工人的教育培训。健全建筑业职业技能标准体系,全面实施建筑业技术工人职业技能鉴定制度。发展一批建筑工人技能鉴定机构,开展建筑工人技能评价工作。通过制定施工现场技能工人基本配备标准、发布各个技能等级和工种的人工成本信息等方式,引导企业将工资分配向关键技术技能岗位倾斜。大力弘扬工匠精神,培养高素质建筑工人,到 2020 年建筑业中级工技能水平以上的建筑工人数量达到 300 万,2025 年达到 1000 万。

(十二)改革建筑用工制度。推动建筑业劳务企业转型,大力发展木工、电工、砌筑、钢筋制作等以作业为主的专业企业。以专业企业为建筑工人的主要载体,逐步实现建筑工人公司化、专业化管理。鼓励现有专业企业进一步做专做精,增强竞争力,推动形成一批以作业为主的建筑业专业企业。促进建筑业农民工向技术工人转型，着力稳定和扩大建筑业农民工就业创业。建立全国建筑工人管理服务信息平台，开展建筑工人实名制管理，记录建筑工人的身份信息、培训情况、职业技能、从业记录等信息，逐步实现全覆盖。

（十三）保护工人合法权益。全面落实劳动合同制度，加大监察力度，督促施工单位与招用的建筑工人依法签订劳动合同，到2020年基本实现劳动合同全覆盖。健全工资支付保障制度，按照谁用工谁负责和总承包负总责的原则，落实企业工资支付责任，依法按月足额发放工人工资。将存在拖欠工资行为的企业列入黑名单，对其采取限制市场准入等惩戒措施，情节严重的降低资质等级。建立健全与建筑业相适应的社会保险参保缴费方式，大力推进建筑施工单位参加工伤保险。施工单位应履行社会责任，不断改善建筑工人的工作环境，提升职业健康水平，促进建筑工人稳定就业。

七、推进建筑产业现代化

（十四）推广智能和装配式建筑。坚持标准化设计、工厂化生产、装配化施工、一体化装修、信息化管理、智能化应用，推动建造方式创新，大力发展装配式混凝土和钢结构建筑，在具备条件的地方倡导发展现代木结构建筑，不断提高装配式建筑在新建建筑中的比例。力争用10年左右的时间，使装配式建筑占新建建筑面积的比例达到30%。在新建建筑和既有建筑改造中推广普及智能化应用，完善智能化系统运行维护机制，实现建筑舒适安全、节能高效。

（十五）提升建筑设计水平。建筑设计应体现地域特征、民族特点和时代风貌，突出建筑使用功能及节能、节水、节地、节材和环保等要求，提供功能适用、经济合理、安全可靠、技术先进、环境协调的建筑设计产品。健全适应建筑设计特点的招标投标制度，推行设计团队招标、设计方案招标等方式。促进国内外建筑设计企业公平竞争，培育有国际竞争力的建筑设计队伍。倡导开展建筑评论，促进建筑设计理念的融合和升华。

（十六）加强技术研发应用。加快先进建造设备、智能设备的研发、制造和推广应用，提升各类施工机具的性能和效率，提高机械化施工程度。限制和淘汰落后、危险工艺工法，保障生产施工安全。积极支持建筑业科研工作，大幅提高技术创新对产业发展的贡献率。加快推进建筑信息模型（BIM）技术在规划、勘察、设计、施工和运营维护全过程的集成应用，实现工程建设项目全生命周期数据共享和信息化管理，为项目方案优化和科学决策提供依据，促进建筑业提质增效。

（十七）完善工程建设标准。整合精简强制性标准，适度提高安全、质量、性能、健康、节能等强制性指标要求，逐步提高标准水平。积极培育团体标准，鼓励具备相应能力的行业协会、产业联盟等主体共同制定满足市场和创新需要的标准，建立强制性标准与团体标准相结合的标准供给体制，增加标准有效供给。及时开展标准复审，加快标准修订，提高标准的时效性。加强科技研发与标准制定的信息沟通，建立全国工程建设标准专家委员会，为工程建设标准化工作提供技术支撑，提高标准的质量和水平。

八、加快建筑业企业"走出去"

（十八）加强中外标准衔接。积极开展中外标准对比研究，适应国际通行的标准内容结构、要素指标和相关术语，缩小中国标准与国外先进标准的技术差距。加大中国标准外文版翻译和宣传推广力度，以"一带一路"战略为引领，优先在对外投资、技术输出和援建工程项目中推广应用。积极参加国际标准认证、交流等活动，开展工程技术标准的双边合作。到2025年，实现工程建设国家标准全部有外文版。

（十九）提高对外承包能力。统筹协调建筑业"走出去"，充分发挥我国建筑业企业在高铁、公路、电力、港口、机场、油气长输管道、高层建筑等工程建设方面的比较优势，有目标、有重点、有组织地对外承包工程，参与"一带一路"建设。建筑业企业要加大对国际标准的研究力度，积极适应国际标准，加强对外承包工程质量、履约等方面管理，在援外住房等民生项目中发挥积极作用。鼓励大企业带动中小企业、沿海沿边地区企业合作"出海"，积极有序开拓国际市场，避免恶性竞争。引导对外承包工程企业向项目融资、设计咨询、后续运营维护管理等高附加值的领域有序拓展。推动企业提高属地化经营水平，实现与所在国家和地区互利共赢。

（二十）加大政策扶持力度。加强建筑业"走出去"相关主管部门间的沟通协调和信息共享。到2025年，与大部分"一带一路"沿线国家和地区签订双边工程建设合作备忘录，同时争取在双边自贸协定中纳入相关内容，推进建设领域执业资格国际互认。综合发挥各类金融工具的作用，重点支持对外经济合作中建筑领域的重大战略项目。借鉴国际通行的项目融资模式，按照风险可控、商业可持续原则，加大对建筑业"走出去"的金融支持力度。

各地区、各部门要高度重视深化建筑业改革工作，健全工作机制，明确任务分工，及时研究解决建筑业改革发展中的重大问题，完善相关政策，确保按期完成各项改革任务。加快推动修订建筑法、招标投标法等法律，完善相关法律法规。充分发挥协会商会熟悉行业、贴近企业的优势，及时反映企业诉求，反馈政策落实情况，发挥好规范行业秩序、建立从业人员行为准则、促进企业诚信经营等方面的自律作用。

必须招标的工程项目规定

（2018年3月27日国家发展和改革委员会令第16号公布
自2018年6月1日起施行）

第一条　为了确定必须进行招标的工程项目，规范招标投标活动，提高工作效率、降低企业成本、预防腐败，根据《中华人民共和国招标投标法》第三条的规定，制定本规定。

第二条 全部或者部分使用国有资金投资或者国家融资的项目包括：

（一）使用预算资金200万元人民币以上，并且该资金占投资额10%以上的项目；

（二）使用国有企业事业单位资金，并且该资金占控股或者主导地位的项目。

第三条 使用国际组织或者外国政府贷款、援助资金的项目包括：

（一）使用世界银行、亚洲开发银行等国际组织贷款、援助资金的项目；

（二）使用外国政府及其机构贷款、援助资金的项目。

第四条 不属于本规定第二条、第三条规定情形的大型基础设施、公用事业等关系社会公共利益、公众安全的项目，必须招标的具体范围由国务院发展改革部门会同国务院有关部门按照确有必要、严格限定的原则制订，报国务院批准。

第五条 本规定第二条至第四条规定范围内的项目，其勘察、设计、施工、监理以及与工程建设有关的重要设备、材料等的采购达到下列标准之一的，必须招标：

（一）施工单项合同估算价在400万元人民币以上；

（二）重要设备、材料等货物的采购，单项合同估算价在200万元人民币以上；

（三）勘察、设计、监理等服务的采购，单项合同估算价在100万元人民币以上。

同一项目中可以合并进行的勘察、设计、施工、监理以及与工程建设有关的重要设备、材料等的采购，合同估算价合计达到前款规定标准的，必须招标。

第六条 本规定自2018年6月1日起施行。

必须招标的基础设施和公用事业项目范围规定

（2018年6月6日　发改法规〔2018〕843号）

第一条 为明确必须招标的大型基础设施和公用事业项目范围，根据《中华人民共和国招标投标法》和《必须招标的工程项目规定》，制定本规定。

第二条 不属于《必须招标的工程项目规定》第二条、第三条规定情形的大型基础设施、公用事业等关系社会公共利益、公众安全的项目，必须招标的具体范围包括：

（一）煤炭、石油、天然气、电力、新能源等能源基础设施项目；

（二）铁路、公路、管道、水运，以及公共航空和A1级通用机场等交通运输基础设施项目；

（三）电信枢纽、通信信息网络等通信基础设施项目；

（四）防洪、灌溉、排涝、引（供）水等水利基础设施项目；

（五）城市轨道交通等城建项目。

第三条　本规定自2018年6月6日起施行。

住房城乡建设部关于推进建筑业发展和改革的若干意见

（2014年7月1日　建市〔2014〕92号）

各省、自治区住房城乡建设厅，直辖市建委（建设交通委），新疆生产建设兵团建设局：

为深入贯彻落实党的十八大和十八届三中全会精神，推进建筑业发展和改革，保障工程质量安全，提升工程建设水平，针对当前建筑市场和工程建设管理中存在的突出问题，提出如下意见：

一、指导思想和发展目标

（一）指导思想。以邓小平理论、“三个代表”重要思想、科学发展观为指导，加快完善现代市场体系，充分发挥市场在资源配置中的决定性作用和更好发挥政府作用，紧紧围绕正确处理好政府和市场关系的核心，切实转变政府职能，全面深化建筑业体制机制改革。

（二）发展目标。简政放权，开放市场，坚持放管并重，消除市场壁垒，构建统一开放、竞争有序、诚信守法、监管有力的全国建筑市场体系；创新和改进政府对建筑市场、质量安全的监督管理机制，加强事中事后监管，强化市场和现场联动，落实各方主体责任，确保工程质量安全；转变建筑业发展方式，推进建筑产业现代化，促进建筑业健康协调可持续发展。

二、建立统一开放的建筑市场体系

（三）进一步开放建筑市场。各地要严格执行国家相关法律法规，废除不利于全国建筑市场统一开放、妨碍企业公平竞争的各种规定和做法。全面清理涉及工程建设企业的各类保证金、押金等，对于没有法律法规依据的一律取消。积极推行银行保函和诚信担保。规范备案管理，不得设置任何排斥、限制外地企业进入本地区的准入条件，不得强制外地企业参加培训或在当地成立子公司等。各地有关跨省承揽业务的具体管理要求，应当向社会公开。各地要加强外地企业准入后的监督管理，建立跨省承揽业务企业的违法违规行为处理督办、协调机制，严厉查处围标串标、转包、挂靠、违法分包等违法违规行为及质量安全事故，对于情节严重的，予以清出本地建筑市场，并在全国建筑市场监管与诚信信息发布平台曝光。

（四）推进行政审批制度改革。坚持淡化工程建设企业资质、强化个人执业资格的改革方向，探索从主要依靠资质管理等行政手段实施市场准入，逐步转变为充分发挥社会信用、工程担保、保险等市场机制的作用，实现市场优胜劣汰。加快研究修订工程建设企业资质标准和管理规定，取消部分资质类别设置，合并业务范围相近的企业资质，合理设置资质标准条件，注重对企业、人员信用状况、质量安全等指标的考核，强化资质审批后的动态监管；简政放权，推进审批权限下放，健全完善工程建设企业资质和个人执业资格审查制度；改进审批方式，推进电子化审查，加大公开公示力度。

（五）改革招标投标监管方式。调整非国有资金投资项目发包方式，试行非国有资金投资项目建设单位自主决定是否进行招标发包，是否进入有形市场开展工程交易活动，并由建设单位对选择的设计、施工等单位承担相应的责任。建设单位应当依法将工程发包给具有相应资质的承包单位，依法办理施工许可、质量安全监督等手续，确保工程建设实施活动规范有序。各地要重点加强国有资金投资项目招标投标监管，严格控制招标人设置明显高于招标项目实际需要和脱离市场实际的不合理条件，严禁以各种形式排斥或限制潜在投标人投标。要加快推进电子招标投标，进一步完善专家评标制度，加大社会监督力度，健全中标候选人公示制度，促进招标投标活动公开透明。鼓励有条件的地区探索开展标后评估。勘察、设计、监理等工程服务的招标，不得以费用作为唯一的中标条件。

（六）推进建筑市场监管信息化与诚信体系建设。加快推进全国工程建设企业、注册人员、工程项目数据库建设，印发全国统一的数据标准和管理办法。各省级住房城乡建设主管部门要建立建筑市场和工程质量安全监管一体化工作平台，动态记录工程项目各方主体市场和现场行为，有效实现建筑市场和现场的两场联动。各级住房城乡建设主管部门要进一步加大信息的公开力度，通过全国统一信息平台发布建筑市场和质量安全监管信息，及时向社会公布行政审批、工程建设过程监管、执法处罚等信息，公开曝光各类市场主体和人员的不良行为信息，形成有效的社会监督机制。各地可结合本地实际，制定完善相关法规制度，探索开展工程建设企业和从业人员的建筑市场和质量安全行为评价办法，逐步建立"守信激励、失信惩戒"的建筑市场信用环境。鼓励有条件的地区研究、试行开展社会信用评价，引导建设单位等市场各方主体通过市场化运作综合运用信用评价结果。

（七）进一步完善工程监理制度。分类指导不同投资类型工程项目监理服务模式发展。调整强制监理工程范围，选择部分地区开展试点，研究制定有能力的建设单位自主决策选择监理或其它管理模式的政策措施。具有监理资质的工程咨询服务机构开展项目管理的工程项目，可不再委托监理。推动一批有能力的监理企业做优做强。

（八）强化建设单位行为监管。全面落实建设单位项目法人责任制，强化建设单位的质量责任。建设单位不得违反工程招标投标、施工图审查、施工许可、质量安全监督及工程竣工验收等基本建设程序，不得指定分包和肢解发包，不得与承包单位签订"阴阳合同"、任意压缩合理工期和工程造价，不得以任何形式要求设计、施工、监理及其他技术咨询单位违反工程建设强制性标准，不得拖欠工程款。政府投资工程一律不得采取带资承包方式进行建设，不得将带资承包作为招标投标的条件。积极探索研究对建设单位违法行为的制约和处罚措施。各地要进一步加强对建设单位市场行为和质量安全行为的监督管理,依法加大对建设单位违法违规行为的处罚力度,并将其不良行为在全国建筑市场监管与诚信信息发布平台曝光。

(九)建立与市场经济相适应的工程造价体系。逐步统一各行业、各地区的工程计价规则,服务建筑市场。健全工程量清单和定额体系,满足建设工程全过程不同设计深度、不同复杂程度、多种承包方式的计价需要。全面推行清单计价制度,建立与市场相适应的定额管理机制,构建多元化的工程造价信息服务方式,清理调整与市场不符的各类计价依据,充分发挥造价咨询企业等第三方专业服务作用,为市场决定工程造价提供保障。建立国家工程造价数据库,发布指标指数,提升造价信息服务。推行工程造价全过程咨询服务,强化国有投资工程造价监管。

三、强化工程质量安全管理

(十)加强勘察设计质量监管。进一步落实和强化施工图设计文件审查制度,推动勘察设计企业强化内部质量管控能力。健全勘察项目负责人对勘察全过程成果质量负责制度。推行勘察现场作业人员持证上岗制度。推动采用信息化手段加强勘察质量管理。研究建立重大设计变更管理制度。推行建筑工程设计使用年限告知制度。推行工程设计责任保险制度。

(十一)落实各方主体的工程质量责任。完善工程质量终身责任制,落实参建各方主体责任。落实工程质量抽查巡查制度,推进实施分类监管和差别化监管。完善工程质量事故质量问题查处通报制度,强化质量责任追究和处罚。健全工程质量激励机制,营造“优质优价”市场环境。规范工程质量保证金管理,积极探索试行工程质量保险制度,对已实行工程质量保险的工程,不再预留质量保证金。

(十二)完善工程质量检测制度。落实工程质量检测责任,提高施工企业质量检验能力。整顿规范工程质量检测市场,加强检测过程和检测行为监管,加大对虚假报告等违法违规行为处罚力度。建立健全政府对工程质量监督抽测制度,鼓励各地采取政府购买服务等方式加强监督检测。

(十三)推进质量安全标准化建设。深入推进项目经理责任制,不断提升项目质量安全水平。开展工程质量管理标准化活动,推行质量行为标准化和实体质量控制标准化。推动企业完善质量保证体系,加强对工程项目的质量管理,落实质量员等施工现场专业人员职责,强化过程质量控制。深入开展住宅工程质量常见问题专项治理,全面推行样板引路制度。全面推进建筑施工安全生产标准化建设,落实建筑施工安全生产标准化考评制度,项目安全标准化考评结果作为企业标准化考评的主要依据。

(十四)推动建筑施工安全专项治理。研究探索建筑起重机械和模板支架租赁、安装(搭设)、使用、拆除、维护保养一体化管理模式,提升起重机械、模板支架专业化管理水平。规范起重机械安装拆卸工、架子工等特种作业人员安全考核，提高从业人员安全操作技能。持续开展建筑起重机械、模板支架安全专项治理，有效遏制群死群伤事故发生。

（十五）强化施工安全监督。完善企业安全生产许可制度，以企业承建项目安全管理状况为安全生产许可延期审查重点，加强企业安全生产许可的动态管理。鼓励地方探索实施企业和人员安全生产动态扣分制度。完善企业安全生产费用保障机制，在招标时将安全生产费用单列，不得竞价，保障安全生产投入，规范安全生产费用的提取、使用和管理。加强企业对作业人员安全生产意识和技能培训，提高施工现场安全管理水平。加大安全隐患排查力度，依法处罚事故责任单位和责任人员。完善建筑施工安全监督制度和安全监管绩效考核机制。支持监管力量不足的地区探索以政府购买服务方式，委托具备能力的专业社会机构作为安全监督机构辅助力量。建立城市轨道交通等重大工程安全风险管理制度，推动建设单位对重大工程实行全过程安全风险管理，落实风险防控投入。鼓励建设单位聘用专业化社会机构提供安全风险管理咨询服务。

四、促进建筑业发展方式转变

（十六）推动建筑产业现代化。统筹规划建筑产业现代化发展目标和路径。推动建筑产业现代化结构体系、建筑设计、部品构件配件生产、施工、主体装修集成等方面的关键技术研究与应用。制定完善有关设计、施工和验收标准，组织编制相应标准设计图集，指导建立标准化部品构件体系。建立适应建筑产业现代化发展的工程质量安全监管制度。鼓励各地制定建筑产业现代化发展规划以及财政、金融、税收、土地等方面激励政策，培育建筑产业现代化龙头企业，鼓励建设、勘察、设计、施工、构件生产和科研等单位建立产业联盟。进一步发挥政府投资项目的试点示范引导作用并适时扩大试点范围，积极稳妥推进建筑产业现代化。

（十七）构建有利于形成建筑产业工人队伍的长效机制。建立以市场为导向、以关键岗位自有工人为骨干、劳务分包为主要用工来源、劳务派遣为临时用工补充的多元化建筑用工方式。施工总承包企业和专业承包企业要拥有一定数量的技术骨干工人，鼓励施工总承包企业拥有独资或控股的施工劳务企业。充分利用各类职业培训资源，建立多层次的劳务人员培训体系。大力推进建筑劳务基地化建设，坚持“先培训后输出、先持证后上岗”的原则。进一步落实持证上岗制度，从事关键技术工种的劳务人员，应取得相应证书后方可上岗作业。落实企业责任，保障劳务人员的合法权益。推行建筑劳务实名制管理，逐步实现建筑劳务人员信息化管理。

（十八）提升建筑设计水平。坚持以人为本、安全集约、生态环保、传承创新的理念，树立文化自信，鼓励建筑设计创作。树立设计企业是创新主体的意识，提倡精品设计。鼓励开展城市设计工作，加强建筑设计与城市规划间的衔接。探索放开建筑工程方案设计资质准入限制，鼓励相关专业人员和机构积极参与建筑设计方案竞选。完善建筑设计方案竞选制度，建立完善大型公共建筑方案公众参与和专家辅助决策机制，在方案评审中，重视设计方案文化内涵审查。加强建筑设计人才队伍建设，着力培养一批高层次创新人才。开展设计评优，激发建筑设计人员的创作激情。探索研究大型公共建筑设计后评估制度。

（十九）加大工程总承包推行力度。倡导工程建设项目采用工程总承包模式，鼓励有实力的工程设计和施工企业开展工程总承包业务。推动建立适合工程总承包发展的招标投标和工程建设管理机制，调整现行招标投标、施工许可、现场执法检查、竣工验收备案等环节管理制度，为推行工程总承包创造政策环境。工程总承包合同中涵盖的设计、施工业务可以不再通过公开招标方式确定分包单位。

（二十）提升建筑业技术能力。完善以工法和专有技术成果、试点示范工程为抓手的技术转移与推广机制，依法保护知识产权。积极推动以节能环保为特征的绿色建造技术的应用。推进建筑信息模型（BIM）等信息技术在工程设计、施工和运行维护全过程的应用，提高综合效益。推广建筑工程减隔震技术。探索开展白图替代蓝图、数字化审图等工作。建立技术研究应用与标准制定有效衔接的机制，促进建筑业科技成果转化，加快先进适用技术的推广应用。加大复合型、创新型人才培养力度。推动建筑领域国际技术交流合作。

五、加强建筑业发展和改革工作的组织和实施

（二十一）加强组织领导。各地要高度重视建筑业发展和改革工作，加强领导、明确责任、统筹安排，研究制定工作方案，不断完善相关法规制度，推进各项制度措施落实，及时解决发展和改革中遇到的困难和问题，整体推进建筑业发展和改革的不断深化。

（二十二）积极开展试点。各地要结合本地实际组织开展相关试点工作，把试点工作与推动本地区工作结合起来，及时分析试点进展情况，认真总结试点经验，研究解决试点中出现的问题，在条件成熟时向全国推广。要加大宣传推动力度，调动全行业和社会各方力量，共同推进建筑业的发展和改革。

（二十三）加强协会能力建设和行业自律。充分发挥协会在规范行业秩序、建立行业从业人员行为准则、促进企业诚信经营等方面的行业自律作用，提高协会在促进行业技术进步、提升行业管理水平、反映企业诉求、提出政策建议等方面的服务能力。鼓励行业协会研究制定非政府投资工程咨询服务类收费行业参考价，抵制恶意低价、不合理低价竞争行为，维护行业发展利益。

图书在版编目(CIP)数据

建筑商之孙子兵法. Ⅲ / 林镥海，曹红光，郦煜超主编. -- 北京 : 法律出版社，2018(2019.1 重印)
ISBN 978 - 7 - 5197 - 2854 - 0

Ⅰ. ①建… Ⅱ. ①林… ②曹… ③郦… Ⅲ. ①建筑法-研究-中国 Ⅳ. ①D922.297.4

中国版本图书馆 CIP 数据核字(2018)第 244698 号

建筑商之孙子兵法Ⅲ
JIANZHUSHANG ZHI SUNZI BINGFA Ⅲ

林镥海
曹红光 主编
郦煜超

策划编辑 李 群
责任编辑 李 群 李 璐
装帧设计 汪奇峰

编辑统筹 法律应用·大众读物出版第一分社

出版 法律出版社
总发行 中国法律图书有限公司
经销 新华书店
印刷 三河市龙大印装有限公司
责任印制 胡晓雅

开本 710 毫米×1000 毫米 1/16
印张 36.75
字数 623 千
版本 2018 年 11 月第 1 版
印次 2019 年 1 月第 2 次印刷

法律出版社/北京市丰台区莲花池西里 7 号(100073)
网址/www.lawpress.com.cn
投稿邮箱/info@lawpress.com.cn
举报维权邮箱/jbwq@lawpress.com.cn
销售热线/010 - 83938336
咨询电话/010 - 63939796

中国法律图书有限公司/北京市丰台区莲花池西里 7 号(100073)
全国各地中法图分、子公司销售电话：
统一销售客服/400 - 660 - 6393
第一法律书店/010 - 83938334/8335 西安分公司/029 - 85330678 重庆分公司/023 - 67453036
上海分公司/021 - 62071639/1636 深圳分公司/0755 - 83072995

书号:ISBN 978 - 7 - 5197 - 2854 - 0 **定价**:98.00 元